한국연구재단 학술명저번역총서

● 서양편 ●

한국연구재단 학술명저번역총서

서양편 ● 91 ●

전기자기론 1

제임스 클러크 맥스웰 지음 | 김재영·구자현 옮김

한길사

A Treatise on Electricity and Magnetism 1
by James Clerk Maxwell

Published by Hangilsa Publishing co., Ltd., Korea, 2021

• 이 책은 (재)한국연구재단의 지원으로 (주)도서출판 한길사에서 출간·유통합니다.

전기자기론 1

전기자기론 1

전기자기론 2

빛의 본질을 밝히고 전자기 문명을 열다

• 책을 내면서

이 책은 과학의 역사에서 가장 주목할 만한 전기와 자기에 관한 고전이다. 19세기에 처음으로 그 본질을 이해하게 된 전기와 자기는 인류 역사에서 가장 소중한 프로메테우스의 불이다. 고대 그리스 밀레토스의 탈레스가 보석 호박을 천으로 문지르면 먼지나 머리카락을 끌어당긴다는 것을 발견했다는 것이 전기에 대한 최초의 기록이라면, 동아시아에서 언제나 남쪽을 가리키는 특별한 지남철을 상세하게 다루었던 심괄의 『몽계필담』은 자기에 대한 가장 오래된 기록이다.

그러나 그 신비한 현상, 전기와 자기의 본질이 무엇인지, 그리고 그것을 어떻게 실용적인 목적으로 이용할 수 있을지, 나아가 전기와 자기와 빛에 대한 가장 최신의 정확하고 세련된 이론이 무엇인지 등의 문제가 체계적으로 밝혀진 것은 1873년에 출판된 『전기자기론』(*Treatise on Electricity and Magnetism*)을 통해서였다.

이 책의 저자인 제임스 클러크 맥스웰(James Clerk Maxwell, 1831~79)은 19세기 영국 물리학자로서 현대 전자기학 이론의 기초를 놓은 인물로 추앙받고 있다. 맥스웰은 1831년에 스코틀랜드 에든버러에서 태어나 1847년에 에든버러 대학에 입학했고 1850년에는 케임브리지 대학으로 옮겼으며 1854년에 수학 우등졸업시험(Mathematical Tripos)에서 차석(second wrangler)으로 졸업한 후, 트리니티 칼리지의 펠로가 되어 수력학과 광학 강의를 담당했다. 1856년에는 에버딘 대학 물리학 교수가 되었고 1860년에는 런던 킹스 칼리지로 자리를 옮겨 1865년까지 있었다. 이후 1871년에 케임브리지 대학의 실험 물리학 교수로 초빙되었으며 1874년에는 신설 캐번디시 연구소의 초대 소장이 되었다.

맥스웰의 전자기 연구는 케임브리지 대학 재직 시절에 본격화되었다. 앙페르(A.M. Ampère)와 베버(W.E. Weber)의 원격작용에 기반을 둔 전기이론이 불완전하다고 생각한 맥스웰은 패러데이(M. Faraday)의 실험 연구와 마당(場, field) 개념에 입각한 전자기 현상에 대한 통합적 이해 노력에 자극을 받아 연속 매질의 작용을 고려하는 통합적인 수학적 전자기학 이론을 창출하려 애썼다. 이러한 노력으로 1864년에 「전자기장의 동역학적 이론」이라는 논문에서 유명한 맥스웰의 기본 방정식을 발표했다. 그리고 1873년에 이러한 연구를 집대성하고 정리한 『전기자기론』을 출판했다. 그의 전자기학의 논의는 라그랑주 역학을 토대로 전개되었다. 매질의 역할을 전자기 현상의 핵심으로 보았기에 이 개념을 확장하여 패러데이의 마당 개념을 수학적으로 엄밀하게 다듬고 이를 통해 전기와 자기를 명료하게 이해할 수 있게 되었다. 맥스웰은 전기와 자기를 서술하는 방정식으로부터 전기장과 자기장이 공간적으로 퍼져나가는 파동, 즉 전자기파가 존재함을 예측했고, 그 전파 속도가 빛의 속도와 같다는 것도 유도했다. 결국 독일의 물리학자 헤르츠(Heinrich Hertz)가 1888년에 전자기파를 실험실에서 검출함으로써 맥스웰의 전자기학은 강력한 지지 기반을 확보했다.

맥스웰의 전자기 이론은 여러 추종자가 보완·변형했고 물질의 미시적 구조에 대한 이해를 추구할 미시적 물리학의 길을 예비했다. 그뿐만 아니라 맥스웰의 전자기학의 당연한 귀결인 광속 일정의 법칙은 시공간에 대한 아인슈타인의 새로운 이해의 초석이 되었으며 뉴턴의 질점 및 힘의 역학을 대신하는 마당의 물리학이라는 개념을 창출함으로써 편미분 방정식을 사용하여 물리적 상태를 기술하는 방법이 이후 양자역학, 특히 슈뢰딩거의 파동역학에서 채용되는 길을 마련했다. 이러한 맥스웰의 마당 물리학적 개념은 아인슈타인의 일반상대성 이론에서 중력장을 다루는 데에도 토대가 되었으며 두 가지의 독립적인 마당 개념, 즉 전자기장과 중력장을 통합하려는 통일장 이론의 대두에도 영향을 미쳤다.

옥스퍼드 대학 출판사에서 1998년에 각 분야의 중요한 고전을 영인본으로 기획출판한 시리즈인 '물리과학 분야의 옥스퍼드 고전 텍스트'(Oxford Classic Texts in the Physical Sciences)의 첫 권이 『전기자기론』이라는 점은 고전으로서 이 책의 가치를 잘 말해준다고 할 수 있다.

『전기자기론』은 1873년에 처음 클래랜던 출판사에서 출간했고, 1권은 425쪽, 2권은 444쪽 분량이었다. 1881년에 나온 2판을 편집한 것은 윌리엄 니벤(W.D. Niven, 1842~1917)이었다. 니벤은 케임브리지 대학 트리니티 칼리지의 펠로였으며, 1882년부터 그리니치의 왕립해군학교 연구소장을 맡았다. 니벤은 1890년에 맥스웰의 과학논문 전집을 편집하여 간행하기도 했다. 1891년에 나온 3판은 조제프 존 톰슨(J.J. Thomson, 1856~1940)이 편집했다. 본문 중에 〔 〕로 표시된 각주는 2판에서 니벤이 덧붙인 편집자 주이고, ﹛ ﹜로 표시된 각주는 톰슨이 덧붙인 것이다. 톰슨은 1893년에 『전기자기론』의 주요 내용을 해설하고 20여 년 사이에 달라진 것을 추가하여 『전기와 자기의 최신 연구 노트: 클러크 맥스웰 교수의 전기자기론의 속편』(Notes on recent researches in electricity and magnetism: Intended as a sequel to Professor Clerk-Maxwell's Treatise on Electricity and Magnetism)이라는 긴 제목의 책을 출간했다. 1954년에 영인된 판본은 톰슨이 편집한 3판이며, 1998년에 옥스퍼드 대학 출판사에서 다시 발행한 영인본도 마찬가지다.

이 책은 독일어로 처음 번역되었다. 1883년에 독일의 물리학자이자 철학자 바인슈타인(Max Bernhard Weinstein, 1852~1918)이 Lehrbuch der Electricität und des Magnetismus이란 제목으로 독일어판을 출간했다. 바인슈타인은 헬름홀츠의 제자로서 막스 플랑크, 빌헬름 빈, 베르너 폰 지멘스 등과 학문적으로 교류했다. 영어에 익

숙하지 않았던 알베르트 아인슈타인이 맥스웰의 전자기학을 독학하다시피 한 것은 다름 아니라 바인슈타인의 독일어 번역판 덕분이었다. 프랑스어판은 셀리그망-뤼(G. Séligman-Lui)가 번역하고 코르뉘(A. Cornu), 포티에(A. Potier), 사로(E. Sarrau)의 주석을 추가하여 *Traité d'électricité et de magnétisme*이란 제목으로 각 권이 1885년과 1887년에 출간되었다. 이탈리아어판은 1973년에 에반드로 아가치(Evandro Agazzi)가 *Trattato di elettricità e magnetismo*라는 제목으로 UTET에서 출간했다. 1989년에는 러시아어판이 *Трактат об электричестве и магнетизме*라는 제목으로 Nauka에서 출간되었다. 일본어판은 아직 출판되지 않았지만, 187쪽 분량의 축약본이 『マックスウェルの電磁気学』라는 제목으로 이구치 가즈모토(井口和基)의 번역으로 2012년에 太陽書房에서 출간되었다.

여기에서 맥스웰의 『전기자기론』의 한국어 번역본이 왜 중요한지 잠시 살펴볼 필요가 있다. 독일어판은 1883년에, 프랑스어판은 1885년에, 이탈리아어판은 1973년에, 러시아어판은 1989년에 출판되었지만, 한국어판은 이제야 세상에 빛을 보게 되었다. 종종 이야기되는 주장 중에는 이 책을 읽을 만한 독자라면 이미 영어로 이 책을 읽을 수 있을 터라 한국어 번역이 불필요하다는 것도 있었다. 학문에서 모어로 번역된 책을 읽는 것이 무척 중요한 경험임은 두말할 나위가 없지만, 이것은 자연과학에서도 여전히 타당하다.

이와 관련하여 18세기 말 일본의 시즈키 타다오(志筑忠雄, 1760~1806)의 사례를 살펴보는 것이 유익하다. 시즈키 타다오는 이른바 난학(蘭学) 또는 란가쿠에 종사하던 번역자였으며, 동아시아에서 뉴턴 역학을 비롯한 서양의 근대적 물리학을 처음 소개한 사람이다. 시즈키 타다오는 1798년부터 1802년 사이에 세 권으로 된 『曆象新書』(れきしょうしんしょ, 레키쇼신쇼)를 냈다. 23세이던 1782년에 처음 『참된 자연철학과 천문학 입문』(*Inleidinge tot de waare Natuuren Sterrekunde*)을 만난 뒤 20여 년이 지난 뒤였다. 이 책은 영국 스코틀

랜드 출신의 수학자이자 자연철학자 존 케일(John Keill, 1671~1721)이 1739년에 『참된 물리학과 천문학 입문』(*Introductiones ad veram Physicam et veram Astronomiam*)이라는 제목으로 출판한 것을 2년 뒤에 네덜란드 사람 요한 륄로프스(Johan Lulofs, 1711~68)가 네덜란드어로 다시 번역한 것이다. 케일의 그 책은 영어로 쓴 자신의 저서 『참된 물리학 입문』(*Introduction to True Physics*)과 『참된 천문학 입문』(*Introduction to Ture Astronomy*)을 묶어서 라틴어로 번역한 것이다.

당시의 번역이라는 것이 원래의 책을 그대로 기계적으로 번역하는 것이 아니었기 때문에, 영어본과 라틴어본과 네덜란드어본은 상당한 차이가 있다. 특히 륄로프스는 네덜란드어로 번역하면서 주석도 달고 원문에서 불분명한 부분을 적절하게 고치는 등 개작을 했다.

시즈키 타다오의 『曆象新書』도 번역서라기보다는 륄로프스의 책을 크게 참조하고 다른 책들까지 참조하여 만든 일종의 편역서에 가깝다. 시즈키 타다오의 가장 탁월한 점은 네덜란드어로 된 여러 물리학 용어들을 고심 끝에 한자로 번역한 것에 있다. 가령 力(료쿠)라는 글자를 여러 가지로 조합하여, gravity라는 개념을 重力(주료쿠)로, attraction이라는 개념을 引力(인료쿠)로 번역했다. 또 어떤 개념이 성격상 일종의 힘이라면 모두 '-力'(료쿠)로 끝나도록 일종의 표준을 세웠다. 뉴턴의 역학에서 핵심 역할을 하는 centripetal force와 centrifugal force를 각각 求心力(큐신료쿠)와 遠心力(엔신료쿠)라는 말로 번역했다. 또 뉴턴의 자연철학에서 중요한 의미를 지니는 corpuscle을 分子(분시)라고 번역했다. 비슷하게 여러 종류의 알갱이들을 모두 '-子'(し)로 끝나도록 이름 붙이는 표준을 세웠다.

시즈키 타다오의 오랜 세월에 걸친 그 세심한 번역작업이 없었더라면 동아시아에서 여전히 유럽의 언어로 자연과학을 배우고 가르쳐야 했을 것이다. 맥스웰의 책을 영어나 다른 유럽의 언어로 읽는 경험과 모어인 한국어로 읽는 경험은 매우 큰 차이를 보인다.

이 책의 번역은 김재영과 구자현의 협동 작업으로 이루어졌다. 1권은 구자현의 책임 아래, 2권은 김재영의 책임 아래 작업을 진행했다.

실제 작업 과정에서는 원문의 내용을 정확하게 파악하기 위해 번역의 텍스트가 되는 제3판 이외에도 제1판 및 제2판과 일일이 대조해가면서 번역작업을 진행했다. 또한 이 책의 특성상 수식 부분도 매우 중요한 본문임을 기억하면서, 수식의 번역에도 주의를 기울였다. 이것은 수식에 나타나는 오자 내지 탈자를 찾아내는 일이라든가, 전체 문장 속에서 수식이 자연스럽게 들어가도록 하는 일, 수식에 대한 옮긴이 주를 다는 일 등을 가리킨다. 또한 수리물리학 교과서의 특성상 수식을 일일이 직접 풀어보지 않고는 내용을 정확히 이해할 수 없기 때문에, 번역작업 중에도 수식을 일일이 확인하는 과정을 거치려 애썼다. 또한 맥스웰이 서술하고 있는 실험 장치에 대한 개념을 정확히 잡기 위해 직접 케임브리지 소재 캐번디시 연구소를 방문하여 실험 장치들을 관람하기도 했다.

충실한 번역을 위해서는 가독성을 높이면서도 원문의 틀을 크게 깨뜨리지 않는 것이 매우 중요한데 가독성과 원문충실성이 서로 대립되는 경우가 많은 것이 번역에서 큰 문제였다. 이러한 문제를 놓고 일반적인 번역자들 사이에서도 의견이 분분한데 이 책의 번역에서는 이 책의 고전으로서의 가치를 충분히 살리는 것이 무엇보다 중요하기 때문에 되도록 원문에 충실한 번역이 필요하다고 판단하게 되었다. 또한 현재 사용되지 않는 많은 용어가 당시에는 사용되었고 또 현재 사용되는 용어라하더라도 다른 의미를 갖는 경우도 많았기 때문에 이런 용어들을 어떻게 번역할 것인가는 매우 어려운 문제였다. 이러한 문제들과 관련하여 번역자들은 다음과 같은 원칙을 세워 이에 따라 번역을 수행했다.

1. 원문의 의미를 충분히 전달하기 위하여, 읽는 데 무리가 없는 한도 내에서 직역을 택한다. 그러나 직역이 우리말의 자연스러운 흐름에서 지나치게 벗어날 때에는 의미를 깨뜨리지 않는 한도 내에서 조심스럽게 의역을 시도한다.

2. 물리학 전문 용어들은 그 영어 단어에 해당하는 현대적인 역어를 되도록 그대로 사용하여 현대적 용어에 익숙한 독자의 이해를 돕는다. 때로는 지금도 사용되는 어떤 단어의 의미가 현대적인 의미와 다르게 쓰이는 경우가 있는데 뜻이 완전히 다르지 않는 한 현대적 용어를 그대로 사용함으로써 독자들의 생소함을 줄이고 원문에서 어떤 단어가 사용되었는지 쉽게 알 수 있도록 한다. 그리고 뜻이 현대적인 의미와는 다르게 사용된다는 것을 옮긴이 주에서 밝힌다.

3. 어떤 전문 용어를 무리하게 현대적인 용어로 옮길 경우에 오히려 오해를 불러일으키고 문맥을 현저히 거슬리게 할 경우에는 새로운 조어(造語)를 조심스럽게 시도한다.

4. 옮긴이 주는 원전이 19세기에 출판된 책이고 사용하는 용어나 표현방식이나 특히 수식이 현대에서는 마주치기 힘든 편임을 고려하여, 현대의 독자가 큰 부담을 갖지 않고도 읽을 수 있도록 돕는 역할로 상정한다. 그러나 옮긴이 주가 많으면 오히려 가독성이 떨어질 수 있다는 점을 감안하여, 옮긴이 주의 수를 너무 늘리지 않도록 한다. 또한 옮긴이 주는 학계에서 비교적 널리 인정되고 있는 사항을 주로 하며, 번역자의 주관적 견해는 될수록 최소화한다.

이 책의 번역 작업이 처음 시작된 것은 2002년이다. 긴 시간에 걸쳐 우여곡절 끝에 세상에 나오게 된 맥스웰의 『전기자기론』의 한국어판이 앞으로 학문적으로나 사회적으로 큰 역할을 하게 되기를 희망한다.

2021년 옮긴이를 대표하여
김재영

맥스웰의 전자기 연구와『전기자기론』

구자현 영산대학교 성심교양대학 교수

1. 도입

이 책의 저자인 맥스웰(James Clerk Maxwell, 1831~79)은 19세기 영국 물리학자로서 현대 전자기학 이론의 기초를 놓은 인물로 추앙받고 있다. 맥스웰은 앙페르(Andrè Marie Ampère)와 베버(Wilhelm E. Weber)의 원격작용에 의한 전기역학이 불완전하다고 생각하고 패러데이(Michael Faraday)의 실험 연구와 '장'(field) 개념에 입각한 전자기 현상에 대한 통합적 이해 노력에 자극을 받아 연속 매질의 작용을 고려하는 통합적인 수학적 전자기학 이론의 구축에 매진했다.

이러한 노력으로 맥스웰은 1864년에 전자기장의 동역학적 이론으로 유명한 맥스웰의 기본 방정식을 이끌어냈고 1873년에 이러한 연구를 모두 포괄하는 걸작『전기자기론』(*Treatise on Electricity and Magnetism*)을 출판했다. 그의 전자기학 논의는 역학적인 토대에 입각해서 이루어졌고 매질의 역할을 전자기 현상의 핵심으로 보았기에 이에 대한 많은 관심을 할애했으며 유전체 매질에서 변위 전류(displacement current) 개념의 제시는 그의 독특한 관점을 잘 반영하는 것이었다. 그의 이론에 따라 전자기파의 존재가 예측되었고 그것의 전파 속도는 빛의 속도와 같다는 것도 유도되었다. 결국 독일의 물리학자 헤르츠(Heinrich Hertz)에 의해 1888년에 전자기파가 검출됨으로써 맥스웰의 전자기학은 강력한 지지 기반을 확보했다.

맥스웰의 전자기 이론은 여러 추종자에 의해 보완·변형되었고 물질의 미시적 구조에 대한 이해를 추구할 미시적 물리학의 길을 예비했다. 그뿐만 아니라 맥스웰의 전자기학의 당연한 귀결인 광속 일정의 법칙은 시공간에 대한 아인슈타인의 새로운 이해의 초석이 되었으며 뉴턴의 질점 및 힘의 역학을 대신하는 장 물리학의 개념을 창출함으로써 편미분 방정식을 사용하여 물리적 상태를 기술하는 방법이 이후 양자역학, 특히 슈뢰딩거의 파동역학에서 채용되는 길을 마련했다. 이러한 맥스웰의 장 물리학적 개념은 아인슈타인의 일반상대성 이론에서 중력장을 다루는 데도 토대가 되었으며 두 가지 독립적인 장 개념, 즉 전자기장과 중력장을 통합하려는 통일장 이론의 대두에도 영향을 미쳤다.

2. 생애와 경력

맥스웰은 1831년 6월 13일 스코틀랜드 에든버러에서 태어났다. 그의 아버지 존 클러크(John Clerk)는 친척이자 스코틀랜드의 세습 귀족인 맥스웰가(家)의 재산을 물려받으면서 맥스웰이라는 성까지 물려받아야 했다. 그의 아버지는 집안 내력을 따라 법률가로 훈련받았지만 그의 관심은 기술과 과학에 있었다. 그는 에든버러 왕립학회의 회원이었고 과학 논문을 집필하기도 했다. 어린 제임스 맥스웰이 자란 곳은 에든버러 근교에 있는 집안의 영지 글렌레어(Glenlair)였다. 풍족한 경제적 환경뿐 아니라 글렌레어의 자연과 밀접하게 접하면서 맥스웰은 감수성이 뛰어나고 모든 것에 호기심을 갖는 아이로 성장했으며 부모님에게서 독실한 기독교 신앙심을 물려받았다.

맥스웰이 여덟 살 때 어머니를 여의자 아버지는 가정교사를 통한 교육을 중단하고 1841년 그를 에든버러 아카데미에 보냈다. 그곳에서 맥스웰은 평생의 동료이자 경쟁자가 될 타이트(Peter Guthrie Tait)를 만났다. 맥스웰은 우수한 성적으로 이 학교를 졸업하고 1847년 에든버러 대학에 입학했다. 그곳에서 맥스웰은 훌륭한 선생인 포브스(James

David Forbes)에게서 자연철학을, 해밀턴(William Hamilton, 사원수의 창시자와는 다른 인물)에게서 논리학을 배웠다. 이들의 가르침은 평생 맥스웰이 추구한 과학의 성격에 영향을 미쳤다. 맥스웰은 학생 시절에 생각해낸 도형을 그리는 방법에 관련된 창의적 논문을 1850년에 든버러 왕립학회에 발표해서 그 천재성으로 세간의 주목을 받았다. 그의 논문은 그렇게 탁월한 수준은 아니었지만 어린 학생이 생각해 내기에는 탁월한 성과였다.

1850년 맥스웰은 케임브리지 대학의 입학 허가를 받았고 피터하우스를 거쳐 트리니티 칼리지에 다니게 되었다. 이곳을 다니면서 맥스웰은 당시 가장 뛰어난 수학 코치인 홉킨스(William Hopkins)에게 수학을 배워 1854년 수학우등졸업시험(Mathematical Tripos)에서 2위(Second Wrangler)를 차지했고 이어서 치러진 스미스상에서는 공동 1위를 차지했다. 홉킨스에게 배울 당시 맥스웰은 다른 학생들이 고심하는 문제들을 수월하게 풀어내는 등 탁월한 학생으로 이미 인정을 받았다. 그는 케임브리지 대학을 다니면서 루카스 수학 석좌교수인 스톡스(George Stokes)와 트리니티 칼리지 학장 휴얼(William Whewell)에게 많은 영향을 받았다. 또한 1850년에 맥스웰은 당시 글래스고 대학의 자연철학 교수였던 톰슨(William Thomson, 나중에 켈빈 경이 됨)과 개인적으로 알게 되면서 평생 지속되는 학문적 동료 관계를 시작했다.

1855년 맥스웰은 트리니티 칼리지의 펠로가 되면서 가르치는 일을 시작했고 이듬해 애버딘 매리셜 칼리지의 자연철학 교수가 되었다. 그는 대학 체제가 바뀌면서 1860년에 그 대학을 그만두었고 에든버러 대학에 지원했다가 동기생인 타이트와 경쟁에서 지고 같은 해에 용케 런던 킹스 칼리지의 자연철학 교수좌를 얻었다. 1865년 맥스웰은 개인적 연구에 집중하기 위해 이 교수 자리를 내놓고 고향인 글렌레어로 부인과 함께 돌아갔다. 그는 겨울이 오면 몇 달씩 런던에 올라와 기거하면서 연구를 수행하곤 했다. 그가 『전자기론』을 쓰기 시작한 것은 바로 이 시기였다. 그는 1866년, 1867년, 1869년, 1870년에 걸쳐 케임브리지 대학의 수학우등졸업시험의 시험관이나 조정관을 지냈으며 이 시험을 개선하기 위한 중요한 기여를 했다. 그는 1871년 실험 물리학을 권장하는 취지에서 새롭게 생긴 케임브리지 실험 물리학 교수좌를 맡았으며 캐번디시 연구소 초대 소장이 되어 영국 실험 물리학의 기초가 될 이 연구소의 초석을 다졌다. 그는 이곳에서 학생들을 가르치면서 영국 과학진흥협회(The British Association for the Advancement of Science, BAAS)에서 주도하는 전기 단위를 확정하기 위한 측정 실험에 종사했다. 그는 1879년 48세의 젊은 나이에 암으로 사망하여 동료 과학자들과 세상을 안타깝게 했다.

맥스웰은 과학자의 경력 기간 25년 동안 약 100편의 논문을 썼다. 그의 관심 분야는 역학, 기하학, 광학을 포함하여 물리학의 전 영역에 걸쳐 있었지만 특히 그에게 명성을 가져다준 분야는 전자기학과 기체 운동론이었다. 그는 1857년 토성의 고리의 안정성에 대한 논문으로 애덤스상을 수상했고 1860년에는 색 지각에 대한 연구로 왕립학회의 럼퍼드 메달을 받았다. 그는 1861년 왕립학회 회원이 되었으며 『전자기론』 외에도 『열이론』(*Theory of Heat*, 1871)과 『물질과 운동』(*Matter and Motion*, 1877)을 출판했다. 과학사와 과학철학에도 관심이 많았으며 1879년에는 그가 편집한 『헨리 캐번디시의 미출판 전기 연구』가 출판되어 과학 편집물의 고전이 되었다.

3. 19세기 전반기의 전자기학

전기와 자기 현상이 본격적으로 과학 연구의 대상이 된 것은 18세기 초부터였다. 18세기를 거치면서 전기와 자기 현상에 대한 실험적 연구는 큰 성과를 낳았고 전기와 자기에 대한 새로운 이론들이 쏟아지게 했다. 18세기의 실험 물리학을 특징짓는 이러한 진보는 18세기 말과 19세기 초에 과학 전반으로 확산되는 정량화와 수학화의 경향에 따라 수학화 과정과 병행되어 이루어졌다. 이러한 과학의 정량화 경향은 프랑스에서 선도적으로 이루어졌고 전자기 분야에서도 그러했다. 쿨롱(Charles Coulomb)과 앙페르에 의해 정량화된 전자기 실험이 이루어지고 수식으로 표현되는 경험적 이론들이 등장했다. 전기력과 자기력에 대한 쿨롱의 법칙이 그러했고 도선 주위의 자기장을 수학적으로 표현한 앙페르의 법칙이 그러했다. 19세기를 거치면서 쿨롱과 앙페르에 의해 시도되었던 원격 작용에 입각한 전자기 현상에 대한 이해는 대륙의 과학자들을 중심으로 활발하게 전개되었다. 노이만(Carl Neumann)과 베버(Wilhelm Weber)는 이런 점에서 괄목할 만한 업적을 세웠다. 이렇게 하여 대륙의 원격작용설은 확립되었다.

1831년부터 1852년까지 패러데이(Michael Faraday)는 '전기 자기 실험 연구' 연속 논문을 왕립학회의 『철학회보』에 발표했다. 패러데이는 대학 교육을 받은 적이 없었고 제책공의 도제로 있다가 왕립연구소의 자연철학 교수였던 데이비(Humphrey Davy)에게 발탁되어 조수로 일하면서 과학적 능력을 발휘하기 시작했으며 나중에 스승 데이비를 이어 왕립연구소의 자연철학 교수가 되었다. 패러데이는 1821년부터 뛰어난 실험가로서 자질을 발휘하여 새로운 전자기 현상을 여럿 발견했다. 이 과정에서 패러데이는 대륙의 원격작용설과는 대조되는 개념으로 자신의 실험 결과를 설명했다. 그의 설명은 역선과 장의 개념에 입각한 것이었다. 1838년 패러데이는 떨어져 작용하는 정전기 작용 개념을 배격하고 전기 유도가 절연 매질 연속체에 의해 전파되는 것을 입증하려고 시도했다. 그에게 도체 표면의 전하는 전기 유체의 누적이나 부족에서 생기는 것이 아니라 유전체의 분극(分極)에서 생기는 것으로 보였다. 그는 축전기의 두 표면 사이의 유도 작용이 격리시키는 유전체의 본성에 의존함을 입증했다.

1845년 패러데이는 자석에 의해 빛의 면을 회전시킬 수 있다는 것을 발견했다. 패러데이 효과로 불리게 될 이 자기광학 효과는 자기와 빛의 연관을 암시했기에 이후 많은 과학자가 이 현상을 설명하기 위해 뛰어들게 만들었다. 몇 개월 후 패러데이는 반자성(反磁性)을 발견했고 이를 설명하는 데 베버와는 다른 맥락의 이론적 해석을 제시했다. 패러데이는 물체를 둘러싼 공간의 국소적 경향에 따라 물체가 그 사이에 들어왔을 때 일어나는 교란을 최소화하기 위해 벌이는 상이한 행동방식에 따라 이런 특성이 유발되는 것으로 보았다. 패러데이는 전기와 자기를 전기력선과 자기력선의 대칭적 관계로 해석하고자 했다. 패러데이의 실험이 그에게 명성을 가져다준 반면 그의 실험 결과들에 대한 패러데이의 해석은 과학계에서 별로 환영받지 못했다. 그러한 이유 중 하나는 그의 설명이 정성적이어서 수학적 취급이 용이하지 않다는 데 있었다.

　이러한 국면을 바꾸는 데 결정적 기여를 한 인물은 젊은 물리학자 윌리엄 톰슨(William Thomson)이었다. 톰슨은 1845년 패러데이의 실험 결과를 푸아송의 이론과 화해시키기를 시도했다. 톰슨은 패러데이의 유전체 유도 용량에 대한 실험이 푸아송이 만든 정전기의 수학적 이론과 양립할 수 있다는 것을 보였다. 그는 푸아송이 자기에 대해 쓴 추론을 사용해서 유전 매질의 원격분극 가설로부터 패러데이의 결과를 연역해낼 수 있었다. 이로써 톰슨은 패러데이 이론의 수학화 가능성을 열었다. 톰슨은 푸리에의 열전달과 정전기의 수학적 유비에 호소했다. 이듬해 톰슨은 전기나 자기를 띤 물체에 작용하는 힘을 '역학적 효과', 곧 '퍼텐셜 에너지'를 최소화하려는 계의 경향에서 생긴다고 보았다. 그러고 나서 톰슨은 퍼텐셜 에너지는 물체의 표면이 아니라 전체 공간에 퍼져 있는 것으로 간주할 수 있음을 그린 정리를 써서 보였다. 이로써 톰슨은 정전기에 대한 유체역학적 유비를 구축했다. 이와 더불어 톰슨은 빛의 파동 이론에서 전기자기 현상을 에테르의 역학적 상태로 환원할 방법을 고안했다. 1856년 톰슨은 패러데이 효과를 에테르의 회전으로 설명할 수 있었다.

4. 맥스웰의 전자기 이론 연구

맥스웰의 전자기 연구는 1854년에 시작되었다. 맥스웰은 톰슨의 인도로 패러데이의 전자기 실험 연구를 살펴보기 시작했다. 맥스웰은 베버의 이론에 대한 대안으로 패러데이의 개념을 표현해 주는 통일된 수학이론을 구축하고자 했다. 전자기학에 관련된 그의 첫 논문은 1856년에 나온 「패러데이의 역선에 관해서」이다. 이어서 맥스웰은 「물리적 역선에 관하여」(1861~62)와 「전자기장의 동역학 이론」(1865)을 발표했다. 맥스웰은 패러데이의 실험 결과 해석을 수학적으로 번역했다기보다는 톰슨의 이론적 틀에서 고전 수학 이론을 개혁한 것으로 볼 수 있다. 맥스웰은 기존 지식의 일관된 이해를 통해 의미 있는 진보를 도모했다. 이 과정에서 맥스웰은 물리적 유비의 방법을 사용했다. 맥스웰이 사용한 역학적 모형은 수학화를 위한 개념적 도구일 뿐이었지 실제 세계를 반영하는 것으로 해석하지는 않았다. 그러므로 맥스웰은 가설을 사용하기보다는 관찰된 행동을 반영하는 모형을 도입하고 통일성을 추구하는 방향을 취했다.

이러한 자연의 통일성 중 하나가 극성(polarity) 개념이었다. 그는 휴얼의 영향을 받아 자연에 극성이 널리 보편적으로 존재한다고 믿었고 그것을 전기, 자기 현상에서도 찾아내고자 했다. 그는 톰슨이 시도했던 패러데이 실험 결과의 수학화 작업을 좀더 체계적으로 수행했고 그것을 전기동역학으로 확장했다. 맥스웰은 정전기에 대한 열의 유비를 톰슨에게서 빌려왔다. 전류와 분극 사이의 관계를 설명하기 위해 맥스웰은 톰슨보다 적극적으로 패러데이가 쓴 개념을 수학적 이론에 도입했다. 가령, 양과 세기의 대조적 개념, 전기긴장상태(electrotonic state) 개념이 그것이다. 맥스웰은 패러데이의 전자기 유도의 발견을 전기력선과 자기력선이 얽혀 있는 관계로 이해하는 패러데이의 개념을 수학적으로 표현했다. 이러한 사고방식의 연장선상에서 정전기 현상은 긴장과 저항이 큰 극단적인 경우로 취급했다. 이로써 맥스웰은 전기와 자기를 통일된 틀에서 취급할 수 있었다. 맥스웰은 패러데이의 발견들을 해석하면서 발생하는 베버 이론의 한계를 직시하고 사물을 바라보는 자연스러운 수학적 서술법을 추구하고자 했다. 이러한 의도를 따른 첫 출발점이 된 것은 열전달의 유비로 전기 현상을 해석하는 톰슨의 관점이었다.

1856년에 맥스웰은 「패러데이 역선에 대하여」에서 역제곱 법칙을 따르는 인력계와 비압축성 유체의 운동 사이의 유비를 사용하는 새로운 수학적 구조를 도입했다. 유선(流線)과 유관(流管) 개념이 전자기 현상을 서술하는 데 등장했다. 그는 전하 입자가 소멸원(sink)이나 생성원(source) 역할을 하는 것으로 간주하고, 전기 퍼텐셜을 압력으로 생각하고 전기력을 이러한 압력의 경사로 유발되는 것으로 해석했다. 따라서 전기력은 유체 속도와 저항계수의 곱으로 얻어지는 것이었다. 맥스웰은 유전체마다 달라지는 비유도계수를 다른 저항계수의 매질과의 유비로 이해했다. 그는 자기에 대해서도 마찬가지 유비를 사용할 수 있었다. 상자성 물질은 낮은 저항의 물질이고 반자성의 물질은 고저항의 물질로 보는 것이 한 가지 방법이었다. 이 논문에서 맥스웰은 명시적으로 새로운 물리 이론을 제시하지는 않았다. 후반부에서 맥스웰은 패러데이의 전기긴장상태 개념의 수학화를 시도했다. 이 논문에는 약간 해결해야 할 문제가 있었다. 정전기 이론과 동전기 이론 사이의 연결이 전혀 설명되지 않았다. 그의 이론에 따르면 빛 에테르와 전자기 매질이 공존하게 되지만 이에 대해 그가 어떤 관점을 갖는지 지적되지 않았다.

맥스웰은 1859년에서 1865년 사이에 두 편의 논문에서 이러한 문제에 대한 극적 해결책을 제시했다. 이 두 편의 논문은 대조적이면서도 서로 연결되어 있어 고전 전자기 이론을 성립시켰고 빛의 전자기 이론을 명시적으로 제시했다. 그 사이에 맥스웰은 애버딘의 교수직을 얻었고 토성 고리의 안정성에 대한 동역학적 분석으로 애덤스상을 수상했다. 맥스웰은 1858년부터 관여한 기체 동역학 이론에 대한 연구를 시작했다. 맥스웰은 충돌하는 기체를 통계적으로 취급하는 데 중요한 진보를 이룩했으며 이것은 그의 전자기 유도에 관한 역학적 유비를 이끌어내는 데 기여하게 된다. 톰슨은 이미 1856년부터 자기를 고체 안의 회전 변형에서 유발되는 것으로 보는 소용돌이 이론을 제시하고 있었다. 패러데이 효과를 매질에 유도된 회전 운동의 존재를 함축하는 것으로 해석한 것이다. 그러기에 톰슨은 자기력선을 따라 형성되고 배열되는 분자소용돌이의 존재를 요구했다. 소용돌이에 대한 관심은 기술자 출신 과학자인 랭킨(William Rankine)이 기체의 동역학적 이론을 구축하면서 기체의 열을 기체 분자의 핵 주위를 둘러싼 탄성 대기의 회전이나 진동 운동의 활력(vis viva)으로 생각한 것과 맥을 같이한다.

1860년 킹스 칼리지로 자리를 옮긴 맥스웰은 톰슨의 탄성 고체의 유비와 분자 소용돌이 이론을 발전시켰다. 그는 분자 소용돌이로 이루어진 매질을 포함하는 가설을 사용하여 가설연역적 논증을 시도했다. 그의 연구는 1862년 『물리적 역선에 관하여』로 출판되었다. 이 논문에서 맥스웰은 역학적 관점에서 자기 현상의 이해를 도모했다. 그는 매질의 다양한 역학적 상태를 상정했고 변형력을 받는 매질의 상태에 대한 수학적 기술을 도모했다. 그는 변위 전류 개념을 도입했고, 이로써 닫힌회로와 열린회로에 모두 적용되는 자기 효과 법칙을 연역할 수 있었다. 그는 전기력선 주위에 역선을 축으로 삼아 회전하는 분자 소용돌이를 상정했고 적도 방향 압력의 과도함이 소용돌이의 원심력에서 기인하는 것으로 간주했다. 그러므로 역선은 최소의 압력을 나타내는 선이었다.

이 과정에서 맥스웰에게는 자기장이 1차 개념이었고 거기에서 전기가 유도되는 것으로 간주되었다. 그러므로 전기는 본성을 알지 못하더라도 존재하는 것으로 여겨질 수 있었다. 그리고 그는 전자기 매질이 빛의 파동이론에 등장하는 에테르와 일치하는 것을 논증했다. 즉, 광속과 베버 식에 등장하는 상수의 관련성을 지적한 것이다. 맥스웰은 역학적 유비 속에서 기전력은 구동 바퀴의 속도가 변경될 때 기계의 바퀴축에 미치는 압력에 해당했고 전기긴장상태는 구동 바퀴의 속도가 순간적으로 일정한 양이 변할 때 바퀴의 축에 작용하는 충격에 해당하는 것으로 간주했다. 그러나 맥스웰은 자신의 모형이 자연을 진정으로 표현하는 것이 아니라는 점을 분명히 했다.

1865년 논문에서 맥스웰은 이러한 문제의 해결책을 새로운 형식으로 제시했다. 우선 그는 실험적 사실과 동역학적 사례들로부터 연역한 8개의 일반 장방정식을 제시했다. 이 중 두 방정식을 결합하면 닫힌회로의 자기 효과의 표현을 함축하여 전도 전류가 닫힌 전체 전류의 형성을 위해 유전 물체의 변위 전류로 확장된다는 것이다. 다음에 그는 장방정식에서 파동 방정식을 얻었고 이 식으로부터 파동의 전파 속도 v를 얻었으며 그것이 광속과 같다는 것을 확인했다. 이로부터 맥스웰은 빛과 자기는 같은 물질의 효과이며 빛은 전자기 법칙을 따라 마당을 통해 전파되는 전자기 교란이라고 결론지었다. 이로써 빛의 전자기 이론이 탄생한 것이다. 1868년 맥스웰의 짧은 논문 「빛의 전자기 이론에 대한 소고」는 리만과 루트비히 로렌츠의 논문에 자극을 받아 빛이 매질을 통해 전파되는 전자기 교란의 일종이라는 입장을 분명히 밝혔다. 이 논문에서는 변위 전류와 전하에 대한 맥스웰의 독특한 견해가 피력되었다.

5.『전기자기론』 출판

1860년경 영국의 전신 산업은 빠르게 발전하고 있었고 이에 따라 많은 새로운 지식의 창출과 기존 지식에 대한 이해를 갖춘 인력의 배출이 요구되었다. 1861년 영국과학진흥협회는 위원회를 발족하여 전기 저항을 정확하게 정의하는 사업을 추진했다. 1862년 맥스웰은 이 위원회에 가입하여 중요한 역할을 담당하기 시작했다. 정확한 측정의 추구 과정에서 맥스웰은 정전기 단위와 전자기 단위 사이의 비가 광속과 같다는 점에서 빛의 전자기 이론에 더 큰 확신을 얻었다.

1860년대 중반부터 영국의 대학들은 전자기와 관련하여 실용적인 새 지식을 가르칠 필요성에 고무되어 관련 강좌를 대거 개설했다. 이에 따라 케임브리지 대학에서도 수학우등졸업시험에 전기, 자기, 열을 포함시켰고 캐번디시 연구소와 실험 물리학 교수좌가 만들어졌으며 1871년 맥스웰이 이 두 자리에 임명되면서 이 분야의 전문가로서 입지를 굳혔다. 1873년 3월『전기자기론』의 출판은 이러한 개혁의 성과 중 하나였다. 이 책은 톰슨과 타이트의『자연철학론』(*Treatise on Natural Philosophy*)과 긴밀하게 연관되어 있었다.『자연철학론』을 출판한 클라렌던 출판사는『자연철학론』에서 빠진 주제를 맥스웰이 다루도록 요구했고 맥스웰은 톰슨, 타이트와 긴밀하게 서신을 주고받으며 책을 집필했다. 그는 킹스 칼리지를 그만두고 5년간 고향인 글렌레어에서 보내며 집필에만 전념했고 1872년 원고가 완성되어 마침내 1873년 출판되었다.

『전기자기론』은 내용상 별로 새로운 것은 없었다. 그것은 관련 주제에 대한 선구자적 연구서라기보다는 전자기 이론의 상태에 대한 포괄적 개괄을 담고 있었다. 이 책은 세 가지 주된 목적을 가지고 집필되었다. 우선은 실험가와 엔지니어에게 필요한 실험과 실험 도구에 대한 기술을 제공하는 것이었다. 두 번째는 전기와 자기에 관한 수학적 취급 기술을 자세하게 제시하는 것이었다. 이것은 연결된 체계를 이루지 못하는 이 분야의 지식을 체계적으로 정리할 뿐 아니라 케임브리지 대학에서 수학 우등졸업시험을 치를 학생들에게 전자기에 관련한 수학을 가르치려는 것이었다. 이 책은 학생들이 장이론에 대한 이해 없이도 수학적 장들을 공부할 수 있게 쓰였다. 세 번째는 당시 영국에서도 별로 알려지지 않았던 맥스웰의 장이론 개념을 널리 전달하기 위한 것이었다. 맥스웰은 책 전체에서 대륙의 원격작용론과 자신의 장이론이 동일한 결과를 내놓는다는 것을 강조했지만 마지막에 이르러 베버 이론에 대한 비판을 간략하게 언급했다.

맥스웰은 이러한 집필 목적을 달성하기 위해 독자들이 책을 사용할 수 있도록 수학적 부분과 실험 부분을 중점으로 다루는 장들을 각 부의 마지막에 배치했다. 서론은 물리량의 차원이론과 양의 측정을 취급했고 나머지 4부는 기초 개념을 전달하고 현상에 대한 서술과 간단한 이론을 전달하는 장들과 발전된 수학적 이론에 관한 논의를 담은 장들로 이루어졌다.

『전기자기론』의 수학적 방법은 특히 에너지 물리학의 독특한 방법과 벡터 분석법의 사용이 두드러진다. 에너지 물리학의 전도사였던 톰슨은 타이트와 함께 쓴 『자연철학론』에서 순수하게 기하학적 운동학으로 시작해서 동역학으로 나아갔고 정역학은 동역학의 특수한 경우로 취급하면서 에너지를 물리적 계를 다루는 데 중심적인 개념으로 사용했다. 이 책의 역학 서술은 기본적으로 보존계를 상정하고 가상 속도 정리(virtual velocity theorem)와 라그랑주 원리를 사용하여 동역학을 전개했다. 이러한 경향은 레일리(J.W.S. Rayleigh)의 『음향이론』(*The Theory of Sound*, 1877~78)과 램(Horace Lamb)의 『수력학』(*Hydrodynamics*)에서도 그대로 반영되었다.

이러한 성격이 맥스웰의 『전기자기론』에도 그대로 반영되어 나타난다. 이 책에서 맥스웰은 당시 새로운 동역학이었던 해밀토니안 동역학을 최초로 적용했고 또 다른 현대 물리학의 근본적 방법인 벡터 분석법을 새롭게 도입했다. 알려진 대로 본격적인 벡터 분석법은 헤비사이드(O. Heaviside)와 깁스(J.W. Gibbs)의 저술에서 사용되었고 이들은 모두 맥스웰의 책에서 이 방법을 접했다. 맥스웰은 해밀턴이 고안한 사원수를 쉽게 소개한 타이트의 책에서 벡터와 사원수 사용법을 배워서 사용했다. 맥스웰은 책에서 벡터 성분을 모두 표시하는 데카르트의 방법을 주로 사용했지만 사원수 표시법을 병행하여 적곤 했다. 맥스웰은 벡터를 취급하는 쉬운 방법으로 사원수에 의한 연산자 표현법을 널리 사용했다. 이후 벡터 분석법이 물리학에서 널리 사용되게 된 점을 감안할 때 맥스웰은 벡터 분석법의 선구적 사용으로 물리학의 문제들을 수학적으로 다루는 데 중요한 기여를 했다고 평가할 수 있다. 맥스웰은 특별히 사원수 계산법이 연산에 물리적 의미를 부여하는 것에 큰 관심을 가졌다.

정전기를 다루는 1부 첫 장은 기본적인 법칙과 그 법칙에 대한 경험적 사실들을 담고 있다. 여기에서 맥스웰은 전기를 전기 유체 개념과 무관하게 측정 가능한 개념으로 제시했고 전기 분극 개념을 유체 이론에 대한 대안으로 제시했다. 2장에서 4장까지는 정전기의 수학적 이론으로 구성되어 있다. 2장에서 맥스웰은 전기 변위 개념을 '단위 면적을 가로질러 기전력 방향으로 강제되는 전기의 양'으로 정의했고 푸아송의 방정식을 매질의 용량계수 K를 포함하는 일반적인 형태로 제시했다. 4장에서 맥스웰은 그린과 톰슨의 정리를 주로 다루면서 장이론으로 그 것들을 해석했다.

5장에서 맥스웰은 전기장을 주변 매질의 변형력의 분포로 설명했고 이런 설명이 패러데이의 실험 결과와 잘 들어맞음을 보였다. 이 속에서 맥스웰은 패러데이의 개념과 마찬가지로 전하는 유전체의 분극 상태와 도체의 비분극 상태 간의 불연속을 나타내는 것이라고 주장했다. 또한 맥스웰은 전체 전류는 도체에서 지배적인 도체의 보통 전류와 유전체에 서 지배적인 전기 변위의 변화로 이루어짐을 강조했다. 맥스웰은 매질 을 전류가 통과하면서 매질의 특성에 따라 다른 진동수로 긴장의 심화 와 완화를 반복한다고 진술했다.

6장에서 8장까지는 정전기장에 대한 다양한 기하학적 형태를 다루었 고 9장에서 12장까지는 구면 조화, 공초점 평면, 전기 영상 및 반전 이 론, 켤레 함수 이론 등 해석학적 분석을 주로 다루었으며 13장은 정전 기 실험 장치를 다룬 실험적 장으로 구성되었다.

전기운동학을 다루는 2부에서 맥스웰은 고전적인 전류의 수학적 이 론을 제시했다. 그는 전류의 본성은 모르지만 경험적으로 관찰되는 갈 바노미터로 측정되는 현상으로 간주했다. 맥스웰은 옴의 법칙과 줄의 효과를 언급했고 유전체의 전체 전류가 일부는 전도전류이고 일부는 변 위의 변화로 구성되는 것으로 전기 흡수 현상을 설명할 수 있음을 보 였다.

1장에서 3장까지는 전류의 기본적인 현상과 법칙들을 제시했고 4장 과 5장은 전기 분해에 대한 내용을 담았으며 6장에서 8장까지는 전도 의 수학적 이론을 제시했다. 9장과 10장은 상이한 매질 간의 전도를 취 급했고 11장과 12장은 전기 저항을 측정하는 실제적 문제를 취급했다.

3부는 고전 자기 이론의 서술로 구성되어 있는데 자기 유도를 '자기 력'의 고전 개념에 대한 보완으로 간주하고 장이론에 속하는 개념과 결과를 소개했다. 1장은 자기의 기초 이론을 다루었고 2장과 3장에서는 주요 자기 개념을 소개했다. 톰슨처럼 맥스웰은 자기 유도를 무한히 작은 원형 공동 속에 놓인 단위 자극에 작용하는 자기력으로 정의했다. 또한 맥스웰은 자기 유도의 퍼텐셜 벡터인 U를 정의했다. 4장에서 6장까지에서 자기 유도의 개념과 관련된 논의를 전개하면서 패러데이의 방법을 따라 자기 유도가 자기력의 작용하에서 매질의 분극을 나타낸다고 제안했다. 맥스웰은 그와 관련된 구체적인 현상들을 7장과 8장에서 다루었다.

가장 중요한 4부에서 1장부터 4장까지는 전류의 자기 효과와 유도 현상을 차례로 다루었다. 그는 특히 앙페르의 이론에 대한 2장의 서술과 패러데이의 방법이 두드러지는 1, 3장 사이의 대비를 강조했다. 1장에서 맥스웰은 전기 회로의 자기 효과와 자기막(magnetic sheet)의 동등성으로부터 임의의 자기장에 놓인 전기 회로에 대한 작용을 표현했다. 1장 끝에서 그는 전류 분포의 함수로 자기력의 분포를 나타내는 법칙을 제시했다. 3장에서 맥스웰은 전자기 유도의 법칙을 진술하기 위해 패러데이와 펠리치(R. Felici)의 실험들을 소개했고 회로를 통과하는 자기력선의 감소율로 회로에 작용하는 기전력을 나타냈다. 맥스웰은 패러데이의 실험을 통해 회로를 통한 자기 유도 개념을 제시했고 이것이 노이만, 헬름홀츠, 톰슨, 베버가 전개한 수학적 유도 이론과 합치됨을 지적했다. 4장에서 맥스웰은 전류의 자기 유도를 설명하기 위해 관속을 운동하는 유체의 관성을 유비로 사용했다.

5장에서 8장까지에서 맥스웰은 전자기의 동역학 이론을 취급했다. 5장에서 맥스웰은 해밀턴과 톰슨 및 타이트가 채택한 라그랑주의 이론의 기본적 관계를 기술했다. 6장에서 맥스웰은 전기 회로계의 상태를 보통의 역학적 변수와 전기적 변수로 나타낼 수 있다고 보고 계의 운동 에너지를 세 2차 함수의 합으로 나타냈다.

다음 장들에서 맥스웰은 전기 운동에너지에 의존하는 현상만 다루었다. 7장에서 맥스웰은 계에 적용된 외력을 전기 운동에너지를 미분하여 표현하고 이 결과를 두 회로로 구성된 복합계에 적용했다. 8장에서 맥스웰은 자기유도 B와 자기유도의 퍼텐셜 벡터 U를 정의하기 위해 회로의 동전기 운동량(electrokinetic momentum)이라는 개념을 사용했다. 9장에서 11장은 이미 앞에서 소개한 적이 있는 전자기장의 일반 방정식을 다루었다. 11장에서 맥스웰은 세 종류의 에너지인 정전기 에너지, 자기 에너지, 전기 운동에너지 표현식을 각각 얻었다. 12장에서 14장까지는 몇 가지 특수한 경우들의 전자기 현상을 취급했다. 15장은 전자기 실험을 위한 기구와 실험 절차에 대한 소개를 담았고 16장은 구체적인 전자기 현상에 대한 관찰 사실들을 소개했다. 17장은 코일의 유도계수의 결정에 관한 실험적 논의를 담았으며 18장과 19장은 전자기적 방식에 의한 저항의 정의에 대한 내용을 담았다.

20장과 21장은 빛의 전자기 이론과 빛에 대한 자기 효과를 다루었다. 20장에서 맥스웰은 벡터 퍼텐셜 U의 방정식

$$K\mu \, \frac{d^2 U}{dt^2} - \nabla^2 U = 0$$

에서 '전자기 교란'의 존재를 연역했다. 그 속력은 $v = \dfrac{1}{\sqrt{K\mu}}$로 표현되었다. 맥스웰은 공기 중에서 그 값이 전자기 단위당 정전 단위의 수와 일치한다는 것을 보였고 이 값에 대한 다양한 실험 측정을 광속과 비교했을 때 그것들이 광속에 매우 근접함을 지적했다. 이로써 맥스웰은 빛은 특별한 종류의 전자기 교란이라고 주장했다. 그러나 맥스웰은 전자기 교란을 만들어내는 장치를 언급하지 않았고 이것을 만드는 방법도 알지 못했다.

21장에서 맥스웰은 빛에 대한 자기 효과, 즉 패러데이 효과를 취급했다. 그는 매질이 자기의 영향을 받는 이유를 매질의 분자 소용돌이 구조로 해석했다. 맥스웰은 빛과 자기가 빛의 전자기론을 직접 불러내기보다는 역학적 법칙에 따라 상호작용하는 에테르 운동을 구성하는 것으로 평가했다. 22장은 분자 전류에 의해 강자성과 반자성을 설명하는 이론

을 다루었고 23장은 대륙의 원격작용에 의한 전자기 이론에 대한 설명을 다루었다.

6. 맥스웰 이후의 전자기학

1873년 이후 맥스웰은 전자기 논문을 발표하지 않았다. 1872년 클라렌던 출판사의 요청으로 맥스웰은 수학이 덜 들어간 책을 쓰기로 하고 1879년 그 책을 『전기기초론』(*Elementary Treatise on Electricity*)이라는 제목으로 출판하려는 계획으로 집필에 들어갔으나 미완으로 끝났다. 1877년에 같은 출판사는 『전기자기론』의 재판을 쓰라고 권고했고 맥스웰은 그 작업에 들어갔으나 마저 끝내지 못하고 숨을 거두고 말았다. 그래서 책 재판은 그의 동료 둘이 정리해 출판되었다. 『전기기초론』도 『전기자기론』에서 필요한 부분이 발췌되어 1881년 출판되었다.

맥스웰은 케임브리지에 있었으나 학파를 형성하지 않았다. 그의 강의는 장이론에 집중되어 있지도 않았다. 맥스웰의 장이론을 케임브리지에서 본격적으로 가르친 것은 맥스웰 사후인 1876년 시작된 니번(W. D. Niven)의 칼리지 간 강의를 통해서였다. 『전기자기론』의 상업적 성공은 이론적 혁신보다는 수학 교육과 실험 교육상의 가치 때문이었다. 톰슨조차 1884년 이루어진 볼티모어 강의에서 맥스웰의 독특한 전자기적 관점을 반대했다. 타이트도 전하와 변위 전류의 개념과 같은 본질적인 맥스웰 이론에 반대 입장을 표명했고 크리스털(George Chrystal)도 마찬가지였다.

이 책의 성공이 장이론의 확산에 기여한 것은 사실이었다. 1870년대 말부터 맥스웰주의자들의 전자기 연구가 발표되기 시작했다. 그중에서 케임브리지에서는 니번의 제자인 J.J. 톰슨(J.J. Thomson)과 포인팅(J. H. Poynting)이 두드러졌다. 케임브리지 밖에서는 더블린의 트리니티 칼리지 학생이었고 이제는 교수가 된 피츠제럴드(G.F. Fitzgerald), 런던 유니버시티 칼리지 학생이었고 이제는 리버풀의 물리학 교수가 된

올리버 로지(Oliver Lodge), 독학으로 맥스웰의 이론을 깨우친 헤비사이드가 있었다.

맥스웰 저작의 확장 방향의 하나는 로지가 한 것처럼 전자기 현상을 에테르의 역학적 상태로 설명하는 것이었다. 또 다른 방향은 케임브리지 대학의 물리학자들이 주로 한 것처럼 라그랑주의 이론에 최소 작용의 원리를 적용해 메커니즘에 대한 정확한 가정 없이 현상의 역학적 기초를 확립하는 것이었다. 이에 반해 피츠제럴드는 로지처럼 전자기 현상에 대한 역학적 모형을 제시했으나 역시 라그랑주의 방법을 사용해 1879년 유명한 논문을 썼다.

또한 맥스웰의 전자기 이론과 맥큘러(James MacCullagh)의 광학 이론의 일치는 빛의 전자기 이론을 더욱 진전시켜 빛의 반사와 굴절 현상, 패러데이의 자기광학 현상, 1876년에 발견된 케어(Kerr) 효과를 전자기 이론으로 설명하도록 이끌었다. 1879년 로지는 전기로 광파를 생산하려는 노력을 전개했다. 피츠제럴드는 그러한 노력에 찬성하는 쪽이었으나 1882년 회의적이 되었다. 로지는 1888년 도체 안에서 전자기파를 만들어내는 데 성공했지만 같은 무렵 헤르츠의 공기 중의 전자기파 전송 실험 성공으로 그 의미가 퇴색되어 버렸다. 이러한 초기 맥스웰주의자들의 성과 중에서 1884년 포인팅이 맥스웰의 이론에서 유추해 발견한 식에 따라 전류 흐름에 동반되는 에너지 흐름이 도체 밖에서 안쪽임을 주장한 것은 두드러진 성과였다. 이러한 설명은 전기를 유체로 보는 이론보다는 맥스웰의 독특한 전류 이론을 옹호한 결과였다.

1883년과 1885년 맥스웰의『전기자기론』은 각각 독일어와 프랑스어로 번역되었다. 맥스웰의 이론이 맥스웰 생전에도 대륙에 널리 알려졌으나 1880년대 중반까지 대륙의 연구를 이끌어내지는 못했다. 예외적인 것이 있다면 1870년 출판된 헬름홀츠의 논문이 있었다. 헬름홀츠는 열린회로를 포괄하는 전자기 작용 이론을 제시했다. 그는 벡터 퍼텐셜이 k라는 매개 변수를 포함하도록 했는데 이 값이 어떤 값을 갖느냐에 따라 노이만, 베버, 맥스웰의 이론에 각각 해당되었다. 1879년 헬름홀츠는 열린회로에서 맥스웰 이론의 유효성을 검사하는 작업을 수행했다. 그는 이 연구를 그의 학생이었던 헤르츠에게 부과했다. 헤르츠는 한때 이 주제를 포기했지만 1884년 맥스웰 이론의 우월성을 인정하는 견해를 발표했다. 헤르츠는 1886년 실험 연구를 추가하여 1887년과 1889년 사이에 일련의 인상적인 실험을 수행했다. 그는 극히 빠른 전기 진동을 만들어내고 그것이 만드는 기전력을 측정하는 장치를 고안했다.

그 후 그는 유전체의 가변 분극에 의해 유발되는 전기의 동역학적 효과를 강조했다. 그다음에 그는 이러한 효과가 전기 도선이나 공기 중에서 진행파나 정상파를 만들어내는 것을 보였다. 그는 반사와 굴절에 대한 강조로 이러한 파동의 공간상 분포를 기술하면서 이 연구를 결론지었다. 이러한 실험은 맥스웰 이론의 승리로 여겨졌다. 헤르츠는 1890년 맥스웰의 이론을 새롭게 재구성하여 장이론을 물리학의 다른 분야로 확장하려는 시도를 했다. 그 후 독일에서 맥스웰의 이론은 크게 흥했다. 전하와 전류의 전통적 견해는 포기한 전자기 장이론들이 독일 저자들에 의해 쓰였다.

1894년 라머(Joseph Larmor)는 전자에 대한 현대적 개념의 출현을 알리는 논문을 발표했다. 라머의 이론은 맥스웰의 이론의 확장을 모색한 것이었지만 어떤 점에서는 맥스웰의 접근법에서 벗어나 있었다. 라머는 물질이 격리된 에테르의 특이점으로 이루어져 있으며 양이나 음의 기본 전하량을 운반하는 소위 '전자'로 이루어져 있다고 보았다. 그는 전류가 전자의 대류로 형성되며 물질의 성질은 전자의 배치에 의해 유발되는 것으로 보았다. 그러므로 라머는 맥스웰의 전하와 전류의 표현을 버렸을 뿐 아니라 맥스웰의 거시적 접근법도 버렸다. 그러나 라머의 이론은 전기와 자기 작용이 에테르를 통해 전달된다는 개념은 보존했다. 그와는 별도로 덴마크의 물리학자 로렌츠(H.A. Lorentz)는 자신의 전자 이론으로 패러데이 효과나 케어 효과, 제만 효과 등의 자기광학 현상을 설명하는 이론을 전개했다.

이런 이론에 영향을 받은 라머는 종합적인 설명으로『에테르와 물질』

(*Ether and Matter*)을 1900년 출판했다. 이 책은 이후 영국에서 전자기 연구에 큰 영향을 미쳤다. 라머와 로렌츠의 관점은 물질의 역학적 작용에 의해 물리적 현상들을 설명하기보다는 전자기적 메커니즘이 물질의 성질까지 결정짓는 좀더 근본적인 자연의 원리임을 주장함으로써 전자기적 세계관이 융성하는 기초가 되었다.

로렌츠는 맥스웰 동역학의 라그랑지안 정식화를 써서 전자기 이론을 수립하려고 노력했고 전기를 띤 입자인 전자로 구성되는 물질은 전자기적 법칙에 따라 움직이게 되어 있다고 보았다. 그러므로 그의 유명한 로렌츠 수축 공식은 이러한 전자기적 법칙에 지배를 받는 에테르와 물질이 동일한 수축을 일으킨다고 봄으로써 마이컬슨-몰리의 실험이 예상했던 지구의 공전에 의한 간섭계의 수축 효과가 검출되지 않는 것을 설명할 수 있었다. 뉴턴 이후 자연을 입자들의 작용에 의해 역학적으로 해석하려는 노력은 맥스웰에게도 초기 전자기장이론의 역학적 설명 방식으로 이어졌지만 맥스웰의 장방정식은 이러한 관계를 역전시켜 입자들보다 전자기장이 좀더 근본적으로 물리 세계를 설명할 수 있는 개념으로 정립되었던 것이다. 그리하여 1900년경 전자기적 세계관은 전성기를 맞이하여 많은 물리학자가 전기역학이 물리학의 통합적인 개념적 기초로 역학을 대치할 것이라고 주장하게 되었다.

맥스웰의 이론은 후속하는 상대성 이론의 형성과도 긴밀하게 관련되었다. 상대성 이론을 연 1905년 아인슈타인의 유명한 논문의 제목은 「움직이는 물체의 전기역학에 관하여」였다. 이 논문에서 아인슈타인은 맥스웰의 방정식이 갈릴레오의 상대론과 일치하지 않는 점에 착안하고 맥스웰의 방정식이 지시하는 그대로 진공 속에서의 광속이 좌표계의 운동과 무관하게 불변이라는 개념에 입각하여 특수 상대성 이론의 기초를 놓았다. 그러면서도 아인슈타인의 특수 상대성 이론은 에테르 매질이 빛의 전파를 위해 무용함을 제시함으로써 맥스웰의 가설을 거부했다. 나중에 아인슈타인이 발전시킨 일반상대성 이론은 중력 장이론을 제시함으로써 패러데이와 맥스웰이 지향했던 물질의 장이론을 확장시켰다.

맥스웰의 전자기학은 양자역학의 출현 이후에도 계속 중요한 역할을 하고 있으며 맥스웰이 『전기자기론』에서 선구적으로 사용한 에너지 보존 개념, 해밀턴 동역학, 벡터분석법은 이후 물리학의 진로를 지시했고 지금도 물리학에서 중요하게 다루어지고 있다.

참고문헌

알베르트 아인슈타인, 2003. '물리적 실재의 개념 진화에 끼친 맥스웰의 영향' 『아인슈타인의 나의 세계관』, 서울: 도서출판 중심, 319~324쪽.

Buchwald, J.Z. 1985. *From Maxwell to microphysics: aspects of electromagnetic theory in the last quarter of the nineteenth century*, Chicago: University of Chicago Press.

Campbell, L. and Garnett, W. 1882. *The Life of James Clerk Maxwell*, London: Macmillan.[Reprint New York: Johnson Reprint, 1969. 2nd ed. 1884.]

Cross, J.J. 1985. "Integral Theorems in Cambridge Mathematical Physics, 1830-55," in P.M. Harman (ed.). *Wranglers and Physicists*, Manchester: Manchester University Press, pp.112~148.

Domb, C. (ed.). 1963. *Clerk Maxwell and Modern Science: Six Commemorative Lectures*, University of London, The Athlone Press.

Everitt, C.W.F. 1975. *James Clerk Maxwell: Physicist and Natural Philosopher*, New York: Charles Scribner's Sons.

Glazebrook, R.T. 1896. *James Clerk Maxwell and Modern Physics*, London, Paris, and Melbourne: Cassel and Co.

Grattan-Guinness, I. 1990. *Convolutions in French Mathematics, 1800-1840*, 3 vols., Basel: Birkhäuser; Berlin: Deutscher Verlag der Wissenschaften.

Harman, P.M. 1982. *Energy, Force, and Matter: The Conceptual Development of Nineteenth-Century Physics*, Cambridge: Cambridge University Press; 김동원·김재영 옮김, 2000, 『에너지, 힘, 물질: 19세기의 물리학』, 학술진흥재단번역총서 v.236, 성우출판사.

Hendry, J. 1986. *James Clerk Maxwell and the Theory of the Electromagnetic Field*, Bristol and Boston, Adam Hilgar, 1986.

Hunt, B.J. 1991. *The Maxwellians*, Ithaca: Cornell University Press.

Maxwell, J.C. 1990-2002. Scientific Letters and Papers. (ed. P.M. Harman), 3 vols., vol. 1: 1846-1862, vol. 2: 1862-1873, vol. 3: 1874-1879. Cambridge: Cambridge University Press.

Schaffer, S. 1995. "Accurate Measurement is an English Science," in N.M. Wise. (ed.). *The Values of Precision*, Princeton: Princeton University Press, pp.135~172.

Siegel, D.M. 1991, *Innovation in Maxwell's Electromagnetic Theory: Molecular Vortices, Displacement Current and Light*, Cambridge: Cambridge University Press.

Smith, C. and Wise, M.N. 1989. *Energy and Empire: A Biographical Study of Lord Kelvin*, Cambridge: Cambridge University Press.

Smith-Rose, R.L. 1948. *James Clerk Maxwell, F.R.S. 1831-1879*, London: Longmans, Green and Co.

Tricker, R.A.R. 1966. *Contributions of Faraday and Maxwell to Electrical Science*, Oxford: Pergamon Press.

Warwick, A. 2003. *Masters of Theory: Cambridge and the Rise of Mathematical Physics*, Chicago: University of Chicago Press.

1판 서문

물체를 문지르면 그것이 다른 물체를 끌어당긴다는 것은 고대부터 알려져 있었다. 근대에 다른 현상들이 매우 다양하게 관찰되었고 그 것들이 이 끌어당기는 현상과 관련이 있는 것이 밝혀졌다. 그 현상들은 전기(electric) 현상이라고 불렸는데, 이것은 이 끌어당기는 현상이 처음 서술되었을 때 사용된 물질인 호박(琥珀)의 그리스어 엘렉트론(ἤλεκτρον)에서 유래한 것이었다.[1]

다른 물체들, 특히 천연자석이나 어떤 과정을 거친 철 조각과 강철 조각도 원격(遠隔) 작용 현상을 나타내는 것이 오랫동안 알려져 있었다. 이 현상과 그와 관련된 다른 현상들은 전기 현상과는 다르다는 것이 발견되었는데,[2] 테살리아(Thessalia)[3]의 마그네시아(Magnesia)

---

1) 호박을 사용하여 우연히 전기 인력을 발견한 인물은 기원전 6세기에 활동했던 밀레토스(Miletos)의 철학자였던 탈레스(Thales)이다. 그는 최초의 과학자로 인정받고 있다―옮긴이.

2) 전기와 자기 현상을 분명하게 구분했던 최초의 연구자는 길버트(William Gilbert, 1544~1603)였다. 그는 1600년에『자석에 관하여』라는 실험 과학의 선구적 업적을 출판했다. 그는 자기 현상에 대한 광범위한 실험 연구를 수행하면서 자기를 전기와 구분하기 위해 전기에 대한 연구를 수행했다. 그는 다양한 기전물질(electric, 즉 문질렀을 때 전기를 띠는 물질)을 확인했다―옮긴이.

3) 테살리아는 그리스 중북부에 있는 지방으로 올림포스산, 오사산, 핀두스산맥 등과 에게해로 둘러싸여 있다. 피니오스강이 중앙부를 통과하고 그 유역에 테살리아 평야가 펼쳐져 있다. 예부터 밀의 주산지로 유명했으며 말 사육에 적합하여 고대부터 기병(騎兵)이 유명했다. 비옥한 땅 때문에 예부터 이주자가 많았

지역에서 나오는 천연자석인 마그네스(μάγνης)의 이름을 따라 자기 (magnetic) 현상이라고 불렸다.

그 후에 이 두 부류의 현상은 서로 연관되어 있다는 것이 알려졌는데,[4] 우리가 알기로는 바로 이 두 부류에 속하는 다양한 현상들 사이의 관계가 전자기학(electromagnetism)이라는 과학을 구성한다.

이 논고에서 나는 이 현상들 중에서 가장 중요한 것들을 서술하고, 어떻게 그것들이 측정될 수 있는지 보여주고, 또한 측정된 양들의 수학적 관계를 추적할 것이다. 그리하여 나는 전자기의 수학적 이론을 위한 데이터를 얻고 어떻게 이 이론이 현상의 계산에 적용될 수 있는지 보임으로써, 이 이론의 수학적 형식과 동역학(動力學, dynamics)이라는 기본 과학의 형식 사이의 관계를 되도록 명쾌하게 해명하려고 노력할 것이다. 이로써 우리는 전자기 현상의 예시와 설명을 찾기 위한 동역학적 현상의 종류를 알아낼 준비를 어느 정도 갖추게 될 것이다.[5]

나는 이러한 현상들을 기술할 때 그 이론의 근본적인 개념을 가장 명확하게 예시하는 것들만을 선택하고 나머지는 제외하여 독자가 더 고급 수준에 이를 때까지 유보해 두고자 한다.

수학적 관점에서 어떤 현상의 가장 중요한 측면은 측정가능한 양이다. 그러므로 나는 전기 현상을 주로 측정과 관련하여 고찰하면서 측정 방법을 기술하고 그것이 의존하는 표준들을 정의할 것이다.[6]

다―옮긴이.

4) 1820년에 외르스테드가 전류가 흐르는 도선 주위에서 자석이 편향을 일으키는 것을 발견함으로써 전기와 자기 사이에 긴밀한 연관이 있음이 확실해졌다―옮긴이.

5) 이 부분에서 맥스웰은 이 저술의 목적을 분명히 밝힌다. 그것은 기존의 확립된 동역학 분야의 개념에 준하도록 전자기 현상의 수학적 이론을 구축하는 것이다. 이 과정에서 관찰 및 측정된 양들이 이론의 전개를 위한 확고한 기초로 기능할 것임을 명백히 하고 있다―옮긴이.

6) 맥스웰이 측정에 지대한 관심을 가졌던 것은 19세기 후반에 전자기 관련 실험이 정성적 수준을 넘어 정량화되어 정밀성을 확보해 나가는 과정에 있었음을 보여준다. 맥스웰 자신이 실험가는 아니었지만 이러한 정밀 실험의 진보에 힘

나는 전기적 양의 계산에 수학을 적용하면서 우선 우리가 확보한 데이터로부터 가장 일반적인 결론을 유도한 뒤에, 선택할 수 있는 가장 단순한 경우들에 그 결과를 적용하려고 노력할 것이다. 수학자들의 능력을 이끌어내긴 했지만 우리의 과학 지식을 확장시키지 않았던 문제들은 되도록 피할 것이다.

우리가 연구해야 하는 과학의 상이한 분과들의 내적 관계는 지금까지 발전해 온 그 어떤 과학의 경우보다 더 다양하고 복잡하다. 이 과학과 동역학 사이의 외적 관계는 이 과학과 열, 빛, 화학 작용 및 물체의 조성 사이의 외적 관계와 더불어 자연의 해석을 도와주는 한 분야로서 전기학의 특별한 중요성을 지시해 준다고 생각된다.

그러므로 전자기 연구는 그 모든 범위에서 이제 과학의 진보에 기여하는 수단으로서 제일 중요한 분야가 된 것으로 보인다.[7]

상이한 부류의 현상들에 대한 수학적 법칙은 상당한 정도까지 만족스럽게 수립되었다.

상이한 부류의 현상들 사이의 관계도 역시 연구되어 왔으며, 그 상호적 관계에 대한 더 확장된 지식을 통해 실험적 법칙들이 정확해질 가능성이 크게 향상되었다.

마침내 모든 전자기 현상이 순전히 동역학적 작용에만 의존한다는 가정에 모순되지 않는다는 것이 입증됨으로써, 전자기학을 동역학으로 환원하는 데 상당한 진보가 이루어졌다.

그러나 지금까지 이루어진 연구가 전기 연구 분야의 연구를 완성시킨 것은 결코 아니다. 오히려 이제까지의 연구는 탐구 주제를 골라내고

입은 바가 크다. 맥스웰이 가장 많이 의지한 실험가는 패러데이와 윌리엄 톰슨이다. 그들의 실험과 측정 기구가 있었기에 맥스웰의 수학적 이론은 성립할 수 있었다—옮긴이.

7) 19세기 후반 물리학에서 전자기학의 지위를 보여주는 언급이다. 전자기학은 맥스웰에게 다양한 과학 분야에 큰 영향을 미칠 수 있는, 자연의 근본적인 비밀을 풀 수 있는 열쇠를 가진 분야로 인식되었다. 이런 인식은 다른 물리학자들에게서도 널리 공유되고 있었을 것이다—옮긴이.

연구 방법을 제시함으로써 전기 연구 분야를 새로 열었다고 해야 할 것이다.

항해술에 자기(磁氣) 연구가 얼마나 유용한지, 그리고 나침반이 실제 가리키는 방향이나 배 안에 있는 쇳덩어리의 영향 등에 대한 지식이 얼마나 중요한지는 더 자세하게 설명할 필요가 없을 것이다. 그러나 자기의 관찰을 통해 항해를 더 안전하게 만들려던 사람들의 노력이 동시에 순수 과학의 진흥에 매우 큰 도움이 되었음은 언급해 둘 가치가 있다.[8]

독일 자기 연맹(German Magnetic Union)의 일원이었던 가우스[9]는 자신의 뛰어난 지성(知性)을 자기의 이론과 자성(磁性)을 관찰하는 방법의 연구에 쏟아부었다. 그는 인력 이론에 대한 지식을 크게 증진시켰을 뿐 아니라 사용되는 도구와 관찰 방법과 결과의 계산 등에 관련하여 자기학 전체를 재건했다. 이로써 그의 지자기(地磁氣) 관련 저작은 자연에 있는 힘들의 측정에 종사하는 모든 사람들에게 물리학 연구의 모범으로 간주되었다.

전신(電信)도 중요한 전자기학의 응용이었는데, 전신 덕분에 전기와 관련된 정확한 측정이 상업적 가치를 갖게 되었으며 전기연구자[10]들이

---

8) 17, 18세기의 지자기 연구와 항해술 및 나침반의 오차에 관한 흥미로운 논의가 Deborah Warner, "Terrestrial Magnetism: For the Glory of God and the Benefit of Mankind," *Osiris* 9(1994), pp.67~84 중에서 특히 pp.72~82에 나와 있다—옮긴이.

9) 가우스(Carl Friedrich Gauss, 1777~1855)는 유명한 수학자이기도 했지만 탁월한 지자기 실험 연구자였다. 그는 독일의 괴팅겐에 지자기 관측소를 세우고 베버(Wilhelm Weber)와 함께 시시때때로 변하는 지자기를 정밀하게 관측함으로써 자기학 발전에 크게 기여했다. 그의 공적은 자기선속밀도를 나타내는 단위인 '가우스'(gauss)로 기념되고 있다. 이 단위의 명칭은 1930년 국제전기 표준회의에 의해 결정되었다—옮긴이.

10) '전기연구자'(electrician)는 요즘과 같은 의미의 전기기사만을 가리키지 않는다. 과학사학자 하일브론(J.L. Heilbron)에 따르면 전기 현상을 연구하던 사람들은 예수회 사제, 학술원 등에서 봉급을 받는 연구원, 교수, 대중강연자, 장인, 의사, 변호사, 공무원, 부유한 개인 등 매우 다양했으며, 맥스웰 당시의 'electric-ian'은 이와 같이 전기 현상을 연구하던 다양한 사람들을 모두 통칭

보통의 실험실 규모를 크게 넘어서는 규모로 장치를 사용하게 됨으로써 전신은 순수 과학에 다시 영향을 미쳤다.[11] 이와 같이 전기에 관한 지식 이 많이 요구되고 이런 지식을 얻을 수 있는 실험적 기회가 많아짐으로 써 고급 전기연구자들의 관심이 자극받고 동시에 공학 전문직 전체의 일반적인 과학적 진보를 가져올 정도의 정확한 지식이 실용적인 기술자 들 사이에 확산되는 매우 큰 변화가 일어났다.

전기와 자기 현상을 대중적인 방식으로 서술하는 몇몇 저술이 이미 나와 있다. 그러나 이것들은 측정될 양들을 직접 다루는 사람들이나 강 의실의 시범 실험[12]에 만족하지 못하는 사람들이 원했던 것은 아니다.

또한 전기학에서 매우 유용한 수학적 논문들도 상당수 존재하지만, 그것들은 방대한 분량의 학술지 속에 감추어져 있다. 그것들은 연결된 체계를 이루지도 않으며, 그 가치가 고르지 않고, 대부분의 내용은 전문 수학자가 아닌 사람들이 이해하기 힘들다.

그래서 나는 체계적으로 전 주제를 다루면서도 동시에 주제의 각 부 분을 어떻게 실제 측정에 의한 확인 방법으로 다룰지 지시해 주는 것을 주된 목표로 삼는 저술이 있으면 좋겠다는 생각을 해왔다.[13]

하는 말이다—옮긴이.

11) 이 시기에 전신이 과학의 진보에 기여한 실제적인 예에 관하여 Bruce J. Hunt, "The Ohm Is Where the Art Is: British Telegraph Engineers and the Development of Electrical Standards," *Osiris* 9(1994), pp.48~63에 서 자세히 다루고 있다—옮긴이.

12) 19세기 유럽에서는 과학 교육의 일환으로 시범 실험이 강의실에서 널리 행 해졌다. 대중적인 성격의 강의를 포함해서 대학 강의실에서 시범 실험은 매 우 보편화되어 있었다. 19세기 초까지도 대학에서는 학생들에게 실험실에서 직접 실험하는 법을 가르치지 않았고 시범 실험이 학생들이 접할 수 있는 실 험의 전부였다. 그러다가 18세기 중반부터 독일을 시작으로 대학에 실험실 이 학생들의 실험 교육의 장소로 사용되기 시작했고 이것은 연구소로 발전했 다. 영국에서는 맥스웰이 초대 소장을 맡았던 캐번디시 연구소(Cavendish Laboratory)가 최초의 대학 차원의 체계적인 실험 교육의 장소가 되었다— 옮긴이.

13) 이 단락이 이 책의 목적을 간명하게 나타낸다. 전자기학의 성과에 대한 체계

이 저술의 일반적인 성격은 이미 출판된 몇몇 뛰어난 전기 관련 저작(그 대부분은 독일에서 출판되었다)과는 상당히 다르다. 또한 여기에서는 몇몇 뛰어난 전기연구자와 수학자의 고찰이 정당하게 평가받지 못하는 것으로 보일지 모른다. 그렇게 된 한 가지 이유는 전기 연구를 시작하기 전에 나는 패러데이(Faraday)[14]의 『전기 실험 연구』(*Experimental Researches in Electricity*)를 완독하기 전까지는 그 주제에 관한 수학적 저술을 읽지 않기로 결심했기 때문이다. 나는 현상을 마음속에 그리는 패러데이의 방법과 수학자들의 방법에는 차이가 있어서 두 쪽 모두 서로의 언어에 만족하지 않는 것을 알고 있었다. 나는 또한 이 차이가 어느 편이 잘못되었기 때문에 생기는 것이 아니란 확신을 가지고 있었다. 내가 처음에 이것을 확신하게 된 것은 W. 톰슨(Sir William Thomson)[15] 덕분이었다. 그가 발표한 논문들뿐 아니라 그의 충고와 지원 덕택에 나는 그 주제에 관한 대부분의 지식을 얻을 수 있었다. 패러데이의 연구를 따라가면서 나는 현상을 이해하는 그의 방법은 전통적인 수학적 기호의 형태로 표현되지는 않았지만 역시 수학적인 것임을 인식했다. 나는 또한 이 방법이 통상적인 수학적 형태로 표현될 수 있어서 전문적인 수학자들의 방법과 비교될 수 있음을 알았다.

가령 수학자들이 거리를 두고 끌어당기는 힘의 중심(中心)[16]을 본 곳

적인 서술과 함께 측정에 그 지식을 종속시킬 방법을 제시하는 것이 이 책의 저술 의도였음을 맥스웰은 밝힌다. 특히 측정에 대한 지대한 관심이 다른 저술과 비교했을 때 이 책의 독특한 특징이라고 할 수 있다—옮긴이.

14) 영국의 물리학자이자 화학자인 마이클 패러데이(Michael Faraday, 1791~1867)는 정규적인 대학 교육을 받지 못했기에 수학에 능숙하지 못했다. 그는 제책업자의 도제로 있는 동안 과학에 흥미를 갖게 되었고 왕립 연구소(Royal Institution)의 화학자인 험프리 데이비(Humphrey Davy)의 강의를 들은 것이 계기가 되어 그의 조수가 됨으로써 연구자로서 경력을 시작했다—옮긴이.

15) 나는 이 저작이 인쇄되는 동안 주어진 많은 가치 있는 제안에 대하여 윌리엄 톰슨과 타이트 교수에게 감사한다.

16) 힘의 중심은 중심력이 발휘되는 점을 말한다. 즉, 만유인력이나 전기력과 같은 중심력은 질량이나 전하가 있는 점을 중심으로 모든 방향으로 힘을 미친다—

에서 패러데이는 마음의 눈으로 모든 공간에 퍼져 있는 역선(力線, line of force)을 보았다. 패러데이는 수학자들이 간격 외에는 아무것도 보지 못한 곳에서 매질을 보았다. 패러데이는 매질에서 진행되는 실제 작용에서 현상의 장소를 찾은 반면에 그들은 전기 입자에 가해진 원격 작용의 힘에서 그것을 찾은 것에 만족했다. 내가 패러데이의 개념이라고 생각한 것을 수학적 형태로 번역했을 때, 나는 패러데이의 방법은 전체로 시작하여 분석에 의해 부분에 도달하는 반면에 통상적인 수학적 방법은 부분에서 시작하여 종합에 의해 전체를 구성하는 원리 위에 확립되어 있다는 것을 깨달았다. 물론 일반적으로 두 방법의 결과가 일치하여 동일한 현상이 설명되고 동일한 작용 법칙이 두 방법에 의해 연역되는 것은 사실이다.

나는 또한 수학자에 의해 발견된 가장 생산적인 연구 방법 중 몇몇은 원래의 형태보다는 패러데이로부터 유도된 개념에 의해 훨씬 더 잘 표현될 수 있음을 알았다.

가령, 어떤 편미분 방정식을 만족하는 양으로 생각되는 퍼텐셜의 전체 이론은 본질적으로 내가 패러데이의 방법이라고 부르는 것에 속한다. 이와 다른 방법에 따라 굳이 퍼텐셜을 고려하려면 그것은 주어진 점으로부터 대전 입자까지의 거리로 각각의 대전 입자의 전하량을 나눈 값의 합으로 간주되어야 한다. 그리하여 라플라스(Laplace), 푸아송(Poisson), 그린(Green), 가우스 등의 수학적 발견 중 다수는 이 책에서 적절한 위치를 얻게 되고 주로 패러데이로부터 유래한 개념들에 의해 적절한 식들을 얻게 된다.

전기학에서 큰 진보는 주로 독일의 원격 작용 이론의 개척자들에 의해 이루어졌다. 베버(Weber)[17]가 수행한 전기와 관련된 측정들

___
옮긴이.

17) 독일의 물리학자인 베버(Wilhelm Eduard Weber, 1804~91)는 할레 대학을 나와 같은 대학의 교수가 되었다. 형 E.H. 베버와 동생 E.F. 베버는 생리학자로 유명하다. 처음에는 형제들과 함께 생리학을 연구했으나, 훔볼트의 소

은 그에 의해 원격 작용 이론을 써서 해석되었다. 가우스에 의해 시작되고 베버, 리만(Riemann), J. 노이만(J. Neumann)과 C. 노이만(C. Neumann),[18] 로렌츠(Lorenz) 등에 의해 이루어진 전자기적 고찰은 원격 작용 이론 위에 세워져 있고 직접적으로 입자의 상대 속도에 의존하거나, 한 입자에서 다른 입자로 무엇인가——그것이 퍼텐셜이건 힘이건——의 점진적인 전파에 의존하고 있다.[19] 이렇게 뛰어난 사람들이

___

개로 가우스를 알게 된 후, 1831년에 가우스가 일하던 괴팅겐으로 초빙된 후부터 물리학 분야 일을 시작했으며, 지자기(地磁氣) 연구에서 가우스와 협력했다. 정밀한 자기계(磁氣計)를 제작했고, 1833년에는 괴팅겐에 지자기 관측소를 설립하고 국제적인 관측망을 설정하는 등, 지자기의 통일된 계획적 관측 및 연구 시스템을 구축하는 데 기여했다. 전기역학(電氣力學) 분야에서 그의 기여 또한 컸는데 당시에 여러 법칙이 개별적으로 산재하는 상황에서 베버는 이들을 통일하고 기초를 세우는 기초 방정식의 확립을 꾀했고, 원격 작용에 입각한 역학적 관점에서 베버의 법칙을 도출했고(1846) 정밀한 수학 형식을 갖춘 전기역학을 내놓았다. 또한 정밀한 정절 전류계(正切電流計)를 제작하여 전류세기의 절대 측정을 했으며(1840), 열작용(熱作用)과 전기분해의 실험적 연구와 합쳐서 전기량의 절대 단위를 정했다(1842). 또한 가우스와 협력하여 전자기 단위계를 만들었고(1852), 이것과 정전기적(靜電氣的) 작용으로 정해지는 정전기 단위계의 관계를 밝히려 했다. 그는 이 두 가지를 연결시키는 상수(베버수 C)를 콜라우시와 실측하고(1856), 그 값이 진공(眞空) 속의 광속(光速)과 거의 같다는 것을 밝혔다. 이는 나중에 맥스웰의 전자기파 예측에 중요한 힌트를 주었다. 그밖에도 모스에 앞서 전신기를 제작했고(1833), 분자전류(分子電流)에 의한 반자성(反磁性)을 설명하는 등(1852) 전자기학에 큰 공적을 남겼다. 자력 다발[磁力線束]의 단위 웨버(Wb)는 그의 이름을 딴 것이다——옮긴이.

18) 독일의 물리학자인 노이만(Carl Godfried Neumann, 1832~1925)은 바젤 대학, 튀빙겐 대학, 라이프치히 대학 등에서 교수를 역임했다. 기하광학, 퍼텐셜론 등 수리 물리학 방면에서 많은 업적을 남겼다. 또 뉴턴 역학의 바탕인 관성의 법칙에 관해 그 성립 조건을 검토하고 공간 내의 고립 물체의 운동을 인식하기 위해 기준 절대 좌표계를 상정하는 a축계(軸系) 이론을 제시했다——옮긴이.

19) 맥스웰이 대륙의 수학자들을 모두 일관되게 원격 작용론자로 보는 관점은 최근의 과학사학자들이 별로 동의하지 않는 관점이다. 피터 하만은 19세기에 영국 물리학자들이 발전시킨 전기 이론은 쿨롱과 라플라스가 제시했던 전기 이론의 형태와 크게 달랐던 점을 인정했고 이들이 전기력의 수학적 이론을 중심

매우 성공적으로 수학을 전기 현상에 적용했기 때문에 자연스럽게 그들의 이론적 고찰에도 더 많은 비중이 실리게 되었다. 따라서 그들을 수리 전기학의 가장 큰 권위자들로 여기는 전기연구자들은 그들의 수학적 방법과 함께 그들의 물리적 가설도 수용할 것이다.

그러나 내가 채택하고 있는 사물을 바라보는 방식은 이러한 물리적 가설들과 완전히 다르다. 내가 가진 한 가지 목표는 전기를 연구하기를 희망하는 사람들에게 이 책을 읽힘으로써 그들에게 그 주제를 취급하는 또 다른 방법이 있으며, 그 방법은 현상을 설명하는 데 상당히 적합하며, 어떤 점에서 덜 확정적인 것으로 보이겠지만, 그 방법은 그것이 주장하는 것에서나 그것이 결정하지 않은 채로 남겨두는 것에서나, 모두 내가 생각하는 대로, 더 충실하게 우리의 실제 지식과 일치한다는 것을 알리는 것이다.

게다가 철학적인 관점에서 볼 때 두 방법의 차이를 이해하는 것은 매우 중요한 일이다. 두 방법 모두 주요한 전자기 현상들을 설명하는 데 성공했으며, 빛의 전파를 전자기 현상으로 설명하기를 시도했고 실제로 그 속도를 계산해 냈다. 그렇지만 관련된 양들의 이차적인 개념들뿐 아니라 실제로 무슨 일이 일어나고 있는가에 대한 기본 개념은 근본적으

력에 의해 전개했다고 보았다. 그러나 하만은 프랑스의 앙페르나 독일의 베버의 수학적 이론이 전기의 중심력 이론을 벗어나 에테르라는 매질을 통해서 전기력이 전달된다는 생각을 공유함으로써 전통적인 원격 작용과는 차이가 났다는 것을 지적했다. 리만이나 로렌츠(Ludwig Lorenz), 칼 노이만도 마당에 의한 전기 현상의 설명을 시도했기에 이들 모두 전기의 중심력 이론을 벗어버리는 데 기여했지만 그들의 이론은 영국인들의 동역학적 설명과는 차이가 있었다. 피터 하만, 『에너지, 힘, 물질』(서울: 성우, 2000), pp.143~146. 한편 지겔은 앙페르나 베버의 이론을 원격 작용 이론이라고 부르는 것은 합당하지 않으며 그것들을 '전하 상호작용'(charge-interaction) 이론이라고 보아야 하는 반면에 영국인의 패러데이와 그의 추종자인 윌리엄 톰슨이나 맥스웰의 이론은 '마당 중심'(field primacy) 이론으로 보아야 한다고 했다. Daniel Siegel, *Innovation in Maxwell's Electromagnetic Theory: Molecular Vortices, Displacement Current, and Light*(Cambridge: Cambridge University Press, 1991), p.9 —옮긴이.

로 다르다.

그러므로 나는 재판관보다는 변호인의 역할을 선택했고 두 가지 방법을 공평하게 서술하려고 하기보다는 오히려 한 가지 방법을 모범으로 삼았다. 물론 내가 독일식이라고 부르는 방법도 지지하는 사람들이 있을 것이고, 그들은 이 방법을 그 독창성에 걸맞게 뛰어난 솜씨로 다룰 것임에 틀림없다.[20]

나는 이 책에서 전기 현상, 실험, 장치를 모두 완전하게 설명하려 하지는 않았다. 이 주제에 관하여 알려진 것 모두를 읽기를 원하는 연구자는 드 라 리브(A. de la Rive)[21] 교수의 『전기론』(*Traité d'Electricité*)과 몇몇 독일의 저작, 가령 비데만(Wiedemann)[22]의 『생체전기론』

---

20) 이러한 대륙과 영국의 대조적인 전기 역학 전개는 맥스웰 이후 헬름홀츠에 의해 새로운 방식으로 이해된다. 헬름홀츠는 맥스웰의 빛의 전자기 이론과 전기 역학의 중심력 이론을 종합하고자 했다. 그는 베버, 리만, 로렌츠, 노이만의 이론에 반대하고 맥스웰의 혁신을 높이 평가하면서 원격 작용에 입각한 전기역학을 구축하고자 했다. 헬름홀츠는 전류 사이의 상호작용을 순간적으로 작용하는 원격 작용으로 기술하는 공식을 유도했고 이것으로부터 맥스웰의 전기역학과 베버의 전기역학을 수학적 논증을 통해 연역해 내었다. 그는 자신의 파동 방정식이 맥스웰의 장이론과는 무관하게 성립될 수 있음을 보였다. 이러한 헬름홀츠의 연구는 대륙의 물리학자들에게 이전까지는 모호하고 어렵게 여겨졌던 맥스웰의 이론을 널리 알리는 역할을 했고 헬름홀츠의 제자인 헤르츠가 1888년의 전자기파를 검출하는 데 직접적인 영향을 미쳤다. 피터 하만, 앞의 책, pp.146~148을 보라—옮긴이.

21) 스위스의 물리학자인 드 라 리브(Arthur-Auguste de La Rive, 1801~73)는 그의 아버지가 교수로 있던 주네브 아카데미에서 문학, 철학, 법학을 공부했으나 그의 관심사는 과학에 쏠려 있었고 1822년 22세의 나이에 같은 학교의 일반 물리학 교수가 되었다. 그는 당시 주네브에서 가장 영향력 있는 과학자가 되었으며 정부에서도 영향력이 컸다. 그는 전퇴에 대한 순수한 화학적 이론을 견지하여 상이한 물질의 접촉에서 기전력이 생긴다는 볼타의 접촉 이론을 비판했으며 패러데이, 앙페르, 아라고 등과 친분이 있었다—옮긴이.

22) 독일의 물리학자인 비데만(Gustav Heinrich Wiedemann, 1826~99)은 바젤 대학과 라이프치히 대학 등에서 교수를 역임했다. 그는 전자기학의 실험 연구에서 중요한 공헌을 했다. 특히 1853년 금속의 열 전도도와 전기 전도도의 비(比)가 동일 온도에서는 모든 금속이 같다는 법칙을 발견했다. 이를 비데

(*Galvanismus*), 리스(Riess)의 『마찰 전기』(*Reibungselektricität*),
베어(Beer)[23]의 『정전기학 서설』(*Einleitung in die Elektrostatik*)
등에서 큰 도움을 얻을 수 있다.

　나는 거의 전적으로 이 주제의 수학적 취급에 집중했지만, 가능하다
면 연구자들이 관찰하게 될 현상이 무엇인지—가능하다면 실험적으
로—배운 후에 패러데이의 『전기 실험 연구』를 주의 깊게 읽을 것을
추천한다. 그러면 그들은 거기에서 가장 위대한 전기 관련 발견과 연구
들 몇몇에 관한 단연코 현대적인 역사적 설명을 볼 수 있을 것이다. 그
것들은 만약 그 결과가 처음부터 알려졌다면 거의 개선될 수 없었을 순
서와 연계에 따라 수행되었으며, 과학적 조작과 결과를 정확하게 서술
하는 방법에 많은 관심을 쏟은 사람[24]의 언어로 표현되어 있다.[25]

　어떤 주제의 연구자가 그 주제에 관한 원래의 논문을 읽는 것은 큰 도
움이 된다. 왜냐하면 과학은 항상 그것의 탄생 단계에서 가장 완전하게
이해되기 때문이다. 패러데이의 『전기 실험 연구』의 경우, 원 논문들이
분리된 형태로 출판되어 있고 순서에 따라 읽을 수 있으므로 이것은 비
교적 쉽다. 내가 여기에서 쓴 어떤 것에 의해 어떤 연구자가 패러데이의
사상과 표현의 방식을 이해하는 데 도움을 줄 수 있다면, 나는 그것을
내 주된 목표 중 하나, 즉 다른 이들에게 내가 패러데이의 『전기 실험 연
구』를 읽었을 때 발견한 동일한 즐거움을 전달하는 것을 성취한 것으로
간주할 것이다.

　현상의 기술과 각 주제에 관한 이론의 기본적 부분은 이 책이 나뉘어

　　만-프란츠의 법칙이라 하고, 이때 나오는 상수(常數)를 비데만-프란츠 상수라
　　한다—옮긴이.
23) 독일의 수학자인 베어(August Beer, 1825~63)는 트리어에서 태어나 김나지
　　움과 기술학교에서 교육받았다. 1845년에 본으로 가서 플뤼커에게 수학과 과
　　학을 배웠다. 박사학위를 받고 본 대학에서 강의했다. 1855년에 본 대학 수학
　　교수가 되었고 광학과 전기에 관한 저술을 남겼다—옮긴이.
24) 이 사람은 곧 패러데이를 가리킨다—옮긴이.
25) *Life and Letters of Faraday*, vol. 1, p.395.

있는 4부 중 각각의 앞장에서 제시될 것이다. 학생들은 이 장들에서 전체 과학에 대한 기본적인 지식을 얻게 될 것이다.

각 부의 나머지 장들에서는 심화된 이론, 수치 계산 과정, 실험 연구를 위한 도구와 방법 등을 서술할 것이다.

전자기 현상과 복사 현상의 관계, 분자 전류 이론, 원격 작용의 본성에 관한 고찰의 결과는 2권의 마지막 네 장에서 다룰 것이다.

1873년 2월 1일
제임스 클러크 맥스웰

2판 서문

　내가 『전기자기론』의 2판의 교정지를 읽어달라는 요청을 받았을 때, 인쇄 작업은 이미 9장에 이르렀고 그것의 더 많은 부분이 저자에 의해 개정된 상태였다.

　첫 판에 친숙한 사람들은 현재의 판본과 비교해서 본질에서나 주제의 취급에서나 얼마나 광범위한 변화를 맥스웰 교수가 의도했는지, 또한 얼마나 이 판본이 그의 때이른 죽음으로 인해 손해를 입었는지 알게 될 것이다. 첫 아홉 장은 어떤 경우에는 완전히 재집필되었고 많은 새로운 내용이 첨가되었으며 앞부분의 목차가 재배열되고 단순화되었다.

　현재의 판본의 9장 뒤쪽은 재인쇄와 다름없다. 내가 가진 유일한 자유는 여기저기에서 독자에게 도움이 될 수학적 추론의 단계를 삽입하는 것과 나 자신의 경험과 내 수업에 참가하는 학생들의 경험으로부터 더 분명히 할 필요가 있다고 여겨지는 부분들에 몇 개의 각주를 첨가하는 것이었다. 이 각주는 각괄호 〔〕 안에 있다.

　나는 그 주제를 취급하면서 저자가 상당한 변화를 생각한 부분이 둘이 있음을 알게 되었다. 도선망(導線網)에서의 전기 전도의 수학적 이론과 코일 속에서의 유도 계수의 결정이 그것이다. 이 주제들에서 나는 나 자신이 저자의 주로부터 그 작업에 실질적으로 어떤 것도 첨가할 처지에 있지 못함을 알았기 때문에 원주는 이전 판 그대로 남겨두었고 단지 2권 317~319쪽에 인쇄된 표만 첨가했다. 이 표는 원형 코일에서 유도 계수를 계산하는 데 매우 유용할 것이다.

그렇게 독창적이고 그렇게 많이 상세한 새로운 결과를 포함하는 저작에서 첫 판에 몇몇 실수가 없을 수는 없었다. 현재의 판본에서는 이 실수의 대부분을 찾아 고쳤다고 생각한다. 교정지 중 일부를 읽으면서 나는 이 저작에 정통한 다양한 친구들의 도움을 받았기에 이러한 희망사항을 드러내는 데 더 큰 확신을 갖는다. 그중에서 특히 나의 형제인 찰스 니번(Chales Niven) 교수와 케임브리지 대학 트리니티 칼리지의 J.J. 톰슨 씨를 언급할 수 있겠다.

W.D. 니번(Niven)[1]

케임브리지 대학 트리니티 칼리지
1881년 10월 1일

---

1) 니번(W.D. Niven)은 1876년부터 1882년까지 케임브리지 대학 트리니티 컬리지에서 강사(lecturer)로서 당시에 이해하기 어려웠던 맥스웰의 책으로 전자기학을 가르쳐 그 이론을 보급시켜 후속하는 맥스웰 추종자들을 키워내는 데 기여했고 그것이 수학 트라이포스(우등졸업시험)에서 출제되는 데 주된 기여를 했다.

3판 서문

나는 클래렌던(Clarendon) 출판사 위원들의 요청으로 이 3판의 교정지를 읽는 일을 수행했다. 그들로부터 나는 니번(W.D. Niven) 씨가 공무의 부담 때문에 유감스럽게도 이 출판사가 출판하는 이 저작의 새 판본을 교정 볼 수 없다는 것을 알게 되었기 때문이다.

맥스웰 저작의 독자들은 니번 씨가 그것에 쏟아부은 지치지 않는 노력의 공로를 잘 알고 있기에 사정상 이 3판이 그의 손길의 혜택을 받지 못하게 된 것을 그들은 나 자신만큼이나 심히 유감스러워할 것임을 확신한다.

이제 이 책이 집필된 지 거의 20년이 되었고 그동안 전자기학은 이전의 역사에서 거의 유례없을 정도로 빠르게 진보했다. 그것은 적잖이 이 책에 의해 이 과학 분야에 도입된 관점에 기인한 것이다. 이 책의 단락의 많은 부분이 중요한 연구의 출발점이 되었다. 내가 이 개정판을 준비하기 시작했을 때 나는 첫 판의 출판 이후에 이루어진 진보에 대하여 약간의 설명을 각주에 제시할 생각이었다. 그것은 단지 전기 연구자에게 도움을 주기 위한 것뿐 아니라 모든 최신 연구들이 맥스웰이 발전시킨 관점을 가장 두드러진 방식으로 확증하는 경향이 있기 때문이다.[1] 그러

---

1) 3판이 출판된 시점(1891년)에서 최신의 연구들 중에서 가장 두드러진 것은 헤르츠에 의해 이루어졌다. 헤르츠는 1888년에 맥스웰이 예견한 전자기파를 검출했고 그것의 전파 속도가 맥스웰의 예언대로 광속임을 확인했으며 맥스웰의 방정식에 그것이 만들어질 때 부여되었던 역학적 모형과 무관한 자체적인 형식

나 나는 곧 그 분야에서 이루어진 진보가 너무 커서 이 책을 어울리지 않게 많은 양의 각주로 외관을 해치지 않고는 그 의도를 달성할 수 없다는 것을 깨달았다. 그래서 나는 이 각주를 좀더 연속적인 형태로 만들어 따로 출판하기로 결정했다. 그것은 이제 거의 출판 준비가 되었고 몇 달 안에 나올 것이라 기대된다. 이 주해를 담은 책은 'Supplementary Volume'(보충편)이라고 부를 것이다. 간단하게 취급될 수 있는 따로 떨어진 요점에 관련된 약간의 각주는 제시되어 있다. 이 3판에 첨가된 모든 내용은 { } 안에 넣었다.

나는 교육의 경험으로부터 거의 모든 학생이 상당히 어려워하는 구절에 있는 논의를 좀더 자세히 설명하려고 노력해 왔다. 그러나 학생들이 어려워하는 모든 구절에 설명을 첨가하기 위해서는 내가 다룰 수 있는 것보다 더 많은 권수가 필요할 것이다.

나는 맥스웰이 증명 없이 제시하는 결과를 확인하려고 노력했다. 나는 모든 경우에서 그가 얻은 결과에 도달하는 데 성공하지는 못했고 그러한 경우에 나는 그 차이를 각주에 표시했다.

나는 전자기장의 동역학 이론에 관한 맥스웰의 논문으로부터 코일의 자체 유도를 결정하는 그의 방법을 재인쇄했다. 이전 판에서는 이것이 누락되어 그 방법을 종종 다른 저자의 공으로 돌리는 이들이 있었기 때문이다.

이 판을 준비하면서 나는 킹스 칼리지(King's College)의 연구원인 찰스 크리(Charles Chree) 씨로부터 받을 수 있는 가장 큰 도움을 받았다. 찰스 크리 씨는 교정지 전체를 읽었고 그의 제안은 엄청난 가치가 있었다. 나는 또한 세인트 존스 칼리지(St. John's College)의 연구원인 라모어(Larmor)[2] 씨, 캐번디시 연구소(Cavendish Laboratory)

론을 부여한 것이 가장 두드러진 것이다―옮긴이.

2) 아일랜드 출신의 이론 물리학자인 라모어(Joseph Larmor, 1857~1942)는 벨파스트 퀸스 대학에서 석사 학위를 받고 1877년에 케임브리지 대학 세인트 존스 칼리지에 들어갔다. 1880년에 그는 수학 우등졸업시험에서 1위(senior

의 시범교수인 윌버포스(Wilberforce) 씨, 그리고 트리니티 칼리지(Trinity College)의 워커(G.T. Walker) 씨로부터 도움을 얻었다.

J.J. 톰슨
캐번디시 연구소
1891년 12월 5일

---

wrangler)를 차지했으며 스미스상도 수상했다. 그는 1903년에 스톡스를 뒤이어 케임브리지 대학의 루카스 석좌교수가 되었다. 그는 뛰어난 선생은 아니었지만 창의적 사고와 영감 있는 강의를 제공했다. 그의 주된 과학적 관심사는 전자기학, 광학, 해석역학, 지구동역학이었다. 그는 맥스웰의 전자기학을 확장, 변형시키는 데 큰 관심을 가졌으며 로렌츠처럼 전자 이론을 전개하여 대전된 입자와 전자기장의 상호작용에 대해 많은 연구를 했고 양자역학이나 상대성 이론에 비판적 태도를 견지했다─옮긴이.

총론 양의 측정에 관하여

1] 모든 양(量)의 표현은 두 요인 또는 성분으로 이루어져 있다. 하나는 표현될 양과 같은 종류의 어떤 알려진 양의 이름이다. 이는 지칭(指稱)의 표준으로 간주된다. 다른 하나는 요구되는 양을 구성하기 위해 표준을 취해야 하는 횟수이다. 표준량은 전문 용어로 단위(unit)라고 부르며 그 횟수는 그 양의 수치라고 한다.

측정할 양의 종류에 따라 상이한 많은 단위들이 있지만 모든 동역학적 과학에서는 이러한 단위들을 세 가지 기본적인 단위인 길이, 시간, 질량에 의해 정의하는 것이 가능하다. 그리하여 면적의 단위와 부피의 단위는 각각 단위 길이의 변이나 모서리만을 갖는 정사각형과 정육면체로 정의한다.

그러나 종종 독립적인 사고 위에서 수립된 같은 종류의 몇 가지 단위들이 존재한다. 그리하여 10파운드(pound)의 물의 부피인 갤론(gallon)이 세제곱 피트뿐 아니라 용량의 단위로 쓰인다. 갤론은 어떤 경우에는 편리한 척도일지 모르지만 체계적인 것은 아니다. 왜냐하면 세제곱 피트와 그것의 수적 관계는 우수리 없는 정수 관계가 아니기 때문이다.[1]

2] 수학적 단위계를 구축할 때 우리는 길이, 시간, 질량이라는 기본적

---

[1] 10파운드는 453.592kg이다. 이 물의 부피는 453.592리터이고 1리터는 0.03531세제곱 피트이므로 10파운드의 물의 부피인 1갤론은 16.0163세제곱 피트에 해당한다—옮긴이.

인 단위들이 주어진 것으로 가정하고 얻을 수 있는 가장 단순한 정의에 의해 이것으로부터 모든 유도 단위들을 이끌어낸다.

우리가 도달하는 공식들은 어떤 나라 사람이 다른 기호를 자신의 국가 단위로 측정한 양의 수치로 대치함으로써 실제 결과에 이르게 하는 것이어야 한다.

그리하여 모든 과학 연구에서 적절하게 정의된 체계에 속하는 단위를 쓰는 것과 이 단위와 기본 단위 사이의 관계를 아는 것은 매우 중요하다. 그래야 우리는 우리 결과를 하나의 체계에서 다른 체계로 즉시 변환할 수 있을 것이기 때문이다.

이것은 모든 단위의 차원을 세 기본 단위에 의해 확인해 놓음으로써 매우 편리하게 성취된다. 주어진 단위가 이 기본 단위 중 하나의 n제곱에 비례할 때 그것은 그 단위에 대하여 n차원이라고 말한다.

예를 들면 부피의 과학적 단위는 항상 단위 길이의 모서리를 갖는 정육면체이다. 만약 길이의 단위가 변하면 부피의 단위도 그것의 세제곱에 비례하여 변한다. 그러므로 부피의 단위는 길이의 단위에 대하여 3차원이라고 말한다.

단위의 차원에 관한 지식은 연장된 탐구로부터 얻은 방정식이 옳은지를 검사하는 데 적용될 수 있다. 세 기본 단위의 각각에 대하여 그러한 방정식의 모든 항의 차원은 같아야 한다. 그렇지 않다면 우리가 채용하는 임의의 단위계에 따라 해석이 달라질 것이므로 그 방정식은 불합리하며 어떤 잘못이 있는 것이다.[2]

세 기본 단위

3] (1) 길이. 우리나라[3]에서 과학적 목적의 길이 표준은 피트(feet)로서 그것은 재무성(Exchequer Chambers)에 보관되어 있는 표준 야드

---

2) 차원 이론은 최초로 푸리에에 의해 진술되었다. *Théorie de Chaleur*, §160.
3) 영국을 가리킨다—옮긴이.

(yard)의 3분의 1이다.

프랑스와 미터 체계를 채택한 다른 나라들에서는 그것이 미터 (mètre)이다. 미터는 이론적으로 지구의 극에서 적도까지 측정된 자오선의 길이의 천만 분의 1이다. 그러나 실제적으로 그것은 파리에 보관되어 있는 표준 원기의 길이이다. 그것은 얼음이 녹는 온도에 있을 때, 들랑브르(Delambre)[4]가 측정한 앞의 길이값과 일치하도록 보르다 (Borda)[5]에 의해 제작되었다. 미터는 지구에 대한 더 정확한 새로운

---

4) 프랑스의 천문학자이자 측지학자인 들랑브르(Jean-Baptiste Joseph Delambre, 1749~1822)의 초기 재능은 언어 쪽에서 발휘되었다. 30대가 되어서 그는 천문학을 공부하기 시작했으며 1780년에 천문학자 라랑드(Lalande)의 눈에 띄어 그의 조수가 되었고 1786년에 파리의 천문학자 중에서 그와 므시에(Messier)만이 수성의 태양 통과를 목격했다. 그것은 라랑드의 계산보다 5분 늦게 일어났는데 다른 관찰자들은 너무 쉽게 포기해 버렸던 것이다. 들랑브르는 1시간 30분 후에 그 사건의 발생을 예측하는 핼리의 천문표를 더 신뢰했기 때문에 성공할 수 있었다. 이 사건 이후 정확한 천문표 제작의 필요성이 크게 대두되었고 들랑브르는 목성과 토성에 의해 만들어지는 섭동을 고려하여 천왕성의 궤도를 추적한 업적으로 파리 과학 아카데미의 그랑프리를 따내 명성을 얻었다. 1788년에 파리 과학 아카데미는 보편 단위계의 제정을 위한 계획을 발표했고 1790년에 국민의회와 루이 16세의 승인을 얻어내었고 길이의 단위를 지구 자오선의 길이에서 얻기로 결정했다. 이를 위한 측량에 들랑브르는 참여하여 됭케르크에서 바르셀로나까지의 측량 구간 중 3분 2 이상인 됭케르크에서 로데스까지 구간 측량을 담당했다. 그는 정밀한 천문표의 제작을 위해 힘든 계산을 마다하지 않았으며 말년에 집필한 『천문학사』는 전문적인 천문학자와 수학자들을 위해 쓰인 대작이었다―옮긴이.

5) 보르다(Jean Charles de Borda, 1733~99)는 프랑스 다크스 출신으로 초기에는 유체역학(流體力學)을 연구하여 선박공학에 기여했다. 그는 이론적·실험적 연구를 바탕으로 흐름목 계수가 최저값이 되는 보르다 노즐을 제작했다. 프랑스혁명 후 혁명 정부에 의해 진행된 미터법 제정에 종사하여 그 기준이 되는 자오선 길이를 R. 메샹, J. 들랑브르 등과 함께 측정했다. 또한 1790년에는 보르다 진자를 발명하여, 초(秒) 진자(주기가 2초인 진자)의 길이를 정밀 측정했다. 미터법의 제정과 관련한 좀더 상세한 논의는 J.L. Heilbron, *Weighing Imponderables and Other Quantitative Science around* 1800, *Historical Studies in the Physical and Biological Sciences*, Supplement to vol. 24, Part 1(1993), pp.243~277을 참조할 것―옮긴이.

측정과 일치하도록 변경되지 않았고 자오선의 호의 길이는 원래의 미터에 의해 추정된다.

천문학에서는 태양에서 지구까지의 평균 거리가 종종 길이의 단위로 채택된다.

현 상태의 과학에서 우리가 확보할 수 있는 가장 보편적인 길이의 표준은 잘 정의된 스펙트럼선을 가지며 널리 분포하는 나트륨 같은 물질이 방출하는 특정한 종류의 빛의 진공 속에서의 파장일 것이다. 그러한 표준은 지구의 치수 변화에 무관할 것이며 자신의 글이 그 물체보다 더 영속적이기를 기대하는 사람들에 의해 채택될 것이다.

단위의 차원을 취급하는 데 있어 우리는 길이의 단위를 $[L]$이라고 부를 것이다. 만약 l이 어떤 길이의 수치라면 그것은 특정한 단위 $[L]$에 의해 표현되는 것으로 이해된다. 그래서 실제 길이는 $l[L]$로 완전하게 표현될 것이다.

4] (2) 시간. 모든 문명국가에서 시간의 표준 단위는 지구의 자전 시간으로부터 유도된다. 지구의 진짜 자전 주기인 항성일(恒星日)은 천문학자의 통상적인 관찰에 의해 정확하게 확인될 수 있다. 그리고 평균 태양일은 1년의 길이에 대한 우리의 지식에 의해 이것으로부터 유도될 수 있다.

모든 물리적 연구에서 채택되는 시간의 단위는 평균 태양시의 1초이다.

천문학에서 1년은 종종 시간의 단위로 사용된다. 더 보편적인 시간의 단위는 단위 길이의 파장을 갖는 특별한 종류의 빛의 진동 주기를 채택함으로써 알아낼 수 있다.

우리는 특정한 시간 단위를 $[T]$라고 부를 것이고 시간의 수치는 t라고 부를 것이다.

5] (3) 질량. 우리나라에서 질량의 표준 단위는 재무성에 보관되어 있는 상형(常衡) 파운드(pound)이다. 종종 단위로 사용되는 그레인(grain)은 이 파운드의 7000분의 1로 정의된다.

미터 체계에서는 질량의 표준단위가 그램(gramme)이다. 그것은 이론적으로 표준 온도와 압력에서 증류수 1세제곱 센티미터의 질량이지만 실제적으로는 파리에 보관되어 있는 표준 킬로그램 원기의 1000분의 1의 질량에 해당한다.

무게를 잼으로써 얻을 수 있는 물체의 질량의 정밀도는 지금까지 길이의 측정에서 얻는 것보다 훨씬 더 크기 때문에 가능하면 모든 질량은 직접 표준과 비교함으로써 얻어야지 물에 대한 실험으로부터 유도하지 말아야 한다.

서술 천문학(descriptive astronomy)에서는 태양의 질량이나 지구의 질량이 종종 질량의 단위로 채택되지만 천문학의 동역학 이론에서는 질량의 단위가 보편 중력이라는 현상과 연결되어 시간과 길이의 단위로부터 유도된다. 질량의 천문 단위는 단위 거리만큼 떨어져 놓여 있는 다른 물체를 잡아당겨 그 물체에 단위 가속도를 만들어내는 질량이다.

단위의 보편 체계를 구축하면 우리는 이런 식으로 이미 정의된 길이와 시간의 단위로부터 질량의 단위를 유도할 수 있는데, 이것은 과학의 현 상태에서 근사적으로만 할 수 있을 뿐이다. 또는 우리가 표준 물질의 단일 분자의 질량을 곧 결정할 수 있게 될 것이라고 기대한다면,[6] 우리는 이것이 정해진 다음에야 질량의 보편적 표준을 확정할 수 있을 것이다.

우리는 다른 단위의 차원을 취급하는 데 있어서 기호 [M]으로 질량의 특정한 단위를 나타낼 것이다. 우리는 질량의 단위를 세 기본 단위 중 하나로 선택할 것이다. 프랑스의 체계에서 그렇듯이 특별한 물질인

6) J. Loschmidt, "Zur Grösse der Luftmolecule," *Academy of Vienna*, Oct. 12, 1865; G.J. Stoney, "The Internal Motions of Gases," *Phil. Mag.* Aug. 1868; Sir W. Thomson, "The Size of Atoms," *Nature*, March 31, 1870을 보라―원주.

　{Sir W. Thomson, "The Size of Atoms," *Nature*, v. 28, pp.203, 250, 274도 보라}―톰슨.

물을 밀도의 표준으로 선택할 때 질량의 단위는 더 이상 독립적이지 않으며 부피의 단위 $[L^3]$에 비례하여 변한다.

천문 체계처럼 질량의 단위가 그 인력에 따라 정의된다면, $[M]$의 차원은 $[L^3 T^{-2}]$이다. 거리 r에 있는 질량 m의 인력 때문에 생기는 가속도는 뉴턴(Newton)의 법칙에 따라 $\frac{m}{r^2}$이다. 이 인력이 매우 짧은 시간 t 동안 원래 정지해 있던 물체에 작용하여 그것이 s거리를 이동하도록 만든다면, 갈릴레오(Galileo)의 공식에 의해

$$s = \frac{1}{2} ft^2 = \frac{1}{2} \frac{m}{r^2} t^2$$

이므로 $m = 2 \frac{r^2 s}{t^2}$이다. r와 s가 둘 다 길이이고 t가 시간이므로 만약 m의 차원이 $[L^3 T^{-2}]$이 아니라면 이 식은 옳지 않게 된다. 동일한 것이 천문 방정식으로부터 입증될 수 있다. 거기에서 물체의 질량은 모든 항은 아니지만 일부 항에서 나타난다.[7]

유도 단위

6] 속도의 단위는 단위 시간 동안 단위 길이를 이동하는 속도이다. 그 차원은 $[LT^{-1}]$이다.

만약 우리가 길이와 시간의 단위를 빛의 속도로부터 채택한다면, 속도의 단위는 빛의 속도이다.

---

7) 센티미터와 초(sec)를 단위로 선택한다면, 질량의 천문 단위는 캐번디시의 실험을 베일리(Baily)가 반복하여 얻은 결과에 따라 대략 1.537×10^7그램, 즉 15.37톤일 것이다. 베일리는 지구의 평균 밀도에 대한 그의 모든 측정 중에서 평균값으로 5.6604를 채택한다. 지구의 크기와 그 표면에서의 중력의 세기로 베일리가 사용한 수치와 이 값을 함께 사용하면, 그의 직접적인 측정 결과로부터 위의 질량값을 얻을 수 있다. — 원주.

{베일리의 결과에 대한 코르뉘(Cornu)의 재계산은 지구의 평균 밀도로 5.55를 얻어서 천문학적 질량 단위로 1.50×10^7을 얻었다. 반면에 코르뉘 자신의 실험에서는 지구의 평균 밀도로 5.50을 얻고 질량의 천문 단위로 1.49×10^7을 얻었다} — 톰슨.

가속도의 단위는 속도가 단위 시간 동안 단위만큼 증가하는 가속도이다. 그 차원은 $[LT^{-2}]$이다.

밀도의 단위는 단위 부피 안에 단위 질량을 포함하는 물질의 밀도이다. 그 차원은 $[ML^{-3}]$이다.

운동량의 단위는 단위 속도로 움직이는 단위 질량의 운동량이다. 그 차원은 $[MLT^{-1}]$이다.

힘의 단위는 단위 시간 동안 단위 운동량을 만들어내는 힘이다. 그 차원은 $[MLT^{-2}]$이다.

이것은 힘의 절대 단위이고 이 힘의 단위는 동역학의 모든 방정식에 함축되어 있다. 그럼에도 불구하고 이 방정식들이 나타나는 많은 교과서들은 다른 힘의 단위를 채택한다. 질량의 국가 단위에서 유래한 무게가 그것이다. 그러고 나서 이들 교과서는 이 방정식들을 만족시키기 위해서 질량의 국가 단위를 포기하고 국가 단위를 그곳의 중력 세기의 수치로 나눈 값과 같은 인위적 단위를 동역학적 단위로 채택한다. 이런 식으로 힘의 단위와 질량의 단위는 장소에 따라 달라지는 중력 세기의 값에 의존하게 되어 있다. 그러므로 이 양들을 포함하는 진술은 그 진술이 옳다고 알려진 곳의 중력 세기에 대한 지식 없이는 온전하지 않다.

과학적 목적에서 힘을 측정하는 이런 방법을 폐지하게 된 것은 주로 상이한 중력의 세기를 갖는 나라들에서 자기력을 관찰하는 일반적인 체계를 가우스가 도입하면서부터다. 그런 모든 힘들은 이제 우리의 정의로부터 유도된 엄밀하게 동역학적인 방법에 따라 측정되고 있고 어떤 나라에서 실험이 이루어지건 결과적 수치는 동일하다.

일의 단위는 단위 길이를 통과하면서 같은 방향으로 작용한 단위 힘이 한 일이다. 그 차원은 $[ML^2T^{-2}]$이다.

계의 에너지, 즉 일을 할 수 있는 능력은 그 계가 전체 에너지를 써서 수행할 수 있는 일로 측정된다.

다른 양의 정의와 그것이 부여받은 단위의 정의는 우리가 그것을 요구할 때 제시될 것이다.

하나의 단위에 의해 결정된 물리량의 값을 같은 종류의 다른 단위에 의해 표현하기 위해 변환시킬 때 우리는 그 양을 위한 모든 표현이 두 요인인 단위와 수치, 즉 그 단위가 얼마나 많이 모여야 하는지를 표현하는 것으로 이루어져 있다는 것을 기억해야 한다. 그리하여 그 표현의 수치는 단위의 크기에 반비례한다. 즉 그 수치는 유도 단위의 차원에 의해 지시되는 기본 단위의 다양한 차수에 반비례한다.

물리적 연속성과 불연속성에 대하여

7] 어떤 양이 한 값에서 다른 값으로 변할 때 그것이 모든 중간값을 거친다면 그 양은 연속적으로 변한다고 말한다.

우리는 시간과 공간에서 물질 입자의 연속적 존재의 고려로부터 연속성의 개념을 얻을 수도 있다. 그러한 입자는 한 위치에서 다른 위치로 지나가기 위해서 공간상에서 연속적인 선을 따라가고 그 위치의 좌표는 시간의 연속 함수여야 한다.

수력학에 관한 논문들에서 주어지는 이른바 '연속 방정식'에서 표현되는 사실은 물질이 그 부피 요소의 측면을 통과하지 않고는 그 부피 요소로 들어가거나 거기에서 사라질 수 없다는 것이다.

어떤 양의 변수가 연속적으로 변할 때 그 양 자체가 연속적으로 변한다면 그 양은 그 변수의 연속 함수라고 말한다.

그리하여 만약 u가 x의 함수이고 x가 x_0에서 x_1까지 연속적으로 변하는 동안 u는 u_0에서 u_1까지 변하지만 x가 x_1에서 x_2까지 변할 때 u가 u_1과는 다른 u'_1에서 u_2까지 변한다면, 그때 u는 $x=x_1$인 값에서 x의 변화에 있어서 불연속점을 갖는다고 말한다. 왜냐하면 x가 연속적으로 x_1을 통과할 때 u는 갑자기 u_1에서 u'_1로 변하기 때문이다.

만약 우리가 $x=x_1$의 값에서 x에 대한 u의 미분계수를, 항상 x_1을 사이에 두고 반대편에 있는 x_2와 x_0가 둘 다 무한히 x_1에 접근할 때 다음 분수식

$$\frac{u_2 - u_0}{x_2 - x_0}$$

의 극한으로 생각한다면, 분자의 궁극적인 값은 $u'_1 - u_1$이 될 것이고 분모의 식은 0이 될 것이다. 만약 u가 물리적으로 연속인 양이라면 불연속성은 변수 x의 특정한 값에 대해서만 존재할 것이다. 우리는 이 경우에 $x = x_1$일 때 미분계수값이 무한값을 갖는다는 것을 받아들여야 한다. 만약 u가 물리적으로 연속이 아니라면, 그것은 절대로 미분될 수 없다.

물리 문제에서는 그 상황의 조건을 현저하게 변화시키지 않고 불연속의 개념을 제거하는 것이 가능하다. 만약 x_0가 x_1에 비해서 별로 작지 않고 x_2가 x_1에 비해서 별로 크지 않다면 u_0는 거의 u_1에 가까울 것이고 u_2는 u'_1에 가까울 것이다. 이제 극한값 x_0에서 x_2 사이에서 u가 u_0에서 u_2까지 임의의 연속적인 방식으로 변한다고 가정하자. 많은 물리 문제에서 이런 종류의 가설로 시작할 수 있고 그러면 x_0와 x_2의 값이 x_1의 값에 접근하게 해서 결국 그것에 도달하게 만들 때 그 결과를 탐구할 수 있다. u가 극한값들 사이에서 변한다고 가정한 임의의 방식에 그 결과가 독립적이라면, 우리는 u가 불연속일 때 그것이 옳다고 가정할 수 있다.

다변수 함수의 불연속성

8] 만약 우리가 x를 제외한 모든 변수의 값을 상수로 가정한다면, 함수의 불연속은 x의 특정한 값들에 대하여 생기며 이 값들은 다른 변수 값들과 다음 방정식에 의해 연결될 것이다.

$$\phi = \phi(x, y, z,...) = 0$$

이때 불연속은 $\phi = 0$일 때 생긴다. ϕ가 양수일 때 그 함수는 $F_2(x, y, z,...)$의 형태를 갖는다. ϕ가 음수일 때 그것은 $F_2(x, y, z,...)$의 형태를 띤다. F_1과 F_2의 형태 사이에는 아무런 필연적 관계가 요구되지 않는다.

수학적 형태로 이 불연속을 표현하기 위해서 변수 중 하나, 가령 x를

ϕ와 다른 변수들의 함수로 표현하고 F_1과 F_2를 ϕ, y, z 등의 함수로 표현하자. 이제 우리는 그 함수의 일반적인 형태를 ϕ가 양수일 때는 F_2와 같은 식에 의해, ϕ가 음수일 때는 F_1과 같은 식에 의해 표현할 수 있을 것이다. 그 식은 다음과 같다.

$$F = \frac{F_1 + e^{n\phi} F_2}{1 + e^{n\phi}}$$

n이 아무리 크다 해도 유한한 양인 한, F는 연속 함수이지만 n이 무한대가 되면 F는 ϕ가 양수일 때는 F_2와 같고 ϕ가 음수일 때는 F_1과 같다.

연속 함수의 도함수의 불연속성

한 연속 함수의 1차 도함수는 연속일 수 있다. 그 도함수의 불연속성이 발생하는 변수의 값들을 다음 방정식으로 연결시키자.

$$\phi = \phi(x, y, z,\ldots) = 0$$

그리고 F_1과 F_2를 ϕ와 $n-1$개의 다른 변수들, 즉 $(y, z,\ldots)$로 표현하자.

그러면 ϕ가 음수일 때 F_1이 선택되고 ϕ가 양수일 때는 F_2가 선택된다. F 자체가 연속이므로 ϕ가 0일 때 $F_1 = F_2$이다.

그리하여 ϕ가 0일 때, 도함수 $\dfrac{dF_1}{d\phi}$와 $\dfrac{dF_2}{d\phi}$는 다를 수 있지만 다른 변수들에 대한 도함수, 가령 $\dfrac{dF_1}{dy}$과 $\dfrac{dF_2}{dy}$는 같아야 한다. 그러므로 불연속성은 ϕ에 대한 도함수에 국한되며 다른 도함수들은 연속이다.

주기 함수와 배수 함수

9] 만약 u가 x의 함수이고 그 함수값들이 x, $x+\alpha$, $x+n\alpha$, 그리고 α만큼 다른 모든 x값들에 대하여 같다면 u를 x의 주기 함수라 부르며 α를 주기라고 한다.

만약 x가 u의 함수라고 생각된다면, 그때 u의 주어진 값에 대하여 α

의 배수만큼 다른 x값들의 무한 수열이 존재할 것임에 틀림없다. 이 경우에 x를 u의 배수 함수라고 부르고 α를 순환 상수라고 한다.

미분 계수 $\dfrac{dx}{du}$ 는 주어진 u값에 해당하는 유한개의 값을 갖는다.

물리량과 공간에서의 방향의 관계에 관하여

10] 물리량의 종류를 구별하기 위해서는 그것들이 우리가 보통 사물의 위치를 정의하기 위해 사용하는 좌표축의 방향과 어떻게 관련되는지 아는 것이 매우 중요하다. 데카르트가 좌표축을 기하학에 도입한 것은 수학의 역사에서 가장 위대한 진일보의 하나였다. 왜냐하면 그것은 기하학의 방법을 수량에 대한 계산으로 환원시켰기 때문이다. 점의 위치는 항상 정해진 방향으로 그은 세 선의 길이에 따라 달라지게 만들어져 있고, 두 점을 연결하는 선분은 마찬가지로 세 선분의 합성(resultant)과 같은 것으로 본다.[8]

그러나 계산과는 구분되는 물리적 추론의 여러 목적을 위해서는 직교 좌표를 명시적으로 도입하지 말고, 세 좌표 대신에 직접 공간상의 한 점에 마음을 고정하고, 힘의 세 성분 대신에 힘의 크기와 방향을 염두에 두는 것이 바람직하다. 그것과 연결된 생각들은 해밀턴(Hamilton)이 사원수 계산법을 고안함으로써 공간을 다루는 데 큰 진보를 이루어낼 때까지 충분히 진전되지는 않았지만, 기하학적 및 물리적 양을 고려하는

---

8) 즉 가로, 세로, 높이의 세 좌표축이 있을 때, 점의 위치는 그 점에서 세 좌표축에 내린 그림자로부터 원점까지의 거리를 나타내는 세 숫자 (x, y, z)로 표현한다. 마찬가지로 임의의 선분은 선분의 한쪽 끝에서 정해진 좌표축의 방향으로 서로 수직인 세 개의 선분을 그은 뒤, 그 선분으로 만들 수 있는 직육면체의 대각선(맞모금)이 애초의 선분과 일치하게 하면, 그 세 개의 서로 수직인 선분과 애초의 선분은 같은 것으로 볼 수 있다. 이때 이 대각선을 세 선분의 합성(resultant)이라 한다. 이와 같은 데카르트의 해석 기하학을 물리학 체계에서 가장 적절하게 사용한 예는 다름 아닌 뉴턴의 『자연철학의 수학적 원리』(Principia)이다. 세 선분의 합성은 힘의 합력과 같은 의미로 사용되며, 현재의 용어는 '벡터합'(vector sum)이라 한다—옮긴이.

이 방식은 다른 것보다 더 원초적이며 더 자연스럽다.[9), 10)]

데카르트의 방법이 여전히 과학 연구자들에게 가장 친숙하고 또한 실제로 계산의 목적에 가장 유용하므로, 우리는 우리가 얻은 모든 결과를 데카르트식으로 표현할 것이다. 그러나 나는 앞에서 말한 사원수의 연산과 이를 사용하는 방법에서 두드러지는 개념들을 도입하는 것이 우리 주제의 모든 분야의 연구, 특히 전기역학에서 우리에게 매우 유용할 것임을 확신한다. 왜냐하면 전기역학에서 우리는 많은 물리량을 다루어야 하는데 그 물리량들의 상호 관계는 보통 방정식보다는 해밀턴의 사원수 계산법의 표현을 사용하면 훨씬 더 단순하게 표현할 수 있기 때문이다.

11] 해밀턴 방법의 중요한 특색 중 하나는 양을 스칼라와 벡터로 구분하는 것이다.

스칼라양은 단일한 숫자 지정에 의해 완전히 정의될 수 있다. 그 수치는 좌표축을 위해 우리가 취한 방향에 의존하지 않는다.

벡터, 즉 방향이 있는 양은 그 정의를 위해 세 수치의 지정을 요구하고 이것들은 좌표축의 방향을 기준으로 하는 것으로 매우 단순하게 이해될 수 있다.

스칼라양은 방향을 포함하지 않는다. 기하학적 도형의 부피, 물체의 질량과 에너지, 유체 속의 한 지점에서 정수력학(靜水力學)적 압력, 공간 상의 한 점에서의 퍼텐셜은 스칼라양의 예다.

벡터양은 크기뿐 아니라 방향도 가지며 그 방향을 반대로 하면 그 부

---

9) {사원수에 대한 기본적인 설명을 위해서는 다음 책들을 참조하라. Kelland and Tait, *Inroduction to Quaternions; Tait, Elementary Treatise on Quaternions;* Hamilton, *Elements of Quaternions*} —톰슨.

10) 사원수(四元數, quaternion)는 복소수(complex number) 개념을 더 확장한 것으로서, 복소수가 일반적으로 $a+bi$(a, b는 실수)의 꼴로 쓰이는 것처럼, 기본 단위 i, j, k가 있어서 일반적으로 $a+bi+cj+dk$(a, b, c, d는 실수)의 꼴로 쓰이는 수를 사원수라 한다. 여기에서 세 개의 기본 단위 i, j, k는 $i^2=j^2=k^2=-1$, $ij=-ji=k$, $jk=-kj=i$, $ki=-ik=j$와 같은 곱셈을 만족하는 가상적인 수이다 —옮긴이.

호가 반대로 바뀌는 성질이 있다. 원래의 위치에서 마지막 위치까지 그린 직선으로 표현되는 점의 변위는 전형적인 벡터양이다. 사실 바로 이 변위로부터 벡터(vector)라는 명칭이 유래했다.[11]

물체의 속도, 운동량, 그 위에 작용하는 힘, 전류, 철 입자의 자화(磁化, magnetization)는 벡터양의 예다.

공간상의 방향에 관련되지만 벡터가 아닌 또 다른 종류의 물리량이 있다. 고체에서 나타나는 변형력(stress)과 변형(strain)이 그 예이며 탄성 이론과 이중 굴절 이론에서 거론되는 물질의 특성 중 몇몇도 그렇다. 이런 부류의 양을 정의하기 위해서는 9개의 숫자를 지정해야 한다. 그것은 어떤 벡터의 선형 함수나 벡터 함수에 의해 사원수의 언어로 표현된다.[12]

하나의 벡터양과 같은 종류의 다른 양을 더하는 것은 힘의 합성을 위해 정역학에서 주어진 규칙에 의해 이루어진다. 사실상 푸아송[13]이 '힘의 평행사변형'에 대해 제시한 증명은 임의의 양의 합성에 적용될 수 있다. 가령, 한쪽 끝을 다른 쪽 끝과 바꾸는 것은 부호를 반대로 하는 것과 같다.

우리가 하나의 벡터양을 단일한 기호로 나타내고, 그것이 벡터이므

---

11) vector라는 말은 라틴어 vehere(운반하다)의 과거분사형인 vectus에서 유래한다. 변위는 결국 어떤 것을 한 장소에서 다른 장소로 옮기는 것을 의미하기 때문이다. 같은 어원에서 vector의 또 다른 의미인 '병원(病原)매개곤충'도 유래한다―옮긴이.

12) 이와 같은 양을 현대에서는 텐서양(tensor)이라 부르며, 지금은 주로 행렬을 이용하여 나타내고 있다. 텐서가 물리학에서 사용된 것은 적어도 20세기가 시작된 이후이며, 행렬은 1920년대 말이 되어서야 물리학에서 본격적으로 사용되기 시작했다―옮긴이.

13) 프랑스의 수학자이자 물리학자인 푸아송(Simon Denis Poisson, 1781~1840)은 에콜 폴리테크니크에서 라그랑주와 라플라스에게 배웠으며 1802년에 모교의 교수가 되었다. 1809년에는 소르본 대학의 교수를 역임했다. 정적분, 미분 방정식에 관해 연구했고 1813년에 퍼텐셜 개념을 도입하여 푸아송 방정식을 작성했다. 그밖에 변분법, 푸리에 급수, 확률론, 열학, 모세관 현상, 전자기장 이론, 인력론, 탄성 이론 등에 대해 연구했다―옮긴이.

로 그것의 크기뿐 아니라 방향도 고려해야 한다는 사실을 환기시키기를 희망할 때, 우리는 그것을 이중알파벳, 가령 $\mathbb{A}$, $\mathbb{B}$ 등으로 나타낼 것이다.[14)]

사원수 계산법에서 공간상의 한 점의 위치는 원점이라고 부르는 고정된 점으로부터 그 점까지 그린 벡터에 의해 정의된다. 만약 우리가 그 점의 위치에 의존하는 값을 갖는 물리량을 고려해야 한다면, 그 값은 원점으로부터 그려진 벡터의 함수로 취급된다. 그 함수는 그 자체가 스칼라이거나 벡터일 수 있다. 물체의 밀도, 온도, 정수역학적 압력, 한 지점에서의 퍼텐셜은 스칼라 함수의 예이다. 한 지점에서의 합력, 한 지점에서의 유체의 속도, 유체 요소의 회전 속도, 회전을 일으키는 짝힘 등은 벡터 함수의 예이다.

12] 물리적 벡터양은 두 부류로 나눌 수 있다. 하나의 양은 선에 관하여 정의되고 다른 하나는 면에 대하여 정의된다.

가령, 어떤 방향의 인력의 합은 물체를 그 방향으로 짧은 거리를 이동시킬 때 그 합력이 그 물체에 하는 일을 알아내 그 값을 짧은 거리로 나눔으로써 측정할 수 있다. 여기에서 인력은 선에 관하여 정의된다.

한편, 고체의 어떤 점에서 어떤 방향의 열의 흐름(flux)은 그 방향에 수직으로 그려진 작은 면적을 통과하는 열의 양을 그 면적과 시간으로 나눔으로써 정의할 수 있다. 여기에서 흐름은 면에 관하여 정의된다.

하나의 양이 면에 관해서뿐 아니라 선에 관해서 측정될 수 있는 경우도 있다.

그러므로 탄성 고체의 변위를 취급할 때 먼저 우리는 어떤 입자의 원래 위치와 실제 위치에 주의를 기울일 수 있다. 그 경우에 입자의 변위를 첫 위치에서 두 번째 위치로 그려진 선에 의해 측정할 수 있다. 다른 방법에서는 공간상에 고정된 작은 면을 고려하여 그 고체의 어떤 양이

---

14) 원문에는 오일러 고딕체 대문자로 나타냈으나 한국어 번역본에서는 이중알파벳으로 바꾸었다─옮긴이.

변위 동안 얼마나 그 면을 가로질러 지나가는지를 결정할 수도 있다.

같은 식으로 유체의 속도를 개별 입자의 실제 속도에 관하여 탐구할 수도 있고 어떤 고정된 면을 통하여 흐르는 유체의 양에 관하여 탐구할 수도 있다.

그러나 이들 경우에 우리는 첫 번째 방법을 적용하기 위해서는 물체의 변위나 속도뿐 아니라 밀도를 개별적으로 알 필요가 있다. 우리가 분자 이론을 구성하기를 시도한다면 언제든지 두 번째 방법을 사용해야 한다.

전기의 흐름의 경우에 우리는 도체 안에서 그것의 밀도나 속도 중 어떤 것도 알지 못한다. 다만 우리는 유체 이론에서 밀도와 속도의 곱에 해당하는 값을 알 뿐이다. 그리하여 그런 모든 경우에 우리는 어떤 면을 가로지르는 흐름을 측정하기 위한 더 일반적인 방법을 적용해야 한다.

전기학에서 기전 세기(electromotive intensity)와 자기 세기(ma-gnetic intensity)는 선에 관하여 정의되는 첫 부류에 속한다. 우리가 이 사실을 나타내기를 원할 때 우리는 그것들을 세기(intensity)라고 부를 것이다.[15]

한편 전기 유도, 자기 유도, 전류는 면에 관하여 정의되는 두 번째 부류에 속한다. 이 사실을 나타내고 싶을 때 우리는 그것들을 다발(flux)이라고 부를 것이다.

이 세기의 각각이 해당하는 다발을 만들어내는 것으로, 또는 만들어내는 경향을 띠는 것으로 생각할 수 있다. 그러므로 기전 세기는 도체 안에서는 전류를 만들어내고 유전체 안에서는 전류를 만들어내는 경향을 띤다. 그것은 유전체 안에서 전기 유도를 만들어내며 아마도 도체 안에서도 마찬가지일 것이다. 같은 의미에서 자기 세기는 자기 유도를 만

---

15) 이 '세기'라는 표현이 선에 관하여 정의되어 있다는 의미로 쓰인다는 것에 주목할 필요가 있다. 이 책의 다른 부분에서도 이 표현은 무수히 등장하게 될 것인데 그때마다 맥스웰은 그것이 선에 관하여 정의된 개념이라는 것을 염두에 두고 있음을 기억할 필요가 있다―옮긴이.

들어낸다.

13] 어떤 경우에는 다발이 그 세기에 정비례하며 같은 방향이라고 주장할 수 있지만, 다른 경우에는 다발의 방향과 크기가 세기의 방향과 크기의 함수라는 것을 주장할 수 있을 뿐이다.

다발의 성분이 세기의 성분의 선형 함수인 경우가 전도 방정식에 관한 장, 297절에서 논의될 것이다. 일반적으로 세기와 다발 사이의 관계를 결정하는 데는 9개의 계수가 있다. 어떤 경우에는 이 계수 중 6개가 세 쌍의 같은 양들을 형성한다고 믿는 것이 타당하다. 그런 경우에 세기의 방향선과 다발의 수직면 사이의 관계는 타원체의 반직경과 그것의 켤레직경면 사이의 관계와 같다.[16] 사원수의 용어로 말하면, 한 벡터는 다른 벡터의 선형 벡터 함수라고 말한다. 같은 계수의 쌍 셋이 있을 때, 그 벡터 함수는 '제켤레'(self-conjugate)라고 말한다.

철 속의 자기 유도의 경우에 다발(철의 자기화)은 자기화 세기의 선형 함수가 아니다. 그러나 모든 경우에 세기와 다발의 세기 방향의 성분의 곱은 과학적으로 중요한 양이 되는데 이것은 항상 스칼라양이다.

14] 이 두 부류의 벡터, 즉 방향을 가진 양에 적합한, 자주 나오는 두 가지 수학적 연산이 있다.

세기의 경우에 우리는 선 요소와 그 요소의 방향을 갖는 세기의 성분을 곱하는 것, 즉 선을 따른 적분을 취해야 한다. 이 연산의 결과를 세기의 선적분이라고 부른다. 그것은 그 선을 따라 운반되는 물체에 행해진 일을 나타낸다. 선적분이 선의 형태에 의존하지 않고 다만 그것의 끝점의 위치에만 의존하는 경우에 그 선적분을 퍼텐셜(potential)이라고 부

---

16) 타원체는 구와 달리 세 개의 반직경이 있다. 타원체의 방정식을 $\frac{x^2}{a^2} + \frac{y^2}{b^2} + \frac{z^2}{c^2} = 1$의 꼴로 썼을 때 a, b, c의 값을 반직경(semi-diameter)이라 한다. 각각의 반직경에 수직인 타원체의 단면을 켤레직경면(conjugate diametral plane)이라 하며, 일반적으로 타원의 꼴이 된다. 예를 들어 럭비공을 생각하면 세 회전 대칭축의 길이의 절반이 반직경이 되며, 세 켤레직경면 중 하나는 원이고 나머지 둘은 같은 모양의 타원이다—옮긴이.

른다.

다발의 경우에 우리는 어떤 곡면의 모든 요소들을 통과하는 다발의 적분을 곡면 위에서 취해야 한다. 이 연산의 결과를 다발의 면적분이라고 부른다. 그것은 곡면을 통과하는 양을 나타낸다.

통과하는 다발이 전혀 없는 곡면도 있다. 이 곡면 중 둘이 교차하면 교차선은 다발의 선이 된다.[17] 다발이 힘과 같은 방향인 경우에 이런 종류의 선을 종종 역선(力線, line of force)이라고 부른다. 그러나 그것을 정역학이나 자기학에서는 유도선(誘導線, line of induction)이라고 부르는 것이 더 옳을 것이며, 전기운동학에서는 유선(流線, line of flow)이라고 부르는 것이 더 정확할 것이다.

15] 상이한 종류의 방향을 갖는 양들 사이에 또 하나의 구분이 있다. 이 구분은 물리적 관점에서는 매우 중요하지만, 수학적 방법에 대해서 말하자면 꼭 필요한 것은 아니다. 이것은 종축적(縱軸的, longitudinal) 특성과 회전적(rotational) 특성 사이의 구분이다.

어떤 양의 방향과 크기가 전적으로 어떤 선을 따라 일어나는 어떤 종류의 작용이나 효과에 의존할 수 있다. 또는 그 양이 그 선을 축으로 삼아 그 주위에서 일어나는 회전의 본성에 의존할 수도 있다. 방향을 갖는 양의 합성의 법칙은 그 양이 종축적이거나 회전적이거나 동일하다. 그러므로 두 부류에 대한 수학적 취급에는 아무런 차이가 없다. 그러나 어떤 특정한 현상이 어느 부류에 속하는지 지적해야 하는 물리적 상황이 있을 수 있다. 예를 들면, 전기분해는 어떤 선을 따라 한 방향으로 어떤 물질을 전달하는 것과 다른 물질을 반대 방향으로 보내는 것으로 구성되어 있으므로 그것은 분명히 종축적 현상이고 그 힘의 방향 주위에는 어떠한 회전 특성의 증거가 없다. 그러므로 우리는 전기분해를 야기하거나 따라다니는 전류는 종축적 현상이지 회전적 현상이 아니라고 추론

---

17) 다발이 전혀 통과하지 않는 곡면이란 다발과 평행하게 펼쳐진 곡면이므로 그러한 곡면이 둘 있을 때 두 곡면의 교차선은 곧 다발이 진행하는 선이 된다— 옮긴이.

한다.

한편, 자석의 S극과 N극은 전기분해가 일어나는 동안 반대편 극에서 발생하는 산소와 수소가 다른 것처럼 다르지는 않다. 그래서 우리에게는 자기가 종축적 현상이라는 증거가 없다. 반면에 평면으로 편광된 빛의 편광면을 회전시키는 자기 효과는 자기가 회전적 현상임을 선명하게 보여준다.[18)]

선적분에 대하여

16] 한 선의 방향으로 분해된 어떤 벡터양의 성분의 적분 연산은 일반적으로 물리과학에서 중요하므로 선명하게 이해해야 한다.

어떤 선의 길이가 어떤 점 A로부터 측정하여 s라고 하자. 그 선 위에 있는 점 P의 좌표를 x, y, z라 하자.

R가 P에서 그 벡터양의 값이라고 하자. P에서 곡선에 대한 접선이 R의 방향과 이루는 각을 ε이라 하자. $R\cos\varepsilon$이 그 선을 따른 R의 성분이고 그 적분

$$L = \int_0^s R\cos\varepsilon\, ds$$

을 선 s를 따른 R의 선적분이라고 부른다.

우리는 이것을 이렇게 표현할 수 있다.

$$L = \int_0^s (X\frac{dx}{ds} + Y\frac{dy}{ds} + Z\frac{dz}{ds})\, ds$$

---

18) {이것을 전기 및 자기 현상이 매질의 운동에 기인한다고 가정하는 이론에서 반드시 전류는 반드시 병진 운동에서 생기고 자기력은 회전 운동에서 생겨야 한다는 것을 함축하는 것으로 간주해서는 안 된다. 흐름과 관계되는 회전 효과가 있다. 가령, 자극(磁極)이 그 주위에서 돌게 된다. 정전기 현상이 일어나는 매질이 그것을 통과하는 성분이 f, g, h이고 속도 u, v, w로 움직이는 전기 변위를 갖는다면, 그것은 성분이 각각 $4\pi(wg-vh)$, $4\pi(uh-wf)$, $4\pi(vf-ug)$인 자기력의 장소가 된다. 그러므로 이 경우에 병진 운동은 자기장을 만들어낼 것이다. *Phil. Mag.* July, 1889}―톰슨.

여기에서 X, Y, Z는 각각 x, y, z에 평행한 R의 성분이다.

이 양은 일반적으로 A와 P 사이에 그려진 다른 직선에 대하여 다른 값을 갖는다. 그러나 어떤 영역에서 양 $Xdx+Ydy+Zdz=-D\Psi$일 때, 즉 그 양이 그 영역에서 완전 미분(exact differential)일 때, L의 값은

$$L = \Psi_A - \Psi_P$$

가 된다. 어느 한 경로를 이 영역에서 벗어나지 않은 채로 연속적으로 형태를 바꾸어 다른 경로에 일치시킬 수 있다면, L의 값은 A와 P 사이의 어떤 경로에 대해서도 동일하다.

퍼텐셜에 대하여

양 Ψ는 점의 위치의 스칼라 함수이다. 그러므로 기준축의 방향에 무관하다. 이를 퍼텐셜 함수라고 부른다. 또한

$$X = -\left(\frac{d\Psi}{dx}\right), Y = -\left(\frac{d\Psi}{dy}\right), Z = -\left(\frac{d\Psi}{dz}\right)$$

일 때 X, Y, Z를 세 성분으로 하는 벡터양은 그 퍼텐셜이 ψ라고 말한다.[19]

퍼텐셜 함수가 존재할 때, 퍼텐셜이 일정한 곡면을 등퍼텐셜면이라고 부른다. 그러한 곡면의 어떤 점에서 R의 방향은 그 곡면의 법선과 일치하고 n이 점 P에서의 법선이라면 $R = -\dfrac{d\psi}{dn}$이다.

라플라스(Laplace)는 인력의 이론을 고찰하면서 어떤 함수의 위치 좌표에 대한 1차 도함수를 써서 어떤 벡터의 성분을 나타내는 방법을 고안해냈다. 그린(Green)은 이 함수에 퍼텐셜이라는 이름을 부여했고, 그것을 전기에 대한 고찰의 기초로 삼았다. 그린의 논문은 1846년까지 수학자들에게 무시당했고 그 이전에 중요한 정리의 대부분이 가우스,

---

19) 현대적인 방식에서는 편미분 기호 $\dfrac{\partial\Psi}{\partial x}$를 써야 하지만 당시 영국에서는 $\dfrac{d\Psi}{dx}$로 적었다. 같은 시기에 독일의 문헌에서는 이미 현대적인 편미분 기호가 사용되고 있었다─옮긴이.

샤를(Charles), 슈투름(Sturm),[20] 톰슨(Thomson)에 의해 재발견되었다.[21]

중력 이론에서 퍼텐셜은 여기에서 사용되는 것과 부호가 반대이며, 어떤 방향의 합력은 그 방향의 퍼텐셜 함수의 증가율로 측정된다. 전기와 자기의 연구에서 퍼텐셜은 어떤 방향의 합력이 그 방향의 퍼텐셜의 감소율로 측정되게끔 정의된다. 어느 경우이든 물체가 그 물체에 작용하는 힘의 방향으로 움직일 때 퍼텐셜 에너지는 항상 감소하도록 퍼텐셜 에너지의 부호가 설정되어 있다.

17] 해밀턴이 퍼텐셜로부터 벡터를 유도하는 연산자(operator)의 꼴을 찾아냄으로써, 퍼텐셜과 그것에서 유도된 벡터 사이의 관계의 기하학적 본성이 명확해졌다.

앞에서 본 것처럼, 벡터의 어떤 방향의 성분은 그 방향으로 그려진 좌표에 대한 퍼텐셜의 1차 도함수에 음의 부호를 붙인 것이다.

이제 i, j, k가 서로 직각을 이루는 세 단위 벡터라고 하고, X, Y, Z가 이 세 단위 벡터의 방향으로 분해된 벡터 $\mathbb{F}$의 세 성분이라고 한다면,

---

20) 스위스 출신의 프랑스 수학자이자 물리학자인 슈투름(Charles-François Sturm, 1803~55)은 처음에 고전에 재능을 보였으나 1819년에 아버지가 죽자 수학 공부에 전념했다. 그는 교사로 일하면서 수학 연구를 계속했으며 1824년에 친구 콜라돈(D. Colladon)과 함께 액체 압축에 대해 연구했고 주네브호수에서 음속 측정을 통해서 물의 압축률 계수를 구하고자 했으나 원하던 결과를 얻지 못했다. 둘은 1825년에 파리에 가서 앙페르와 게이뤼삭에게 물리 강좌를 들었으며 코시와 라크루아에게 수학을 배워서 수학 공모전에 논문을 냈으나 아무도 입상자가 되지 못했고 뒤이은 콜라돈의 물속 음속 측정이 성공적으로 이루어져 그를 바탕으로 한 논문을 작성하여 제출, 두 사람은 1830년에 그랑프리를 얻었다. 그 후 슈투름은 프랑스에서 교수직을 얻었고 미분 방정식에 대한 집중적인 연구를 수행했다. 1836년에 파리 과학 아카데미 회원으로 선출되었고 1840년에는 런던 왕립학회 회원이 되었다. 광학, 역학, 미적분학, 기하학에 대한 연구에 전념했으며 1855년에 죽었을 때 리우빌은 그를 '제2의 앙페르'라고 기렸다—옮긴이.

21) Thomson and Tait, *Natural Philosophy*, §483.

$$\mathbb{F} = iX + jY + kZ \qquad (1)$$

이고 우리가 위에서 말한 것에 의해 ψ가 퍼텐셜이라면,

$$\mathbb{F} = -\left(i\,\frac{d\Psi}{dx} + j\,\frac{d\Psi}{dy} + k\,\frac{d\Psi}{dz} \right) \qquad (2)$$

가 되고 이제 우리가 연산자

$$i\,\frac{d}{dx} + j\,\frac{d}{dy} + k\,\frac{d}{dz} \qquad (3)$$

를 ∇이라고 쓰면

$$\mathbb{F} = -\nabla\Psi \qquad (4)$$

가 된다. 연산 기호 ∇은 Ψ의 증가율을 세 직각 방향에서 측정한 뒤에 이렇게 발견된 양을 벡터로 생각하여 그것들을 하나로 통합하라고 우리에게 지시하는 것으로 해석될 수 있다. 바로 이것이 식 (3)이 우리에게 명령하는 바이다. 그러나 우리는 그것을 다른 방식으로 해석할 수도 있는데, 어떤 방향으로 ψ가 가장 빨리 증가하는지를 찾아낸 뒤에, 그 방향으로 이러한 증가율을 나타내는 벡터가 있는 것이라고 볼 수도 있다.

라메(Lamé)[22]는 그의 책 『역함수론』(*Traité des Fonctions Inverse*)에서 이와 같은 가장 큰 증가율의 크기를 나타내기 위해 미분매개변수(differential parameter)라는 용어를 사용한다. 그러나 그 용어 자체나 라메가 그 용어를 사용하는 방식에는 언급되는 양이 크기뿐 아니라 방향도 가지고 있다는 것을 알려주는 것이 없다. 이 관계를 순수하게 기하학적인 것으로 언급해야 할 드문 경우에, 나는 벡터 $\mathbb{F}$를 스칼라 함수 Ψ의

---

22) 라메(Gabriel Lamé, 1795~1870)는 프랑스 출신의 수학자이자 물리학자로서 1832년에 파리의 에콜 폴리테크닉(École polytechnique)의 물리학 교수가 되었고 1851년에는 파리 대학의 교수가 되었다. 주로 탄성체 이론과 열전도 이론 등을 연구했고 1836년에 타원체의 온도평형 문제를 풀기 위하여 라메 방정식과 라메 함수를 도입했으며, 1852년 등방성 탄성체의 탄성 상수의 일종인 라메의 상수를 도입했다―옮긴이.

공간 변분(space-variation)이라고 부를 것이다. 이 명칭은 Ψ의 가장 빠른 감소율의 크기뿐 아니라 방향도 지시해 주기 위해 사용될 것이다.

18] 그러나 $Xdx+Ydy+Zdz$가 전미분(complete differential)이 될 조건

$$\frac{dZ}{dy} - \frac{dY}{dz} = 0, \frac{dX}{dz} - \frac{dZ}{dx} = 0, \frac{dY}{dx} - \frac{dX}{dy} = 0$$

이 공간의 어떤 영역에서 충족되지만, A에서 P까지의 선적분이 그 영역을 벗어나지 않는 두 선에 대하여 다른 경우도 있다. 이런 경우는 그 영역이 고리 형태이고 A에서 P까지의 두 선이 그 고리의 반대 부분을 통과한다면 발생한다. 이 경우에 한 경로는 그 영역을 벗어나지 않고 연속적인 운동에 의해 다른 경로로 전환될 수 없다.

이렇게 해서 우리는 위치 기하학(geometry of position)에 대한 고찰에 이르게 되었다. 라이프니츠[23]가 위치 기하학의 중요성을 지적한 바 있으며, 가우스가 어느 정도 위치 기하학에 대해 예시하기도 했지만, 그다지 많이 연구되지는 않았다. 이 주제를 가장 완벽하게 다룬 사람은 리스팅(Listing)[24]이다.[25]

---

23) 라이프니츠(Gottfried Wilhelm Leibniz, 1646~1716)는 17세기와 18세기에 걸쳐서 활동했던 독일의 철학자, 수학자, 과학자, 외교관이었다. 그는 미적분학을 뉴턴과는 독립적으로 창안했으며 역학에 있어서는 활력(vis viva)의 역학을 제안하여 뉴턴의 힘의 역학과 대립했다. 그의 활력은 오늘날의 표현방식으로 mv^2으로 자연계에서 보존되는 양으로서 나중에 제시되는 에너지 보존 법칙의 근간이 되었다. 그의 단자론(單子論)과 예정조화설은 자연을 이해하는 독특한 철학적 시각으로 큰 영향력을 행사했다. 1700년 베를린과학아카데미를 설립했으며 호이겐스, 보일, 렌, 후크 등 여러 자연과학자들과 교류했다. 그는 대수학이 양에 대한 참된 과학인 것처럼 위치에 대한 해석이 가능한 참된 기하학을 구성할 수 있는 방법을 연구했다. 이러한 연구는 나중에 위상수학으로 발전했다―옮긴이.

24) 리스팅(Johann Benedict Listing, 1808~82)에 대해서는 421절의 옮긴이 주 참조―옮긴이.

25) *Der Census Raümlicher Complexe*, Gött. Abh., Bd. x. S. 97(1861)―원주. {물리학적인 목적에 필요한 다중 연결 공간의 성질에 대한 초본적인 논의로서

공간상에 p개의 점들이 있고, 이 점들을 연결하는 임의의 형태의 l개의 선이 있으며, 어떤 두 선도 교차하지 않고 어떤 점도 전체 연결에서 따로 떨어져 있지 않다고 하자. 이런 식으로 선으로 이루어진 그림을 다이어그램(diagram)이라고 부르자. 이 선들 중에서 $p-1$개만 있으면 p개의 점을 연결하여 연결된 계를 구성하는 데에 충분하며, 새로운 선 하나를 추가하면 폐환, 즉 닫힌 경로를 만들 수 있을 것이다. 이를 폐환(cycle)이라고 부르자. 그러므로 이 다이어그램 안에 있는 독립인 폐환의 수는 $k=l-p+1$이 된다.

다이어그램의 선을 따라 그려진 닫힌 경로는 이러한 독립인 폐환으로 이루어져 있으며, 각각의 폐환의 수는 어떤 값도 가능하며, 폐환의 방향은 어느 쪽도 가능하다.

폐환이 존재하면 함환성(含環性, cyclosis)이 있다고 하고, 다이어그램에 있는 폐환의 수는 폐환수(cyclomatic number)라고 한다.

곡면과 영역의 함환성

곡면은 완전하거나 그렇지 않으면 경계를 갖는다. 완전한 곡면은 무한하거나 닫혀 있다. 경계를 갖는 곡면은 하나 또는 그 이상의 폐곡선에 의해 제한된다. 그 폐곡선은 극한의 경우에 이중의 선분 또는 점이 될 수 있다.

공간의 유한한 영역은 하나 또는 그 이상의 폐곡면을 경계로 갖는다. 이들 중에서 하나는 외부면이며, 다른 것들은 공간 영역 안에 포함되고 서로 겹치지 않는데, 이를 내부면이라 한다.

영역이 하나의 경계면을 가지고 있다면, 우리는 그 면이 연속성을 깨뜨리거나 자체를 절단하지 않고 안쪽으로 수축한다고 가정할 수 있다. 그 영역이 구처럼 하나의 단순한 연속성을 갖는다면 이 과정은 그것이 점으로 줄어들 때까지 계속될 것이다. 그러나 그 영역이 폐환과 같다면

Lamb, *Treatise on the Motion of Fluid*, p.47을 보라!─톰슨.

그 결과는 하나의 폐곡선이 될 것이다. 그 영역이 다중 연결이라면, 결과는 선들의 다이어그램이 될 것이고, 그 영역의 함환수는 그 다이어그램의 함환수와 같을 것이다. 그 영역 밖의 공간은 그 영역 자체와 같은 함환수를 갖는다. 그리하여 그 영역이 외부면뿐 아니라 내부면에 의해 경계 지워져 있다면, 그것의 함환수는 모든 곡면에서 생긴 함환수의 합이다.

한 영역이 자체 안에 다른 영역을 포함할 때 그것을 함역 영역(含域嶺域, periphractic region)이라고 부른다.

한 영역의 내부 경계면의 수는 그것의 함역수(含域數, periphractic number)라고 부른다. 폐곡면은 역시 함역적(periphractic)이며 그 함역수는 1이다.

폐곡면의 함환수는 그것이 경계짓는 영역들 중 어느 한쪽의 함환수의 두 배이다. 경계 지워진 곡면의 함환수를 알기 위해서 연속성을 깨뜨리지 않고 모든 경계선이 만날 때까지 안쪽으로 수축한다고 가정하자. 그때 그 면은 비함환면(acyclic surface)의 경우에는 한 점으로 변할 것이고 함환면(cyclic surface)의 경우에는 선형 다이어그램으로 변할 것이다. 그 다이어그램의 함환수는 그 곡면의 함환수와 같다.

19] 정리 I. 어떤 비함환형(acyclic) 영역 도처에서

$$Xdx + Ydy + Zdz = -D\Psi$$

라면, 점 A에서 점 P까지 그 영역 내에 어떤 경로를 따라 취해진 선적분값은 동일하다.

우리는 먼저 그 영역 내의 어떤 닫힌 경로를 따라 취해진 선적분이 0이라는 것을 보일 것이다.

등퍼텐셜면을 그렸다고 가정하자. 그것은 모두 폐곡면이거나 그 영역의 곡면에 의해 전적으로 경계 지워진 면이다. 그래서 그 영역 안에 있는 폐곡선이 그 경로의 한 부분에서 그 곡면 중 몇몇과 만난다면, 그 폐

곡선은 그 경로의 다른 쪽 부분에서 반대 방향으로 같은 곡면과 만나야 한다. 그리고 해당하는 선적분의 부분은 크기가 같고 부호가 반대이므로 전체 값은 0이 된다.

그리하여 AQP와 $AQ'P$가 A에서 P까지 두 경로라면, $AQ'P$에 대한 선적분은 AQP와 닫힌 경로 $AQ'PQA$에 대한 선적분의 합이다. 그러나 닫힌 경로의 선적분이 0이므로 두 경로의 선적분은 동일하다.

그리하여 퍼텐셜이 그러한 영역의 한 점에서 주어지면, 어떤 다른 지점에서의 그것도 결정된다.

20] 정리 II. 등식

$$Xdx + Ydy + Zdz = -D\Psi$$

이 어떤 함환 영역의 모든 곳에서 만족하면, 그 영역 안에 그려진 선을 따라 A에서 P까지 선적분은 그 진행 경로가 확정되지 않으면 일반적으로 결정되지 않는다.

그 영역의 함환수를 N이라 하자. 그 영역을 막(diaphragm)이라 부르는 면으로 나누어 N개의 구획을 만들어주면, 전달 경로 중 N개가 닫혀 그 영역의 연속성을 유지하면서 그 영역을 비함환 조건으로 바꿀 수 있다.

A에서 임의의 P점까지 이 막 중 어떤 것과도 만나지 않고 선을 따라 취해진 선적분은 앞의 정리에 의해서 그 값이 정해질 것이다.

이제 A와 P가 한 막의 반대편에서 서로 무한히 가까이 갈 때, K를 A에서 P까지의 선적분이라 하자.

A'과 P'이 동일한 막의 반대편에 무한히 가까이 있는 두 점이라 하고, K'을 A'에서 P'까지의 선적분이라 하자. 그때 $K'=K$이다.

왜냐하면 만약 우리가 거의 일치하지만 막의 반대편에 있는 AA'과 PP'을 그린다면, 이 선을 따른 선적분은 동일할 것이고 각각의 선적분이 L과 같다고 가정하면 $A'P'$의 선적분 K'은 $A'A+AP+PP'=-L+$

$K+L=K$가 되어 AP의 선적분과 같기 때문이다.

그러므로 주어진 방향으로 그 계의 한 막을 통과하는 폐곡선을 따라 취해진 선적분은 일정한 양 K이다. 이 양은 주어진 폐환에 해당하는 함환상수(cyclic constant)라고 부른다.

임의의 폐곡선을 그 영역 안에 그리되 그것이 양의 방향으로 p번 첫 번째 폐환의 막을 지나가고 p'번 음의 방향으로 같은 막을 지나가게 하고 $p'-p=n_1$이라 하자. 그러면 그 폐곡선의 선적분은 $n_1 K_1$이 될 것이다.

마찬가지로 어떤 폐곡선의 선적분은

$$n_1 K_1 + n_2 K_2 + ... + n_s K_s$$

이 된다. 여기에서 n_s는 폐환 S의 막을 곡선이 양의 방향으로 통과하는 횟수에서 음의 방향으로 통과하는 횟수를 뺀 값이다.

두 곡선이 있는데 퍼텐셜을 갖는 조건이 충족되지 않는 어떤 공간의 부분을 결코 통과하지 않고 하나의 곡선이 다른 곡선으로 변환될 수 있다면, 우리는 이 두 곡선을 일치가능 곡선들(reconcileable curves)이라고 부른다. 이 변환이 일어날 수 없는 곡선들은 일치불가능 곡선들이라고 부른다.[26]

$Xdx+Ydy+Zdz$이 어떤 영역 내의 모든 점에 대하여 어떤 함수 ψ의 전미분(complete differential)이라는 상황이 몇몇 물리 탐구에서 생겨난다. 이때 방향을 갖는 양과 퍼텐셜은 다른 물리적 해석을 갖는다.

순수 운동학에서 원래의 좌표가 x, y, z인 연속적인 물체의 한 점이 X, Y, Z의 성분을 갖는 변위만큼 옮겨진다고 가정할 수 있다. 이런 경우에 그 상황은 이 변위가 비회전 변형을 구성한다고 표현한다.[27]

만약 X, Y, Z가 점 x, y, z에서 유체의 속도의 성분을 나타낸다면, 이런 경우에 유체의 운동은 비회전성이라고 표현한다.

---

26) Sir W. Thomson, 'On Vortex Motion,' *Trans. R.S. Edin.*, 1867~68.

27) Thomson and Tait, *Natural Philosophy*, §190 (i).

만약 X, Y, Z가 x, y, z라는 점에서 힘의 성분을 나타낸다면, 상황은 한 점에서 다른 점으로 지나가는 입자에 행한 일이 이 점들에서 퍼텐셜의 차이이고 이 차이값은 두 지점 사이의 모든 일치가능한 경로에 대하여 동일하다.

면적분에 대하여

21] dS가 면 요소이고 ε이 곡면의 양의 방향으로 그려진 곡면의 법선이 벡터양 R의 방향과 이루는 각이라 하자. 그러면 $\iint R\cos\varepsilon dS$는 곡면 S에 대한 R의 면적분이라고 한다.

정리 III. 폐곡면을 안쪽으로 통과하는 다발의 면적분은 그 곡면 내에서 취해진 흐름의 수렴의 체적분으로 표현될 수 있다.(25절을 보라)

X, Y, Z가 R의 성분이고 l, m, n이 바깥쪽으로 그려진 S의 법선의 방향 코사인이라고 하자. 그러면 S에 걸친 R의 면적분은

$$\iint R\cos\varepsilon dS = \iint XldS + \iint YmdS + \iint ZndS \qquad (1)$$

이다. 여기에서 X, Y, Z값은 그 곡면의 한 점에서의 R의 성분이고 적분은 전체 곡면에 걸쳐서 이루어진다.

곡면이 닫혀 있다면 y와 z가 주어질 때 좌표 x는 짝수값을 갖는다. 왜냐하면 x에 평행한 선은 그것이 일단 곡면과 만난다면, 같은 수만큼 둘러싸인 공간을 들어오고 나가야 하기 때문이다.

매번 들어갈 때마다

$$ldS = -dydz$$

이고 매번 나갈 때마다

$$ldS = dydz$$

이다.

한 점이 $x=-\infty$에서 $x=+\infty$까지 움직일 때 먼저 $x=x_1$인 곳에서 그 공간으로 들어가고 $x=x_2$인 곳에서 그 공간으로부터 나온다. 그리고 계속 동일 과정을 이어간다. 이 점들에서 X의 값이 $X_1, X_2,...$라면

$$\iint XldS =\iint \{(X_1-X_2)+(X_3-X_4)+...+(X_{2n-1}-X_{2n})\} dydz \quad (2)$$

이다. X가 연속적인 양이고 x_1과 x_2 사이에서 무한대의 값을 갖지 않는다면,

$$X_2-X_1=\int_{x_1}^{x_2}\frac{dX}{dx}\, dx \quad (3)$$

이다. 여기에서 적분은 폐곡면 안에 있는 x의 첫 선분을 따라 첫 번째 교차점에서 두 번째 교차점까지 이루어진다. 폐곡면 안에 있는 모든 선분을 고려하면 우리는

$$\iint XldS =\iiint \frac{dX}{dx}\, dxdydz \quad (4)$$

를 얻는다. 이중 적분은 폐곡면에 국한되지만 삼중 적분은 전체 둘러싼 공간에 걸쳐 이루어진다. 그리하여 X, Y, Z가 폐곡면 S 안에서 연속이고 유한하다면 그 곡면에 걸친 R의 면적분은

$$\iint R\cos\varepsilon dS =\iiint \left(\frac{dX}{dx}+\frac{dY}{dy}+\frac{dZ}{dz}\right) dxdydz \quad (5)$$

이 될 것이다. 삼중 적분은 S 안의 전 공간에 걸쳐 이루어진다.

다음에는 X, Y, Z가 폐곡면 안에서 연속이 아니어서 어떤 곡면 $F(x, y, z)=0$에서 X, Y, Z의 값이 그 곡면의 음의 쪽에서 X, Y, Z로부터 양의 쪽에서 X', Y', Z'으로 갑자기 변한다고 가정하자.

이 불연속성이 말하자면, x_1과 x_2 사이에 존재한다면, X_2-X_1의 값은

$$\int_{x_1}^{x_2}\frac{dX}{dx}\, dx + (X'-X) \quad (6)$$

이 될 것이다. 여기에서 적분 기호 안의 식에서는 오직 X의 도함수의 유한값만이 고려될 수 있다.

그러므로 이 경우에 폐곡면에 걸친 R의 전체 면적분은

$$\iint R\cos\varepsilon\, dS = \iiint \left(\frac{dX}{dx} + \frac{dY}{dy} + \frac{dZ}{dz}\right) dx\, dy\, dz + \iint (X'-X)\, dy\, dz$$

$$+ \iint (Y'-Y)\, dz\, dx + \iint (Z'-Z)\, dx\, dy \qquad (7)$$

로 표현될 것이다. 또는 l', m', n'이 불연속면의 법선의 방향 코사인이고 dS'은 그 곡면의 요소라고 하면,

$$\iint R\cos\varepsilon\, dS = \iiint \left(\frac{dX}{dx} + \frac{dY}{dy} + \frac{dZ}{dz}\right) dx\, dy\, dz$$

$$+ \iint \{l'(X'-X) + m'(Y'-Y) + n'(Z'-Z)\}\, dS' \qquad (8)$$

이고 여기에서 마지막 항의 적분은 불연속면 전체에 걸쳐서 이루어진다.

X, Y, Z이 연속인 모든 점에서

$$\frac{dX}{dx} + \frac{dY}{dy} + \frac{dZ}{dz} = 0 \qquad (9)$$

이고 그것들이 불연속인 모든 면에서

$$l'X' + m'Y' + n'Z' = l'X + m'Y + n'Z \qquad (10)$$

라면, 모든 폐곡면에 걸친 면적분은 0이고 벡터양의 분포는 솔레노이드 분포(solenoidal distribution)라고 부른다.

우리는 방정식 (9)를 일반 솔레노이드 조건이라고 부르고 방정식 (10)을 표면 솔레노이드 조건이라고 부를 것이다.

22] 이제 곡면 S 내의 모든 점에서 방정식

$$\frac{dX}{dx} + \frac{dY}{dy} + \frac{dZ}{dz} = 0 \qquad (11)$$

이 성립하는 경우를 고려하자. 이것의 결과로 폐곡면에 걸친 면적분이 0이 될 것이다.

이제 폐곡면 S는 세 부분 S_1, S_0, S_2로 이루어져 있다고 하자. S_1이 폐곡선 L_1으로 경계 지워진 어떤 형태의 곡면이라고 하자. S_0이 L_1의 모든

점으로부터 항상 R의 방향과 일치하게 선을 그림으로써 만들어지게 하자. l, m, n이 곡면 S_0의 어떤 점에서의 법선의 방향 코사인이라 하면

$$R\cos\varepsilon = Xl + Ym + Zn = 0 \tag{12}$$

을 얻는다. 그리하여 곡면의 이 부분은 면적분의 값에 대하여 아무런 기여도 하지 않는다.

S_2는 폐곡선 L_2에 의해 경계 지워지는 어떤 형태의 또 하나의 곡면으로 S_0과 폐곡선 L_2에서 만난다.

Q_1, Q_0, Q_2를 면 S_1, S_0, S_2의 면적분이라 하자. 그리고 Q를 폐곡면 S의 면적분이라 하자. 그러면

$$Q = Q_1 + Q_0 + Q_2 = 0 \tag{13}$$

이고

$$Q_0 = 0 \tag{14}$$

이므로

$$Q_2 = -Q_1 \tag{15}$$

이다. 다시 말해서 중간의 곡면 S_0이 R가 항상 접선이 되는 면이라면 S_2가 어떤 모양이든 어떤 곳에 있든 면 S_2에 걸친 면적분은 S_1에 걸친 면적분과 크기는 같고 부호가 반대이다.

만약 L_1이 작은 면적을 갖는 폐곡선이라고 가정하면, S_0은 관 모양의 곡면으로 그 관의 모든 단면에 걸친 면적분이 같은 특성을 갖는다.

모든 공간은 이런 종류의 관으로 나뉠 수 있으므로 만약

$$\frac{dX}{dx} + \frac{dY}{dy} + \frac{dZ}{dz} = 0 \tag{16}$$

이면, 이 방정식과 일치하는 벡터양의 분포를 솔레노이드 분포라고 부른다.

관과 유선에 대하여

공간이 각각의 면적분이 1이 되도록 관으로 나뉜다면, 그 관들은 단위 관이라고 부르며 폐곡선 L에 의해 경계 지워진 어떤 유한한 곡면 S에 걸쳐 취해진 면적분은 양의 방향으로 S를 통과하는 그러한 관의 수와 같거나 폐곡선 L을 통과하는 관의 수와 같다.

따라서 S의 면적분은 그것의 경계 L의 형태에만 의존하고 그것의 경계 내에 곡면의 형태에 의존하지 않는다.

함역 영역에 대하여

단일한 폐곡면 S를 외부 경계면으로 하는 전체 영역 도처에서 솔레노이드 조건

$$\frac{dX}{dx} + \frac{dY}{dy} + \frac{dZ}{dz} = 0$$

이 충족된다면, 이 영역 내에 그려진 어떤 폐곡면에 걸쳐 취해진 면적분은 0이 될 것이며 그 영역 내의 경계 지워진 곡면에 걸쳐서 취해진 면적분은 그 경계를 형성하는 폐곡선의 형태에만 의존할 것이다.

그러나 솔레노이드 조건이 성립하는 영역이 단일한 곡면이 아닌 다른 식으로 경계 지워진다면 같은 결과가 나올 것이라는 것은 일반적으로 사실이 아니다.

왜냐하면 그것이 하나 이상의 연속적인 곡면으로 경계 지워져 있다면 이것들 중 하나가 외부면이고 다른 것들은 내부면이며 영역 S는 그 안에 완전히 포함되는 다른 영역을 갖는 함역 영역이기 때문이다.

이 둘러싸인 영역, 즉 닫힌 면 S_1에 의해 경계 지워진 영역 중 하나에서 솔레노이드 조건이 성립하지 않는다면,

$$Q_1 = \iint R \cos \varepsilon \, dS_1$$

을 이 영역을 둘러싼 면에 대한 면적분이라 하고 Q_1, Q_2....를 다른 둘러싸인 영역 S_1, S_2....에 해당하는 양이라 하자.

그때 닫힌 면 S'을 영역 S 안에 그린다면, 그 면적분의 값은 이 면 S'이 닫힌 영역 S_1, S_2,... 중 어떤 것도 포함하지 않을 때만 0이 될 것이다. 만약 그것이 이것 중 어느 것을 포함한다면, 면적분은 그 안에 있는 다른 닫힌 영역의 면적분의 합이 된다.

같은 이유 때문에 폐곡선으로 경계 지워진 면에 걸친 면적분은, 영역 S 내에서 그 면의 연속적인 운동에 의해서 주어진 면과 일치가능한, 폐곡선에 의해 경계 지워진 그런 면에 대해서만 동일하다.

우리가 함역 영역을 취급해야 할 때, 첫 번째 할 일은 그것을 비함역 영역으로 만들기 위해 내부 면 S_1, S_2,...를 외부면 S에 연결하는 선 L_1, L_2,...를 그리는 일이다. 만약 이 선들이 아직 연속적 연결 상태에 있지 않았던 면들을 연결한다면, 이 선들 각각은 함역수를 하나 줄인다. 그래서 함역성(periphraxy)을 제거하기 위해 그려질 선의 전체 수는 함역수, 즉 내부면의 수와 같다. 이 선들을 그릴 때 우리는 이미 연결되어 있는 곡면을 연결하는 어떤 선이 함역성을 없어지게 하지 않고 함환성(cyclosis)을 도입한다는 것을 기억해야 한다. 이 선들이 그려졌을 때, 솔레노이드 조건이 영역 S에서 성립한다면, 전적으로 S 안에 그려지고 선과는 전혀 만나지 않는 폐곡면은 그 면적분이 0이 된다. 그것이 어떤 선, 가령 L_1과 한 번, 혹은 홀수 번 만나면, 그것은 표면 S_1을 포함하고 면적분은 Q_1이다.

솔레노이드 조건이 만족하는 함역 영역의 가장 친숙한 예는 거리의 제곱에 반비례하는 인력이나 척력을 발휘하는 질량 주위의 영역이다.

후자의 경우에 우리는

$$X = m\,\frac{x}{r^3},\ Y = m\,\frac{y}{r^3},\ Z = m\,\frac{z}{r^3}$$

을 갖게 된다. 여기에서 m은 좌표의 원점에 있는 것으로 가정된 질량이다.

r가 유한한 모든 점에서

$$\frac{dX}{dx} + \frac{dY}{dy} + \frac{dZ}{dz} = 0$$

이지만 원점에서 이 양은 무한대가 된다. 원점을 포함하지 않는 폐곡면에 대해서 면적분은 0이다. 폐곡면이 원점을 포함한다면, 그 면적분은 $4\pi m$이다.

어떤 이유 때문에 우리가 m 주위의 영역을 함역적이 아닌 것처럼 취급하기를 희망한다면, 우리는 m으로부터 무한히 먼 거리까지 선을 그려야 하며, 면적분을 취할 때 이 선이 곡면을 음에서 양으로 통과할 때마다 $4\pi m$을 더해야 함을 기억해야 한다.

공간에서 우선 관계와 좌선 관계에 관하여

23] 이 책에서 어떤 축을 따른 병진 운동과 그 축 주위의 회전 운동은 그 방향이 보통의 나사, 즉 오른 나사의 병진과 회전의 방향과 일치할 때 같은 부호를 갖는 것으로 가정할 것이다.[28]

가령, 동에서 서로 도는 지구의 실제적 회전을 양으로 취하면 남에서 북으로 향하는 지구의 축의 방향이 양이 되고 사람이 양의 방향으로 걸으면 양의 회전은 머리, 오른손, 발, 왼손의 순서로 도는 것이 된다.

---

28) 우리가 오른손의 손등을 밖으로 돌리는 동시에 앞으로 뻗을 때 오른팔의 근육의 결합된 작용은 오른나사의 운동을 어떤 말로 하는 정의보다 더 확실하게 우리 기억에 각인시킨다. 흔한 코르크 뚜껑따개는 같은 관계의 구체화된 상징으로 사용될 수 있다.

밀러(W.H. Miller) 교수는 포도의 덩굴손은 오른나사 운동을 하고 홉(맥주의 원료가 되는 식물—옮긴이)의 덩굴손은 왼나사의 운동을 하므로 공간상에서 두 관계 체계를 포도 체계와 홉 체계로 각각 불러도 좋을 것이라고 나에게 제안했다.

우리가 채택하는 포도 체계는 린네의 체계이며 일본을 제외한 모든 문명국가에서 나사 제작자들이 채택하는 체계이다. 드캉돌(De Candolle)은 홉 덩굴손을 오른나사라고 부른 최초의 인물이었고 이것을 리스팅과 빛의 원편광을 취급하는 대부분 저자들이 따랐다. 홉 덩굴손 같은 나사는 열차 연결쇠와 통상적인 탈것의 왼쪽 바퀴 고정쇠에서 사용되지만 그것을 사용하는 사람들은 항상 그것을 왼나사라고 부른다.

만약 우리가 어떤 면의 양의 편에 서 있다면, 그것의 경계가 되는 곡선을 따라 도는 양의 방향은 우리를 향하고 있는 시계의 바늘이 움직이는 반대 방향이 될 것이다.

이것은 톰슨(Thomson)과 타이트(Tait)[29]의 『자연철학』(*Natural Philosophy*)과 타이트의 『사원수』(*Quaternions*)에서 채택된 우선(右旋) 체계이다. 그 반대인 좌선 체계는 해밀턴의 『사원수』(*Quaternions*) (『강의』(*Lectures*), 76쪽, 『기본 요소』(*Elements*), 108쪽, 117쪽의 주)에서 채택되었다. 한 체계에서 다른 체계로 바꾸는 연산을 리스팅은 전도(perversion)라고 부른다.

거울 속에 비친 물체의 상은 그 물체의 전도된 상이다.

우리가 데카르트의 축 x, y, z를 사용할 때, 우리는 부호의 순환 순서(cyclic order)의 관행이 공간에서 방향의 우선 체계가 되도록 그것들을 그릴 것이다. 그리하여 x가 동쪽을 향하고 y가 북쪽을 향할 때, z는 위쪽을 향하도록 그려야 한다.[30]

적분 순서가 부호의 순환 순서와 일치할 때 면적은 양이 될 것이다. 그리하여 xy평면에 있는 폐곡선의 면적은

$$\int x\,dy \quad \text{또는} \quad -\int y\,dx$$

---

29) 영국의 물리학자이자 수학자인 타이트(Peter Guthrie Tait, 1831~1901)는 1852년에 케임브리지 대학을 졸업하고 1854년에 퀸스 대학 수학 교수가 되었고 1860년에는 에든버러 대학의 자연철학 교수가 되어 평생을 그곳에 머물렀다. 초기에는 해밀턴이 창시한 사원수를 연구했는데 이것은 뒤에 깁스나 헤비사이드 등에 의한 벡터 수법의 확립에 도움을 주었다. 그 뒤에는 물리학적 문제에 관심을 갖고 기체의 운동 법칙을 다루었고 열전기, 열역학 등을 연구했다. 윌리엄 톰슨과 공동 저작한 『자연철학논고』(1867)를 출간한 후 열전기와 열전도율의 연구에 몰두했다. 그밖에 『보이지 않는 우주』(1867), 『역설적 철학』(1878) 등의 저서가 있다―옮긴이.

30) (옆 그림과 같다)―톰슨.

로 쓸 수 있다. 첫 번째 식에서는 적분 순서가 x, y이고 두 번째 식에서는 y, x가 된다.

두 곱 $dxdy$와 $dydx$ 사이의 이 관계가 사원수 방법에서 수직하는 두 벡터의 곱에 대한 규칙과 비교될 수 있다. 그 부호는 곱의 순서에 의존하고 이웃하는 행과 열을 교환할 때 행렬식의 부호가 바뀌는 것과 비교할 수 있다.

유사한 이유 때문에 체적분은 적분 순서가 변수 x, y, z의 순환 순서를 따를 때 양이 되고 순환 순서가 역전될 때 음이 된다.

이제 우리는 유한한 곡면에 걸쳐 취해진 면적분과 그 경계선을 따라 취해진 선적분 사이의 관계를 확립해 주는 유용한 정리를 증명할 것이다.

24] 정리 IV. 폐곡선을 따라 취해진 선적분은 그 곡선을 경계로 하는 곡면에 걸쳐 취해진 면적분에 의해 표현될 수 있다.

X, Y, Z는 벡터양 U의 성분이라고 하고 그것의 선적분이 폐곡선 s를 따라 취해진다고 하자.

S는 전적으로 폐곡선 s에 의해 경계 지워진 연속적인 유한한 곡면이고 ξ, η, ζ는 또 하나의 벡터양 B의 성분이라고 하자. 이때 ξ, η, ζ는 X, Y, Z와 방정식

$$\xi = \frac{dZ}{dy} - \frac{dY}{dz}, \; \eta = \frac{dX}{dz} - \frac{dZ}{dx}, \; \zeta = \frac{dY}{dx} - \frac{dX}{dy} \tag{1}$$

에 의해 관련된다.[31]

그때 곡면 S에서 취해진 B의 면적분은 곡선 s를 따라 취해진 U의 선적분과 동등하다. ξ, η, ζ가 솔레노이드 조건

$$\frac{d\xi}{dx} + \frac{d\eta}{dy} + \frac{d\zeta}{dz} = 0$$

을 만족하는 것은 분명하다.

---

[31] 현대적인 표현법으로는 $B = \nabla \times U$라고 적는다. 이때 연산자 $\nabla \times$는 curl이라고 부른다―옮긴이.

l, m, n이 면 요소 dS의 법선의 방향 코사인이라 하자(양의 방향으로 간주한다). 그때 B의 면적분 값은

$$\iint (l\xi + m\eta + n\zeta)\,dS \tag{2}$$

로 쓸 수 있다.

요소 dS의 의미에 대하여 일정한 개념을 형성하기 위하여 우리는 곡면의 모든 점에 대하여 좌표 x, y, z의 값이 두 독립 변수 α와 β의 함수로 주어진다고 가정할 것이다. 만약 β가 상수이고 α가 변한다면, 점 (x, y, z)는 면 위에 곡선을 그릴 것이며 일련의 값을 β에 준다면 일련의 그러한 곡선이 모두 면 S 위에 그려질 것이다. 같은 방식으로 일련의 상수 값을 α값에 부여하면 일련의 두 번째 곡선들이 첫 번째 계열의 곡선들과 만나면서 전체 면을 기본적인 부분으로 나누어 그 각각을 요소 dS로 놓을 수 있을 것이다.

yz평면 위에 내린 이 요소의 사영(射影)은 보통 식으로

$$l\,dS = \left(\frac{dy}{d\alpha}\frac{dz}{d\beta} - \frac{dy}{d\beta}\frac{dz}{d\alpha} \right) d\beta\,d\alpha \tag{3}$$

가 되고 $m\,dS$와 $n\,dS$에 대한 표현은 x, y, z를 순환 순서로 대치함으로써 얻을 수 있다.

우리가 알아내야 하는 면적분은

$$\iint (l\xi + m\eta + n\zeta)\,dS \tag{4}$$

이고 ξ, η, ζ의 값을 X, Y, Z로 대치하면

$$\iint \left(m\frac{dX}{dz} - n\frac{dX}{dy} + n\frac{dY}{dx} - l\frac{dY}{dz} + l\frac{dZ}{dy} - m\frac{dZ}{dx} \right) dS \tag{5}$$

를 얻는다. 이것 중에서 X에 의존하는 부분은

$$\iint \left\{ \frac{dX}{dz}\left(\frac{dz}{d\alpha}\frac{dx}{d\beta} - \frac{dz}{d\beta}\frac{dx}{d\alpha} \right) - \frac{dX}{dy}\left(\frac{dx}{d\alpha}\frac{dy}{d\beta} - \frac{dx}{d\beta}\frac{dy}{d\alpha} \right) \right\} d\beta\,d\alpha \tag{6}$$

로 적을 수 있다. $\dfrac{dX}{dx}\dfrac{dx}{d\alpha}\dfrac{dx}{d\beta}$ 를 더하고 뺌으로써 이것은

$$\iint \left\{ \frac{dx}{d\beta} \left(\frac{dX}{dx} \frac{dx}{d\alpha} + \frac{dX}{dy} \frac{dy}{d\alpha} + \frac{dX}{dz} \frac{dz}{d\alpha} \right) \right.$$
$$\left. - \frac{dx}{d\alpha} \left(\frac{dX}{dx} \frac{dx}{d\beta} + \frac{dX}{dy} \frac{dy}{d\beta} + \frac{dX}{dz} \frac{dz}{d\beta} \right) \right\} d\beta d\alpha \qquad (7)$$

$$= \iint \left(\frac{dX}{d\alpha} \frac{dx}{d\beta} - \frac{dX}{d\beta} \frac{dx}{d\alpha} \right) d\beta d\alpha \qquad (8)$$

이 된다. 이제 α가 상수인 곡선들이 α가 극소값 α_0을 갖는 곡면 위의 한 점을 둘러싼 일련의 폐곡선을 형성하게 하고 $\alpha = \alpha_1$인 그 계열의 마지막 곡선이 폐곡선 s와 일치하게 하자.

또한 β가 상수인 곡선들이 $\alpha = \alpha_0$인 점으로부터 폐곡선 s까지 일련의 선을 형성하게 하는데 최초의 β는 β_0이 되고 마지막 값은 β_1이 되어 s와 겹치게 한다고 가정하자.

(8)에서 첫 항은 α에 대하여, 둘째 항은 β에 대하여 부분 적분하면, 이중 적분은 서로 상쇄되어

$$\int_{\beta_0}^{\beta_1} \left(X \frac{dx}{d\beta} \right)_{\alpha = \alpha_1} d\beta - \int_{\beta_0}^{\beta_1} \left(X \frac{dx}{d\beta} \right)_{\alpha = \alpha_0} d\beta - \int_{\alpha_0}^{\alpha_1} \left(X \frac{dx}{d\alpha} \right)_{\beta = \beta_1} d\alpha$$
$$+ \int_{\alpha_0}^{\alpha_1} \left(X \frac{dx}{d\alpha} \right)_{\beta = \beta_0} d\alpha \qquad (9)$$

로 표현된다.

점 (α, β_1)은 점 (α, β_0)과 같으므로 세 번째 항과 네 번째 항은 서로 소거된다. 그리고 $\alpha = \alpha_0$인 점에는 단 하나의 x값만이 있으므로 두 번째 항은 0이 되고 위 식은 첫 항만 남는다.

곡선 $\alpha = \alpha_1$은 폐곡선 s와 같으므로 우리는

$$\int X \frac{dx}{ds} ds \qquad (10)$$

의 형태로 이 식을 쓸 수 있다. 여기에서 적분은 곡선 s를 따라서 취해

저야 한다. 우리는 Y와 Z에 의존하는 면적분의 부분들을 같은 식으로 취급할 수 있고 마침내

$$\iint (l\xi + m\eta + n\zeta)\, dS = \int \left(X\frac{dx}{ds} + Y\frac{dy}{ds} + Z\frac{dz}{ds} \right) ds \qquad (11)$$

를 얻게 된다. 여기에서 첫 번째 적분은 면 S에 걸쳐서 이루어지고 두 번째 적분은 경계 곡선 s에 걸쳐서 이루어진다.[32]

연산자 ∇이 벡터 함수에 미치는 효과에 관하여

25] 우리는 ∇로 표시하는 연산이 퍼텐셜로부터 벡터양을 유도하는 것임을 앞서 보았다. 그러나 같은 연산이 벡터 함수에 적용될 때는 우리가 앞서 증명한 두 정리(III과 IV)에 해당하는 결과를 내놓는다. 이 연산자를 벡터 변위로 확장하고 더 심화된 발전을 이룩한 이는 타이트 교수이다.[33]

σ가 가변점의 벡터 ρ의 벡터 함수라고 하자. 보통처럼

$$\rho = ix + jy + kz$$
$$\sigma = iX + jY + kZ$$

라고 하자. 여기에서 X, Y, Z는 σ의 축 방향 성분들이다.

우리는 σ에

$$\nabla = i\frac{d}{dx} + j\frac{d}{dy} + k\frac{d}{dz}$$

를 작용시켜야 한다. 이 연산을 수행하면서 우리는 i, j, k의 곱의 규칙을

---

32) 이 정리는 스토크스 교수가 증명한 바 있다. Stokes, Smith's Prize Examination, 1864, question 8. 또 톰슨과 타이트의 『자연철학 논고』 *Treatise on Natural Philosophy*, §190 (j)에도 증명되어 있다.

33) *Proc. R.S. Edin.*, April 28, 1862와 매우 가치 있는 논문 "On Green's and other allied Theorems," *Trans. R.S. Edin.*, 1869~70. 그리고 "On some Quaternion Integrals," *Proc. R.S. Edin.*, 1870~71을 보라.

기억할 때, $\nabla\sigma$는 두 부분, 즉, 스칼라와 벡터로 이루어져 있다는 것을 알게 된다.[34]

스칼라 부분은

$$S\nabla\sigma = -\left(\frac{dX}{dx} + \frac{dY}{dy} + \frac{dZ}{dz}\right) \qquad (\text{정리 III을 보라})$$

이고 벡터 부분은

$$V\nabla\sigma = i\left(\frac{dZ}{dy} - \frac{dY}{dz}\right) + j\left(\frac{dX}{dz} - \frac{dZ}{dx}\right) + k\left(\frac{dY}{dx} - \frac{dX}{dy}\right)$$

이다.

만약 X, Y, Z와 ξ, η, ζ 사이의 관계가 마지막 정리의 방정식 (1)에 의해 주어진다면,

$$V\nabla\sigma = i\xi + j\eta + k\zeta \qquad (\text{정리 IV를 보라})$$

라고 할 수 있다.

그러므로 두 정리에서 나타나는 X, Y, Z의 함수들이, 성분이 X, Y, Z인 벡터에 대한 연산 ∇에 의해 둘 다 얻어지는 것으로 보인다. 정리 자체는

$$\iiint S\nabla\sigma d\delta = \iint S.\sigma Uvds \qquad (\text{III})$$

이고
$$\int S\sigma d\rho = -\iint S.\nabla\sigma Uvds \qquad (\text{IV})$$

라고 쓸 수 있다. 여기에서 $d\delta$는 부피 요소이고, dS는 면 요소, $d\rho$는 선 요소이고 Uv는 법선 방향의 단위 벡터이다.

이 벡터 함수의 의미를 이해하기 위해서 σ_0이 점 P에서의 σ의 값이라고 가정하고 P의 근처에서 $\sigma - \sigma_0$의 값을 조사해 보자. 만약 우리가 P

---

34) 사원수의 곱은 $i^2 = j^2 = k^2 = -1$, $ij = -ji = k$, $jk = -kj = i$, $ki = -ik = j$로 정의된다—옮긴이.

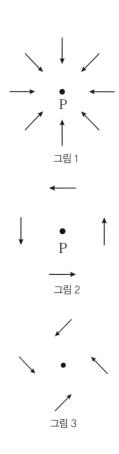

그림 1

그림 2

그림 3

주위에 폐곡면을 그리고 이 면에 걸친 σ의 면적분이 안쪽을 향한다면, $S\nabla\sigma$는 양일 것이고 점 P 주위의 벡터 $\sigma-\sigma_0$이 전체적으로 그림 1에서처럼 P를 향할 것이다.

그러므로 나는 $\nabla\sigma$의 스칼라 부분을 점 P에서 σ의 수렴(convergence)이라고 부르기를 제안한다. $\nabla\sigma$의 벡터 부분을 해석하기 위해, ξ, η, ζ의 성분을 갖는 벡터의 방향을 종이에서 수직으로 위쪽이라고 하고 P점 주위에서 벡터 $\sigma-\sigma_0$을 조사해 보자. 그림 2처럼 이 벡터가 전체적으로 반시계 방향으로 접선 형태로 배열되는 것으로 나타날 것이다.

나는 $\nabla\sigma$의 벡터 부분을 점 P에서 σ의 회전(rotation)이라고 부르기를 (매우 망설이면서) 제안한다.

그림 3에서 수렴과 결합된 회전의 예시를 보여준다.[35]

이제 방정식

$$V\nabla\sigma = 0$$

의 의미를 생각해 보자. 이것은 $\nabla\sigma$가 스칼라이거나 벡터 σ가 어떤 스칼라 함수 ψ의 공간 변분임을 의미한다.

26] 연산자 ∇의 가장 두드러진 특징은 그것이 반복되었을 때

---

35) $V\nabla\sigma$는 현대적 표기법으로는 curl σ 또는 rot σ 또는 $\nabla\times\sigma$로 표기하며, $S\nabla\sigma$는 div σ 또는 $\nabla\cdot\sigma$로 표기한다. 여기에서 curl 또는 rot는 물론 맥스웰이 망설이며 제안한 이름 '회전'(rotation)을 가리키며, div는 음의 부호 때문에 '수렴'(convergence) 대신 '발산'(divergence)이란 이름을 얻게 된 것을 가리킨다─옮긴이.

$$\nabla^2 = -\left(\frac{d^2}{dx^2} + \frac{d^2}{dy^2} + \frac{d^2}{dz^2}\right)$$

즉, 라플라스 연산자라고 부르는, 물리학의 모든 분야에서 나타나는 연산자가 된다는 것이다.

이 연산자 자체는 본질적으로 스칼라이다. 그것이 스칼라 함수에 작용할 때, 그 결과는 스칼라이며 그것이 벡터 함수에 작용할 때 결과는 벡터이다.

임의의 점 P를 중심으로 반지름이 r인 작은 구를 그리고 중심에서의 q의 값을 q_0이라 하고 구 안의 모든 점에서의 q의 평균값을 $\bar{q}$라고 하면

$$q_0 - \bar{q} = \frac{1}{10} r^2 \nabla^2 q$$

이므로 $\nabla^2 q$가 양이냐 음이냐에 따라 중심에서의 값은 평균값보다 크거나 작다.

그러므로 나는 $\nabla^2 q$를 점 P에서 q의 집중도(concentration)라고 부르기를 제안한다. 왜냐하면 그것이 그 점 근처에서 q의 값이 평균값보다 크다는 것을 나타내기 때문이다.

q가 스칼라 함수라면, 그 평균값을 찾는 방법은 잘 알려져 있다. 그것이 벡터 함수라면, 벡터 함수를 적분하기 위한 규칙들에 의해 그 평균값을 구해야 한다. 물론 그 결과는 벡터이다.

제1부 정전기학

제1장 현상의 서술

마찰에 의한 대전

27] 실험 I.[1) 전기적 성질을 전혀 띠지 않는 유리 조각과 수지(樹脂) 조각을 서로 문지르고 문지른 면을 붙여두자. 그것들은 역시 아무런 전기적 특성을 띠지 않을 것이다. 그것들을 떼어놓자. 그것들은 이제 서로 잡아당길 것이다.

두 번째 유리 조각을 두 번째 수지 조각에 문지르고 그 조각들을 떼어놓은 후 종전의 유리 조각과 수지 조각의 근처에 매달면, 다음 현상이 관찰될 것이다.

(1) 두 조각의 유리가 서로 밀친다.

(2) 유리 조각 각각이 수지 조각 각각을 잡아당긴다.

(3) 두 조각의 수지가 서로 밀친다.

이렇게 당기고 밀치는 현상을 전기 현상이라고 부르고 그것을 나타내는 물체를 전기화되어 있다 혹은 대전되어 있다고 한다.[2)

---

1) Sir W. Thomson, "On the Mathematical Theory of Electricity in Equilibrium," *Cambridge and Dublin Mathematical Journal*, March, 1848을 보라.

2) '전기화'(electrification) 또는 '전기화시키다'(to electrify)는 표현을 요즈음에는 거의 쓰지 않는다. 그 대신에 '전하'(charge)나 '대전시키다'(to charge)라는 표현을 일반적으로 널리 쓴다. 그러나 이 책에서는 electrification, electrify가 더 많이 쓰였고 charge는 더러 쓰였다. charge의 경우에는 다른 뜻으로 쓰인 경우도 많기 때문에 electrification, electrify의 경우에 '전하'나 '대전'보다는 '전기화'라는 용어를 군이 사용하겠다─옮긴이.

물체들은 마찰뿐 아니라 많은 다른 방법으로 전기화될 수 있다.

두 조각의 유리의 전기적 특성은 서로 유사하지만 두 조각의 수지의 그것과는 정반대다. 유리는 수지가 밀치는 것을 당기고 수지가 당기는 것을 밀친다.

어떤 방법으로 전기화되었든지 어떤 물체가 유리와 마찬가지로 유리를 밀치고 수지를 잡아당기는 식으로 유리와 마찬가지로 행동하면 우리는 그 물체가 유리 전기를 띠고 있다고 말한다. 만약 그것이 유리를 끌어당기고 수지를 밀치면 우리는 그것이 수지 전기를 띠고 있다고 말한다. 모든 전기화된 물체는 유리 전기나 수지 전기 중 하나를 띤다는 것이 알려져 있다.[3]

과학자들은 흔히 유리 전기를 양전기라 부르고 수지 전기를 음전기라 부른다.

두 종류의 전기가 정확하게 반대되는 특성을 띠기 때문에 그것을 반대 부호를 갖는 것으로 간주하는 것은 정당하지만 특정한 하나를 양의 부호로, 다른 것을 음의 부호를 붙여서 부르는 것은 순전히 임의적 규약일 뿐이다. 이것은 수학의 도식에서 오른쪽으로 향한 것을 양의 거리로 간주하는 것이 관례인 것과 마찬가지다.

전기화된 물체와 전기화되지 않은 물체 사이에는 척력이든 인력이든 아무 힘도 관찰되지 않는다. 어떤 경우에는 전에 전기화되지 않은 물체가 전기화된 물체에 의해 힘을 받는 일이 관찰되기도 하는데 이것은 유도에 의해 전기화가 일어났기 때문이다.

---

3) 1733년에 뒤페(C.F. de Cisternay DuFay)가 모든 물질이 마찰에 의해 전기화된다는 것을 발견함으로써 전기는 물질의 보편적 현상이라는 것이 알려졌다. 이로써 이전까지는 인위적으로 유발되는 현상으로 여겨졌던 전기가 모든 물질의 보편적 특성이라는 것이 알려짐으로써 전기는 자연 탐구의 대상으로 급부상했다. Thomas Hankins, *Science and the Enlightenment*(Cambridge: Cambridge University Press, 1985), pp.53~55—옮긴이.

유도에 의한 전기화

28] 실험 2.[4) 속이 빈 금속 그릇을 흰색 명주실로 공중에 매달고 비슷한 실을 그 용기의 뚜껑에 연결해 그릇을 건드리지 않고 뚜껑을 여닫을 수 있게 한다(그림 4).

유리 조각과 수지 조각을 마찬가지로 매달고 전과 같이 전기화되게 한다.

원래 전기화되지 않은 그 그릇 안에 전기화된 유리 조각을 명주실로 매달아 넣고 유리 조각이 그릇에 닿지 않도록 주의하면서 뚜껑을 닫으면 그 그릇의 바깥 부분이 유리 전기를 띤 것을 확인할 수 있고 그릇의 내부 공간 어느 곳에 유리가 매달려 있든 관계없이 그릇 바깥면의 전기화는 동일한 것을 확인할 수 있다.[5)

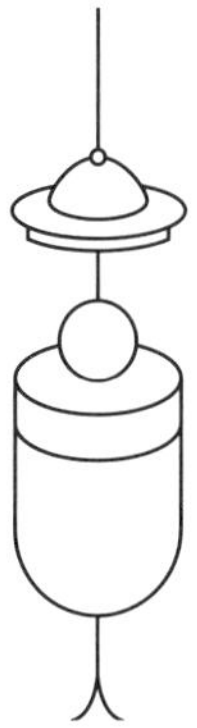

그림 4

그다음에 유리를 그릇에 닿지 않도록 주의하면서 그릇 밖으로 꺼내면 유리의 전기화는 이전에 집어넣을 때와 동일하고 그릇의 전기는 사라지게 된다.

그릇의 전기는 그 안에 들어 있는 유리에 의존하기 때문에 유리가 제거될 때 함께 사라진다. 이와 같은 전기화를 유도에 의한 전기화라고 부른다.

달아 맨 유리를 그릇 바깥에 가까이했을 때 유사한 효과가 나타난다. 그러나 이때에는 그릇의 바깥쪽의 한 부분에 유리 전기가 나타나고 다른 쪽에는 수지 전기가 나타나는 것을 보게 된다. 유리가 그릇의 안쪽에 있을 때에는 그릇의 바깥쪽 전체가 유리 전기를 띠고 안쪽 전체가 수지 전기를 띠게 된다.

---

4) 이 실험과 이후에 나오는 몇 가지 실험들은 다음에서 인용한 것이다. Faraday, "On Static Electrical Inductive Action," *Phil. Mag.* 1843 또는 *Exp. Res.*, vol. ii, p.279.

5) {이 현상의 이론적 설명은 100 c절에서 제시된다}—톰슨.

전도에 의한 전기화

29] 실험 3. 금속 그릇을 앞의 실험과 마찬가지로 유도에 의해 전기화시키고 두 번째 금속 물체를 흰색 명주실에 의해 그 근처에 매달고, 마찬가지로 달아 맨 금속 도선을 대전된 그릇과 두 번째 금속 물체에 동시에 댄다.

이제 두 번째 물체가 유리 전기를 띠게 된 것을 알 수 있을 것이고 그릇의 유리 전기는 줄어들었을 것이다.

전기화 상태가 그릇에서 두 번째 물체로 도선을 타고 옮겨간 것이다. 이때 도선은 전기의 도체라고 부르고 두 번째 물체는 전도에 의해 전기화되었다고 말한다.

도체와 절연체

실험 4. 금속선 대신에 유리 막대, 수지나 구타페르카 막대, 또는 흰색 명주실을 썼다면 전기가 옮겨지지 않았을 것이다. 그러므로 이런 성질의 물질들을 전기의 부도체라고 부른다. 부도체는 전기 실험에서 전기를 옮기지 않고 전기화된 물체를 지지하기 위해 사용된다. 그 때 우리는 부도체를 절연체라고 부른다.

금속은 양도체(良導體)이다. 공기, 유리, 수지, 구타페르카, 에보나이트, 파라핀 등은 좋은 절연체이다. 그러나 우리가 나중에 보겠지만 그 정도에 큰 차이가 있을지언정 모든 물질은 전기의 흐름에 저항하며, 모든 물질은 전기를 통과시킨다. 이것에 대해서는 우리가 전기의 운동을 다룰 때 자세히 살펴볼 것이다. 지금은 다만 두 종류의 물체, 즉 양도체와 좋은 절연체만을 다루겠다.

실험 2에서는 전기화된 물체가 비전도 매질인 공기에 의해 절연된 금속 그릇에 전기화를 일으켰다. 전도에 의하지 않고 전기 효과를 전달해주는 그러한 매질을 패러데이는 유전 매질이라고 불렀고 그런 매질을 통해서 일어나는 작용을 우리는 유도라고 부른다.

실험 3에서 전기화된 그릇은 도선을 통해서 두 번째 물체에 전기화를 일으켰다. 그 도선을 제거하고 전기화된 유리 조각을 그릇에 닿지 않도록 주의하면서 그릇에서 꺼내 충분히 멀리 떼어놓자. 두 번째 물체는 여전히 유리 전기를 띨 것이지만 유리가 제거된 그릇은 수지 전기를 띠게 될 것이다. 이제 도선으로 두 물체를 연결하면 도선을 따라 전도가 일어나 두 물체 모두 전기를 잃게 된다. 이것은 두 물체가 갖고 있었던 전기가 반대 성질을 가지며 같은 양이었음을 보여준다.

30] 실험 5. 실험 2에서 우리는 수지로 문질러 전기화된 유리 조각을 절연된 금속 그릇 안에 매달면 그릇 바깥에 생기는 전기는 유리 조각의 위치에 무관하다는 것을 확인했다. 만약 유리 조각을 문지른 그 수지 조각을 같은 그릇 안에 넣는다면(이때 수지 조각이 유리 조각이나 그릇에 닿지 않게 주의해야 한다) 그릇 바깥 부분은 아무런 전기를 띠지 않을 것이다. 이것으로부터 수지의 전기는 유리의 전기와 부호가 반대이고 정확하게 양이 같다는 것을 알 수 있다. 임의의 방법으로 전기화된 많은 물체들을 그릇 안에 넣음으로써, 그릇 바깥 면의 전기화는 정확하게 그릇 안의 전기화의 대수적 합(이때 수지 전기에는 음의 부호를 붙인다)과 같다는 것을 보일 수 있다. 이로써 우리는 물체의 전기화를 바꾸지 않고 몇 개의 물체의 전기 효과를 더할 실제적인 방법을 얻게 된다.

31] 실험 6. 두 번째 절연된 금속 그릇 B를 준비하고 첫 번째 그릇 A 안에 전기화된 유리 조각을 넣고 전기화된 수지 조각을 두 번째 그릇 B에 넣는다. 그리고 두 그릇을 실험 3에서처럼 금속 도선으로 연결한다. 그러면 모든 부호의 전기가 사라질 것이다.

다음에 도선을 제거하고 유리 조각과 수지 조각을 그릇에 닿지 않게 주의하면서 그릇에서 꺼낸다. 그러면 A는 수지 전기를 띠고 B는 유리 전기를 띠는 것을 알게 된다.

이제 그 유리 조각과 그릇 A를 더 큰 절연된 금속 그릇 C에 넣으면 C 바깥 면에는 아무런 전기화가 일어나지 않는 것을 보게 된다. 이것은 A의 전기가 유리 조각의 전기와 부호가 반대이고 정확하게 양이 같음을 보여준다. 같은 방법으로 B의 전기가 수지 조각의 전기와 부호가 반대이고 정확하게 양이 같음을 보일 수 있다.

이로써 우리는 전기화된 물체의 전기화를 변화시키지 않으면서 전기화된 물체의 전기와 양이 같고 부호가 반대인 전기로 그릇을 대전시킬 방법을 얻었다. 그리고 우리는 이 방법으로 여러 개의 그릇을 어느 종류의 전기이든지 정확하게 같은 양(우리는 그 양을 임시 단위로 삼을 수 있을 것이다)의 전기를 갖도록 대전시킬 수 있다.

32] 실험 7. 일정한 양(이것을 단위량이라고 부르자)의 양전기로 대전된 그릇 B를 더 큰 절연된 그릇 C에 서로 닿지 않게 주의하면서 넣어 보자. C의 바깥쪽에 양전기가 생길 것이다. 이제 그릇 B가 C의 안쪽에 닿게 하자. 바깥쪽의 전기에는 아무런 변화가 관찰되지 않을 것이다. 이제 B를 C에 닿지 않도록 주의하면서 꺼내어 충분히 먼 거리로 가져가면 B가 완전히 방전되었고 C가 단위 양전기로 대전된 것을 알게 될 것이다.

이로써 우리는 B의 전하를 C로 옮기는 방법을 얻게 된다.

B를 다시 단위 전기로 대전시켜 이미 대전되어 있는 C 안에 넣어 C의 안쪽에 접촉시켰다가 꺼내자. B는 다시 완전히 방전되고 C의 전하량은 2배가 될 것이다.

이 과정을 반복하면 C가 아무리 많이 대전되어 있든 B가 어떤 방식으로 대전되든 B가 C로 완전히 둘러싸인 상태에서 C의 안쪽 면과 접촉한 뒤에 C와 접촉 없이 제거되면 B의 전하는 완전히 C로 전해지고 B는 전기화를 전혀 띠지 않는 것을 알게 될 것이다.

이 실험은 단위 전하량의 몇 배로든 정확하게 물체를 대전시키는 방법을 보여준다. 나중에 전기의 수학적 이론을 다룰 때, 우리는 이 실험의 결과가 그 이론의 진위를 정확하게 확인할 검사 방법을 제공한다는 것을 알게 될 것이다.[6]

---

6) [앞서 나온 실험 중 몇 가지를 결정적인 실험으로 만들기 위해서 극복해야 하는 어려움은 거의 극복이 불가능할 정도로 크다. 가령, 실험 5에서 바깥에 있는 그릇의 전기화를 측정할 방법이 없다. 그러나 이러한 실험들에 대한 소개는 전기

33] 전기력의 법칙에 대한 탐구로 진행하기 전에 이미 확인한 사실들을 하나하나 열거해 보자. 전기화된 계[7]를 절연된 속이 빈 도체 그릇에 넣고 그 그릇의 바깥쪽을 조사함으로써 우리는 그 계의 다른 물체들 사이에 전기의 전달 없이 안에 놓인 계의 전체 전기화의 성격을 확인할 수 있다.

그릇의 바깥면의 전기화는 그것을 검전기와 연결해 정밀하게 검사할 수 있다.

검전기는 두 개의 물체를 각각 양전기와 음전기로 대전시키고 그 사이에 얇은 금박 조각을 늘어뜨려 만들 수 있다. 그 금박이 전기화되면 전기의 부호가 반대인 물체 쪽으로 기울어진다. 두 물체의 대전량을 증가시키고 늘어뜨림을 더 민감하게 해주면, 금박의 극히 작은 전기화조차 검출이 가능할 것이다.

전위계와 증폭기(multiplier)를 설명하게 될 때 우리는 대전 상태를 검사하고 우리 이론의 정확성을 검사할 훨씬 더 민감한 방법이 있다는 것을 알게 될 것이지만 현재로서는 속이 빈 그릇과 금박 검전기를 연결함으로써 검사가 이루어질 수 있다는 것만을 제시하겠다.

이 방법은 패러데이가 전기 현상의 법칙들을 탁월한 방법으로 입증할 때 사용되었다.[8]

34] I. 한 물체 또는 물체의 계가 다른 물체에게 전기화[9]를 주거나 다

의 성질을 인상적으로 예시해 줄 수 있다는 장점이 있다) — 톰슨.

7) 계(system)라는 말은 이 책에서 엄청나게 자주 등장하게 되는데 system의 사전적 의미가 "단위체 또는 유기적 전체를 이루기 위해 서로 관련되거나 연결되어 있는 사물의 집합이나 배열"(*Webster's New World Dictionary of the American Language* 참조)이듯이 계란 고려 중인 관련된 다수의 사물을 지칭하기 위해 사용된다. 가령, 방정식계(system of equations)와 같은 표현에서도 계는 관련된 몇 개의 방정식을 묶어서 취급하는 단위로 사용된다 — 옮긴이.

8) Michael Faraday, "On Static Electrical Inductive Action," *Phil. Mag.* 1843 또는 *Exp. Res.*, vol. ii, p.279.

9) 이 경우에 전기화(electrification)는 '전하'와 같은 의미로 사용된다. 그러므로 전기화는 '물체가 전기를 띠게 되는 것', '물체가 전기를 띠고 있는 상태' 또는

른 물체로부터 전기화를 받지 않으면 그것의 전체 전기화는 항상 동일하다.

모든 전기 실험에서 물체의 전기화는 항상 변한다는 것이 알려져 있지만 이러한 변화는 완전한 절연이 이루어지지 않아서 생기는 것이고 절연의 방법이 개선됨에 따라서 전기화의 손실은 줄어드는 것도 알려져 있다. 그러므로 우리는 완전하게 절연된 매질에 둘러싸인 물체의 전기화는 완전히 일정하게 유지될 것이라고 단언할 수 있다.

II. 한 물체가 다른 물체를 전도에 의해 전기화시킬 때, 두 물체의 전체 전기화는 동일하다. 즉, 하나가 잃은 양전기화의 양, 또는 얻은 음전기화의 양은 다른 물체가 얻은 양전기화의 양, 또는 잃은 음전기화의 양과 같다.

즉, 두 물체가 속이 빈 그릇 속에 들어 있다면 전체 전기화의 변화는 관찰되지 않는다.

III. 마찰이나 다른 알려진 방식으로 전기화가 일어나면, 발생하는 양전기화와 음전기화의 양은 항상 같다.

전체 계의 전기화는 속이 빈 그릇에서 검사할 수 있고 전기화 과정이 그릇 안에서 이루어질 수 있다. 그 계의 부분의 전기화가 아무리 강하게 일어난다 할지라도 금박 검전기로 알아낸 것과 같이 전체의 전기화는 항상 영이다.

그러므로 물체의 전기화는 측정할 수 있는 물리적 양이고 둘 또는 그 이상의 전기화는 대수적으로 두 양이 더해지듯이 실험적으로 합쳐질 수 있다. 그러므로 우리는 전기화를 특성뿐 아니라 양으로 취급하기에 알맞은 용어를 사용해 어떤 전기화된 물체를 '어떤 양의 양전기나 음전기로 대전되었다'고 말할 수 있다.

35] 지금 우리가 한 것처럼 전기에 물리량의 지위를 부여한다 하더라

'물체가 띠고 있는 전기 또는 그 양' 등 여러 의미로 사용되고 있음을 주의할 필요가 있다─옮긴이.

도 우리는 너무 서둘러 그것이 물질이라거나 또는 일종의 에너지라거나 또는 그것이 어떤 알려진 물리량의 범주에 든다고 가정하지 말아야 한다.[10] 지금까지 입증된 바로는 전기는 만들어지지도 사라지지도 않으므로 폐곡면 안에 있는 전기의 전체 양이 증가하거나 감소하려면, 증가분이나 감소분은 반드시 그 폐곡면을 통과해야만 한다.

이것은 물질에 적용되는 것이고 수력학에서 연속 방정식으로 알려진 방정식에 의해 표현된다.

그것은 열에는 적용되지 않는다. 왜냐하면 다른 형태의 에너지가 열로, 또는 열이 다른 형태의 에너지로 변환이 가능하므로 열은 폐곡면을 통과하지 않고도 그 곡면 안에서 증가하거나 감소할 수 있기 때문이다.

우리가 먼 거리에 있는 물체들의 직접적인 작용을 받아들인다면 그것은 일반적인 에너지에 대해서도 적용되지 않는다. 왜냐하면 폐곡면 밖에 있는 물체는 그 곡면의 안에 있는 물체와 에너지 교환을 할 수 있기 때문이다. 그러나 만약 모든 가시적 원격 작용이 매개하는 물질의 부분들 사이의 작용의 결과라면, 매질의 부분들의 작용의 본성이 명쾌하게 이해될 날이 오면 폐곡면 안에서 에너지의 증가나 감소가 일어나는 모든 경우에 대하여 그 곡면을 통과하는 에너지를 추적할 수 있을 것이다.

그러나 우리가 전기를 일종의 물리량으로 물체의 전체 전기화와 동의어로 쓸지라도 전기를 열과 같은 일종의 에너지로 간주할 수 없는 또 다른 이유가 있다. 전기화된 계는 일정한 양의 에너지를 가지며 이 에너지는 그 계의 각 부분의 전기의 양과 다른 물리량, 즉 그 부분의 퍼텐셜이라고 불리는 양을 곱하고 그 곱들을 합한 후에 그것을 2로 나누어 얻는

---

10) 당시 전기의 본성에 대한 이해가 깊지 않았음을 알 수 있다. 전기의 물질적 실체는 19세기 말에 음극선관에서 전자가 발견된 것을 시작으로 20세기 전반기에 원자 내의 전기를 띤 입자들의 존재가 알려지고 그것들로부터 전기를 떼어낼 수도 더 많이 부여할 수도 없다는 것이 알려짐으로써 파악되게 된다. 그러기 전까지 전기의 실체에 대한 이해는 물리학자들의 난제 중 하나였다―옮긴이.

다.[11] '전기'와 '퍼텐셜'이라는 양을 곱했을 때 '에너지'라는 양이 나온다. 그러므로 전기와 에너지가 같은 범주의 양일 수는 없다. 전기는 에너지의 한 요소일 뿐이며 다른 요소는 '퍼텐셜'이다.[12]

이러한 요인들의 곱인 에너지는 다른 몇 가지 쌍의 요인들의 곱으로 생각될 수 있다.

가령,

힘　　　　　×힘이 작용해 이동한 거리

질량　　　　×어떤 높이에 걸쳐서 작용한 중력

질량　　　　×속도의 제곱의 반

압력　　　　×그 압력에서 어떤 그릇에 주입된 유체의 부피

화학적 친화력 ×결합에 참여한 전기화학적 당량의 수로 측정된 화학

　　　　　　변화

만약 우리가 전기 퍼텐셜에 대한 명쾌한 역학적 의미를 얻게 되면, 이 양을 에너지 개념과 결합하여 '전기'가 속하는 범주를 결정할 수 있을 것이다.

36] 관련된 대부분의 이론에서 전기는 물질로 다루어지지만 두 종류의 전기가 있어 더해졌을 때 서로 소멸되는 성질이 있으므로 서로를 소멸하는 두 물질은 상상할 수 없기에 자유 전기와 결합 전기(combined electricity) 사이의 구분이 이루어졌다.

이유체 이론

이유체(二流體) 이론이라고 불리는 것에서는 전기화되지 않은 상태에 있는 모든 물체는 같은 양의 양전기와 음전기로 대전되는 것으로 가정된다. 이 양은 매우 많기 때문에 어떤 전기화 과정에서도 어떤 종류의

---

11) 정확하게 일치하지는 않지만 오늘날의 표현법으로는 $E = \frac{1}{2}\sum QV^2$가 된다.
　여기에서 E는 전기 에너지, Q는 전기량, V는 퍼텐셜에 해당한다—옮긴이.

12) {'퍼텐셜'이 차원이 없는 양이 아니라는 것이 나중에 밝혀졌다}—톰슨.

전기든 모두 빼앗기지는 않는 것으로 가정된다. 이 이론에 따르면 전기화 과정은 물체 *A*로부터 일정한 양 *P*의 양전기를 빼서 물체 *B*로 전달하는 것, 또는 *B*로부터 일정한 양 *N*의 음전기를 취해서 그것을 *A*로 전달하는 것 또는 이 과정들의 적당한 결합으로 이루어져 있다.

그 결과는 *A* 속에 동일한 양의 음전기와 결합 상태에 있다고 가정되는 남아 있는 양전기 위에 *P*+*N*단위의 음전기가 놓이는 것이다. 양 *P*+*N*은 자유 전기라고 부르고 나머지는 결합 전기, 또는 잠재 전기, 고정 전기라고 부른다.

대부분의 이 이론의 전개에서 두 가지 전기는 '유체'라고 불리는데 그이유는 그것들이 한 물체에서 다른 물체로 전달될 수 있으며 도체 안에서 극히 자유롭게 움직이기 때문이다.[13] 그 이론을 단지 수학적 목적으로 사용해온 사람들은 유체의 다른 성질들, 가령 관성, 무게, 탄성 등을 그것들에 부여하지 않는다. 그러나 유체라는 용어를 쓰는 것은 일반인들에게 오해를 불러일으킬 수 있다. 그중에는 자연철학자가 아닌 과학자(man of science)와 그 이론의 진술에서 자신들이 이해될 만한 유일한 단어로 유체를 파악한 과학자들이 포함된다.

---

13) 전기가 유체라는 생각은 그레이(Stephen Gray, 1666~1736)의 실험에 의해 널리 퍼졌다. 그레이는 헌신된 아마추어 과학자로서 혹스비의 장치를 이용해 마찰로 유도한 전기를 먼 거리로 전달하는 데 성공하여 전기가 단순한 발산(effluvium)이 아니라 유체라는 생각을 널리 퍼뜨렸다. 전기 전도의 발견에 이어 그레이는 이웃의 아마추어 과학자인 휠러(Granville Wheler)와 함께 작은 소년을 명주실로 천장에 매달고 대전시켜 온갖 물건들을 그의 몸이 당기는 것을 확인했다. 다음 단계의 발전은 뒤페에 의해 이루어졌다. 그는 그레이와 달리 이전 연구를 잘 파악하고 조직적으로 연구를 수행하여 금속을 제외하고 마찰할 수 있는 모든 물질이 대전됨을 발견했고, 도선을 적시면 전기가 더 잘 통한다는 것, 유리관에 닿은 물체는 실제로 되튕겨진다는 것을 발견했고, 무엇보다도 두 가지 전기가 존재하여 같은 것끼리는 밀치고 다른 것끼리는 당긴다는 것을 발견했다. 그는 이 두 가지 전기를 가리켜 유리 전기, 수지 전기라고 불렀다. 그는 관찰할 수 있는 현상만을 언급했기에 전기가 유체라는 개념은 명시적으로 말한 적이 없지만 이유체 개념에 도달했다고 볼 수 있다. Hankins, 앞의 책, pp.59~62 ― 옮긴이.

우리는 그 주제의 수학적 취급이 '이유체' 이론이라는 용어로 자기 생각을 표현하는 저자들에 의해 크게 진전된 것을 알게 될 것이다. 그러나 그 결과는 전적으로 실험에 의해 증명될 수 있는 데이터에서 얻어진 것이고 그 실험 데이터들은 우리가 이유체 이론을 받아들이건 그러지 않건 사실임에 틀림없다.[14] 그러므로 수학적 결과에 대한 실험적 검증이 이 이론의 특정한 교의(doctrine)에 찬성하거나 반대할 증거가 될 수 없다.

이유체를 도입함으로써 우리는 A의 음전기화와 B의 양전기화를, 동일한 결과를 낼 수 있는 상이한 세 과정 중 어떤 하나의 효과로 생각할 수 있다. 우리는 이미 그것을 A로부터 B로 P단위의 양전기가 전이되고 B로부터 A로 N단위의 음전기가 전이되어 발생한 것으로 가정했다. 그러나 만약 $P+N$단위의 양전기가 A에서 B로 전이되었거나 $P+N$단위의 음전기가 B에서 A로 전이되었다면 A와 B에 남아 있는 '자유 전기'는 전과 동일했을 것이지만 A에 있는 '결합 전기'의 양은 첫 번째의 과정에 비해서 두 번째 과정의 경우가 더 적었을 것이고 세 번째 과정의 경우는 더 많았을 것이다.

그러므로 이 이론에 따르면 한 물체에 있는 자유 전기의 양뿐 아니라 결합 전기의 양을 변경시키는 것이 가능해 보인다. 그러나 어떤 결합 전기의 양이 변하는 현상이 전기화된 물체에서 관찰된 적이 없다. 그러므로 결합 전기는 관찰할 수 있는 특성을 가지고 있지 않거나 결합 전기의 양이 변할 수 없는 것일 수 있다. 이 대안들 중에서 첫 번째 것은 수학자에게 아무런 어려움을 주지 않는다. 왜냐하면 수학자는 그 유체에 끌

---

14) 이유체 이론을 지지하는 비교적 초기의 실험적 증거로는 시머(Robert Symmer, ca. 1707~63)가 1758년에 수행한 실험을 들 수 있다. 그는 흰 양말과 검은 양말을 같은 발에 신었다가 벗으면 양말들이 전기를 띠지 않지만 각기 다른 발에 신었다가 벗으면 부푼 상태를 유지하고 서로 가까이하면 전기가 사라지는 것을 발견했다. 이는 두 가지 종류의 상반되는 유체가 존재한다는 것을 보여주는 것으로 이해되었다—옮긴이.

고 미는 특성 외에는 아무런 특성도 부여하지 않으므로 수학자는 두 가지 유체가 $+e$와 $-e$처럼 서로 소멸되는 것으로 생각하고 그것의 결합은 진정으로 수학적 0이 되는 것으로 생각하기 때문이다. 그러나 유체라는 말을 물질 개념과 떼어놓고 쓸 수 없는 사람들에게는 두 가지 유체를 결합시킨 것이 한 물체에 더해졌을 때 질량의 증가나 무게의 증가 혹은 그 밖에 다른 특성의 변화를 유발하지 않아 그 물체에 전혀 영향을 주지 않는다는 것이 이해되기 힘들다. 그들은 어떻게 두 유체의 결합이 아무런 특성도 나타낼 수 없는지 납득하기 힘들어한다. 그래서 몇몇 사람들은 전기화의 모든 과정에서 정확하게 같은 양의 두 가지 유체가 반대 방향으로 옮겨가 어떤 물체든지 두 가지 유체의 전체적인 양은 항상 동일하다고 가정해 왔다.[15] 이 새로운 법칙에 의해 그들은 '현상을 구제'하기를 도모하지만 그 법칙이 '이유체' 이론을 사실과 화해시키는 것을 제외하면 필요하지 않다는 것을 망각하고 있다. 또한 그들은 이 새로운 법칙에 의해 이유체 이론이 존재하지 않는 현상들을 예측하는 것을 가로막고 있다.

일유체 이론

37] 일유체(一流體) 이론에서는 두 물질이 모든 점에서 크기는 같고 성질은 반대라고 가정하는 대신에 그것들 중 하나, 일반적으로 음의 것이 보통 물질의 성질과 이름을 부여받고 다른 것은 전기 유체의 이름을 유지하는 것을 제외하고는 모든 것이 이유체 이론과 같다. 유체의 입자들은 거리의 역제곱의 법칙을 따라 서로 밀친다고 가정하며 같은 법칙

---

15) 이런 생각을 일찍이 한 사람은 계몽시대의 가장 유명한 전기 연구자였던 놀레 (Abbé Nollet)였다. 그는 뒤페처럼 두 가지 전기의 존재를 상정했는데 그 두 가지 전기를 전기화된 물체에서 분사되는 전기 유체의 반대 방향의 흐름으로 생각했다. 그는 왕 앞에서 180명의 헌병들을 정전기 방전으로 놀라게 했고 수도원에서 200명의 수도승을 일렬로 연결시킨 가운데 정전기 방전으로 모두 놀라게 만들어 대중적 명성을 얻었다—옮긴이.

에 따라 물질 입자를 잡아당긴다고 가정한다. 물질 입자들은 서로는 밀치고 전기 입자는 잡아당기는 것으로 가정한다.[16]

어떤 물체 안의 전기 유체의 양이 적당해서 그것이 그 물체 밖에 있는 전기 유체를 물체 안에 있는 물질이 잡아당기는 힘만큼만 밀칠 때, 그 물체는 포화되어 있다고 말한다. 그 물체 안에 유체의 양이 포화를 위해 요구되는 것보다 더 크다면 그 남는 양은 잉여 유체라고 부르며 이때 그 물체는 과대전(過帶電)되어 있다고 말한다. 만약 전기 유체의 양이 적다면, 그것은 저대전(低帶電)되어 있다고 말한다.[17] 그 물체를 포화시키는 데 요구되는 유체의 양은 종종 부족 유체라고 부른다. 1그램의 보통 물질을 포화시키는 데 필요한 전기의 양은 매우 큼에 틀림없다. 왜냐하면 1그램의 금은 1제곱미터의 넓이까지 두드려 펼 수 있고 이 형태에서 그것은 적어도 60,000단위의 음전기를 가질 수 있으며 그렇게 대전된 금박을 포화시키기 위해서 이것만큼의 전기 유체의 양이 그것에 전달되어야 하므로 포화를 위해서 요구되는 전체 양은 이것보다 더 클 것이 틀림

---

16) 일유체 이론의 선구자는 벤저민 프랭클린(Benjamin Franklin, 1706~90)이다. 그는 전기 바람의 충격보다는 단일한 정적 전기 '대기'(atmosphere)가 존재하여 압력에 의해 서로 당기고 밀친다고 주장했다. 이는 중력에 대한 뉴턴의 설명 방식, 즉 중력 에테르의 작용에 의한 설명과 유사했다. 그는 유체의 과다와 부족으로 두 종류의 전기를 설명할 수 있다고 보았다. 프랭클린의 전기 유체는 만들어지거나 없어지지 않았고 옮겨갈 수 있을 뿐이었다. 그것은 다른 유체는 밀쳤지만 일반 물질은 잡아당겼다. 그러나 그의 이론은 음의 전하가 밀치는 현상을 잘 설명하지 못했다. 왜냐하면 유체가 없어진 일반 물체는 서로 밀쳐야 할 텐데 뉴턴의 이론은 일반 물질 사이의 인력을 주장하고 있었기 때문이다. 그는 뾰족한 금속의 끝을 대전된 유리구에 가까이 가져가면 다른 물체보다 먼 거리에서 방전이 일어나는 것을 발견했고 거기에서 피뢰침에 대한 아이디어를 얻었다. 그는 1749년에 번개 실험을 제안했고 1752년에 유명한 연실험을 했다. 같은 시기에 프랑스인들도 독립적으로 연실험에 성공했다. 그는 뾰족한 끝의 피뢰침을 주장했지만 윌슨(Benjamin Wilson)은 뭉툭한 끝의 피뢰침이 효과적이라고 주장했다. 1772년에 왕립학회는 공개 실험을 수행하여 프랭클린의 주장이 옳다는 결론을 지었다―옮긴이.

17) 이 이론대로라면 양전기를 띤 물체는 과대전 상태이고 음전기를 띤 물체는 저대전 상태이며 전기를 띠지 않은 물체는 포화 상태이다―옮긴이.

없기 때문이다. 두 포화된 물체 속의 물질과 유체 사이의 인력은 두 부분의 물질 사이의 척력과 두 부분의 유체 사이의 척력보다 아주 약간 더 큰 것으로 가정한다. 이 나머지 힘이 중력의 잡아당기는 효과를 설명해 주는 것으로 가정한다.

이 이론은 이유체 이론과는 달리 별로 많은 것을 설명하지 않는다.[18] 그러나 그것은 전기 유체의 질량이 매우 작아서 양전기화나 음전기화가 한 물체의 질량이나 무게를 감지할 만하게 증가시키거나 감소시키지 않는다고 가정할 것을 요구한다.[19] 그것은 아직 왜 수지 전기화보다 유리 전기화가 전기의 과잉으로 생긴다고 가정해야 하는지 충분한 이유를 제시하지 못해 왔다.

때때로 이 이론에 대한 한 가지 반대 이유가 틀림없이 더 잘 추론했을 이들에 의해 제기되었다. 이들은 전기와 결합되지 않은 물질 입자가 서로 밀친다는 주장이 모든 물질 입자들이 전 우주에서 다른 모든 입자들을 끌어당긴다는 익히 알려진 사실과 대립된다고 말한다. 일유체 이론이 사실이라면 천체들은 서로 밀쳐야 한다는 것이다.

그러나 이 이론에 따라 천체들이 전기와 결합되지 않은 물질로 이루어져 있다면 그것들에서 음전기화는 최고 수준에 달할 것이므로 서로 밀칠 것이 확실하다. 우리는 천체들이 그렇게 높은 전기화 상태를 유지하거나 그 상태를 유지할 것이라고 믿을 이유가 없다. 서로 끌어잡아 당기는 것이 관찰된 지구나 모든 천체들은 오히려 전기화가 안 된 상태에

---

18) 일유체 이론은 네덜란드 할렘(Haarlem)에 있는 타일러 재단(Teyler Foundation)의 반 마룸(Martinus van Marum)의 감독하에 1785년에 제작된 큰 정전기 유도 장치에서 생기는 2피트 규모의 스파크로 지지받았다. 왜냐하면 이 경우에 스파크는 한쪽에서 갈라지는 가지 형상을 보였기 때문이다. 이는 널리 퍼진 프랑스의 이론, 즉 스파크는 스파크로 연결되는 양쪽에서 각각 전기 유체가 나와서 반대편으로 건너가는 것으로 보는 관점과 대립되었다. Hankins, 앞의 책, p.57 ―옮긴이.

19) {물체의 겉보기 질량은 양전기나 음전기의 대전에 의해 모두 증가한다. *Phil. Mag.* 11, 1861, p.229를 보라}―톰슨.

있다. 즉, 그것들은 정상적인 전하량을 지니고 있으며 그것들 사이에 작용하는 힘은 오직 조금 전에 언급한 나머지 힘이다. 그러나 이 나머지 힘의 도입이 자연스럽게 이루어지지 않은 점이 그 이론[20]에 대한 훨씬 더 유효한 반대 이유이다.

이 책에서는 탐구의 다른 단계들에서 추가적인 부류의 현상들을 참조하여 여러 상이한 이론들을 각각 시험해 보기로 하겠다. 나는 전기화된 물체 사이에 펼쳐진 공간에서 어떤 일이 일어나는지에 대한 연구로부터 전기의 본성에 대한 추가적인 이해를 얻어보고자 한다. 그것은 패러데이가 그의 『실험 연구』에서 추구한 연구의 본질적인 특성이다. 앞으로 나는 패러데이와 W. 톰슨 등이 얻은 결과를 관련된 수학적 형태로 제시하려고 한다.[21] 이로써 우리는 어떤 현상이 모든 이론으로 똑같이 잘 설명되고 어떤 현상이 각 이론에서 잘 설명되지 않는지 알게 될 것이다.

전기화된 물체들 사이의 힘의 측정

38] 힘은 다양한 방식으로 측정될 수 있다. 가령, 물체들 중 하나를 민감한 천칭의 한쪽 팔에 매달고 추를 다른 쪽 팔에 매달아 전기화되지 않은 물체가 평형을 이루도록 한다. 그러고 나서 다른 물체를 첫 번째 물체의 밑쪽에 알려진 거리만큼 떼어놓는다. 그러면 물체가 전기화되었을 때 물체들 사이의 인력이나 척력이 첫 번째 물체의 겉보기 무게를 증가시키거나 감소시킬 것이다. 그러면 다른 쪽 팔에서 더해주거나 덜어주어야 하는 추의 무게가 동역학적 단위로 표현되는, 물체들 사이의 힘의 측정치가 될 것이다. 이러한 방식은 해리스(Sir W. Snow Harris)에 의

---

20) 일유체 이론을 가리킨다―옮긴이.
21) 이 대목에서 맥스웰은 이 책에서 자신이 무엇을 하고자 하는지를 밝히고 있다. 그는 패러데이와 W. 톰슨 등의 실험 연구를 바탕으로 대전체 사이의 공간에 대한 수학적 탐구를 제시하고자 하는 것이다. 맥스웰의 연구에서 패러데이 못지않게 톰슨이 중요한 실험적 기초를 제공했다는 점을 주목할 필요가 있다―옮긴이.

해 사용되었고 W. 톰슨의 절대 검전기에서 채택되었다. 217절을 보라.

때로는 비틀림 천칭을 사용하는 것이 더 편리하다. 비틀림 천칭은 수평의 천칭의 팔을 가는 철사나 섬유에 매달아 수직의 철사를 축으로 삼아 진동할 수 있도록 하고, 물체를 한쪽 팔에 부착시키고 수평 방향으로 힘을 받게 하면, 철사가 어떤 각도로 비틀려지게 된다. 그 철사의 비틀림 상수는 천칭 팔의 진동수를 관찰하여 알 수 있고 천칭 팔의 관성 모멘트는 다른 방식으로 알 수 있으며 비틀림 각과 비틀림 상수로부터 인력이나 척력을 추론할 수 있다. 비틀림 천칭은 작은 물체들 사이의 중력의 측정을 위해 미첼(Michell)[22]에 의해 고안되었고 전기력을 재기 위한 목적으로 캐번디시(Cavendish)[23]에 의해 사용되었다. 이 철학자들

---

22) 미첼(John Michell, 1724~93)은 1760년에 왕립학회 회원이 되었고 2년 후에 케임브리지 대학의 지질학 교수가 되었다. 그는 태양계 밖의 천체까지의 거리를 추정하는 합리적인 방법을 제안했고 1784년에 왕립학회에서 발표된 논문에서 처음으로 불랙홀의 존재 가능성을 언급하여 라플라스의 언급보다 12년을 앞섰다. 그는 비틀림 천칭을 1780년대에 고안하여 지구의 비중을 측정하는 데 사용하고자 했다. 그의 장치는 그가 죽기 직전에 완성되었고 그가 죽은 후, 캐번디시에서 넘겨져 개조되고 수정되어 지구의 비중 측정에 사용되었다. 비틀림 천칭은 1785년에 발표된 쿨롱의 전기력 측정 실험에서 사용되었기에 비틀림 천칭의 발명은 이 두 사람의 독립적인 업적으로 인정되고 있다―옮긴이.

23) 캐번디시(Henry Cavendish, 1731~1810)는 1749년에 케임브리지 대학에 입학했으나 종교에 관련한 시험의 거부로 학위 없이 학교를 마치고 평생을 다양한 과학 분야의 실험적 연구에 바쳤다. 그는 평생 18편의 논문만을 발표했지만 그의 연구 노트는 이후에 이루어진 많은 발견이 이미 그에 의해 이루어졌음을 보여준다. 열에 관한 다양한 연구로 열은 입자의 '역학적 모멘텀'에 해당한다는 열의 역학적 이론에 도달했으며 여러 가지 산의 응고점이 농도에 따라 달라진다는 것을 발견했고 기체에 대한 실험 연구로 수소를 발견했고 아르곤의 존재를 예견했으며 1770년대에는 전기 실험에 집중하여 일유체설에 입각한 수학적 이론을 세웠고 전기력은 거리의 세제곱보다 작은 제곱수에 역비례한다는 것을 발견했다. 그는 1771년에 전기력을 측정했을 뿐 아니라 실험오차의 첫 주의 깊은 수학적 분석을 덧붙였다. 그는 10% 이내의 오차로 일관된 결과를 얻었다. 또한 그는 여러 가지 물질의 전기전도도를 자신의 몸을 사용해 비교하여 정량적으로 제시했으며 그의 전기에 관련한 연구들은 맥스웰이 모아서 1879년에 출판했다. 1780년대에 이루어진 천문학에 관한 연구와

과는 독립적으로 작업했던 쿨롱(Coulomb)[24]이 그것을 재발명했고 그것의 작용을 철저하게 연구했으며 그것을 사용하여 전기력과 자기력의 법칙을 발견했다. 그 후 비틀림 천칭은 작은 힘을 측정할 필요가 있는 연구에서 사용되어 왔다. 215절을 보라.

39] 이 방법 중 어느 것으로 전기화된 두 물체 사이의 힘을 측정할 수 있다고 가정하자. 우리는 물체들 사이의 거리에 비해서 물체의 크기가 충분히 작아 각 물체들의 전기화의 불균등한 분포로 결과가 크게 달라지지 않는다고 가정할 것이다. 우리는 두 물체가 전기화를 유도할 정도의 거리에서 상당한 정도로 떨어진 채 공기 중에 매달려 있다고 가정한다. 물체들이 고정된 거리에 놓여 있고 각각 우리의 임시 단위로 따져 e, e'으로 대전되어 있다면 e의 e'곱에 비례하는 힘으로 서로 밀칠 것이다. e나 e' 중 하나가 음수라면, 즉 대전된 전하 중 하나가 유리 전기이고 다른 하나가 수지 전기라면, 힘은 인력일 것이고 e와 e'이 둘 다 음수라면 힘은 다시 척력이 될 것이다.

첫 번째 물체 A가 m단위의 양전기와 n단위의 음전기로 대전되어 있고 실험 5에서처럼 각 전기가 그 물체 속에서 분리되어 존재한다고 가정하자.

두 번째 물체 B가 m'단위의 양전기와 n'단위의 음전기로 대전되어 있다고 하자. 그러면 A 속의 양전기 m단위들 각각이 B 속의 양전기 m'단위들 각각을 어떤 힘, 가령 f의 힘으로 밀치면 전체 효과는 $mm'f$가 된다.

지구의 밀도 측정 연구 등을 발표했다─옮긴이.

24) 프랑스의 토목공학자이자 물리학자인 쿨롱(Charles A. de Coulomb, 1736~1806)은 공병학교에 들어가 역학 이론, 공학 기술을 공부한 것을 기초로 하여 마찰에 관한 폭넓은 연구를 수행했으며 놋쇠나 철 등의 가는 금속선에 의한 진동을 이용하는 비틀림 탄성을 연구하여 1785년에 전하 사이의 척력이 거리의 제곱에 반비례한다는 쿨롱의 법칙을 발견할 때 사용된 비틀림 천칭을 고안했다. 이어서 1787년에 인력에 대해서도 역제곱의 법칙을 실험적으로 확립했다─옮긴이.

음전기의 효과는 양전기의 효과와 정확하게 크기가 같고 반대이므로 A 속의 양전기 m단위들 각각이 B 속의 음전기 n'단위들 각각을 같은 힘 f로 잡아당겨 전체 효과는 $mn'f$가 될 것이다.

마찬가지로 A 속의 음전기 n단위들은 B 속의 양전기 m'단위들을 $nm'f$의 힘으로 당길 것이고 B속의 음전기 n'단위를 $nn'f$의 힘으로 밀칠 것이다.

그리하여 전체 척력은 $(mm'+nn')f$가 되고 전체 인력은 $(mn'+m'n)f$가 될 것이다.

그러므로 총척력은

$$(mm'+nn'-mn'-nm')f, \; 즉 \; (m-n)(m'-n')f$$

가 될 것이다. 이제 $m-n=e$가 A에 있는 전하의 대수적 값이고 $m'-n'=e'$이 B에 있는 전하의 대수적 값이므로 총척력은 $ee'f$로 쓸 수 있고 e와 e'은 항상 고유한 부호를 갖는 것으로 이해될 수 있다.

거리에 따른 힘의 변화

40] 고정된 거리에서 힘의 법칙이 성립되어 있으므로 우리는 일정하게 대전되어 다른 거리에 놓인 물체들 사이의 힘을 측정할 수 있다. 인력이든 척력이든 힘은 거리의 제곱에 반비례하여 변한다는 것이 직접적인 측정에 의해 알려져 있으므로 f가 단위 거리에 있는 두 단위 전기 사이의 척력이라고 한다면 거리 r에서 작용하는 척력은 fr^{-2}가 될 것이고 e와 e' 사이의 척력의 일반적인 표현은 $fee'r^{-2}$가 될 것이다.

전기의 정전기 단위의 정의

41] 우리는 지금까지 전기의 단위로 완전히 임의의 기준을 사용해 왔다. 즉, 실험이 시작될 때 어떤 유리 조각의 전기화를 단위로 삼았다. 이제 우리는 일정한 원리에 입각해서 단위를 선택할 수 있다. 이 단위가 일반적인 단위계에 속하도록 하기 위해 우리는 f가 단위량이 되도록 그

것을 정의할 수 있다. 즉, 전기의 정전기 단위는 같은 전기의 양이 단위 거리만큼 떨어져 있을 때 단위 힘으로 밀치도록 하는 양전기의 양이라고 할 수 있다.[25]

이 단위는 나중에 정의될 전자기 단위와 구분하기 위해 정전기 단위라고 부른다.

우리는 이제 전기 작용의 일반 법칙을

$$F = ee'r^{-2}$$

로 간단한 형태로 쓸 수 있다.

이 식은 각각 e와 e'으로 대전된 작은 물체 사이의 척력은 전하량의 곱을 거리의 제곱으로 나눈 것과 같다는 뜻이다.

정전기량의 단위의 차원

42] 만약 $[Q]$가 구체적인 정전기 단위 자체이고 e와 e'이 특정한 양의 수치이고, $[L]$이 거리의 단위이고 r가 거리의 수치이고 $[F]$가 힘의 단위이고 F가 힘의 수치라면 이 식은

$$F[F] = ee'r^{-2}[Q^2][L^{-2}]$$

이 된다. 이것으로부터

$$[Q] = [LF^{\frac{1}{2}}]$$
$$= [L^{\frac{3}{2}}T^{-1}M^{\frac{1}{2}}]$$

이 된다.

이 단위를 전기의 정전기 단위라고 부른다. 다른 단위들이 실제적인 목적을 위해, 또 다른 전기 과학의 분야에서 사용될 수 있다. 그러나 정전기학의 식들에서 전기량이 정전기 단위로 추정되는 것은 이해된다.

---

25) {이 정의와 전기 작용의 법칙에서 전기화된 물체를 둘러싼 매질은 공기라고 가정된다. 94절을 보라}—톰슨.

이는 마치 물리 천문학에서는 흔히 사용되는 질량의 단위가 아니라 중력 현상을 토대로 한 질량의 단위를 사용하는 것과 같다.

전기력의 법칙의 증명

43] 비틀림 천칭을 사용한 쿨롱의 실험은 근사적으로 힘의 법칙을 확립한 것이라고 생각할 수 있다. 그러나 이런 종류의 실험을 수행하기는 어렵고 몇 가지 교란하는 원인 때문에 어느 정도 불확실하다. 이러한 오차는 주의 깊게 추적하여 보정해야 한다.

우선 전기화된 두 물체가 측정할 만한 힘을 발휘하기에 충분한 전하들을 가질 수 있기 위해서는 그것들 사이의 거리와 비교해서 수긍할 만한 크기를 가져야 한다. 그러면 각 물체의 작용은 다른 물체의 전기 분포에 어떤 효과를 유발할 것이므로 그 전하는 그 표면에 균질하게 분포하거나 중력 중심에 모인다고 생각할 수 없다. 그러나 그 효과가 상세한 연구에서는 계산되어야 한다. 그러나 이것은 푸아송(Poisson)에 의해 극히 능숙하게 두 개의 구에 관한 것으로 수행되었고 그 탐구는 W. 톰슨의 『전기 영상 이론』(*Theory of Electrical Images*)에서 극히 단순화되었다. 172~175절을 보라.

또 다른 오차는 그 장치를 싸고 있고 케이스의 측면에서 유도되는 전기의 작용에서 생긴다. 그 장치의 내면을 금속으로 만들어주면 이 효과는 일정해져 측정 가능해진다.

독립적인 오차가 물체의 불완전한 절연 때문에 발생한다. 그것 때문에 전하는 계속해서 줄어든다. 쿨롱은 소산(消散)의 법칙을 연구했고 그의 실험에서 그것을 보정했다.[26]

---

26) 우리는 쿨롱의 법칙이 실험적 연구로부터 얻어졌다는 점에 주목할 필요가 있다. 그것은 흔히 생각하듯이 수학적 연역에 의해 얻어진 법칙이 아니었다. 거리의 제곱에 반비례한다는 힘의 존재를 추측하고 그것이 그러한가를 확인하는 과정은 철저하게 실험에 의해 이루어졌고 실험 결과에 입각하여 수식에 의한 표현이 이루어졌다. 이것은 물리학의 진로에서 실험 연구의 중요성을 예시

대전된 도체를 절연하고 전기 효과를 측정하는 방법은 쿨롱 이후 크게 개선되었다. 특히 W. 톰슨이 크게 기여했다. 그러나 쿨롱의 힘의 법칙의 정확성은 어떤 실험이나 측정(그것들은 법칙의 입증 자료로 사용될 수 있다)에 의해서가 아니라 실험 7에서 서술된 현상의 수학적 고려에 의해 완전히 확립되었다. 즉, 전기화된 도체 B를 속이 빈 닫힌 도체 C의 안쪽에 접촉하고 나서 C에 닿지 않도록 주의하며 꺼내면 C의 외부가 어떤 식으로 전기화되어 있건 완전히 방전된다. 그 조작 후, B에는 아무런 전기가 남아 있지 않다는 것을 민감한 검전기로 확인하는 것은 쉬우며 74c, 74d절에서 제시되는 수학적 이론에 의해 이것은 힘이 거리의 제곱에 반비례해야만 성립될 수 있다. 왜냐하면 그 법칙이 어떤 다른 형태라면 B는 전기화되어 있을 것이기 때문이다.

전기장

44] 전기장은 전기 현상에 관한 고려에서 전기화된 물체의 근처에 펼쳐져 있는 공간이다. 그것은 공기나 다른 물체로 채워져 있을 수 있다. 혹은 우리가 다룰 수 있는 수단에 의해 영향을 미칠 수 있는 모든 물질이 제거된 공간, 소위 진공일 수도 있다.

그러나 물체가 매우 작고 그 전하도 매우 작다면 다른 물체들의 전기화는 별로 교란되지 않을 것이고 우리는 그 물체의 위치가 그것의 질량 중심으로 결정되는 것으로 생각할 수 있다. 그때 그 물체에 작용하는 힘

해준다. 실험적 결과에 대한 이해가 없다면 이론적 연구는 출발점을 얻을 수 없으며 실험을 무시하는 이론적 논의는 공허해질 수밖에 없다. 그러므로 능숙한 고안에 의해 정확한 측정을 하기 위해 창의성을 발휘하는 것은 매우 중요한 일이었으며 이러한 실험 연구에서, 특히 전자기학과 관련해서, 남다른 능력을 발휘한 인물들이 패러데이와 톰슨이었다. 그들의 실험 연구에 바탕하여 맥스웰의 이론화는 가능했고 의미를 가질 수 있었다. 물론 그러한 수학적 논의를 바탕으로 이후에는 완벽하게 쿨롱의 법칙을 이론적으로도 확립할 수가 있었다. 그러나 이것은 이미 실험을 통해 확고한 증거들이 충분히 확보가 된 이후였다—옮긴이.

은 그것의 전하에 비례할 것이고 전하가 반대 부호가 될 때 힘도 반대 방향을 향할 것이다.

e를 그 물체의 전하라 하고 F가 어떤 방향에서 그 물체에 작용하는 힘이라고 하자. 그때 e가 매우 작을 때 F는 e에 비례하여 $F=Re$가 될 것이다. 이때 F는 그 전기장 안의 다른 물체들 위의 전기 분포에 의존한다. 전하 e를 다른 물체들의 전기화를 교란하지 않고 단위량과 같게 만들면 $F=R$이 된다.

이때 우리는 R를 그 마당의 주어진 지점에서 **총기전세기**(resultant electromotive intensity)라고 부를 것이다.[27] 우리가 이 양이 벡터라는 사실을 표현하기 원하면 우리는 그것을 이중알파벳 $\mathbb{E}$[28]로 지칭할 것이다.

전체 기전력과 퍼텐셜

45] 작은 전하 e를 갖고 있는 작은 물체를 주어진 지점 A에서 다른 지점 B로 주어진 경로를 따라 옮기면 그 물체는 그 경로상의 각 지점에서 Re의 힘을 받을 것이다. 이때 R는 경로상의 각 지점에서의 값이 달라진다. 전기력이 그 물체에 한 일을 Ee라 놓을 때 E는 경로 AB에서의 전체 기전력(total electromotive force)이라고 한다. 그 경로가 닫혀 있고 그 경로를 한 바퀴 돌았을 때 전체 기전력이 0이 아니면 전기는 평형 상태에 있지 않고 전류가 발생할 것이다. 그리하여 정전기학에서는 어떤 닫힌 경로 한 바퀴를 돌았을 때의 전체 기전력이 0이어야 한다. 그래서 A와 B가 그 폐회로상의 두 지점이라고 하면 A에서 B까지의 전체 기전력은 A와 B에 의해 둘로 나누어진 폐회로의 두 경로 중 어느 것을 따라 가든지 동일하다. A에서 B까지의 두 경로 중 하나는 다른 것에 무관하게 임의로 형태가 바뀔 수 있으므로 A에서 B까지의 전체 기전력은 A에

---

27) 여기에서 '세기'라는 말이 붙은 것은 그것이 면이 아니라 선의 속성을 갖는 양임을 지시하는 것임을 맥스웰이 밝힌 점을 기억하자—옮긴이.

28) 원래의 책에서는 독일 문자를 쓰기로 했다—옮긴이.

서 *B*까지의 모든 경로에 대하여 동일하다.

*B*를 모든 다른 점의 기준점으로 삼으면 *A*에서 *B*까지의 전체 기전력은 *A*의 퍼텐셜이라고 부른다. 그것은 오직 *A*의 위치에만 의존한다. 일반적으로 수학적 탐구에서 *B*는 전기화된 물체로부터 무한대의 거리에 있는 것으로 간주한다.

양으로 대전된 물체는 더 큰 양의 퍼텐셜의 지점에서 더 작은 양의 퍼텐셜의 지점으로, 또는 음의 퍼텐셜의 지점으로 움직이려는 경향을 갖고 음으로 대전된 물체는 반대 방향으로 움직이려는 경향을 갖는다.

전기화는 도체 안에서 움직이는 데 자유롭다. 그러므로 어떤 도체의 두 부분이 다른 퍼텐셜을 가지고 있다면, 양전기는 더 큰 퍼텐셜을 갖는 지점에서 더 작은 퍼텐셜을 갖는 지점으로 퍼텐셜 차이가 존재하는 한 계속 이동한다. 그러므로 도체는 그 안의 모든 지점이 같은 퍼텐셜을 갖지 않으면 전기적으로 평형 상태에 있을 수 없다. 이 퍼텐셜을 도체의 퍼텐셜이라고 한다.

등퍼텐셜면

46] 전기장 안에 그려진 곡면, 또는 그려져 있다고 가정하는 곡면의 모든 점에서 전기 퍼텐셜이 같다면, 그 곡면을 등퍼텐셜면이라고 한다.

그러한 곡면에 머물도록 속박된 전기화된 입자는 그 곡면의 한 지점에서 다른 지점으로 움직이려는 경향을 갖지 않을 것이다. 왜냐하면 퍼텐셜이 모든 점에서 같기 때문이다. 그러므로 등퍼텐셜면은 평형 곡면, 또는 동위 곡면(同位曲面, level surface)[29]이다.

---

29) 'level surface'에서 'level'은 '수평' 또는 '수준'의 의미를 갖는다. 수평이라는 것이 모든 점에서 동일한 수준을 유지하고 있는 것을 지칭한다는 점에서 의미가 상통한다. 즉, 이 면은 수평선이나 지평선처럼 직선 상태를 유지하는 것은 아니지만 그 위에 구슬을 놓았을 때 어느 쪽으로도 구르지 않는 그런 의미의 수평 또는 같은 수준을 유지하는 면인 것이다. 전기적으로 보았을 때 등퍼텐셜면 위에 놓인 전하가 어느 쪽으로도 힘을 받지 않는 것을 기억하라―옮긴이.

그 곡면의 임의의 점에서의 합력은 그 면에 수직 방향을 향할 것이고 그 힘의 크기는 전기 단위가 곡면 V에서 곡면 V'으로 이동할 때 받은 일이 $V-V'$이 되도록 작용한다.

다른 퍼텐셜을 갖는 두 등퍼텐셜면은 만나지 않는다. 왜냐하면 같은 점이 하나 이상의 퍼텐셜을 가질 수 없기 때문이다. 하나의 등퍼텐셜면은 자신과 만날 수 있으며 이것은 모든 점에서 그리고 모든 평형선(line of equilibrium)을 따라 일어날 수 있다.

전기 평형에 있는 도체의 표면은 반드시 등퍼텐셜면이다. 도체의 전기화가 전체 표면에서 양(+)이라면 그 표면에서 모든 방향으로 멀어짐에 따라 퍼텐셜은 줄어들 것이며 도체는 일련의 더 낮아지는 퍼텐셜의 면으로 둘러싸여 있을 것이다.

그러나 (전기화된 외부 물체의 작용 때문에) 도체의 어떤 영역이 양으로 대전되고 다른 영역은 음으로 대전되어 있다면, 완전한 등퍼텐셜면은 양의 영역과 음의 영역을 가르는 선들에서 도체 표면과 만나는 곡면계와 도체 표면 자체로 이루어져 있을 것이다.[30] 이 선들은 평형선들이 될 것이고 이 선들 중 하나에 놓인 전기화된 입자는 어떤 방향으로도 힘을 받지 않을 것이다.

도체 표면이 어떤 부분에서 양으로 대전되어 있고 다른 부분에서 음으로 대전되어 있을 때, 마당 안에는 그 도체 이외에 다른 전기화된 물체가 존재해야 한다. 왜 그런가 알아보자. 양으로 전기화된 물체가 그 표면의 양으로 대전된 부분에서 출발하여 항상 그것에 미치는 합력의 방향으로 움직이게 두면, 입자의 퍼텐셜은 지속적으로 줄어들어 입자가 처음 도체의 표면보다 낮은 퍼텐셜에 있는 음으로 대전된 곡면에 도달하거나 무한히 먼 곳으로 멀어져 갈 것이다. 무한히 먼 곳에서의 퍼텐셜이 0이라면, 나중의 경우는 그 도체의 퍼텐셜이 양일 때만 일어날 수 있다.

같은 방식으로 음으로 대전된 곡면의 부분에서 떠난 음으로 대전된

---

30) {80, 114절을 보라}—톰슨.

입자는 양으로 대전된 곡면에 도달하거나 무한대로 멀어져 갈 것이고 후자의 경우는 그 도체의 퍼텐셜이 음일 때만 일어날 수 있다.

그러므로 양전하와 음전하가 모두 하나의 도체 위에 존재한다면, 마당 안에는 그 도체의 퍼텐셜과 부호가 같지만 수치상 더 큰 퍼텐셜을 갖는 다른 물체가 있어야만 한다. 그리고 어떤 형태의 도체가 전기장 안에 홀로 있다면, 모든 부분의 전하는 도체의 퍼텐셜과 같은 부호를 가져야 한다.

대전된 물체를 전혀 포함하지 않는 속이 빈 도체 용기의 내면은 전혀 전하를 갖지 않는다. 도체의 표면 중 일부가 양으로 대전되어 있다면, 양으로 전기화된 입자가 그것에 작용하는 힘의 방향으로 움직일 때 낮은 퍼텐셜의 음으로 대전된 곡면에 도달해야 한다. 그러나 용기의 전체 내면은 같은 퍼텐셜을 가지고 있다. 그러므로 그것은 전하를 갖지 않는다.[31]

용기 안쪽에 있고 그것과 연락되어 있는 도체는 안쪽 면에 의해 둘러싸여 있다고 생각할 수 있다. 그러므로 그러한 도체는 전하를 갖지 않는다.

역선

47] 항상 총기전세기(resultant intensity)[32]의 방향으로 움직이는 점이 그리는 선을 역선이라고 한다. 그것은 등퍼텐셜면과 수직으로 만난다. 역선의 성질에 대해서는 나중에 좀더 충분히 설명할 것이다. 왜냐하면 패러데이가 전기장 안에 그려진, 모든 점에서 방향과 세기를 나타내는 역선의 개념으로 많은 전기 작용의 법칙을 표현했기 때문이다.

---

31) {증명을 더 엄밀하게 하기 위해서는 80절에 의해 힘은 곡면이 양으로 대전된 곳에서 0이 되어야 하고 112절에 의해 퍼텐셜은 전기화가 없는 점에서 극대값이나 극소값을 가질 수 없다는 것을 언급하는 것이 필요하다—톰슨.
32) 총기전세기(resultant electromotive intensity)를 말한다. 현대적 용어로는 전기장의 세기에 해당한다—옮긴이.

전기 장력

48] 도체의 표면은 등퍼텐셜면이므로 총기전세기는 그 면에 수직이다. 그리고 80절에서 그 총기전세기는 표면의 전기화 밀도에 비례함을 보일 것이다. 그러므로 그 표면의 임의의 작은 영역의 전기는 도체에서 멀어지게 하려는 힘을 받을 것이고 그 힘은 총기전세기와 밀도의 곱에 비례할 것이고 따라서 총기전세기의 제곱에 비례할 것이다.

도체의 모든 부분에 대하여 장력으로서 바깥쪽으로 작용하는 이 힘은 전기 장력이라고 부를 것이다. 그것은 다른 일반적인 역학적 장력처럼 단위 면적에 작용하는 힘으로 측정된다.[33]

장력(tension)이라는 단어는 전기학자들에 의해 모호한 몇 가지 의미로 사용되어 왔다. 그것을 퍼텐셜의 동의어로서 수학적 용어로 채택하려는 시도가 있었다. 그러나 그 단어가 사용되어 온 경우들을 조사해 본 나로서는 장력을 도체 표면이나 다른 곳에 작용하는 단위 제곱 인치당 몇 파운드 무게로 잡아당기는 힘으로 이해하는 용법이나 역학적 유비가 더 잘 들어맞는다고 생각한다. 우리는 이 전기 장력이 전기화된 면뿐 아니라 역선을 따라서도 존재한다는 패러데이의 개념으로부터 전기 작용을 매질에서 나타나는 변형력(stress)의 현상으로 보는 전기 작용 이론이 나오는 것을 보게 될 것이다.

기전력

49] 다른 퍼텐셜에 있는 두 도체가 가는 도선에 의해 연결되어 있을 때, 전기가 도선을 따라 흐르려는 경향은 두 물체의 퍼텐셜의 차이에 의해 측정된다. 그러므로 두 도체 사이 또는 두 점 사이의 퍼텐셜 차이를 기전력이라고 부른다.[34]

---

33) 전기 장력이라는 용어는 현대적으로 사용되지 않는다. 맥스웰의 용법에서 전기 장력이 단위 면적당 힘의 차원을 가지므로 응력(應力)의 차원을 갖는다고 할 수 있으나 현재적인 용법으로 응력은 일반적으로 stress의 역어로 사용되기 때문에 일반적인 용법을 따라 tension을 '장력'으로 번역했다—옮긴이.

기전력은 모든 경우에 퍼텐셜의 차이의 형태로 표현될 수는 없다. 그러나 이 경우는 정전기학에서는 취급되지 않는다. 그런 경우는 불균일 회로, 화학 작용, 자석의 운동, 온도의 불균등 등을 다룰 때 고려할 것이다.

도체의 용량

50] 하나의 도체가 절연되어 있고 모든 둘러싼 도체들이 접지되어 0 퍼텐셜로 유지되고 E의 전기량으로 대전되어 있을 때 도체가 퍼텐셜 V를 갖는다면, V에 대한 E의 비를 도체의 **용량**(capacity)[35]이라고 부른다. 도체가 그것에 닿지 않게 완전히 도체 용기로 둘러싸여 있다면, 내부 도체 위의 전하는 바깥 도체의 내면 위의 전하와 크기는 같고 부호는 반대일 것이고, 그것은 안쪽의 도체의 용량과 두 도체의 퍼텐셜의 차의 곱과 같을 것이다.[36]

축전기

두 도체의 마주 보는 면이 얇은 절연 매질의 층으로 분리되어 유지되는 계를 축전기라고 부른다. 두 도체를 전극이라고 하며 그 절연 매질을 유전체라고 부른다. 축전기의 용량은 마주 보는 면의 면적에 비례하며 그것들 사이의 층의 두께에 반비례한다. 라이덴병[37]은 유리가 절연 매

---

34) 기전력(起電力)이라는 말은 전기를 일으키는 힘을 뜻하므로 electromotive force의 역어로 적당하다고 하겠다―옮긴이.

35) 현대적인 용어로는 흔히 전기 용량(electric capacitance)이라고 부른다―옮긴이.

36) 현대적인 표현으로 $Q=CV$(Q:전하량, C:전기용량, V:전위(퍼텐셜)차)가 된다―옮긴이.

37) 라이덴병은 축전기의 일종으로 1746년에 네덜란드 레이든 대학의 P. 뮈센브뢰크가 고안했고 비슷한 시기에 E. 클라이스트도 독자적으로 고안했다. 셸락 등을 칠해서 절연이 잘되게 만든 유리병의 안팎 옆면과 밑면에 주석박(箔)을 붙이고 병마개의 중심을 통해 내부로 넣은 금속 막대 끝에 사슬을 달아 밑면에 접속시킨 것이다. 병마개 위로 올라와 있는 금속 막대의 끝의 둥근 부분에 대전체를 대주면 유도에 의해 병의 안팎에 전위차가 생기면서 안과 밖의 주석

질인 축전기이다. 축전기는 종종 콘덴서(condenser)라고 불리지만 나는 '콘덴서'라는 용어를 전기를 저장하는 것이 아니라 표면 밀도를 증가시키는 데 사용되는 기구에 제한하여 사용하기를 선호한다.

정전기와 관련된 물체의 성질들

물체를 통과하는 전기에 대한 저항

51] 전하가 금속 덩어리의 어떤 부분에 전달될 때, 전기는 전체 물체의 퍼텐셜이 같아지기까지 높은 퍼텐셜의 장소에서 낮은 퍼텐셜의 장소로 신속하게 전이된다. 보통 실험에서 사용되는 금속 조각의 경우에 이 과정은 관찰하기에는 너무 짧은 시간 동안에 끝나버리지만 전신에서 사용되는 것처럼 매우 길고 가는 도선의 경우에는 그것을 통한 전류의 전달에 대한 도선의 저항 때문에 감지할 만한 시간이 경과하도록 퍼텐셜이 균일해지지 않는다.

전기 전달에 대한 저항은 362, 364, 367절의 표에서 볼 수 있듯이 물질마다 크게 차이가 난다. 이에 대해서는 전류를 다루면서 설명할 것이다.

모든 금속은 양도체이다. 그러나 납의 저항은 구리나 은의 저항의 12배이고, 철의 저항은 구리의 저항의 6배, 수은은 철의 60배에 달한다. 모든 금속의 저항은 온도가 증가함에 따라 증가한다.

많은 액체는 전기분해에 의해 전기를 전도한다. 이러한 전도 방식에 대해서는 2부에서 고려할 것이다. 지금은 물을 포함해서 모든 액체와 모든 축축한 물체들을, 금속보다 훨씬 못하지만, 도체로 간주할 것이다. 이것들은 관찰하기에 충분한 시간 동안 전하를 절연하는 능력이 없기 때문이다. 전해물(electrolyte)[38]의 저항은 온도가 상승함에 따라 감소

박에 전기가 저장된다. 18세기 이래로 많은 양의 전기를 모아 정전기 실험을 수행하는 데 유용한 도구로 널리 사용되었다―옮긴이.

38) electrolyte의 역어는 '전해질', '전해액'이 일반적으로 널리 쓰이는데 이 책에

한다.

한편, 대기압에 있는 기체들은, 건조하건 습하건, 전기 장력이 작을 때 거의 완벽한 절연체들이어서 아직까지 우리는 보통의 전도에 의해 기체를 통한 전기 전달의 증거를 얻지 못했다. 전기화된 물체에 의한 점진적인 전하의 손실은 모든 경우에 지지물[39]의 불완전한 절연 때문에 생기며 전기가 지지물의 물질을 통과하거나 그 표면을 타고 전달된다. 그러므로 두 대전체가 서로 가까이 매달려 있을 때, 그것들이 서로 반대 전기로 대전되어 있다면 그 전하를 더 오래 유지하게 된다. 왜냐하면 그것들 사이의 공기를 통해 전기를 전달하려는 기전력은 그것들이 반대로 대전되어 있을 때 훨씬 더 강하지만 감지할 만한 손실이 공기를 통해 일어나지 않기 때문이다. 실제적인 손실은 지지물을 통해서 일어나며 지지물을 통한 기전력은 물체들이 같은 부호로 전기화되어 있을 때 가장 크다. 이 결론은 물체들 사이의 공기를 통한 전기의 전달에 의해 손실이 일어날 것이 기대될 때만 예외적일 것이다. 기체를 통한 전기의 전달은 일반적으로 분열적 방전(disruptive discharge)에 의해 일어나며 기전세기가 어떤 값에 도달할 때까지는 일어나지 않는다. 방전을 일으키지 않고 유전체에서 존재할 수 있는 기전세기의 값은 유전체의 전기 강도(electric strength)라고 부른다.[40] 공기의 전기 강도는 기압이 대기압에서 대략 수은주 3mm의 압력으로 줄어들 때까지는 함께 줄어든다.[41]

서는 둘을 모두 가리키는 의미로 쓰이기 때문에 이를 총칭할 수 있는 용어로 '전해물'(널리 쓰이지는 않지만 신조어는 아님)을 사용하고자 한다―옮긴이.

39) 명주실과 같이 달아내려 공중에 지탱해 주는 것이나 절연 막대와 같이 바닥에 세워 지탱해 주는 모든 방식의 지지물을 포함한다―옮긴이.

40) '분열적' 방전이 강한 기전력에 의해 매질에 미치는 변형력이 지나치게 되면 매질이 찢어지면서 일어나는 것으로 볼 때, 전기 강도라는 말은 전기의 작용에 의해 찢어지지 않고 버틸 수 있는 매질의 한계를 지칭하기 위해 붙여진 것이다―옮긴이.

41) {전기 강도가 최소인 압력은 기체가 담겨 있는 용기의 모양이나 크기에 의존한다―톰슨.

그러나 압력이 훨씬 더 줄어들면, 전기 강도는 급격하게 증가한다. 배기가 지금까지 얻어진 최고치에 도달할 때, 4분의 1인치의 스파크를 만드는 데 필요한 기전세기는 보통 압력의 공기 중에서 8인치의 스파크를 일으키는 기전세기보다 크다.

그러므로 진공, 말하자면, 용기에서 제거할 수 있는 모든 것을 제거했을 때 용기 안에 남아 있는 것은 매우 큰 전기 강도를 갖는 절연체이다.

수소의 전기 강도는 같은 압력의 공기의 전기 강도보다 훨씬 작다.

어떤 종류의 유리는 차가울 때 놀라울 정도로 완벽한 절연체이다. W. 톰슨은 용접하여 밀봉한 유리 구 속에 수년간 전하를 보관했다. 그러나 같은 유리가 끓는 물의 온도보다 낮은 온도에서 도체가 된다.

구타 페르카, 생고무, 에보나이트, 파라핀, 수지 등은 좋은 절연체이다. 75℃의 구타 페르카의 저항은 구리 저항의 대략 배다.

얼음, 수정, 고화된 전해물도 역시 절연체이다.

어떤 액체, 가령 나프타, 테르빈유를 포함하는 몇 가지 기름은 절연체이지만 가장 좋은 고체 절연체보다는 못하다.

유전체

비유도 용량

52] 다른 퍼텐셜에 있는 두 도체 사이에 어떤 물체를 놓았을 때, 그 물체에 작용하는 기전력이 전기를 즉시 분산시켜 퍼텐셜을 일정한 값으로 바꿔놓는 것을 막는 절연 능력을 이 물체가 가졌다면, 패러데이는 이런 물체들을 총칭해서 유전체라고 부른다.

지금까지 출판되지 않은 캐번디시의 연구[42]에 따르면 1773년 이전에 그는 유리, 수지, 밀납, 셸락(shellac)[43]의 용량을 측정했고 그것들

---

42) 〔*Electrical Researches of the Honorable Henry Cavendish*를 보라〕—톰슨.
43) 남부 아시아의 나무에서 분비되는 수지성 물질인 라크(lac)를 정제하여 얇게

의 용량이 같은 크기의 공기판의 용량을 초과하는 비율을 구했다.

이 연구에 대하여 몰랐던 패러데이는 축전기의 용량이 도체 자체의 크기와 상대적 위치뿐 아니라 두 도체 사이의 절연 매질의 본성에 의존한다는 것을 발견했다. 축전기의 다른 것은 바꾸지 않으면서 축전기의 유전체를 공기가 아닌 다른 절연 매질로 대치함으로써 그는 공기와 다른 기체가 절연 매질로 사용될 때 축전기의 용량은 거의 변하지 않지만 셸락, 황, 유리 등이 공기를 대신하면, 그 용량은 물질마다 다른 비율로 증가한다는 것을 알아냈다.

더 민감한 측정 방법에 의해 볼츠만(Boltzmann)은 다른 압력에서 기체의 유도 용량의 변화를 관찰하는 데 성공했다.

패러데이가 비유도 용량(specific inductive capacity)이라고 부른 이 유전체의 특성은 물질의 유전 상수라고도 불린다. 그것은 유전체가 진공인 축전기의 용량에 대한 유전체가 주어진 물질인 축전기의 용량의 비로 정의된다.

유전체가 좋은 절연체가 아니라면, 그것의 유전 용량을 측정하기는 어렵다. 왜냐하면 축전기는 측정이 이루어지기에 충분한 시간 동안 전하를 유지할 수 없을 것이기 때문이다. 그러나 유도 용량이 좋은 절연체에 국한되지 않는다는 것은 확실하며 그것은 모든 물체에서 존재할 것으로 보인다.[44]

전기 흡수

53] 축전기가 어떤 유전체들로 구성되어 있을 때, 다음 현상이 일어나는 것이 알려져 있다.

굳힌 니스 등의 원료—옮긴이.

44) [콘(Cohn)과 아론스(Arons, *Wiedemann's Annalen*, v. 33, p.13)는 어떤 비절연성 유체, 가령 물이나 알코올의 비유도 용량을 탐구했다. 그들은 이것들이 매우 크다는 것을 발견했다. 증류수의 비유도 용량은 공기의 76배이고 에틸 알코올의 비유도 용량은 공기의 대략 26배이다]—톰슨.

축전기가 얼마 동안 전기화되었다가 갑자기 방전되고 다시 절연되었을 때, 그것은 처음과 같은 부호의 전기로 재충전되지만 적은 정도로 재충전되므로 여러 차례 반복해서 다시 방전될 수 있고 이 방전량은 계속 줄어든다. 이 현상을 잔류 방전이라고 부른다.

순간 방전량은 항상 방전 순간의 퍼텐셜 차이에 비례하는 것으로 보이고 이 양들의 비는 축전기의 실제 용량이다.[45] 그러나 방전기의 접촉 시간이 연장되어 잔여 방전의 일부를 포함할 정도가 되면 그러한 방전량으로부터 계산된 축전기의 겉보기 용량은 너무 커질 것이다.

충전되고 절연된 채로 둔 축전기는 그 전하를 전도로 잃는 것처럼 보이지만 처음의 손실률이 나중에 비해 훨씬 커서 전도율의 측정치는, 처음에 발생하는 것으로부터 유도된다면, 너무 커질 것이다. 그러므로 해저 케이블의 절연을 검사할 때 전기화가 진행됨에 따라 절연은 개선되는 것으로 보인다.

첫눈에 유사한 종류의 열현상이, 물체의 반대편이 다른 온도로 유지될 때 열의 전도의 경우에 발생한다. 우리는 열의 경우에 그 현상은 물체 자체가 취하고 버리는 열에 의존한다는 것을 알고 있다. 그러므로 전기 현상의 경우도 전기가 물체의 부분에 의해 흡수되고 방출되는 것으로 가정되어 왔다. 그러나 329절에서 그 현상은 유전체를 어느 정도 비균질한 것으로 가정함으로써 전기 흡수의 가설 없이 설명할 수 있다는 것을 알게 될 것이다.

전기 흡수라고 부르는 현상이 물질에 의한 전기의 실제적인 흡수가 아니라는 것은, 물질을 금속성의 닫힌 절연된 용기로 둘러싼 동안 어떤 방식으로든 그 물질을 대전시킴으로써 입증할 수 있다. 그 물질이 대전되고 절연될 때, 그 용기가 순간적으로 방전되고 절연된다면, 그 용기 안의 대전된 물질의 전기화의 점진적인 소실에 의해 전하가 전혀 용기

---

45) 현대적 표현으로 $C = \dfrac{Q}{V}$ (C:전기용량, Q:전하량, V:전위(퍼텐셜)차)를 의미한다—옮긴이.

로 전달되지 않는다.[46]

54] 이 사실은 물질을 한 종류의 절대적이고 독립적인 전하로 대전시키는 것이 불가능하다는 패러데이의 진술에 의해 표현될 수 있다.[47]

사실상 금속성 그릇으로 둘러싸인 물체들의 계 중에서 어떤 방식으로 전기 작용이 일어날지라도 그 그릇 바깥면의 전하는 변하지 않는다는 것이 시도된 모든 실험의 결과로부터 알려져 있다.

이제 어떤 양의 전기가 같은 양의 반대 전기와 유도선에 의해 연결되지 않고 물체 속으로 흡수되도록 또는 잠재되도록, 또는 어떤 식으로든 그 안에 존재하도록 강제할 수 있다면, 혹은 흡수된 후에 전기가 점진적으로 빠져나오면서 보통의 작용 방식으로 돌아갈 수 있다면, 우리는 둘러싸고 있는 용기의 전기화에 약간의 변화가 있음을 발견해야 한다.

이런 일이 실제로 일어나는 것을 결코 볼 수 없으므로 패러데이는 절대 전하를 물질로 전달하는 것은 불가능하며 물질의 일부가 상태의 변화에 의해 한 종류 또는 그 반대 종류의 전기를 방출하거나 잠재되게 만들 수 없다고 결론지었다. 그러므로 그는 유도를 '전기의 첫 발현과 뒤이은 전기 현상들에서 본질적인 작용'으로 간주했다. 그의 '유도'는 유전체의 입자의 분극 상태이며 이때 각 입자는 한쪽은 양으로 다른 쪽은 음으로 전기화되고 각 입자의 양전기화와 음전기화는 항상 정확하게 같다.(§1298)

---

46) {전기 흡수 현상의 자세한 설명을 위해 *Wiedemann's Elektricität*, v. 2, p.83을 보라}—톰슨.
　　이런 상황에서 흡수되었던 전기가 실제로 빠져나오는 것이라면 내부 물질의 전기가 방전된 만큼 바깥 용기의 전기화는 증가해야 한다. 그러나 그러한 일이 일어나지 않는 것은 전기의 절대적인 양이 밖으로 나오는 것으로 볼 수 없는 근거가 된다—옮긴이.

47) *Exp. Res.*, vol. i, series xi, ¶ ii. "On the Absolute Charge of Matter"와 §1244.

분열적 방전[48]

55] 유전체 안의 어떤 점에서 기전세기가 점진적으로 증가하면, 마침내 갑작스럽게 유전체를 통한 전기 방전이 일어나는 한계에 도달한다. 이때 일반적으로 빛과 소리가 동반되며 유전체의 일시적인 또는 영구적인 파열(rupture)이 발생한다.

이것이 일어날 때의 기전력은 우리가 유전체의 전기 강도라고 부르는 것의 측정치가 된다. 그것은 유전체의 본성에 의존하며 희박한 공기보다는 빽빽한 공기에서 더 크지만 모든 경우에 기전력이 충분히 커지면, 유전체는 굴복하여 절연 능력을 상실함으로써 전류가 유전체를 통해 흐르게 된다. 기전세기가 어떤 곳에서든 무한대가 되는 전기분포는 존재할 수 없다는 것이 이런 이유 때문이다.

전기 발광

그러므로 날카로운 끝점을 가진 도체가 전기화될 때, 그것이 전하를 보유한다는 가정하에서 이론에 따르면 그 끝점에 접근할수록 표면의 전기 밀도는 무한정으로 커져서 그 점 자체에서는 면밀도가, 더불어 총기전세기가 무한대에 이를 것이라는 결론에 도달한다. 전기나 다른 둘러싸고 있는 유전체가 불굴의 절연 능력을 가졌다면, 이런 결과는 실제로 얻어질 것이다. 그러나 그 끝점의 근처에서의 총기전세기가 어떤 한계에 도달하자마자 공기의 절연 능력은 무너져서 그 끝점에 근접한 공기는 도체가 되어버린다. 그 끝점에서 약간 떨어진 곳에서 총기전세기는 공기의 절연을 돌파하기에는 충분하지 않으므로 전류는 저지되고 전기는 그 끝점 주위의 공기에 쌓이게 된다.

그러므로 그 끝점은 자체 전하와 같은 종류의 전기로 대전된 공기 입

---

48) Faraday, *Exp. Res.*, vol. i., series xii와 xiii―원주.
{이 책의 첫 판이 출판된 이후에 매우 많은 연구가 기체를 통한 전기 전달에 관하여 이루어져서 그것의 단순한 열거조차 각주의 한계를 뛰어넘는다. 이 연구들에서 얻어진 결과의 요약은 『보충편』에 제시될 것이다}―톰슨.

자[49]로 둘러싸인다. 그 끝점 주위의 공기의 대전 효과는, 도체만이 전기화되었다면 그 끝점에 있는 공기가 받게 될 엄청난 기전세기의 부분으로부터 공기를 벗어나게 해주는 것이다. 사실상 전기화된 물체의 표면은 더 이상 뾰족하지 않다. 왜냐하면 그 점은 대전된 둥근 공기 덩어리로 둘러싸여 있기에 고체 전도체의 표면이 아니라 공기 덩어리의 표면이 전기화된 바깥 표면으로 간주될 수 있기 때문이다.

대전된 공기의 이 부분이 잠잠하게 유지될 수 있다면, 전기화된 물체는 자체 위에는 아니라 하더라도 적어도 그 근처에 전하를 보유할 것이지만 전기력의 작용하에서 자유롭게 움직일 수 있는 대전된 공기 입자들은 같은 종류의 전기로 대전되어 있으므로 전기화된 물체에서 멀어지려는 경향을 갖는다. 그러므로 대전된 공기 입자들은 역선의 방향으로 떨어져 나가 반대로 전기화된 주위의 물체로 접근하려는 경향을 갖는다. 그것들이 떠나면 다른 대전되지 않은 입자들이 그 끝점 주위의 자리를 차지하고 이 입자들은 과도한 전기 장력이 그 끝점 바로 옆의 입자들에 미치지 못하도록 막아줄 수 없으므로 새로운 방전이 일어나고 그 후에 새롭게 대전된 입자가 또 떨어져 나간다. 이 과정은 물체가 전기화된 상태로 유지되는 한 계속된다.

이런 식으로 다음 현상들이 유발된다. 끝점과 그 근처에는, 끝점과 바로 옆의 공기 사이에 일어나는 일정한 방전 때문에 안정된 발광(glow)이 있다.

대전된 공기 입자들은 동일한 일반적인 방향으로 떨어져 나가려는 경향을 갖는다. 그러므로 그것들은 그 끝점으로부터 대전된 입자들과 더불어 아마도 그것들에 의해 운반되는 다른 입자들로 이루어진 공기의 흐름을 유발한다. 인위적으로 이러한 흐름을 도와줌으로써 발광을 증가시킬 수 있고 흐름의 형성을 차단함으로써 발광의 지속을 막을 수 있다.[50]

---

49) [또는 먼지 입자로? 먼지와 수증기가 없는 공기가 매우 높은 온도에 있을 때를 제외하고 공기가 전기화될 수 있는지는 확실치 않다. 『보충편』을 보라]—톰슨.

50) Priestley, *History of Electricity*, pp.117, 591을 보라. Cavendish,

그 끝점 근처의 전기 바람(electric wind)은 종종 매우 빠르지만 곧 그 속도를 잃고 대전된 입자를 머금은 공기는 대기의 일반적인 운동과 함께 운반되고, 보이지 않는 전기 구름을 형성한다. 대전된 입자가 벽과 같은 임의의 도체 표면에 가까이 올 때, 그것들은 그 표면 위에서 자신과는 반대의 전하를 유도하고 그 벽으로 끌린다. 그러나 기전력이 작으므로 그것들은 그 표면으로 끌리거나 방전되는 것 없이 오랫동안 벽 근처에 머물 수 있다. 그러므로 그것들은 도체 주위에 붙어 있는 전기화된 대기를 형성하고 그것의 존재가 종종 전위계로 검출될 수 있다. 그러나 큰 덩어리의 대전된 공기와 다른 물체 사이에 작용하는 전기력은 바람을 유발하고, 온도차 때문에 생기는 밀도의 불일치에 의존하는 보통의 힘과 비교해 극도로 미약해서 보통의 뇌운(雷雲)의 운동의 관찰 가능한 부분이 전기적 원인에서 생길 가능성은 매우 낮다.

한 장소에서 다른 장소로 대전된 입자의 운동에 의한 전기의 전달은 전기 대류[51] 또는 대류 방전이라고 부른다.

그러므로 전기 발광은 이 현상의 핵심적인 부분인 전기 바람에 의해 연속적으로 떨어져 나오는 둘러싼 공기 입자를 대전시킬 만큼 장력이 매우 높은 공기의 작은 부분을 통한 일정한 전기의 흐름에 의해 유발된다.[52]

"Electrical Researches," *Phil. Trans.*, 1771, §4 또는 *Electrical Researches of the Honourable Henry Cavendish*, Art. 125.

51) 대류(convection)라는 말은 어원상 com(=together) + vehere(=to carry, bear)에서 유래한다(*Webster's New World Dictionary*). 그러므로 '함께 운반한다'는 뜻이 되는데 이것은 mass movement of parts로 이해하는 것이 가능하다. 즉 물질의 부분들이 덩어리로 운동을 일으킨다는 의미이다. 그러므로 일반적인 용법과는 달리 열의 개입이나 밀도차의 개입 없이도 '대류'는 일어난다고 볼 수 있다. 이 책에서는 이러한 의미에서 대류라는 용어를 쓴다—옮긴이.

52) 이러한 발광 현상에 일찍이 주목한 인물은 혹스비(Francis Hauksbee, ca. 1666~1713)였다. 그는 왕립학회에서 실험 큐레이터로서 1705년에 어떤 실험을 하다가 수은 기압계의 빈 공간에서 가끔 생기는 스파크를 보고 관심을 갖게 되었다. 그는 여러 차례의 실험을 통해서 진공 구의 바깥 면을 문질러 주는 것만으로도 스파크를 만들어낼 수 있다는 것을 알았다. 그는 유리 구를 축 위에 놓고 그것을 회전시키면서 손을 댈 때 유리 구가 밝게 빛을 내도록 하는

발광은 빽빽한 공기보다 희박한 공기에서 더 쉽게 형성되고 끝점이 음전기보다는 양전기로 대전되어 있을 때 더 쉽게 일어난다. 이것과 함께 양전기화와 음전기화의 다른 많은 차이점에 대해서는 전기의 본성에 대해 뭔가를 발견하려는 사람들이 연구해 보아야 한다. 그러나 그들은 현존하는 어떤 이론도 만족스럽게 받아들이지 못했다.

전기 브러시

56] 전기 브러시(electric brush)는 무딘 끝이나 작은 공을 전기화함으로써 장력이 거리의 증가에 따라 감소하는 전기장을 만들어냄으로써 유발될 수 있는 현상으로 날카로운 끝점을 사용할 때보다 덜 빠르게 일어나는 현상이다. 그것은 공에서 공기로 가지치듯 발산하여 공기의 일부를 대전시키거나 어떤 다른 도체에 도착함으로써 끝이 나는 연속적인 방전으로 이루어진다. 그것은 소리를 동반하는데 그 음고(pitch)는 연속적인 방전 사이의 간격에 의존하며 전기 발광의 경우처럼 공기의 흐름은 없다.

전기 스파크

57] 두 공이 그 반지름에 비해 크지 않은 거리만큼 떨어져 있을 때처럼 두 도체 사이의 공간의 장력이 그것들 사이의 모든 곳에서 상당히 클 때, 방전은 그것이 일어날 때 스파크의 형태를 취하며 그것에 의해 거의 전체 전기화가 일시에 방전된다.

이 경우에 유전체의 어떤 부분이 굴복했을 때, 전기력의 방향에서 그것의 반대쪽 부분이 더 큰 장력 상태에 놓이게 되어 그 부분도 굴복하게 된다. 따라서 방전은 유전체를 바로 통과해서 진행된다. 이것은 마치 종

장치를 만들었다. 그러나 그는 그 현상을 설명할 수 없었다. 그는 고전압 전기 방전을 관찰한 것이다. 오늘날의 수은등에서 나오는 빛을 본 셈이다. 그의 회전 유리구 또는 회전판은 이후에 전기 발생장치로 전기 실험에서 널리 쓰였다—옮긴이.

잇조각의 변두리에 작은 흠집이 만들어져 있을 때, 변두리 방향으로 종이에 장력이 가해지면 종이가 그 흠집에서 시작해 찢어지는데 때때로 종이에 약한 부분들이 있을 때는 여러 개로 갈라지기도 하는 것과 같다. 같은 방식으로 전기 스파크는 전기 장력이 최초로 유전체의 절연성을 초과하는 지점에서 시작되어 다른 약한 지점들, 가령 공기 중에 떠다니는 먼지 입자들을 거치면서 겉보기에 불규칙한 경로로 진행해 간다.

이 모든 현상들은 기체마다 상당히 다르게 나타나며 같은 기체라도 밀도가 다를 때 달라진다. 희박한 기체를 통과하는 전기 방전의 형태 중 몇몇은 매우 놀랍다. 어떤 경우에는 밝은 층과 어두운 층이 규칙적으로 번갈아 나타난다. 가령 전기가 매우 적은 양의 기체를 담고 있는 관을 통과한다면, 다수의 밝은 디스크들이 관의 축을 따라 어두운 층들에 의해 분리되어 거의 동일한 간격으로 횡으로 배열되어 보이게 된다. 전류의 세기가 증가하면, 새로운 디스크가 생겨나기 시작할 것이고 그것과 이전의 디스크들은 더 가까운 정렬 상태로 배열될 것이다. 가쇼트(Gassiot)[53]가 기술한 관에서 디스크 각각의 빛은 음의 극 쪽에서는 프르스름하고 양의 극 쪽에서는 붉으스름하며 중간의 층은 밝은 붉은색으로 나타난다.[54]

이것과 다른 많은 전기 방전 현상은 극히 중요하며 그것들이 더 잘 이해될 때, 기체나 공간에 퍼져 있는 매질의 본성을 해명하는 데 큰 도움을 줄 것이다.[55] 그러나 지금은 그것들이 전기의 수학적 이론의 영역 밖

---

53) *Intellectual Observer*, March, 1866.

54) 영국인 가쇼트(John Peter Gassiot, 1797~1877)는 1852년에 오늘날 방전관 또는 가이슬러관이라고 부르는 것을 발명했다. 이는 패러데이가 1838년에 낮은 압력의 기체를 담고 있는 전극 주위에서 처음으로 빛의 방출을 관찰한 것이 계기가 되었다. 1857년에 오스트리아의 물리학자 플루커(Julius Plucker, 1801~68)는 가이슬러(Heinrich Geissler, 1814~79)에게 방전관을 만들 것을 요청했고 그의 이어진 연구는 크룩스(William Crookes, 1832~1914)와 히토르프(Johann Wilhelm Hittorf, 1824~1914)가 1879년에 독립적으로 음극선을 발견하는 길을 닦았다―옮긴이.

에 있는 것으로 간주해야 한다.

전기석의 전기 현상[56]

58] 어떤 전기석[57] 결정이나 다른 광물 결정은 우리가 전기 극성이라고 부르는 성질을 가지고 있다. 전기석 결정이 일정한 온도에 있고 그 표면에 전기화가 전혀 없다고 가정하자. 이제 그 결정의 온도를 올려주면서 계속 절연성을 유지한다. 그러면 한쪽 끝이 양으로 전기화될 것이고 다른 쪽 끝은 음으로 전기화될 것이다. 이 표면의 이러한 겉보기의 전기화를 불꽃이나 다른 것에 의해 잃게 하고 나서 결정을 훨씬 더 뜨겁게 하면, 전과 동일한 종류의 전기화가 나타난다. 그러나 만약 결정이 식게 되면 뜨거웠을 때 양전기를 띠었던 끝이 음전기를 띠게 될 것이다.

이 전기화는 결정학적 축의 양끝에서 관찰될 것이다. 어떤 결정은 한쪽 끝에는 6각뿔의 형태가 생기고 다른 쪽 끝에는 3각뿔이 생긴다. 이 경우에 6각뿔 모양의 끝은 결정이 가열되었을 때 양의 전기를 띠게 된다.

W. 톰슨은 이것과 또 다른 반면상(半面像)[58]의 결정의 모든 부분이

---

55) 전기 방전 현상은 실제로 음극선 관에서 전자의 발견으로 이어졌고 이것은 20세기 초에 원자 구조에 대한 이해가 급진전하는 출발점이 되었다―옮긴이.

56) {이 성질과 방사광과 방사열에 의한 결정의 전기화에 대한 더 충분한 설명을 위해서는 다음을 볼 것. Wiedemann, *Electricität*, v. 2, p.316}―톰슨.

57) 마찰하면 쉽게 전기를 띠는 성질을 갖는 여러 종류의 광물을 전기석(tourma-line)이라고 한다. 전기석은 색깔이 아름답고 투명도가 좋은 것은 보석으로 쓰인다. 전기석은 오팔과 함께 10월의 탄생석으로 알려져 있다. 전기석의 결정은 평평한 판자 모양 또는 육각기둥 모양을 하고 있으며 경도는 7에서 7.5이다. 전기석은 모든 광물 중에서 종류가 많은 광물 중의 하나이다. 전기석의 종류로는 rubellite(루벨라이트, 홍전기석), indicolite(인디콜라이트, 남전기석), schorl(숄, 흑전기석), dravite(드레이바이트, 갈색 계통), achroite(아크로이트, 무색 계통), tourmaline(워터멜론 전기석, 속이 분홍색이고 겉이 녹색인 것) 등이 있다. 전기석이 갖는 일반적인 특징은 다음과 같다. (1) 초전기 - 가열하면 전기가 발생하는 현상 (2) 압전기(piezoelectric) - 압력을 가하면 전기가 발생하는 현상 (3) 형광 - 극자외선을 받으면 노르스름한 형광을 내기도 한다―옮긴이.

일정한 전기 극성을 가지며 그것의 세기는 온도에 의존한다고 생각했다. 그 표면이 불꽃을 통과할 때, 그 표면의 모든 부분은 외부의 점들에 대하여 내부 극성의 효과를 정확하게 중화시킬 정도로 전기화된다. 그 때 그 결정은 외부 전기 작용을 일으키지 않으며 그것의 전기화 양상을 변화시키려는 경향도 없다. 그러나 그것이 가열되거나 냉각되면 결정의 각 입자의 내부 극성은 변화되고 표면의 전기화에 의해 더 이상 균형을 이룰 수 없어 결과적인 외부 작용을 유발한다.

이 책의 계획

59] 이 책에서는 먼저 전기 작용의 일반 이론을 제시하겠다. 이때 전기 작용은 전기화된 물체들과 그것들의 상대적 위치에만 의존하는 것으로 간주하고 매개하는 매질에서 일어날 수 있는 어떤 현상에 대한 고려는 하지 않겠다. 이런 식으로 우리는 역제곱의 법칙, 퍼텐셜의 이론, 라플라스와 푸아송의 방정식을 확립할 것이다. 다음으로 우리는 전기화된 도체계의 전하와 퍼텐셜을 방정식계와 연결시켜 고려하겠다. 이때 방정식의 계수들은 우리의 수학적 방법이 적용될 수 없는 경우에는 실험에 의해 결정되는 것으로 가정할 수 있고 이것들로부터 우리는 다르게 전기화된 물체들 사이에 작용하는 역학적 힘을 결정하게 될 것이다.

그리고 나서 우리는 그린, 가우스, 톰슨이 전기 분포에서 문제의 해결 조건들을 이끌어낸 일반 정리들을 탐구할 것이다. 이러한 정리들의 한 가지 결과는 푸아송의 방정식이 어떤 함수에 의해 충족되고 모든 도체의 표면에서 그 함수가 그 도체의 퍼텐셜의 값을 갖는다면 그 함수는 바로 그 지점에서 그 계의 실제 퍼텐셜을 표현한다는 것이다. 또한 우리는 정확한 해를 얻을 수 있는 문제를 알아내는 방법도 추론할 것이다.

톰슨의 정리에서 그 계의 전체 에너지는 전기화된 물체들 사이의 전

---

58) 반면상(hemihedral)이란 완전한 대칭을 이루기 위해서 필요한 평면의 수의 절반을 가지고 있다는 의미이다—옮긴이.

체 공간에 걸친 어떤 양의 적분의 형태로 표현되고 또한 전기화된 표면에 걸친 적분의 형태로도 표현된다. 그러므로 이러한 두 표현의 동등함이 물리적으로 해석될 것이다. 우리는 전기화된 물체들 사이의 물리적 관계를 매개하는 매질의 상태의 결과로 생각할 수도 있고 떨어져 있는 전기화된 물체 사이의 직접적인 작용의 결과로도 이해할 수 있다. 우리가 후자의 개념을 채택하면 우리는 작용의 법칙을 결정하게 될 것이지만 그것의 원인에 대한 탐구에서는 더 멀리 나갈 수 없다. 한편, 우리가 매질을 통한 작용의 개념을 채택한다면 우리는 매질의 각 부분에서 그 작용의 본성에 대한 탐구까지 들어가게 된다.

우리가 유전체 매질의 다른 부분에서 전기 에너지의 장소를 찾으려 한다면 어떤 작은 부분에서의 에너지의 양이 그 장소에서의 총기전세기의 제곱에 그 매질의 비유도 용량이라고 부르는 계수를 곱한 것에 의존한다는 것을 그 정리로부터 알게 된다.

그러나 가장 일반적인 관점에서 유전체 이론을 고려할 때 어떤 점에서의 기전세기와 그 지점에 있는 매질의 전기 분극을 구별하는 것이 좋다. 왜냐하면 방향을 갖는 이 양이 어떤 고체 물질 안에서 서로 연결되어 있을지라도 같은 방향을 가리키지 않기 때문이다. 단위 부피당 매질의 전기 에너지의 가장 일반적인 표현은 기전세기와 전기 분극을 곱하고 그것들의 방향 사이의 각의 코사인을 곱한 것의 절반이다. 모든 유체 유전체에서 기전세기와 전기 분극은 같은 방향이고 일정한 비율을 갖는다.

우리가 이 가설에 따라 매질에 존재하는 전체 에너지를 계산하면 우리는 그것이 직접적인 원격 작용의 가설에서 도체들의 전기화에 기인한 에너지와 동등하다는 것을 발견할 것이다. 그리하여 두 가설은 수학적으로 동등하다.

이제 전기화된 물체들 사이에서 관찰되는 역학적 작용이 매질에 의해 또는 매질을 통해 전달된다는 가설 위에서 매개하는 매질의 역학적 상태를 탐구하게 되면 우리는 그 매질이 역학적인 긴장(stress) 상태에 있다는 것을 발견한다.[59]

이러한 변형력의 본성은 패러데이가 지적했듯이[60] 역선을 따라 생기는 장력을 역선에 수직인 모든 방향에서 존재하는 동일한 압력과 결합한 것이다. 이 변형력의 크기는 단위 부피당 전기화의 에너지에 비례한다. 다시 말하면 총기전세기의 제곱에 매질의 비유도 용량을 곱한 것에 비례한다.

이 변형력의 분포는 전기화된 물체에 미치는 역학적 작용에 대한 관찰과 그것을 둘러싸고 있는 유체 유전체의 평형에 대한 관찰에 부합하는 단 하나의 분포이다.[61] 그러므로 나는 이 긴장 상태의 실재적 존재를 가정하고 그 결과까지 추적하는 것을 과학적 절차에서 보증할 만한 단계로 생각했다. 몇몇 모호한 의미에서 사용된 전기 장력이라는 구절을 보고 나는 그것을 사용했던 이들의 마음속에 있었던 것이라고 내가 생각한 것, 즉 전기화된 물체의 운동을 유발하고 계속적으로 전하가 증가하면 분열적 방전을 유발하는 유전체의 긴장 상태에 그것을 국한시키려 했다. 이런 의미에서 전기 장력은 로프의 장력과 같은 방법으로 측정되는, 정확하게 같은 종류의 장력이다. 일정한 장력까지만을 지탱하는 유전체 매질은, 로프가 어떤 강도를 가지고 있다고 말하는 것과 같은 의미에서, 어떤 강도를 가지고 있다고 말할 수 있다.[62] 가령, 톰슨은 일반적

---

59) 패러데이는 1830년대에 전기화학과 정전기 유도에 대한 연구를 통해서 전기적 긴장 상태의 개념을 만들었다. 이 전기적 긴장 상태란 분극이라는 것으로 패러데이는 정전기 유도가 절연체 매질의 입자들 사이의 힘의 전달로 매개된다고 보았다. 패러데이는 물질마다 정전기력을 매개하는 능력이 다른 것을 실험으로 보였다—옮긴이.

60) *Exp. Res.*, series xi, 1297.

61) {이 언급은 수정이 필요하다. 언급되는 변형력의 분포는 필요한 효과를 유발하는 많은 분포 중 단지 하나일 뿐이다}—톰슨.

62) 변위를 탄성체의 일그러짐, 즉 긴장으로 보는 맥스웰의 관점은 전기 변위가 퍼져나가는 것에 해당하는 횡적인 탄성파의 속도를 계산하고 그것이 광속을 가짐을 발견하는 계기가 된다. 이로써 맥스웰은 빛과 전자기 파동을 동일한 기원을 갖는 것으로 간주할 수 있게 된다. 전자기 매질과 빛 매질이 같다는 것을 알아낸 것은 맥스웰 이론의 중요한 성과였다. 피터 하만, 『에너지, 물질, 힘: 19세기 물리학』(서울: 성우, 2000), pp.130~131—옮긴이.

인 압력과 온도의 공기가 스파크가 발생하기 전까지 제곱 피트당 9,600 그레인[63]까지 지탱할 수 있다는 것을 알아냈다.

60] 전기 작용이 떨어져 있는 물체들 사이의 직접적인 작용이 아니라 물체 사이의 매질에 의해 발휘된다는 가설로부터 우리는 이 매질이 긴장 상태에 있어야 한다는 것을 유도했다. 우리는 또한 그 긴장의 성격을 확인했고 그것을 고체에서 일어나는 변형력과 비교했다. 역선을 따라서 장력은 존재하고 그것들에 수직방향으로 압력이 존재하며 이 힘들의 크기는 동등하며 각각이 그 지점에서의 총기전세기의 제곱에 비례한다. 이러한 결과를 확정한 우리는 다음 단계로 유전체 매질의 전기 분극의 본성에 대한 개념을 구성할 준비가 되었다.[64]

물체의 요소적 부분이 마주 보는 측면 위에 동일하지만 부호가 반대인 성질을 얻을 때 그것은 분극되어 있다고 말한다. 내부 극성의 개념은 영구 자석을 예로 삼아 가장 편리하게 연구할 수 있다. 그것은 자기를 취급하게 되면 더 자세하게 설명하겠다.

유전체의 요소적 부분의 전기 분극은 기전력의 작용에 의해 매질이 얻게 되는 강제된 상태이므로 힘이 제거되면 분극도 사라진다. 우리는 그것을 기전세기에 의해 만들어지는 전기 변위(electric displacement)라고 부르는 것으로 이루어지는 것으로 생각할 수 있다. 기전력이 도체 매질에 작용할 때는 전류가 유발되지만 매질이 부도체, 즉 유전체라면, 전류는 {계속} 매질을 통해 흐를 수 없고 전기가 매질 내에서 기전세기의 방향으로 변위된다.[65] 이 변위의 범위는 기전세기의

---

63) 그레인(grain)은 파운드의 7000분의 1로 정의된다. 그러므로 1그레인은 0.0648g에 해당한다―옮긴이.

64) 맥스웰은 패러데이의 관념을 수학적 형태로 번역했다고 말했지만 맥스웰이 패러데이의 개념을 단지 수학적으로 옮겨놓은 것은 아니었고 그의 개념들에 대한 심오한 통찰력과 더 이해하기 쉬운 물리 이론을 제시했다고 보아야 한다. 맥스웰은 1856년에 발표한 그의 첫 장이론에 대한 논문인 「패러데이의 역선에 관하여」에서 톰슨의 생각과 패러데이의 생각을 도입했다. 피터 하만, 『에너지, 힘, 물질: 19세기 물리학』(서울: 성우, 2000), pp.120~121―옮긴이.

크기에 의존하므로 만약 기전세기가 증가하거나 감소한다면, 전기 변위는 같은 비율로 증가하거나 감소한다.

변위의 양은 변위가 0에서 실제 양까지 증가하는 동안 단위 면적을 통과하는 전기의 양으로 측정될 수 있다. 그러므로 이것이 전기 변위의 측정치이다.

전기 변위를 만들 때의 기전세기의 작용과 탄성체의 변위를 만들어낼 때의 일반적인 기계적 힘의 작용 사이의 유비 관계는 매우 분명해서 나는 감히 해당 전기 변위에 대한 기전세기의 비를 그 매질의 전기 탄성 계수라고 부르겠다.[66] 이 계수는 매질마다 다르며 각 매질의 비유도 용량에 반비례한다.

전기 변위의 변화는 분명히 전류를 구성한다.[67] 그러나 이 전류는 변위가 변화하는 동안만 존재하므로 변위가 분열적 방전을 야기하는 것 없이 어떤 값을 초과할 수 없음을 감안할 때 그것은 도체를 흐르는 전류처럼 같은 방향으로 무한정 계속될 수는 없다.

전기석과 다른 초전기(焦電氣, pyroelectricity)[68] 결정에서는 온도에

---

65) 그러므로 맥스웰의 용법으로 유전체 내에서 전기가 '변위'되어 유전체의 분극이 일어나는 것으로 말할 수 있다—옮긴이.

66) 일반적인 역학적 탄성체의 탄성계수는 힘을 변위로 나눈 것이므로, 전기 탄성 계수를 기전력을 전기 변위로 나눈 것으로 보는 것은 유비적이다. 전기 변위와 탄성체의 변위의 유비 관계에서 맥스웰의 전자기학이 얼마나 역학적 유비에 철저하게 의지하고 있었는지가 드러난다. 이러한 유비의 추구는 맥스웰 사후에 그의 추종자들에 의해 계속되었으나 완전한 유비가 이루어질 수는 없다는 것이 알려지면서 맥스웰의 방정식들은 역학적 함축에서 자유로운 자체 이론의 지위를 획득하게 된다. 이에 관해서는 Bruce J. Hunt, *The Maxwellians* (Ithaca, Cornell University Press, 1991)를 보라—옮긴이.

67) [우리가 앞 단락에서 제시한 관점을 가정한다면 그렇다]—톰슨.

68) 초전기는 피로전기(pyroelectricity)라고도 하는 것으로 어떤 결정, 가령 전기석의 일부를 가열했을 때, 극성축의 양단면에 각각 다른 부호의 전하(電荷)가 나타나는 현상이다. 적외선 검출기, 레이저 검출기 등에 이용된다. 18세기 무렵부터 알려진 것으로, 일반적으로 압전기(壓電氣)가 생기는 결정체에서 이 현상을 볼 수 있다. 그 원인은 초전기 현상을 일으키는 결정이 자연상태에서 이

의존하는 전기 분극의 상태가 존재하고 그것을 만들어내기 위해 외부의 기전력을 요구하지 않는다. 만약 물체의 내부가 영구적인 전기 분극의 상태에 있다면 그 바깥은 그 물체 밖의 모든 점에 대한 내부 분극의 작용을 중화시키는 방식으로 점진적으로 대전될 것이다. 이 외부 표면의 전하는 일반적인 검사로는 검출할 수 없고 표면 전기화를 방전시키기 위한 일반적인 방법으로는 제거할 수 없을 것이다. 그러므로 그 물질의 내부 분극은 온도의 변화와 같은 어떤 방법에 의해 내부 분극의 양을 증가시키거나 감소시키지 않는다면 결코 발견되지 않을 것이다. 그러면 외부 전기화는 내부 분극의 외부 효과를 결코 중화시킬 수 없을 것이고 겉보기의 전기화는 전기석의 경우처럼 관찰될 것이다.

전하 e가 구의 표면에 균일하게 분포되어 있다면 그 구를 둘러싼 매질의 어떤 지점에서의 총기전세기는 전하 e를 구의 중심으로부터의 거리의 제곱으로 나눈 것에 비례한다. 우리 이론에 따르면 이 총기전세기는 구로부터 바깥쪽을 향하는 방향의 전기 변위와 함께 생긴다.

이제 우리가 반지름 r의 동심 구면을 그리면 이 표면을 통과하는 전체 변위 E[69]는 총기전세기와 구의 표면적의 곱에 비례할 것이다. 그러나 총기전세기는 전하 e에 정비례하고 반지름의 제곱에 반비례하는 반면에 구의 표면적은 반지름의 제곱에 비례한다.

이리하여 전체 변위 E는 전하 e에 비례하고 반지름에 무관하다.

전하 e와 구면 중 하나를 통과해 밖으로 변위된 전기량 E 사이의 비율을 결정하기 위하여 두 개의 구면 사이의 구역에서 변위가 E에서 $E+\delta E$로 증가하는 동안 매질에 해준 일을 고려해 보자. V_1과 V_2가 이

미 분극하고 있기 때문이다. 보통의 경우에는 분극에 의한 표면 전하가 이온 등의 부착에 의하여 중화되어 있는데, 온도가 변하면 분극의 크기가 변하여 그 차이가 표면 전하로 관찰된다. 온도를 올린 경우 양으로 대전되는 끝을 동류단(同類端)이라 하고, 음으로 대전되는 끝을 이류단(異類端)이라 하며, 결정에 따라 이것이 정해져 있다─옮긴이.

69) 엄밀하게 말해서 '변위된 전기량'이라고 해야 한다. 앞으로 맥스웰은 '변위'를 이런 뜻으로 계속 사용한다─옮긴이.

표면 각각의 내면과 외면에서의 퍼텐셜이라고 하면, 추가적인 변위를 만들어내는 기전력은 V_1-V_2이므로 변위를 증가시키면서 소모한 일은 $(V_1-V_2)\delta E$가 된다.

이제 우리가 내부 표면이 전기화된 구의 표면과 일치하게 하고 외부 표면의 반지름을 무한대가 되게 하면 V_1은 구의 퍼텐셜 V가 되고 V_2는 0이 된다. 그리하여 둘러싼 매질에 해준 일은 $V\delta E$가 된다.

그러나 일반 이론에 의해서 전하를 증가시키기 위해서 하는 일은 $V\delta e$이고 우리가 가정했듯이 이것이 변위를 증가시키는 데 소모된다면 $\delta E=\delta e$가 되고 E와 e가 함께 0이 되므로 $E=e$가 된다. 즉,

구와 중심을 공유하는 구면을 통과해 바깥을 향하는 변위는 그 구의 전하와 동일하다.

전기 변위에 대한 우리의 생각을 정리하기 위해서 두 개의 도체 A, B와 그 사이에 끼인 유전체 C의 층으로 구성된 축전기를 생각해 보자. W가 A와 B를 연결해 주는 도선이라고 하고 기전력의 작용에 의해 양의 전기량 Q가 B로부터 A로 이동한다고 가정하자. A의 양전기와 B의 음전기가 유전체 층에 A에서 B로 작용하는 기전력을 만들어낼 것이고 이것은 유전체 안에서 A에서 B로 향하는 전기 변위를 만들어낼 것이다. 유전체를 두 층으로 나누는 가상의 단면을 가로질러 힘을 받는 전기의 양에 의해 측정되는 이 변위의 양은 우리 이론에 따르면 정확하게 Q가 된다. 75, 76, 111절을 보라.

그러므로 전기의 양 Q가 B로부터 A로 향하는 기전력에 의해 도선의 모든 단면을 가로지르기 위해서 도선을 따라 전이되는 동시에 같은 양의 전기가 전기 변위 때문에 A에서 B로 유전체의 모든 단면을 가로지른다.[70]

---

70) 이와 같이 유전체를 가로지르는 전하량은 변위 전류를 형성하여 축전기 회로가 완전히 닫힌 회로가 되게 해준다. 축전기를 이러한 방식으로 이해하는 것이 맥스웰의 독특한 관점인 것이다. 원격 작용 이론을 따를 때에는 축전기의 유전체는 두 도체를 절연시켜 회로를 끊어놓는 것으로 이해된다는 점이 크게

축전기의 방전 동안 전기의 변위는 이것의 반대가 될 것이다. 도선에서 방전량은 A로부터 B로 Q가 될 것이고 유전체에서 변위는 줄어들어 전기량 Q가 B로부터 A까지 모든 단면을 통과할 것이다.

그러므로 충전이나 방전의 모든 경우는 폐회로에서 회로의 모든 단면을 동일한 전기량이 동시에 가로지르는 운동으로 생각될 수 있다. 이것은 항상 널리 인식되어온 볼타 회로뿐 아니라 일반적으로 전기가 어떤 장소에 누적된다고 가정하는 경우들에도 해당된다.

61] 그리하여 우리는 우리가 상세히 검토하는 이론의 매우 두드러진 결과에 도달했다. 즉, 전기의 운동은 비압축성 유체의 운동과 같아서 가상의 고정된 폐곡면 안의 전체 전기의 양은 항상 동일하게 유지된다. 이 결과는 얼핏 우리가 도체를 대전시키고 닫힌 공간 속에 집어넣어 그 공간 내부의 전기의 양을 변화시킬 수 있다는 사실과 직접 모순이 되는 것처럼 보인다. 그러나 우리는 일반적인 이론이 우리가 탐구해 온 유전 물질에서 전기 변위의 양은 설명하지 않고 도체와 유전체의 경계 면에서의 전기화에 관심을 기울이는 점을 기억해야 한다. 대전된 도체의 경우에 그 전하가 양이라고 가정하고 둘러싼 유전체가 모든 방향으로 그 폐곡면을 지나서 펼쳐져 있다면 거기에는 전기 분극이 있을 것이고 모든 폐곡면에 걸쳐서 안에서 바깥 방향으로 향하는 변위가 함께 생길 것이다. 그리고 그 곡면에 걸쳐서 취해진 변위의 면적분은 안쪽의 도체 위에 있는 전하와 같을 것이다.

그리하여 대전된 도체가 닫힌 공간으로 들어올 때 그 전하의 전기량과 같은 전기량을 갖는 변위가 안쪽에서 바깥쪽으로 곡면을 통과해서 즉시 생겨나 곡면 안쪽의 전체 전기량은 계속 처음과 같을 것이다.[71]

전기 분극의 이론은 5장에서 자세히 논의하게 될 것이고 그것의 역학

다르다―옮긴이.

71) 이것이 맥스웰이 전기 흡수에 관한 절(53, 54절)에서 공간 속에 절대적 전기화의 유입이 불가능하다고 본 이유이다. 물론 이러한 개념을 처음으로 제시한 인물은 패러데이였다―옮긴이.

적 예시는 334절에서 제시될 것이지만 그 중요성은 우리가 전자기 현상을 다루게 되어서야 충분히 이해될 것이다.

62] 그 이론의 독특한 결과들을 정리해 보자.

우선 전기화의 에너지는 유전체 매질 안에 머문다. 이것은 매질이 고체이든, 액체이든, 기체이든, 빽빽하든, 희박하든, 또는 심지어 진공이건, 그것이 여전히 전기 작용을 전달할 수만 있다면 관계없다.

매질의 어떤 부분에 있는 에너지든 전기 분극이라고 부르는 속박 상태의 형태로 저장되며 분극의 양은 그 장소의 총기전세기에 의존한다.

유전체에 작용하는 기전력은 우리가 전기 변위라고 부르는 것을 만들어내며 기전세기와 변위 사이의 관계는, 가장 일반적인 경우가 나중에 도체를 다루면서 연구되겠지만, 대부분의 중요한 경우에는 그 변위가 기전세기와 같은 방향일 것이고 수치상으로는 기전세기에 $\frac{1}{4\pi} K$를 곱한 값과 같아지는 것이다. 여기에서 K는 유전체의 비유도 용량이다.

전기 분극으로 생기는 유전체의 단위 부피당 에너지는 기전세기와 전기 변위를 곱하고 필요하면 두 방향 사잇각의 코사인을 곱한 값을 반으로 나눈 것이다.

유체 유전체 안에서 전기 분극은 유도선의 방향의 장력이 유도선과 수직인 모든 방향으로 작용하는 압력과 결합된 형태로 함께 생긴다. 이때 장력이나 단위 면적당 압력은 같은 장소에서 단위 부피당 에너지와 수치가 같다.

우리가 유전체의 부피를 잘게 나누었다고 가정했을 때 생기는 부피 요소 중 어느 것의 표면은 대전된 것으로 생각되어야 한다. 그래야 그 표면의 어떤 점에서의 면밀도는 안쪽 방향으로 그 표면상의 점을 통과하는 변위와 크기가 같아진다. 그 변위가 양의 방향을 향한다면 그 요소의 표면은 양의 편으로는 음으로 대전될 것이고 음의 편으로는 양으로 대전될 것이다. 이 표면 전하는 일반적으로 요소들이 쭉 붙어 있다고 생각할 때 서로 상쇄되고 유전체가 내부 전하를 가질 때나 유전체의 표면에서만 남아 있을 것이다.

어떤 전기가 있든지 전기의 운동에 의해 우리가 무엇을 이해하든지 우리가 전기 변위라고 불러온 현상은 일정한 양의 전기가 도선을 통과하는 것과 같은 전기의 운동이다. 그 차이는 유전체에서는 전기 변위에 저항하는 전기 탄성이라고 부르는 힘이 존재하여 기전력이 제거되면 전기를 원래 자리로 돌이키게 되는 반면에 도선에서는 전기 탄성이 연속적으로 무너지면서 진짜 도체의 전류가 만들어지고 저항은 평형 위치에서 변위된 전체 전기의 양이 아니라 주어진 시간에 도체의 단면을 통과하는 전기의 양에 의존한다는 점이다.

모든 경우에 전기의 운동은 비압축성 유체의 운동과 같은 조건을 따른다. 즉, 매 순간에 주어진 폐곡면으로 흘러들어가는 양과 흘러나오는 양이 같다.[72]

모든 전류는 폐회로를 형성해야 하는 것이 여기에서 유래한다. 이 결과가 얼마나 중요한가는 우리가 전자기의 법칙을 탐구할 때 드러날 것이다.

우리가 보았듯이 직접적인 원격 작용 이론은 매질에 의한 작용 이론과 수학적으로 동등하므로 실제 현상들의 설명은, 어려움에 봉착할 때마다 적당한 가설을 도입한다면, 한 이론뿐 아니라 다른 이론으로도 가능할 것이다. 그러므로 모소티(Mossotti)[73]는 푸아송이 자기 유체 이론으로부터 자기 유도 이론을 유도한 탐구에서 기호의 자기적 해석을 전

---

72) 이것을 우리는 연속성의 조건이라고 부른다 — 옮긴이.

73) 이탈리아의 물리학자와 수학자인 모소티(Ottaviano Fabrizio Mossotti, 1791~1863)는 노바라(Novara) 태생으로 파비아 대학을 다녔고 밀라노 천문대에서 일했다. 그는 1823년에 밀라노를 떠나 런던을 거쳐 부에노스아이레스, 코르푸로 이주했고 그곳의 대학에서 가르쳤다. 그 후 이탈리아로 돌아가 피사 대학에서 가르쳤다. 그는 천문학, 공학, 고체 물리학, 고등 수학에서 두드러진 성과를 내었다. 특히 그는 장 베르누이(Jean Bernoulli)와 자크 베르누이(Jacques Bernoulli)의 연구 결과의 결함을 수정했고 1836년에는 분자 물리학의 기초에 관한 중요한 성과를 얻었으며 수리 물리학에서 정전기 쌍극자의 행동에 관한 중요한 공식인 모소티-클라우지우스 공식(Mossotti-Clausius formula)에는 그의 이름이 들어가 있다 — 옮긴이.

기적 해석으로 바꿈으로써 인력의 일반 이론으로부터 유전체에 관한 수학적 이론을 연역했다. 그는 반대면을 유도에 의해 반대로 전기화시킬 수 있지만 그들 자체가 비전도 매질에 의해 서로 절연되어 있기 때문에 전체적으로는 전기를 잃거나 얻을 수 없는 작은 도체 요소가 유전체 안에 존재한다고 가정한다. 이 유전체 이론은 전기 법칙과 부합하며 실제로도 사실일 것이다. 이것이 참이라면, 유전체의 비유도 용량은 진공보다는 더 클 수는 있지만 작을 수는 없을 것이다. 유전체가 진공보다 작은 유도 용량을 갖는 경우는 아직 발견된 적이 없다. 그런 경우가 발견된다면, 모소티의 물리 이론은 폐기되어야 한다. 그렇다 해도 그의 공식은 모두 여전히 정확하고 우리에게 계수의 부호를 바꾸기만을 요구할 것이다.

많은 물리 과학 분과에서 같은 형태의 방정식이 상당히 다른 본성을 갖는 현상들에 적용되는 경우가 많다. 가령, 유전체를 통한 전기 전도, 도체를 통한 전도, 자기 유도 등이 그런 예다. 이 모든 경우에서 세기와 유발되는 효과 사이의 관계는 같은 종류의 일단의 방정식으로 표현된다. 그래서 이 주제 중 하나에서 문제가 풀릴 때, 그 문제와 해는 다른 주제의 언어로 번역될 수 있고 새 형태의 결과는 여전히 참일 것이다.

제2장 정전기의 기본 수학 이론

수학적 양으로 전기를 정의함

63] 우리는 대전된 물체들이 다음과 같은 성질을 갖는 것을 보았다. 한 물체의 전하량이 또 다른 물체의 전하량이나 두 물체의 전하량의 합과 같을 수 있고, 같은 양, 반대 부호로 대전된 두 물체가 절연된 닫힌 도체 용기 속에 함께 위치할 때, 외부 물체에 대하여 그것들은 아무런 전기 효과를 발휘하지 않는다. 우리는 전기화된 물체가 우리가 e로 지칭하는 어떤 일정한 전기의 양으로 대전되어 있는 것으로 이 모든 결과들을 간략하고 일관되게 표현할 수 있을 것이다. 전하가 양전기, 즉 통상적 관례에 따르면 유리 전기일 때, e는 양수이다. 전하가 음전기, 즉 수지 전기일 때, e는 음수일 것이고 양 $-e$는 유리 전기의 음(陰)의 양으로 해석될 수도 있고 수지 전기의 양(陽)의 양으로 해석될 수도 있다.

크기가 같고 부호가 반대인 두 전하, $+e$와 $-e$를 더하는 효과는 0으로 표현되는 무전하(無電荷)의 상태를 양산하는 것이다. 그러므로 대전되지 않은 물체는 사실상 크기가 같고 부호가 반대인 무한정의 전하로 대전된 것으로 간주할 수 있고 대전된 물체는 사실상 크기가 같지 않은 양전기와 음전기로 대전되어, 이 전하들의 대수적 합이 관찰되는 전기화를 구성하는 것으로 간주할 수 있다. 그러나 전기화된 물체에 대한 이와 같은 파악은 전적으로 인위적이며 한 물체의 속도를 둘 또는 그 이상의 다른 속도가 복합된 것으로 보는 개념에 비유될 수 있다.

전기 밀도에 관하여

3차원 분포

64] 정의. 공간상의 주어진 점에서 전기 체밀도[1]는 주어진 점에 중심이 있는 구의 반지름이 무한히 작아질 때 그 구의 부피에 대한 구 안의 전기량의 비의 극한값이다.

우리는 이 비를 P로 지칭할 것이고 그것은 양일 수도 있고 음일 수도 있다.

면 위의 분포

어떤 경우에 물체의 전하가 완전히 표면에만 있을 수 있다는 것은 실험과 이론이 모두 지지해 준다. 표면 위의 점에서의 밀도는 위에서 정의된 방식으로 정의한다면 무한대가 될 것이다.[2] 그러므로 우리는 면밀도의 측정을 위해 다른 방법을 채택한다.

정의. 표면상의 주어진 점의 전기 밀도는 주어진 점에 중심을 갖는 구의 반지름이 무한히 작아질 때 구 안에 포함되는 표면의 넓이에 대한 구 안의 전기량의 비의 극한값이다.

우리는 면밀도를 σ로 표시한다.

전기를 물질 유체나 입자의 집합으로 가정하는 연구자들은 이 경우에 전기가 일정한 두께 θ를 갖는 층의 형태로 분포되어 있다고 가정해야 한다. 이때 이 층의 밀도 ρ_0은 입자들이 가능한 한 가장 가깝게 접촉했을 때의 ρ의 값이 된다. 이 이론에 따르면

---

1) 체밀도는 일반적인 의미의 밀도에 해당한다. 이에 반해 면밀도나 선밀도를 구분할 필요가 있다―옮긴이.

2) 전하가 표면에 고르게 분포하는 경우에 표면에 중심을 둔 구를 상정하여 그 반지름을 줄여나가면 부피는 반지름의 세제곱에 비례하는 반면에 전하량은 반지름의 제곱에 비례하여 줄어들게 되므로 도체 표면에서의 체밀도는 무한대가 된다―옮긴이.

$$\rho_0\theta = \sigma$$

인 것은 확실하다.

이 이론에 따르면 σ가 음일 때는 두께 θ의 층이 전혀 양전기를 포함하지 않고 음전기로 차 있는 것이고, 일유체 이론에 따르면 물질로 채워져 있는 것이다.

하지만 전기 층이 어떤 두께를 갖는다거나 전기가 유체이거나 입자의 집합이라는 실험 증거는 없다. 그러므로 우리는 층의 두께에 대한 기호를 사용하지 않고 면밀도를 위한 별도의 기호를 사용하기를 선호한다.

선 위의 분포

전기가 선, 즉 굵기를 무시할 정도로 가늘고 긴 물체 위에 분포되어 있는 것으로 가정하는 것이 편리한 경우도 있다. 이 경우에 우리는 어떤 지점의 선밀도를 선 요소가 무한히 줄어들 때 그 선 요소의 길이에 대한 선 요소 위의 전하의 비의 극한값이라고 정의한다.

λ가 선밀도를 지칭한다면 한 곡선 위의 전체 전기량은 $e = \int \lambda ds$이다. 여기에서 ds는 곡선 요소이다. 유사하게 σ가 면밀도라면 곡면 위의 전체 전기량은

$$e = \iint \sigma dS$$

이고 여기에서 dS는 면 요소이다.

ρ가 공간의 점에서의 밀도라면 어떤 부피 안에 있는 전체 전기는

$$e = \iiint \rho dx dy dz$$

이다. 여기에서 $dxdydz$는 부피 요소이다. 각 경우에 적분의 상하한은 고려되는 곡선, 곡면, 공간의 부분이다.

e, λ, σ, ρ는 종류가 다른 양임이 확실하다. 각각은 뒤로 가면서 하나씩 공간상의 차원이 낮아진다. 그래서 l이 선이라면 $e, l\lambda, l^2\sigma, l^3\rho$는 모

두 같은 종류의 양일 것이고 [L]이 길이의 단위이고 [λ], [σ], [ρ]가 다른 종류의 밀도의 단위라면, [e], [Lλ], [L²σ], [L³ρ]는 각각 전기의 단위를 표현하는 다른 방식이다.

전기량의 단위의 정의

65] A와 B가 단위 길이만큼 떨어져 있는 두 점이라고 하자. 거리 AB에 비교해 크기가 작은 두 물체가 같은 양전기로 대전되어 각각 A, B에 놓여 있다고 하자. 서로 밀치는 힘이 6절에서 제시된 방법으로 측정하여 단위 힘이 되도록 전하의 크기를 조절하자. 그러면 각각의 물체의 전하는 전기의 단위라고 말한다.[3]

B에 있는 물체의 전하가 음전기의 단위라면, 물체들 사이의 작용은 역전될 것이므로, 우리는 단위 크기의 인력을 가져야 한다. A의 전하도 단위량의 음전하라면 그 힘은 단위 크기의 척력이 될 것이다.

어떤 두 부분의 전기 사이의 작용이 다른 부분의 전기에 의해 영향을 받지 않으므로, A에 있는 e 단위의 전기와 B에 있는 e′ 단위의 전기가 단위 거리 AB만큼 떨어져 있을 때, 그 사이에는 ee′이라는 척력이 생긴다. 39절을 보라.

대전된 물체들 사이의 힘의 법칙

66] 쿨롱은 대전체들이 그 크기에 비해 상당한 거리만큼 떨어져 있을 때 그 사이의 힘은 거리의 제곱에 반비례하여 변한다는 것을 실험에 의해 입증했다. 그러므로 e와 e′의 양으로 대전된 두 물체가 거리 r만큼 떨어져 있을 때, 그 사이의 척력은

$$\frac{ee'}{r^2}$$

이다.

---

3) {이 정의에서 대전된 물체를 분리시키는 유전체가 공기라고 가정한다}―톰슨.

이 법칙과, 속이 빈 닫힌 도체의 안쪽에 접촉된 채로 놓인 도체가 모든 전하를 상실한다는 관찰된 사실이 일치함을 74c, 74d, 74e절에서 입증할 것이다. 거리 역제곱의 법칙의 정확성을 우리가 믿는 것은 쿨롱의 직접적인 측정보다는 이런 종류의 실험을 근거로 한 것이라 할 수 있다.

두 물체 사이의 합력

67] 두 물체 사이의 합력을 계산하기 위해 우리는 두 물체를 각각 부피 요소로 나눈다. 첫 물체의 각 요소들 안의 전기와 두 번째 물체의 각 요소들 안의 전기 사이의 척력을 고려하자. 그리하여 우리는 각 물체의 요소의 수의 곱과 같은 수의 힘의 계(system)를 얻게 되고 우리는 이 힘의 효과를 정역학의 법칙에 의해 결합시켜야 한다. 그러므로 x 방향 성분을 찾기 위해 우리는 6중 적분의 값을 얻어야 한다.

$$\int\int\int\int\int\int \frac{\rho\rho'(x-x')\,dxdydzdx'dy'dz'}{\{(x-x')^2+(y-y')^2+(z-z')^2\}^{\frac{3}{2}}}$$

여기에서 x, y, z는 전기 밀도가 ρ인 첫 번째 물체 안의 각 점의 좌표이고, x', y', z'과 ρ'은 두 번째 물체의 해당 양들이고 적분은 먼저 한 물체에 걸쳐서 이루어지고 다음에 다른 물체에 걸쳐서 이루어진다.

한 점에서의 총기전세기

68] 수학적 과정을 단순화하기 위해 전기화된 물체의 작용이 어떤 형태의 또 하나의 물체가 아니라 무한히 작은 전기의 양으로 대전된 무한히 작은 물체에 미치는 것으로 생각하는 것이 편리하다. 이 물체의 전하를 무한히 작게 만들어줌으로써 우리는 첫 번째 물체의 전하에 대한 그것의 교란 작용을 무시할 수 있게 된다.

그 작은 물체의 전하를 e라 하고 (x, y, z)라는 점에 놓인 그것에 미치는 힘을 Re라 하고 그 힘의 방향 코사인을 l, m, n이라 하면, R는 (x, y, z)라는 점에서의 총전기세기라고 부를 수 있다.

X, Y, Z가 R의 성분이라면

$$X = Rl, Y = Rm, Z = Rn$$

한 점에서 총전기세기에 대해 말할 때, 굳이 우리는 어떤 힘이 실제로 거기에 작용한다고 생각하지 않고 대전체가 놓여 있다면 힘 Re가 미칠 것이라고 생각한다. 여기에서 e는 물체의 전하다.[4]

정의. 어떤 점의 총전기세기는 실제 전기 분포를 교란하지 않고 거기에 놓여 있다고 가정된 단위 양전기로 대전된 작은 물체에 작용하는 힘이다.

이 힘은 대전된 물체를 움직이려는 경향일 뿐 아니라 물체 안의 전기를 움직이려는 경향이다. 그래서 양전기는 R의 방향으로 움직이는 경향을 갖고 음전기는 그 반대 방향으로 움직이려는 경향을 갖는다. 그래서 양 R를 또한 점 (x, y, z)에서의 기전세기라고도 부른다.

우리가 총전기세기가 벡터라는 사실을 표현하고 싶을 때, 우리는 그것을 이중알파벳 $\mathbb{E}$로 쓸 것이다. 그 물체가 유전체라면 이 책에서 채택된 이론에 따라 전기는 그 안에서 변위되어서 $\mathbb{E}$에 수직으로 고정된 단위면을 관통하여 $\mathbb{E}$ 방향으로 힘을 받는 전기의 양은

$$\mathbb{D} = \frac{1}{4\pi} K \mathbb{E}$$

이고 이때 $\mathbb{D}$는 변위, $\mathbb{E}$는 총전기세기, K는 유전체의 비유도 용량이다.

그 물체가 도체라면 속박 상태가 연속적으로 무너져 전도 전류가 만들어져 $\mathbb{E}$가 그 매질에 작용하는 한 계속 유지된다.

곡선의 호를 따른 전기세기 또는 기전력의 선적분

69] 어떤 곡선의 주어진 호 AP를 따른 기전력은 전기세기가 단위 양

---

4) 전기와 자기에서 전기세기와 자기세기는 중력 이론에서 g로 지칭하는 중력 세기에 해당한다.

전하를 시점 A에서 시작해서 호의 종점 P까지 운반해 갈 때 한 일로 측정된다.

만약 s가 A에서 측정된 호의 길이이고 그 곡선의 어떤 점에서의 총전기세기 R가 양의 방향으로 그려진 접선과 각 ε을 이룬다면, 단위 전기를 곡선 요소 ds를 따라 움직일 때 하는 일은 $R\cos\varepsilon ds$이고 전체 기전력 E는

$$E = \int_0^s R\cos\varepsilon\, ds$$

이 될 것이다. 이때 적분은 그 호의 시점부터 종점까지 이루어진다.

우리가 그 전기세기의 성분을 이용하면, 위 식은

$$E = \int_0^s \left(X\frac{dx}{ds} + Y\frac{dy}{ds} + Z\frac{dz}{ds} \right) ds$$

가 된다.

$Xdz+Ydy+Zdz$가 x, y, z의 함수 $-V$의 전미분이 되도록 X, Y, Z를 조절하면,

$$E = \int_A^P (Xdx + Ydy + Zdz) = -\int_A^P dV = V_A - V_P$$

이고 여기에서 적분은 A에서 P까지 주어진 곡선이나 다른 어떤 선을 따라서 취해진다.

이 경우에 V는 공간상에서 점의 위치의 스칼라 함수여서 우리가 그 점의 좌표를 알고 있을 때 V의 값이 결정되고 이 값은 기준 좌표축의 방향과 위치에 무관하다. 16절을 보라.

점의 위치의 함수에 관하여

다음부터 우리가 점의 위치의 함수로 어떤 양을 기술할 때, 그 점의 모든 위치에 대해서 그 함수가 결정된 값을 갖는다고 간주하겠다. 그렇다고 해서 이 값이 항상 공간상의 모든 점에서 같은 식으로 표현될 수 있다는 의미는 아니다. 왜냐하면 그것은 주어진 곡면의 한쪽에서는 한 식

으로 표현되고 다른 쪽에서는 다른 식으로 표현될 수도 있기 때문이다.

퍼텐셜 함수에 관하여

70] $Xdz+Ydy+Zdz$는 그 힘이 임의의 수의 점들로부터 떨어진 거리의 함수인 전기세기를 갖는 인력이나 척력일 때는 완전 미분(exact differential)이다. 만약 r_1이 그 점들 중의 하나가 점 (x, y, z)로부터 떨어진 거리이고 R_1이 밀치는 것이라면,

$$X_1 = F_1 \frac{x - x_1}{r_1} = R_1 \frac{dr_1}{dx}$$

이고, Y_1과 Z_1에 대하여 유사한 식을 얻게 될 것이고

$$X_1 dx + Y_1 dy + Z_1 dz = R_1 dr_1$$

이다. 여기에서 R_1은 r_1만의 함수이므로 $R_1 dr_1$은 r_1의 어떤 함수의 완전 미분, 즉 $-V_1$이다.

비슷한 방식으로 거리 r_2에 있는 중심으로부터 작용하는 어떤 다른 힘 R_2에 대하여

$$X_2 dx + Y_2 dy + Z_2 dz = R_2 dr_2 = - dV_2$$

이 성립한다. 그러나 $X=X_1+X_2+...$이고 같은 방식으로 Y와 Z도 더해질 것이므로

$$Xdx + Ydy + Zdz = - dV_1 - dV_2 - .... = - dV$$

이다.

이 값의 적분을 그것이 무한한 거리에서 0이 된다는 조건하에서 퍼텐셜 함수라고 부른다.

인력 이론에서 이 양이 쓰이기 시작한 것은 라플라스가 지구의 인력을 계산하면서였다. 그린은 그의 논문 「전기에 적용된 해석학에 관하여」(On the Application of Mathematical Analysis to Electricity)

에서 그것에 퍼텐셜 함수라는 이름을 붙였다. 그린과는 독립적으로 가우스도 퍼텐셜이라는 용어를 썼다. 클라우지우스와 다른 이들도 두 물체나 계를 서로 무한히 떨어뜨릴 때 하는 일에 퍼텐셜이라는 용어를 붙였다. 우리는 최근의 영어 저작에서 흔히 쓰이는 그 단어의 용법을 따름으로써 혼동을 피하겠다. 그것은 W. 톰슨이 채택한 정의이다.

퍼텐셜의 정의. 어떤 점의 퍼텐셜이란 전기력이 전기 분포에 교란을 일으키지 않고 그 점에 놓여 있는 단위 양전기를 그 점에서 무한히 먼 곳까지 옮길 때 하는 일이다. 다시 말하자면 무한히 먼 곳으로부터(또는 퍼텐셜이 0인 어떤 장소로부터) 단위 양전기를 주어진 점으로 옮길 때 외부 힘이 하는 일이다.

퍼텐셜에 의한 총전기세기와 그 성분의 표현

71] 어떤 호 AB를 따른 전체 기전력은

$$E_{AB} = V_A - V_B$$

이므로 호 AB에 대하여 요소 ds를 잡으면 우리는 ds의 방향으로 분해된 전기세기에 대하여

$$R \cos \varepsilon = -\frac{dV}{ds}$$

를 얻는다. 여기에서 ds가 그 축의 각각에 연속적으로 평행하다고 가정하면

우리는

$$X = -\frac{dV}{dx}, Y = -\frac{dY}{dy}, Z = -\frac{dV}{dz}$$

$$R = \left\{ \overline{\frac{dV}{dx}}\Big|^2 + \overline{\frac{dV}{dy}}\Big|^2 + \overline{\frac{dV}{dz}}\Big|^2 \right\}^{\frac{1}{2}}$$

을 얻는다.

우리는 그 크기 또는 텐서는 R이고 그 성분은 X, Y, Z인 전기세기 자

체를 68절에서처럼 이중알파벳 $\mathbb{E}$로 나타낼 것이다.

도체 안의 모든 점에서 퍼텐셜은 같다

72] 도체란 그것에 기전력이 작용할 때 그 안의 전기가 그것의 한 부분에서 다른 부분으로 옮겨갈 수 있는 물체이다. 전기가 평형에 있을 때 도체 내에 작용하는 기전세기는 있을 수 없다. 그러므로 도체가 차지하고 있는 전 공간에서 $R=0$이다. 이것으로부터

$$\frac{dV}{dx} = 0, \frac{dV}{dy} = 0, \frac{dV}{dz} = 0$$

이므로 도체의 모든 점에서

$$V = C$$

이다. 여기에서 C는 상수이다.

도체 물질 내부의 모든 점에서 퍼텐셜은 C이므로 C를 도체의 퍼텐셜이라고 부른다. C는 단위 전기를 무한히 먼 곳으로부터 도체까지 그 단위의 존재로 도체의 전기 분포를 교란하지 않고 운반하기 위해서 외부 힘이 해줘야 하는 일로 정의될 수도 있다.[5]

일반적으로 다른 종류의 두 물체가 접촉하고 있을 때 기전력은 접촉면을 통해서 한쪽에서 다른 쪽으로 작용하므로 그것들이 평형 상태에 있을 때, 후자의 퍼텐셜은 전자의 퍼텐셜보다 높다는 것을 246절에서 보일 것이다. 그러므로 지금은 우리의 모든 도체가 같은 금속으로 만들어져 있고 온도가 같다고 가정할 것이다.

도체 A와 B의 퍼텐셜이 각각 V_A와 V_B라고 하면 A와 B를 연결하는 도선에 걸리는 기전력은

---

5) {우리가 유전체에서 도체로 통과할 때 퍼텐셜의 불연속이 있다면 전기화된 점이 도체 안쪽으로 운반되는 것인지 단지 표면으로 운반되는 것인지 진술할 필요가 있다}—톰슨.

$$V_A - V_B$$

가 될 것이다. 그리고 그 기전력의 방향은 AB 방향이 될 것이다. 즉, 양전기는 높은 퍼텐셜의 도체에서 낮은 퍼텐셜의 도체로 움직여 가려는 경향을 가질 것이다.

전기 과학에서 퍼텐셜과 전기의 관계는 정수역학에서 압력과 유체의 관계와 같고 열역학에서 온도와 열의 관계와 같다. 전기, 유체, 열은 모두 퍼텐셜, 압력, 온도가 높은 곳에서 낮은 곳으로 옮겨가려는 경향이 있다. 유체는 확실히 물질이고 열은 확실히 물질이 아니므로, 우리가 전기라는 양의 형식적 관계에 대한 개념을 명확하게 하는 데 이러한 유비로부터 도움을 얻는다 하더라도, 우리는 이들과의 유비로부터 전기는 물과 같은 물질이라거나 열과 같은 요동 상태라는 것을 판단할 근거를 찾아서는 안 된다는 점에 주의해야 한다.

전기계(electrical system) 때문에 생기는 퍼텐셜

73] 전기량 e로 대전된 단일한 전기화된 점이 있고 그 점에서 x', y', z'까지의 거리가 r라면

$$V = \int_r^\infty R\,dr = \int_r^\infty \frac{e}{r^2}\,dr = \frac{e}{r}$$

이다.

임의의 수의 전기화된 점이 있고, 그 좌표가 각각 (x_1, y_1, z_1), (x_2, y_2, z_2),....이고 전하는 각각 e_1, e_2,....라고 하고 점 (x', y', z')으로부터 각 점들까지의 거리는 r_1, r_2....라면 (x', y', z')에서 그 계의 퍼텐셜은

$$V = \sum \left(\frac{e}{r}\right)$$

일 것이다.

전기화된 물체 안의 임의의 점 x, y, z에서 전기 밀도가 ρ라면 그 물체 때문에 생기는 퍼텐셜은

$$V = \iiint \frac{\rho}{r}\, dxdydz$$

이고 여기에서 $r = [(x - x')^2 + (y - y')^2 + (z - z')^2]^{\frac{1}{2}}$ 이고 적분은 물체의 모든 부피에 걸쳐서 취해진다.

역제곱의 법칙의 증명에 관하여

74a] 전기화된 물체들 사이의 힘은 거리의 제곱에 반비례한다는 사실은 쿨롱이 비틀림 천칭을 사용해서 실험으로 직접 확립한 것으로 생각할 수 있다. 그러나 그러한 실험으로부터 얻어낸 결과는, 있을지도 모를 그 실험의 오류에 영향을 받는 것으로 간주되어야 한다. 그리고 만약 실험자의 기술이 탁월하지 않다면 비틀림 천칭으로 하는 실험에서 생길 수 있는 오류는 상당하다.

힘의 법칙에 대한 훨씬 더 정확한 확인은 32절에서 기술한 실험 7과 유사한 실험의 결과에서 유도될 수 있다.

캐번디시는 지금까지 출판되지 않은 전기에 대한 연구에서 이런 종류의 실험으로 힘의 법칙의 증거를 제시했다.[6]

그는 절연된 지지물에 구를 고정시키고 유리 막대에 의해 두 개의 반구를 두 개의 나무틀에 붙들어 매었다. 이 나무틀은 하나의 축 주위에서 돌게 되어 있어서 나무틀이 모이면 반구가 그 구와 동일한 중심을 갖는 절연된 구 껍질을 형성하게 되어 있었다.

그리고 나서 그는 그 구가 짧은 도선에 의해 반구들과 연락되게 할 수 있었다. 이때 짧은 도선은 그 장치를 방전시키지 않고 쉽게 제거할 수 있도록 명주실로 붙들어 매었다.

그 구를 반구와 연락시킨 그는 반구를 미리 전위계로 퍼텐셜을 잰 라

---

6) 이후에서 제시하는 실험에서 맥스웰은 닫힌 금속 용기 속에 대전된 도체를 넣어 밖의 용기와 연락시켰을 때 안의 도체에는 전혀 전하가 남아 있지 않다는 것을 보여준다. 이로써 역제곱의 법칙은 확실하게 성립한다는 것을 보일 수 있었던 것이다—옮긴이.

이덴병으로 충전시켰다. 그는 즉시 명주실에 의해 연결하는 도선을 떼어냈고 그 구의 전기 상태를 고갱이 공전위계(pith ball electrometer)[7]에 의해 검사했다.

그 구에는 전하가 남아 있다는 낌새가 고갱이 공 전위계로는 전혀 검출되지 않았다. 고갱이 공 전위계는 당시(1773)에는 가장 민감한 전위계로 생각되고 있었다.

그다음에 캐번디시는 그 구에 이전에 반구들에 전달된 전하 중 정해진 일부를 전달했고 그의 전위계로 다시 그 구를 검사했다.

그리하여 그는 원래의 실험에서 구의 전하가 전체 장치의 전하량의 $\frac{1}{60}$보다 적다는 것을 발견했다. 왜냐하면 그것이 더 컸다면, 그것은 전위계에 의해 검출되었을 것이기 때문이다. 그때 그는 반구의 전하에 대한 구의 전하의 비를 척력이 거리의 $2+\alpha(\alpha \neq 0)$제곱에 반비례한다는 가설에 근거해서 계산했다. 그리고 그는 α가 $\frac{1}{50}$이라면, 그 구에는 전체 장치의 전하의 $\frac{1}{57}$이 있을 것이므로 그것은 그 전위계로 검출이 가능했을 것임을 알았다.[8]

---

7) 고갱이 공 전위계는 1770년 헨리(William Henley)에 의해 고안된 형태가 널리 사용되었다. 그의 전위계는 1772년에 왕립 학회의 *Philosophical Transactions*에 발표되었다. 전위계는 퍼텐셜의 차이를 재는 기구로서 정전기력에 의해 작동된다. W. 톰슨은 전위계를 (1) 밀침 전위계, (2) 끌림 디스크 전위계, (3) 대칭 전위계로 분류했다(W. Thomson, *Brit. Assoc. Report*, 1867, or *Reprinted Papers on Electrostatics and Magnetization*, p.261을 보라). 고갱이 공 전위계는 밀침 전위계 중에서 가장 간단한 예로서 일종의 전기 진자라 할 수 있다. 고갱이는 식물의 줄기에서 채취한 가볍고 성긴 식물의 조직으로 쉽게 대전되는 성질을 가졌다. 고갱이 공 전위계는 고갱이로 만든 공을 나무나 고래뼈 등으로 만든 가벼운 막대 끝에 부착하고 막대의 다른 쪽 끝은 수직으로 고정된 나무 기둥에 움직일 수 있도록 매달아 진자로 삼는다. 이 진자가 회전축 주위로 회전하는 각도는 나무 기둥에 부착된 각도기로 잴 수 있게 되어 있다. 기구 전체를 퍼텐셜을 재고자 하는 도체에 부착시키면 정전기 척력이 나무 기둥과 고갱이 공 사이에 작용해 진자가 수직 상태에서 밀려 올려지게 된다. 이때 중력과 전기력이 평형을 이루는 위치에서 고갱이 공은 멈추게 되고 이때 벌어진 각도를 잼으로써 퍼텐셜의 상대적인 값을 얻어낼 수 있다—옮긴이.

74b] 그 실험은 최근에 약간 다른 방식으로 캐번디시 연구소에서 반복되었다.

반구들은 절연시키는 지지대 위에 고정되었고 구는 반구들 안 적절한 위치에 에보나이트 고리에 의해 고정되었다. 이 배열에 의해 그 구를 절연시키는 지지대는 결코 감지할 만한 전기력의 작용에 노출되지 않았기에 대전되지 않았고 이로써 절연체의 표면을 따라 퍼지는 전기의 교란 효과가 완전히 제거되었다.

구의 퍼텐셜을 검사하기 전에 반구들은 제거되는 대신에 원래의 위치에 그대로 둔 채로 땅으로 방전되었다. 구에 주어진 전하가 전위계에 발휘하는 효과는 반구들이 제거되었을 때만큼 그렇게 크지 않았다. 이러한 불이익은 모든 외부의 전기 교란을 도체 용기가 차단해 주는 효과에 의해 보상되는 것보다 컸다.

그 구 껍질과 구를 연결시켜주는 짧은 도선은 그 구 껍질에 뚫린 작은 구멍의 뚜껑 역할을 하는 작은 금속 디스크에 고정되어서 도선과 그 뚜껑이 명주실에 의해 올려졌을 때 전위계의 전극이 그 구멍 속으로 들어가 구 안에 머물게 만들어줄 수 있었다.

이때 사용된 전위계는 219절에서 설명될 톰슨의 사분원 전위계(quadrant electrometer)였다. 검전기의 케이스와 검전기의 케이스는 항상 접지되어 있었고 검사 전극은 그 구 껍질의 전기가 완전히 방전될 때까지 접지되어 있었다.

그 구 껍질의 원래의 전하를 추정하기 위해 작은 놋쇠공이 그 껍질에서 상당한 거리에 있는 절연 지지물에 올려졌다.

그 조작은 다음과 같이 수행되었다.

구 껍질을 라이덴병에 연결하여 대전시켰다.

---

8) 그러므로 캐번디시의 실험의 결과는 α가 $\frac{1}{50}$보다 작다는 것을 보임으로써 당시의 최고의 측정 기술의 한계 내에서 전기력이 거리의 역제곱에 비례한다는 것을 보인 것이었다—옮긴이.

작은 공을 땅에 연결하여 유도에 의해 음전하를 얻은 후 절연시켰다. 구와 구 껍질 사이의 연결 도선을 명주실로 제거했다.

그러고 나서 그 구 껍질을 방전시켰고 접지된 상태를 유지했다.

검사 전극을 땅에서 떼어 그 구 껍질에 뚫린 구멍을 통해 구에 닿도록 했다.

전위계에 가장 작은 효과가 아니라면 관찰될 수 있을 것이다.

그 장치의 민감성을 검사하기 위해 구 껍질을 땅으로부터 떼어내고 작은 공을 땅으로 방전시켰다. 그러자 전위계는 {검사 전극은 그 구에 연결된 채로 유지시켰다} 양의 편향 D를 나타냈다.

놋쇠공의 음전하는 대략 그 구 껍질의 원래 전하의 $\frac{1}{54}$이었고 그 구 껍질을 땅에 놓았을 때 그 공에 의해 유도된 양전하는 대략 공의 전하의 $\frac{1}{9}$이었다. 그리하여 공을 땅에 놓았을 때, 그 구 껍질의 퍼텐셜은 전위계가 가리켰듯이 대략 원래 퍼텐셜의 $\frac{1}{486}$이었다.

그러나 척력이 r^{q-2}에 비례했다면, 그 구의 퍼텐셜은 식 (22)에 의해 구 껍질의 퍼텐셜의 $-0.1478q$배였을 것이다.

그러므로 만약 $\pm d$가 관찰 한계를 벗어나는 전위계의 가장 큰 편향이라면, 이 실험의 두 번째 부분에서 관찰한 편향 D는 {$0.1478qV / \frac{1}{486}V$가 d/D보다 작은 것이 확실하므로}

$$\pm \frac{1}{72}\frac{d}{D}$$

를 초과할 수 없다. 대충 행한 실험에서도 D는 $300d$보다 컸으므로 q는

$$\pm \frac{1}{21600}$$

을 초과할 수 없다.

앞의 실험에 대한 이론

74c] 균질한 구 껍질로 생기는 퍼텐셜을 어떤 점에서 발견하기 위해 두 단위의 물질 사이의 척력은 거리의 주어진 함수여야 한다.

$\phi(r)$이 거리 r만큼 떨어져 있는 두 단위 사이의 척력이고 $f(r)$가

$$\frac{df(r)}{dr} (= f'(r)) = r \int_r^\infty \phi(r)\,dr \qquad (1)$$

를 만족하게 하자.

그 구 껍질의 반지름은 α이고 그 면밀도는 σ라고 하자. 그러면 α가 그 구 껍질의 전체 전하를 지칭한다면,

$$\alpha = 4\pi a^2 \sigma \qquad (2)$$

이다.

b가 구 껍질의 중심으로부터 주어진 점까지의 거리라고 하고 r가 그 구 껍질의 주어진 점으로부터 그 점까지의 거리를 나타낸다고 하자.

우리가 그 구 껍질 위의 점을 구면 좌표계의 원점으로 삼는다면, 그 극은 구 껍질의 중심이 되고 축은 주어진 점으로 그린 선이 되어

$$r^2 = a^2 + b^2 - 2ab\cos\theta \qquad (3)$$

이다. 그 구 껍질의 요소의 질량은

$$\sigma a^2 \sin\theta\, d\phi\, d\theta \qquad (4)$$

이고 주어진 점에서 이 요소에서 기인한 퍼텐셜은

$$\sigma a^2 \sin\theta\, \frac{f'(r')}{r}\, d\theta\, d\phi \qquad (5)$$

가 되고 이것은 ϕ에 대하여는 $\phi = 0$에서 $\phi = 2\pi$까지 적분해야 한다. 그러면

$$2\pi\sigma a^2 \sin\theta\, \frac{f'(r)}{r}\, d\theta \qquad (6)$$

를 얻고 이것을 $\theta = 0$에서 $\theta = \pi$까지 적분해야 한다.

(3)을 미분하면

$$rdr = ab\sin\theta d\theta \tag{7}$$

를 얻고 (6)의 $d\theta$를 이것으로 대치하면

$$2\pi\sigma\frac{a}{b}f'(r)dr \tag{8}$$

를 얻는다. 그것을 적분하면

$$V = 2\pi\sigma\frac{a}{b}\{f(r_1) - f(r_2)\} \tag{9}$$

이다. 여기에서 r_1은 r의 가장 큰 값으로 항상 $a+b$이고 r_2는 r의 최솟값으로 주어진 점이 구 껍질 밖에 있을 때는 $b-a$이고 주어진 점이 구 껍질 안에 있을 때에는 $a-b$이다.

우리가 구 껍질의 전체 전하를 a라 하고 주어진 점에서의 퍼텐셜을 V라 하면, 구 껍질의 바깥에 있는 점에 대하여

$$V = \frac{\alpha}{2ab}\{f(b+a) - f(b-a)\} \tag{10}$$

이다. 구 껍질 자체 위에 있는 점에 대해서는

$$V = \frac{\alpha}{2a^2}f(2a)^{9)} \tag{11}$$

이고 구 껍질 안에 있는 점에 대해서는

$$V = \frac{\alpha}{2ab}\{f(a+b) - f(a-b)\} \tag{12}$$

이다.

다음에 우리는 두 개의 동심 구 껍질의 퍼텐셜을 결정해야 한다. 바깥 구 껍질의 반지름은 a이고 안쪽 구 껍질의 반지름은 b이고 각각의 전하는 α와 β라고 하자.

---

9) {엄밀하게는 $f(2a)-f(0)$이다. 하지만 $f(2a)$를 $f(2a)-f(0)$로 쓰고 $f(2b)$를 $f(2b)-f(0)$로 쓴다 해도 우리가 74d절에서 얻은 결론은 변하지 않는다}―톰슨.

바깥 구 껍질의 퍼텐셜을 A라 하고 안쪽 구 껍질의 퍼텐셜을 B라고 하면 우리는 앞의 식들에 의해서

$$A = \frac{\alpha}{2a^2} f(2a) + \frac{\beta}{2ab}\{f(a+b) - f(a-b)\} \qquad (13)$$

$$B = \frac{\beta}{2b^2} f(2b) + \frac{\alpha}{2ab}\{f(a+b) - f(a-b)\} \qquad (14)$$

를 얻는다.

실험의 첫 번째 부분에서 구 껍질들은 짧은 도선에 의해 연결되어 있고 둘 다 같은 퍼텐셜 V에 올려져 있다.

$A=B=V$로 놓고 식 (13)과 (14)를 β에 대하여 풀면, 안쪽 구 껍질의 전하는

$$\beta = 2Vb \frac{bf(2a) - a[f(a+b) - f(a-b)]}{f(2a)f(2b) - [f(a+b) - f(a-b)]^2} \qquad (15)$$

가 된다.

캐번디시의 실험에서 바깥 구 껍질을 형성하는 반구는 우리가 무한이라고 가정할 수 있는 먼 거리까지 옮겨졌고 방전되었다. 그때 안쪽 구 껍질의 퍼텐셜은

$$B_1 = \frac{\beta}{2b^2} f(2b) \qquad (16)$$

가 될 것이다.

캐번디시 연구소에서 반복된 실험에서는 바깥 구 껍질은 그 자리에 있고 접지되어 $A=0$이다. 이 경우에 안쪽 구의 퍼텐셜을 V에 의해 나타내면

$$B_2 = V\left\{1 - \frac{a}{b} \frac{f(a+b) - f(a-b)}{f(2a)}\right\} \qquad (17)$$

이 된다.

74d] 이제 캐번디시처럼 힘의 법칙이 역제곱에서 크게 다르지 않더라도 거리의 정확한 역제곱이 아니라고 가정해 보자.

$$\phi(r) = r^{q-2} \tag{18}$$

라고 놓자. 그러면

$$f(r) = \frac{1}{1-q^2} r^{q+1} {}^{10)} \tag{19}$$

이다.

q가 작다고 가정하면 우리는 이것을 지수 정리에 의해 다음과 같은 형태로 전개할 수 있다.

$$f(r) = \frac{1}{1-q^2}\{r\,1 + q\log r + \frac{1}{1.2}(q\log r)^2 + \ldots\} \tag{20}$$

그리고 q_2를 포함하는 항들을 무시하면 식 (16), (17)은

$$B_1 = \frac{1}{2}\frac{a}{a-b}Vq\left[\log\frac{4a^2}{a^2-b^2} - \frac{a}{b}\log\frac{a+b}{a-b}\right] \tag{21}$$

$$B_2 = \frac{1}{2}Vq\left[\log\frac{4a^2}{a^2-b^2} - \frac{a}{b}\log\frac{a+b}{a-b}\right] \tag{22}$$

가 되고 이것들로부터 우리는 이 실험의 결과에 의해 q를 결정할 수 있다.

74e] 라플라스는 역제곱을 제외한 거리의 함수는 균일한 구 껍질이 그 안에 있는 입자에 힘을 미치는 조건을 만족할 수 없다는 것을 처음으로 입증했다.[11]

식 (15)에 있는 β가 항상 0이라고 가정하면, 라플라스의 방법을 $f(r)$의 형태를 결정하는 데 적용할 수 있다. (15)에 의해

$$bf(2a) - af(a+b) + af(a-b) = 0$$

을 얻을 수 있고 b에 대하여 두 번 미분하고 a로 나누면, 우리는

---

10) {엄밀하게는 q^2가 1보다 작다면 $f(r) - f(0) = \dfrac{1}{1-q^2}r^{q+1}$ 이다}—톰슨.

11) *Mec. Cel.* I. 2.

$$f''(a+b) = f''(a-b)$$

를 얻는다.

이 식이 일반적으로 옳다면,

$$f''(r) = C_0(상수)$$

이므로

$$f'(r) = C_0 r + C_1$$

이고 (1)에 의해

$$\int_r^\infty \phi(r)\,dr = \frac{f'(r)}{r} = C_0 + \frac{C_1}{r}$$

$$\phi(r) = \frac{C_1}{r^2}$$

이다.

그러나 힘이 거리의 몇 제곱에 비례한다는 캐번디시의 가정이, 힘이 거리의 임의의 함수라고 가정하는 라플라스의 가정보다 덜 일반적으로 보일지 모르지만, 그것이 닮은 곡면이 전기화되었을 때 닮은 전기적 특성을 갖게 된다(그래서 역선이 유사하다는 사실과 일치하는 유일한 것임을 우리는 알 수 있다.

그 힘이 거리의 거듭제곱이 아닌 거리의 임의의 함수라면, 두 개의 다른 거리에서의 힘들의 비는 거리의 비의 함수가 아닐 것이고 거리의 절대값에 의존할 것이며 따라서 절대적으로 확정된 거리에 대한 이 거리들의 비를 포함할 것이다.

실제로 캐번디시 자신은 전기 유체의 조성에 대한 자신의 가설에 근거하여 기하학적으로 닮음인 두 도체에서 전기의 분포가 정확하게 닮음이 되는 것은 전하가 부피에 비례하지 않는다면 불가능하다는 것을 지적한다.[12] 그는 전기 유체의 입자가 물체의 표면 근처에서 서로 밀착된다고 가정한다. 그리고 이것은 척력의 법칙이 더 이상 역제곱을 따르지 않는다고 가정하는 것과 같다.[13] 즉, 입자가 서로 매우 가까워지자마자 그것들의 척력은 거리가 짧아짐에 따라 훨씬 더 큰 비율로 증가하기 시작한다고 가정하는 것이다.

전기 유도의 면적분과 곡면을 통과하는 전기 변위

75] R가 그 곡면의 임의의 점에서의 총전기세기라고 하고 ε을 곡면의 양의 측면 쪽으로 그려진 법선과 R가 이루는 각이라고 하자.[14] 그러면 $R\cos\varepsilon$이 그 곡면에 수직하는 전기세기의 성분이 된다. 만약 dS가 그 곡면의 요소라면 dS를 통과하는 전기 변위는 68절에 의해

$$\frac{1}{4\pi}KR\cos\varepsilon dS$$

가 될 것이다. 현재 우리는 공기를 제외한 다른 유전체를 생각하지 않으므로 $K=1$이다.

그러나 우리는 이 단계에서 $R\cos\varepsilon dS$를 요소 dS를 통과하는 유도라고 부름으로써 전기 변위의 이론을 도입하기를 피할 수 있다. 이 양은 수리 물리학에는 널리 알려져 있지만 유도라는 이름은 패러데이에게서 차용한 것이다.[15] 유도의 면적분은

$$\iint R\cos\varepsilon dS$$

이고 21절에 의해 X, Y, Z가 R의 성분이고 이 양들이 폐곡면 S에 의해 경계 지워진 구역 안에서 연속이라면, 안에서 바깥쪽으로 계산된 유도는

$$\iint R\cos\varepsilon dS = \iiint \left(\frac{dX}{dx} + \frac{dY}{dy} + \frac{dZ}{dz} \right) dxdydz$$

---

12) {*Electrical Researches of the Hon. H. Cavendish*, pp.27~28}—톰슨.

13) {Idem, Note 2, p.370}—톰슨.

14) 양의 측면이란 공간상에서 임의로 정한 양의 방향을 향하는 곡면의 부분을 지칭하는 것이다—옮긴이.

15) 유도 개념은 맥스웰이 패러데이에게서 차용했지만 '변위' 개념은 맥스웰의 독창적인 이론임을 알 수 있다—옮긴이.

이 되고 이때 적분은 그 곡면 안의 모든 공간에 걸쳐 이루어진다.

단일한 힘의 중심에서 기원해 폐곡면을 통과하는 유도

76] 전기량 e가 점 O에 놓여 있다고 가정하고 r는 O로부터 임의의 점 P까지의 거리라고 하자. 그러면 그 점에서의 전기세기는 OP 방향으로 $R=er^{-2}$이다.[16]

O로부터 임의의 방향으로 무한히 먼 곳까지 하나의 직선을 그리자. O가 폐곡면 안에 있지 않다면 이 직선은 그 곡면과 전혀 만나지 않거나 곡면으로 들어간 횟수만큼 곡면에서 나올 것이다. O가 그 곡면 안에 있다면, 그 직선은 먼저 그 곡면에서 나와야 하고 그다음에는 들어가고 나오기를 교대로 몇 번 하고 나서 끝으로는 거기에서 나올 것이다.

ε은 OP가 곡면과 만나는 곳에서의 곡면의 법선과 OP 사이의 각이라고 하면 $\cos\varepsilon$은 그 직선이 곡면에서 나오는 곳에서 양의 부호를 가질 것이고 들어가는 곳에서는 음의 부호를 가질 것이다.

이제 중심이 O이고 반지름이 1인 구를 그리고 OP가 O를 꼭지점으로 하고 O에서 작은 입체각을 갖는 원뿔의 옆면을 그린다고 하자.

이 원뿔은 구면에서 작은 요소 $d\omega$를 잘라낼 것이고 OP가 곡면과 교차하는 여러 곳에서 그 곡면으로부터 작은 요소 $dS_1, dS_2, ...$를 잘라낼 것이다.

그러면 이 요소들 dS 중에서 어떤 것이 그 꼭지점으로부터 거리 r에서 경사각 ε로 그 원뿔과 만날 것이므로

$$dS = \pm r^2 \sec\varepsilon \, d\omega$$

이고 $R=er^{-2}$이므로

$$R\cos\varepsilon \, dS = \pm e \, d\omega$$

---

16) 현대적인 용어로 '전기장의 세기'에 해당하는 개념이다—옮긴이.

가 된다. 이때 양의 부호는 r이 표면에서 나올 때 취하고 음의 부호는 들어갈 때 취한다.

점 O가 폐곡면 밖에 있다면, 양의 값은 음의 값과 크기가 같으므로 r의 어떤 방향에 대해서든

$$\sum R\cos\varepsilon\, dS = 0$$

이므로

$$\iint R\cos\varepsilon\, dS = 0$$

이다. 이때 적분은 전체 폐곡면에 걸쳐서 이루어진다.

점 O가 폐곡면 안에 있다면 반지름 벡터 OP는 먼저 그 폐곡면으로부터 나오고 이때 $e\,d\omega$는 양의 값을 갖게 된다. 그다음에 같은 횟수만큼 들어가고 나와서 이 경우에

$$\sum R\cos\varepsilon\, dS = e\,d\omega$$

이다.

전체 폐곡면에 걸쳐서 적분을 취하면 구면 전체에 대해 적분을 취한 것과 같아져 구의 표면적인 4π임을 이용하면

$$\iint R\cos\varepsilon\, dS = e\iint d\omega = 4\pi e$$

가 얻어진다.

그리하여 우리는 힘의 중심점 O에 놓인 e 때문에 생기는 폐곡면의 바깥 방향의 전체 유도가 O가 곡면 밖에 있을 때에는 0이고 O가 곡면 안에 있으면 $4\pi e$가 된다고 결론내릴 수 있다.

공기 중에서 변위는 4π로 나눈 유도와 같으므로, 폐곡면을 바깥쪽으로 통과하는 변위는 그 곡면 내부의 전기와 같다.

결론. 곡면이 닫혀 있지 않고 일정한 폐곡선을 경계로 갖는다면, 그것을 통과하는 전체 유도는 ωe라는 것이 따라 나온다. 여기에서 ω는 폐곡선에 의해 둘러싸인 O에서의 입체각이다. 그러므로 이 양은 그 폐곡

선에만 의존하고 경계선이 힘의 중심(O)을 한쪽에서 다른 쪽으로 통과하지 않는다면 그 곡면의 형태는 어떻게 바뀌어도 관계없다.

라플라스 방정식과 푸아송 방정식에 관하여

77] 단일한 힘의 중심에서 나와 폐곡면을 통과하는 전체 유도의 값은 그 중심이 그 폐곡면 안에 있는지 여부에만 의존하고 구체적인 힘의 중심의 위치에는 의존하지 않으므로, 그 폐곡면 안에 여러 개의 힘의 중심 $e_1, e_2,..$가 있고 , 폐곡면 밖에 $e'_1, e'_2,..$가 있다면,

$$\iint R \cos \varepsilon\, dS = 4\pi e$$

이고 여기에서 e는 폐곡면 안에 있는 모든 힘의 중심에 있는 전기량의 대수적 합을 지칭한다. 즉, e는 수지 전기를 음수로 계산한 폐곡면 안의 모든 전기의 합이다.

만약 전기가 그 폐곡면 안에 분포되어 있어 어느 곳에서도 그 밀도가 무한대가 아니라면, 우리는 64절에 의해

$$4\pi e = 4\pi \iiint dx\,dy\,dz$$

이고 75절에 의해

$$\iint R \cos \varepsilon\, dS = \iiint \left(\frac{dX}{dx} + \frac{dY}{dy} + \frac{dZ}{dz} \right) dx\,dy\,dz$$

이 성립한다.

만약 부피 요소 $dx\,dy\,dz$의 표면을 그 폐곡면으로 취하면, 이 식들을 같다고 놓음으로써

$$\frac{dX}{dx} + \frac{dY}{dy} + \frac{dZ}{dz} = 4\pi \rho$$

를 얻게 되고 만약 퍼텐셜 V가 존재한다면, 71절에 의해

$$\frac{d^2 V}{dx^2} + \frac{d^2 V}{dy^2} + \frac{d^2 V}{dz^2} + 4\pi \rho = 0$$

을 얻는다.

이 방정식은 그 밀도가 0인 경우에 라플라스 방정식이라고 불린다. 이 방정식의 더 일반적인 형태를 푸아송이 제시했다. 이 식은 모든 점에서 퍼텐셜을 알 때 전기 분포를 결정할 수 있게 해준다.

26절에서처럼 우리는 $\dfrac{d^2V}{dx^2} + \dfrac{d^2V}{dy^2} + \dfrac{d^2V}{dz^2}$ 를 $-\nabla^2V$로 지칭할 것이고 푸아송 방정식을 말로 표현해 전기 밀도를 4π로 곱한 것이 퍼텐셜의 집중도(concentration)라고 말할 수 있다.

72절에 의해 V는 도체 안에서 상수이다. 그러므로 도체 안에서 체밀도는 0이고 모든 전하가 그 표면에 있어야 한다.[17]

만약 우리가 전기의 표면 분포와 선형 분포에서 체밀도 ρ가 유한하고 전기가 얇은 층이 나가는 섬유의 형태로 존재한다면, ρ를 증가시키고 층의 깊이나 섬유의 단면을 줄임으로써 우리는 진정한 표면 분포나 선형 분포의 극한에 접근할 수 있을 것이고, 실제 상황과 일치하는 해석이 이루어진다면, 그 극한 과정 내내 성립했던 식은 극한값에서도 여전히 성립할 것이다.

대전된 곡면에서 퍼텐셜의 변화

78a] 퍼텐셜 함수 V는 7절에서 정의된 의미에서 오직 두 가지 다른 매질의 경계면을 제외하고는 물리적으로 연속이어야 한다. 그 예외적인 경우는 246절에서 보겠지만 물질 사이에 퍼텐셜의 차이가 있을 수 있어서 전기가 평형 상태에 있을 때 하나의 물질 안에 있는 점에서의 퍼텐셜은 다른 물질에 있는 그에 접하는 점보다 일정한 상수 C만큼 높다. 이때 이 상수는 두 물질의 본성과 온도에 의존한다.

그러나 x, y 또는 z에 대한 V의 1차 미분은 불연속일 수 있으며 8절에 의해 이 불연속이 발생하는 점들은 어떤 곡면 위에 있어야 하고 그 방정

---

17) 이런 점에서 '집중도'라는 말이 적절하다 할 수 있다. 모든 지역에 V가 균질하게 퍼져 있다면 집중도는 0이기 때문에 전기 밀도 또한 0이 된다고 이해할 수 있다—옮긴이.

식은

$$\phi = \phi(x, y, z) = 0 \tag{1}$$

의 형태로 표현할 수 있다. 이 곡면은 ϕ가 음수인 구역과 ϕ가 양수인 구역을 가른다.

V_1은 음의 구역에 있는 임의의 점에서의 퍼텐셜이라 하고 V_2는 양의 구역에 있는 임의의 점에서의 퍼텐셜이라고 하면, $\phi=0$인 곡면에 있어서 양쪽 구역에 모두 속한다고 말할 수 있는 어떤 점에서

$$V_1 + C = V_2$$

이다. 이때 C는 그 곡면의 양의 편에 있는 물질 안에서의 퍼텐셜의 초과량이다.

l, m, n이 그 곡면의 주어진 점에서 양의 구역을 향하는 법선 V_2의 방향 코사인이라고 하자. 같은 점에서 음의 구역을 향하는 법선 V_1의 방향 코사인은 $-l, -m, -n$이 될 것이다.

법선을 따른 V의 변화율은

$$\frac{dV_1}{dv_1} = -l\frac{dV_1}{dx} - m\frac{dV_1}{dy} - n\frac{dV_1}{dz} \tag{3}$$

$$\frac{dV_2}{dv_2} = l\frac{dV_2}{dx} + m\frac{dV_2}{dy} + n\frac{dV_2}{dz} \tag{4}$$

이다. 그 곡면 위에 어떤 선을 그리고, 그 선 위의 고정된 점을 기준으로 삼아 잰 그 선의 길이를 s라 하자. 그러면 그 곡면 위의 모든 점에서, 따라서 이 선 위의 모든 점에서도 $V_2-V_1=C$이다. 이 방정식을 s에 대하여 미분하면,

$$\left(\frac{dV_2}{dx} - \frac{dV_1}{dx}\right)\frac{dx}{ds} + \left(\frac{dV_2}{dy} - \frac{dV_1}{dy}\right)\frac{dy}{ds} + \left(\frac{dV_2}{dz} - \frac{dV_1}{dz}\right)\frac{dz}{ds} = 0 \tag{5}$$

그리고 법선은 이 선에 수직이므로

$$l \frac{dx}{ds} + m \frac{dy}{ds} + n \frac{dz}{ds} = 0 \qquad (6)$$

이고, (3), (4), (5), (6)으로부터

$$\frac{dV_2}{dx} - \frac{dV_1}{dx} = l \left(\frac{dV_1}{d\nu_1} + \frac{dV_2}{d\nu_2} \right) \qquad (7)$$

$$\frac{dV_2}{dy} - \frac{dV_1}{dy} = m \left(\frac{dV_1}{d\nu_1} + \frac{dV_2}{d\nu_2} \right) \qquad (8)$$

$$\frac{dV_2}{dz} - \frac{dV_1}{dz} = n \left(\frac{dV_1}{d\nu_1} + \frac{dV_2}{d\nu_2} \right) \qquad (9)$$

를 얻는다.[18]

그 곡면을 통과하는 점에서 기전세기의 추이를 고려하면, 곡면에 수직인 기전세기의 성분은 그 곡면에서 갑자기 바뀔 것이지만 접평면에 평행한 다른 두 성분은 그 곡면을 통과할 때 여전히 연속일 것이다.

78b] 그 곡면의 전하를 결정하기 위해 부분적으로 양의 구역에 있고 부분적으로 음의 구역에 있어 불연속면의 일부를 포함하는 폐곡면을 생각하자.

그 곡면에 걸쳐 이루어진 면적분

$$\iint R \cos \varepsilon \, dS$$

는 $4\pi e$와 같다. 여기에서 e는 그 폐곡면 안에 있는 전기량이다.

21절에서처럼 하면,

---

18) {(5)와 (6)은 무한한 값의 비 $\dfrac{dx}{ds} : \dfrac{dy}{ds} : \dfrac{dz}{ds}$에 대해 성립하므로,

$$\frac{\dfrac{dV_2}{dx} - \dfrac{dV_1}{dx}}{l} = \frac{\dfrac{dV_2}{dy} - \dfrac{dV_1}{dy}}{m} = \frac{\dfrac{dV_2}{dz} - \dfrac{dV_1}{dz}}{n}$$

$$= l \left(\frac{dV_2}{dx} - \frac{dV_1}{dx} \right) + m \left(\frac{dV_2}{dy} - \frac{dV_1}{dy} \right) + n \left(\frac{dV_2}{dz} - \frac{dV_1}{dz} \right)$$

이 성립한다. 그러므로 (3)과 (4) 식에 의해 이 비율의 각각은 $\dfrac{dV_1}{d\nu_1} + \dfrac{dV_2}{d\nu_2}$ 와 같다}─톰슨.

$$\iint R\cos\varepsilon\, dS = \iiint \left(\frac{dX}{dx} + \frac{dY}{dy} + \frac{dZ}{dz} \right) dx\, dy\, dz$$

$$+ \iint \{ l(X_2 - X_1) + m(Y_2 - Y_1) + n(Z_2 - Z_1) \}\, dS \qquad (10)$$

여기에서 삼중 적분은 폐곡면 내부 전체에 걸쳐서 취해지고 이중 적분은 불연속면에 걸쳐서 취해진다.

이 방정식의 항들을 (7), (8), (9) 식의 값들로 대치하면

$$4\pi e = \iint 4\pi\rho\, dx\, dy\, dz - \iint \left(\frac{dV_1}{dv_1} + \frac{dV_2}{dv_2} \right) dS \qquad (11)$$

그러나 체밀도 ρ의 정의와 면밀도 σ의 정의에 의해

$$4\pi e = 4\pi \iiint \rho\, dx\, dy\, dz + 4\pi \iint \sigma\, dS \qquad (12)$$

그러므로 이 두 식의 마지막 항을 비교하면

$$\frac{dV_1}{dv_1} + \frac{dV_2}{dv_2} + 4\pi\sigma = 0 \qquad (13)$$

이 방정식은 면밀도가 σ인 전기화된 곡면에서 V의 특성 방정식이라고 불린다.

78c] V는 x, y, z의 함수이고 공간상에 주어진 연속 구역 도처에서 라플라스 방정식

$$\frac{d^2V}{dx^2} + \frac{d^2V}{dy^2} + \frac{d^2V}{dz^2} = 0$$

을 만족하고 이 구역의 유한한 부분 전체에서 V가 상수이고 C이면, 라플라스 방정식이 충족되는 전체 구역에서 V는 상수이고 C와 같아야 한다.[19]

V가 전 구역에서 C와 같지 않다면, $V=C$인 유한한 부분의 경계 곡면

---

19) {전기를 통과시키지 않고 일정한 퍼텐셜의 구역으로부터 도달할 수 있는 임의의 점에서의 퍼텐셜은 C와 같다고 말하는 것이 아마도 더 분명할 것이다}—톰슨.

을 S라 하자.

곡면 S에서 $V=C$이다.

곡면 S에서 바깥을 향하는 법선을 v라 하자. S는 $V=C$인 연속 영역의 경계면이므로 그 곡면으로부터 법선을 따라 갈 때 V값은 C와 달라지기 시작한다. $\dfrac{dV}{dv}$ 는 곡면 바로 바깥에서 양수이거나 음수일 수 있지만 양의 영역과 음의 영역 사이의 경계선에 그린 법선을 제외하고는 0이 될 수 없다.

그러나 v'이 곡면 S에서 안으로 향하는 법선이라면, $V'=C$이고 $\dfrac{dV'}{dv'} = 0$이다.

그리하여 어떤 경계선을 제외한 그 곡면의 모든 점에서

$$\frac{dV}{dv} + \frac{dV'}{dv'} (=-4\pi\sigma)$$

은 양이든 음이든 유한한 값이므로 곡면 S에는 양의 대전 영역과 음의 대전 영역을 가르는 어떤 경계선을 제외한 모든 부분에 걸쳐서 연속적인 전기 분포가 있다.

라플라스 방정식은 곡면 S 위의 어떤 선 위에 놓여 있는 점들을 제외하면 그 곡면에서 충족되지 않는다. 그러므로 $V=C$인 곡면 S는 라플라스 방정식을 만족시키는 연속 영역 전체를 포함한다.

대전 곡면 위에 작용하는 힘

79] 대전된 물체에 작용하는 힘의 세 성분, 즉 세 축에 각각 평행한 성분들 A, B, C에 대한 일반적인 표현은

$$A = \iiint \rho X dx dy dz \tag{14}$$

의 형태이다. y, z에 평행한 성분인 B와 C에 대해서도 유사한 식을 구할 수 있다.

그러나 대전된 곡면에서 ρ가 무한대이고 X가 불연속일 수 있으므로 이 형태의 식으로는 직접 힘을 계산할 수 없다.

그러나 우리는 불연속이 오직 대전된 곡면에 수직인 세기의 성분에만 영향을 미치고 나머지 두 성분은 여전히 연속이라는 것을 앞에서 증명했다.

그러므로 x축이 주어진 점에서 그 곡면에 수직이라고 가정하고 일단은 X가 실제로 불연속이 아니고 x가 x_1에서 x_2까지 변할 때 X_1에서 X_2까지 연속적으로 변한다고 가정하자. x_2-x_1이 무한히 작아질 때 우리의 계산 결과가 그 힘에 대하여 일정한 극한값을 내놓는다면, $x_2=x_1$일 때 우리는 그것이 옳다고 생각할 수 있고 그 대전된 곡면은 두께가 없다.

77절에서 알게 된 값으로 ρ를 대치하면,

$$A = \frac{1}{4}\pi \iiint \left(\frac{dX}{dx} + \frac{dY}{dy} + \frac{dZ}{dz} \right) X dx dy dz \tag{15}$$

이 식을 x에 대하여 $x=x_1$에서 $x=x_2$까지 적분하면 그것은

$$A = \frac{1}{4\pi} \iint \left[\frac{1}{2}(X_2^2 - X_1^2) + \int_{x_1}^{x_2} \left(\frac{dY}{dy} + \frac{dZ}{dz} \right) X dx \right] dy dz \tag{16}$$

가 된다. 이것은 yz에 평행한 두께 x_2-x_1의 층에 대한 값이다.

Y와 Z는 연속이므로 $\dfrac{dY}{dy} + \dfrac{dZ}{dz}$는 유한하고 X도 유한하므로

$$\int_{x_1}^{x_2} \left(\frac{dY}{dy} + \frac{dZ}{dz} \right) X dx < C(x_2 - x_1)$$

여기에서 C는 $x=x_1$에서 $x=x_2$ 사이에서 $\left(\dfrac{dY}{dy} + \dfrac{dZ}{dz} \right)X$의 가장 큰 값이다.

그러므로 x_2-x_1이 무한히 작아질 때 이 항은 결국 0이 되어야 하기에

$$A = \iint \frac{1}{8\pi}(X_2^2 - X_1^2)\, dy dz \tag{17}$$

가 된다. 여기에서 X_1은 그 곡면의 음의 편에서의 X의 값이고, X_2는 양의 편에서의 X의 값이다.

그러나 78b절에서

$$X_2 - X_1 = \frac{dV_1}{dx} - \frac{dV_2}{dx} = 4\pi\sigma \tag{18}$$

이므로 우리는

$$A = \iint \frac{1}{2}(X_2 + X_1)\sigma \, dy dz \tag{19}$$

라고 쓸 수 있다. 여기에서 $dydz$는 곡면 요소이고 σ는 면밀도이고 $\frac{1}{2}(X_2 + X_1)$은 그 곡면의 양측에서의 기전세기의 산술평균이다.

기전세기의 다른 두 성분이 불연속이 아니므로 곡면에 작용하는 힘의 해당 성분을 추정하는 데에는 어려움이 없다.

이제 우리는 그 곡면의 법선 방향이 축들에 대하여 임의의 방향에 있다고 가정하고 곡면 요소 dS에서의 힘의 성분의 일반적인 표현을 쓸 수 있다.

$$A = \frac{1}{2}(X_1 + X_2)\sigma dS$$
$$B = \frac{1}{2}(Y_1 + Y_2)\sigma dS \tag{20}$$
$$C = \frac{1}{2}(Z_1 + Z_2)\sigma dS$$

대전된 도체 표면

80] 우리는 이미 전기 평형 상태에 있는 도체 물질 전체에서 $X=Y=Z=0$이므로 V는 상수임을 보였다(72절). 그러므로

$$\frac{dX}{dx} + \frac{dY}{dy} + \frac{dZ}{dz} = 4\pi\rho = 0$$

이므로 ρ는 도체 물질 전체에서 0이어야 하기에 도체 안에는 전기가 있을 수 없다.

그러므로 전기의 표면 분포는 평형 상태에 있는 도체가 가질 수 있는 유일한 분포이다.

한 물체 전체에 퍼진 분포는 그 물체가 부도체일 때만 존재할 수 있다.

도체 안의 총기전세기는 0이므로 도체 바로 바깥의 총기전세기는 도

체에서 바깥쪽으로 법선 방향을 향하고 크기는 $4\pi\sigma$와 같아야 한다.

도체 표면 근처에서 이 면밀도와 총기전세기 사이의 관계는 쿨롱의 법칙으로 알려져 있다. 쿨롱은 도체 표면의 주어진 점 근처에서 기전세기가 곡면에 수직이고 주어진 점에서 면밀도에 비례한다는 것을 실험에 의해 확인했다. 수치상의 관계가

$$R = 4\pi\sigma$$

임이 푸아송에 의해 확립되었다.

대전된 도체 표면의 요소 dS에 작용하는 힘은 79절에 의해(그 세기가 곡면의 안쪽에서 0이므로)

$$\frac{1}{2}R\sigma dS = 2\pi\sigma^2 dS = \frac{1}{8\pi}R^2 dS$$

이다.

이 힘은 그 표면의 전하가 양이든 음이든 도체 바깥쪽을 향하는 법선을 따라 작용한다.

그 값은 dyne/cm²를 단위로 했을 때

$$\frac{1}{2}R\sigma = 2\pi\sigma^2 = \frac{1}{8\pi}R^2$$

이고 도체 표면에서 바깥쪽으로 장력으로 작용한다.

81] 이제 길쭉한 물체가 전기화된다고 가정하면, 길이에 비해서 그 폭을 줄여줌으로써 전기화된 선의 개념에 도달하게 된다.

ds는 길쭉한 물체의 작은 부분의 길이라고 하고 c는 단면의 둘레이고 σ는 그것의 표면에서의 전기 면밀도라고 하자. 그러면 λ가 단위 길이당 전하라면, $\lambda = c\sigma$이고 그 표면에 가까운 곳에서의 총전기세기는

$$4\pi\sigma = 4\pi\frac{\lambda}{c}$$

가 될 것이다.

만약 λ가 유한한 가운데 c가 무한히 작아지면, 그 표면에서의 전기세기는 무한히 증가할 것이다. 그러나 실제 모든 유전체에서는 전기세기가 분열적 방전을 하지 않고 증가하는 데에는 한계가 있다. 그러므로 유한한 양이 선의 유한한 부분에 있는 전기 분포는 자연에 존재하는 상황과 일치하지 않는다.

절연체를 통한 방전이 무한대의 힘에 의해서도 가능해질 수 없다 해도, 유한한 양의 전기로 선형 도체를 대전시키는 것은 불가능할 것이다. 왜냐하면 {유한한 전하가 무한한 퍼텐셜을 만들어낼 것이므로} 선형 도체에 전기를 끌어오기 위해서는 무한한 기전력이 필요할 것이기 때문이다.

같은 방식으로 유한한 전기량으로 대전된 점은 자연 상태에 존재할 수 없다는 것도 보일 수 있다. 그러나 어떤 경우에는 전기화된 선이나 점에 대해 말하는 것이 편리할 때가 있다. 그런 경우에 우리는 이것을 전기화된 도선, 혹은 물체의 크기가 관련된 거리와 비교해 무시할 정도로 작은 물체로 나타낼 수 있다고 가정한다.

주어진 퍼텐셜에서 도선의 지름이 무한히 작아질 때 도선의 일정한 부분에 있는 전기량도 무한히 작아질 것이므로, 상당한 크기의 물체 위의 전기 분포는, 이 물체를 접지시키거나 전기 기계나 전위계와 전기적으로 연결시킬 때 사용되는 매우 가는 금속선을 그 마당으로 끌어들임으로써 의미있는 영향을 받지 않을 것이다.

역선에 관하여

82] 어떤 선상의 모든 점에서 선의 방향이 그 점에서의 총기전세기의 방향과 일치한다면 그 선을 역선(line of force)이라고 부른다.

역선의 경로의 모든 부분에서 역선은 더 높은 퍼텐셜의 장소에서 더 낮은 퍼텐셜의 장소로 진행한다.

그러므로 역선은 제자리로 돌아올 수 없고 시점(始點)과 종점(終點)을 가져야 한다. 역선의 시점은 80절[20]에 의해 양으로 대전된 곡면 안에 있어야 하고 역선의 종점은 음으로 대전된 곡면 안에 있어야 한다.

그 선의 시점과 종점을 각각 그 양의 곡면과 그 음의 곡면 위에 있는 대응점이라고 부른다.

만약 역선이 움직여 시점이 양의 곡면 위의 폐곡선을 따라 움직이면, 종점이 음의 곡면 위의 대응하는 폐곡선을 따라 움직일 것이고 역선 자체는 유도관이라고 불리는 관 모양의 곡면을 만들어낼 것이다. 그러한 관을 솔레노이드(solenoid)라고 부른다.[21]

관 표면의 임의의 점에서 힘은 그 접평면에 있으므로 아무런 유도도 그 면을 가로질러 존재하지 않는다. 그러므로 그 관이 어떤 전기화된 물질을 포함하지 않는다면 관 표면과 두 끝면으로 형성되는 폐곡면을 통과하는 전체 유도는 0이고, 두 끝에 대하여 $\iint R \cos \varepsilon \, dS$의 값은 크기가 같지만 부호가 반대이어야 한다.

이 곡면이 도체의 표면이라면,

$$\varepsilon = 0 \text{이고 } R = -4\pi\sigma$$

이므로 $\iint R \cos \varepsilon \, dS$는 $-4\pi \iint \sigma \, dS$가 되고 이것은 그 표면의 전하에 4π를 곱한 것이다.[22]

그러므로 그 관이 시작된 폐곡선 안에 둘러싸인 그 면의 양전하는 그 관의 끝에 있는 대응하는 폐곡선 안에 둘러싸인 음전하와 수치상 같다.

몇 가지 중요한 결과들이 역선의 특성으로부터 유도될 수 있다.

닫힌 도체 용기의 내부 표면에는 전혀 전하가 없고, 만약 그 용기 안에 절연되고 대전된 물체가 없다면, 도체 용기 안의 모든 점에서의 퍼텐셜은 도체의 퍼텐셜과 같다.

---

20) 원문에는 §80으로 되어 있지만 다른 부분과 일관성을 유지하기 위해 '80절'로 고쳐 번역했다—옮긴이.
21) 그리스에서 $\sigma\omega\lambda\eta'\nu$(솔렌)은 관을 의미한다. 패러데이는 같은 의미에서 'sphondyloid'라는 용어를 쓴다(3271).
22) {여기에서 R는 그 관에서 바깥으로 향한다}—톰슨.

왜 그런지 알아보자. 역선은 양으로 대전된 곡면에서 시작되어 음으로 대전된 곡면에서 끝나야 한다. 그렇다면 그 용기 속에는 대전체가 없으므로 그 용기 안에 존재하는 역선은 용기 자체의 내부 표면에서 시작되고 끝나야 한다.

그러나 퍼텐셜은 역선의 종점보다는 시점에서 더 높아야 한다. 반면에 우리는 이미 도체의 모든 점에서 퍼텐셜은 같아야 한다는 것을 입증했다.

그러므로 속이 빈 도체 용기 속에 대전체가 없다면 그 용기 속에는 역선이 존재할 수 없다.

만약 속이 빈 닫힌 용기 안에 있는 도체가 그 용기와 연결되어 있다면, 그 퍼텐셜은 그 용기의 퍼텐셜과 같아지고 그 표면은 그 용기의 내부 표면과 연속이 된다. 그러므로 그 도체에는 전하가 없다.

만약 우리가 어떤 대전된 곡면을 요소로 분할하여 각 요소의 전하가 단위량이 되도록 하고 이런 요소들을 끝면(base)으로 갖는 솔레노이드를 힘의 마당을 관통하도록 그려주면, 임의의 다른 곡면에 대한 면적분은 그것이 만나는 솔레노이드의 수로 표현된다. 패러데이가 그의 역선 개념을 마당의 어떤 장소에서 힘의 방향뿐 아니라 힘의 양을 나타내기 위해 사용한 것은 이런 의미에서다.

우리는 역선이라는 말을 썼다. 왜냐하면 패러데이와 다른 이들이 그것을 사용했기 때문이다. 그러나 엄밀하게 말해서 이 선들은 전기 유도선(line of electric induction)이라고 불러야 한다.

일반적인 경우에 유도선은 모든 점에서 총기전세기의 방향과 크기를 나타낸다. 왜냐하면 기전세기와 전기 유도는 같은 방향을 향하고 일정한 크기의 비를 갖기 때문이다. 그러나 이 선들이 우선적으로 유도를 나타낸다는 것, 그리고 기전세기는 직접적으로 등퍼텐셜면에 의해서, 항상 이 곡면에 수직이고 이웃하는 곡면들의 거리에 반비례하는 것으로 나타내진다는 것을 기억해야 하는 다른 경우들이 있다.

비유도 용량에 관하여

83a] 면적분에 대한 앞의 탐구에서 우리는 직접적인 원격 작용의 일반적인 개념을 채용하고 힘이 관찰되는 장소인 유전체 매질의 본성에 의존하는 효과를 고려하지 않았다.

그러나 패러데이는 주어진 기전력에 의해 유전체를 둘러싸고 있는 도체 표면 위에서 유도되는 전기의 양은 모든 유전체에 대하여 동일한 것이 아니라는 것을 관찰했다. 유도 전기는 공기나 기체보다는 대부분의 고체와 액체 유전체에서 더 크다. 그러므로 이 물체들은 그가 표준 매질로 채용한 공기보다 더 큰 비유도 용량을 갖는다고 말한다.

우리는 유전체 매질에서 어떤 곡면을 가로지르는 전기 유도는 전기세기의 법선 성분과 그 매질의 비유도 용량 계수의 곱이라고 말함으로써 수학적 언어로 패러데이의 이론을 표현할 수 있다. 이 계수를 K라고 지칭하면 면적분을 탐구하는 모든 부분에서 X, Y, Z에 K를 곱해야 한다. 그래서 푸아송 방정식은

$$\frac{d}{dx} K \frac{dV}{dx} + \frac{d}{dy} K \frac{dV}{dy} + \frac{d}{dz} K \frac{dV}{dz} + 4\pi\rho = 0 \text{[23]} \qquad (1)$$

이 된다.

유도 용량이 K_1, K_2이고 퍼텐셜이 V_1, V_2인 두 매질을 분리시키는 곡면에서 특성 방정식은

$$K_1 \frac{dV_1}{dv_1} + K_2 \frac{dV_2}{dv_2} + 4\pi\sigma = 0 \qquad (2)$$

으로 쓸 수 있다. 여기에서 v_1, v_2는 두 매질에 그린 법선이고 σ는 분리시키는 곡면 위의 면밀도이다. 말하자면, 이것은 전하의 형태로 실재적으로 곡면 위에 있는 전기의 양이므로 그 지점으로 전기를 옮기고 그 지점에서 전기를 빼올 때만 변화될 수 있는 양이다.

---

[23] {이 장의 끝에 나오는 언급을 참고할 것}―톰슨.

전기의 겉보기 분포

83b] K가 모든 곳에서 1이라는 가설 위에서, 실제 퍼텐셜의 분포로 시작하여 그것으로부터 체밀도 ρ'과 면밀도 σ'을 유도하면, ρ'은 겉보기 체밀도, σ'은 겉보기 면밀도라고 부를 수 있다. 왜냐하면 66절에 주어진 전기력의 법칙을 유전체의 상이한 성질 때문에 수정할 필요가 없다는 가설 위에서 이렇게 정의된 전기 분포는 퍼텐셜의 실제 분포를 설명할 것이기 때문이다.

주어진 영역 안에서 겉보기 전하량은 그 영역의 경계면을 전기가 통과하지 않고 증가하거나 감소할 수 있다. 그러므로 연속 방정식을 만족시키는 실제 전하로부터 그것을 구별해야 한다.

K가 연속적으로 변하는 비균질 유전체에서 ρ'이 겉보기 밀도라면,

$$\frac{d^2V}{dx^2} + \frac{d^2V}{dy^2} + \frac{d^2V}{dz^2} + 4\pi\rho' = 0 \tag{3}$$

이다.

이것을 위의 방정식 (1)과 비교하면,

$$4\pi(\rho - K\rho') + \frac{dK}{dx}\frac{dV}{dx} + \frac{dK}{dy}\frac{dV}{dy} + \frac{dK}{dz}\frac{dV}{dz} = 0 \tag{4}$$

을 얻을 수 있다. 변할 수 있는 유도 용량 K를 갖는 유전체에서 ρ로 표현되는 실제 전기화는, 모든 곳에서 유도 용량이 1인 유전체에서 ρ'으로 표현되는 겉보기 전기화가 만들어내는 것과 동일한 퍼텐셜을 모든 점에서 만들어낼 것이다.

겉보기 표면 전하 σ'은 일반적인 특성 방정식

$$\frac{dV_1}{dv_1} + \frac{dV_2}{dv_2} + 4\pi\sigma' = 0 \tag{5}$$

을 사용해서 그 곡면 근처의 전기력에서 유도되는 것이다.

어떤 형태의 고체 유전체가 완전한 절연체이고 그 표면이 아무런 전하도 갖지 않는다면, 실제 전기화는 그 위에 작용하는 전기력이 무엇이든 계속 0이다. 그리하여

$$K_1\frac{dV_1}{dv_1} + K_2\frac{dV_2}{dv_2} = 0$$

$$\frac{dV_1}{dr_1} = \frac{4\pi\sigma' K_2}{K_1 - K_2}, \quad \frac{dV_2}{dr_2} = \frac{4\pi\sigma' K_1}{K_2 - K_2}$$

을 얻는다.

면밀도 σ'은 유도에 의해 고체 유전체의 표면에 만들어지는 겉보기 전기화의 면밀도이다. 그것은 유도력이 제거될 때 완전히 사라지지만 유도력이 작용하는 동안 그 표면 위로 불꽃을 통과시킴으로써 표면의 겉보기 전기화를 방전시키면, 그 유도력이 사라질 때 σ'에 반대부호의 실제 전기화가 나타나게 될 것이다.[24]

제2장 부록

방정식

$$\frac{d}{dx}\left(K\frac{dV}{dx}\right) + \frac{d}{dy}\left(K\frac{dV}{dy}\right) + \frac{d}{dz}\left(K\frac{dV}{dz}\right) + 4\pi\rho = 0$$

$$K_2\frac{dV}{dv_2} + K_1\frac{dV}{dv_1} + 4\pi\sigma = 0$$

는 임의의 폐곡면을 통과하는 변위가 그 곡면 안의 전기량에 4π를 곱한 것과 같다는 것을 드러내준다. 첫 방정식은 이 원리를 좌표축에 수직인 면들을 갖는 평행육면체에 적용하면 즉시 얻을 수 있다. 두 번째 방정식은 그 대전된 곡면의 일부를 둘러싸고 있고 원통에 그 원리를 적용하면 얻어진다.

우리가 다음 장의 결과를 미리 쓴다면, 이 방정식들을 패러데이의 비유도 용량의 정의로부터 직접 유도할 수 있다. 두 개의 무한 평행판으로 이루어진 축전기의 경우를 고려해 보자. V_1, V_2를 무한 평면 각각의 퍼

24) Faraday, "Remarks on Static Induction," *Proceedings of the Royal Institution*, Feb. 12, 1858을 보라.

텐셜이라 하고, d를 그 사이의 거리, 면적이 A인 판 중 하나 위에 있는 전하를 E라 하자. 그러면 K가 그것들을 분리시키는 유전체의 비유도 용량일 때,

$$E = KA \frac{V_1 - V_2}{4\pi d}$$

이다.

그 계의 에너지 Q는 84절에 의해

$$\frac{1}{2} E (V_1 - V_2) = \frac{1}{2} KA \frac{(V_1 - V_2)^2}{4\pi d}$$

과 같다. 또는 판 사이의 어떤 점에서 기전세기를 F라 하면,

$$Q = \frac{1}{8\pi} KAdF^2$$

이다.

만약 우리가 에너지를 유전체에 존재하는 것으로 간주하면, 단위 부피당 Q/Ad단위의 에너지가 있을 것이므로 단위 부피당 에너지는 $KF^2/8\pi$와 같다. 이 결과는 그 마당이 균일하지 않을 때 성립할 것이므로 만약 Q가 어떤 전기장의 에너지라면,

$$Q = \frac{1}{8\pi} \iiint KF^2 dxdydz$$
$$= \frac{1}{8\pi} \iiint K \left\{ \left(\frac{dV}{dx} \right)^2 + \left(\frac{dV}{dy} \right)^2 + \left(\frac{dV}{dz} \right)^2 \right\} dxdydz$$

이다.

그 마당의 어떤 점의 퍼텐셜이 x, y, z의 임의의 함수인 작은 양 δV만큼 증가한다고 가정하자. 그러면 에너지의 변화량 δQ는 다음 방정식

$$\delta Q = \frac{1}{4\pi} \iint \left(K \left\{ \frac{dV}{dx} d\frac{\delta V}{dx} + \frac{dV}{dy} d\frac{\delta V}{dy} + \frac{dV}{dz} d\frac{\delta V}{dz} \right\} \right) dxdydz$$

로 얻어지고 이것은 그린의 정리에 의해서

$$= -\frac{1}{4\pi} \iint \left(K_1 \frac{dV}{dv_1} + K_2 \frac{dV}{dv_2} \right) \delta V dS$$

$$- \frac{1}{4\pi} \iint \left\{ \frac{d}{dx} \left(K \frac{dV}{dx} \right) + \frac{d}{dy} \left(K \frac{dV}{dy} \right) + \frac{d}{dz} \left(K \frac{dV}{dz} \right) \right\} \delta V dx dy dz$$

가 된다. 여기에서 dv_2와 dv_1은 첫 번째 판에서 두 번째 판을 향하는 그 면의 법선 요소와 그 반대 방향의 법선 요소를 각각 지칭한다.

그러나 다음 식(85, 86절)

$$\delta Q = \sum (e \delta V) = \iint \sigma \delta V dS + \iiint \rho \delta V dx dy dz$$

와 δV가 임의의 값을 갖는다는 조건하에서

$$-\frac{1}{4\pi} \left(K_1 \frac{dV}{dv_1} + K_2 \frac{dV}{dv_2} \right) = \sigma$$

$$- \frac{1}{4\pi} \left\{ \frac{d}{dx} \left(K \frac{dV}{dx} \right) + \frac{d}{dy} \left(K \frac{dV}{dy} \right) + \frac{d}{dz} \left(K \frac{dV}{dz} \right) \right\} = \rho$$

이어야 하며 이것은 본문에서 얻은 식들과 같다.

패러데이의 실험에서 불꽃은 접지된 도체로 간주될 수 있고 유전체의 효과는 그 표면에 걸쳐 있는 겉보기 전기화에 의해 표현될 수 있을 것이다. 전도하는 불꽃에 작용하는 이 겉보기 전기화는 반대 부호의 전기를 끌어당길 것이고 그것은 유전체의 표면에 퍼질 것이다. 동시에 그것은 같은 부호의 전기를 불꽃을 통해서 땅으로 밀어낼 것이다. 그러므로 유전체의 표면 위에는 겉보기 전기화의 효과를 차단하는 실제 전기화가 있게 될 것이다. 유도력이 제거될 때, 겉보기 전기화는 사라질 것이지만 실제 전기화는 남아 있을 것이고 더 이상 겉보기 전기화에 의해 차단되지 않을 것이다.

제3장 도체계에서 전기가 하는 일과 에너지

전기화된 계를 주어진 방식으로 대전하기 위해 외부 힘이 해야 하는 일에 관하여

84] 어떤 양 δe의 전기를 무한히 먼 곳(또는 퍼텐셜이 0인 아무 곳)으로부터 퍼텐셜이 V인 계의 정해진 부분으로 가져오는 데 소모되는 일은 퍼텐셜의 정의(70절)에 의해 $V\delta e$다.

이러한 조작의 효과는 계의 정해진 부분의 전하를 δe만큼 올리는 것이어서 처음의 전하량이 e였다면 조작 후에는 $e+\delta e$가 된다.

그러므로 계의 전하량의 변화를 만들어내는 데 든 일을 적분

$$W = \sum (\int V\delta e)$$

로 표현할 수 있을 것이다. 여기에서 Σ는 전기화된 계의 모든 부분에 걸쳐 이루어진다.

73절의 퍼텐셜의 표현으로부터 일정한 점에서의 퍼텐셜은 계의 전하의 대응하는 부분으로부터 생기는 퍼텐셜들을 모두 합친 것으로 간주될 수 있다.

그러므로 V가 $\Sigma(e)$라고 부를 수 있는 전하계 때문에 생기는 주어진 점에서의 퍼텐셜이고 V'이 $\Sigma(e)'$이라고 부를 수 있는 또 하나의 전하계 때문에 생기는 같은 점에서의 퍼텐셜이라면, 함께 존재하는 두 전하계 때문에 생기는 같은 점에서의 퍼텐셜은 $V+V'$과 같을 것이다.

그러므로 계의 모든 전하들이 n배로 커지면, 그 계의 임의의 주어진

점에서의 퍼텐셜도 n배로 커질 것이다.

그러므로 계를 대전하는 조작이 다음 방식으로 이루어진다고 가정하자. 계가 처음에는 전하가 없었고 퍼텐셜도 0이었는데 계의 다른 부분들이 동시에 대전된다고 하자. 이때 각 부분들이 대전되는 속도는 각 부분들의 최종 전하의 비를 계속 유지한다고 하자.

그러니까 계의 어떤 부분의 최종 전하량이 e이고 최종 퍼텐셜이 V라 하자. 그러면 그 조작의 어떤 단계에서 전하량이 ne라면, 퍼텐셜은 nV가 될 것이고 우리는 대전 과정을 n이 0에서 1로 연속적으로 증가하는 것으로 나타낼 수 있다.

n이 n에서 $n+\delta n$까지 증가하는 동안 최종 전하량이 e, 최종 퍼텐셜이 V가 될 계의 어떤 부분은 $e\delta n$만큼 전하량이 증가하고 이때 퍼텐셜은 nV이다. 그러므로 이 조작이 진행되는 동안 소요되는 일은 $eVn\delta n$이 된다.

그러므로 계를 대전시키는 데 한 일의 총량은

$$\sum(eV)\int_0^1 ndn = \frac{1}{2}\sum(eV) \tag{2}$$

즉, 계의 여러 부분들의 전하와 각각의 퍼텐셜을 곱한 후, 그것들을 모두 합치고, 그것을 2로 나눈 값이다.

이것은 전술한 방식으로 계를 대전하기 위해 외부 힘이 해야 하는 일이지만 계는 보존계이므로 다른 방식으로 계를 같은 상태로 변화시키는 데 필요한 일은 같아야 한다.

그러므로 우리는

$$W = \frac{1}{2}\sum(eV) \tag{3}$$

를 계의 전기 에너지라고 부를 수 있다. 이것은 계의 여러 부분들의 전하와 퍼텐셜에 의해 표현되어 있다.

85a] 다음에는 계가 (e, V)의 상태에서 (e', V')의 상태로 변한다고 가정하자. 이 과정은 여러 전하들 각각이 그 전체 증가량 $e'-e$에 비례하는

율로 동시에 증가하는 방식으로 진행된다고 하자.

어떤 순간에 계의 주어진 부분의 전하량이 $e+n(e'-e)$이면 그 퍼텐셜은 $V+n(V'-V)$일 것이고 그 부분의 전하를 바꾸는 데 필요한 일은

$$\int_0^1 (e'-e)[V+n(V'-V)]\,dn = \frac{1}{2}(e'-e)(V'+V)$$

이 될 것이다. 그래서 우리가 (e', V') 상태에 있는 계의 에너지를 W'으로 나타낸다면

$$W'-W = \frac{1}{2}\sum(e'-e)(V'+V) \tag{4}$$

이다. 그러나 $W = \frac{1}{2}\sum(eV)$, $W' = \frac{1}{2}\sum(e'V')$ 이다. 이 값들을 (4)에 대입하면,

$$\sum(eV') = \sum(e'V) \tag{5}$$

을 얻는다.

그러므로 전기화된 도체의 동일한 고정된 계에서 두 개의 다른 전기화 상태를 고려하면, 첫 상태의 전하들과 두 번째 상태에 있는 도체의 해당 부분의 퍼텐셜을 곱한 것은 두 번째 상태에 있는 전하들과 첫 번째 상태에 있는 해당하는 도체의 퍼텐셜을 곱한 것은 같다.

이 결과는 기초 전기 이론 중 해석 이론에 등장하는 그린의 정리에 해당한다. 그 계의 처음과 마지막 상태를 적절하게 선택함으로써 많은 유용한 결과를 이끌어낼 수 있다.

85b] (4)와 (5)에서 에너지의 증가에 대한 새로운 식,

$$W'-W = \frac{1}{2}\sum(e'+e)(V'-V) \tag{6}$$

를 얻게 된다. 이 식은 퍼텐셜의 증가에 의해 표현된다.

만약 그 증가량이 극히 작다면, (4)와 (6)은

$$dW = \sum(V\delta e) = \sum(e\delta V) \tag{7}$$

로 표현된다. 그리고 W를 계의 전하와 퍼텐셜 각각에 의해 나타낸 것을 W_e라 W_v라고 하고 그 계의 특정한 도체, 그것의 전하량, 그것의 퍼텐셜을 A_r, e_r, V_r로 나타낸다면,

$$V_r = \frac{dW_e}{de_r} \tag{8}$$

$$e_r = \frac{dW_v}{dV_r} \tag{9}$$

가 된다.

86] 어떤 고정된 도체계에서 도체 중 하나(A_t라고 부르자)가 처음 상태와 마지막 상태에 모두 전하를 갖지 않는다면, 그 도체에 대해서 $e_t=0$이고 $e'_t=0$이다. 그래서 A_t에 의존하는 항들은 식 (5)의 양변에서 모두 0이 된다.

또 하나의 도체 A_u가 그 계의 처음과 나중 상태에서 모두 퍼텐셜이 0이라면 $V_u=0$이고 $V'_u=0$일 것이므로 A_u에 의존하는 항들은 식 (5)의 양변에서 모두 0이 된다.

그러므로 A_r와 A_s를 제외하는 모든 도체들이 절연된 상태에서 전하를 가지고 있지 않거나 접지되어 있다면 등식 (5)는

$$e_r V'_r + e_s V'_s = e'_r V_r + e'_s V_s \tag{10}$$

로 간단히 표현된다.

만약 처음 상태에서

$$e_r = 1 \text{이고 } e_s = 0$$

이고 마지막 상태에서

$$e'_r = 0 \text{이고 } e'_s = 1$$

이면, 등식 (10)은

$$V'_r = V_s \tag{11}$$

가 된다. 즉, A_r와 A_s를 제외한 계의 모든 도체들이 절연된 상태에서 전하를 가지고 있지 않거나 접지되어 그 퍼텐셜이 0이라면, A_r에 전달되는 단위 전하가 절연되어 있는 A_s를 어떤 퍼텐셜 V로 끌어올린다면, A_s에 전달되는 단위 전하는 절연되어 있는 A_r를 같은 퍼텐셜 V로 끌어올릴 것이다.

이것이 전기학에서 우리가 만난 첫 번째 상반 관계이다. 그러한 상반 관계는 모든 과학 분야에 존재하며 종종 새로운 문제를 이미 풀린 더 간단한 문제의 풀이로부터 유도할 수 있게 해준다.[1]

그러므로 1의 전하를 갖는 도체구의 바깥에 있는 한 점에서 퍼텐셜은 r^{-1}(여기에서 r는 구의 중심으로부터의 거리)이라는 사실에서 1의 전하를 갖는 작은 물체가 전하를 갖지 않는 도체 구의 중심으로부터 거리가 r인 점에 놓여 있다면 그 구의 퍼텐셜은 r^{-1}이 된다.[2]

다음으로 처음 상태에서

$$V_r = 1 \text{이고 } V_s = 0$$

이고 마지막 상태에서

$$V'_r = 0 \text{이고 } V'_s = 1$$

이 된다고 가정하면, 식 (10)은

$$e^s = e'_r \tag{12}$$

---

1) 이러한 상반 정리가 헬름홀츠나 레일리(Lord Rayleigh)의 음향학에서 어떻게 적용되는가는 다음을 참조할 것. 구자현, 「레일리(1842~1919)의 음향학 연구의 성격과 성과」(서울대학교 이학박사학위논문, 2002), 71~72쪽—옮긴이.
2) 이때 작은 물체는 구 밖에 놓여야 한다는 조건이 명시되어야 상반 정리가 성립하게 된다—옮긴이.

가 된다. 즉, A_r가 단위 퍼텐셜로 끌어올려질 때, 전하 e가 접지된 A_s에 유도된다면, A_s가 단위 퍼텐셜로 끌어올려질 때, 동일한 전하 e가 접지된 A_r에 유도될 것이다.

세 번째로 처음 상태에서

$$V_r=1 \text{이고 } e_s=0$$

이고 마지막 상태에서

$$V'_r=0 \text{이고 } e'_s=1$$

이라고 가정하자. 그러면 이 경우에 식 (10)은

$$e'_r+V_s=0 \tag{13}$$

이 된다. 그러므로 만약 A_s가 전하를 갖지 않을 때, A_r를 단위 퍼텐셜로 대전함으로써 A_s의 퍼텐셜이 V로 끌어올려진다면, A_r의 퍼텐셜이 0으로 유지될 경우에 A_s에 전달되는 단위 전하는 A_r에 수값이 V인 음의 전하를 유도할 것이다.

세 번째 경우는 그린의 정리 중 하나의 기본적 형태이다. 그것의 용례를 들어보자. 퍼텐셜이 0인 도체계 중 주어진 도체 A_s에 단위 전하가 있기 때문에 유도되는 도체계의 다른 요소들의 전하 분포를 확인했다고 가정하자.

이런 상황에서 A_r에 유도된 전하를 η_r라고 하자. A_s에 전하가 없고 다른 도체들이 각각 다른 퍼텐셜을 갖는다고 가정하면, A_s의 퍼텐셜은

$$V_s=-\sum(\eta_r V_r) \tag{14}$$

가 될 것이다. 그리하여 퍼텐셜이 0인 속이 빈 도체 용기가 있다면, 그 안의 주어진 점에 놓인 단위 전하 때문에 생기는 도체 용기의 주어진 점에서의 면밀도를 확인했다면, 그 용기의 안쪽 면과 크기와 모양이 똑같은 곡면의 모든 점에서의 퍼텐셜을 우리가 알 경우에, 우리는 그 안의

한 점, 즉 이전에 단위 전하가 있었던 위치에서의 퍼텐셜을 유도할 수 있다.

그러므로 어떤 폐곡면의 모든 점에서 퍼텐셜을 알고 있으면, 그 폐곡면 안에 전기화된 물체가 없을 경우에는 그 곡면 내부의 임의의 점에서, 그리고 그 폐곡면 밖에 전기화된 물체가 없을 경우에는 그 곡면 외부의 임의의 점에서 퍼텐셜을 알아낼 수 있다.

도체계의 이론

87] $A_1, A_2, \ldots A_n$이 임의의 형태의 n개의 도체라고 하자. $e_1, e_2, \ldots e_n$은 그것들의 전하, $V_1, V_2, \ldots V_n$은 그것들의 퍼텐셜이라고 하자.

도체들을 분리시키는 유전체 매질은 항상 변함없고 고려되는 조작 중에는 대전되지 않는다고 가정하자.

각 도체의 퍼텐셜은 n개의 전하의 동차(homogeneous) 일차 함수임을 84절에서 보였다.

그러므로 계의 전기 에너지는 각 도체의 퍼텐셜과 그 전하의 곱을 모두 더한 후 그것을 2로 나눈 것이므로, 전기 에너지는

$$W_e = \frac{1}{2} p_{11} e_1^2 + p_{12} e_1 e_2 + \frac{1}{2} p_{22} e_2^2$$
$$+ p_{13} e_1 e_3 + p_{23} e_2 e_3 + \frac{1}{2} p_{33} e_3^2 + \ldots \quad (15)$$

형태의 n개의 전하의 동차 이차 함수이어야 한다. 아래첨자 e는 W가 전하의 함수로 표현됨을 의미한다. W를 아래첨자 없이 쓸 때는 전하와 퍼텐셜이 모두 등장하는 (3)식을 지칭한다.

(15)식으로부터 도체들 중 하나의 퍼텐셜을 유도할 수 있다. 퍼텐셜은 단위 전기를 퍼텐셜 0에서 주어진 퍼텐셜까지 가져갈 때 해야 하는 일로 정의되고 이 소모되는 일은 W를 증가시키는 데 사용되므로, 주어진 도체의 퍼텐셜을 얻기 위해서는 그것의 전하에 대하여 W_e를 미분하기만 하면 된다. 그렇게 하면 n개의 전하에 의해 n개의 퍼텐셜을 표현

하는 n개의 일차 방정식의 계

$$V_1 = p_{11}e_1 \ldots + p_{r1}e_r \ldots + p_{n1}e_n$$

$$\ldots\ldots\ldots\ldots\ldots\ldots\ldots\ldots\ldots\ldots\ldots\ldots\ldots$$

$$V_s = p_{1s}e_1 \ldots + p_{rs}e_r \ldots + p_{ns}e_n \tag{16}$$

$$\ldots\ldots\ldots\ldots\ldots\ldots\ldots\ldots\ldots\ldots\ldots\ldots\ldots$$

$$V_n = p_{1n}e_1 \ldots + p_{rn}e_r \ldots + p_{nn}e_n$$

을 얻게 된다.

계수 $p_{rs}\ldots$는 퍼텐셜의 계수라고 부른다. 각 계수는 두 개의 첨자를 갖는데 그 첫 번째 것은 전하의 첨자와 일치하고 두 번째 것은 퍼텐셜의 첨자와 일치한다.

두 개의 첨자가 같은 계수 p_{rr}는 A_r의 전하가 1이고 다른 도체들의 전하는 0일 때 A_r의 퍼텐셜을 지칭한다. 이런 종류의 계수가 도체당 하나씩, 즉 n개 존재한다.

두 첨자가 다른 계수 p_{rs}는 A_r가 단위 전하를 받고 A_r를 제외한 나머지 도체들의 전하는 0일 때 A_s의 퍼텐셜을 의미한다.

우리는 이미 86절에서 $p_{rs}=p_{sr}$임을 증명했지만 그것을 더 간단하게

$$p_{rs} = \frac{dV_s}{de_r} = \frac{d}{de_r}\frac{dW_e}{de_s} = \frac{d}{de_s}\frac{dW_e}{de_r} = \frac{dV_r}{de_s} = p_{sr} \tag{17}$$

를 고려함으로써 증명할 수 있다.

두 개의 다른 첨자를 갖는 상이한 계수들의 수는 $\frac{1}{2}n(n-1)$이고 그것은 각각의 도체 쌍에 하나씩 할당된다.

e_1, e_2,...에 관하여 방정식 (16)을 풂으로써 퍼텐셜에 의해 전하를 나타내는 방정식

$$e_1 = q_{11}V_1 \ldots + q_{1s}V_s \ldots + q_{1n}V_n$$

$$\ldots\ldots\ldots\ldots\ldots\ldots\ldots\ldots\ldots\ldots\ldots\ldots\ldots\ldots$$

$$e_r = q_{r1}V_1 \ldots + q_{rs}V_s \ldots + q_{rn}V_n \tag{18}$$

$$\ldots\ldots\ldots\ldots\ldots\ldots\ldots\ldots\ldots\ldots\ldots\ldots\ldots\ldots$$

$$e_n = q_{n1}V_1 \ldots + q_{ns}V_s \ldots + q_n V_{nn}$$

을 얻게 된다.

이 경우에도

$$q_{rs} = \frac{de_r}{dV_s} = \frac{d}{dV_s}\frac{dW_V}{dV_r} = \frac{d}{dV_r}\frac{dW_V}{dV_s} = \frac{de_s}{dV_r} = q_{sr} \qquad (19)$$

이므로 $q_{rs}=q_{sr}$이다.

전기 에너지의 방정식

$$W = \frac{1}{2}\left[e_1 V_1 + \dots + e_r V_r \dots + e_n V_n\right] \qquad (20)$$

에 있는 전하값을 대치하면, 퍼텐셜에 의한 에너지 식

$$W_V = \frac{1}{2} q_{11} V_1^2 + q_{12} V_1 V_2 + \frac{1}{2} q_{22} V_2^2 + q_{13} V_1 V_3$$
$$+ q_{23} V_2 V_3 + \frac{1}{2} q_{33} V_3^2 + \dots \qquad (21)$$

을 얻게 된다.

두 첨자가 같은 계수는 그것이 해당하는 도체의 전기 용량이라고 한다.

정의. 도체의 전기 용량은 그 도체 자체의 퍼텐셜이 1이고 나머지 다른 도체의 퍼텐셜은 0일 때 도체의 전하에 해당한다.

이것은 특정한 세부사항이 제시되지 않았을 때 적절한 전기 용량의 정의이다. 그러나 종종 다른 방식으로 다른 도체 몇몇 또는 전부의 조건을 일일이 지정하는 것이 편리하다. 가령, 어떤 도체들의 전하가 0이라고 가정하는 것이다. 그러면 도체의 퍼텐셜이 1일 때 그것의 전하처럼 이런 조건하에서 도체의 전기 용량을 정의할 수 있다.

다른 계수들은 유도 계수라고 부른다. 그것들 중 어떤 하나인 q_{rs}는 A_s를 제외한 다른 도체들의 퍼텐셜은 0으로 유지되는 동안 A_s의 퍼텐셜이 1로 올려졌을 때, A_r의 전하를 지칭한다.

퍼텐셜과 전기 용량의 계수의 수학적 계산은 일반적으로 어렵다. 나중에 우리는 그것들이 확정된 값을 가짐을 보일 것이며 특별한 경우에 이 값을 계산할 것이다. 또한 우리는 그것들이 어떻게 실험으로 결정될 수 있는지도 보일 것이다.

도체의 전기 용량을 같은 계 내의 다른 도체의 형태나 위치를 일일이 제시하지 않고 말할 때, 그것은 다른 도체나 전기화된 물체가 그 도체의 유한한 거리 내에 있지 않을 때 그 도체의 전기 용량으로 해석될 수 있다.

우리가 전기 용량과 유도 계수를 다룰 때 그것들을 [A.P] 형태로 쓰는 것이 종종 편리하다. 이 기호는 점 P가 단위 퍼텐셜로 올려질 때(다른 도체들의 퍼텐셜은 0으로 유지된다), A 위의 전하를 지칭하는 것으로 이해될 수 있다.

이 방법으로 표현된 [(A+B).(P+Q)]는 P와 Q의 퍼텐셜이 모두 1로 올려질 때 A+B 위에 있는 전하를 지칭할 것이다. 그리고

$$[(A+B).(P+Q)] = [A.P] + [A.Q] + [B.P] + [B.Q]$$
$$= [(P+Q).(A+B)]$$

이므로 복합 기호는 마치 그것이 양의 기호인 것처럼 합과 곱에 의해 결합될 것이다.

기호 [A.A]는 A의 퍼텐셜이 1일 때 A 위의 전하, 즉 A의 전기 용량을 지칭한다.

같은 방식으로 [(A+B).(A+Q)]는 A와 Q의 퍼텐셜이 1로 올려질 때 A와 Q를 제외한 나머지 도체들의 퍼텐셜은 0으로 유지될 때 A와 B 위에 있는 전하의 합을 지칭한다.

그것은

$$[A.A] + [A.B] + [A.Q] + [B.Q]$$

로 분해될 수 있다.

퍼텐셜의 계수는 이런 식으로 다룰 수 없다. 유도 계수는 전하를 나타낸다. 그리고 이 전하는 덧셈에 의해 합쳐질 수 있지만 퍼텐셜의 계수는 퍼텐셜을 나타낸다. 만약 A의 퍼텐셜이 V_1이고 B의 퍼텐셜이 V_2라면, V_1-V_2는 A에서 B까지의 기전력을 나타내지만 V_1+V_2는 그 현상에 관

련된 아무런 물리적 의미가 없다.

두 도체 사이의 유도 계수는 도체들의 전기 용량과 두 도체 전체의 전기 용량에 의해 표현될 수 있다. 그러므로

$$[A.B] = \frac{1}{2}\left[(A+B).(A+B)\right] - \frac{1}{2}[A.A] - \frac{1}{2}[B.B]$$

이다.

계수의 차원

88] 거리 r에서의 전하 e의 퍼텐셜은 $\frac{e}{r}$이므로, 전하의 차원은 퍼텐셜과 길이의 곱의 차원과 같다.

그러므로 전기 용량과 유도 계수는 길이와 같은 차원을 가지며 그것들 각각은 직선으로 표현될 수 있고 그것의 길이는 우리가 채용하는 단위계와는 독립적일 것이다.

같은 이유 때문에 퍼텐셜의 계수는 길이의 역수로 표현할 수 있다.

계수가 만족해야 하는 조건들에 관하여

89a] 우선 계의 전기 에너지는 본질적으로 양의 부호를 갖는 양이므로 전하나 퍼텐셜에 양이나 음 중 어떤 값이 주어져도, 그것을 전하나 퍼텐셜의 이차 함수로 표현하는 식은 양이 되어야 한다.

이제 n개의 변수를 갖는 동차 이차 함수가 항상 양이어야 하는 조건은 n개이고 다음과 같이 적을 수 있다.

$$\left.\begin{array}{l} p_{11} > 0 \\[1em] \begin{vmatrix} p_{11} & p_{12} \\ p_{21} & p_{22} \end{vmatrix} > 0 \\[1em] \cdots\cdots\cdots\cdots\cdots\cdots \\[1em] \begin{vmatrix} p_{11} & \dots & p_{1n} \\ \cdots\cdots\cdots\cdots \\ p_{n1} & \dots & p_{nn} \end{vmatrix} > 0 \end{array}\right\} \tag{22}$$

이 n개의 조건은 W가 본질적으로 0보다 큰 것을 보증해 주기 위한 필요충분조건이다.[3]

그러나 방정식 (16)에서 도체들을 임의의 순서로 배열할 수 있으므로 n개의 도체의 임의의 조합, 2^n-1개에 나타나는 계수들로부터 대칭적으로 형성되는 모든 행렬식은 양이어야 한다.

그러나 그렇게 발견된 조건들 중에서 n개만이 서로 독립적일 수 있다.

전기 용량과 유도 계수는 같은 형태의 조건을 따라야 한다.

89b] 퍼텐셜의 계수는 모두 양수이지만 계수 p_{rs} 중 어느 것도 p_{rr}나 p_{ss}보다 크지 않다.

단위 전하가 A_r에 전달되고 나머지 도체들은 대전되지 않게 하자. 등퍼텐셜면의 계가 형성될 것이다. 이것들 중 하나는 A_r의 표면일 것이고 그것의 퍼텐셜은 p_{rr}일 것이다. 만약 A_s가 A_r 속의 빈 공간 A_r에 의해 완전히 둘러싸여 있다면, A_s의 퍼텐셜은 역시 p_{rr}일 것이다.

그러나 A_s가 A_r의 밖에 있다면 그것의 퍼텐셜 p_{rs}는 p_{rr}와 0 사이에 있을 것이다. 왜 그런지 알아보자. 대전된 도체 A_r에서 나오는 역선을 생각해보자. 전하는 그것에서 나오는 역선의 수가 그 안에서 끝나는 것보다 얼마나 많으냐로 결정된다. 그러므로 전하가 그 도체에 없다면, 그 도체로 들어가는 역선의 수는 그 도체에서 나오는 역선의 수와 같아야 한다. 그 도체로 들어가는 역선들은 더 큰 퍼텐셜을 갖는 장소로부터 오고 그것에서 나오는 역선들은 더 작은 퍼텐셜을 갖는 장소로 나간다. 그러므로 대전되지 않은 도체의 퍼텐셜은 마당에서 가장 높은 퍼텐셜과 가장 낮은 퍼텐셜 사이에 있어야 한다. 그러므로 대전되지 않은 물체는 가장 높은 퍼텐셜과 가장 낮은 퍼텐셜을 가질 수 없다.

그러므로 가장 높은 퍼텐셜은 대전된 물체 A_r의 퍼텐셜인 p_{rr}여야 하고 가장 낮은 퍼텐셜은 무한한 거리에 있는 공간의 퍼텐셜이어야 하고

---

[3] Williamson, *Differential Calculus*, 3rd edition, p.407을 보라.

그것은 0이다. 그리고 나머지 퍼텐셜 p_{rs}는 p_{rr}와 0 사이에 있어야 한다.

A_s가 완전히 A_r를 둘러싸고 있다면, $p_{rs}-p_{rt}$이다.

89c] 유도 계수 중 어느 것도 양수가 아니고 하나의 도체에 속하는 모든 유도 계수의 합은 항상 양수이고 항상 양수인 도체의 용량 계수보다 더 크지 않다.

A_r가 단위 퍼텐셜로 유지되는 동안 다른 도체들의 퍼텐셜은 0으로 유지된다고 가정하면, A_r 위에 있는 전하는 q_{rr}이고 다른 나머지 도체 A_s에 있는 전하는 q_{rs}이다.

A_r에서 나오는 역선의 수는 q_{rr}이다. 이것들 중 몇몇은 다른 도체에서 끝나고 어떤 것은 무한히 진행한다. 그러나 그 역선 중 하나도 다른 도체들 사이를 연결하는 역선이나 그것들에서 무한대로 나아가는 역선과 만날 수 없다. 왜냐하면 그것들의 퍼텐셜은 모두 0이기 때문이다.

역선은 다른 도체들, 가령 A_s에서 전혀 나올 수 없다. 왜냐하면 그 마당의 어떤 부분도 A_s보다 낮은 퍼텐셜을 가질 수 없기 때문이다. A_s가 도체들 중 하나의 폐곡면에 의해 완전히 A_r로부터 단절된다면 q_{rs}는 0이다. 그러므로 A_s가 단절되어 있지 않다면, q_{rs}는 음수가 될 것이다.

도체 중 하나 A_t가 그 안에 있는 도체들 A_r를 완전히 둘러싼다면, A_r에서 나오는 모든 역선은 A_t에 도달할 것이고 A_r에 대한 이 도체들의 유도 계수의 합은 $-q_{rr}$와 같을 것이다. 그러나 A_r가 도체에 의해 완전히 둘러싸여 있지 않다면, 유도 계수 q_{rs}....의 산술적 합은 q_{rr}보다 작을 것이다.

우리는 이 두 정리를 전기적 고려에 의해 독립적으로 유도했다. 우리는 하나가 다른 것의 수학적 결론인지를 판단하는 것을 수학 연구자들에게 남겨두어도 무방하겠다.

89d] 마당에 하나의 도체만 있을 때, 자체의 퍼텐셜의 계수는 그것의 용량의 역수이다.

외력이 없을 때 전기 분포의 중심은 도체의 전기 중심이라고 불린다.

도체가 중심에 대하여 방사대칭이라면, 이 점이 전기 중심이다. 도체의 크기가 고려되는 거리와 비교해 작다면, 전기 중심의 위치는 추측에 의해 충분히 추론이 가능하다.

전기 중심으로부터 거리 c에 있는 퍼텐셜은

$$\frac{e}{c}\left(1 + \frac{a^2}{c^2}\right) \text{와} \quad \frac{e}{c}\left(1 - \frac{1}{2}\frac{a^2}{c^2}\right)^{4)}$$

---

4) (어떤 점에서 전기 밀도를 ρ라 하자. 그러면 우리가 전기 중심으로부터 P까지를 연결하는 선을 긋고 그것을 z축으로 삼자. 그러면 P에서의 퍼텐셜은

$$\iiint \frac{\rho dx dy dz}{r} = \iiint \rho \left\{ \frac{1}{c} + \frac{z}{c^2} + \frac{2z^2 - (x^2 + y^2)}{2c^3} + \dots \right\} dx dy dz$$

이다. 여기에서 c는 전기 중심에서 P까지의 거리이다. 첫 번째 항은 e/c와 같고 전기 중심에서 비롯된 퍼텐셜이므로 두 번째 항은 0이 되고 세 번째 항의 가장 큰 값은 전기가 괄호 안의 세 번째 항의 값을 가장 큰 값 $\frac{a^2}{e^3}$ 이 되게 하는 점에 몰려 있을 때 나오므로 이 값은 $\frac{ea^2}{c^3}$ 이다. 이 항의 가장 작은 값은 괄호 안의 세 번째 항이 가장 큰 음의 값 $-\frac{1}{2}\frac{a^2}{c^3}$ 을 가지도록 하는 한 점에 전기가 몰려 있을 때 생기므로 이 값은 $-\frac{1}{2}\frac{ea^2}{c^3}$ 이다.

89d절의 마지막 부분의 결과에서 다음과 같이 유도될 수 있다. 전하가 첫 번째 도체 위에 있다고 가정하면, 이 도체에 있는 전기 때문에 생기는 퍼텐셜은, 위에 결과를 이용하면,

$$\frac{e}{R} + \frac{ea^2}{R^3}$$

보다 작다. 여기에서 R는 첫 번째 도체의 전기 중심에서 그 점까지의 거리이고 두 번째 항에서 우리가 c^{-3}까지만 나아간다면, 두 번째 도체 위의 임의의 점에서 $R = c$라고 놓을 수 있다. 첫 번째 항은 두 번째 도체가 첫 번째 도체의 전기 중심에 있는 전하 e에 의해 갖게 되는 퍼텐셜을 나타낸다. 그러나 우리는 방금 이것이

$$\frac{e}{c} + \frac{eb^2}{c^3}$$

보다 작아야 한다는 것을 보았다. 그러므로 첫 번째 도체 위의 전하 e 때문에 생기는 두 번째 전하의 퍼텐셜은

$$\frac{e}{c} + \frac{e(a^2 + b^2)}{c^3}$$

이어야 한다. 여기에서 e는 전하량이고 a는 전기 중심에서 물체의 표면의 가장 먼 점까지의 거리이다.

그 전하가 전기 중심의 반대편에 거리 a만큼 떨어진 두 지점에 집중되어 있다면, 이 식 중의 첫 번째 것은 전하를 연결하는 선에 있는 한 점의 퍼텐셜이고 두 번째 것은 전하를 연결하는 선에 수직인 선에 있는 한 점에서의 퍼텐셜이다. 반지름이 a인 구의 안쪽에 있는 다른 분포들은 두 값 사이에 있다.

마당에 두 도체가 있다면, 퍼텐셜의 상호 계수는 $\frac{1}{c'}$이다. 이때 c'은 전기 중심 사이의 거리 c와 $\frac{a^2+b^2}{c}$ 이상 차이날 수 없다. a와 b는 각각의 전기 중심으로부터 물체의 표면의 점들 중 가장 먼 점들까지의 거리들이다.

89e] 새 도체를 그 마당으로 가져오면 다른 도체들의 퍼텐셜의 계수는 줄어든다. 그 이유를 살펴보자.

새로운 물체 B가 처음에는 어떤 부분에도 전하가 없는 부도체(공기와 같은 비유도 용량을 가짐)라고 가정하자. 그 도체 중 하나인 A_1이 전하 e_1을 받을 때 그 계의 도체들 위의 전기 분포는 B에 의해 교란받지 않는다. 왜냐하면 B는 어떤 부분에도 전하가 없기 때문이다. 그러면 계의 전기 에너지는 단순히

$$\frac{1}{2} e_1 V_1 = \frac{1}{2} e_1^2 p_{11}$$

이 될 것이다.

이제 B를 도체라 하자. 전기는 높은 퍼텐셜로부터 낮은 퍼텐셜로 흐를 것이고 그런 과정에서 계의 전기 에너지를 줄여놓을 것이다. 그래서 $\frac{1}{2} e_1^2 p_{11}$은 줄어들어야 한다.

그러나 e_1은 일정해야 하므로 p_{11}이 줄어들어야 한다.

보다 작아야 한다. 그러나 이것은 일반적으로 두 도체의 상호 퍼텐셜에 별로 가까운 근사값이 아니다)—톰슨.

또한 B가 그것에 부착된 다른 물체 b에 의해 늘어난다면, p_{11}은 더 줄어들어야 한다. 왜 그런가 알아보자.

먼저 B와 b 사이에 전기 전달이 없다고 가정하자. 새 물체 b를 끌어오는 것은 p_{11}을 줄일 것이다. 이제 B와 b 사이에 전기 전달 경로를 열어놓자. 전기가 그리로 흐른다면, 그것은 높은 퍼텐셜의 위치에서 낮은 퍼텐셜의 위치로 흐를 것이고 우리가 입증했듯이 훨씬 더 p_{11}은 줄어들 것이다.

그러므로 물체 B에 의한 p_{11}의 감소량은 B보다 안쪽에 표면을 갖는 도체들에 의해 만들어질 수 있는 것보다는 크고 B를 둘러싸는 표면을 갖는 도체들에 의해 만들어질 수 있는 것보다는 작다.

우리는 11장에서 직경 b의 구가 직경에 비해 큰 거리 r만큼 떨어져 있을 때 p_{11}의 값을 대략 $\frac{1}{8}\frac{b^3}{r^4}$ 만큼 줄여놓는다는 것을 보일 것이다.[5]

그러므로 물체 B가 어떤 다른 모양이고 b가 그것의 가장 큰 폭이라면, p_{11}의 값의 감소량은 $\frac{1}{8}\frac{b^3}{r^4}$ 보다 작아야 한다.

그래서 B의 가장 큰 폭이 A_1로부터의 거리와 비교해 매우 작아서 차수 $\frac{1}{8}\frac{b^3}{r^4}$ 의 양은 무시할 수 있다면, 우리는 p_{11}의 적절한 근사값으로 마당에 홀로 놓인 A_1의 용량의 역수를 고려할 수 있을 것이다.

90a] 그러므로 마당에 홀로 놓인 A_1의 용량이 K_1이라고 가정하고 A_2의 용량은 K_2라고 가정하고 A_1과 A_2 사이의 평균 거리를 r라 하자. 이때 r는 A_1과 A_2의 크기에 비해 매우 크다고 가정하자. 그러면 우리는

$$p_{11}=\frac{1}{K_1}, p_{12}=\frac{1}{r}, p_{22}=\frac{1}{K_2}$$
$$V_1 = e_1 K_1^{-1} + e_2 r^{-1}$$
$$V_2 = e_1 r^{-1} + e_2 K_2^{-1}$$

이라고 쓸 수 있고 이로써

---

5) {146절의 식 (43)을 보라}―톰슨.

$$q_{11} = K_1(1 - K_1 K_2 r^{-2})^{-1}$$
$$q_{12} = -K_1 K_2 r^{-1}(1 - K_1 K_2 r^{-2})^{-1}$$
$$q_{22} = K_2(1 - K_1 K_2 r^{-2})^{-1}$$

을 얻는다. 이것들 중에서 계수 q_{11}과 q_{22}는, A_1과 A_2가 다른 물체들로부터 무한히 먼 거리에 각각 떨어져 있는 대신에 서로 r의 거리에 놓여 있을 때 A_1과 A_2의 용량이다.

90b] 두 도체가 서로 매우 가깝게 놓여 있어서 상호 유도 계수가 클 때, 그 두 도체의 조합은 축전기라고 부른다.

축전기의 두 도체, 즉 전극을 A와 B라고 하자.

L을 A의 용량, N을 B의 용량, M을 상호 유도 계수라고 하자. (우리는 M이 본질적으로 음이어서 $L+M$과 $M+N$의 수치가 L과 N보다 작다는 것을 기억해야 한다.)

a와 b가 첫 번째 축전기로부터 R의 거리에 있는 또 하나의 축전기의 전극이라고 하자. 이때 R는 두 축전기의 크기에 비해 매우 크다고 하자. 홀로 떨어져 있는 축전기 ab의 용량 계수들과 유도 계수를 l, n, m이라 하자. 하나의 축전기가 다른 축전기의 계수들에 미치는 영향을 계산하자.

$$D = NL - M^2 \text{이고} \quad d = ln - m^2$$

이라고 하자. 그러면 자체로 생기는 각 축전기에 대한 퍼텐셜의 계수는

$$p_{AA} = D^{-1} N, \quad p_{aa} = d^{-1} n$$
$$p_{AB} = D^{-1} M, \quad p_{ab} = d^{-1} m$$
$$p_{BB} = D^{-1} L, \quad p_{bb} = d^{-1} l$$

이 계수의 값들은 두 축전기가 서로 거리 R만큼 떨어져 있을 때, 현저하게 바뀌지 않을 것이다.

거리 R만큼 떨어져 있는 두 도체의 퍼텐셜의 계수는 R^{-1}이므로

$$p_{Aa} = p_{Ab} = p_{Ba} = p_{Bb} = R^{-1}$$

이다.

그러므로 퍼텐셜의 방정식은

$$V_A = D^{-1}Ne_A - D^{-1}Me_B + R^{-1}e_a + R^{-1}e_b$$
$$V_B = -D^{-1}Me_A - D^{-1}Le_B + R^{-1}e_a + R^{-1}e_b$$
$$V_a = R^{-1}e_A + R^{-1}e_B + d^{-1}ne_a - d^{-1}me_b$$
$$V_b = R^{-1}e_A - R^{-1}e_B - d^{-1}me_a + d^{-1}le_b$$

이다.

전하에 대한 방정식을 풀면,

$$q_{AA} = L' = L + \frac{(L+M)^2(l+2m+n)}{R^2 - (L+2M+N)(l+2m+n)}$$
$$q_{AB} = M' = M + \frac{(L+M)(M+N)(l+2m+n)}{R^2 - (L+2M+N)(l+2m+n)}$$

$$q_{Aa} = -\frac{R(L+M)(l+m)}{R^2 - (L+2M+N)(l+2m+n)}$$
$$q_{Ab} = -\frac{R(L+M)(m+n)}{R^2 - (L+2M+N)(l+2m+n)}$$

을 얻는다.

L, M, N은 두 번째 축전기가 마당으로 들어올 때 L', M', N'이 된다.

만약 단 하나의 도체 a가 마당으로 들어오면 $m=n=0$이고

$$q_{AA} = L' = L + \frac{(L+M)^2 l}{R^2 - l(L+2M+N)}$$
$$q_{AB} = M' = M + \frac{(L+M)(M+N)l}{R^2 - l(L+2M+N)}$$
$$q_{Aa} = -\frac{Rl(L+M)}{R^2 - l(L+2M+N)}$$

이다.

만약 단지 두 개의 단순한 도체 A와 a가 있다면

$$M = N = m = n = 0$$

이고 90a절에서 나온 것과 상응하는 식

$$q_{AA} = L + \frac{L^2 l}{R^2 - Ll}, \quad q_{Aa} = -\frac{RLl}{R^2 - Ll}$$

을 얻게 된다.

$L+2M+N$은 축전기의 전극들의 퍼텐셜이 1일 때 축전기의 전체 전하이다. 그것은 축전기의 가장 큰 폭의 절반을 초과할 수 없다.[6]

$L+M$은 첫 번째 전극의 전하이고 $M+N$은 두 번째 전극의 전하이다. 이때 두 전극은 모두 같은 퍼텐셜을 갖는 것으로 간주된다. 이 양들 각각은 양이어야 하고 전극의 용량 자체보다 작다. 그리하여 축전기의 용량 계수에 적용될 수정은 같은 용량의 단순한 도체에 적용될 그것보다 훨씬 작다.

이런 종류의 근사는 종종 다른 도체들로부터 상당한 거리만큼 떨어져 있는 불규칙한 형태의 도체의 용량을 추정하는 데 유용하다.

91] 도체 사이의 거리에 비해서 작은 크기의 둥근 도체 A_3이 마당으로 들어오면, 직경이 직선 A_1A_2인 구가 있다고 할 때, A_1 때문에 A_2에 생기는 퍼텐셜의 계수는 A_3이 그 구 안에 있을 때는 증가할 것이고 A_3이 구 바깥에 있을 때는 줄어들 것이다. 왜 그런가 살펴보자. A_1이 단위 양전하를 받는다면, A_3에는 전기의 분포가 있을 것인데 A_1에서 가장 먼 쪽에는 $+e$가 있고 A_1에 가장 가까운 쪽에는 $-e$가 있을 것이다. A_3에 있는 이 분포 때문에 A_2에 생기는 퍼텐셜은 $+e$와 $-e$ 중에서 어느 것이 A_2에 더 가까우냐에 따라 양이거나 음이 될 것이고 A_3의 모양이 별로 길쭉하지 않다면, 이것은 각 $A_1A_2A_3$이 둔각이냐 예각이냐에 의존할 것이다. 다시 말하면 이것은 A_3이 A_1A_2를 직경으로 하는 구의 안쪽에 있느냐 바깥쪽에 있느냐에 의존할 것이다.

A_3이 길쭉한 형태라면, 점 A_1, A_3, A_2를 지나도록 그려진 원의 접선 방향에 A_3의 가장 긴 축이 놓일 때, 비록 A_3이 완전히 그 구의 밖에 놓

---

6) {89e절에서처럼 모든 부분이 같은 퍼텐셜을 갖는 축전기의 용량은 그것을 둘러싸는 구의 용량보다 더 작다는 것을 입증할 수 있기 때문이고 구의 용량은 그 반지름과 같다}—톰슨.

인다 하더라도 그것이 A_2의 퍼텐셜을 증가시킬 것을 보이는 것은 어렵지 않다. 마찬가지로 A_3의 가장 긴 축이 그 구의 중심 방향으로 놓인다면, 비록 A_3이 완전히 구 안에 놓인다 하더라도 그것은 A_2의 퍼텐셜을 줄여줄 것이다. 그러나 이 진술은 주어진 장치의 배열에서 기대되는 현상을 대충 추정해 본 것일 뿐이다.

92] 새 도체 A_3이 마당에 도입되면, 이미 거기에 있었던 모든 도체의 용량은 증가할 것이고 도체들의 각 쌍 사이의 유도 계수의 수치는 줄어들 것이다.

A_1의 퍼텐셜이 1이고 나머지 도체들의 퍼텐셜은 0이라고 가정하자. 새 도체의 전하는 음이므로, 그것은 모든 다른 도체에 대해서 양전하를 유도할 것이고 A_1의 양전하를 증가시킬 것이고 다른 도체들 각각의 음전하를 감소시킬 것이다.

93a] 절연된 대전 도체계가 변위되는 동안 전기력이 한 일. 도체들이 절연되어 있으므로 그것들의 전하는 변위되는 동안 일정하다. 그것들의 변위 이전의 퍼텐셜을 V_1, V_2,...V_n, 변위 이후의 퍼텐셜을 V'_1, V'_2,...V'_n이라고 하자. 변위 이전의 전기 에너지는 $W = \dfrac{1}{2}\sum(eV)$ 이고 변위 이후의 전기 에너지는 $W' = \dfrac{1}{2}\sum(eV')$이다.

변위되는 동안 전기력이 한 일은 처음의 에너지 W에서 나중의 에너지 W'을 뺀 값이고

$$W - W' = \frac{1}{2}\sum\left[e(V - V')\right]$$

이다.

이 식은 절연된 계가 크든 작든 변위되는 동안 받은 일이다.

특수한 종류의 변위를 일으키려는 경향이 있는 힘을 찾기 위해서 변수 Φ를 지정하고 그것의 변화(variation)가 그 종류의 변위에 해당되도록 하고 ϕ는 해당되는 힘이라고 하자. 이때 전기력이 ϕ를 증가시키려는 경향이 있을 때 Φ는 양의 값을 갖는다고 하자. 그러면,

$$\Phi d\phi = - dW_e$$

즉, $$\Phi = - \frac{dW_e}{d\phi}$$

이다. 여기에서 W_e는 전하에 관한 이차 함수 형태의 전기 에너지 식이다.

93b] $\frac{dW_e}{d\phi} + \frac{dW_V}{d\phi} = 0$을 증명해 보자.

우리는 계의 에너지에 관한 세 가지 다른 표현을 가지고 있다.

$$W = \frac{1}{2}\sum(eV) \tag{1}$$

는 n개의 전하와 n개의 퍼텐셜의 일정한 함수이고

$$W_e = \frac{1}{2}\sum\sum(e_r e_s p_{rs}) \tag{2}$$

는 n개의 전하와 그 배열을 정의하는 변수의 함수이다. ϕ가 이런 배열 중 하나이다. 여기에서 r와 s는 같을 수도 있고 다를 수도 있고 rs와 sr가 둘 다 합에 포함될 것이다.

$$W_V = \frac{1}{2}\sum\sum(V_r V_s q_{rs}) \tag{3}$$

는 n개의 퍼텐셜과 그 배열을 정의하는 변수의 함수이다. ϕ가 역시 이런 배열 중 하나이다. 여기에서 합은 앞에서와 같이 취해져야 한다.

$$W = W_e = W_V$$

이므로

$$W_e + W_V - 2W = 0$$

이다.

이제 n개의 전하, n개의 퍼텐셜, ϕ가 어떤 일관된 방식으로 변하게 하여

$$\sum\left[\left(\frac{dW_e}{de_r}-V_r\right)\delta e_r\right]+\sum\left[\left(\frac{dW_V}{dV_s}-e_s\right)\delta V_s\right]+\left(\frac{dW_e}{d\phi}+\frac{dW_V}{d\phi}\right)\delta\phi=0$$

이 성립하도록 하자.

이제 n개의 전하, n개의 퍼텐셜, ϕ가 서로 독립이 아니다. 사실상 단지 그것들 중에서 $n+1$개만이 독립일 수 있다. 그러나 이미

$$\frac{dW_e}{de_r}=V_r$$

라는 것을 입증했으므로 항의 첫 번째 합은 0이 되고 이것으로부터, 이전에 증명은 안 했지만,

$$\frac{dW_V}{dV_s}=e_s$$

임을 유도할 수 있고 마지막으로

$$\frac{dW_e}{d\phi}+\frac{dW_V}{d\phi}=0$$

이 유도된다.

퍼텐셜이 일정하게 유지되는 계가 변위되는 동안 전기력이 하는 일

93c] 그것은 힘 $\Phi=\dfrac{dW_V}{d\phi}$ 라는 마지막 방정식에서 유도된다. 그리고 그 계가 모든 퍼텐셜이 상수라는 조건에 따라 변위되면, 전기력이 하는 일은

$$\int\Phi d\phi=\int dW_V=W'_V-W_V$$

이다. 이때 전기력이 하는 일은 전기 에너지의 증가량과 같다.[7]

그러면 여기에서 우리는 계가 한 일의 양과 함께 에너지의 증가를 보게 된다. 그러므로 이 계는 외부의 근원, 가령 볼타 전지[8]로부터 에너지

---

7) 전기력이 계에 대해 일을 해주었으므로 계의 전기 에너지는 증가하게 된다— 옮긴이.

8) 이탈리아의 물리학자인 볼타(Alessandro Volta, 1745~1827)는 갈바니의 실

를 공급받아야 변위되는 동안 퍼텐셜을 일정하게 유지할 수 있다.

그러므로 전지가 한 일은 계가 한 일과 같고 이것들이 같으므로 에너지의 증가량은 변위되는 동안 도체계가 한 일의 두 배이다.

닮음꼴인 전기화된 계의 비교에 관하여

94] 두 개의 전기화된 계가 기하학적으로 닮음이어서 두 계의 대응하는 선의 길이가 L 대 L'의 비를 갖는다면, 도체를 분리시키는 유전체가 두 계에서 같을 때, 유도 계수와 용량 계수는 L 대 L'의 비를 가질 것이다. 왜 그런지 살펴보자. 두 계의 대응하는 부분 A와 A'을 고려하고 A 위의 전기량을 e라 하고 A' 위의 전기량을 e'이라고 가정하면, 이 전기화 때문에 생기는 대응하는 점 B와 B'에서의 퍼텐셜 V와 V'은

$$V = \frac{e}{AB} \quad V' = \frac{e'}{A'B'} \, ^{9)}$$

를 만족한다. 그러나 AB 대 $A'B'$의 비는 L 대 L'의 비와 같으므로

$$e : e' = LV : L'V'$$

이어야 한다. 그러나 유전체의 유도 용량이 두 계에서 달라서 첫 번째 것은 K, 두 번째 것은 K'라면, 첫 번째 계의 임의의 점에서의 퍼텐셜과 두 번째 계의 대응하는 점에서의 퍼텐셜의 비는 V와 V'의 비와 같다. 그리고 대응하는 부분 위의 전기량이 e와 e'이면,

---

험에서 개구리 다리가 단지 검전기 역할을 한다는 것을 알아보았다. 볼타는 상이한 금속과 젖은 도체가 회로를 이루면 전기가 만들어진다는 결론에 도달했다. 그는 하나의 금속 연결로는 전기가 약했지만 여러 개의 연결부를 직렬로 연결함으로써 전기의 세기를 강하게 할 수 있었다. 그는 은과 아연 디스크를 쌓고 젖은 종이판을 놓고 다시 은과 아연 디스크를 쌓는 방식으로 반복하고 마지막은 아연으로 끝내 강한 전기의 흐름을 얻을 수 있는 전퇴(電堆)를 만들었다. 그것은 일정한 전기를 만들어내어 전기에 대한 인간의 통제력을 월등히 높여 놓았다. 전기화학이 시작되었고 전자기에 대한 연구도 이어졌다―옮긴이.

9) 여기에서 AB와 $A'B'$은 선분의 길이를 의미한다―옮긴이.

$$e : e' = LVK : L'V'K'$$

이다. 이 비율로 우리는 대응하는 부분의 전체 전하 사이의 관계를 알아 낼 수 있다. 두 계는 우선적으로 기하학적으로 닮음이고 두 번째로 대응 하는 점에서 비유도 용량이 K 대 K'의 비를 갖는 유전체 매질로 이루어 져 있고 세 번째로 해당하는 점의 퍼텐셜이 V 대 V'의 비가 되도록 전기 화되어 있다.

이것으로부터 첫 번째 계에서 용량 계수 혹은 유도 계수가 q이고 두 번째 계에서 해당되는 것이 q'이라면

$$q : q' = LK : L'K'$$

이고 p와 p'이 두 계에서의 대응하는 퍼텐셜의 계수를 지칭한다면,

$$p : p' = \frac{1}{LK} : \frac{1}{L'K'}$$

이다.

물체 중 하나가 첫 번째 계에서 변위되고 두 번째 계에서 대응하는 물 체가 닮음으로 변위된다면, 변위들이 $L : L'$의 비를 갖고 두 물체 위에 작 용하는 힘은 $F : F'$의 비를 갖는다면 두 계에서 행해지는 일은 $FL : F'L'$의 비를 가질 것이다.

그러나 전체 전기 에너지는 각각의 전기량과 대전체의 퍼텐셜의 곱을 합한 후, 그것을 반으로 나눈 것이므로 닮음인 계에서 W와 W'이 두 계 의 각각에서의 전체 전기 에너지라면,

$$W : W' = eV : e'V'$$

이고 두 계에서 닮음으로 변위된 후의 에너지 차이는 같은 비율일 것이다. 그러므로 FL은 변위가 이루어지는 동안 전기력이 한 일에 비례하므로,

$$FL : F'L' = eV : e'V'$$

이다.

이 비들을 결합함으로써 첫 번째 계의 임의의 물체 위의 합력과 두 번째 계의 대응되는 물체 위의 합력의 비는

$$F : F' = V^2 K : V'^2 K'$$

즉,
$$F : F' = \frac{e^2}{L^2 K} : \frac{e'^2}{L'^2 K'}$$

이 된다. 이 비 중에서 첫 번째 것은 닮음인 계에서 힘이 기전력의 제곱과 유전체의 유도 용량에 비례하고 계의 실제 크기에는 독립임을 보여준다.

그러므로 두 도체가 공기보다 더 큰 유도 용량을 갖는 액체 속에 놓였고 일정한 퍼텐셜까지 전기화되어 있다면, 그것들은 공기 중에서 같은 퍼텐셜로 전기화되었을 때보다 더 강하게 서로 잡아당긴다.

두 번째 비는 각 물체 위의 전기량이 주어진다면, 그 힘은 전하의 제곱에 비례하고 거리의 제곱에 반비례하며 매질의 유도 용량에도 반비례함을 보여준다.

그러므로 만약 일정한 전하를 갖는 두 도체가 유도 용량이 공기보다 큰 액체 속에 놓여 있다면, 그것들은 공기로 둘러싸여 같은 전기량으로 대전되어 있을 때보다 더 약하게 서로 잡아당긴다.[10]

---

10) {비유도 용량이 K인 매질로 둘러싸인 두 개의 전기화된 물체 사이의 힘은 ee'/Kr^2 (e와 e'은 두 물체 위의 전하이고 r는 그 사이의 거리이다)이라는 것이 앞의 탐구로부터 유도된다}—톰슨.

제4장 일반 정리

95a] 2장에서 우리는 퍼텐셜 함수를 계산했고 전기화된 물체들 사이에 직접적인 원격 작용——물체들 사이의 전기화된 여러 부분들 사이에 직접적인 작용의 총합——이 있다는 가설 위에서 그것의 특성들을 탐구했다.

이것을 직접적인 탐구법이라고 부른다면, 역(逆)의 방법은 퍼텐셜이 우리가 이미 확립한 것과 같은 성질들에 의해 특성화된 함수라고 가정하고 그 함수의 형태를 탐구하는 것으로 이루어져 있을 것이다.[1]

직접적인 방법에서 퍼텐셜은 적분 과정에 의해 전기의 분포로부터 계산되고 어떤 편미분 방정식을 만족시키는 것이 알려져 있다. 역의 방법에서는 편미분 방정식이 주어진 것으로 가정하고 퍼텐셜과 전기 분포를 찾아내야 한다.

직접적인 방법이 사용될 수 있는 것은 오직 전기 분포가 주어지는 문제들뿐이다. 도체 위의 분포를 찾아내야 한다면, 역의 방법을 사용해야 한다.

이제 우리는 역의 방법이 모든 경우에 확정적인 결과를 내놓는다는 것을 보이고 푸아송의 편미분 방정식

---

1) 상태를 퍼텐셜로 나타내는 방법은 이후에 통계역학이나 양자역학에서 상태 함수에 의해 물리적 계를 취급하는 방법이 발전하는 데 직접적으로 영향을 미쳤다. 이러한 방법의 기초가 맥스웰에 의해 정교화되었다는 점은 주목할 만하다—옮긴이.

$$\frac{d^2V}{dx^2} + \frac{d^2V}{dy^2} + \frac{d^2V}{dz^2} + 4\pi\rho = 0$$

으로부터 유도되는 일반 정리들을 확립해야 한다.

이 방정식으로 표현되는 수학적 개념들은 정적분

$$V = \int_{-\infty}^{+\infty} \int_{-\infty}^{+\infty} \int_{-\infty}^{+\infty} \frac{\rho}{r}\, dx'dy'dz'$$

에 의해 표현되는 것과는 다른 종류의 것이다.

위의 미분 방정식은 임의의 점 근처에서 V의 2계 도함수의 합이 어떤 방식으로 그 점의 밀도에 연결되어 있다는 것을 표현한다.

한편 위의 정적분에서 V가 존재하는 점 (x, y, z)로부터 p가 존재하는 점 (x', y', z')까지의 거리는 r로 지칭되고 적분될 그 식에서 명백하게 인식된다.

그러므로 이 적분은 떨어져 있는 입자들 사이의 작용에 관한 이론을 위한 적절한 수학적 표현이다. 반면에 위의 미분 방정식은 매질의 연속적인 부분 사이의 작용에 관한 이론을 위한 적절한 수학적 표현이다.

그 적분의 결과는 위의 미분 방정식을 만족시킨다는 것을 이미 보았다. 이제 우리는 그것이 어떤 조건을 만족시키는 그 방정식의 유일한 해라는 것을 보여야 한다.

이런 식으로 우리는 두 표현의 수학적 동등성을 확립할 뿐 아니라 직접적인 원격 작용의 이론으로부터 매질의 연속적인 부분들 사이의 작용에 관한 이론으로 넘어가기 위해 우리 마음을 준비할 것이다.

95b] 이 장에서 고려되는 정리들은 우리가 전기장이라고 지칭할 유한한 공간의 영역 전체에서 취해진 어떤 체적분의 특성에 관계된다.

이 적분의 요소, 말하자면 적분 기호 안의 양은 그 마당에서 점마다 크기와 방향이 바뀌는 어떤 벡터양의 제곱이거나 어떤 벡터를 또 다른 양의 그 방향 성분과 곱한 것이다.

벡터양이 공간에서 분포될 상이한 방식들 중에서 특별히 두 가지가 중요하다.

첫 번째 것은 벡터가 퍼텐셜이라는 스칼라 함수의 공간 변이(space-variation)〔17절〕로 표현되는 것이다.

그러한 분포는 비회전 분포라고 부른다. 힘의 중심들의 조합 중에서 당김이나 밀침에서 생기는 합력——각 법칙은 거리의 함수로 주어진다——은 비회전적으로 분포되어 있다.

두 번째 분포의 방식은 수렴〔25절〕이 모든 점에서 0인 분포이다. 그러한 분포는 솔레노이드 분포라고 부른다. 비압축성 유체의 속도는 솔레노이드 모양으로 분포된다.[2]

우리가 말했듯이 합력의 비회전 분포를 일으키는 중심력들이 거리의 제곱에 반비례할 때, 이 중심들이 마당 밖에 있다면, 마당 내의 분포는 비회전 분포일 뿐 아니라 솔레노이드 분포일 것이다.

우리가 말했듯이 솔레노이드 모양을 띠는 비압축성 유체의 운동이, 거리에 의존하는 중심력의 작용이나 표면 압력의 작용이 원래 정지해 있는 마찰 없는 유체에 미쳐 생길 때, 그 속도는 솔레노이드 분포뿐 아니라 비회전 분포도 보인다.

비회전적이고 솔레노이드적인 분포를 특별히 지칭해야 할 때, 우리는 그것을 라플라스 분포(Laplacian distribution)라고 부른다. 라플라스가 그러한 분포의 가장 중요한 특성 중 몇몇을 지적했기 때문이다.

이 장에서 논의될 체적분은, 앞으로 보게 되겠지만, 전기장의 에너지를 위한 표현식이다. 그린의 정리로 시작되는 첫 번째 무리의 정리들에서 에너지는 비회전 전기 분포만을 나타내는 벡터인 기전세기에 의해 표현된다. 곡면 퍼텐셜이 주어지면, 비회전 분포들 중에서 동시에 솔레노이드 분포를 보이는 것이 최소의 에너지를 갖는다는 것은 이미 보였다. 또한 거기에서 곡면 퍼텐셜과 일치하는 단 하나의 라플라스 분포가 존재할 수 있다는 것이 유도된다.

톰슨의 정리를 포함하는 두 번째 무리의 정리들은 솔레노이드 분포만

---

2) 솔레노이드란 관 형태를 지칭하는 것임을 앞에서 밝힌 바 있다——옮긴이.

을 보이는 벡터인 전기 변위에 의해서 표현된다. 표면의 전하가 주어지면 모든 솔레노이드 분포 중에서 동시에 비회전 분포인 것이 최소의 에너지를 갖는다는 것은 이미 보였다. 또한 거기에서 주어진 표면 전하와 일치하는 단 하나의 라플라스 분포가 존재할 수 있다는 것이 유도된다.

이 모든 정리들의 증명은 같은 방식으로 이루어진다. 직교 좌표계에서 수행되는 면적분의 각 단계에서 반복을 피하기 위해 우리는 21절의 정리 III[3]의 결과를 이용한다. 거기에 체적분과 해당하는 면적분 사이의 관계가 충분히 규명되어 있다. 그러므로 우리가 해야 할 전부는 그 정리 안에서 X, Y, Z를 특수한 정리가 의존하는 벡터의 성분으로 대치하는 것이다.

이 책의 첫 판에서 이루어진 각 정리에 관한 진술은, 그 정리의 일반성을 입증하기 위해 끌어온 수많은 대치 조건들과, 무엇이 가정되고 무엇이 증명되어야 하는지에 관심 갖는 독자의 마음을 혼란시키는 다양한 적용 사례들 때문에 오히려 방해받았다.

이번 판에서는 각 정리를 처음에는 더 한정된 의미로——비록 제한을 더 많이 받는다 하더라도——진술하고 나중에 그 정리의 좀더 일반적인 형태를 제시하겠다.

지금까지 우리는 퍼텐셜의 기호로 V를 사용해 왔고 정전기만을 다룰 때는 언제든지 그렇게 하겠다. 그러나 이 장과 전기 퍼텐셜이 전자기 연구에서 등장하는 2권의 몇 군데에서는 전기 퍼텐셜의 기호로 ψ를 사용하겠다.

그린의 정리

96a] 다음의 중요한 정리는 그린(Green)[4]에 의해 그의 「전기와 자

---

3) 이 정리는 1828년에 발표된 논문에서 오스트로그라드스키(Ostrogradsky)에 의해 최초로 제시되었다. 그 후 그 논문은 1831년에 *Mém. de l'Acad.. de St. Péterbourg*, T. I. p.39에 출판되었다. 그러나 그것은 연속 방정식의 한 형태로 간주될 수 있다.

기에 대한 수학의 적용에 관한 논문」(1824)에서 제시되었다.

그 정리는 폐곡면 s에 의해 경계 지워진 공간에 관련된다. 우리는 이 유한한 공간을 마당(field)이라고 부를 수 있다. 곡면에서 마당 속으로 그려진 법선을 v라고 하고 l, m, n은 이 법선의 방향 코사인이라고 하자. 그러면

$$l\frac{d\Psi}{dx} + m\frac{d\Psi}{dy} + n\frac{d\Psi}{dz} = \frac{d\Psi}{dv} \tag{1}$$

는 법선 v를 따라 전개되는 함수 ψ의 변화율이다. $\frac{d\Psi}{dv}$ 의 값이 $v=0$인 곡면 자체에서 취해질 수 있다고 생각하자.

26절과 77절에서처럼 우리는 또한

$$\frac{d^2\Psi}{dx^2} + \frac{d^2\Psi}{dy^2} + \frac{d^2\Psi}{dz^2} = -\nabla^2\Psi \tag{2}$$

라고 쓰자. 그리고 두 함수 ψ와 Φ가 있을 때,

$$\frac{d\Psi}{dx}\frac{d\Phi}{dx} + \frac{d\Psi}{dy}\frac{d\Phi}{dy} + \frac{d\Psi}{dz}\frac{d\Phi}{dz} = -S.\nabla\Psi\nabla\Phi \tag{3}$$

라고 쓰자.

사원수(四元數, quaternion) 방법에 익숙하지 않은 독자는 $\nabla^2\Psi$와 $S.\nabla\Psi\nabla\Phi$의 표현을, 괜찮다면, 위에서 그것들과 같다고 해놓은 양들에 대한 상습적인 단축형으로 간주할 수 있다. 그리고 이제부터는 일반적인 데카르트의 방법을 채용할 것이므로, 이 표현의 사원수 해석을 기억할 필요는 없을 것이다. 그러나 임의로 선택된 하나의 문자들이 아니라 이 표현들을 단축형으로 사용하는 이유는 그것들이 사원수의 언어

---

4) 영국의 수학자인 그린(George Green, 1793~1841)은 가업인 빵 제조업에 종사하면서 수학을 독학했다. 학자들과는 교류가 없었기 때문에 그의 연구 결과는 알려지지 않았다가 그 일부가 우연히 K.F. 가우스에게 발견되었고, W. 톰슨에 의하여 세상에 알려지게 되었다. 전자기 현상의 수학적 이론을 만들려고 시도하면서 퍼텐셜 함수를 도입하여 '그린의 정리'(적분정리)를 유도했고 그린 함수를 결정했다. 이로써 전자기학의 해석적 취급에 결정적인 기여를 했으며 퍼텐셜론을 수학의 일부가 되게 했다—옮긴이.

에 의해 그것들과 등치시킨 양들을 온전히 나타내주기 때문이다. 스칼라 함수 ψ에 작용된 작용자 ∇은 그 함수의 공간 변이를 제공하고 식 $-S.\nabla\Psi\nabla\Phi$은 두 공간 변이의 곱의 스칼라 부분, 즉 한쪽 공간 변이에 그것과 방향이 같은 다른 쪽 공간 변이의 성분을 곱한 것이다. $\frac{d\Psi}{dv}$ 라는 표현은 보통 사원수 이론에서는 $S.Uv\nabla\Psi$라고 쓴다. 여기에서 Uv는 법선 방향의 단위 벡터를 지칭한다. 여기에서 이 표현법을 쓰는 것은 별로 유익이 있어 보이지 않는다. 그러나 우리가 비등방성 매질을 다루게 될 때, 그렇게 하는 유익이 드러날 것이다.

그린의 정리의 진술

ψ와 Φ를 폐곡면 s에 의해 경계 지워지는 비회전 영역 ς 안에서 유한하고 연속이며 일차 도함수를 갖는 x, y, z의 함수라고 하자. 그러면

$$\iint \psi \frac{d\Phi}{dv} ds - \iiint \Psi\nabla^2\Phi d\varsigma = \iiint S.\nabla\Psi\nabla\Phi d\varsigma$$
$$= \iint \Phi \frac{d\Psi}{dv} ds - \iiint \Phi\nabla^2\Psi d\varsigma \quad (4)$$

이다. 여기에서 이중 적분은 전체 폐곡면에 걸쳐 취하고 삼중 적분은 그 곡면으로 싸인 전체 마당 ς에 걸쳐 취한다.

이것을 증명하기 위해 21절의 정리 III에서

$$X = \Psi \frac{d\Phi}{dx}, \; Y = \Psi \frac{d\Phi}{dy}, \; Z = \Psi \frac{d\Phi}{dz} \quad (5)$$

라고 쓰고 그러면

$$R\cos\varepsilon = -\Psi\left(l\frac{d\Phi}{dx} + m\frac{d\Phi}{dy} + n\frac{d\Psi}{dz} \right)$$

이고 (1)에 의해 $\quad R\cos\varepsilon = -\Psi\frac{d\Phi}{dv} \quad\quad\quad (6)$

이고 $\quad \dfrac{dX}{dx} + \dfrac{dY}{dy} + \dfrac{dZ}{dz} = \Psi\left(\dfrac{d^2\Phi}{dx^2} + \dfrac{d^2\Phi}{dy^2} + \dfrac{d^2\Phi}{dz^2} \right)$
$$+ \frac{d\Psi}{dx}\frac{d\Phi}{dx} + \frac{d\Psi}{dy}\frac{d\Phi}{dy} + \frac{d\Psi}{dz}\frac{d\Phi}{dz}$$

(2)와 (3)에 의해 $\quad = -\boldsymbol{\Psi}\nabla^2\boldsymbol{\Phi} - S.\nabla\boldsymbol{\Psi}\nabla\boldsymbol{\Phi}$ \hfill (7)

이다. 그러나 정리 III에 의해

$$\iint R\cos\varepsilon \, ds = \iiint \left(\frac{dX}{dx} + \frac{dY}{dy} + \frac{dZ}{dz}\right) d\varsigma$$

이고 (6)과 (7)에 의해

$$\iint \boldsymbol{\Psi}\frac{d\boldsymbol{\Phi}}{d\nu}\,ds - \iiint \boldsymbol{\Psi}\nabla^2\boldsymbol{\Phi}\,d\varsigma = \iiint S.\nabla\boldsymbol{\Psi}\nabla\boldsymbol{\Phi}\,d\varsigma \qquad (8)$$

이다.

이 방정식의 우변에서 $\boldsymbol{\Psi}$와 $\boldsymbol{\Phi}$를 교환할 수 있으므로 우변에서도 그렇게 할 수 있고 이로써 (4) 식에 주어진 그린의 정리의 완전한 진술을 얻게 된다.

96b] 다음으로 우리는 그 함수 중 하나, 말하자면 $\boldsymbol{\Psi}$가 여러 값을 가질 수 있는 함수이고 그것의 일차 도함수는 하나의 값만 가질 수 있는 함수이며 비회전 영역 ς에서 무한대가 되지 않는다면 그린의 정리가 성립한다는 것을 보여야 한다.

$\nabla\boldsymbol{\Psi}$와 $\nabla\boldsymbol{\Phi}$가 단일한 값을 가지므로 식 (4)의 가운데 변은 단일한 값을 갖는다. 그러나 $\boldsymbol{\Psi}$가 많은 값을 가질 수 있으므로 좌변의 첫 번째 요소, 가령 $\boldsymbol{\Psi}\nabla^2\boldsymbol{\Phi}$은 많은 값을 가져야 한다. 그러나 $\boldsymbol{\Psi}$의 많은 값 중 하나 $\boldsymbol{\Psi}_0$을 그 영역 ς의 점 A에서 선택한다면, 다른 임의의 점 P에서 $\boldsymbol{\Psi}$의 값은 확정될 것이다. 왜 그런지 알아보자. $\boldsymbol{\Psi}$의 선택된 값이 그 영역 안에서 연속이므로 P에서의 $\boldsymbol{\Psi}$값은 A에서의 값 $\boldsymbol{\Psi}_0$에서 시작해서 P까지의 경로를 따라 연속적인 변화에 의해 도달하는 값이어야 한다. P에서의 값이 A에서 P까지의 다른 두 경로에 대해 다르다면, 이 두 경로는 그것들 사이에 $\boldsymbol{\Psi}$의 일차 도함수가 무한대가 되는 폐곡선을 포함해야 한다.[5] 이제 이것은 구체적 사항에서 모순된다. 왜냐하면 일차 도함수가

---

5) { $\int_A^P(\dfrac{d\boldsymbol{\Psi}}{dx}\,dx + \dfrac{d\boldsymbol{\Psi}}{dy}\,dy + \dfrac{d\boldsymbol{\Psi}}{dz}\,dz)$가 모든 일치 가능 경로에 대해 동등하고 그 영역이 비회전이므로 모든 경로가 일치 가능하다}—톰슨.

영역 S에서 무한대가 되지 않으므로 그 폐곡선은 전적으로 그 영역 밖에 있어야 하기 때문이다. 그리고 그 영역이 비회전이므로 그 영역 안의 두 경로는 그 영역 밖의 어떤 것도 포함할 수 없다.

그러므로 Ψ_0가 점 A에서의 Ψ의 값으로 주어진다면, P에서의 그 값은 확정된다.

Ψ의 다른 값, $\Psi_0 + nk$의 값이 A에서의 값으로 선택된다면, P에서의 값은 $\Psi + nk$가 될 것이다. 그러나 식 (4)의 좌변의 값은 전과 같을 것이다. 왜냐하면 그 변화는 좌변을

$$nk \left[\iint \frac{d\phi}{dv} ds - \iiint \nabla^2 \Phi ds \right]$$

만큼 증가시키게 될 것이지만 이것은 21절의 정리 III에 의해 0이기 때문이다.

96c] 영역 S가 이중으로 또는 삼중으로 연결되어 있다면, 우리는 그 것의 회로 각각을 막으로 막아줌으로써 그것을 비함환 영역들로 나눌 수 있다(그때 우리는 그 정리를 S의 표면으로 경계 지워진 영역과 그 막의 양의 측면과 음의 측면에 적용할 수 있다).

s_1이 이 막 중 하나라고 하고 k_1이 해당하는 함환 상수(cyclic constant), 즉 양의 방향으로 그 회로를 한 바퀴 돌 때 Ψ의 증가량이라고 하자. 영역 S는 막 s_1의 양측면에 놓여 있으므로 s_1의 모든 요소는 면적분에서 두 번씩 나타날 것이다.

ds_1의 양의 측으로 그린 법선을 v_1, 음의 측으로 그린 법선을 v'_1이라고 가정하면,

$$\frac{d\Phi}{dv'_1} = - \frac{d\Phi}{dv_1}$$

이고

$$\Psi'_1 = \Psi_1 + (k_1)$$

이어서 ds_1에서 일어나는 면적분의 성분은

$$\Psi_1 \frac{d\Phi}{dv_1} ds_1 + \Psi'_1 \frac{d\Phi}{dv'_1} ds_1 = -k_1 \frac{d\Phi}{dv_1} ds_1$$

이 된다. 여기에서 dv_1은 양의 곡면에서 안쪽을 향하는 법선 요소이다.

그러므로 영역 S가 다중으로 연결되어 있다면, 식 (4)의 첫 번째 항은

$$\iint \Psi \frac{d\Phi}{dv} ds - \kappa_1 \iint \frac{d\Phi}{dv_1} ds_1 - \ldots - k_n \iint \frac{d\Phi}{dv_n} ds_n - \iiint \Psi \nabla^2 \Phi \, dS \quad (4a)$$

로 써야 한다. 여기에서 dv는 경계면에서 안쪽을 향하는 법선 요소이다. 첫 번째 면적분이 경계면에 대해 취해져야 하고 다른 면적분들은 상이한 막들에 대해 취해져야 한다. 이때 막의 표면의 각 요소는 단 한 번만 취해야 하고 법선은 회로의 양의 방향으로 향해야 한다. 다중으로 연결된 경우에 그 정리를 이렇게 수정해야 한다는 것은 헬름홀츠[6], [7]가 처음으로 보였고 톰슨[8]에 의해 처음으로 그 정리에 적용되었다.

96d] 이제 그린이 한 것처럼 함수 중 하나, 가령 Φ와 그것의 일차 도함수가 주어진 영역 안에서 무한대가 되지 않지만 그것이 점 P에서, 그리고 그 영역에서는 그 점에서만 무한대가 된다 가정하고 P에 매우 가까운 곳에서는 Φ의 값이 $\Phi_0 + e/r$가 된다고 가정하자. 거기에서 Φ_0은 유한한 연속인 양이고 r는 P로부터의 거리이다. 이것은 Φ가 점 P에 집중

---

6) "Ueber Integrale der hydrodynamischen Gleichungen welche den Wirbelbewegungen entsprechen," *Crelle*, 1858. Tait에 의해 번역되어 *Phil. Mag.* 1867(I)에 게재.

7) 독일의 생리학자이자 물리학자인 헬름홀츠(Hermann von Helmholtz, 1821~89)는 베를린에서 유명한 생리학자인 요하네스 뮐러에게 생리학을 공부하고 생리학에 관련한 실험 연구를 통해서 생체 열발생에 대한 연구를 통해서 에너지 보존의 개념으로 인도되었으며 1847년에 베를린 물리학회에 발표한 「힘의 보존에 관하여」는 에너지 보존의 법칙을 수학적으로 명쾌하게 표현한 것으로 인정받는다. 이후 물리학적 방법에 의해 생리광학 및 생리음향학의 연구를 통해 물리학자로 명성을 얻었고 1871년에 베를린 물리학교수좌를 차지한 뒤 전기역학에 관련한 탁월한 연구를 수행했으며 헤르츠를 가르쳤을 뿐 아니라 19세기 말에 독일 물리학계의 대부로 영향력을 크게 행사했다―옮긴이.

8) "On Vortex Motion," *Trans. R.S. Edin*. xxv. part. i. p.241(1867).

되어 있는 전기량 e와, 고려 중인 영역 안에서는 어느 곳에서도 무한대가 아닌 밀도를 갖는 전기 분포로 생기는 퍼텐셜이라면 성립할 것이다.

이제 중심이 P이고 반지름이 a인 매우 작은 구를 가정하자. 그러면 이 구의 외부이지만 곡면 s의 내부의 영역에서 Φ는 특이성을 나타내지 않으므로, 우리는 그린의 정리를 이 영역에 적용할 수 있지만 작은 구의 표면이 면적분이 취해지는 범위임을 기억해야 한다.

체적분을 취하면서 우리는 전 영역에서 취해진 체적분에서 작은 구에서 취해진 체적분을 빼야 한다.

이제 구에 대하여 취해진 $\iiint \Phi \nabla^2 \Psi \, dx \, dy \, dz$는 수치상

$$(\nabla^2 \Psi)_g \iiint \Phi \, dx \, dy \, dz$$

보다 클 수 없고 이것은

$$(\nabla^2 \Psi)_g \left\{ 2\pi e a^2 + \frac{4}{3}\pi a^3 \Phi_0 \right\}$$

과 같다. 여기에서 어떤 양에 붙은 첨자 g는 그 구 안에서 그 양의 가장 큰 값을 취한다는 의미이다.

보다시피 이 체적분은 a^2의 차수를 가지므로 a가 줄어들고 궁극적으로 0이 될 때 무시될 수 있다.

다른 체적분

$$\iiint \Psi \nabla^2 \Phi \, dx \, dy \, dz$$

를 작은 구와 곡면 S 사이에서 취한다고 가정하므로 적분의 영역은 Φ가 무한대가 되는 점을 포함하지 않는다.

그 구에 대한 면적분 $\iint \Phi \dfrac{d\Psi}{d\nu} ds'$ 은 수치상 $\Phi_g \iint \dfrac{d\Psi}{d\nu} ds'$ 보다 클 수 없다.

이제 21절의 정리 III에 의해

$$\iint \frac{d\Psi}{d\nu} ds = -\iiint \nabla^2 \Psi \, dx \, dy \, dz$$

dv가 여기에서는 구로부터 바깥쪽을 향하고 이것은 $(\nabla^2 \Psi)_g \frac{4}{3} \pi a^3$ 보다 수치상 더 클 수 없고 그 표면에서 Φ_g는 근사적으로 $\frac{e}{a}$이므로

$$\iint \Phi \frac{d\Psi}{dv} ds \text{ 는}$$

$$\frac{4}{3} \pi a^2 e (\nabla^2 \Psi)_g$$

보다 수치상 클 수 없기에 a^2의 차수이고 a가 0으로 갈 때 무시될 수 있다.

그러나 방정식의 다른 변에서 구에 대한 면적분

$$\iint \Psi \frac{d\Phi}{dv} ds'$$

은 0이 되지 않는다. 왜냐하면 $\iint \Psi \frac{d\Phi}{dv} ds' = -4\pi e$이고 dv는 구에서 바깥쪽을 향하고 점 P에서 Ψ의 값이 Ψ_0이라면

$$\iint \Psi \frac{d\Phi}{dv} ds = -4\pi e \Psi_0$$

이기 때문이다.

그러므로 방정식 (4)는 이 경우에

$$\iint \Psi \frac{d\Phi}{dv} ds - \iint \Psi \nabla^2 \Phi dS - 4\pi e \Psi_0$$
$$= \iint \Phi \frac{d\Psi}{dv} ds - \iiint \Phi \nabla^2 \Psi dS^{9)} \qquad \text{(4b)}$$

이다.

97a] 주어진 폐곡면 안과 밖에서 값이 주어지는 퍼텐셜을 만들어내는 분포의 면밀도를 결정하기 위해 그린이 한 것처럼 우리는 이것을 사용함으로써 이 경우의 그린의 정리를 증명할 수 있다. 이 값들은 곡면과 곡면의 안쪽에서는 $\nabla_2 \Psi = 0$과 일치해야 하고 곡면의 바깥에서는 $\nabla_2 \Psi' = 0$과 일치해야 한다. 여기에서 Ψ와 Ψ'은 곡면의 안쪽과 바깥쪽의

---

9) {이 방정식에서 dv는 곡면의 안쪽을 향하고 $\iiint \Psi \Phi dxdydz$는 Φ가 무한대가 되는 점에 중심을 갖는 작은 구가 차지하고 있는 공간에서는 취해지지 않는다—톰슨.

퍼텐셜을 지칭한다.

그린은 직접적인 취급으로 시작한다. 즉, 면밀도 σ의 분포가 주어지고 내부의 점 P와 외부의 점 P'에서의 퍼텐셜이 적분

$$\Psi_P = \iint \frac{\sigma}{r} ds, \ \Psi'_{P'} = \iint \frac{\sigma}{r'} ds \tag{9}$$

에 의해 얻어진다. 여기에서 r와 r'은 각각 표면 요소 ds에서 P와 P'까지의 거리이다.

이제 $\Phi = 1/r$이라고 하고 그린의 정리를 곡면 안의 공간에 적용하고 적분의 한계 내에서 항상 $\nabla^2\Phi = 0$이고 $\nabla^2\Psi = 0$임을 기억하면

$$\iint \Psi \frac{d\frac{1}{r}}{dv'} ds - 4\pi\Psi_P = \iint \frac{1}{r}\frac{d\Psi}{dv'} ds^{10)} \tag{10}$$

임을 알 수 있다. 여기에서 Ψ_P는 P에서의 Ψ의 값이다.

다시 그 정리를 곡면 s와 무한한 거리 a에서 그것을 둘러싸고 있는 곡면 사이의 공간에 적용하면 나중의 곡면에 속하는 면적분의 부분은 $1/a$의 차수를 가질 것이고 무시될 수 있기에 우리는

$$\iint \Psi' \frac{d\frac{1}{r}}{dv} ds = \iint \frac{1}{r}\frac{d\Psi'}{dv} ds \tag{11}$$

를 얻게 된다.

이제 그 곡면에서 $\Psi = \Psi'$이고 법선 v와 v'은 반대 방향을 향하므로

$$\frac{d\frac{1}{r}}{dv} + \frac{d\frac{1}{r}}{dv'} = 0$$

이다.

그러므로 식 (10), (11)을 더하면, 좌변의 항들이 서로 소거되면서

---

10) {식 (10)과 (11)에서 dv'은 곡면의 안쪽으로 향하고 dv는 곡면의 바깥쪽으로 향한다}—톰슨.

$$-4\pi\Psi_P = \iint \frac{1}{r}\left(\frac{d\Psi}{dv'} + \frac{d\Psi'}{dv}\right)ds \qquad (12)$$

를 얻게 된다.

97b] 또한 그린은 폐곡면 s의 모든 점에서 퍼텐셜 Ψ의 값이 임의로 주어진다면, $\nabla^2\Phi = 0$이 그 폐곡면의 안과 밖에서 성립하는 한, 곡면의 안과 밖에 있는 임의의 점에서 퍼텐셜은 결정될 수 있다는 것을 입증한다.

이 목적을 달성하기 위해 그는 함수 Φ가 점 P 근처에서 의미있는 $1/r$의 값을 갖지만 곡면 s의 표면에서는 그 값이 0이 되고 그 곡면 안의 모든 점에서는

$$\nabla^2\Phi = 0$$

이 되도록 조정된다고 가정한다.

그러한 함수가 존재한다는 것을 그린은 s가 접지된 도체면이고 단위 전기가 점 P에 놓여 있다면 s 안의 퍼텐셜은 위의 조건을 만족해야 한다는 물리적 고찰로부터 입증한다. 왜냐하면 s가 접지되어 있기에 그 퍼텐셜이 s의 모든 점에서 0이 되어야 하지만 점 P에 있는 전기 때문에 퍼텐셜이 생기고 s 위에는 전기가 유도되므로 곡면의 모든 점에서 $\nabla^2\Phi = 0$이다.

그린의 정리를 이 경우에 적용하면

$$4\pi\Psi_P = \iint \Psi \frac{d\Phi}{dv'} ds \qquad (13)$$

임을 알 수 있다. 이 면적분에서 Ψ는 면 요소 ds에서의 퍼텐셜 값이다. 그리고 σ_P가 P에 있는 단위 전기에 의해 s에 유도되는 전기의 밀도라면

$$4\pi\sigma_P + \frac{d\Phi}{dv'} = 0 \qquad (14)$$

이고 식 (13)은

$$\Psi_P = -\iint \Psi \sigma \, ds^{11)}$$
(15)

이다. 여기에서 σ는 점 P에 있는 단위 전기에 의해 ds에 유도되는 전기의 면밀도이다.

그리하여 σ의 값을 P의 특정한 위치에 대하여 곡면의 모든 점에서 알게 되면 곡면상의 모든 점에서 퍼텐셜이 주어져 있고 곡면 안의 퍼텐셜이 다음 조건

$$\nabla^2 \Phi = 0$$

을 만족한다는 가정하에서 점 P에서의 퍼텐셜을 보통의 적분으로 계산할 수 있다.

이 조건들을 만족하는 Ψ의 값을 얻었다면 그것이 그것들을 만족시키는 유일한 Ψ의 값이라는 것을 우리는 나중에 증명할 것이다.

그린 함수

98] 폐곡면 s가 퍼텐셜 0으로 유지되게 하자. P와 Q가 폐곡면 s의 양의 편에 있는 두 점이라고 하고(안쪽이든 바깥쪽이든 아무 편이나 양으로 잡을 수 있다) 단위 전하로 대전된 작은 물체가 P에 놓여 있다고 하자. 점 Q에서의 퍼텐셜은 두 부분으로 이루어져 있을 것이다. 그중의 하나는 P점에 있는 전기의 직접적인 작용으로 생기고 다른 부분은 P에 의해 s 위에 유도되는 전기의 작용으로 생긴다. 이 뒷부분의 퍼텐셜을 그린 함수라고 부르고 G_{pq}라고 적는다.

이 양은 두 점 P와 Q의 위치의 함수이며 그 함수의 형태는 폐곡면 s에 의존한다. 그것은 s가 구인 경우와 몇몇 다른 경우에 대해 계산되어 있다. 그것은 P에 있는 단위 전기에 의해 s에 유도되는 전기 때문에 Q에 생기는 퍼텐셜을 지칭한다.

---

11) {이것은 87절의 식 (14)와 같은 식이다}—톰슨.

P에 있는 전기와 s 위에 유도된 전기 때문에 임의의 점 Q에 생기는 실제 퍼텐셜은 $1/r_{pq}+G_{pq}$이다. 여기에서 r_{pq}는 P와 Q 사이의 거리를 지칭한다.

곡면 s와 s의 음의 편에 있는 모든 점에서 퍼텐셜은 0이므로

$$G_{pa}=-\frac{1}{r_{pa}} \tag{1}$$

여기에서 첨자 a는 곡면 s 위의 점을 Q 대신 취함을 의미한다.

$\sigma_{pa'}$은 곡면 s의 한 점 A'에서 P에 의해 유도되는 면밀도를 지칭하게 하자. 그러면 G_{pq}가 표면 분포 때문에 Q에서 생기는 퍼텐셜이므로

$$G_{pq}=\iint \frac{\sigma_{pa'}}{r_{qa'}}ds'$$

이다. 여기에서 ds'은 A'에서의 곡면 s의 요소이고 적분은 전 곡면 s에 걸쳐서 취해진다.

그러나 단위 전기가 Q에 놓여 있다면, 식 (1)에 의해서

$$\frac{1}{r_{qa'}}=-G_{qa'}$$

$$=-\iint \frac{\sigma_{qa}}{r_{aa'}}ds$$

이다. 여기에서 σ_{qa}는 Q에 의해 유도되는 전기의 A에서의 밀도이고 ds는 곡면 요소이고 $r_{aa'}$은 A와 A' 사이의 거리이다. G_{pq}를 위한 식에서 $\frac{1}{r_{qa'}}$의 값을 이것으로 대치하면

$$G_{pq}=-\iiint \frac{\sigma_{qa}\sigma_{pa'}}{r_{aa'}}dsds'$$

임을 알 수 있다.

이 식은 첨자를 P와 Q 자리를 바꾸어도 변화되지 않으므로

$$G_{pq}=G_{qp}$$

이다. 이미 우리는 86절에서 이 결과가 필요하다는 것을 보였다.[12] 그러나 이제는 그것이 그린 함수를 계산하는 수학적 과정에서 유도됨을

알 수 있다.

임의의 전기 분포를 가정하고 그 마당에 단위 전기로 대전된 점을 놓고 퍼텐셜이 0인 곡면이 그 점을 가정된 전기 분포로부터 완전히 분리시킨다면, 곡면 s로 이 곡면을 취하고 점 P로 이 점을 취했을 때, 그 곡면에 대하여 P와 같은 편에 있는 임의의 점에 대한 그린 함수는 그 곡면에 대하여 P의 반대편에서의 가정된 분포의 퍼텐셜일 것이다. 이런 식으로 우리는 특별한 P의 위치에 대하여 그린 함수를 찾아낼 수 있는 수많은 경우를 구성할 수 있다. 곡면의 형태가 주어지고 P의 위치가 임의적일 때 그린 함수의 형태를 발견하는 것은, 방금 보였듯이 그것이 수학적으로 가능하다 할지라도 훨씬 더 어려운 문제이다.

그 문제가 풀렸고 점 P를 그 곡면 안에서 취한다고 가정하자. 그러면 모든 외부의 점들에 대하여 표면 전기 분포의 퍼텐셜은 P의 퍼텐셜과 크기는 같고 부호는 반대이다. 그러므로 표면 전기 분포는 **중력중심성**(centrobaric)[13), 14)]이고 모든 외부 점에 대한 그것의 작용은 P에 있는 단위 음전기의 작용과 동등하다.

99a] 그린의 정리에서 $\mathbf{\Psi}=\mathbf{\Phi}$가 되게 놓으면,

$$\iint \mathbf{\Psi}\frac{d\mathbf{\Psi}}{d\nu}\,ds - \iiint \mathbf{\Psi}\nabla^2\mathbf{\Psi}\,d\mathcal{S} = \iiint (\nabla\mathbf{\Psi})^2\,d\mathcal{S} \qquad (16)$$

---

12) 상반 정리의 표현이다—옮긴이.

13) Thomson and Tait, *Natural Philosophy*, §526.

14) Thomson and Tait, *Natural Philosophy*, new edition(Cambridge: Cambridge Univ. Press, 1883), II, §§534~535에서 'centrobaric'의 개념에 대해서 만날 수 있다. 이 개념이 본래 그린의 중력 퍼텐셜에 대한 논의에서 나왔기 때문에 이러한 명칭이 붙어 있고 톰슨과 타이트의 책에서도 중력에 한정해서 논의를 하고 있지만 맥스웰은 그 개념을 전기 퍼텐셜에 그대로 전용해서 쓰고 있다. 어떤 물체의 중력 효과가 중력 중심에 모든 질량이 모여 있는 것과 같은 효과를 발휘할 때 그 물체를 중력 중심성 물체(centrobaric body)라고 부르는 것이다. 이와 마찬가지로 전기에서도 어떤 물체의 전기적 효과가 하나의 점에 모든 전하가 모여 있는 것과 같은 효과를 발휘할 때 이러한 명칭을 붙일 수 있겠다. 비록 이 경우에는 'centrobaric'이 중력현상과 무관하다 하더라도 '중력중심성'이라는 역어를 그대로 채용하겠다—옮긴이.

가 된다.

만약 Ψ가 체밀도 ρ를 갖는 공간상의 전기 분포의 퍼텐셜이고 도체들이 있어서 그 표면이 $s_1, s_2,...$이고 그 퍼텐셜이 $\Psi_1, \Psi_2,...$이고 면밀도가 $\sigma_1, \sigma_2,...$라면,

$$\nabla^2 \Psi = 4\pi\rho \tag{17}$$

$$\frac{d\Psi}{dv} = -4\pi\sigma \tag{18}$$

이다. 왜냐하면 dv가 그 도체에서 바깥쪽으로 향하고

$$\iint \frac{d\Psi}{dv_1} ds_1 = -4\pi e_1 \tag{19}$$

이고 e_1은 표면 s_1의 전하이기 때문이다.

식 (16)을 -8π로 나누면, 다음을 얻는다.

$$\frac{1}{2}(\Psi_1 e_1 + \Psi_2 e_2 + ...) + \frac{1}{2}\iiint \Psi\rho dx dy dz$$
$$= \frac{1}{8\pi}\iiint \left[\left(\frac{d\Psi}{dx}\right)^2 + \left(\frac{d\Psi}{dy}\right)^2 + \left(\frac{d\Psi}{dz}\right)^2 \right] dx dy dz \tag{20}$$

첫 번째 항은 표면 분포에서 생기는 그 계의 전기 에너지이고 두 번째 항은 마당에 걸쳐 있는 전기 분포에서 생기는 전기 에너지이다.

그러므로 방정식의 우변은 그 계의 전체 전기 에너지를 나타낸다.[15] 이때 퍼텐셜 Ψ는 x, y, z의 정해진 함수이다.

이 체적분을 우리가 종종 사용하게 될 일이 있을 것이므로 우리는 그것을 약호 W_Ψ로 나타낼 것이다. 그러니까

$$W_\Psi = \frac{1}{8\pi}\iiint \left[\left(\frac{d\Psi}{dx}\right)^2 + \left(\frac{d\Psi}{dy}\right)^2 + \left(\frac{d\Psi}{dz}\right)^2 \right] dx dy dz \tag{21}$$

---

15) {식 (20)의 우변은 도체가 공기가 아닌 유전체로 둘러싸인 곳의 에너지를 나타내지 않는다}—톰슨.

이다. 유일한 전하가 도체들의 표면 위의 전하라면, $\rho=0$이고 식 (20)의 좌변의 두 번째 항은 0이 된다.

첫 항은 84절에서처럼 도체의 전하와 퍼텐셜에 의해 표현된 대전된 계의 에너지를 표현해 주는 것이고 이 항을 우리는 W로 지칭한다.

99b] Ψ가 x, y, z의 함수로서 폐곡면 s에서의 그 함수의 값이 $\overline{\Psi}$, 즉 이미 그 폐곡면의 모든 점에 대해 알려진 값이라는 조건을 만족한다고 하자. 폐곡면 s 위에 있지 않은 점에서의 Ψ값은 완전히 임의적이다.

또한

$$W = \frac{1}{8\pi}\iiint\left[\left(\frac{d\Psi}{dx}\right)^2 + \left(\frac{d\Psi}{dy}\right)^2 + \left(\frac{d\Psi}{dz}\right)^2\right]dxdydz \qquad (22)$$

라고 쓰자. 여기에서 적분은 그 폐곡면 안에 있는 공간 전체에 걸쳐서 취한다. 그리고 나서 우리는 Ψ_1이 표면 조건을 만족하고 라플라스 방정식

$$\nabla^2\Psi_1 = 0 \qquad (23)$$

을 그 폐곡면 안의 모든 점에서 충족시키는 Ψ의 특수한 형태라면, Ψ_1에 해당하는 W의 값인 W_1은 그 곡면 안의 임의의 점에서 Ψ_1과 다른 어떤 함수에 해당하는 W의 값보다는 작을 것이다.

Ψ가 그 곡면에서는 Ψ_1과 일치하지만 그 안의 모든 점에서는 일치하지 않는 어떤 함수라고 하고

$$\Psi = \Psi_1 + \Psi_2 \qquad (24)$$

라고 쓰자. 그러면 Ψ_2는 그 곡면의 모든 점에서 0이 되는 함수이다.

Ψ에 대한 W의 값은 확실히

$W = W_1 + W_2$
$$+ \frac{1}{4\pi}\iiint\left(\frac{d\Psi_1}{dx}\frac{d\Psi_2}{dx} + \frac{d\Psi_1}{dy}\frac{d\Psi_2}{dy} + \frac{d\Psi_1}{dz}\frac{d\Psi_2}{dz}\right)dxdydz \qquad (25)$$

일 것이다.

그린의 정리에 의해 마지막 항은

$$\frac{1}{4\pi}\iiint \Psi_2 \nabla^2 \Psi_1 \, dS - \frac{1}{4\pi}\iint \Psi_2 \frac{d\Psi_1}{dv}\, ds \qquad (26)$$

으로 쓸 수 있다. 이 식의 체적분은 0이 된다. 왜냐하면 곡면 안에서 $\nabla^2\Psi_1=0$이기 때문이다. 이 식의 면적분도 0이 된다. 왜냐하면 곡면에서 $\Psi_2=0$이기 때문이다. 그러므로 방정식 (25)는

$$W = W_1 + W_2 \qquad (27)$$

의 형태로 간단해진다.

이제 적분 W_2의 요소는 세 개의 제곱의 합이므로 음의 값을 가질 수 없으므로 그 적분 자체는 양이거나 0일 수밖에 없다. 그러므로 W_2는 0이 아니라면 양이어야 하고 W는 W_1보다 커야 한다. 그러나 W_2가 0이라면, 그 요소는 모두 0이어야 하고 곡면 안의 모든 점에서

$$\frac{d\Psi_2}{dx} = 0, \quad \frac{d\Psi_2}{dy} = 0, \quad \frac{d\Psi_2}{dz} = 0$$

이고 Ψ_2는 곡면 안에서 상수이어야 한다. 그러나 곡면에서 $\Psi_2=0$이므로 곡면 안의 모든 점에서도 $\Psi_2=0$이다. 그러므로 $\Psi=\Psi_1$이다. 이로써 W가 W_1보다 크지 않다면 Ψ는 곡면 안의 모든 점에서 Ψ_1과 같아야 한다.

이것으로부터 Ψ_1이 단지 x, y, z의 함수로 곡면에서 $\overline{\Psi}$와 같아지고 곡면 안의 모든 점에서 라플라스 방정식을 만족한다는 것이 유도된다.

만약 이 조건이 다른 함수 Ψ_3에 의해 만족된다면, W_3은 W의 어떤 값보다 작아야 한다. 그러나 우리는 이미 W_1이 다른 어떤 값보다 작다는 것을 증명했으므로 그것은 W_3보다 작다. 그러므로 Ψ_1이 아닌 어떤 함수도 그 조건을 만족시킬 수 없다.

장차 가장 유용하다는 것을 알게 될 경우는, 마당이 하나의 외부 곡면 s와 여러 개의 내부 곡면 $s_1, s_2,\ldots$에 의해 경계 지워지고 Ψ의 값이 s에서 0이고 s_1에서는 Ψ_1이고, s_2에서는 Ψ_2이고, 그 나머지도 마찬가지의

관계를 갖고, 도체계에서처럼 Ψ_1, Ψ_2,...가 각 곡면에서 상수이고 각각의 퍼텐셜이 정해지는 경우이다.

이 조건들을 만족하는 Ψ의 모든 값 중에서 마당에 있는 모든 점에서 $\nabla^2\Psi=0$인 것이 W_Ψ에 최솟값을 준다.

톰슨의 정리

보조정리

100a] Ψ가 x, y, z의 함수로서 폐곡면 s 안에서 유한하고 연속이며 어떤 폐곡면 $s_1, s_2,...s_p,...$에서 곡면마다 연속인 Ψ_1, Ψ_2,...Ψ_p,...의 값을 갖는다고 가정하자.

u, v, w가 x, y, z의 함수로서 솔레노이드 조건

$$-S.\nabla\mathbb{E} = \frac{du}{dx} + \frac{dv}{dy} + \frac{dw}{dz} = 0 \tag{28}$$

을 따르는 벡터 $\mathbb{E}$의 성분들이라고 하자. 그리고 정리 III에서

$$X = \Psi u, \; Y = \Psi v, \; Z = \Psi w \tag{29}$$

라고 놓자. 이러한 치환의 결과로

$$\sum_p \iint \Psi_p(l_p u + m_p v + n_p w)ds_p + \iiint \Psi\left(\frac{du}{dx} + \frac{dv}{dy} + \frac{dw}{dz}\right)dxdydz$$
$$+ \iiint \left(u\frac{d\Psi}{dx} + v\frac{d\Psi}{dy} + w\frac{d\Psi}{dz}\right)dxdydz = 0 \tag{30}$$

을 얻는다. 여기에서 면적분들은 다른 곡면상에서 취해지고 체적분은 전체 마당에서 취해지며 $l_p, m_p\, n_p$는 곡면에서 마당 쪽으로 향하는 s_p에 수직인 방향 코사인이다. 이제 첫 번째 체적분은 $u, v\, w$에 대한 솔레노이드 조건에 의해 0이 되고 면적분들은 다음의 경우에 0이 된다.

(1) 곡면의 모든 점에서 $\Psi=0$일 때

(2) 곡면의 모든 점에서 $lu+mv+nw=0$일 때

(3) 곡면이 전적으로 (1)이나 (2)를 만족하는 부분들로 이루어져 있
을 때

(4) $\overline{\Psi}$가 각각의 폐곡면에 대해 상수이고

$$\iint (lu + mv + nw)\, ds = 0$$

일 때

그러므로 이 네 가지 경우에 체적분은

$$M = \iiint \left(u\, \frac{d\Psi}{dx} + v\, \frac{d\Psi}{dy} + w\, \frac{d\Psi}{dz} \right) dxdydz = 0 \tag{31}$$

이다.

100b] 이제 외부의 곡면 s와 내부 곡면 $s_1, s_2,...$에 의해 마당이 경계
지워져 있다고 생각하자.

Ψ가 x, y, z의 함수로서 마당 안에서 유한하고 연속이며 라플라스 방
정식

$$\nabla^2 \Psi = 0 \tag{32}$$

을 만족하고 각각의 곡면 $s_1, s_2,...$에서 상수이지만 정해지지는 않은 Ψ_1,
$\Psi_2,...$를 가지며 외부 곡면 s 밖에서는 0이 된다고 가정하자.

도체 표면, 가령 s_1의 전하는 면적분

$$e_1 = -\frac{1}{4\pi} \iint \frac{d\Psi}{d\nu_1}\, ds_1 \tag{33}$$

에 의해 주어진다. 법선 ν_1은 곡면 s_1에서 전기장 쪽으로 향한다.

100c] 벡터 $\mathbb{D}$의 성분들 f, g, h가 x, y, z의 함수로서 마당의 모든 점
에서 솔레노이드 방정식

$$\frac{df}{dx} + \frac{dg}{dy} + \frac{dh}{dz} = 0 \tag{34}$$

을 만족하고 내부 곡면 중 하나 가령 s_1에서 면적분

$$\iint (l_1 f + m_1 g + n_1 h)\, ds = e_1 \tag{35}$$

이라고 하자. 여기에서 l_1, m_1, n_1은 곡면 s_1에서 전기장을 향해 바깥으로 향하는 법선 ν_1의 방향 코사인이고 e_1은 식 (33)에서와 같은 양, 즉 표면이 s_1인 도체의 전하이다.

이제 s의 안쪽에 있고 s_1, s_2,...의 바깥쪽에 있는 마당 전체에서 취해진 체적분

$$W_D = 2\pi \iiint (f^2 + g^2 + h^2)\, dxdydz \tag{36}$$

의 값을 생각해야 한다. 그리고 그것을 같은 영역에서 취해진 체적분인

$$W_\Psi = \frac{1}{8\pi} \iiint \left[\left(\frac{d\Psi}{dx}\right)^2 + \left(\frac{d\Psi}{dy}\right)^2 + \left(\frac{d\Psi}{dz}\right)^2 \right] dxdydz \tag{37}$$

와 비교해야 한다.

$$u = f + \frac{1}{4\pi}\frac{d\Psi}{dx},\ v = g + \frac{1}{4\pi}\frac{d\Psi}{dy},\ w = h + \frac{1}{4\pi}\frac{d\Psi}{dz} \tag{38}$$

라고 놓고

$$W_E = 2\pi \iiint (u^2 + v^2 + w^2)\, dxdydz \tag{39}$$

라고 하자. 그러면

$$
\begin{aligned}
f^2 + g^2 + h^2 =\ & \frac{1}{16\pi^2}\left[\left(\frac{d\Psi}{dx}\right)^2 + \left(\frac{d\Psi}{dy}\right)^2 + \left(\frac{d\Psi}{dz}\right)^2 \right] \\
& + u^2 + v^2 + w^2 - \frac{1}{2\pi}\left[u\frac{d\Psi}{dx} + v\frac{d\Psi}{dy} + w\frac{d\Psi}{dz} \right]
\end{aligned}
$$

이므로

$$W_D = W_\Psi + W_E - \iiint \left(u\frac{d\Psi}{dx} + v\frac{d\Psi}{dy} + w\frac{d\Psi}{dz} \right) dxdydz \tag{40}$$

이다.

이제 우선 u, v, w는 마당의 모든 점에서 솔레노이드 방정식을 만족시킨다. 왜냐하면 식 (38)에 의해

$$\frac{du}{dx} + \frac{dv}{dy} + \frac{dw}{dz} = \frac{df}{dx} + \frac{dg}{dy} + \frac{dh}{dz} - \frac{1}{4\pi}\nabla^2\Psi \qquad (41)$$

이고 식 (34)와 (32)에 나오는 조건에 의해 식 (41)의 우변의 부분들이 0이 되기 때문이다.

둘째로 면적분

$$\iint (l_1 u + m_1 v + n_1 w)\,ds_1$$
$$= \iint (l_1 f + m_1 g + n_1 h)\,ds_1 + \frac{1}{4\pi}\iint \frac{d\Psi}{d\nu_1}\,ds_1 \qquad (42)$$

이지만 식 (35)에 의해 우변의 첫 항은 e_1이고 식 (33)에 의해 두 번째 항은 $-e_1$이므로

$$\iint (l_1 u + m_1 v + n_1 w)\,ds_1 = 0 \qquad (43)$$

이다.

그리하여 Ψ_1은 상수이므로 100a절의 네 번째 조건이 만족하고 식 (40)의 마지막 항이 0이다. 이로써 방정식 (40)은

$$W_D = W_\Psi + W_E \qquad (44)$$

로 단순해진다.

이제 적분 W_E의 요소가 세 개의 적분의 합 $u^2 + v^2 + w^2$이므로 그것은 0보다 크거나 0과 같다. 마당 안의 임의의 점에서도 u, v, w 각각이 0은 아니므로 적분 W_E는 양의 값을 가져야 하고 W_D는 W_Ψ보다 커야 한다. 그러나 모든 점에서 $u = v = w = 0$이라는 값은 조건을 만족한다.

그래서 모든 점에서

$$f = -\frac{1}{4\pi}\frac{d\Psi}{dx}, \; g = -\frac{1}{4\pi}\frac{d\Psi}{dy}, \; h = -\frac{1}{4\pi}\frac{d\Psi}{dz} \qquad (45)$$

라면, $$W_D = W_\Psi \qquad (46)$$

이고 f, g, h의 이 값에 대응되는 W_D의 값은 이들과 다른 f, g, h에 대응되는 W_D의 값보다 작다.

그러므로 각 도체의 전하가 정해지면 마당의 모든 점에서의 변위와 퍼텐셜을 결정하는 문제는 단 하나의 해를 갖는다.

더 많은 일반적인 형태 중 하나인 이 정리는 W. 톰슨에 의해 처음 진술되었다.[16] 나중에 우리는 그것의 일반화된 형태를 제시할 것이다.

100d] 이 정리는 벡터 $\mathbb{D}$가 마당의 모든 점에서 솔레노이드 조건을 만족하는 대신에 조건

$$\frac{df}{dx} + \frac{dg}{dy} + \frac{dh}{dz} = \rho \qquad (47)$$

를 만족한다는 가정에 의해 수정될 수 있다. 여기에서 ρ는 유한한 양이며 그 값은 마당의 모든 점에서 제시되며 양수일 수도 있고 음수일 수도 있으며 연속일 수도 있고 불연속일 수도 있지만 유한한 영역에서 취해진 그것의 체적분은 유한해야 한다.

마당에 있는 어떤 곡면에서

$$lf + mg + nh + l'f' + m'g' + n'h' = \sigma \qquad (48)$$

라고 가정할 수 있다. 여기에서 l, m, n과 l', m', n'은 그 곡면의 점에서 변위의 성분이 각각 f, g, h와 f', g', h'인 영역으로 향하는 법선들의 방향 코사인이다.

100e] 우리는 이 곡면의 모든 점에서

$$lf + mg + nh = \sigma \qquad (49)$$

(σ는 모든 점에서 주어져 있다)라고 가정함으로써 경계 곡면의 조건

---

16) *Cambridge and Dublin Mathematical Journal*, February, 1848.

을 변경할 수도 있다.

(원래의 진술에서는 주어진 곡면 각각에 걸쳐 σ를 적분한 값만을 가정했다. 여기에서는 면의 모든 요소에 대해서 그 값이 주어진 것으로 가정한다. 그것은 마치 원래의 진술에서 우리가 분리된 곡면으로 모든 요소를 고려한 것과 같은 결과를 내놓는다.)

Ψ가 해당하는 조건, 즉 일반적인 조건

$$\frac{d^2\Psi}{dx^2} + \frac{d^2\Psi}{dy^2} + \frac{d^2\Psi}{dz^2} + 4\pi\rho = 0 \qquad (50)$$

과 표면 조건

$$\frac{d\Psi}{d\nu} + \frac{d\Psi'}{d\nu'} + 4\pi\sigma = 0 \qquad (51)$$

을 만족시켜야 한다는 것을 기억한다면, 이러한 수정 중 아무것도 그 정리의 진실성에 영향을 미치지 않는다.

왜 그런지 알아보자. 전처럼

$$f + \frac{1}{4\pi}\frac{d\Psi}{dx} = u, \ g + \frac{1}{4\pi}\frac{d\Psi}{dy} = v, \ h + \frac{1}{4\pi}\frac{d\Psi}{dz} = w$$

라면 u, v, w는 일반 솔레노이드 조건

$$\frac{du}{dx} + \frac{dv}{dy} + \frac{dw}{dz} = 0$$

과 표면 조건

$$lu + mv + nw + l'u' + m'v' + n'w' = 0$$

을 만족시키고 경계면에서는

$$lu + mv + nw = 0$$

이다. 그것으로부터 우리는 전처럼

$$M = \iiint \left(u\frac{d\Psi}{dx} + v\frac{d\Psi}{dy} + w\frac{d\Psi}{dz} \right) dxdydz = 0$$

이고
$$W_D = W_\psi + W_E$$

임을 알게 된다.

그러므로 앞에서처럼 W_D는 W_E=0일 때 유일하게 최솟값을 갖는다. 여기에서 W_E=0이란 $u^2+v^2+w^2$이 모든 곳에서 0이라는 의미이고 이에 따라

$$f = -\frac{1}{4\pi}\frac{d\Psi}{dx}, \; g = -\frac{1}{4\pi}\frac{d\Psi}{dy}, \; h = -\frac{1}{4\pi}\frac{d\Psi}{dz}$$

이다.

101a] 이 정리들의 진술 과정에서 우리는 지금까지 전기계의 특성이 도체들의 모양과 상대적 위치, 전하에 의존한다고 가정하는 전기 이론에 국한해서 논의를 전개했고 도체들 사이의 유전체 매질의 본성은 고려하지 않았다.

가령, 그 이론에 따르면, 도체의 면밀도와 도체 바로 밖의 기전세기 사이에는 쿨롱의 법칙에서 나타나듯이 불변의 관계 $R=4\pi\sigma$가 있다.

그러나 이것은 다만 공기 같은 표준적인 매질에서만 성립한다. 다른 매질에서는 그 관계는 달라진다. 이것은 캐번디시에 의해 실험적으로 입증되었지만 출판되지는 않았다가 나중에 패러데이에 의해 독립적으로 발견되었다.

이 현상을 완전하게 설명하기 위해 두 개의 벡터양을 생각하는 것이 필요하다. 그 두 벡터양의 관계는 상이한 매질에서 다르게 다타난다. 그 중 하나는 기전세기이고 다른 하나는 전기 변위이다. 기전세기는 불변 형태의 방정식에 의해 퍼텐셜과 연결되어 있고 전기 변위는 불변 형태의 방정식에 의해 전기 분포와 연결되어 있다. 그러나 기전세기와 전기 변위의 관계는 유전체 매질의 본성에 의존하고 방정식에 의해 표현되어야 한다. 그것의 가장 일반적인 형태는 아직 완전히 결정되지는 않았고 유전체에 대한 실험에 의해서만 결정될 수 있다.

101b] 기전세기는 68절에서 전하 e에 작용하는 역학적인 힘을 전하

량 e로 나눈 것으로 정의된 벡터이다.[17] 그 성분을 P, Q, R라고 하고 벡터 자체는 $\mathbb{E}$로 부르자.

정전기학에서 $\mathbb{E}$의 선적분은 항상 적분 경로에 무관하다. 다시 말하자면 $\mathbb{E}$는 퍼텐셜의 공간 변이이다. 그러므로

$$P = -\frac{d\Psi}{dx}, \ Q = -\frac{d\Psi}{dy}, \ R = -\frac{d\Psi}{dz}$$

이고 사원수의 표현법을 써서 더 간단히

$$\mathbb{E} = -\nabla\Psi$$

로 적을 수 있다.

101c] 임의의 방향에서 전기 변위는 60절에서처럼 작은 평면 A를 그 것의 법선 방향으로 통과하는 전기량을 면적 A로 나눈 것으로 정의된다. 전기 변위의 수직 성분들을 문자 f, g, h로 나타내고 벡터 자체는 $\mathbb{D}$로 나타낸다.

임의의 점에서의 체밀도는 방정식

$$\rho = \frac{df}{dx} + \frac{dg}{dy} + \frac{dh}{dz}$$

로 결정되고 사원수의 표현법으로는

$$\rho = -S.\nabla\mathbb{D}$$

가 된다.

대전된 곡면의 임의의 점에서의 면밀도는 방정식

$$\sigma = lf + mg + nh + l'f' + m'g' + n'h'$$

이다. 여기에서 f, g, h는 그 곡면의 한쪽 편에서의 변위의 성분들이고 l, m, n은 그쪽 편을 향하는 곡면의 법선의 방향 코사인이고 f', g', h'과

---

17) 오늘날 그것을 전기장의 세기 E로 부른다―옮긴이.

l', m', n'은 다른 편에서의 변위의 성분과 법선의 방향 코사인이다.

이것은 사원수로는 방정식

$$\sigma = -[S.Uv\mathbb{D} + S.Uv'\mathbb{D}']$$

로 표현된다. 여기에서 Uv와 Uv'은 곡면의 두 측면 방향에서의 단위 법선이고 S는 곱의 스칼라 부분이 취해져야 한다는 것을 의미한다.

그 곡면이 도체의 표면이고 v는 바깥쪽을 향하는 법선일 때, f', g', h'과 $\mathbb{D}'$은 0이므로 방정식은

$$\sigma = lf + mg + nh$$
$$= -S.Uv\mathbb{D}$$

로 간단히 표현된다.

그러므로 도체의 전체 전하는

$$e = \iint (lf + mg + nh)\,ds$$
$$= -\iint S.Uv\mathbb{D}\,ds$$

가 된다.

101d] 계의 전기 에너지는 84절에서 보였듯이 전하들과 각각의 퍼텐셜을 곱한 후 그것을 합친 것의 절반이다. 이 에너지를 W라고 부르면

$$W = \frac{1}{2}\sum(e\Psi)$$
$$= \frac{1}{2}\iiint \rho\Psi\,dxdydz + \frac{1}{2}\iint \sigma\Psi\,ds$$
$$= \frac{1}{2}\iiint \Psi\left(\frac{df}{dx} + \frac{dg}{dy} + \frac{dh}{dz}\right)dxdydz$$
$$+ \frac{1}{2}\iint \Psi(lf + mg + nh)\,ds$$

여기에서 체적분은 전기장 전체에서 취해지고 면적분은 도체의 표면에서 취해진다.

21절의 정리 III에서

$$X = \Psi f, \; Y = \Psi g, \; Z = \Psi h$$

로 놓으면 l, m, n이 그 곡면의 법선 중 마당 쪽을 향하는 것의 방향 코사인이라면

$$\iint \Psi(lf + mg + nh)ds = -\iiint \Psi\left(\frac{df}{dx} + \frac{dg}{dy} + \frac{dh}{dz}\right)dxdydz$$
$$-\iiint\left(f\frac{d\Psi}{dx} + g\frac{d\Psi}{dy} + h\frac{d\Psi}{dz}\right)dxdydz$$

가 된다.

이 값으로 W식의 면적분을 대치하면

$$W = -\frac{1}{2}\iiint\left(f\frac{d\Psi}{dx} + g\frac{d\Psi}{dy} + h\frac{d\Psi}{dz}\right)dxdydz$$

즉, $$W = \frac{1}{2}\iiint(fP + gQ + hR)dxdydz$$

이다.

101e] 이제 우리는 $\mathbb{D}$와 $\mathbb{E}$의 관계를 다룰 때가 되었다. 전기의 단위는 보통 공기 중에서 전도 실험과 관련하여 정의된다. 이제 볼츠만의 실험으로부터 공기의 유전상수는 진공보다 약간 크고 그것은 밀도에 따라 변한다는 것이 알려져 있다. 그러므로 엄밀하게 말해서 전기량의 측정은 마치 공기 중에서 측정된 굴절률이 수정을 요구하듯이 표준 압력과 온도의 공기로, 혹은 더 과학적으로 타당하도록 하려면, 진공에서 이루어진 것으로 수정해 주어야 한다. 두 경우에 수정치는 아주 작아서 극히 정확한 실험에서만 감지할 만하다.

표준 매질에서

$$4\pi\mathbb{D} = \mathbb{E}$$

즉, $$4\pi f = P,\ 4\pi g = Q,\ 4\pi h = R$$

이다.

유전상수가 K인 등방성의 매질에서는

$$4\pi\mathbb{D} = K\mathbb{E}$$

$$4\pi f = KP, \ 4\pi g = KQ, \ 4\pi h = KR$$

이다. 그러나 어떤 매질(그중에서 유리가 가장 주의 깊게 연구되었다)에서는 $\mathbb{D}$와 $\mathbb{E}$의 관계는 더 복잡해서 이 양 중 하나 또는 모두가 시간 변이를 갖는다. 그때 그 관계는

$$F(\mathbb{D}, \ \mathbb{E}, \ \dot{\mathbb{D}}, \ \dot{\mathbb{E}}, \ \ddot{\mathbb{D}}, \ \ddot{\mathbb{E}}) = 0$$

의 형태로 표현된다. 지금은 보다 일반적인 이런 종류의 관계를 논의하지 않고 $\mathbb{D}$가 $\mathbb{E}$의 일차 벡터 함수인 경우만 다루겠다.

그러한 관계의 가장 일반적인 형태는

$$4\pi\mathbb{D} = \phi(\mathbb{E})$$

로 쓸 수 있을 것이다. 여기에서 ϕ는 지금의 논의에서는 항상 일차 벡터 함수를 지칭한다. 그러므로 $\mathbb{D}$의 성분들은 $\mathbb{E}$의 성분들의 동차 일차 함수이고

$$4\pi f = K_{xx}P + K_{xy}Q + K_{xz}R$$
$$4\pi g = K_{yx}P + K_{yy}Q + K_{yz}R$$
$$4\pi h = K_{zx}P + K_{zy}Q + K_{zz}R$$

로 적을 수 있다. 여기에서 모든 계수 K의 첫 번째 첨자는 변위의 방향을 나타내고 두 번째 첨자는 기전세기의 방향을 나타낸다.

일차 벡터 방정식의 가장 일반적인 형태는 9개의 독립적인 계수를 포함한다. 같은 첨자의 쌍을 가진 계수들이 같을 때 그 함수는 제켤레 함수(self-conjugate function)라고 말한다.

우리가 $\mathbb{D}$에 의해 $\mathbb{E}$를 표현한다면,

$$\mathbb{E} = 4\pi\phi^{-1}(\mathbb{D})$$

즉,

$$P = 4\pi \left(k_{xx} f + k_{yx} g + k_{zx} h\right)$$
$$Q = 4\pi \left(k_{xy} f + k_{yy} g + k_{zy} h\right)$$
$$R = 4\pi \left(k_{xz} f + k_{yz} g + k_{zz} h\right)$$

가 된다.

101f] 성분이 P, Q, R인 기전세기가 성분이 df, dg, dh의 성분을 갖는 변위를 단위 부피의 매질에서 만들어내기 위해 한 일은

$$dW = Pdf + Qdg + Rdh$$

가 된다.

전기 변위를 받는 유전체(안정 상태에 있다면)는 보존계이므로 W는 f, g, h의 함수이어야 하며, f, g, h가 독립적으로 변하므로

$$P = \frac{dW}{df}, \; Q = \frac{dW}{dg}, \; R = \frac{dW}{dh}$$

이고 이로써

$$\frac{dP}{dg} = \frac{d^2 W}{dgdf} = \frac{d^2 W}{dfdg} = \frac{dQ}{df}$$

를 얻는다.

그러나 $\dfrac{dP}{dg} = 4\pi k_{yx}$ 이다. 여기에서 K_{yx}는 P를 위한 식에서 g의 계수이다. 또 $\dfrac{dQ}{df} = 4\pi k_{xy}$인데 여기에서 K_{xy}는 Q를 위한 식에서 f의 계수이다.

그러므로 유전체가 보존계라면(유전체는 무한한 시간 동안 에너지를 품을 수 있으므로 실제로 그렇다),

$$K_{xy} = K_{yx}$$

이고 ϕ^{-1}은 제켤레 함수이다.

그러므로 ϕ도 제켤레 함수이고 $K_{xy} = K_{yx}$이다.

101g] 그러므로 에너지를 위한 표현은 다음 중 어느 것으로 쓸 수 있다.

$$W_E = \frac{1}{8\pi} \iiint [K_{xx}P^2 + K_{yy}Q^2 + K_{zz}R^2 + 2K_{yz}QR$$
$$+ 2K_{zx}RP + 2K_{xy}PQ]\,dx\,dy\,dz$$

또는

$$W_D = 2\pi \iiint [k_{xx}f^2 + k_{yy}g^2 + k_{zz}h^2 + 2k_{yz}qh$$
$$+ 2k_{zx}hf + 2k_{xy}fg]\,dx\,dy\,dz$$

여기에서 첨자는 W가 표현되는 벡터를 지칭한다. 첨자가 없을 때 에너지는 두 벡터로 표현되는 것으로 이해하면 된다.

그러므로 전체적으로 우리는 전기장의 에너지를 표현하는 6개의 다른 식을 얻게 된다. 그중 셋은 도체 표면의 전하와 퍼텐셜을 포함하는 것으로 87절에 제시되어 있다.

다른 셋은 전기장 전체에서 취해진 체적분이고 기전세기나 전기 변위 혹은 둘 모두의 성분들을 포함한다.

그러므로 첫 번째 세 식은 원격 작용 이론에 속하고 나머지 셋은 매개하는 매질에 의한 작용 이론에 속한다.

이 W를 위한 세 식이란

$$W = -\frac{1}{2} \iiint S.\mathbb{D}\mathbb{E}d\mathcal{S}$$
$$W = -\frac{1}{8\pi} \iiint S.\mathbb{E}\phi(\mathbb{E})\,d\mathcal{S}$$
$$W = -2\pi \iiint S.\mathbb{D}\phi^{-1}(\mathbb{D})\,d\mathcal{S}$$

이다.

101h] 비균질 비등방성 매질의 경우로 그린의 정리를 확장하기 위해서는 21절 정리 III에서

$$X = \Psi \left[K_{xx}\frac{d\Phi}{dx} + K_{xy}\frac{d\Phi}{dy} + K_{xz}\frac{d\Phi}{dz} \right]$$
$$Y = \Psi \left[K_{yx}\frac{d\Phi}{dx} + K_{yy}\frac{d\Phi}{dy} + K_{yz}\frac{d\Phi}{dz} \right]$$

$$Z = \Psi \left[K_{zx} \frac{d\Phi}{dx} + K_{zy} \frac{d\Phi}{dy} + K_{zz} \frac{d\Phi}{dz} \right]$$

으로 써야만 하고 l, m, n이 곡면에 대한 바깥 방향의 법선의 방향 코사인이라면(그 계수들의 첨자의 순서가 무관하다는 것을 이용하여),

$$\iint \Psi \left[(K_{xx} l + K_{yx} m + K_{zx} n) \frac{d\Phi}{dx} + (K_{xy} l + K_{yy} m + K_{zy} n) \frac{d\Phi}{dy} \right.$$
$$\left. + (K_{xz} l + K_{yz} m + K_{zz} n) \frac{d\Phi}{dz} \right] ds$$

$$- \iiint \Psi \left[\frac{d}{dx} \left(K_{xx} \frac{d\Phi}{dx} + K_{xy} \frac{d\Phi}{dy} + K_{xz} \frac{d\Phi}{dz} \right) \right.$$
$$+ \frac{d}{dy} \left(K_{yx} \frac{d\Phi}{dx} + K_{yy} \frac{d\Phi}{dy} + K_{yz} \frac{d\Phi}{dz} \right)$$
$$\left. + \frac{d}{dz} \left(K_{zx} \frac{d\Phi}{dx} + K_{zy} \frac{d\Phi}{dy} + K_{zz} \frac{d\Phi}{dz} \right) \right] dxdydz$$

$$= \iiint \left[K_{xx} \frac{d\Psi}{dx} \frac{d\Phi}{dx} + K_{yy} \frac{d\Psi}{dy} \frac{d\Phi}{dy} + K_{zz} \frac{d\Psi}{dz} \frac{d\Phi}{dz} \right.$$
$$+ K_{yz} \left(\frac{d\Psi}{dy} \frac{d\Phi}{dz} + \frac{d\Psi}{dz} \frac{d\Phi}{dy} \right) + K_{zx} \left(\frac{d\Psi}{dz} \frac{d\Phi}{dx} + \frac{d\Psi}{dx} \frac{d\Phi}{dz} \right)$$
$$\left. + K_{xy} \left(\frac{d\Psi}{dx} \frac{d\Phi}{dy} + \frac{d\Psi}{dy} \frac{d\Phi}{dx} \right) \right] dxdydz$$

$$= \iint \Phi \left[(K_{xx} l + K_{yx} m + K_{zx} n) \frac{d\Psi}{dx} + (K_{xy} l + K_{yy} m + K_{zy} n) \frac{d\Psi}{dy} \right.$$
$$\left. + (K_{xz} l + K_{yz} m + K_{zz} n) \frac{d\Psi}{dy} \right] ds$$

$$- \iiint \Phi \left[\frac{d}{dx} \left(K_{xx} \frac{d\Psi}{dx} + K_{xy} \frac{d\Psi}{dy} + K_{xz} \frac{d\Psi}{dz} \right) \right.$$
$$+ \frac{d}{dy} \left(K_{yx} \frac{d\Psi}{dx} + K_{yy} \frac{d\Psi}{dy} + K_{yz} \frac{d\Psi}{dz} \right)$$
$$\left. + \frac{d}{dz} \left(K_{zx} \frac{d\Psi}{dx} + K_{zy} \frac{d\Psi}{dy} + K_{zz} \frac{d\Psi}{dz} \right) \right] dxdydz$$

를 얻는다. 이것을 사원수 표현법을 사용하면 그 결과를 더 간단하게

$$\iint \Psi S.Uv\phi\,(\nabla\Phi)\,ds - \iiint \Psi S.\{\nabla\phi\,(\nabla\Psi)\}\,d\varsigma$$
$$=- \iiint sp\,S.\nabla\Psi\phi\,(\nabla\Phi)\,d\varsigma =- \iiint sp\,S.\nabla\Phi\phi\,(\nabla\Psi)\,d\varsigma$$
$$= \iint \Phi S.Uv\phi\,(\nabla\Psi)\,ds - \iiint sp\,\Phi.S.\{\nabla\phi\,(\nabla\Psi)\}\,d\varsigma$$

로 쓸 수 있다.

도체가 가질 수 있는 전기 용량의 한계

102a] 어떤 도체나 도체계의 용량은 마당에 있는 다른 도체들이 퍼텐셜 0으로 유지되는 동안 주어진 도체의 퍼텐셜을 1로 올려줄 때, 도체나 도체계가 갖게 되는 전하로 이미 정의했다.

도체가 가질 수 있는 용량의 상한과 하한을 결정하는 다음의 방법은 「공명 이론에 관하여」라는 논문을 통해서 스트럿(J.W. Strutt)에 의해 제시되었다.[18], [19] 306절을 보라.

용량이 결정되어야 하는 도체 또는 도체계의 표면을 s_1이라 지칭하고 나머지 도체들의 표면을 s_0이라 지칭한다고 하자. s_1의 퍼텐셜을 Ψ_1이라 하고 s_0의 퍼텐셜을 Ψ_0이라고 하자. s_1의 전하를 e_1이라고 하자. s_0의 전하는 $-e_1$이 될 것이다.

q가 s_1의 용량이라면,

$$q = \frac{e_1}{\Psi_1 - \Psi_0} \tag{1}$$

---

18) J.W. Strutt, "On the Theory of Resonance," *Phil. Trans.* 1871.

19) 스트럿(J.W. Strutt, 1842~1919)은 1873년에 아버지의 작위를 이어받아 레일리(Rayleigh) 남작 3세가 되어 보통 레일리 경으로 불리게 된다. 그의 업적은 당시 물리학의 전 영역에 걸쳐 있었으며 케임브리지 대학에서 훈련받은 수학 실력을 바탕으로 쓴 『음향 이론』(*The Theory of Sound*)은 물리계를 수학적으로 취급하는 저술로 음향학뿐 아니라 물리학 전체에 중요한 영향을 미쳤다. 1871년에 쓰인 이 논문은 레일리의 최초의 수리 물리학 논문으로서 공명 기계에 관한 논의를 담고 있다. 동역학적 진동계에 관한 이 논의가 전기의 경우에 적용될 수 있는 것은 이들 사이의 유비에 의해서다—옮긴이.

이고 W는 전기의 실제 분포를 가진 계의 에너지라면,

$$W = \frac{1}{2} e_1 (\boldsymbol{\Psi}_1 - \boldsymbol{\Psi}_0) \tag{2}$$

이고

$$q = \frac{2W}{(\boldsymbol{\Psi}_1 - \boldsymbol{\Psi}_0)^2} = \frac{e_1^2}{2W} \tag{3}$$

이다.

용량값의 상한을 찾아보자. s_1에서의 $\boldsymbol{\Psi}$의 값이 1이고 s_0에서의 값이 0이라고 가정하고 전체 마당에 걸쳐 취해진 체적분

$$W_\Psi = \frac{1}{8\pi} \iiint \left[\left(\frac{d\boldsymbol{\Psi}}{dx} \right)^2 + \left(\frac{d\boldsymbol{\Psi}}{dy} \right)^2 + \left(\frac{d\boldsymbol{\Psi}}{dz} \right)^2 \right] dxdydz \tag{4}$$

를 계산하자.

그러면 W가 W_Ψ보다 더 클 수 없다는 것을 보였으므로(99b절) 용량 q는 $2W_\Psi$보다 클 수 없다.

용량의 하한을 계산해 보자. 다음 방정식

$$\frac{df}{dx} + \frac{dg}{dy} + \frac{dh}{dz} = 0 \tag{5}$$

을 만족하는 f, g, h를 갖는 계를 가정하자. 그리고 그것이

$$\iint (l_1 f + m_1 g + n_1 h) \, ds_1 = e_1 \tag{6}$$

을 만족시킨다고 하자.

전체 마당에서 취해진 체적분

$$W_D = 2\pi \iiint (f^2 + g^2 + h^2) \, dxdydz \tag{7}$$

를 계산하자. 그러면 우리가 앞서 보였듯이(100c절) W는 W_D보다 클 수 없으므로 용량 q는

$$\frac{e_1^2}{2W_D} \tag{8}$$

보다 작을 수 없다.

솔레노이드 조건[20]을 만족시킬 f, g, h의 값을 갖는 계를 얻는 가장 간단한 방법은 s_1의 표면에 전기 분포가 있고, s_0의 표면에도 전기 분포가 있는데 그 전하의 합이 0이라고 가정하는 것이다. 그러면 이 전기 분포 때문에 생기는 퍼텐셜 $\boldsymbol{\Psi}$를 계산할 수 있고 이렇게 배열된 계의 전기 에너지를 구할 수 있다.

그리고 나서

$$f = -\frac{1}{4\pi}\frac{d\boldsymbol{\Psi}}{dx}, \; g = -\frac{1}{4\pi}\frac{d\boldsymbol{\Psi}}{dy}, \; h = -\frac{1}{4\pi}\frac{d\boldsymbol{\Psi}}{dz}$$

라고 놓으면, f, g, h의 값은 솔레노이드 조건을 만족시킬 것이다.

그러나 이 경우에 체적분의 값을 찾는 과정을 거치지 않고도 W_D를 결정할 수 있다. 이 해(解)는 마당의 모든 점에서 $\nabla^2\boldsymbol{\Psi}=0$을 만족시킬 것이므로 우리는 면적분

$$W_D = \frac{1}{2}\iint \boldsymbol{\Psi}\sigma_1\, ds_1 + \frac{1}{2}\iint \boldsymbol{\Psi}\sigma_0\, ds_0 \tag{9}$$

의 형태로 W_D를 얻을 수 있기 때문이다. 여기에서 첫 번째 적분은 표면 s_1에서 취해지고 두 번째 적분은 표면 s_0에서 취해진다.

곡면 s_0이 곡면 s_1로부터 무한히 멀리 떨어져 있다면, s_0에서의 퍼텐셜은 0이고 두 번째 항은 0이 된다.

102b] 퍼텐셜이 주어진 도체들 위의 전기 분포 문제의 근사적인 해는 다음과 같이 모색될 수 있다.

s_1이 1의 퍼텐셜을 갖는 도체 또는 도체계의 표면이라고 하고 s_0을 나머지 도체들의 표면이라고 하자. 그중에는 나머지 도체들을 모두 둘러싸는 속이 빈 도체도 포함된다. 그것은 어떤 경우에는 다른 도체들로부

---

20) 식 (5)를 지칭한다―옮긴이.

터 무한히 먼 거리에 있을 수 있다.

s_1에서 s_0까지 연결하는 일단(一團)의 선들——직선이든 곡선이든——을 생각하자.

이들 선 각각을 따라서 퍼텐셜 $\boldsymbol{\Psi}$를 s_1에서는 1이고 s_0에서는 0이라고 가정하자. 그러고 나서 P가 이 선 위의 한 점이라고 하면(s_1과 s_0은 그 선이 곡면과 만나는 점이다), 일차 근사에 의해

$$\boldsymbol{\Psi}_1 = \frac{P s_0}{s_1 s_0}^{\,21)}$$

이라고 할 수 있다.

그리하여 s_1에서는 퍼텐셜이 1이고 s_0에서는 퍼텐셜이 0인 조건을 만족하는 $\boldsymbol{\Psi}$의 1차 근사식을 얻게 될 것이다.

$\boldsymbol{\Psi}_1$에서 계산되는 $W_{\boldsymbol{\Psi}}$의 값은 W보다 더 커질 것이다.

다음에는 역선에 대한 2차 근사로

$$f = -p \frac{d\boldsymbol{\Psi}_1}{dx}, \; g = -p \frac{d\boldsymbol{\Psi}_1}{dy}, \; h = -p \frac{d\boldsymbol{\Psi}_1}{dz} \tag{10}$$

을 가정하자.

f, g, h의 성분을 갖는 벡터는 $\boldsymbol{\Psi}_1$이 상수인 곡면에 수직이다. f, g, h가 솔레노이드 조건을 만족하도록 p를 결정하자. 그러면

$$p \left(\frac{d^2\boldsymbol{\Psi}_1}{dx^2} + \frac{d^2\boldsymbol{\Psi}_1}{dy^2} + \frac{d^2\boldsymbol{\Psi}_1}{dz^2} \right) + \frac{dp}{dx}\frac{d\boldsymbol{\Psi}_1}{dx} + \frac{dp}{dy}\frac{d\boldsymbol{\Psi}_1}{dy} + \frac{dp}{dz}\frac{d\boldsymbol{\Psi}_1}{dz} = 0 \tag{11}$$

을 얻는다.

s_1에서 s_0까지 선을 그리되 그 방향이 항상 $\boldsymbol{\Psi}_1$이 상수인 곡면에 수직이 되도록 하고 s_0으로부터 잰 이 선의 길이를 s라고 부르면,

$$R \frac{dx}{ds} = -\frac{d\boldsymbol{\Psi}_1}{dx}, \; R \frac{dy}{ds} = -\frac{d\boldsymbol{\Psi}_1}{dy}, \; R \frac{dz}{ds} = -\frac{d\boldsymbol{\Psi}_1}{dz} \tag{12}$$

---

21) 여기서 분모와 분자는 각각 두 점을 끝점으로 하는 선의 길이를 나타내는 것이다—옮긴이.

여기에서 R는 총기전세기이고 $-\dfrac{d\Psi_1}{ds}$ 과 같다. 그러므로

$$\frac{dp}{dx}\frac{d\Psi_1}{dx} + \frac{dp}{dy}\frac{d\Psi_1}{dy} + \frac{dp}{dz}\frac{d\Psi_1}{dz} = -R\frac{dp}{ds} = R^2\frac{dp}{d\Psi_1} \tag{13}$$

이고 식 (11)은

$$p\nabla^2\Psi = R^2\frac{dp}{d\Psi_1} \tag{14}$$

이 된다. 그것으로부터 $\qquad p = C\exp. \displaystyle\int_0^{\Psi_1} \frac{\nabla^2\Psi_1}{R^2}\,d\Psi_1 \tag{15}$

이고 여기에서 적분은 선 s를 따라 취해진 선적분이다.

다음으로 선 s를 따라

$$-\frac{d\Psi_2}{ds} = f\frac{dx}{ds} + g\frac{dy}{ds} + h\frac{dz}{ds}$$
$$= -p\frac{d\Psi_1}{ds} \tag{16}$$

이라고 가정하자. 그러면

$$\Psi_2 = C\int_0^{\Psi}\left(\exp\int \frac{\nabla^2\Psi_1}{R^2}\,d\Psi_1\right)d\Psi_1 \tag{17}$$

이다. 여기에서 적분은 항상 선 s를 따라 취해지는 것으로 간주된다.

이제 상수 C는 s_1에서 $\Psi_1=1$일 때, $\Psi_2=1$이라는 조건에서 결정될 수 있다. 그러므로

$$C\int_0^1\left\{\exp. \int_0^{\Psi}\frac{\nabla^2\Psi}{R^2}\,d\Psi\}d\Psi = 1\right\} \tag{18}$$

이다.

이것은 Ψ에 대한 2차 근사를 제공한다. 그리고 이 과정은 반복될 수 있다.

$W_{\Psi 1}$, W_{D2}, $W_{\Psi 2}$....를 계산함으로써 얻어지는 결과들은 실제 용량보다 큰 값과 작은 값을 교대로 주면서 점점 그 값에 가까워진다.

위에서 제시된 방법은 선 s형태의 계산과 이 선을 따른 적분을 포함하는데 일반적으로 그러한 과정들은 실제적 목적을 위해 쓰기에는 너무 어렵다.

그러나 어떤 경우에는 더 간단한 방법으로 근사치를 얻을 수 있다.

102c] 이 방법의 예시로서, 그것을 거의 평면이고 거의 평행한 두 면 사이의 전기장에서 전기 유도선과 퍼텐셜면에서 연속적인 근사치를 얻는 데 응용해 보자. 이때 두 곡면 중 하나의 퍼텐셜은 0이고 다른 것의 퍼텐셜은 1이라고 하자.

두 곡면의 방정식은 퍼텐셜이 0인 곡면에 대해서는

$$z_1 = f_1(x, y) = a \tag{19}$$

라고 하고 퍼텐셜이 1인 곡면에 대해서는

$$z_2 = f_2(x, y) = b \tag{20}$$

라고 하자. 여기에서 a와 b는 x와 y의 함수로 b가 항상 a보다 크다. x와 y에 대한 a와 b의 1차 도함수는 작은 양들이고 그것들 중에서 차원이 2차 이상인 곱과 제곱항들을 무시할 수 있다.

유도선이 z축에 평행하다는 가정에서 출발하자. 그 경우에

$$f = 0, \ g = 0, \ \frac{dh}{dz} = 0 \tag{21}$$

이다.

그리하여 h가 각각의 유도선을 따라 상수이고

$$\Psi = -4\pi \int_a^z h \, dz = -4\pi h(z - a) \tag{22}$$

이다. 그러므로 $z=b$, $\Psi=1$일 때,

$$h = -\frac{1}{4\pi(b - a)} \tag{23}$$

이고
$$\Psi = \frac{z-a}{b-a} \tag{24}$$

이다. 이것은 퍼텐셜에 대한 1차 근사를 제공하며, z에 평행하게 취해진, 일정한 간격의 일련의 등퍼텐셜면을 가리킨다.

유도선에 대한 2차 근사를 얻기 위해 유도선들이 모든 곳에서 식 (24)로 주어진 등퍼텐셜면에 대해서 수직이라고 가정하자.

이것은 다음 조건

$$4\pi f = \lambda \frac{d\Psi}{dx}, \, 4\pi g = \lambda \frac{d\Psi}{dy}, \, 4\pi h = \lambda \frac{d\Psi}{dz} \tag{25}$$

로 표현될 수 있다. 여기에서 λ를 조정하여 장의 모든 점에서

$$\frac{df}{dx} + \frac{dg}{dy} + \frac{dh}{dz} = 0 \tag{26}$$

을 만족시키고, 곡면 a에서 곡면 b까지 유도선을 따라 취해진 선적분

$$4\pi \int \left(f\frac{dx}{ds} + g\frac{dy}{ds} + h\frac{dz}{ds} \right) ds \tag{27}$$

가 -1이 되게 할 수 있다. 즉,

$$\lambda = 1 + A + B(z-a) + C(z-a)^2 \tag{28}$$

이라고 가정하고 A, B, C의 곱과 제곱항들을 무시하고, 현 단계에서는 a와 b의 1차 도함수의 곱과 제곱항들도 무시하자.

그러면 솔레노이드 조건에 의해

$$B = -\nabla^2 a, \, C = -\frac{1}{2}\frac{\nabla^2(b-a)}{b-a} \tag{29}$$

이다. 여기에서
$$\nabla^2 = -\left(\frac{d^2}{dx^2} + \frac{d^2}{dy^2} \right) \tag{30}$$

이다.

새로운 유도선을 따라 선적분을 취하는 대신에 z축에 평행한 이전의

유도선을 따라서 선적분을 취하면, 두 번째 조건은

$$1 = 1 + A + \frac{1}{2} B(b-a) + \frac{1}{3} C(b-a)^2$$

이 된다. 그러므로 $\qquad A = \frac{1}{6}(b-a)\nabla^2(2a+b)$ (31)

이고

$$\lambda = 1 + \frac{1}{6}(b-a)\nabla^2(2a+b) - (z-a)\nabla^2 a - \frac{1}{2}\frac{(z-a)^2}{b-a}\nabla^2(b-a) \quad (32)$$

이다.

그리하여 변위 성분들의 2차 근사는

$$-4\pi f = \frac{\lambda}{b-a}\left[\frac{da}{dx} + \frac{d(b-a)}{dx}\frac{z-a}{b-a}\right]$$

$$-4\pi g = \frac{\lambda}{b-a}\left[\frac{da}{dy} + \frac{d(b-a)}{dy}\frac{z-a}{b-a}\right] \quad (33)$$

$$4\pi h = \frac{\lambda}{b-a}$$

임을 알게 된다. 그리고 퍼텐셜의 2차 근사로는

$$\Psi = \frac{z-a}{b-a} + \frac{1}{6}\nabla^2(2a+b)(z-a) - \frac{1}{2}\nabla^2 a\frac{(z-a)^2}{b-a}$$

$$-\frac{1}{6}\nabla^2(b-a)\frac{(z-a)^3}{(b-a)^2} \quad (34)$$

을 얻는다.

σ_a와 σ_b가 각각 a와 b의 면밀도이고 Ψ_a와 Ψ_b가 각각의 퍼텐셜이라면,

$$\sigma_a = \frac{1}{4\pi}(\Psi_a - \Psi_b)\left[\frac{1}{b-a} + \frac{1}{3}\nabla^2 a + \frac{1}{6}\nabla^2 b\right]$$

$$\sigma_b = \frac{1}{4\pi}(\Psi_b - \Psi_a)\left[\frac{1}{b-a} - \frac{1}{6}\nabla^2 a - \frac{1}{3}\nabla^2 b\right]$$

가 된다.[22]

22) [이 고찰은 아주 엄밀하지는 않다. 면밀도에 대한 식은 두 개의 구, 두 개의 원통, 하나의 구와 평면의 경우들이나 가까운 거리에 있는 원통과 평면의 경우에 대해서 엄밀하게 얻어진 결과와 일치하지 않는다. 다음과 같은 방법에 의해서 면밀도에 대한 식을 얻을 수 있다. z축은 대칭축으로서 등퍼텐셜면과 수직으로 만난다고 가정하고 V가 퍼텐셜이라면, 등퍼텐셜면이 z축과 만나는 점에서의 곡률 반지름을 R_1과 R_2라고 할 때, z축에서의 솔레노이드 조건은

$$\frac{d^2 V}{dz^2} + \left(\frac{1}{R_1} + \frac{1}{R_2}\right)\frac{dV}{dz} = 0$$

임을 쉽게 보일 수 있다. V_A와 V_B가 각각 두 곡면의 퍼텐셜이고 t가 z축을 따른 표면 사이의 거리라면

$$V_B = V_A + t\left(\frac{dV}{dz}\right)_A + \frac{1}{2}t^2\left(\frac{d^2V}{dz^2}\right)_A + \dots$$

이다. 만약 R_{A_1}과 R_{A_2}로 첫 곡면들의 곡률 반지름을 지칭하고 미분 방정식에서 $\frac{d^2 V}{dz^2}$를 대치하면,

$$V_B - V_A = t\left(\frac{dV}{dz}\right)_A\left\{1 - \frac{1}{2}t\left\{\frac{1}{R_{A_1}} + \frac{1}{R_{A_2}}\right\}\right\} + \dots$$

을 얻게 된다. 그러나

$$\left(\frac{dV}{dz}\right)_A = -4\pi\sigma_A$$

이다. 이때 σ_A는 z축이 첫 번째 곡면과 만나는 곳의 면밀도이다. 그러므로 근사적으로

$$\sigma_A = \frac{1}{4\pi}\frac{(V_A - V_B)}{t}\left\{1 + \frac{1}{2}t\left\{\frac{1}{R_{A_1}} + \frac{1}{R_{A_2}}\right\}\right\}$$

이고 마찬가지로 근사적으로

$$\sigma_B = \frac{1}{4\pi}\frac{(V_A - V_B)}{t}\left\{1 + \frac{1}{2}t\left\{\frac{1}{R_{B_1}} + \frac{1}{R_{B_2}}\right\}\right\}$$

이다. 이 식들은 앞서 언급된 경우들에서 엄밀한 방법으로 얻어진 것과 일치한다―톰슨.

제5장 두 전기계 사이의 역학적 작용

103] 우리가 관심 가질 상호작용이 일어나는 두 전기계를 E_1, E_2라고 한다. E_1에 있는 전기 분포를 x_1, y_1, z_1의 좌표를 갖는 성분의 전기 밀도 ρ_1에 의해 정의하자. E_2 요소의 전기 밀도를 ρ_2라고 하고 그 좌표를 x_2, y_2, z_2라고 하자.

그러면 E_2 요소가 E_1 요소에 작용하는 척력의 x성분은

$$\rho_1 \rho_2 \frac{x_1 - x_2}{r^3} \, dx_1 \, dy_1 \, dz_1 \, dx_2 \, dy_2 \, dz_2$$

가 될 것이고 여기에서 $r^2 = (x_1 - x_2)^2 + (y_1 - y_2)^2 + (z_1 - z_2)^2$ 이다. 그리고 E_2가 존재하기 때문에 E_1에 작용하는 전체 힘의 x성분을 A라고 하면

$$A = \iiint \iiint \frac{x_1 - x_2}{r^3} \rho_1 \rho_2 \, dx_1 \, dy_1 \, dz_1 \, dx_2 \, dy_2 \, dz_2 \qquad (1)$$

여기에서 x_1, y_1, z_1에 대한 적분은 E_1이 차지하고 있는 영역에서 취해지고 x_2, y_2, z_2에 대한 적분은 E_2가 차지하고 있는 영역에서 취해진다.

그러나 ρ_1은 계 E_1의 내부를 제외한 곳에서는 0이고 ρ_2도 계 E_2의 내부를 제외한 곳에서는 0이므로 적분값은 적분의 상한과 하한을 연장한다고 해서 변하지 않을 것이다. 그러므로 우리는 모든 적분의 상하한을 $\pm\infty$라고 가정할 수 있다.

힘에 대한 이 식은 중간 매질을 전혀 고려하지 않은 가운데 떨어져 있는 물체들 사이에 직접 작용하는 전기력을 가정하는 이론을 수학적 기

호로 문자 그대로 옮긴 것이다.

이제 계 E_2가 존재하기 때문에 생기는 점 x_1, y_1, z_1에서의 퍼텐셜 Ψ_2를 식

$$\Psi_2 = \iiint \frac{\rho_2}{r}\, dx_2\, dy_2\, dz_2 \tag{2}$$

로 정의하면, Ψ_2는 무한히 먼 곳에서 0이 될 것이고 모든 곳에서 식

$$\nabla^2 \Psi_2 = 4\pi \rho_2 \tag{3}$$

를 만족시킬 것이다.

이제 우리는 A를 삼중 적분

$$A = -\iiint \frac{d\Psi_2}{dx_1} \rho_1\, dx_1\, dy_1\, dz_1 \tag{4}$$

의 형태로 표현할 수 있다.

여기에서 퍼텐셜 Ψ_2는 마당의 모든 점에서 확정된 값을 갖는 것으로 가정하므로 이것과 첫 번째 계 E_1에서의 전기 분포 ρ_1에 의해 힘 A를 표현하고 두 번째 계 E_2에서의 전기 분포에 대해서는 명쾌하게 언급할 필요가 없다.

이제 Ψ_1이 첫 번째 계로부터 생기는 퍼텐셜이라고 하자. 그러면 Ψ_1은 x, y, z의 함수로 표현되고 방정식

$$\Psi_1 = \iiint \frac{\rho_1}{r}\, dx_1\, dy_1\, dz_1 \tag{5}$$

에 의해 정의된다. Ψ_1은 무한한 거리에서 0이 되고, 모든 곳에서 식

$$\nabla^2 \Psi_1 = 4\pi \rho_1 \tag{6}$$

을 충족시킬 것이다.

이제 우리는 A에서 ρ_1을 소거할 수 있고

$$A = -\frac{1}{4\pi} \iiint \frac{d\Psi_2}{dx_1} \nabla^2 \Psi_1\, dx_1\, dy_1\, dz_1 \tag{7}$$

을 얻을 수 있다. 여기에서 힘은 두 개의 퍼텐셜에 의해서만 표현된다.

104] 여기까지 고려한 모든 적분에서는 적분이 계 E_1 전체를 포함하면 상하한을 무엇으로 지정하느냐는 무관하다. 이제부터는 어떤 폐곡면 s가 그 안에 계 E_1 전체를 포함하고 계 E_2는 전혀 포함하지 않도록 계 E_1과 E_2를 지정하자.

또한

$$\rho = \rho_1 + \rho_2, \quad \Psi = \Psi_1 + \Psi_2 \tag{8}$$

라고 쓰자. 그러면 s 안에서는 $\qquad \rho_2 = 0, \ \rho = \rho_1$

이고 s 밖에서는 $\qquad \rho_1 = 0, \ \rho = \rho_2 \tag{9}$

이다.

이제 $\qquad A_{11} = -\iiint \dfrac{d\Psi_1}{dx_1} dx_1\, dy_1\, dz_1 \tag{10}$

는 계 E_1 안에 있는 전기로부터 생겨 자체계 E_1에 미치는 x 방향의 합력이다. 그러나 직접 작용 이론에서 이것은 0이어야 한다. 왜냐하면 어떤 입자 P가 또 하나의 입자 Q에 미치는 작용은 Q가 P에 미치는 작용과 크기가 같고 방향이 반대이기 때문이다. 두 작용의 성분들이 적분 속에 들어가므로 그것들은 서로 상쇄시키게 된다.

그러므로

$$A = -\frac{1}{4\pi} \iiint \frac{d\Psi}{dx} \nabla^2 \Psi\, dx_1\, dy_1\, dz_1$$

이라고 쓸 수 있다. 여기에서 Ψ는 두 계에서 생기는 퍼텐셜이고, 그 적분은 계 E_1 전체를 포함하지만 E_2는 전혀 포함하지 않는 폐곡면 s 안의 공간에 국한된다.

105] E_1에 대한 E_2의 작용이 직접적인 원격 작용에 의해 이루어지지 않고 E_2에서 E_1까지 연속적으로 펼쳐져 있는 매질 속의 변형력의 분포에 의해 이루어진다면, E_1과 E_2를 완전히 분리시키는 임의의 곡면 s의

모든 점에서 변형력을 알 때, 우리는 E_1에 대한 E_2의 역학적 작용을 완전히 알아낼 수 있을 것이다. 왜냐하면 E_1에서의 힘이 s를 통한 변형력에 의해 완전히 설명되지 않는다면, s 밖의 무엇과 s 안의 무엇 사이에 직접적인 작용이 있어야 하기 때문이다.[1]

그러므로 중간 매질 안의 변형력의 분포에 의해 E_1에 대한 E_2의 작용을 설명하는 것이 가능하다면, 이 작용을 E_2를 완전히 E_1로부터 분리시키는 임의의 곡면 s에 대해 취해진 면적분의 형태로 표현하는 것이 가능해야 한다.[2]

그러므로

$$A = \frac{1}{4\pi} \iiint \frac{d\Psi}{dx}\left[\frac{d^2\Psi}{dx^2} + \frac{d^2\Psi}{dy^2} + \frac{d^2\Psi}{dz^2}\right]dxdydz \qquad (12)$$

를 면적분의 형태로 표현하려고 노력해보자.

21절의 정리 III를 따라

$$\frac{d\Psi}{dx}\left(\frac{d^2\Psi}{dx^2} + \frac{d^2\Psi}{dy^2} + \frac{d^2\Psi}{dz^2}\right) = \frac{dX}{dx} + \frac{dY}{dy} + \frac{dZ}{dz} \qquad (13)$$

의 관계가 성립하도록 X, Y, Z를 결정할 수 있다면 우리는 그것을 할 수 있다.

---

1) 매질에 의한 매개 작용으로 전기 현상을 설명하는 맥스웰의 독특한 관점이 피력되는 부분이다. 이렇게 직접적인 작용이 아닌 매개 작용에 의한 힘의 전달 이론은 전자기학 외에 다른 분야에도 큰 영향을 미치게 된다. 가령, 중력을 직접적인 작용으로 설명하려고 했던 뉴턴과는 달리 아인슈타인은 일반 상대성 이론에서 매질을 통한 중력마당의 전파 이론을 구축하여 중력 이론을 혁신했다─옮긴이.

2) 체적분과 면적분의 기능상의 차이점이 여기에서 두드러진다. 체적분은 공간상의 각 점의 작용에 주목하는 반면에 면적분은 공간과 공간을 가르는 곡면에 주목함으로써 그 사이를 채우고 있는 매질에 관심을 집중하는 것이다. 이 사이의 수학적 연결을 가능하게 해주는 것이 21절의 정리 *III*이다─옮긴이.

이 항들을 분리시켜 보면

$$\frac{d\Psi}{dx}\frac{d^2\Psi}{dx^2} = \frac{1}{2}\frac{d}{dx}\left(\frac{d\Psi}{dx}\right)^2$$

$$\frac{d\Psi}{dx}\frac{d^2\Psi}{dy^2} = \frac{d}{dy}\left(\frac{d\Psi}{dx}\frac{d\Psi}{dy}\right) - \frac{d\Psi}{dy}\frac{d^2\Psi}{dxdy}$$

$$= \frac{d}{dy}\left(\frac{d\Psi}{dx}\frac{d\Psi}{dy}\right) - \frac{1}{2}\frac{d}{dx}\left(\frac{d\Psi}{dy}\right)^2$$

마찬가지로 $\quad \dfrac{d\Psi}{dx}\dfrac{d^2\Psi}{dz^2} = \dfrac{d}{dz}\left(\dfrac{d\Psi}{dx}\dfrac{d\Psi}{dz}\right) - \dfrac{1}{2}\dfrac{d}{dx}\left(\dfrac{d\Psi}{dz}\right)^2$

으로 쓸 수 있다.

그러므로

$$\left.\begin{aligned}
\left(\frac{d\Psi}{dx}\right)^2 - \left(\frac{d\Psi}{dy}\right)^2 - \left(\frac{d\Psi}{dz}\right)^2 &= 8\pi p_{xx}\\[4pt]
\left(\frac{d\Psi}{dy}\right)^2 - \left(\frac{d\Psi}{dz}\right)^2 - \left(\frac{d\Psi}{dx}\right)^2 &= 8\pi p_{yy}\\[4pt]
\left(\frac{d\Psi}{dz}\right)^2 - \left(\frac{d\Psi}{dx}\right)^2 - \left(\frac{d\Psi}{dy}\right)^2 &= 8\pi p_{zz}\\[4pt]
\frac{d\Psi}{dy}\frac{d\Psi}{dz} &= 4\pi p_{yz} = 4\pi p_{zy}\\[4pt]
\frac{d\Psi}{dz}\frac{d\Psi}{dx} &= 4\pi p_{zx} = 4\pi p_{xz}\\[4pt]
\frac{d\Psi}{dx}\frac{d\Psi}{dy} &= 4\pi p_{xy} = 4\pi p_{yx}
\end{aligned}\right\} \tag{14}$$

라고 쓰면,

$$A = \iiint \left(\frac{dp_{xx}}{dx} + \frac{dp_{yx}}{dy} + \frac{dp_{zx}}{dz}\right)dxdydz \tag{15}$$

가 된다. 여기에서 적분은 s 안의 공간 전체에서 취해진다.

21절의 정리 III에 의해 적분을 변환하면,

$$A = \iint (lp_{xx} + mp_{yx} + np_{zx})ds \tag{16}$$

가 된다. 여기에서 ds는 E_1 전체를 포함하지만 E_2를 전혀 포함하지 않는 임의의 폐곡면의 요소이고 l, m, n은 ds에서 바깥쪽으로 향하는 법선의 방향 코사인이다.

y와 z의 방향에 있는 E_1에 미치는 힘의 성분에 대하여 같은 식으로

$$B = \iint (lp_{xy} + mp_{yy} + np_{zy})ds \qquad (17)$$

$$C = \iint (lp_{xz} + mp_{yz} + np_{zz})ds \qquad (18)$$

를 얻을 수 있다.

만약 계 E_1에 대한 E_2의 작용이 실제로 어떤 매질의 매개 없이 직접적인 원격 작용에 의해 일어난다면, 우리는 양 $p_{xx}...$들을 단지 기호의 표현을 위한 축약형일 뿐 아무런 의미도 없다고 생각해야 한다.

그러나 E_2와 E_1 사이의 상호작용이 그것들 사이의 매질에서의 변형력에 의해 유지된다고 가정하면, 식 (16), (17), (18)이 $p_{xx}...$를 여섯 개의 성분[3]으로 갖는 변형력의 작용에 의해 곡면 s의 바깥에서 미치는 합력의 성분을 제공해 주므로, $p_{xx}...$는 실제로 그 매질 안에 존재하는 변형력의 성분으로 생각해야 한다.

106] 이 변형력의 본성에 대한 더 명확한 이해를 얻기 위해 곡면 s의 일부의 형태를 변형시켜 요소 ds가 등퍼텐셜면의 부분이 되게 하자.(이 곡면의 변형에 의해 E_1의 부분을 배제하거나 E_2의 어떤 부분을 포함하지 않는다면 이 변형은 문제될 것이 없다.)

v가 ds의 바깥쪽을 향하는 법선이라고 하자.

$R = -\dfrac{d\Psi}{dv}$ 가 v의 방향에 있는 기전세기의 세기라면,

$$\frac{d\Psi}{dx} = -Rl, \; \frac{d\Psi}{dy} = -Rm, \; \frac{d\Psi}{dz} = -Rn$$

이 성립한다.

---

3) $P_{xx}...$는 본래 9개의 성분을 갖지만 $P_{xy}=P_{yx}$, $P_{yz}=P_{zy}$, $P_{zx}=P_{xz}$이기 때문에 3개가 줄어들어 6개의 성분을 갖는다─옮긴이.

그러므로 변형력의 여섯 개의 성분은

$$p_{xx} = \frac{1}{8\pi} R^2 (l^2 - m^2 - n^2), \quad p_{yz} = \frac{1}{4\pi} R^2\, mn$$

$$p_{yy} = \frac{1}{8\pi} R^2 (m^2 - n^2 - l^2), \quad p_{zx} = \frac{1}{4\pi} R^2\, nl$$

$$p_{zz} = \frac{1}{8\pi} R^2 (n^2 - l^2 - m^2), \quad p_{xy} = \frac{1}{4\pi} R^2\, lm$$

이 된다.

a, b, c가 단위 면적당 ds에 작용하는 힘의 성분이라면,

$$a = lp_{xx} + mp_{yx} + np_{zx} = \frac{1}{8} R^2 l$$

$$b = \frac{1}{8\pi} R^2 m$$

$$c = \frac{1}{8\pi} R^2 n$$

이 성립한다.

그러므로 ds 바깥의 매질의 부분에 의해 ds 안쪽의 매질의 부분에 작용하는 힘은 그 요소에 수직이며 바깥 방향을 향한다. 즉, 그것은 로프의 장력과 같은 장력이며 단위 면적당 그 크기는 $\frac{1}{8\pi} R^2$ 이다.

요소 ds가 그것과 만나는 등퍼텐셜면에 수직이라고 가정하자. 그러면

$$l \frac{d\Psi}{dx} + m \frac{d\Psi}{dy} + n \frac{d\Psi}{dz} = 0 \tag{19}$$

이고 이제

$$8\pi (lp_{xx} + mp_{yx} + np_{zx}) = l \left[\left(\frac{d\Psi}{dx} \right)^2 - \left(\frac{d\Psi}{dy} \right)^2 - \left(\frac{d\Psi}{dz} \right)^2 \right]$$
$$+ 2m \frac{d\Psi}{dx} \frac{d\Psi}{dy} + 2n \frac{d\Psi}{dx} \frac{d\Psi}{dz} \tag{20}$$

이라고 쓸 수 있다.

식 (19)에 $2 \frac{d\Psi}{dx}$ 를 곱해서 식 (20)에서 빼면 우리는

$$8\pi (lp_{xx} + mp_{yx} + np_{zx}) = -l \left[\left(\frac{d\Psi}{dx} \right)^2 + \left(\frac{d\Psi}{dy} \right)^2 + \left(\frac{d\Psi}{dz} \right)^2 \right] = -lR^2 \tag{21}$$

을 얻는다. 그러므로 ds의 단위 면적당 장력의 성분은

$$a = -\frac{1}{8\pi}R^2 l$$
$$b = -\frac{1}{8\pi}R^2 m$$
$$c = -\frac{1}{8\pi}R^2 n$$

이다.

그러므로 ds가 등퍼텐셜면에 수직이면, 그 위에 작용하는 힘은 그 곡면에 수직이고 단위 면적당 그 수치는 앞의 경우와 같지만 그 힘의 방향은 다르다. 왜냐하면 그것은 장력이 아니라 압력이기 때문이다.[4)]

이렇게 해서 우리는 매질의 주어진 점에서의 변형력의 유형을 완전히 찾아냈다.

그 점에서의 기전세기의 방향은 변형력의 주축(主軸, principal axis)이며 이 방향의 변형력은 장력이며 그 값은

$$p = \frac{1}{8\pi}R^2 \tag{22}$$

이다. 여기에서 R는 기전세기이다.

이것에 수직인 임의의 방향도 변형력의 주축이며 그러한 축을 따른 변형력은 그 값이 역시 p인 압력이다.

이렇게 정의된 변형력은 가장 일반적인 유형은 아니다. 왜냐하면 그것의 주된 변형력 중 둘은 서로 같지만 세 번째 유형은 부호가 반대인 같은 값을 갖기 때문이다.

이 조건들은 변형력을 결정하는 독립 변수의 수를 6에서 3으로 줄여준다. 따라서 그것은 기전세기의 세 성분

$$-\frac{d\Psi}{dx},\ -\frac{d\Psi}{dy},\ -\frac{d\Psi}{dz}$$

---

4) 장력은 당기는 힘이고 압력은 누르는 힘이다. 장력을 나타낸 앞의 식들과 압력을 나타내는 방금 전의 식이 부호가 반대임을 주목하라—옮긴이.

에 의해 완전히 결정된다.

변형력의 여섯 성분 사이의 관계는

$$
\begin{aligned}
p_{yz}^2 &= (p_{xx} + p_{yy})(p_{zz} + p_{xx}) \\
p_{zx}^2 &= (p_{yy} + p_{zz})(p_{xx} + p_{yy}) \\
p_{xy}^2 &= (p_{zz} + p_{xx})(p_{yy} + p_{zz})
\end{aligned}
\tag{23}
$$

이다.

107] 유한한 전기량이 유한한 곡면 위에 모여 체밀도가 그 곡면에서 무한대가 될 때, 방금 우리가 얻은 결과가 수정이 필요한지 알아보자.

이런 경우에는 우리가 78a, 78b절에서 보였듯이 기전세기의 성분은 곡면에서 불연속이다. 그러므로 변형력의 성분들도 그 곡면에서 불연속일 것이다.

l, m, n이 ds에 대한 법선의 방향 코사인이라고 하자. P, Q, R가 그 법선이 그려진 편의 기전세기의 성분이라고 하고 P', Q', R'은 반대편의 기전세기 성분이라고 하자.

그러면 78a, 78b절에 의해 σ가 면밀도라면

$$
\begin{aligned}
P - P' &= 4\pi\sigma l \\
Q - Q' &= 4\pi\sigma m \\
R - R' &= 4\pi\sigma n
\end{aligned}
\tag{24}
$$

이다.

a가 곡면의 단위 면적에 작용하는 두 측면에서의 변형력의 합력의 x 성분이라고 하자. 그러면

$$
\begin{aligned}
a &= l(p_{xx} - p'_{xx}) + m(p_{xy} - p'_{xy}) + n(p_{xz} - p'_{xz}) \\
&= \frac{1}{8\pi} l\{(P^2 - P'^2) - (Q^2 - Q'^2) - (R^2 - R'^2)\} \\
&\qquad + \frac{1}{4\pi} m(PQ - P'Q') + \frac{1}{4\pi} n(PR - P'R') \\
&= \frac{1}{8\pi} l\{(P - P')(P + P') - (Q - Q')(Q + Q') - (R - R')(R + R')\}
\end{aligned}
$$

$$+ \frac{1}{8\pi} m \{ (P - P')(Q + Q') + (P + P')(Q - Q') \}$$

$$+ \frac{1}{8\pi} n \{ (P - P')(R + R') + (P + P')(R - R') \}$$

$$= \frac{1}{2} l\sigma \{ l(P + P') - m(Q + Q') - n(R + R') \}$$

$$+ \frac{1}{2} m\sigma \{ l(Q+Q') + m(P+P') \} + \frac{1}{2} n\sigma \{ l(R+R') + n(P+P') \}$$

$$= \frac{1}{2} \sigma (P + P') \tag{25}$$

이다.

그러므로 어떤 점에서의 변형력이 식 (14)로 주어진다고 가정하면 대전된 표면에서의 단위 부피당 x방향의 합력은 면밀도와, 그 곡면의 두 측면에서의 기전세기의 x성분의 산술평균을 곱한 것과 같다.

이것은 79절에서 본질상 유사한 과정을 거쳐 얻어진 것과 동일한 결과이다.

그러므로 둘러싼 매질 안에 변형력이 존재한다는 가설은 유한한 양의 전기가 유한한 곡면에 모이는 경우에 적용할 수 있다.

곡면 요소에 대한 합력은 보통 곡면의 곡률 반경과 비교해서 매우 작은 크기의 곡면의 부분을 고려함으로써 원격 작용 이론에서 연역될 것이다.[5]

이 곡면 부분의 가운데 점에서 나오는 법선 위에, 그 곡면 부분의 크기와 비교해 매우 작은 거리만큼 떨어져 있는 점 P를 취하자. 그 작은 곡면 부분 때문에 이 점에 유발되는 기전세기는 마치 그 곡면이 무한 평면일 때 유발되는 것과 근사적으로 같을 것이다. 즉, 그것은 곡면에 대한 법선 방향으로 $2\pi\sigma$이다. 그 곡면의 다른 편 위의 점 P'에 대하여 기전세기는 크기는 같고 방향은 반대일 것이다.

이제 곡면의 나머지와 그 곡면 요소에서 일정한 거리만큼 떨어져 있

---

[5] 이 방법은 라플라스가 제안한 것이다. Poisson, "Sur la Distribution de l'éctri-cité&c," *Mém. de l'Institut*, 1811, p.30을 보라.

는 대전체로부터 생기는 기전세기의 부분을 고려하자. 점 P와 P'은 서로 무한히 가까우므로 유한한 거리에 있는 전기에서 생기는 두 점에서의 기전세기의 성분들은 같을 것이다.

P_0이 유한한 거리에 있는 전기에서 생기는 A 또는 A'에 대한 기전세기의 x성분이라고 하자. 그러면 A에 대한 x성분의 전체값은

$$P = P_0 + 2\pi\sigma l$$

이고 A'에 대하여 $\qquad P' = P_0 - 2\pi\sigma l$

이다. 그러므로 $\qquad P_0 = \dfrac{1}{2}(P + P')$

이다.

이제 곡면 요소 위에 작용하는 역학적 합력은 전적으로 일정한 거리에 있는 전기의 작용에서 생기게 된다. 왜냐하면 그 요소의 자체에 대한 작용은 합력 0이 될 것이 확실하기 때문이다. 그러므로 단위 면적당 이 힘의 x성분은

$$a = aP_0$$
$$= \frac{1}{2}\sigma(P + P')$$

이다.

108] 주어진 것으로 가정된 전기 분포에 의해 퍼텐셜을 정의하면(식 (2)에서처럼), 어떤 전기 입자의 쌍 사이의 작용과 반작용은 크기가 같고 방향이 반대라는 사실로부터, 한 계의 자체에 대한 작용에서 생기는 힘의 x성분은 0이라는 것이 유도된다. 우리는 이것을

$$\frac{1}{4\pi}\iiint \frac{d\Psi}{dx}\nabla^2\Psi\,dxdydz = 0 \tag{26}$$

의 형태로 쓸 수 있다.

그러나 Ψ를 폐곡면 s 밖의 모든 점에서 방정식

$$\nabla^2 \Psi = 0$$

을 만족시키고 무한한 거리에서는 0인 x, y, z의 함수로 정의한다면, s를 포함하는 임의의 공간 전체에 걸쳐 취해진 체적분이 0이라는 사실은 증명을 요구할 것이다.

한 가지 증명 방법을 100c절의 정리에서 발견할 수 있다. 즉, $\nabla^2\Psi$가 모든 점에서 주어지고 무한히 먼 곳에서 Ψ=0이라면, 모든 점에서 Ψ의 값은 결정되고

$$\Psi' = \frac{1}{4\pi} \iiint \frac{1}{r} \nabla^2 \Psi \, dxdydz \qquad (27)$$

와 같아질 것이다. 여기에서 r는, Ψ의 집중도가 $\nabla^2\Psi$로 주어지는 요소 $dxdydz$와 Ψ'의 값이 주어지는 점 x', y', z' 사이의 거리이다.

이것은 그 정리를 Ψ의 첫 번째 정의로부터 유도한 것으로 바꾸어준다.

그러나 우리가 다른 함수들을 유도할 수 있는 x, y, z의 일차적인 함수로 Ψ를 고려할 때 (26)을 면적분

$$A = \iint (lp_{xx} + mp_{xy} + np_{xz})dS \qquad (28)$$

의 형태로 바꾸는 것이 더 적절할 것이다. 그리고 곡면 S가 곡면 $\nabla^2\Psi$가 0이 아닌 모든 점을 포함하는 곡면 s로부터 먼 거리 a에 있는 모든 곳에 있다고 가정하면, Ψ는 수치상 e/a보다 클 수 없다는 것을 알 수 있다. 여기에서 $4\pi e$는 $\nabla^2\Psi$의 체적분이고 R는, $-d\Psi/da$ 즉 e/a^2보다 클 수 없으며 양들 p_{xx}, p_{xy}, p_{xz}는 어느 것도 p, 즉 $R^2/8\pi$, 또는 $e^2/8\pi a^4$보다 클 수 없다. 그러므로 반지름이 매우 큰 a인 같은 구에 걸쳐 취해진 면적분은 $e^2/2a^2$보다 클 수 없고, a가 무한히 커질 때, 이 면적분은 결국 0이 되어야 한다.

그러나 이 면적분은 체적분 (26)과 같고 S가 $\nabla^2\Psi$가 0과 다른 모든 점을 둘러싸고 있다면, S 안에 둘러싸인 공간의 크기가 무엇이든, 이 체적분의 값은 같다. 그러므로 a가 무한대일 때 그 적분이 0이므로, 적분

의 상하한이 $\nabla^2 \Psi$가 0이 아닌 모든 점을 포함하는 임의의 곡면에 의해 정의될 때 그것 역시 0이 되어야 한다.

109] 이 장에서 고찰하는 변형력의 분포는 바로 패러데이가 유전체에서의 유도를 탐구하는 동안 관심 갖게 된 것이다. 그는 그것을 다음과 같이 요약한다.

"(1297)[6] 두 개의 한계를 이루는 대전된 도체면 사이에 선을 따라 작용한다고 가정할 수 있는 직접적인 유도력은 이 표시선의 팽창이나 밀침과 동등한 측방향 또는 횡방향의 힘을 수반한다(1224). 또는 유도의 방향으로 유전체의 입자들 사이에 존재하는 인력은 횡방향의 밀치는 힘이나 분산하는 힘을 수반한다.

(1298) 유도는 그 작용을 유지하는 전기화된 물체에 의해 입자들에 유발되는 어떤 분극 상태로 이루어진 것으로 보인다. 입자들은 서로 대칭적으로 유지되는 양과 음의 점 또는 부분과 인도하는 표면 또는 입자를 포함하는 것으로 보인다. 그 상태는, 힘에 의해서만 생겨나고 유지되며, 힘이 없어지면 정상(定常) 또는 비활동 상태로 잦아들기 때문에, 강제된 것임에 틀림없다. 그것은 절연체 안에서만 약간량의 같은 전기로 남아 있을 수 있다. 왜냐하면 절연체만이 입자들의 이 상태를 유지할 수 있기 때문이다."

이것은 우리의 수학적 탐구에 의해 우리가 도달한 결론에 대한 정확한 설명이다. 매질의 모든 점에서 역선을 따른 장력과 역선에 수직인 모든 방향으로 압력이 있는 긴장 상태가 존재한다. 이때 압력의 수치 크기는 장력의 그것과 같으며 둘 다 그 점에서의 합력의 제곱에 비례한다.

'전기 장력'이라는 표현은 여러 저자에 의해 다양한 의미로 사용되어왔다. 나는 항상 그것을 우리가 보았듯이 각 점마다 달라지고 항상 그점에서의 합력의 제곱에 비례하는 역선 방향의 장력을 지칭하는 데 사용할 것이다.

---

6) Faraday, *Electric Researches*의 절(article) 번호이다—옮긴이.

110] 이런 종류의 긴장 상태가 공기나 테르빈유 같은 유체 유전체에 존재한다는 가설은 처음 볼 때는 유체의 임의의 점에서 모든 방향의 압력이 같다는 기존의 원리와 모순되는 것처럼 보일 수도 있다. 그러나 유체의 부분들의 유동성과 평형을 고려하면서 이 원리를 유도할 때, 우리는 역선을 따라 발생한다고 가정하는 이런 작용이 유체에서 전혀 존재하지 않는다는 것을 당연히 여긴다. 우리가 연구해 온 긴장 상태는 유체의 유동성 및 균형과 완전히 합치된다. 왜냐하면 유체의 어떤 부분에 전하가 없다면, 그것으로부터 표면이 받는 변형력이 아무리 강하다 할지라도, 그 합력은 0이 된다는 것을 우리가 알고 있기 때문이다. 유체의 부분이 대전되어 그 평형이 그 표면에 작용하는 변형력에 의해 교란될 때만 유체는 움직이려는 경향을 가진다는 것을 우리는 안다. 그러므로 가정된 긴장 상태는 유체 유전체의 평형과 모순되지 않는다.

4장의 99a절에서 고찰했던 양 W는 변형력의 분포에서 기인한 매질에서의 에너지로 해석될 수 있다. 제시된 조건을 만족하는 변형력의 분포는 W를 절대적으로 최소가 되게 한다는 것이 그 장의 정리들로부터 유도된다. 이제 에너지가 어떤 배열에 대하여 최솟값일 때, 그 배열은 평형 중 하나이며 그 평형은 안정하다. 그러므로 전기화된 물체의 유도 작용을 받는 유전체는 스스로 우리가 기술한 방식으로 분포된 긴장 상태를 취하게 된다.[7)]

우리는 매질의 작용 이론에서 단 한 단계만을 밟았을 뿐임을 명심해야 한다. 우리는 그것이 긴장 상태에 있다고 가정했지만 어떤 경우에도 이 긴장을 설명하지 않았고 그것이 어떻게 유지되는지 설명하지 않았다. 그러나 내가 보기에 이 단계는 중요해 보인다. 왜냐하면 매질의 연속적인 부분들의 작용에 의해, 직접적인 원격 작용에 의해서만 설명될

---

7) {매질 안의 긴장은 『보충편』에서 더 살펴보게 될 것이다. 그러나 전기장에서 존재하는 것과 같은 힘을 내는 변형력 계를 찾는 문제는 무한한 개수의 해를 갖는 문제이다. 맥스웰이 채택한 것은 일반적으로 탄성 고체에서 변형력에 의해 만들어질 수 없는 것이다}—톰슨.

수 있다고 가정되었던 현상을 설명하기 때문이다.

111] 나는 다음 단계, 즉 역학적 고려에 의해 유전체에서의 변형력을 설명하는 다음 단계로 나아갈 수 없었다. 그러므로 이 시점에서 유전체에서의 유도 현상들에 다른 무엇이 있는지만 언급하고 그 이론을 넘기고자 한다.

I. 전기 변위. 유도가 유전체를 통해 전달될 때 우선 유도의 방향에는 전기 변위가 있다. 가령, 라이덴병의 내박(內箔)이 양으로 대전되고 외박(外箔)이 음으로 대전되어 있다고 해보자. 유리에서의 양전기의 변위 방향은 안에서 바깥쪽이다.

변위의 증가가 일어나는 동안 이러한 증가는 안에서 밖으로 흐르는 양전기의 흐름과 같고 변위의 감소는 반대 방향의 흐름과 같다. 유전체 안에 고정된 곡면의 어떤 구역을 통해서 변위된 전기 전체의 양은 우리가 이미 고찰한(75절에서) 양, 즉 그 면적을 통과하는 유도의 면적분에 $K/4\pi$를 곱한 것에 의해 측정된다. 여기에서 K는 유전체의 비유도 용량이다.

II. 유전체 입자의 면전하. 크든 작든 유전체 어떤 부분이 폐곡면에 의해 유전체의 다른 부분에서 분리되어 있다고 해보자. 이 곡면의 모든 요소 위에 그 면 요소를 밖에서 안으로 통과하는 전체 전기 변위에 의해 측정되는 전하가 있다고 가정해야 한다.

내박(內箔)이 양으로 대전된 라이덴병의 경우에 유리의 임의의 부분은 양으로 대전된 내면과 음으로 대전된 외면을 가질 것이다. 이 부분이 완전히 유리의 안에 있다면 그 면전하는 그것과 접촉하는 부분의 반대 전하에 의해 상쇄될 것이지만 그것이 자체적으로 유도 상태를 유지할 수 없는 도체와 접촉하고 있다면 표면 전하는 상쇄되지 않을 것이고 흔히 도체 전하라고 불리는 겉보기 전하를 구성할 것이다.

그러므로 도체와 그것을 둘러싼 유전체의 경계 곡면에 있는 전하—기존의 이론에서 도체 전하라고 불리는 것—는 유도 이론에서 둘러싸고 있는 유전체의 표면 전하라고 불러야 한다.

이 이론에 따르면 모든 전하는 유전체의 분극의 잔여 효과(residual

effect)이다.[8] 분극은 물질의 내부 전체에 존재하지만 반대 부호로 대전된 부분들이 나란히 놓임으로써 상쇄되어 전하의 효과가 가시화되는 것은 유전체의 표면에서뿐이다.

이 이론은 77절의 정리, 즉 폐곡면을 통과하는 전체 유도는 곡면 안의 전체 전기량을 4π로 곱한 것과 같고 바깥 방향을 향하는 전체 변위는 곡면 안쪽의 전체 전하와 반드시 동등하다는 것을 완전히 설명한다.

이 이론은 또한 물질로 '절대 전하'를 전달하는 것이 불가능하다는 것을 설명한다. 즉, 전하라는 것이 전기 분극이라고 부를 수 있는 단일한 현상의 다른 표현이라고 말하는 것이 더 옳지 않다 할지라도, 유전체 안의 모든 입자들은 그것의 마주 보는 측면들에 크기가 같고 부호가 반대인 전하를 가진다.[9]

---

8) 유전체 안에서 일어나는 변위는 유전체를 구성하는 입자에 분극을 일으키게 되는데 그 분극은 인접하는 입자 사이에서 반대 전하가 마주함으로써 상쇄되지만 유전체의 변두리에서는 그러한 상쇄가 일어날 수 없기 때문에 분극이 그대로 나타나게 된다. 이것을 유전체의 면전하로 보는 것이다. 즉, 우리가 도체의 표면에 존재한다고 보는 전하를 맥스웰은 그 도체와 접촉하고 있는 유전체의 표면에 존재한다고 보는 것이다. 기존의 이론이 도체를 중심으로 전기계를 이해하는 것과는 반대로 맥스웰의 이론은 유전체를 중심적으로 보는 것이 특징이다. 그런 점에서 유전체 안에서 변위의 역할은 매우 핵심적이다. 또한 전하의 실체에 대해서도 현대적인 견해와는 다른 입장을 맥스웰은 가지고 있다. 현대적인 전자기학에서 전하는 전기장의 근원으로 이해되고 있지만 맥스웰에게 있어서 전하는 분극의 불연속점의 상태에 해당한다—옮긴이.

9) 맥스웰이 전하를 이렇게 보는 관점도 있다고 소개하고 있지만 이것이 사실 맥스웰의 전하에 대한 이해의 핵심이라 할 수 있다. Zed Buchwald, *From Maxwell to Microphysics: Aspects of Electromagnetic Theory in the Last Quarter of the Nineteenth Century*(Chicago: University of Chicago Press, 1985), pp.24~28. 헤르츠의 맥스웰에 대한 비판은 전하에 대한 정의와 전기 변위 개념의 모호함에 맞추어졌다. 그것은 대륙의 물리학자들에게 이 책 『전기자기론』은 모호하고 어려운 책으로 간주되고 있었기 때문이었다. 헤르츠는 이러한 모호함을 해결하기 위해서 맥스웰의 이론은 곧 맥스웰 방정식이라고 단언하면서 전자기학의 형식론을 역학적 모형에서 벗어나게 만들려고 했고 그 것은 맥스웰 방정식에 대한 현대적인 이해에 가깝다. 하만, 『에너지, 힘, 물질』(서울: 성우, 2000), p.153—옮긴이.

이렇게 분극되어 있는 유전체 매질은 전기 에너지의 장소이며 매질의 단위 부피 속의 에너지는 단위 면적당 전기 장력과 동일하며 두 양은 변위와 총기전세기의 곱을 2로 나눈 것

$$p = \frac{1}{2} \, \mathbb{D}\mathbb{E} = \frac{1}{8\pi} \, K\mathbb{E}^2 = \frac{2\pi}{K} \, \mathbb{D}^2$$

과 같다. 여기에서 p는 전기 장력, $\mathbb{D}$는 변위, $\mathbb{E}$는 기전세기, K는 비유도 용량이다.

매질이 완전한 절연체가 아니라면 우리가 전기 분극이라고 부르는 속박 상태는 연속적으로 무너진다. 매질은 기전력에 굴복하며, 전기 긴장은 완화되고, 속박 상태의 퍼텐셜 에너지는 열로 전환된다.[10] 이 분극 상태의 소멸이 일어나는 속도는 매질의 본성에 의존한다. 유리 같은 것에서 분극이 원래의 값의 절반으로 줄어드는 데는 여러 날 또는 여러 해가 걸릴 수 있다. 구리에서는 유사한 변화가 1조 분의 1초보다 짧은 시간 동안 일어난다.

분극된 매질이 혼자 놓여 있다고 가정하자. 전류라고 부르는 현상에서 매질을 일정한 전기가 통과하는 것은, 매질의 전도성이 분극 상태를 소멸하게 하는 것만큼이나 빨리 그것을 복구하려는 경향을 갖는다. 그리하여 전류를 유지하는 외부의 동인은 연속적으로 완화되는 매질의 분극을 복구하면서 일을 한다. 이 극성화 퍼텐셜 에너지는 연속적으로 열로 전환되기 때문에 전류를 유지하는 데 사용된 에너지의 최종 결과는 도체의 온도의 점진적 상승이다. 이 과정은 전류가 일정 시간 동안 발생시키는 열과 전도나 복사로 잃게 되는 열이 같아질 때까지 지속된다.

---

10) 1861년과 1862년에 발표한 「물리적 역선에 관하여」에서 맥스웰은 이전 논문들의 기하학적 표현을 버리고 패러데이의 전기 긴장 상태라는 개념을 역선의 물리적 표현으로 채택하면서 전기적 긴장 상태를 에테르의 소용돌이의 각운동량으로 보는 역학적 해석을 제시했다. 맥스웰은 자신의 역학적 모형이 진짜 메커니즘을 흉내낼 뿐이지 실재를 반영하는 것은 아니라고 보았다. 피터 하만, 『에너지, 힘, 물질』(서울: 성우, 2000), p.126 — 옮긴이.

제6장 평형점과 평형선에 관하여

112] 전기장[1]의 임의의 점에서 합력이 0이라면 그 점은 **평형점**이라고 부른다.

어떤 선 위의 모든 점이 평형점이라면, 그 선은 **평형선**이라고 부른다.

어떤 점이 평형점이 될 조건은 그 점에서

$$\frac{dV}{dx} = 0, \ \frac{dV}{dy} = 0, \ \frac{dV}{dz} = 0$$

이 되는 것이다.

그러므로 그런 점에서 V의 값은 극대값이나 극소값이 되거나 좌표 변화에 대하여 불변인 경우다. 그러나 퍼텐셜은 양이나 음으로 대전된 점이나, 양이나 음으로 대전된 곡면에 의해 둘러싸인 일정한 공간 전체에서만 극대값 또는 극소값을 가질 수 있다. 그러므로 평형점이 마당의 대전되지 않은 부분에서 발생한다면, 퍼텐셜은 공간상으로 일정해야 하며 극대나 극소가 되지 말아야 한다.

사실상 극대나 극소 조건은

$$\frac{d^2V}{dx^2}, \ \frac{d^2V}{dy^2}, \ \frac{d^2V}{dz^2}$$

가 일정한 값을 갖는다면 모두 양이거나 음이어야 한다는 것이다.

---

1) 여기에서 전기장은 현대적인 의미의 전기장과는 다르다. 맥스웰은 전기장을 '전기의 영향을 받는 혹은 전기적 영향을 고려하는 공간' 정도의 의미로 사용한다―옮긴이.

이제 라플라스의 방정식에 의해 전하가 없는 점에서 이 세 양의 합은 0이며 이 조건은 충족될 수 없다.

힘의 성분들이 동시에 0이 되는 경우의 해석학적 조건을 따지는 대신에 등퍼텐셜면에 의한 일반적인 증명을 제시하겠다.

임의의 점 P에서 V의 진정한 극대값이 있다면, P의 바로 옆에 있는 다른 모든 점들에서 V의 값은 P에서의 값보다 작아야 한다. 그리하여 P는 일련의 닫힌 등퍼텐셜면에 의해 겹겹으로 둘러싸일 것이고 이 곡면 중 하나 위의 모든 점에서 전기력은 바깥쪽을 향할 것이다. 그러나 76절에서 우리는 이미 어떤 폐곡선에 걸쳐 취해진 기전세기의 면적분은 그 곡면 안에 있는 전체 전하와 4π를 곱한 것과 같다는 것을 증명한 적이 있다. 이제 이 경우에 힘은 모든 곳에서 밖을 향하므로 면적분은 반드시 양수이어야 한다. 그러므로 그 곡면 안에는 양전하가 있다. 우리가 원하는 만큼 P에 가까이 그 곡면을 취할 수 있을 것이므로 점 P에 양전하가 있음에 틀림없다.

같은 방법으로 V가 P에서 극소값을 갖는다면 P는 음전하를 가져야 한다.

다음에 P가 전하가 없는 영역에 있는 평형점이라고 하자. P 주위에 매우 작은 반경을 갖는 구를 그리자. 그러면 앞서 보았듯이 이 곡면에서의 퍼텐셜은 모든 곳에서 P보다 크거나 모든 곳에서 P보다 작을 수 없다. 그러므로 곡면의 어떤 부분에서 그것은 더 커야 하고 다른 곳에서는 더 작아야 한다. 곡면의 이러한 부분들은 퍼텐셜이 P의 값과 같은 선들로 경계 지워진다. P에서 시작해서 퍼텐셜이 P의 값보다 작은 점들까지 그어진 선들에서 전기력은 P에서 멀어지는 방향을 향하고 P보다 퍼텐셜이 큰 점들로 그어진 선들에서 전기력은 P를 향한다. 그러므로 점 P는 어떤 변위[2]에 대해서는 안정한 평형점이고 다른 변위들에 대해서는 불안정한 평형점이다.[3]

---

2) 여기에서의 변위는 전기와는 무관한 일반적인 변위 벡터를 의미한다—옮긴이.

113] 평형점과 평형선의 수를 알아내기 위해 주어진 양 C와 같은 포텐셜을 갖는 곡면이나 곡면들을 고려하자. 퍼텐셜이 C보다 작은 영역을 음의 영역이라고 부르고 그것이 C보다 큰 영역을 양의 영역이라고 부르자. 전기장에서 존재하는 가장 작은 퍼텐셜을 V_0, 가장 큰 퍼텐셜을 V_1이라고 부르자. $C=V_0$으로 만들면 음의 영역은 가장 낮은 퍼텐셜의 점이나 도체만을 포함할 것이고 이것은 반드시 음으로 대전되어 있다. 양의 영역은 공간의 나머지를 차지하며 그것이 음의 영역을 둘러싸고 있으므로 그것은 함역적(periphractic)이다. 18절을 보라.

만약 우리가 C의 값을 증가시킨다면, 음의 영역은 확장될 것이며 새로운 음의 영역은 음으로 대전된 물체 주변에서 형성될 것이다. 이렇게 형성된 각각의 음의 영역에 대하여 둘러싸고 있는 양의 영역은 1도의 함역성(1 degree of periphraxy)을 얻는다.

상이한 음의 영역이 늘어나면서 둘 또는 그 이상의 음의 영역이 한 점이나 선에서 만날 수도 있다. $n+1$개의 음의 영역이 만난다면, 양의 영역은 n도의 함역성을 잃는다.[4] 그것들이 만나는 점이나 선은 n도의 평형점이나 평형선이다.

C가 V_1과 같게 될 때, 양의 영역은 가장 높은 퍼텐셜의 점이나 도체가 되어 그것의 모든 함역성을 잃게 된다. 그러므로 각각의 평형점이나 평형선은 그것의 도수에 따라 1, 2 또는 n으로 셈이 될 것이므로, 이제 고려 중인 점이나 선에 의해 합산된 이 수는 음으로 대전된 물체의 수보다 하나가 적을 것이다.

---

3) 이러한 평형점을 안장점(saddle point)이라고 부른다. 안장점은 말 안장의 가운데 점과 유사하다. 즉, 말 안장을 말에 올렸을 때 말의 대칭면이 지나가는 방향, 즉 앞뒤 방향으로는 가장 낮은 점, 즉 극소값을 갖는 점이고, 좌우 방향으로는 가장 높은 점, 즉 극대값을 갖는 점이다―옮긴이.

4) $n+1$개의 음의 영역이 만나서 하나의 음의 영역으로 합쳐지게 되면 음의 영역의 수가 n개 줄어들기 때문에 음의 영역을 둘러싸고 있는 양의 영역의 함역성은 n도를 잃게 되는 것이다. 즉 그 영역이 포함하는 영역의 수가 n개 줄어든다―옮긴이.

양의 영역이 서로 분리되어 있는 곳에서 생기는 다른 평형점이나 평형선이 있고 음의 영역은 함역성을 얻는다. 그것들의 도수에 따라 계산된 이것들의 수는 양으로 대전된 물체의 수보다 하나가 적다.

평형점이나 평형선이 둘 또는 그 이상의 양의 영역의 만나는 장소일 때 그것을 양의 평형선이나 평형점이라고 부르고, 거기에서 만나는 영역이 음의 영역일 때 그것을 음의 평형선이나 평형점이라고 부른다면, p개의 물체가 양으로 대전되어 있고 n개의 물체가 음으로 대전되어 있을 경우에 양의 평형점과 평형선의 도수의 합은 $p-1$이 될 것이고 음의 평형점과 평형선의 도수의 합은 $n-1$이 될 것이다. 그 전기계로부터 무한히 먼 곳에서 그것을 둘러싸고 있는 곡면은 계의 전하의 합과 크기가 같고 부호가 반대인 전하를 갖는 물체로 간주될 수 있다.

그러나 다른 영역의 연결점에서 생기는 이 일정한 수의 평형점과 평형선 외에 다른 것들이 있을 수 있는데 그것들의 수는 반드시 짝수라고 자신 있게 말할 수 있다. 음의 영역 중 어느 것이 확장될 때 그것이 자신과 만나면 함환 영역(cyclic region)이 되는데, 반복해서 자신과 만남으로써 어떤 수의 함환도(degree of cyclosis)든 얻을 수 있다. 이때 획득되는 각각의 함환도는 함환성(cyclosis)을 가진 평형점이나 평형선의 그것에 해당한다. 음의 영역이 확장되어서 모든 영역을 채우게 될 때 그것은 자신이 가진 모든 함환도를 잃게 되어 마침내 비함환성이 된다. 그리하여 함환성을 잃은 평형점이나 평형선의 집합이 있고 이것들의 도수는 함환성을 얻은 평형점이나 평형선의 도수와 같다.

대전된 물체나 도체의 형태가 임의적이라면, 이 추가적인 점이나 선의 수가 짝수라고 단언할 수 있을 뿐이다. 그러나 그것들이 대전점(帶電點)이나 구형 도체라면, 이런 식으로 생기는 개수는 $(n-1)(n-2)$를 넘을 수 없다. 여기에서 n은 물체의 수이다.[5]

---

5) {나는 이 결과가 증명된 곳을 찾을 수 없었다}—톰슨.

114] 어떤 점 P에 가까운 곳에서의 퍼텐셜은 급수

$$V = V_0 + H_1 + H_2 + \dots$$

로 전개될 수 있다. 여기에서 H_1, H_2,...는 x, y, z의 동차 함수들이고 그 것의 차수는 각각 1, 2,...이다.

V의 일차 도함수는 평형점에서 0이므로 P가 평형점이라면 $H_1 = 0$ 이다.

H_n은 0이 되지 않는 첫 번째 함수라고 하자. 그러면 P점 근처에서 H_n 과 비교해서 더 높은 차수의 모든 함수들을 무시할 수 있다.

이제 $H_n = 0$

은 n차의 원뿔 방정식이고 이 원뿔은 P에서 등퍼텐셜면과 가장 가까이 접촉하는 원뿔이다.

그러므로 P를 지나는 등퍼텐셜면은 그 점에서 2차 또는 그 이상의 차 수의 원뿔과 접촉하는 원뿔점을 갖는 것으로 보인다. 원뿔의 꼭지점을 중심으로 갖는 구와 원뿔이 만나는 교차선을 마디선이라고 부른다.

점 P가 평형선 위에 있지 않다면 마디선은 자신과 교차하지 않지만 n 또는 그보다 적은 수의 폐곡선으로 이루어져 있다.

마디선이 자신과 만난다면, 점 P는 평형선 위에 있으며 P를 통과하는 등퍼텐셜면은 그 선에서 자신과 만난다.

마디선이 구의 반대편 점이 아닌 곳에서 교차한다면, P는 평형선 위 에 있다. 왜냐하면 P를 통과하는 등퍼텐셜면은 각각의 평형선에서 자신 과 만나기 때문이다.

115] 같은 등퍼텐셜면 n개가 교차한다면, 그것들은 서로 π / n의 동일 한 교차각으로 만나야 한다.

교차선에 대한 접선을 z축으로 취하면 $\dfrac{d^2 V}{dz^2} = 0$이다. 또한 x축이 그 등퍼텐셜면 중 하나의 접선이라면 $\dfrac{d^2 V}{dx^2} = 0$이다. 이것들과 라플라스

방정식에 의해 $\dfrac{d^2V}{dy^2} = 0$이 유도되며 이에 따라 y축은 다른 등퍼텐셜면에 접선이 된다.

이러한 고찰은 H_2가 유한하다는 것을 가정한다. H_2가 0이면, 교차선의 접선을 z축으로 취하자. 그리고 $x=r\cos\theta$, $y=r\sin\theta$라고 하자. 그러면

$$\frac{d^2V}{dz^2} = 0, \; \frac{d^2V}{dx^2} + \frac{d^2V}{dy^2} = 0$$

$$\text{즉,} \; \frac{d^2V}{dr^2} + \frac{1}{r}\frac{dV}{dr} + \frac{1}{r^2}\frac{d^2V}{d\theta^2} = 0$$

이기 때문에 이 방정식의 해를 r에 대한 내림차순으로 정리하면

$$V = V_0 + A_1 r\cos(\theta + \alpha_1) + A_2 r^2\cos(2\theta + \alpha_2)$$
$$+ ... + A_n r^n\cos(n\theta + a_n)$$

이 된다. 평형점에서 A_1은 0이다. 0이 되지 않는 첫 번째 항이 의 항이라면,

$$V - V_0 = A_n r^n\cos(n\theta + \alpha_n) + r \text{ 의 고차항들}$$

이다.

이 식은 $V=V_0$인 등퍼텐셜면 n장이 π/n의 각을 끼고 서로 만난다는 것을 보여준다. 이 정리는 랭킨이 얻은 것이다.[6]

---

6) "Summary of the Properties of certain Stream Lines," *Phil. Mag.* Oct. 1864. 또 Thomson and Tait, *Natural Philosophy*, §780을 보라. 또 Rankine and Stokes의 *Proc. R.S.*, 1876, p.468과 W.R. Smith, *Proc. R.S. Edin.* 1869~70, p.79을 보라—원주.
{이 고찰은 d^2V/dz^2만이 z축을 따라서 0이 될 때는 충족되지 않는다. 랭킨 (Rankine)의 원래의 증명은 엄밀하다. H_m은(원문에는 Hm으로 잘못 표기되어 있어서 H_m으로 수정했음—옮긴이)

$$u_n z^{m-n} + u_{n+1} z^{m-n-1} + ...u_m$$

과 같이 쓸 수 있다. 여기에서 u_n, u_{n+1},....은 각각 x, y에 대하여 n차, $n+1$차의 동차 함수이고 z축은 n차의 단일한 선이다. H_m이 $\nabla^2 H_m=0$을 만족시키므로

$$\frac{d^2 u_n}{dx^2} + \frac{d^2 u_n}{dy^2} = 0$$

평형선이 자유 공간에서 존재할 수 있는 것은 어떤 조건하에서만이다. 그러나 도체의 면밀도가 어떤 부분에서 양이고 다른 부분에서 음일 때는 언제든지 도체의 표면에 평형선이 있어야 한다.

도체가 그 표면의 다른 부분 위에서 반대로 대전되어 있기 위해서는 마당 안에 퍼텐셜이 물체의 퍼텐셜보다 높은 곳과 낮은 곳이 모두 있어야 한다.

양으로 대전되어 같은 퍼텐셜에 있는 두 도체로 시작하자. 두 물체 사이에는 평형점이 있을 것이다. 첫 번째 물체의 퍼텐셜이 점차로 줄어들게 하자. 평형점은 그것에 접근할 것이고 어떤 단계에서 그 표면 위의 점과 일치하게 될 것이다. 그 과정의 다음 단계 동안 첫 번째 물체와 같은 퍼텐셜을 가진 두 번째 물체 주위의 등퍼텐셜면은 두 번째 물체의 표면과 수직으로 만나 폐곡선을 만들 것이고 그것은 평형선이다. 이 폐곡선은 그 도체의 전체 표면을 휩쓸고 지나간 후 하나의 점으로 줄어들 것이다. 그리고 나서 그 평형점은 첫 번째 물체의 반대편에서 멀어져 갈 것이고 두 물체의 전하의 크기가 같고 부호가 반대일 때 무한한 거리에 있게 될 것이다.

언쇼(Earnshaw)의 정리

116] 전기력의 마당에 놓인 대전 물체는 안정한 평형에 있을 수 없다.

먼저 움직일 수 있는 물체 A의 전기를 가정하고 둘러싸는 물체의 계 B의 전기는 그 물체들에 고정되어 있다고 가정하자.

둘러싸는 물체들 B의 작용 때문에 움직일 수 있는 물체의 임의의 점에서 생기는 퍼텐셜을 V라고 하자. e가 이 점을 둘러싸고 있는 움직일 수 있는 물체의 작은 부분 위에 있는 전기라고 하자. 그러면 B에 관한 A의 퍼텐셜 에너지는

이어야 한다. 즉, $u_n = Ar^n \cos(n\theta + \alpha)$이다. 그러나 $u_n = 0$은 z축을 포함하면서 원뿔 $H_m = 0$에 접하는 평면의 방정식이다. 그것은 n개의 등퍼텐셜면이며, π/n의 각을 이루며 서로 교차한다 ― 톰슨.

$$M = \sum (Ve)$$

가 될 것이다. 여기에서 합은 A의 모든 대전된 부분에 대해서 취해진다.

x, y, z축에 평행하게 취해진 A에 고정된 축들에 대하여 A의 임의의 대전된 부분의 좌표를 a, b, c라고 하자. 이 축의 원점의 절대 좌표를 ξ, η, ζ라고 하자.

일단 물체 A가 회전 없이 병진 운동만 하게 되어 있다고 가정하면, 점 a, b, c의 절대 좌표는

$$x = \xi + a, \; y = \eta + b, \; z = \zeta + c$$

가 될 것이다.

B에 관한 물체 A의 퍼텐셜은 이제 많은 항들의 합으로 표현될 수 있다. 각각의 항에서 V는 a, b, c와 ξ, η, ζ에 의해 표현될 수 있고 이 항들의 합은 물체의 각 점에 대하여 상수인 a, b, c와 물체가 움직일 때 함께 변하는 ξ, η, ζ의 함수이다.

라플라스 방정식은 이 항들 각각에 의해 충족되므로 그것들의 합에 의해서도 충족된다.

즉,

$$\frac{d^2M}{d\xi^2}, \; \frac{d^2M}{d\eta^2}, \; \frac{d^2M}{d\zeta^2} = 0$$

이 성립한다.

이제 작은 변위가 A에 주어진다고 하자. 즉,

$$d\xi = ldr, \; d\eta = mdr, \; d\zeta = ndr$$

이고 둘러싸는 계 B에 대한 A의 퍼텐셜의 증가량을 dM이라고 하자.

이것이 양수라면, r를 증가시키기 위해서 일을 해야 할 것이다. 그리고 r를 줄이고 A를 원래의 자리로 돌이키는 경향이 있는 힘 $R = dM/dr$가 존재할 것이다. 그러므로 이 변위에 대하여 평형은 안정할 것이다.

한편 이 양이 음수라면, 그 힘은 r를 증가시키는 경향이 있을 것이며 평형은 불안정할 것이다.[7]

이제 원점에 중심을 갖고 반지름이 r인 구를 생각하자. 구의 반지름이 매우 작기 때문에 물체에 고정된 점이 이 구 안에 있을 때, 움직일 수 있는 물체 A의 어떤 부분도 외부의 계 B의 부분과 일치할 수 없다. 그때 구 안에서 $\nabla^2 M=0$이므로 구면에 대하여 취해진 면적분

$$\iint \frac{dM}{dr}\, dS$$

는 0이다.

그러므로 구의 표면의 임의의 부분에서 dM/dr이 양수이면 표면의 어떤 부분에서는 그 값이 음수이어야 한다. 그리고 물체 A가 dM/dr이 음수인 방향으로 변위되면, 그것은 원래의 자리로부터 멀어지려는 경향을 가지며 그 평형은 반드시 불안정하다.

그러므로 물체는 회전 없이 병진 운동만 허락될 때조차 불안정하고 완전히 자유로울 때는 더욱더 불안정하다.

이제 물체 A가 도체라고 가정하자. 우리는 이것을 물체들의 계의 평형의 경우로 취급할 수 있다. 이때 움직일 수 있는 전기는 그 계의 부분으로 고려된다. 계가 전기의 고정에 의해 많은 자유도를 상실했을 때 불안정하다면, 이 자유도가 그것에 회복될 때 그것은 더욱더 불안정해야 한다고 주장할 수 있다.

그러나 이 경우를 더욱 특별한 방식으로 고려할 수 있다.

먼저 전기가 A에 고정되어 있다고 하고 A가 짧은 거리 dr를 회전 없이 병진 운동한다고 하자. 이 원인에서 생긴 A의 퍼텐셜의 증가량은 이미 고려한 바 있다.

---

7) 안정한 평형은 잡아당긴 용수철이 평형점 주위를 진동하는 것처럼 평형점에서 벗어나는 변위가 생겼을 때 다시 평형점으로 돌아가려는 경향을 갖는 것이고 불안정한 평형은 공 위에 올려놓은 동전처럼 평형점에서 벗어나는 변위가 생겼을 때 평형점에서 멀어지려는 쪽으로 힘이 작용하는 경우이다―옮긴이.

다음으로 전기가 A 안에서 평형 위치로 움직이게 허락하자. 이때 형성되는 평형은 항상 안정하다. 이 운동 중에 퍼텐셜은 반드시 줄어들 것이고 우리는 그 줄어든 양을 Cdr라고 부를 것이다.

그리하여 전기가 자유롭게 움직일 수 있을 때 퍼텐셜의 전체 증가량은

$$\left(\frac{dM}{dr} - C \right) dr$$

가 될 것이고 A를 원래의 자리로 돌이키려는 힘은

$$\frac{dM}{dr} - C$$

가 될 것이다. 여기에서 C는 항상 양수이다.

이제 우리는 dM/dr가 r의 어떤 방향에 대해서 음수임을 보였다. 그러므로 전기가 자유롭게 움직일 수 있을 때 이 방향의 불안정성은 증가할 것이다.

제7장 간단한 경우의 등퍼텐셜면과 유도선의 형태

117] 우리는 도체 표면의 전기 분포가 라플라스 방정식

$$\frac{d^2V}{dx^2} + \frac{d^2V}{dy^2} + \frac{d^2V}{dz^2} = 0$$

의 해에 의존하도록 결정될 수 있다는 것을 알았다. 여기에서는 항상 유한하고 연속인 x, y, z함수로서 무한히 먼 곳에서는 0이 되며 각각의 도체의 표면에서 일정한 값을 갖는다.

임의의 주어진 조건을 만족하기 위해 이 방정식을 푸는 것은 일반적으로 알려진 수학적 방법으로는 가능하지 않다. 그러나 이 방정식을 만족시킬 함수 V의 표현을 여러 개 쓰고 함수 V를 실제 해가 되게 하기 위해 각 경우에 도체 표면의 형태를 알아내는 것은 어렵지 않다.

그러므로 퍼텐셜의 식이 주어질 때 도체의 형태를 알아내는, 우리가 역의 문제(inverse problem)라고 부르는 것은, 도체의 형태가 주어졌을 때 퍼텐셜을 결정하는 직접적인 문제보다 더 다루기 쉽다.

사실상 우리가 해를 알고 있는 모든 전기 문제는 이 역의 과정에 의해 구성되었다. 그러므로 이 방법으로 어떤 결과를 얻었는가를 아는 것은 전기연구자들에게 매우 중요하다. 왜냐하면 새 문제를 풀기를 기대할 수 있는 유일한 방법은, 유사한 문제들을 역의 과정으로 구성된 경우 중 하나로 바꾸는 것이기 때문이다.

이 역사적인 결과에 대한 지식은 두 방법으로 이용될 수 있다. 가장 정확하게 전기 측정을 하기 위해 도구를 고안하기를 요청받는다면 우리

는 정확한 해를 알고 있는 형태의 전기화된 곡면을 선택할 것이다. 한편 주어진 형태의 물체의 전기화를 추정하도록 요청받는다면, 등퍼텐셜면 중 하나가 주어진 형태를 어느 정도 닮은 형태를 취하는 몇몇 경우로 시작하여 시험적인 방법에 의해 그것이 주어진 경우와 거의 일치하게 될 때까지 문제를 수정할 수 있을 것이다. 이 방법은 수학적 견지에서 보면 매우 불완전하게 생각되지만 우리가 가진 유일한 방법이며 조건을 선택할 기회를 얻지 못한다면, 우리는 단지 전기화의 근사적 계산을 할 수 있을 뿐이다. 그러므로 우리가 원하는 것은 우리가 모으고 기억할 수 있는 만큼의 다른 경우들에서 등퍼텐셜면과 유도선의 형태에 대한 지식이다. 구에 관련된 경우처럼 어떤 경우에는 우리가 사용할 알려진 수학적 방법이 있다. 다른 경우에 우리는 종이 위에 시험적인 도형을 실제로 그리고 우리가 요구하는 그림과 가장 닮아보이는 것을 고르는 더 저급한 방법을 멸시할 여유가 없다.

내가 생각하는 이 뒤의 방법은 유용할 수 있다. 심지어 정확한 해가 얻어진 경우조차 그러하다. 왜냐하면 등퍼텐셜면의 형태에 대한 지식이 있으면 수학적 해법을 적절하게 선택할 수도 있기 때문이다.

그래서 나는 학생들이 선의 형태에 익숙해질 수 있도록 등퍼텐셜면의 계와 유도선의 그림을 몇 개 그려놓았다. 그러한 그림을 그리는 방법은 123절에서 설명할 것이다.

118] 이 책의 끝에 있는 첫 번째 그림에서 같은 종류에 20:5의 비를 갖는 전기량으로 대전된 두 점을 둘러싸고 있는 등퍼텐셜면들의 단면을 볼 수 있다.

여기에서 각 점은 등퍼텐셜면계에 의해 둘러싸여 있다. 그것들은 작을수록 구에 더 가깝지만 완전히 구인 것은 없다. 각각의 점을 둘러싸고 있는 이 곡면들 중 하나씩이 거의 구형인 두 개의 도체의 표면을 나타내도록 선택되고, 이 물체들이 4:1[1]의 비를 갖는 같은 종류의 전기로 대

---

1) 앞의 20:5의 비와 같다―옮긴이.

전되어 있다면, 그 그림은 두 물체의 안쪽에 그려넣은 모든 선을 제거했을 때 등퍼텐셜면을 표현해 줄 것이다. 물체들 사이의 작용이 같은 전하를 갖는 두 점 사이의 작용과 똑같다는 것을 그림에서 알 수 있다. 이 점들은 정확하게 각 물체의 축의 중앙에 있지 않고 각각 다른 물체의 중점보다 다소 더 많이 떨어져 있다.

같은 그림에서 우리는 두 중심을 둘러싸고 있는 달걀 모양의 도형 중하나 위에 어떤 전기의 분포가 있는지 알 수 있다. 그런 물체는 25단위의 전기로 대전되어 있고, 외부 영향으로부터 자유롭다면, 뾰족한 끝에서 가장 큰 면밀도를 가질 것이고 뭉툭한 끝에서는 더 작은 면밀도를 가질 것이고, 뭉툭한 끝보다는 뾰족한 끝에 좀더 가까운 원에서 가장 작은값을 가질 것이다.[2]

점선에 의해 표현된 하나의 등퍼텐셜면은 원뿔점 P에서 만나는 두 개의 돌출부를 갖는다. 그 점은 평형점이고 이 곡면 형태의 물체 위에 면밀도는 이 점에서 0이 될 것이다.

이 경우에 역선들은 6차의 곡면에 의해 나누어진 두 개의 상이한 계를 형성한다. 그 곡면은 점선으로 나타나 있으며 평형점을 통과하며 두장의 쌍곡면 중 하나를 닮았다.

이 그림은 질량이 4:1의 비를 갖는 두 구가 발휘하는 중력으로 생기는 역선과 등퍼텐셜면을 나타내기 위해 사용할 수도 있다.

119] 두 번째 그림은 크기가 20:5의 비를 갖고 부호가 다른 전하가 있는 두 점을 나타낸다. 이 경우에 등퍼텐셜면 중 하나, 즉 퍼텐셜이 0인 것에 해당하는 것이 구형이다. 그것은 그림에서 점선으로 그려진 원으로 Q로 표시되어 있다. 이 구면은 전기 영상(electrical images) 이론을 다루게 될 때 중요한 역할을 할 것이다.

이 그림에서 우리는 두 개의 둥근 물체가 반대 전하로 대전되어 있다

---

2) {이것은 마당의 다양한 부분에서 등퍼텐셜면 사이의 거리를 비교함으로써 알수 있다}—톰슨.

면, 같은 전하를 갖게 되기까지 두 점은 서로 당길 것이고 둥근 물체들의 중심점들보다 더 가까이 놓이게 될 것임을 알 수 있다.

여기에서 다시 등퍼텐셜면 중 하나(점선으로 표현)가 두 개의 돌출부(lobe)를 갖게 된다. 그중 하나는 전하가 5인 점을 둘러싼 안쪽의 것이고 다른 하나는 두 물체를 모두 둘러싼 바깥쪽의 것이다. 두 돌출부는 평형점인 원뿔점 P에서 만난다.

도체면이 바깥 돌출부, 즉 그 축의 한쪽 끝에 사과처럼 생긴 원뿔형의 옴폭 들어간 곳(dimple)이 있는 둥그스름한 물체의 모습을 하고 있다면, 이 도체가 전기화되어 있을 때 임의의 점에서의 면밀도를 결정할 수 있을 것이다. 이 옴폭 들어간 곳의 바닥에서 면밀도는 0이 될 것이다.

이 곡면을 둘러싼 다른 등퍼텐셜면들은 둥근 옴폭 들어간 곳을 갖는데 밖으로 갈수록 평평해지다가 마침내 M으로 표시된 점을 통과하는 등퍼텐셜면에서 사라진다.

이 그림에 있는 역선들은 평형점을 통과하는 곡면에 의해 나누어진 두 계를 구성한다.

점 B에서 먼 쪽 축 위에 있는 점들을 생각한다면, 이중점 P로 접근하면서 합력이 줄어들어 P점에서 0이 된다. 그때 합력의 부호가 바뀌며 M에서 극대값에 도달하고 그 후에 그것은 계속 줄어든다.

그러나 그 극대값은 축의 다른 점들과 비교해서 최대값일 뿐이다. 왜냐하면, 우리는 축에 수직으로 M을 통과하는 곡면을 생각한다면, M은 그 곡면 위에서 이웃하는 점들과 비교해서 최소힘의 점이다.

120] 그림 III은 모든 부분에서 방향과 크기가 균일한 힘의 마당의 한 점 A에 10의 전하로 대전된 점을 끌어들였을 때 생긴 등퍼텐셜면과 유도선을 나타낸다.[3]

등퍼텐셜면은 각각 점근(漸近)평면을 갖는다. 그것들 중 하나(점선으

---

[3] {맥스웰은 그 마당의 세기를 제시하지 않는다. 그러나 코르뉘(Cornu)는 역선의 그림에서 균일한 마당의 세기를 계산했고 대전체의 삽입 전에 기전세기가 1.5임을 발견했다}—톰슨.

로 표시)가 원뿔점을 가지며 A점을 둘러싼 돌출부를 갖는다. 이 곡면의 아래의 등퍼텐셜면들은 축 근처에서 아래로 휜 부분을 갖는 얇은 판을 이룬다. 그 위의 등퍼텐셜면들은 A를 둘러싼 닫힌 부분을 가지며 축 근처에서 약간 아래로 휜 분리된 면을 형성한다.

A 아래 곡면 중 하나를 도체 표면으로 잡고 A보다 한참 아래에 있는 곡면을 다른 퍼텐셜을 갖는 또 하나의 도체의 표면으로 잡으면 두 도체 사이의 유도선과 곡면의 계가 전기력의 분포를 나타낼 것이다. 아래의 도체가 A에서 상당히 멀다면, 그 곡면은 거의 평면일 것이다. 그래서 우리는 여기에서 거의 평면이면서 서로 평행한 두 곡면 위의 전기 분포의 해를 얻게 된다. 다만 여기에서 윗면이 중심점 근처에 돌출점을 갖기 때문에 우리가 선택한 특정한 등퍼텐셜면과 비교해서 다소 두드러지는 경우는 제외한다.

121] 그림 IV는 15단위의 양전하가 A에 있고 12단위의 음전하가 B에 있고, 20단위의 양전하가 C에 있을 때, A, B, C 때문에 생기는 등퍼텐셜면과 유도선을 나타낸다. 이 점들은 하나의 직선 위에 놓여 있어서

$$AB = 9, BC = 16, AC = 25$$

이다.

이 경우에 퍼텐셜이 0인 곡면은 각각 A와 C에 중심을 갖고 반지름이 각각 15와 20인 두 구를 형성한다. 이 구들은 만나서 원을 이루는데 그 원은 D와 D′에서 지면과 직교한다. 이 원 위의 모든 점에서 합력은 0이 되기 때문에 이 원은 평형선의 한 예가 된다.

중심이 A인 구가 단위 3의 양전하를 가진 도체로서 C에 있는 양전기 20단위의 영향을 받는다고 가정하면, 그 경우의 상태는 구 A 안의 모든 선들을 제거하면 이 그림으로 표현할 수 있을 것이다. 작은 원 DD′ 아래에 있는 이 구면의 부분은 C의 영향으로 음으로 대전될 것이다. 구의 나머지 부분은 양으로 대전될 것이며 작은 원 DD′ 자체는 전하가 없는 선이 될 것이다.

또한 우리는 이 그림을 중심이 C에 있고 단위 8의 양전하로 대전된 구가 A에 놓인 단위 15의 양전하의 영향을 받는 것을 나타내는 것으로 생각할 수도 있다.

이 그림은 DD′에서 만나는 두 구의 큰 부분으로 이루어진 표면을 갖는 도체가 23단위의 양전하를 가진 것을 나타내는 것으로 간주할 수도 있다. 우리는 나중에 이 그림을 톰슨의 『전기 영상 이론』(*Theory of Electri-cal Images*)의 예시로서 고려하게 될 것이다. 168절을 보라.

122] 이 그림들은 '역선', '전기화된 물체의 힘' 등에 대해 말하는 패러데이의 언어의 예시로 연구되어야 한다.

힘이라는 단어는 두 물체 사이의 작용의 제한된 측면을 가리키는 것으로서, 그것이 존재함으로써 그것이 없었을 때 물체들이 처했을 상태와 다른 운동 상태를 유발하는 것이다. 두 물체를 동시에 생각할 때 전체 현상을 **변형력**(stress)이라고 부르고 한 물체에서 다른 물체로 운동량의 전달로 기술할 수 있다. 우리의 관심을 두 물체 중 첫 번째 것에만 제한할 때 그것에 작용하는 변형력을 운동력이라고 부르거나, 단순하게 그 물체 위에 작용하는 힘이라고 부른다. 그리고 그것은 그 물체가 단위 시간에 받는 운동량에 의해 측정된다.

두 대전체 사이의 역학적 작용은 변형력이고 그것들 중 하나에 대한 작용은 힘이다. 작은 대전체에 작용하는 힘은 그 자체의 전하에 비례하고 단위 전하당 힘은 힘의 세기[4]라고 부른다.

유도라는 단어는 패러데이에 의해 대전된 물체의 전하가 서로 연결되는 방식을 지칭하기 위해 사용되었다. 모든 단위 양전하는 단위 음전하와 선으로 연결되고 유체 유전체에서 그것의 방향은 그것의 경로의 모든 점에서 전기세기의 방향과 일치한다. 그러한 선은 종종 역선이라고 불리지만 더 제대로 된 명칭은 유도선이다.

이제 어떤 물체의 전기량을 패러데이의 개념을 따라 그것에서 나오는

---

4) 오늘날의 용어로는 전기장의 세기이다―옮긴이.

그림 6

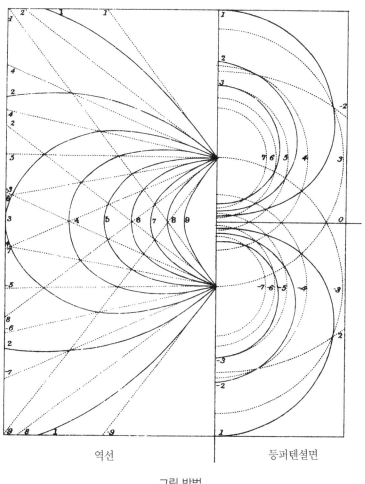

역선   등퍼텐셜면

그림 방법
역선과 등퍼텐셜면

역선 혹은 유도선의 수에 의해 측정한다. 이 역선은 모두 어디에선가, 즉 근처의 물체나 방의 벽과 천장, 또는 지구나 천체들에서 끝나야 한다. 그림들을 조사하면 이것이 사실임을 알 수 있다. 그러므로 패러데이의 관점과 옛 이론의 수학적 결과 사이에는 모순이 없다. 오히려 역선의 개념은 이 결과들의 해명에 큰 도움을 주며 다소 경직된 옛 이론의 개념들로부터 확장 가능성이 큰 개념들로 연속적인 과정에 의해 나아갈 방법을 제공하여, 추가적인 연구에 의해 우리 지식을 증가시키기 위한 공간을 제공하는 것으로 보인다.

123] 이 그림들은 다음 방법으로 작성된다.

먼저 단일한 힘의 중심의 경우, 즉 전하 e를 가진 작은 전기화된 물체를 고려하자. 거리 r에서의 퍼텐셜은 $V=e/r$이다. 그러므로 $r=e/V$로 놓으면, 퍼텐셜이 V인 구의 반경 r를 알 수 있다. 이제 V에 1, 2, 3,....의 값을 주고 해당하는 구를 그리면 일련의 등퍼텐셜면, 자연수에 의해 측정되는 해당 퍼텐셜을 갖는 면을 얻게 된다. 공통의 중심을 통과하는 평면과 만나는 이 구의 단면은 원일 것이고 각각의 원에 퍼텐셜을 지정해 준 숫자로 표시해 줄 수 있다. 이것들은 그림 6의 오른편에 점선으로 그려진 반원들로 나타나 있다.

또 하나의 힘의 중심이 거기에 있다면, 같은 방법으로 그것에 속하는 등퍼텐셜면을 그릴 수 있다. 이제 두 중심에서 함께 생기는 등퍼텐셜면의 형태를 찾기를 원한다면, 다음을 기억해야 한다. V_1이 하나의 중심에서 생긴 퍼텐셜이고 V_2가 또 하나의 중심에서 생긴 퍼텐셜이라면 두 퍼텐셜에서 생긴 퍼텐셜은 $V_1+V_2=V$가 될 것이다. 그러므로 두 계열에 속하는 모든 등퍼텐셜면에서 V_1과 V_2를 모두 안다면 V도 알게 된다. 그러므로 V의 값이 같은 교차점들을 통과하는 곡면을 그린다면 이 곡면이 모든 교차점에서의 진짜 등퍼텐셜면과 일치할 것이다. 그리고 원래 곡면의 계를 자세히 그리면 요구되는 정확성을 가지고 새로운 곡면을 그릴 수 있다. 크기가 같고 부호가 반대인 전하를 가진 두 점에서 생기는 등퍼텐셜면은 그림 6의 오른쪽에서 보듯이 연속적인 선으로 나타난다.

이 방법은 우리가 이미 등퍼텐셜면을 그려본 경우인 퍼텐셜이 두 퍼텐셜의 합일 때의 등퍼텐셜면의 계의 그림에 적용될 수 있다.

단일한 힘의 중심 때문에 생기는 역선은 그 중심에서 방사되는 직선이다. 역선으로 임의의 점에서의 힘의 방향뿐 아니라 세기를 나타내기를 원한다면, 선들을 그려서 어느 등퍼텐셜면의 부분들 위에서의 유도의 면적분이 특정한 값을 갖는지가 등퍼텐셜면의 부분들 위에 표시되게 해야 한다. 이것을 하는 가장 좋은 방법은 우리의 평면 그림이 힘의 중심을 지나는 축 주위로 평면 그림을 회전시켜서 형성되는 입체 도형의 단면이라고 가정하는 것이다. 중심에서 축과 i의 각으로 방사되는 직선들은 원뿔을 이룰 것이고 축의 양의 방향에서 이 원뿔과 만나는 등퍼텐셜면의 부분에 걸친 유도의 면적분은 $2\pi e(1-\cos\theta)$이 된다.

더 나아가 이 곡면이 축을 포함하고, 반지름의 절반과 같은 호를 갖는 각[5])으로 기울어져 있는 두 평면과의 교차선에 의해 경계 지워진다고 가정하면 그렇게 경계 지워져 있는 곡면을 통과하는 유도는

$$\frac{1}{2}e(1-\cos\theta)=\Phi$$

즉,
$$\theta = \cos^{-1}\left(1-2\,\frac{\Phi}{e}\right)$$

이다.

Φ에 일련의 값 1, 2, 3.... e를 부여하면 해당하는 일련의 θ의 값을 갖게 될 테고 e가 정수라면, 축을 포함하는 해당 역선의 수는 e와 같다.

이렇게 우리는 역선을 그리는 방법을 얻었다. 그러므로 어떤 중심의

---

5) 호도법으로 0.5라디안(radian)을 의미한다. 그러므로 중심각이 0.5라디안인 부채꼴에 해당하는 작은 면이다. 앞에서 구한 원뿔의 밑면을 원으로 볼 수 있으므로, 전체 밑면을 통과하는 유도 중에서 이 작은 부분을 통과하는 유도는 넓이에 비례하기에, 360°가 호도법으로 2π인 점을 감안하면 이 작은 면을 통과하는 유도에 대한 원뿔의 밑면을 통과하는 전체 유도의 비는 $2\pi/0.5$, 즉 4π이다. 그러므로 이 면을 통과하는 유도량을 계산하기 위해서는 4π로 앞에서 구한 유도의 면적분을 나눠주어야 한다─옮긴이.

전하는 그것에서 나오는 역선의 수에 의해 나타나고 전술한 방식으로 잘라낸 어떤 곡면을 통과하는 유도는 그것을 통과하는 역선의 수에 의해 측정된다. 그림 6의 왼편에 있는 점선으로 된 직선은 전하가 각각 10, −10인 두 개의 전기화된 점 때문에 생기는 역선을 나타낸다.

이 그림의 축 위에 두 개의 힘의 중심이 있다면 Φ_1과 Φ_2의 값에 해당하는 각 축에 대하여 역선을 그릴 수 있고 $\Phi_1+\Phi_2$의 값이 같은 이 선들의 교차점들을 연속적으로 연결하는 선을 그리면 우리는 두 중심 때문에 생기는 역선을 찾아낼 수 있다. 같은 방식으로 우리는 같은 축 주위에 대칭적으로 배치되어 있는 두 역선계를 결합할 수 있다. 그림 6의 왼편에 있는 연속적인 곡선은 동시에 작용하는 두 대전된 점 때문에 생기는 역선을 나타낸다.

등퍼텐셜면과 역선을 이 방법에 의해 그린 후, 그림의 정확성을 다음과 같이 검사할 수 있다. 두 역선계가 모든 곳에서 수직인지 살펴보고 이웃하는 등퍼텐셜면 사이의 거리 대(對) 이웃하는 역선 사이의 거리의 비가 축으로부터 평균 거리의 절반 대 가정된 단위 길이의 비와 같은지 살펴보면 된다.

그러한 유한한 차원의 계의 경우에 Φ의 지수를 갖는 역선은 계의 전기 중심(89d절)을 통과하고 일정한 각으로 축에 대하여 기울어진 점근선을 갖는다. 여기에서 일정한 각의 코사인은 $1-2\Phi/e$이며 e는 Φ가 e보다 작을 때 계의 전체 전기화이다. e보다 큰 지수를 갖는 역선은 유한한 선이다. e가 0이면 그것들은 모두 유한하다.

축에 평행한 균일한 힘의 마당에 해당하는 역선들은 축에 평행한 선들이며 축으로부터의 거리들이 등차수열의 제곱근들이다.

2차원에서 등퍼텐셜면과 역선의 이론은 우리가 공액 함수 이론을 다루게 될 때 제시될 것이다.[6]

---

6) W.R. Smith, "On the Flow of Electricity in Conducting Surfaces," *Proc. R.S. Edin.*, 1869~70, p.79을 보라.

제8장 전기화의 단순한 경우들[1]

평행한 두 평면

124] 우선 무한히 펼쳐진 도체면인 평행한 두 평면을 고려할 것이다. 두 평면은 서로 c만큼 떨어져 각각 A와 B의 퍼텐셜로 유지된다.

이 경우에 고려 중인 점에서 무한히 먼 거리에 있다고 가정되는 전기화된 평면의 가장자리를 제외하면 퍼텐셜 V는 평면 A로부터의 거리 z의 함수일 것이고 A와 B 사이의 어떤 평행면의 모든 점에 대해서 같을 것이 분명하다.

그러므로 라플라스 방정식은

$$\frac{d^2 V}{dz^2} = 0$$

이 된다. 양변을 적분하면

$$V = C_1 + C_2 z$$

을 얻는다. $z=0$일 때, $V=A$이고 $z=c$일 때, $V=B$이므로

$$V = A + (B - A)\frac{z}{c}$$

이다.

---

1) 이 장에서는 단순한 기하학적 형태를 유지하고 있는 다양한 계에 라플라스 방정식을 적용하여 퍼텐셜, 힘, 전하, 전기 용량 등의 관계를 탐구한다. 오늘날 표준적인 교과서에서 등장하는 방식의 선례를 보여준다—옮긴이.

평면 사이의 모든 점에 대하여 총기전세기는 평면에 대하여 수직이고 그 크기는

$$R = \frac{A - B}{c}$$

이다.

도체 안에서 $R=0$이다. 그러므로 첫 번째 평면에서 전기 분포는 면밀도 σ를 가지고 있다. 여기에서

$$4\pi\sigma = R = \frac{A - B}{c}$$

이다.

퍼텐셜이 B인 다른 면에서 면밀도 σ'은 σ와 크기가 같고 방향이 반대이다. 따라서

$$4\pi\sigma' = -R = \frac{B - A}{c}$$

이다.

다음으로 면적이 S인 첫 번째 면의 부분을 고려하자. S 중 어느 부분도 그 평면의 경계선 근처에 있지 않다고 하자.

이 평면 위의 전기량은 $e_1 = S\sigma$이고, 79절에 의해 단위 전기량에 작용하는 힘은 $\frac{1}{2}R$가 되고 그 면적 S에 작용하여 그것을 다른 평면 쪽으로 잡아당기는 전체 힘은

$$F = \frac{1}{2}RS\sigma = \frac{1}{8\pi}R^2 S = \frac{S}{8\pi}\frac{(B - A)^2}{c^2}$$

이 된다.

여기에서 인력은 면적 S와 두 면 사이의 퍼텐셜 차이 $A-B$, 두 면 사이의 거리 c에 의해 표현된다. 전하 e_1에 의해 표현되는 면적 S 위에 작용하는 인력은

$$F = \frac{2\pi}{S}e_1^2$$

이다.

면적 S 위에 있는 전기 분포와 역선의 계에 의해(이 경우에는 역선은 평면에 수직이다) 평면 B에 S를 투사하여 정의된 대응 면적 S'에 있는 전기 분포 때문에 생기는 전기 에너지는

$$
\begin{aligned}
W &= \frac{1}{2}\,(e_1 A + e_2 B) \\
&= \frac{1}{2}\frac{S}{4\pi}\frac{(A-B)^2}{c} \\
&= \frac{R^2}{8\pi}\,Sc \\
&= \frac{2\pi}{S}\,e_1^2\,c \\
&= Fc
\end{aligned}
$$

이다.

이 표현 중의 첫 번째 것은 전기 에너지의 일반적인 표현이다(84절).

두 번째 식은 면적, 거리, 퍼텐셜 차이에 의해 에너지를 제시한다.

세 번째 식은 합력 R와 S와 S' 사이에 포함된 부피 Sc에 의해 표현되고 $8\pi p = R^2$인 곳에서 단위 부피당 에너지가 p임을 보여준다.

평면 사이의 인력은 pS이고 다른 말로 모든 단위 면적 위에 p와 같은 전기 장력(또는 음의 압력)이 있다.

네 번째 식은 전하에 의해 에너지를 표현한다.

다섯 번째 식은 두 면이 일정한 전하를 가지고 서로 평행을 유지하면서 합쳐진다면 전기력이 하게 될 일이 전기 에너지와 같음을 보여준다.

퍼텐셜의 차이에 의해 전하를 표현하면

$$
e_1 = \frac{1}{4\pi}\frac{S}{c}(A-B) = q\,(A-B)
$$

가 된다.

계수 q는 1의 퍼텐셜 차이 때문에 생기는 전하를 나타낸다. 이 계수는 상대편 평면에 대한 상대적 위치에서 생기는 면 S의 **용량**이라고 부른다.

두 평면 사이의 매질이 더 이상 공기가 아니라 비유도 용량이 K인 유전 물질이라고 하자. 그러면 주어진 퍼텐셜 차이 때문에 생기는 전하는

유전체가 공기일 때의 K배이므로

$$e_1 = \frac{KS}{4\pi c}(A - B)$$

가 된다.

전체 에너지는

$$W = \frac{KS}{8\pi c}(A - B)^2$$
$$= \frac{2\pi}{KS}e_1^2 c$$

가 될 것이다.

곡면 사이의 힘은

$$F = pS = \frac{KS}{8\pi}\frac{(A-B)^2}{c^2}$$
$$= \frac{2\pi}{KS}e_1^2$$

이 될 것이다.

그러므로 주어진 퍼텐셜에서 유지되는 두 평면 사이의 힘은 유전체의 비유도 용량 K에 비례하지만 주어진 전기량으로 대전된 두 곡면 사이의 힘은 K와 반비례한다.

두 동심구면

125] 반지름 a와 b의 두 동심 구면이($a > b$) 각각 A와 B의 퍼텐셜로 유지된다고 하자. 그때 퍼텐셜 V는 중심으로부터의 거리 r의 함수인 것이 확실하다. 이 경우에 라플라스 방정식은

$$\frac{d^2V}{dr^2} + \frac{2}{r}\frac{dV}{dr} = 0$$

이 된다.

이 방정식의 해는

$$V = C_1 + C_2 \, r^{-1}$$

이다. $r=a$일 때 $V=A$이고 $r=b$일 때 $V=B$라는 조건에 의해 구면 사이의 공간에 대하여

$$V = \frac{Aa - Bb}{a - b} + \frac{A - B}{a^{-1} - b^{-1}} \, r^{-1}$$

$$R = -\frac{dV}{dr} = \frac{A - B}{a^{-1} - b^{-1}} \, r^{-2}$$

이 성립한다.

σ_1과 σ_2가 반지름 a인 속이 찬 구와 반지름 b인 속이 빈 구의 마주보는 면에서의 면밀도라면,

$$\sigma_1 = \frac{1}{4\pi a^2} \frac{A - B}{a^{-1} - b^{-1}} \quad \sigma_2 = \frac{1}{4\pi b^2} \frac{B - A}{a^{-1} - b^{-1}}$$

이다.

e_1과 e_2가 이 곡면 위의 전하의 전체량이라면,

$$e_1 = 4\pi a^2 \sigma_1 = \frac{A - B}{a^{-1} - b^{-1}} = -e_2$$

이다. 그러므로 둘러싼 구의 용량은 $\dfrac{ab}{b - a}$ 이다.

구 껍질의 바깥면이 마찬가지로 반지름이 c인 구면이고 주변에 다른 도체가 없다면, 바깥면 위의 전하는

$$e_3 = Bc$$

이다.

그러므로 안쪽 구의 전체 전하는

$$e_1 = \frac{ab}{b - a} (A - B)$$

이고 바깥 껍질 위의 전체 전하는

$$e_2 + e_3 = \frac{ab}{b-a}(B - A) + Bc$$

이다.

$b=\infty$라고 놓으면 무한한 공간에 있는 구의 문제가 된다. 그러한 구의 전기 용량은 a이고 그것은 수치상 그것의 반지름과 같다.

단위 면적당 안쪽의 구에 미치는 전기 장력은

$$p = \frac{1}{8\pi} \frac{b^2}{a^2} \frac{(A - B)^2}{(b - a)^2}$$

이다.

반구에 미치는 이 장력의 총합은 반구의 밑면에 수직 방향으로 $\pi a^2 p = F$이다. 이것이 반구의 원형 경계를 통과하여 작용하는 표면 장력에 의해 균형을 이룬다면 단위 길이당 장력이 T라면

$$F = 2\pi a T$$

이다.

그리하여
$$F = \frac{b^2}{8} \frac{(A - B)^2}{(b - a)^2} = \frac{e_1^2}{8a^2}$$

$$T = \frac{b^2}{16\pi a} \frac{(A - B)^2}{(b - a)^2}$$

이다.

만약 구형 비누방울이 퍼텐셜 A로 전기화되어 있고 그 반지름이 a라면, 그 전하는 Aa가 되고 면밀도는

$$\sigma = \frac{1}{4\pi} \frac{A}{a}$$

일 것이다.

구면 바로 밖의 총세기는 $4\pi\sigma$일 것이고 비누방울 안쪽에서는 0이 될 것이므로 79절에 의해 표면의 단위 면적당 전기력은 $2\pi\sigma^2$의 크기로 바깥쪽을 향한다. 그리하여 전기화는 비누방울 안쪽의 공기의 압력

을 $2\pi\sigma^2$만큼, 즉

$$\frac{1}{8\pi}\frac{A^2}{a^2}$$

만큼 줄일 것이다.

그러나 액체 필름이 단위 길이의 선을 가로질러 발휘하는 장력이 T_0 이라면 비누방울을 꺼지지 않게 유지하기 위해 요구되는 안으로부터의 압력은 $2T_0/a$임을 보일 수 있을 것이다. 안과 밖의 공기가 같은 압력에 있을 때, 전기력이 평형 상태로 비누방울을 유지시키기에 꼭 맞다면,

$$A^2 = 16\pi a T_0$$

이다.

무한 동축 원통면

126] 도체 원통의 바깥면의 반지름을 a라 하고 이 원통과 같은 축을 갖는 속이 빈 원통의 안쪽 면의 반지름을 b라 하자. 그것들의 퍼텐셜을 각각 A, B라 하자. 그러면 퍼텐셜 V는 이 경우에 축으로부터의 거리 r만의 함수이므로 라플라스 방정식은

$$\frac{d^2V}{dr^2} + \frac{1}{r}\frac{dV}{dr} = 0$$

이 된다. 이것으로부터 $V = C_1 + C_2 \log r$

이다. $r=a$일 때 $V=A$이고 $r=b$일 때 $V=B$[2])이므로

$$V = \frac{A\log\dfrac{b}{r} + B\log\dfrac{r}{a}}{\log\dfrac{b}{a}}$$

이다.

---

2) 원본에는 오타가 나 $V=b$로 되어 있다―옮긴이.

σ_1과 σ_2가 안쪽 면과 바깥쪽 면에서의 면밀도라면

$$4\pi\sigma_1 = \frac{A-B}{a\log\frac{b}{a}}, \quad 4\pi\sigma_2 = \frac{B-A}{b\log\frac{b}{a}}$$

이다.

만약 e_1과 e_2가 두 원통에서 축에 수직인 두 단면이 l만큼 떨어져 있어 그 사이에 만들어지는 원통의 부분들 위에 있는 전하라면,

$$e_1 = 2\pi a l \sigma_1 = \frac{1}{2}\frac{A-B}{\log\frac{b}{a}}l = -e_2$$

이다.

그러므로 길이 l의 안쪽 원통의 용량은

$$\frac{1}{2}\frac{l}{\log\frac{b}{a}}$$

이다.

만약 원통 사이의 공간이 공기 대신에 비유도 용량 K의 유전체에 의해 채워져 있다면, 길이 l의 안쪽 원통의 용량은

$$\frac{1}{2}\frac{lK}{\log\frac{b}{a}}$$

이다.

우리가 고려하는 무한한 원통의 부분에 있는 전기 분포의 에너지는

$$\frac{1}{4}\frac{lK(A-B)^2}{\log\frac{b}{a}}$$

이다.

127] 그림 5처럼 공통의 축을 x축으로 갖는 무한한 길이의 속이 빈 원통형 도체 A와 B가 원점 근처에 작은 간격을 두고 하나는 양의 편에, 다른 하나는 음의 편에 있다고 하자.

길이 $2l$의 원통 C가 양쪽의 속이 빈 원통 안쪽에, 원점에서 양의 방향

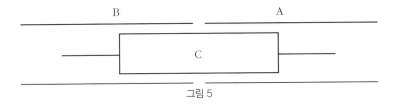

그림 5

으로 x의 거리에 중점이 있도록 놓여 있다고 하자.

양의 편에 있는 속이 빈 원통의 퍼텐셜이 A이고 음의 편에 있는 부분의 퍼텐셜은 B이고 안쪽에 있는 원통의 퍼텐셜은 C라고 하자. A에 대하여 C의 단위 길이당 용량을 α라 하고 B에 대하여 같은 양을 β라 하자.

원점 근처의 고정된 점들과 안쪽 원통의 끝에서 가까운 거리에 있는 점들에 있는 원통 부분의 면밀도는, 안쪽 원통의 상당한 길이가 속이 빈 원통들 각각에 들어가 있으면, x의 값에 별로 영향을 받지 않을 것이다. 속이 빈 원통의 끝 근처와 안쪽의 원통의 끝 근처에는 우리가 계산할 수 없는 전기 분포가 있을 것이지만 원점 근처의 분포는, 그 끝 중 어느 것도 원점 근처에 오지 않는다면, 안쪽 원통의 운동에 의해 변하지 않을 것이며, 안쪽 원통 끝의 분포는 그것과 함께 움직여서 그 운동의 유일한 효과는, 무한한 원통 위의 전기 분포와 유사한 분포를 보이는 안쪽 원통의 부분의 길이를 증가시키거나 감소시키는 것이 될 것이다.

그리하여 계의 전체 에너지는 그것이 x에 의존하는 한,

$$Q = \frac{1}{2}\alpha(l+x)(C-A)^2 + \frac{1}{2}\beta(l-x)(C-B)^2 + x \text{ 와 무관한 양들}$$

이 될 것이다. 에너지가 퍼텐셜의 항으로 표현되므로 원통의 축에 평행한 합력은 93b절에 의해

$$X = \frac{dQ}{dx} = \frac{1}{2}\alpha(C-A)^2 - \frac{1}{2}\beta(C-B)^2$$

이 된다.

만약 A와 B가 같은 단면이라면, $\alpha=\beta$이고

$$X = \alpha \left(B - A \right) \left(C - \frac{1}{2} \left(A + B \right) \right)$$

이다.

그러므로 안쪽 원통에 작용해 그것의 퍼텐셜이 가장 크게 다른 곳으로부터 바깥쪽 원통 중 하나의 안으로 밀어넣으려는 일정한 힘이 존재하는 것으로 보인다.

만약 C의 수치가 크고 $A+B$가 비교적 작다면 그 힘은 근사적으로 $X=\alpha(B-A)C$이다. 그래서 두 원통의 퍼텐셜의 차이는 X를 재는 것으로 알 수 있고 측정의 정밀성은 내부 원통의 퍼텐셜인 C를 크게 하면 증가될 것이다.

이 원리는 수정된 형태로 톰슨의 사분원(四分圓) 전위계에서 채용된다. 219절을 보라.

세 개의 원통의 동일한 배열에서 B와 C를 연결함으로써 용량을 측정하는 데 사용할 수 있다. A의 퍼텐셜이 0이고 B와 C의 퍼텐셜이 V라면, A 위에 있는 전기량은

$$E_3 = \left(q_{13} + \alpha \left(l + x \right) \right) V$$

가 될 것이다. 여기에서 q_{13}은 원통의 끝에 있는 전기 분포에 의존하지만 x에는 의존하지 않는 양이라서 C를 오른쪽으로 움직여 x가 $x+\xi$가 되게 하면, 원통 C의 용량이 일정한 양 $\alpha\xi$만큼 증가할 것이고 여기에서

$$\alpha = \frac{1}{2 \log \dfrac{b}{a}}$$

이 될 것이다. 여기에서 a와 b는 마주 보는 원통면의 반지름이다.

제9장 구면 조화 함수

128] 구면 조화 함수[1]의 수학 이론은 몇몇 특별한 논문의 주제가 되었다. 이 주제에 관한 가장 탁월한 저작인 하이네(Dr. E. Heine)[2]의 『구면 함수 개요』(*Handbuch der Kugelfuctionen*)는 이제 2권으로 된 재판이 나왔고(1878) 노이만(Dr. F. Neumann)[3]은 그의 『구

---

1) 구면 조화 함수는 방위각 대칭성을 갖지 않는 구면 좌표로 표현된 라플라스 방정식의 해의 각에 관련된 부분이다. 이 장의 논의를 보충하기 위한 참고서로는 E.T. Whittaker, and G.N. Watson, *A Course in Modern Analysis*, 4th ed. (Cambridge: Cambridge University Press, 1990); W.E. Byerly, *An Elementary Treatise on Fourier's Series, and Spherical, Cylindrical, and Ellipsoidal Harmonics, with Applications to Problems in Mathematical Physics*(New York: Dover, 1959)이 있다―옮긴이.

2) 독일의 수학자인 하이네(Heinrich Eduhard Heine, 1821~81)는 베를린과 괴팅겐을 오가며 가우스와 디리클레에게 배웠으며 1842년에 베를린 대학에서 박사 학위를 받았다. 1848년에 할레 대학의 수학 교수가 되었다. 그는 약 50편의 수학 논문을 출판했으며 주된 연구 주제는 구면 함수(르장드르 다항식), 라메 함수, 베셀 함수 등이었다. 그의 역작 『구면 함수 개요』는 1861년에 처음 출판되었고 이 책의 2판은 1930년대까지 표준 텍스트로 사용되었다―옮긴이.

3) 독일의 수학자이며 광물학자, 물리학자인 프란츠 노이만(Franz Ernst Neumann, 1798~1895)은 1825년에 베를린에서 박사 학위를 받았고 1828년에 쾨니히스베르크 대학에서 광물학 및 물리학 교수가 되었다. 그는 뒬롱-프티 법칙(원소의 비열은 원자량에 반비례한다)을 유사한 조성을 가진 화합물까지 확장했다. 그는 빛의 동역학적 이론을 확립했으며 전류의 유도 법칙을 수학적으로 확립했다. 그는 또한 구면 조화 함수 이론을 발전시키는 데에도 기여했다. 그는 뛰어난 선생으로서 많은 과학자들을 길러냈다. 노이만은 빌헬름 베버

면 함수론』(*Beiträge zur Theorie der Kugelfunctionen, Leipzig, Teubner*, 1878)을 출판했다. 톰슨과 타이트의『자연철학』에서 이 주제의 취급은 재판에서 상당히 개선되었고 토드헌터(Todhunter)[4]의『라플라스 함수, 라메 함수, 베셀 함수 기초론』(*Elementary Treatise on Laplace's Functions, Lamé's Functions and Bessel's Functions*)과 페러스(Ferrers)의『구면 조화 함수 기초론』(*Elementary Treatise on Spherical Harmonics and Subjects connected with them*)[5]은 전기에 관한 이 책에서 이 주제의 순수하게 수학적인 측면에 대해서 굳이 많은 공간을 할애할 필요가 없게 만들었다. 그러나 극에 관한 구면 조화 함수의 세부사항은 계속 유지시켰다.

와 함께 독일 전기역학파를 이끌었으며 거기에는 리만, 베티(Betti), 칼 노이만, 로렌츠(Lorenz) 등이 속했다. 그들은 앙페르의 가정, 즉 전자기 현상을 마당의 매개가 아니라 전하 사이의 상호작용에 의해 유발된다는 가정을 따라 전자기 이론을 전개했다. 그는 앙페르의 폐회로에 대한 방정식을 고찰하던 중 두 회로의 상호 퍼텐셜로 알려진 것을 얻어내었고 그것은 벡터 퍼텐셜의 개념이었다. 그것은 맥스웰이 다른 방식으로 얻어내고 패러데이의 개념에 의거해 해석했던 것이었다. 노이만은 평생 프로이센의 애국자였으며 프로이센을 중심으로 한 독일의 통일을 부르짖으며 비스마르크와 대(對)오스트리아 전쟁을 지지했다―옮긴이.

4) 영국의 수학자 토드헌터(Isaac Todhunter, 1820~84)는 1842년에 런던의 유니버시티 칼리지를 졸업하고 케임브리지 대학 세인트 존스 칼리지에 들어가 시니어 랭글러로 1848년에 졸업하면서 스미스상도 수상했다. 그는 곧이어 펠로로 선출되었고 세인트 존스 칼리지에서 15년간 가르쳤다. 1862년에 그는 런던 왕립학회 회원이 되었으며 런던 수학회의 창립 멤버가 되었다. 그는 케임브리지 대학에서 도덕 과학과 수학 우등졸업 시험의 시험관으로 오랫동안 일했고 수학 교과서 집필을 통해 19세기에 수학 교육계에서 가장 영향력 있는 인물이 되었다. 그의 책은 철저하고 풍부한 내용을 담고 있었기에 널리 교재로 사용되었다. 그는 수학사에 관한 책들을 집필하여 수학사 분야에서도 선구적인 업적을 남겼다―옮긴이.

5) Norman Macleod Ferrers, *An Elementary Treatise on Spherical Harmonics and Subjects Connected with them*(London: Macmillan, 1877)―옮긴이.

퍼텐셜이 무한대가 되는 단일점에 관하여

129a] 전하 A_0이 (a, b, c)에 중심을 갖는 구의 표면에 균질하게 퍼져 있다면, 구 밖의 임의의 점(x, y, z)에서의 퍼텐셜은 125절에 의해

$$V = \frac{A_0}{r} \tag{1}$$

이 된다. 여기에서

$$r^2 = (x-a)^2 + (y-b)^2 + (z-c)^2 \tag{2}$$

이다.

V를 위한 식이 구의 반지름에 무관하므로 그 표현의 형태는 그 반지름이 무한히 작다고 가정한다 하더라도 같을 것이다. 그 표현의 물리적 해석은 전하 A_0이 무한히 작은 구, 의미상 수학적 점과 동일한 구의 표면에 놓여 있다는 것이다. 우리는 이미 55, 81절에서 전기의 면밀도에 한계가 있어서 유한한 전하를 일정한 한계 이하의 반지름을 갖는 구 위에 놓는 것은 물리적으로 불가능하다는 것을 보인 바 있다.

그럼에도 불구하고 식 (1)이 구를 둘러싼 공간에서의 퍼텐셜의 가능한 분포를 나타내므로 수학적 목적에서 그것이 수학적 점 (a, b, c)에 집중된 전하 A_0 때문에 생기는 것으로 그것을 취급할 수 있다. 우리는 그 점을 0차 특이점이라고 부를 수 있다.

다른 종류의 특이점들이 있다. 그것들의 특성을 우리가 지금 탐구할 것이지만 그렇게 하기 전에 공간상에서 방향을 다루고 그것들에 대응되는 구 위의 점을 다루는 데 유용한 어떤 표현들을 정의해야 한다.

129b] 축(axis)은 공간에서 일정한 방향을 갖는다. 중심에서 어떤 방향으로 향하는 반지름이 구면과 만나는 점에 만들어진 표시로 축을 정의할 수 있다. 이 점을 축의 극(pole)이라고 부른다. 그러므로 축은 둘이 아닌 하나의 극만을 갖는다.

μ가 축 h와 어떤 벡터 r 사이의 각의 코사인이고

$$p = \mu r \tag{3}$$

이라면, p가 축 h방향의 r의 성분이다.

서로 다른 축은 서로 다른 첨자로 구분되고 두 축 사이의 각의 코사인은 λ_{mn}으로 지정된다. 여기에서 m과 n은 축을 지정하는 첨자이다.

방향 코사인이 L, M, N인 축 h에 대한 미분은

$$\frac{d}{dh} = L\frac{d}{dx} + M\frac{d}{dy} + N\frac{d}{dz} \tag{4}$$

로 지정된다

이 정의로부터

$$\frac{dr}{dh_m} = \frac{p_m}{r} = \mu_m \tag{5}$$

$$\frac{dp_n}{dh_m} = \lambda_{mn} = \frac{dp_m}{dh_n} \tag{6}$$

$$\frac{d\mu_m}{dh_n} = \frac{\lambda_{mn} - \mu_m \nu_n}{r} \tag{7}$$

임이 분명하다.

원점에 있는 어떤 차수의 특이점 때문에 생기는 점 (x, y, z)에서의 퍼텐셜이

$$Af(x, y, z)$$

라면 그런 점이 축 h의 끝점에 놓여 있을 경우에 (x, y, z)에서의 퍼텐셜은

$$Af[(x - Lh), (y - Mh), (z - Nh)]$$

가 될 것이고 A의 부호가 바뀐 것을 제외하고는 모든 면에서 동일한 점이 원점에 놓여 있다면 이 한 쌍의 점 때문에 생기는 퍼텐셜은

$$V = Af[(x - Lh), (y - Mh), (z - Nh)] - Af(x, y, z)$$

$$= -Ah\frac{d}{dh}f(x, y, z) + h^2 을 \text{ 포함하는 항들}$$

이 된다.

무제한으로 h를 줄이고 A를 늘리되 그것들의 곱은 계속 유한하여 A'과 같도록 하면, 점들의 쌍의 퍼텐셜의 극한값은

$$V' = - A' \frac{d}{dh} f(x, \, y, \, z) \tag{8}$$

가 될 것이다.

$f(x, y, z)$가 라플라스 방정식을 만족하면, 이 방정식은 선형이므로 그 방정식을 만족하는 두 함수의 차인 V'은 라플라스 방정식을 만족할 것이다.

129c] 이제 0차의 특이점 때문에 생기는 퍼텐셜

$$V_0 = A_0 \frac{1}{r} \tag{9}$$

은 라플라스 방정식을 만족할 것이고 따라서 임의의 수의 축에 대하여 연속적으로 취한 미분에 의해 이것에서 형성된 모든 함수도 그 방정식을 만족할 것이다.

1차의 점은 $-A_0$과 A_0이라는 크기가 같고 부호가 반대인 전하를 갖는 0차의 두 점을 취함으로써 형성될 수 있다. 이 두 전하 중 첫 번째 것은 원점에 놓고 두 번째 것은 축 h_1의 끝점에 놓는다. 그러면 h_1의 값은 무한히 줄어들고 A_0의 값은 무한히 증가하지만 둘의 곱 $A_0 h_1$은 항상 A_1과 일치한다. 두 점이 일치할 때 이 과정의 궁극적 결과는 A_1의 모멘트[6]를 갖고 그 축이 h_1인 1차의 점이다. 그러므로 1차의 점은 이중점이다. 그 퍼텐셜은

$$\begin{aligned} V_1 &= - h_1 \frac{d}{dh_1} V_0 \\ &= A_1 \frac{\mu_1}{r^2} \end{aligned} \tag{10}$$

이다.

---

6) 이중 극자 모멘트를 의미한다—옮긴이.

모멘트가 $-A_1$인 1차의 점을 원점에 놓고 모멘트가 A_1인 점을 h_2의 끝점에 놓고 h_2를 줄이고 A_1을 늘리는 동안

$$A_1 h_2 = \frac{1}{2} A_2 \qquad (11)$$

가 되게 하면,

우리는 퍼텐셜

$$V_2 = - h_2 \frac{d}{dh_2} V_1$$
$$= A_2 \frac{1}{2} \frac{3u_1 \mu_2 - \lambda_{12}}{r^3} \qquad (12)$$

를 갖는 2차의 점을 얻는다.

우리는 2차의 점을 4중점이라고 부른다. 왜냐하면 0차의 점 4개를 모아서 2차의 점을 만들었기 때문이다. 그것은 두 개의 축 h_1과 h_2를 갖고 모멘트 A_2를 갖는다. 이 축들의 방향과 모멘트의 크기가 완전히 점의 본성을 결정한다.

n개의 축에 대하여 연속적으로 미분함으로써 n차의 점 때문에 생기는 퍼텐셜을 얻는다. 그것은 세 인자(factor)의 곱, 곧 상수, 코사인의 조합, $r^{-(n+1)}$의 곱이 될 것이다. 앞으로 보게 될 이유 때문에 그 상수의 수치를 조정하여 모든 축이 이 벡터[7]와 일치할 때 모멘트의 계수가 $r^{-(n+1)}$이 되도록 하는 것이 편리하다. 그러므로 h_n에 대하여 미분할 때 우리는 n으로 나눈다.

이런 방식으로 우리는 특정한 퍼텐셜에 대하여 일정한 수치를 얻는다. 그것에 우리는 $-(n+1)$차의 입체 조화 함수(solid harmonic)라는 이름을 붙인다. 그 값은

$$V_n = (-1)^n \frac{1}{1.2.3...n} \frac{d}{dh_1} \cdot \frac{d}{dh_2} \cdots \frac{d}{dh_n} \cdot \frac{1}{r} \qquad (13)$$

---

7) 여기에서 r로 표현되는 것이다—옮긴이.

이다.

이 양에 상수를 곱해도, 그것은 여전히 n차의 점 때문에 생기는 퍼텐셜이다.

129d] 연산 (13)의 결과는

$$V_n = Y_n\, r^{-(n+1)} \tag{14}$$

의 형태다. 여기에서 Y_n은 r와 n개의 축들의 사이각의 코사인 n개와, 축의 쌍 사이의 각들의 코사인 $\frac{1}{2}\,n\,(n-1)$개의 함수이다.

r와 n개의 축들의 방향이 구면 위의 점들에 의해 결정되는 것으로 생각한다면, Y_n은 구면 위에서 점마다 달라지는 양으로서, n개의 축의 극과 이 벡터의 극 사이의 거리 $\frac{1}{2}\,n\,(n+1)$개의 함수로 간주할 수 있을 것이다. 그러므로 Y_n을 n차 표면 조화 함수(surface harmonic)라고 부른다.

130a] 다음으로 모든 n차 표면 조화 함수에 $-(n+1)$차의 입체 조화 함수뿐 아니라 n차의 입체 조화 함수가 또 하나 대응된다는 것을 보여야 한다. 즉,

$$H_n = Y_n\, r^n = V_n\, r^{2n+1} \tag{15}$$

이 라플라스 방정식을 만족하는 것을 보여야 한다.

$$\frac{dH_n}{dx} = (2n+1)\, r^{2n-1} x V_n + r^{2n+1} \frac{dV_n}{dx}$$

이므로[8]

$$\frac{d^2 H_n}{dx^2} = (2n+1)[(2n-1)x^2 + r^2]\, r^{2n-3} V_n$$
$$+ 2(2n+1)\, r^{2n-1} x \frac{dV_n}{dx} + r^{2n+1} \frac{d^2 V_n}{dx^2}$$

---

8) $r = \sqrt{(x-a)^2 + (y-b)^2 + (z-c)^2}$ 의 관계를 이용해야 한다—옮긴이.

이다. 그러므로

$$\frac{d^2 H_n}{dx^2} + \frac{d^2 H_n}{dy^2} + \frac{d^2 H_n}{dz^2} = (2n+1)(2n+2)\, r^{2n-1} V_n$$
$$+ 2(2n+1)\, r^{2n-1} \left(x\,\frac{dV_n}{dx} + y\,\frac{dV_n}{dy} + z\,\frac{dV_n}{dz} \right)$$
$$+ r^{2n+1} \left(\frac{d^2 V_n}{dx^2} + \frac{d^2 V_n}{dy^2} + \frac{d^2 V_n}{dz^2} \right) \tag{16}$$

이다.

이제 Vn은 $-(n+1)$차의 x, y, z의 동차 함수이므로

$$x\,\frac{dV_n}{dx} + y\,\frac{dV_n}{dy} + z\,\frac{dV_n}{dz} = -(n+1)\, V_n \tag{17}$$

이다.

그러므로 방정식 (16)의 좌변의 첫 두 항은 서로 상쇄되고 V_n은 라플라스 방정식을 만족시키므로 세 번째 항은 0이다. 그러므로 H_n도 라플라스 방정식을 충족시킨다. 그러므로 H_n은 n차의 입체 조화 함수이다.

이것은 더 일반적인 전기 반전(inversion) 정리[9]의 특수한 경우이다. 즉, $F(x, y, z)$가 라플라스 방정식을 만족하는 x, y, z의 함수라면, 또 하나의 함수

$$\frac{a}{r}\, F\!\left(\frac{a^2 x}{r^2},\ \frac{a^2 y}{r^2},\ \frac{a^2 z}{r^2} \right)$$

가 존재하여 그것도 라플라스 방정식을 충족시킨다. 162절을 보라.

130b] 표면 조화 함수 Y_n는 $2n$개의 임의의 변수를 포함한다. 왜냐하면 그것은 구 위의 n개의 극의 위치에 의해 정의되고 이들 각각은 두 좌표[10]에 의해 정의되기 때문이다.

그리하여 입체 조화 함수 V_n과 H_n도 $2n$개의 임의의 변수를 포함한

---

9) 제11장에서 자세히 설명된다—옮긴이.

10) 극은 구의 표면상에 존재하므로 두 좌표로 그 위치를 표시할 수 있다—옮긴이.

다. 이 양들 각각은 상수를 곱해 주었을 때, 라플라스 방정식을 충족시키킬 것이다.

AH_n이 라플라스 방정식을 충족시킬 수 있는 가장 일반적인 유리(有理) 동차 n차 함수라는 것을 증명하기 위해 우리는 일반적인 유리 동차 n차 함수 K가 $\frac{1}{2}(n+1)(n+2)$개의 항을 포함한다는 것에 주목한다. 그러나 $\nabla^2 K$는 $n-2$차의 동차 함수이므로 $\frac{1}{2}n(n-1)$개의 항을 포함하고 $\nabla^2 K = 0$의 조건은 이들 각각이 0이기를 요구한다. 그러므로 함수 K의 $\frac{1}{2}(n+1)(n+2)$개의 항의 계수들 사이에 $\frac{1}{2}n(n-1)$개의 방정식이 존재한다. 그것들은 $2n+1$개의[11] 독립 상수를 라플라스 방정식을 충족시키는 n차의 동차 함수의 가장 일반적인 형태 속에 남겨둔다. 그러나 임의의 상수를 곱한 H_n은 요구된 조건을 만족시키고 $2n+1$개의 임의의 상수를 갖는다. 그러므로 그것은 가장 일반적인 형태이다.

131a] 이제 우리는 퍼텐셜 자체나 그것의 1차 도함수가 어떤 점에서도 무한대가 되지 않는 퍼텐셜의 분포를 구성할 수 있다.

함수 $V_n = Y_n r^{-(n+1)}$은 무한대에서 0이 되는 조건을 충족시키지만 원점에서는 무한대가 된다.

함수 $H_n = Y_n r^n$은 원점에서 유한한 거리에서 유한하고 연속이지만 무한한 거리에서는 0이 되지 않는다.

그러나 $a^n Y_n r^{-(n+1)}$을 원점에 중심을 갖고 반지름이 a인 구의 바깥에 있는 모든 점에서의 퍼텐셜이라고 하고 $a^{-(n+1)} Y_n r^n$을 구 안의 모든 점에서의 퍼텐셜이라 하고 구 자체 위에 전기가 면밀도 σ로 퍼져 있어서

$$4\pi\sigma a^2 = (2n+1)Y_n \tag{18}$$

이 성립한다고 가정하면, 모든 조건들은 이런 방식으로 대전된 껍질 때문에 생기는 퍼텐셜에 대하여 충족될 것이다.

---

11) $\frac{1}{2}(n+1)(n+2)$에서 $\frac{1}{2}n(n-1)$을 뺀 값이다—옮긴이.

이를 증명해 보자. 퍼텐셜은 모든 곳에서 유한이며 연속이고 무한히 먼 곳에서는 0이 된다. 그것의 1차 도함수는

$$\frac{dV}{dv} + \frac{dV'}{dv'} + 4\pi\sigma = 0 \tag{19}$$

의 조건을 만족하는 대전된 면을 제외한 모든 곳에서조차 유한하고 연속이며 라플라스 방정식이 구의 안과 밖의 모든 점에서 충족된다.

그러므로 이것이 그 조건들을 충족시키는 퍼텐셜의 분포이며 100c절에 의해 그것들을 충족시키는 유일한 분포이다.

131b] 반지름 a를 갖는 구의 면밀도가 방정식

$$4\pi a^2 \sigma = (2n+1) Y_n \tag{20}$$

에 의해 주어질 때, 이 구 때문에 생기는 퍼텐셜은 해당하는 n차 특이점 (singular point) 때문에 구의 바깥에 있는 모든 점에서 생기는 퍼텐셜과 동일하다.

이제 구의 바깥에 우리가 E라고 부를 수 있는 전기계가 있다고 가정하고, Ψ가 이 계 때문에 생기는 퍼텐셜이라고 가정할 때, 특이점에서의 $\Sigma(\Psi e)$의 값을 찾아보자. 이것은 특이점에 대한 외부 계의 작용에 의존하는 전기 에너지의 부분이다.

A_0이 0차 특이점의 전하라면, 해당 퍼텐셜 에너지는

$$W_0 = A_0 \Psi \tag{21}$$

가 된다.

그런 점이 두 개가 있는데 음전하를 띤 점은 원점에 있고 크기가 같은 양전하를 띤 점은 축 h_1의 끝에 있다면, 퍼텐셜 에너지는

$$-A_0\Psi + A_0\left(\Psi + h_1\frac{d\Psi}{dh_1} + \frac{1}{2}h_1^2\frac{d^2\Psi}{dh_1^2} + ...\right)$$

이 될 것이고 A_0이 무한히 증가하고 h_1이 무한히 감소하면서 $A_0h_1 = A_1$의 조건을 만족하면, 1차 점의 퍼텐셜 에너지의 값은

$$W_1 = A_1 \frac{d\Psi}{dh_1} \tag{22}$$

이 될 것이다.

마찬가지로 n차의 점에 대하여 퍼텐셜 에너지는

$$W_n = \frac{1}{1.2\dots n} A_n \frac{d^n \Psi}{dh_1 \dots dh_n} \;^{12)} \tag{23}$$

이 될 것이다.

131c] 외부 계의 전하가 부분들로 구성되어 있다고 하고 그것들 중 임의의 것을 dE라고 하자. 또 n차의 특이점의 전하도 부분들로 구성되어 있다고 하고 그것들 중 임의의 것을 de라고 하면,

$$\Psi = \sum \left(\frac{1}{r} dE \right) \tag{24}$$

가 된다. 그리고 V_n이 이 특이점 때문에 생기는 퍼텐셜이라면,

$$V_n = \sum \left(\frac{1}{r} de \right) \tag{25}$$

가 된다. E의 e에 미치는 작용 때문에 생기는 퍼텐셜 에너지는

$$W_n = \sum (\Psi de) = \sum \sum \left(\frac{1}{r} dE de \right) = \sum (V_n dE) \tag{26}$$

이고 마지막 식은 e의 E에 대한 작용 때문에 생기는 퍼텐셜 에너지를 의미한다.

마찬가지로 σds가 껍질의 요소 ds 위의 전하라면, 껍질 때문에 외부 계 E에 생기는 퍼텐셜은 V_n이므로 우리는

$$W_n = \sum (V_n dE) = \sum \sum \left(\frac{1}{r} dE \sigma ds \right) = \sum (\Psi \sigma ds) \tag{27}$$

를 얻는다.

마지막 항은 구의 표면에 걸쳐서 취해진 합을 포함한다. 그것을 W_n에

---

12) 다음부터는 양의 정수 1.2.3...n을 $n!$로 적는 것이 편리할 것이다.

대한 첫 식과 같다고 놓으면

$$\iint \Psi \sigma \, ds = \sum (\Psi \, de)$$
$$= \frac{1}{n!} A_n \frac{d^n \Psi}{dh_1 \dots dh_n} \tag{28}$$

을 얻는다. $4\pi\sigma a^2 = (2n+1) Y_n$ 과 $A_n = a^n$ 을 기억하면, 이것은

$$\iint \Psi Y_n \, ds = \frac{4\pi}{n!(2n+1)} a^{n+2} \frac{d^n \Psi}{dh_1 \dots dh_n} \tag{29}$$

이 된다.

이 식은 Ψ가 구 안의 모든 점에서 라플라스 방정식을 만족시키고 Y_n이 n차의 표면 조화 함수일 때, $\Psi Y_n \, ds$의 면적분을 반지름 a의 구면의 모든 요소에 대하여 취하는 연산을, 조화 함수의 n개의 축에 대하여 Ψ를 미분하고 구의 중심에서 미분 계수의 값을 취하는 연산으로 만들어 준다.

132] 이제 Ψ가

$$\Psi = a^{-m} Y_m r^m \tag{30}$$

형태의 양의 m차의 입체 조화 함수라고 가정하자.

구면에서 $r=a$이고 $\Psi = Y_m$이므로 식 (29)는 이런 경우에

$$\iint Y_m Y_n \, ds = \frac{4\pi}{n!(2n+1)} a^{n-m+2} \frac{d^n (Y_m r^m)}{dh_1 \dots dh_n} \tag{31}$$

이 된다. 여기에서 미분계수의 값은 구의 중심에서 취한다.

n이 m보다 작을 때, 미분의 결과는 $m-n$차의 x, y, z의 동차 함수이고 구의 중심에서 0이 된다. n이 m과 같다면 미분의 결과는 상수이고 그 값을 우리는 134절에서 결정할 것이다. 미분이 더 수행되면,[13] 그 결과는 0이다. 그러므로 면적분 $\iint Y_m Y_n \, ds$는 m과 n이 다를 때는 항상 0이

---

13) n이 m보다 클 때를 말한다―옮긴이.

된다.

이 결과에 도달하는 과정은 순수하게 수학적이다. 비록 우리가 전기 에너지처럼 물리적 의미를 갖는 양을 사용했지만 이 모든 양들은 탐구되어야 할 물리적 현상이 아니라 일정한 수학적 표현으로 간주되기 때문이다. 수학자는 자신들에게 유용하다는 것을 알게 될 다른 수학적 함수들만큼이나 이것을 이용할 권한이 많지만, 물리학자는 수학적 계산을 따라가야 할 때 계산의 각 단계가 물리적 해석을 부여받는다면, 모든 것을 더 잘 이해할 수 있을 것이다.

133] 이제 우리는 n개의 조화 함수 축에 대한 구 위의 점 P의 위치의 함수로서 표면 조화 함수 Y_n의 형태를 결정할 것이다.

$$\left. \begin{array}{l} Y_0 = 1, \; Y_1 = \mu_1, \; Y_2 = \dfrac{3}{2}\mu_1\mu_2 - \dfrac{1}{2}\lambda_{12} \\[2mm] Y_3 = \dfrac{5}{2}\mu_1\mu_2\mu_3 - \dfrac{1}{2}(u_1\lambda_{23} + \mu_2\lambda_{31} + \mu_3\lambda_{12}) \end{array} \right\} \qquad (32)$$

등등이다.

그러므로 Y_n의 모든 항은 단일한 첨자를 갖는 μ형의 코사인들과 이중의 첨자를 갖는 λ형의 코사인들의 곱이다. 전자는 P와 다른 극 사이의 각의 코사인들이며 후자는 극 사이각의 코사인들이다.

각각 축이 n개의 미분 중 하나에 의해 도입되므로 그 축의 기호는 각 항의 코사인의 첨자들 중에서 단 한 번 나타나야 한다.

그러므로 임의의 항에서 이중 첨자를 갖는 코사인 s개가 있다면, 단일한 첨자를 갖는 코사인은 $n-2s$개가 있어야 한다.

코사인의 곱을 모두 합친 것을, 그중에서 s개가 이중의 첨자를 갖는 경우에, 간략한 형태

$$\sum(u^{n-2s}\lambda^s)$$

로 적자.

모든 곱에서 모든 첨자들은 단 한 번만 나타나고 반복되지 않는다.

특정한 첨자 m이 μ에서만 또는 λ에서만 나타난다는 것을 표현하기 위해 우리는 그것을 μ나 λ에 대한 첨자로 쓴다. 그러면 식

$$\sum(u^{n-2s}\lambda^s) = \sum(u_m^{n-2s}\lambda^s) + \sum(u^{n-2s}\lambda_m^s) \qquad (33)$$

은 곱 전체가 두 부분으로 나누어진다는 것을 나타낸다. 앞의 부분은 첨자 m이 가변점 P의 방향 코사인 중에서 나타나고 뒷부분에서는 첨자 m이 극의 사이각의 코사인 중에서 나타난다.

이제 특정한 n에 대하여

$$Y_n = A_{n.0}\sum(u^n) + A_{n.1}\sum(u^{n-2}\lambda^1) + \dots$$
$$+ A_{n.s}\sum(u^{n-2s}\lambda^s) + \dots \qquad (34)$$

이 된다. 여기에서 A들은 숫자 계수이다. 이 급수를 간략한 형태

$$Y_n = S\left[A_{n.s}\sum(u^{n-2s}\lambda^s)\right] \qquad (35)$$

로 쓸 수 있다. 여기에서 S는 0을 포함해서 $\frac{1}{2}n$보다 크지 않은 s의 모든 값을 취하여 더한다는 의미이다.

해당하는 음의 $(n+1)$차의 입체 조화 함수와 차수 n을 얻기 위해, 여기에 $r^{-(n+1)}$을 곱하고 식 (3)처럼 $r\mu = p$라 놓음으로써

$$V_n = S\left[A_{n.s}\,r^{2s-2n-1}\sum\left(p^{n-2s}\lambda^s\right)\right] \qquad (36)$$

를 얻는다.

V_n을 새로운 축 h_m에 대하여 미분하면, $-(n+1)V_{n+1}$을 얻으므로

$$(n+1)V_{n+1} = S\Big[A_{n.s}(2n+1-2s)\,r^{2s-2n-3}\sum(p_m^{n-2s+1}\lambda^s)$$
$$-A_{n.s}\,r^{2s-2n-1}\sum(p^{n-2s-1}\lambda_m^{s+1})\Big] \qquad (37)$$

이다.

이중 첨자를 갖는 s개의 코사인을 포함하는 항을 얻기를 원하면, 마지막 항에서 s를 1만큼 줄여야 한다. 그래서

$$(n + 1)V_{n+1} = S\left[r^{2s-2n-3}\left\{A_{n.s}(2n - 2s + 1)\sum(p_m^{n-2s+1}\lambda^s)\right.\right.$$
$$\left.\left. - A_{n.s-1}\sum(p^{n-2s+1}\lambda_m^s)\right\}\right] \tag{38}$$

을 얻게 된다.

이제 첨자 m이 한쪽의 p에서 나타나고 다른 쪽의 λ 중에서 나타나지 않는다면 두 종류의 곱은 어떤 식으로도 서로 구분되지 않는다. 그러므로 그것들의 계수들은 같아야 한다. V_n에 대한 식에서 n에 $n+1$을 놓음으로써 같은 결과를 얻을 수 있어야 하므로 다음 식

$$(n + 1)A_{n+1.s} = (2n - 2s + 1)A_{n.s} = -A_{n.s-1} \tag{39}$$

이 얻어진다.

$s=0$이라고 놓으면

$$(n + 1)A_{n+1.0} = (2n + 1)A_{n.0} \tag{40}$$

을 얻으므로 $A_{1.0}=1$에서

$$A_{n.0} = \frac{2n!}{2^n(n!)^2} \tag{41}$$

이고 이것으로부터 계수

$$A_{n.s} = (-1)^s \frac{(2n - 2s)!}{2^{n-s}n!(n-s)} \tag{42}$$

의 일반적인 값을 얻고 마침내 표면 조화 함수를 위한 삼각함수 표현

$$Y_n = S\left[(-1)^s \frac{(2n - 2s)!}{2^{n-s}n!(n-s)!}\sum(u^{n-2s}\lambda^s)\right]^{14)} \tag{43}$$

를 얻는다.

---

14) {이것으로부터 우리는 다음을 유도할 수 있다.

$$\frac{d^p}{dx^p}\frac{d^q}{dy^q}\frac{d^r}{dz^r}\frac{1}{R} = \frac{(-1)^n.2n!}{2^n n!}R^{-(2n+1)}\{x^p y^q z^r -$$

이 식은 구면 위의 한 점 P에서의 표면 조화 함수의 값을 다른 극에서 P까지의 거리의 코사인[15]과 극 사이의 거리의 코사인에 의해 제시한다.

극 중 어떤 하나가 구면 위의 반대편 점으로 옮겨지면, 조화 함수값은 그 부호가 바뀐다는 것을 알기는 어렵지 않다. 즉, 그 극의 지수(index)를 포함하는 코사인은 그 부호가 바뀔 것이고 조화 함수의 각 항에서 그 극의 지수는 단 한 번씩만 나타날 것이기 때문이다.

그러므로 둘 또는 임의의 짝수의 극이 각각 반대편으로 옮겨지면 조화값은 변하지 않을 것이다.

실베스터(Sylvester)[16] 교수는 조화 함수가 주어질 때, 우리가 방금

$$\frac{R^2}{2n-1}({}_pc_2x^{p-2}y^qz^r + {}_qc_2x^py^{q-2}z^r + {}_rc_2x^py^qz^{r-2})$$

$$+ \frac{1}{(2n-1)}\frac{1}{(2n-3)}R^4({}_pc_4.x^{p-4}y^qz^r + {}_qc_4.x^py^{q-4}z^r + {}_rc_4.x^py^qz^{r-4}$$

$$+ {}_pc_{2q}c_2x^{p-2}y^{q-2}z^r + {}_pc_{2r}c_2x^{p-2}y^qz^{r-2} + {}_qc_{2r}c_2x^py^{q-2}z^{r-2})$$

$$- \frac{1}{(2n-1)(2n-3)(2n-5)}R^6({}_pc_6.x^{p-6}y^qz^r + {}_qc_6.x^py^{q-6}z^r + {}_rc_6.x^py^qz^{r-6}$$

$$+ {}_pc_{4q}c_2x^{p-1}y^{q-2}z^r + {}_pc_{4r}c_2x^{p-4}y^qz^{r-2} + {}_pc_{2q}c_4.x^{p-2}y^{q-4}z^r$$

$$+ {}_qc_{4r}c_2x^py^{q-4}z^{r-2} + {}_pc_{2r}c_4.x^{p-2}y^qz^{r-4} + {}_qc_{2r}c_4.x^py^{q-2}z^{r-4}$$

$$\left.+ {}_pc_{2q}c_{2r}c_2x^{p-2}y^{q-2}z^{r-2}) + ...\right\}$$

여기에서 $n=p+q+r$이고 $R^2 = x^2 + y^2 + z^2$이고 ${}_mc_n$은 순열을 $2^{\frac{n}{2}}\left(\frac{n}{2}\right)!$으로 나눈 것을 의미한다)―톰슨.

15) '거리의 코사인'이란 구면상에 그 거리에 해당하는 호를 갖는 중심각의 코사인을 의미한다―옮긴이.

16) 영국의 수학자인 실베스터(James Joseph Sylvester, 1814~97)는 케임브리지 대학에서 A. 드 모르강의 지도를 받았다. 1837년 케임브리지 대학을 졸업한 후, 1841년 더블린 대학에서 석사 학위를 받고, 같은 해에 런던 대학 교수가 되었으나 유대인이었기 때문에 여러 가지 장애에 부딪혀 교수직을 2년 만에 물러났으며, 그 후 미국으로 건너가 버지니아 대학 교수가 되었으나, 3개월 만에 그만두고 다시 런던으로 돌아가 생명보험회사에 들어가 일하다가 1846년 런던 법학원에 들어가 변호사가 되었다. 그 후 다시 수학에 관심을 가져 A. 케일리와 함께 행렬과 대수적(代數的) 불변식론(不變式論)의 기초를 확립하여 이후 과학 이론의 발전에 크게 공헌했다. 1855년 육군사관학교 교수가 되었으며, 16년간 재직한 후 정년 퇴직하고 시작(詩作) 생활을 시작했다. 1876년 미국의 존스 홉킨스 대학 교수로 초빙되어 그곳에서 수학계에서 크게 공헌했

보았듯이, 축들을 따라 양(+)으로 간주되는 방향들이 쌍으로 역전된다 하더라도, 이 축들과 일치하는 n개의 선을 발견하는 문제는 단 하나의 해를 갖는다는 것을 보였다(*Phil. Mag.* Oct. 1876).

134] 이제 우리는 두 표면 조화 함수의 차수가 같을 때, 비록 그 축들의 방향은 일반적으로 다르더라도 면적분 $\iint Y_m Y_n \, ds$의 값을 정할 수 있게 되었다.

이런 목적을 달성하기 위해서는 입체 조화 함수 $Y_m r^m$을 구성하고 Y_n의 n개의 축 각각에 대하여 그것을 미분해야 한다.

$Y_m r^m$의 임의의 항 중에서 $r^m \mu^{m-2s} \lambda^s$ 형태의 것은 $r^{2s} p_m^{m-2s} \lambda_{mm}^s$로 적을 수 있다. 이것을 Y_n의 n개의 축에 대하여 연속으로 n번 미분하면, 이 축 중에서 s개에 대하여 r^{2s}를 미분할 때, p_n 중에서 s개와 인수를 도입한다는 것을 알게 된다.

$$2s(2s-2)\cdots 2, \quad \text{즉} \quad 2^s s!$$

다음 s개의 축에 대하여 미분을 계속하다보면 p_n이 λ_{nn}으로 바뀌지만 아무 인수도 도입하지 않고 남은 $n-2s$개의 축에 대하여 미분하면 p_m이 λ_{mm}으로 바뀌어 결과는 $2^s s! \lambda_{nn}^s \lambda_{mm}^s \lambda_{mn}^{m-2s}$가 된다.

그러므로 식 (31)에 의해

$$\iint Y_m Y_n \, ds = \frac{4\pi}{n!(2n+1)} a^{n-m+2} \frac{d^n(Y_m r^m)}{dh_1 \dots dh_n} \tag{44}$$

이고 식 (43)에 의해

$$Y_m r^m = S\left[(-1)^s \frac{(2m-2s)!}{2^{m-s} m!(m-s)!} \sum (r^{2s} p_m^{m-2s} \lambda_{mm}^s) \right] \tag{45}$$

이다.

그러므로 이것을 미분하고 $m=n$인 것을 이용하면

다. 1885년 옥스퍼드 대학 교수로 초빙되었다. 그의 업적은 불변식론의 개척과 소수분포(素數分布)에 관한 연구가 두드러지며 역학의 영역에서는 1점의 둘레의 강체(剛體) 운동에 관한 정리를 얻어냈다―옮긴이.

$$\iint Y_m Y_n \, ds =$$

$$\frac{4\pi a^2}{(2n+1)(n!)^2} S\left[(-1)^s \frac{(2n-2s)! \, s!}{2^{n-2s}(n-s)!} \sum (\lambda_{mm}^s \lambda_{nn}^s \lambda_{mn}^{n-2s})\right] \quad (46)$$

임을 알게 된다.

135a] 두 개의 표면 조화 함수의 곱의 면적분인 식 (46)은 조화 함수 중 하나인 Y_m의 모든 축들이 서로 일치한다고 가정하면, 주목할 만한 형태가 된다. 즉, Y_m은 우리가 나중에 m차 띠형 조화 함수(zonal harmonic)[17])로 정의하고 기호 P_m으로 나타낼 것으로 바뀐다.

이 경우에 λ_{mm} 형태의 모든 코사인들을 μ_n으로 쓸 수 있다. 여기에서 μ_n은 P_m의 공통 축과 Y_n의 축 중 하나 사이의 각의 코사인을 지칭한다. λ_{mm} 형태의 코사인은 1과 같아져서 $\sum \lambda_{mm}^s$을 대신해서 기호 s들의 조합의 수를 쓰되 s의 각각은 n에서 뽑은 두 첨자로 구분되고 어떤 첨자도 반복하지 말아야 한다. 그리하여

$$\sum \lambda_{mm}^s = \frac{n!}{2^s \, s!(n-2s)!} \quad^{18)} \qquad (47)$$

---

17) 띠형 조화 함수에 대한 보충적 이해는 특히 W.E. Byerly, "Zonal Harmonics," Ch. 5 in *An Elementary Treatise on Fourier? Series, and Spherical, Cylindrical, and Ellipsoidal Harmonics, with Applications to Problems in Mathematical Physics*(New York: Dover, 1959), pp.144~194를 참조할 것—옮긴이.

18) {$\sum \lambda_{mm}^s$이라는 표현에서 한 항의 첨자들의 순열을 얼마나 만들어낼 수 있는지 고려한다면 이것을 알 수 있다. 첨자들은 각각 두 숫자로 된 s개의 무리로 이루어져 있다. 무리들의 순서를 바꿈으로써 우리는 $s!$개의 배열을 얻을 수 있고 한 무리 안의 숫자의 순서를 교환함으로써 이 배열 중 하나로부터 $2s$개의 다른 배열을 얻을 수 있다. 그래서 첨자의 무리 각각에서 우리는 $2^s s!$개의 배열을 얻을 수 있다. 그리하여 급수 $\sum \lambda_{mm}^s$에서 항의 수가 N이라면 n개에서 한 번에 $2s$를 택하는 $N2^s s!$개의 배열이 만들어질 수 있지만 그렇게 만들어진 배열의 전체 개수는 분명히 n개에서 한 번에 $2s$개를 택하는 순열의 수, $\frac{n!}{(n-2s)!}$이다. 그리하여 $N2^s \, s! = \frac{n!}{(n-2s)!}$ 즉, $N = \frac{n!}{2^s s!(n-2s)!}$이다}—톰슨.

이 된다. P_m의 축들 중에 남아 있는 $n-2s$개의 지수의 순열의 수는 $(n - 2s)!$이다. 그러므로

$$\sum(\lambda_{mn}^{n-2s}) = (n - 2s)!\,\mu^{n-2s} \tag{48}$$

이다.

그러므로 Y_m의 모든 축이 서로 일치할 때 식 (46)은

$$\iint Y_n P_m ds = \frac{4\pi a^2}{(2n+1)\,n!}S\left[(-1)^s\frac{(2n-2s)!}{2^{n-s}(n-s)!}\sum(u^{n-2s}\lambda^s)\right] \tag{49}$$

(43)에 의해
$$= \frac{4\pi a^2}{2n+1}Y_n(m) \tag{50}$$

여기에서 $Y_{n(m)}$은 P_m의 극에서 Y_n의 값을 가리킨다.

같은 결과를 다음의 더 짧은 논의에서 얻을 수 있다.

직교 좌표계를 z축이 P_m의 축과 일치하도록 취하고 $Y_n r^n$을 n차의 x, y, z의 동차 함수로 전개하자.

P_m의 축에서 $x=y=0$이고 $z=r$이므로, Cz^n은 x나 y를 포함하지 않는 항이라면 C는 P_n의 극에서 Y_n의 값이다.

식 (31)은 이 경우에

$$\iint Y_n P_m ds = \frac{4\pi a^2}{2n+1}\frac{1}{n!}\frac{d^m}{dz^m}(Y_n r^n)$$

이 된다.

m이 n과 같을 때는 Cz^n을 미분한 결과는 $n!C$이고 다른 항들에서는 0이다. 그러므로

$$\iint Y_n P_m ds = \frac{4\pi a^2}{2n+1}C$$

여기에서 C는 P_m의 극에서 Y_n의 값이다.

135b] 이 결과는 구면의 각 점에서 임의로 할당된 유한하고 연속적인 값을 갖는 양을 나타내는 일련의 구면 조화 함수를 어떻게 결정할지를 보여주므로 구면 조화 함수 이론에서 매우 중요하다.

F가 그 양이고 ds가 구면의 한 점 Q에서의 면 요소라고 하자. 그러고 나서 같은 구면의 점 P를 극으로 갖는 띠형 조화 함수 P_n과 Fds를 곱한 것을 구면 위에서 적분을 취하면, 그것이 점 P의 위치에 의존하므로 그 결과는 P의 위치의 함수로 생각할 수 있다.

그러나 Q가 극인 띠형 조화 함수의 P에서의 값은 P를 극으로 갖는 같은 차수의 띠형 조화 함수의 Q에서의 값과 같으므로 구면의 모든 요소 ds에 대하여 Q에 극을 갖고 계수가 Fds인 띠형 조화 함수가 만들어진다.

그러므로 F가 값을 갖는 구면 위의 모든 점에서 극을 갖는 중첩하는 띠형 조화 함수계를 찾을 수 있다. 이것들 각각은 n차 표면 조화 함수의 실수배이므로 그것들의 합은 n차 표면 조화 함수(반드시 띠형 조화 함수는 아니다)의 실수배이다.

그러므로 점 P의 함수로 생각되는 면적분 $\iint FP_n ds$는 표면 조화 함수 Y_n의 실수배이다. 이로써

$$\frac{2n+1}{4\pi a^2} \iint FP_n\,ds$$

는, F가 그렇게 표현될 수 있다면, F를 표현하는 조화 함수의 계열에 속하는 특수한 n차 표면 조화 함수라고 볼 수 있다.

왜냐하면 F가

$$F = A_0 Y_0 + A_1 Y_1 + ... + A_n Y_n + ...$$

의 형태로 표현될 수 있다면, 여기에 $P_n ds$를 곱하고 전체 구에 대해서 면적분을 취하면 다른 차수의 조화 함수의 곱을 포함하는 모든 항은 0이 되고

$$\iint FP_n\,ds = \frac{4\pi a^2}{2n+1} A_n Y_n$$

만이 남을 것이기 때문이다. 그리하여 구면 조화 함수에 의한 F의 가능한 유일한 전개식은

$$F = \frac{1}{4\pi a^2}\left[\iint FP_0\, ds + ... + (2n+1)\iint FP_n\, ds + ...\right] \quad (51)$$

가 될 것이다.

켤레 조화 함수

136] 다른 차수의 두 조화 함수의 곱의 면적분은 항상 0이라는 것을 앞서 보았다. 그러나 두 조화 함수가 같은 차수일 때도 그것들의 면적분은 0일 수 있다. 그때 두 개의 조화 함수는 서로 켤레라고 부른다. 두 개의 같은 차수의 조화 함수가 켤레일 조건은 식 (46)에서 각 변을 0과 같다고 놓음으로써 표현된다.

그 조화 함수 중 하나가 띠형 조화 함수라면 켤레일 조건은 띠형 조화 함수의 극에서 다른 조화 함수의 값이 0이 되는 것이다.

n차의 주어진 조화 함수로 시작하면, 제2 조화 함수(the second harmonic)가 그것에 켤레가 되기 위해서는 그것의 $2n$개의 변수가 하나의 조건을 충족시켜야 한다.

제3 조화 함수가 서로 켤레가 되려면 그것의 $2n$개의 변수가 두 개의 조건을 충족시켜야 한다. 계속 조화 함수를 그 앞에 있는 모든 조화 함수와 켤레가 되도록 만들어가면, 각각을 위한 조건은 이미 존재한 조화 함수의 수와 일치할 것이다. 그러므로 제$(2n+1)$ 조화 함수는 그것의 $2n$개의 변수에 의해 충족되는 $2n$개의 조건을 가질 것이고 그것에 의해 완전히 결정될 것이다. n차의 표면 조화 함수의 임의의 실수배인 AY_n은 같은 차수의 $2n+1$개의 켤레 조화 함수의 집합의 실수배에 의해 표현될 수 있다. 왜냐하면 $2n+1$개의 켤레 조화 함수의 계수들은, Y_n의 $2n$개의 변수와 계수 A와는 개수가 같은 취급 가능한 양의 집합이기 때문이다.

켤레 조화 함수 중 하나, 가령 Y_n^σ의 계수를 알기 위해

$$AY_n = A_0 Y_n^\sigma + ... + A_\sigma Y_n^\sigma + ...$$

라고 가정하자. 여기에 $Y_n^\sigma ds$를 곱하고 구면 위에서 면적분을 취하자. 서로 켤레인 조화 함수의 곱을 포함하는 항들은 모두 0이 되고

$$A \iint Y_n Y_n^\sigma \, ds = A\sigma \iint (Y_n^\sigma)^2 \, ds \qquad (52)$$

가 남아 $A\sigma$를 결정하게 해준다.

그리하여 $2n+1$개의 켤레 조화 함수의 집합이 주어지는 것으로 가정하면, n차의 임의의 조화 함수가 그것들에 의해 단 한 가지로 표현될 수 있다. 그러므로 어떤 조화 함수도 그것들 모두와 켤레가 될 수 없다.

137] 서로 켤레인 $2n+1$개의 n차 조화 함수의 완전한 계가 주어진다면, 같은 차의 임의의 조화 함수는 이것들에 의해 표현될 수 있다. 그러한 $2n+1$개의 계에는 $n(2n+1)$개의 방정식에 의해 연결되어 있는 $n(2n+1)$개의 변수가 있으므로 그 변수 중에서 $n(2n+1)$개가 임의적인 것으로 간주될 수 있다.

톰슨과 타이트가 제안했듯이 켤레 조화 함수계 속에서 각 조화 함수가 n개의 극 중 j개가 x축의 극과 일치하고 k개가 y축의 극과 일치하고 $l(=n-j-k)$개가 z축과 일치하도록 분포되어 있는 n개의 극을 갖도록 켤레 조화 함수계를 선택할 수 있을 것이다. $l=0$인 $n+1$개의 분포와 $l=1$인 n개의 분포가 주어지면 나머지는 이것들에 의해 표현될 수 있다.

이미 모든 수학자들(톰슨과 타이트를 포함해서)에 의해 채택되어 온 계는 극 중의 $n-\sigma$개가 구의 양극이라고 부르는 점에서 일치하게 되어 있고 나머지 σ개의 극이, 그 수가 홀수이면 적도 둘레에 같은 간격으로 놓이고, 그 수가 짝수인 경우에는 적도의 절반 둘레에 같은 거리에 놓이게 되어 있는 것이다.

이 경우에 $\mu_1,\ \mu_2, \dots u_{n-\sigma}$는 각각이 $\cos\theta$와 같기에 μ라고 일괄하여 부를 것이다. $\sin\theta$를 위해 v를 적으면, $\mu_{n-\sigma+1}, \dots u_n$은 $v\cos(\phi-\beta)$의 형태일 것이다. 여기에서 β는 적도에 있는 극 중 하나의 방위각이다.

λ_{pq}의 값은 p와 q가 둘 다 $n-\sigma$보다 작다면 1이고, 하나가 이보다 크고 하나가 이보다 작으면 0이고, 둘 다 이보다 크면 $\cos s\pi/\sigma$이다. 여기

에서 s는 σ보다 작은 정수이다.

138] 모든 극들이 구의 극에서 일치할 때, $\sigma=0$이고 그 조화 함수는 띠형 조화 함수라고 부른다. 띠형 조화 함수는 매우 중요하므로 우리는 그것을 P_n의 기호로 부를 것이다.

우리는 그 값을 삼각함수 표현 (43)에서 얻거나 더 직접적으로 다음 과 같이 미분에 의해 얻는다.

$$P_n = (-1)^n \frac{r^{n+1}}{n!} \frac{d^n}{dz^n}\left(\frac{1}{r}\right) \tag{53}$$

$$P_n = \frac{1.3.5...(2n-1)}{1.2.3...n}\left[u^n - \frac{n(n-1)}{2.(2n-1)}\mu^{n-2} \right.$$
$$\left. + \frac{n(n-1)(n-2)(n-3)}{2.4(2n-1)(2n-3)}\mu^{n-4} - ... \right]$$

$$= \sum\left[(-1)^p \frac{(2n-2p)!}{2^n p!(n-p)!(n-2p)!}\mu^{n-2p} \right] \tag{54}$$

여기에서 p에는 0부터 $\frac{1}{2}n$을 초과하지 않는 가장 큰 정수까지 모든 정수값을 넣어주어야 한다.

때때로 P_n을 $\cos\theta$와 $\sin\theta$, 또는 우리가 쓰듯이, μ와 v의 동차 함수로 표현하는 것이 편리하다. 즉,

$$P_n = \mu^n - \frac{n(n-1)}{2.2}\mu^{n-2}v^2 + \frac{n(n-1)(n-2)(n-3)}{2.2.4.4}\mu^{n-4}v^4 - ...$$

$$= \sum\left[(-1)^p \frac{n!}{2^{2p}(p!)^2(n-2p)!}\mu^{n-2p}v^{2p} \right] \tag{55}$$

가 된다.

이 주제에 관한 수학적 논고들에서는 $P_n(u)$가 $(1-2\mu h+h^2)^{-\frac{1}{2}}$ 의 전개식에서 h^n의 계수라는 것이 입증되어 있다(그리고 그것은 또한 $\frac{1}{2^n n!}\frac{d^n}{d\mu^n}(u^2-1)^n$ 과 같다).

띠형 조화 함수의 제곱의 면적분

$$\iint (P_n)^2 ds = 2\pi a^2 \int_{-1}^{+1}(P_n(u))^2 d\mu = \frac{4\pi a^2}{2n+1} \tag{56}$$

이다. 그러므로
$$\int_{-1}^{+1}(P_n(u))^2 d\mu = \frac{2}{2n+1} \tag{57}$$
이다.

139] 구면에 대한 지정 없이 단지 μ의 함수로서 띠형 조화 함수를 고려하면, 이것을 르장드르[19) 계수라고 부를 수 있다.

좌표 θ와 ϕ에 의해 정의되는 점을 갖는 구면 위에 존재하는 띠형 조화 함수를 고려하고, 띠형 조화 함수의 축이 점 (θ', ϕ')에 있다고 가정하면, 점 (θ, ϕ)에서의 띠형 조화 함수의 값은 네 개의 각 $\theta', \phi', \theta, \phi$의 함수이다. 그리고 그것은 점 (θ, ϕ)와 점 (θ', ϕ')를 연결하는 호의 코사인인 μ의 함수이기 때문에 θ와 θ', ϕ와 ϕ'가 자리를 바꾸더라도 불변이다. 그렇게 표현된 띠형 조화 함수는 라플라스 계수라고 불려 왔다. 톰슨과 타이트는 그것을 쌍축 조화 함수(biaxal harmonic)라고 부른다.

라플라스 방정식을 만족시키는 x, y, z의 동차 함수는 입체 조화 함수라고 부르며 중심에 원점이 있는 구면에서 입체 조화 함수는 **표면 조화 함수**라고 부른다. 이 책에서는 표면 조화 함수를 그것의 n개의 극에 의해 정의했다. $2n+1$개의 변수를 갖는 더 일반적인 표면 조화 함수는 더 제한된 표면 조화 함수에 임의의 상수를 곱한 것이다. θ와 ϕ로 표현된 더 일반적인 표면 조화 함수는 라플라스 함수라고 부른다.

---

19) 프랑스의 수학자인 르장드르(Adrien-Marie Legendre, 1752~1833)는 1775년에 파리의 육군사관학교 교수가 되었고, 1783년에 파리 과학 아카데미 회원이 되었다. 또 에콜 폴리테크니크의 시험관 및 측지감독관 등을 지냈다. 타원적분, 오일러 적분과 유클리드 기하학의 기초 및 최소제곱법, 측지학 등에 걸쳐 많은 업적을 남겼다. 1798~1830년의 『정수론』에서는 2차 상반법칙의 공식을 정립하여 그의 이름을 붙인 제곱 잉여에 관한 기호(Legendre symbol)를 남겼다. 1806년 『최소제곱법에 관하여』에서 최소제곱법을 K.F. 가우스에 앞서 발표했고, 1825~26년 『타원 함수론』에서 이른바 퍼텐셜(potential)의 개념으로 불리는 르장드르 함수를 도입한 타원적분의 분류를 논하여 19세기 타원 함수론 발전의 선구가 되었다. 그의 저서들은 오랫동안 교과서로서의 권위를 지켜왔으며 삼차원 조화 함수와 관련되는 구함수에 대하여 그의 이름을 붙인 미분 방정식은 유명하다—옮긴이.

140a] 대칭인 계의 다른 조화 함수를 얻기 위해서는 π/σ의 각으로 서로 기울어진 xy평면에 있는 σ개의 축들에 대하여 미분해야 한다. 이 것은 톰슨과 타이트의 『자연철학』 1권, 148쪽(또는 2판의 185쪽)에 주어진 허수 좌표계에 의해 가장 편리하게 수행된다.

만약 우리가

$$\xi = x + iy,\ \eta = x - iy\ (i = \sqrt{-1})$$

이라고 쓴다면, 이 축 중 하나가 x축과 각 α를 이룰 때, 그것을 σ개의 축에 대하여 미분하는 것은 σ가 홀수일 때는

$$\left(e^{ix}\frac{d}{d\xi} + d^{-i\alpha}\frac{d}{d\eta} \right)\left(e^{i(\alpha + \frac{2\pi}{\sigma})}\frac{d}{d\xi} + e^{-i(\alpha + \frac{2\pi}{\sigma})}\frac{d}{d\eta} \right)$$
$$\left(e^{i(\alpha + \frac{4\pi}{\sigma})}\frac{d}{d\xi} + e^{-i(\alpha + \frac{4\pi}{\sigma})}\frac{d}{d\eta} \right)\cdots$$

의 형태로 쓸 수 있다. 이것은

$$\cos\sigma\alpha\left\{ \frac{d^\sigma}{d\xi^\sigma} + \frac{d^\sigma}{d\eta^\sigma} \right\} + \sin\sigma\alpha.i\left\{ \frac{d^\sigma}{d\xi^\sigma} - \frac{d^\sigma}{d\eta^\sigma} \right\} \tag{58}$$

와 같다.

σ가 짝수라면 미분은

$$(-1)^{\frac{\sigma+2}{2}}\left\{ \cos\sigma\alpha.i\left(\frac{d^\sigma}{d\xi^\sigma} - \frac{d^\sigma}{d\eta^\sigma} \right) - \sin\sigma\alpha\left(\frac{d^\sigma}{d\xi^\sigma} + \frac{d^\sigma}{d\eta^\sigma} \right) \right\} \tag{59}$$

가 된다.

그리하여 만약

$$i\left(\frac{d^\sigma}{d\xi^\sigma} - \frac{d^\sigma}{d\eta^\sigma} \right) = Ds^{(\sigma)}, \quad \frac{d^\sigma}{d\xi^\sigma} + \frac{d^\sigma}{d\eta^\sigma} = Dc^{(\sigma)}$$

라면, σ개의 축에 대한 미분을 $Ds^{(\sigma)}$, $Dc^{(\sigma)}$에 의해 표현할 수 있다. 물론 이것들은 실수에 한정된 미분이고 허수 부호를 사용하지 않고 표현

할 수 있다. 즉,

$$2^{\sigma-1} Ds^{(\sigma)} = \sigma \frac{d^{\sigma-1}}{dx^{\sigma-1}} \frac{d}{dy} - \frac{\sigma(\sigma-1)(\sigma-2)}{1.2.3} \frac{d^{\sigma-3}}{dx^{\sigma-3}} \frac{d^3}{dy^3} + \dots \quad (60)$$

$$2^{\sigma-1} Dc^{(\sigma)} = \frac{d^{\sigma}}{dx^{\sigma}} - \frac{\sigma(\sigma-1)}{1.2} \frac{d^{\sigma-2}}{dx^{\sigma-2}} \frac{d^2}{dy^2} + \dots \quad (61)$$

으로 쓸 수 있다. 또한

$$\frac{d^{n-\sigma}}{dz^{n-\sigma}} Ds^{(\sigma)} = Ds_n^{(\sigma)} \text{ 이고}, \quad \frac{d^{n-\sigma}}{dz^{n-\sigma}} Dc^{(\sigma)} = Dc_n^{(\sigma)} \quad (62)$$

라고 쓸 수 있다. 그래서 $Ds_n^{(\sigma)}$과 $Dc_n^{(\sigma)}$는 n개의 축(그중 $n-\sigma$개의 축이 z축과 일치하고 나머지 σ개는 평면에서 서로 같은 각을 두고 벌어져 있다)에 대한 미분을 지칭한다. $Ds_n^{(\sigma)}$는 y축이 축 중 하나와 일치할 때 사용하고 $Dc_n^{(\sigma)}$는 y축이 축 중에서 둘 사이의 각을 이등분할 때 사용한다.

두 개의 n차 σ형 사각 표면 조화 함수(tesseral surface harmonic)[20]는 이제

$$Ys_n^{(\sigma)} = (-1)^n \frac{1}{n!} r^{n+1} Ds_n^{(\sigma)} \frac{1}{r} \quad (63)$$

$$Yc_n^{(\sigma)} = (-1)^n \frac{1}{n!} r^{n+1} Dc_n^{(\sigma)} \frac{1}{r} \quad (64)$$

로 쓸 수 있다.

$$\mu = \cos\theta, \; \nu = \sin\theta, \; \rho^2 = x^2 + y^2, \; r^2 = \xi\eta + z^2 \text{라고 쓰면}$$
$$z = \mu r, \; \rho = \nu r, \; x = \rho\cos\phi, \; y = \rho\sin\phi$$

라고 쓸 수 있으므로

$$Ds^{(\sigma)} \frac{1}{r} = (-1)^{\sigma} \frac{(2\sigma)!}{2^{2\sigma} \sigma!} i(\eta^{\sigma} - \xi^{\sigma}) \frac{1}{r^{2\sigma+1}} \quad (65)$$

---

20) 구 표면을 사각형의 형태로 나누는 조화 함수이기 때문에 이런 이름이 붙었다—옮긴이.

$$Dc^{(\sigma)}\frac{1}{r} = (-1)^{\sigma}\frac{(2\sigma)!}{2^{2\sigma}\sigma!}(\xi^{\sigma}+\eta^{\sigma})\frac{1}{r^{2\sigma+1}} \qquad (66)$$

이고 여기에서

$$\frac{i}{2}(\eta^{\sigma}-\xi^{\sigma}) = \rho^{\sigma}\sin\sigma\phi, \quad \frac{1}{2}(\xi^{\sigma}+\eta^{\sigma}) = \rho^{\sigma}\cos\sigma\phi \qquad (67)$$

로 쓸 수 있다.

이제 z에 대하여만 미분하겠다. r와 z에 의해, 또는 r의 거듭제곱들로 나눈 z와 ρ의 동차 함수로 결과를 얻기 위해 그렇게 할 수 있다.

$$\frac{d^{n-\sigma}}{dz^{n-\sigma}}\frac{1}{r^{2\sigma+1}} = (-1)^{n-\sigma}\frac{(2n)!}{2^{n}n!}\frac{2^{\sigma}\sigma!}{(2\sigma)!}\frac{1}{r^{2n+1}}\times$$
$$\left[z^{n-\sigma}-\frac{(n-\sigma)(n-\sigma-1)}{2(2n-1)}z^{n-\sigma-2}r^{2}+\dots\right]^{21)} \qquad (68)$$

즉,

$$\frac{d^{n-\sigma}}{dz^{n-\sigma}}\frac{1}{r^{2\sigma+1}} = (-1)^{n-\sigma}\frac{(n+\sigma)!}{(2\sigma)!}\frac{1}{r^{2n+1}}\times$$
$$\left[z^{n-\sigma}-\frac{(n-\sigma)(n-\sigma-1)}{4(\sigma+1)}z^{n-\sigma-2}\rho^{2}+\dots\right] \qquad (69)$$

이다.

만약
$$\Theta_{n}^{(\sigma)} = v^{\sigma}\left[u^{n-\sigma}-\frac{(n-\sigma)(n-\sigma-1)}{2(2n-1)}\mu^{n-\sigma-2}\right.$$
$$\left.+\frac{(n-\sigma)(n-\sigma-1)(n-\sigma-2)(n-\sigma-3)}{2.4(2n-1)(2n-3)}\mu^{n-\sigma-4}-\dots\right] \qquad (70)$$

---

21) 식 (68)은 좌변이

$\left\{\dfrac{1}{\xi\eta+(z+h)^{2}}\right\}^{\frac{2\sigma+1}{2}}$ 에서 $(n-\sigma)!$를 $h^{n-\sigma}$의 계수에 곱한 것,

즉 $\dfrac{1}{r^{2\sigma+1}}\left\{1+\dfrac{2hz+h^{2}}{r^{2}}\right\}^{-\frac{(2\sigma+1)}{2}}$ 와 같다는 것에 주목하면 쉽게 증명될 수 있

다. 이것을 $\dfrac{1}{r^{2\sigma+1}}\left\{\left(1+u\dfrac{h}{r}\right)^{2}+v^{2}\dfrac{h^{2}}{r^{2}}\right\}^{-\frac{(2\sigma+1)}{2}}h^{n-\sigma}$와 같이 쓰고 $h^{n-\sigma}$의 계수

를 빼내면 식 (69)를 얻는다.

이라고 쓰고

$$\vartheta_n^{(\sigma)} = v^\sigma \left[u^{n-\sigma} - \frac{(n-\sigma)(n-\sigma-1)}{4(\sigma+1)} \mu^{n-\sigma-2} v^2 \right.$$
$$\left. + \frac{(n-\sigma)(n-\sigma-1)(n-\sigma-2)(n-\sigma-3)}{4.8(\sigma+1)(\sigma+2)} \mu^{n-\sigma-4} v4 - \ldots \right] \quad (71)$$

라고 쓰면

$$\Theta_n^{(\sigma)} = \frac{2^{n-\sigma} n!(n+\sigma)!}{(2n)!\,\sigma!} \vartheta_n^{(\sigma)} \quad (72)$$

이고 이 두 함수는 곱한 상수만 다르다.

이제 두 개의 n차 σ형 사각 조화 함수를 Θ또는 ϑ에 의해 나타낼 수 있다.

$$Ys_n^{(\sigma)} = \frac{(2n)!}{2^{n+\sigma} n!n!} \Theta_n^{(\sigma)} 2\sin\sigma\phi = \frac{(n+\sigma)!}{2^{2\sigma} n!\sigma!} \vartheta_n^{(\sigma)} 2\sin\sigma\phi \quad (73)$$

$$Yc_n^{(\sigma)} = \frac{(2n)!}{2^{n+\sigma} n!n!} \Theta_n^{(\sigma)} 2\cos\sigma\phi = \frac{(n+\sigma)!}{2^{2\sigma} n!\sigma!} \vartheta_n^{(\sigma)} 2\cos\sigma\phi \quad ^{22)} \quad (74)$$

$\sigma = 0, \sin\sigma\phi = 0, \cos\sigma\phi = 1$일 때 그것들의 값을 기억할 필요가 있다.

σ의 값이 1부터 n까지의 모든 값에 대하여 한 쌍의 조화 함수가 있지만 $\sigma=0$일 때, $Ys_n^{(0)} = 0$이고 $Yc_n^{(0)} = P_n$, 즉 띠형 조화 함수가 된다. 그러므로 n차 조화 함수의 전체 수는 당연히 $2n+1$개이다.

140b] 이 책에서 채택된 Y의 수값은 n개의 축에 대하여 r^{-1}를 미분하고 $n!$로 나눔으로써 얻어진다. 그것은 네 인자, 즉 $\sigma\phi$의 사인이나 코사인, v^σ, μ의 함수(또는 μ와 v의 함수) 그리고 숫자 계수의 곱이다.

두 번째와 세 번째 인자의 곱, 즉 말하자면 θ에 의존하는 부분은 숫자 인수에 의해서만 서로 다른 세 개의 다른 기호로 표현되었다. 그것이 v^σ와 첫 번째 항이 $\mu^{n-\sigma}$인 μ의 내림차순의 급수의 곱으로 표현될 때, 그것이 톰슨과 타이트를 따라 우리가 Θ라고 지정한 함수이다.

---

22) {이 값은 $\sigma=0$일 때 절반이 되어야 한다}─톰슨.

하이네(Heine, *Handbuch der Kugelfunctionen*, §47)가 $P_\sigma^{(n)}$라고 지칭하고 'eine zugeordnete Function erster Art'(제1형 동반 함수)라고 부르고 토트헌터가 'associated function of the first kind'(제1형 동반 함수)라고 부른 함수는 다음 식에 의해 $\Theta_n^{(\sigma)}$에 연결된다.

$$\Theta_n^{(\sigma)} = (-1)^{\frac{\sigma}{2}} P_\sigma^{(n)} \tag{75}$$

첫 번째 항이 $\mu^{n-\sigma}$인 μ의 내림차순의 급수는 하이네에 의해 기호 $\mathfrak{P}_\sigma^{(n)}$로 표현되고 토드헌터에 의해 기호 $\varpi(\sigma, n)$로 표현된다.

이 급수는 또한 두 가지 다른 형태

$$\begin{aligned} \mathfrak{P}_\sigma^{(n)} = \varpi(\sigma, n) &= \frac{(n-\sigma)!}{(2n)!} \frac{d^{n+\sigma}}{d\mu^{n+\sigma}} (u^2 - 1)^n \\ &= \frac{2^n (n-\sigma)! \, n!}{(2n)!} \frac{d^\sigma}{d\mu^\sigma} P_n \end{aligned} \tag{76}$$

으로 표현될 수 있다. μ에 대하여 띠형 조화 함수를 미분함으로써 얻어지는 급수가 등장하는 마지막 식은 페러스(Ferrers)가 채택한 기호 $T_n^{(\sigma)}$를 제안하는 것 같다. 그에 따르면

$$T_n^{(\sigma)} = \nu^\sigma \frac{d^\sigma}{d\mu^\sigma} P_n = \frac{(2n)!}{2^n (n-\sigma)! \, n!} \Theta_n^{(\sigma)} \tag{77}$$

로 정의된다.

같은 양을 μ와 ν의 동차 함수로 표현하고 $\mu^{n-\sigma} \nu^\sigma$의 계수로 나눌 때 이미 $\vartheta_n^{(\sigma)}$로 지칭한 것을 얻는다.

140c] 톰슨과 타이트는 대칭적인 계의 조화 함수를 그것이 0이 되는 구면 곡선의 형태와 관련하여 분류했다.

구의 임의의 점에서의 띠형 조화 함수의 값은 극 거리[23])의 코사인의 함수이다. 그것이 0과 같아지면 n차의 방정식이 되고 그 해는 모두 −1에서 +1 사이에 있어서 구의 n개의 위선(緯線)이 된다.

---

23) 구의 극과 극 사이의 호에 대한 중심각을 지칭한다―옮긴이.

이 평행선 사이에 포함되는 띠는 교대로 양과 음이 되고 극을 둘러싼 원은 항상 양이 된다.[24]

그러므로 띠형 조화 함수는 구 위의 위선에서 0이 되는 함수를 표현하기에 적당하다.

대칭계의 다른 조화 함수들은 쌍으로 존재하여 하나가 $\sigma\phi$의 코사인을 포함하면 다른 하나는 $\sigma\phi$의 사인을 포함한다. 그러므로 그것들은 구면 위에 있는 σ개의 자오원[25]과 $n-\sigma$개의 위선에서 0이 되어서 구면은 극에서 4σ개[26]의 삼각형과 $2\sigma(n-\sigma-1)$개의 사각형으로 나누어진다. 그러므로 대칭계의 조화 함수는 자오원과 위선에 의해 둘러싸인 구면 위의 사각형과 관련된 고찰에서 유용하다.

그것들은 구면을 $2n$개의 구역으로 나누는 n개의 자오원에서만 0이 되는 마지막 쌍을 제외하고 사각 조화 함수(tesseral harmonic)라고 부른다. 그러므로 마지막 쌍은 부채꼴 조화 함수(sectorial harmnonic)[27]라고 부른다.

141] 다음으로 구에 걸쳐서 취해진 사각 조화 함수의 제곱의 면적분을 구해야 한다. 우리는 이것을 134절의 방법에 의해 수행할 수 있다. 표면 조화 함수 $Y_n^{(\sigma)}$를 r^n으로 곱하여 양의 차의 입체 조화 함수로 바꾼다. 이 입체 조화 함수를 그 조화 함수 자체의 n개의 축에 대하여 미분한다. 그리고 나서 $x=y=z=0$으로 놓고 그 결과에 $\dfrac{4\pi a^2}{n!(2n+1)}$을 곱한다.

이 연산은 우리 표시법으로

---

24) 이렇게 위선에 의해 평형한 띠 형태로 구의 표면을 나누기 때문에 띠형 조화 함수라고 부른다―옮긴이.

25) 구의 양극을 연결하는 원호를 말한다―옮긴이.

26) σ개의 자오원이 있을 때 극 주위의 각은 2σ개로 나누어지고 극에 가장 가까운 띠형 조화 함수를 0이 되게 하는 위선에 의해 하나의 극 주위에는 2σ개의 삼각형이 생기므로 양극에서 4σ개가 생긴다―옮긴이.

27) 구의 극 근처에서 자오원이 나누는 구역의 모양이 부채꼴 모양임을 기억하자―옮긴이.

$$\iint \left(Y_n^{(\sigma)}\right)^2 ds = \frac{4\pi a^2}{n!(2n+1)} D_n^{(\sigma)}\left(r^n Y_n^{(\sigma)}\right) \tag{78}$$

로 적을 것이다.

입체 조화 함수를 z와 ξ의 동차 함수의 형태로

$$r^n \underset{n}{Y}s^{(\sigma)} = \frac{(n+\sigma)!}{2^{2\sigma} n!\sigma!} i(\eta^\sigma - \xi^\sigma)\Big[z^{n-\sigma}$$
$$-\frac{(n-\sigma)(n-\sigma-1)}{4(\sigma+1)} z^{n-\sigma-1}\xi\eta + ...\Big] \tag{79}$$

라고 쓰면, 이것을 z에 대하여 미분할 때 첫 번째 항을 제외하고 급수의 모든 항이 0이 되고 인자 $(n-\sigma)!$이 생기는 것을 알게 된다.

ξ과 η에 대하여 미분을 계속하면 이 변수들이 없어지고 인자 $-2i\sigma!$이 생겨서 마지막 결과는

$$\iint \left(\underset{n}{Y}s^{(\sigma)}\right)^2 ds = \frac{8\pi a^2}{2n+1}\frac{(n+\sigma)!(n-\sigma)!}{2^{2\sigma} n!n!} \tag{80}$$

이다.

우리는 이 등식의 우변을 약호 $[n, \sigma]$로 지칭할 것이다.

이 표현은 1에서 n까지 σ의 모든 값에 대하여 성립하지만 $\sigma=0$에 해당하는 $\sin\sigma\phi$에는 조화 함수가 없다.

같은 방식으로 1에서 n까지 σ의 모든 값에 대하여

$$\iint \left(\underset{n}{Y}c^{(\sigma)}\right)^2 ds = \frac{8\pi a^2}{2n+1}\frac{(n+\sigma)!(n-\sigma)!}{2^{2\sigma} n!n!} \tag{81}$$

임을 보일 수 있다.

$\sigma=0$일 때, 그 조화 함수는 띠형 조화 함수가 되고

$$\iint \left(\underset{n}{Y}c^{(0)}\right)^2 ds = \iint (P_n)^2 ds = \frac{4\pi a^2}{2n+1} \tag{82}$$

이다. 이 결과는 $Y_n = P_m$으로 놓고 띠형 조화 함수가 그 극에서 갖는 값

이 1이라는 것을 이용하면 등식 (50)에서 직접 얻을 수 있다.

142a] 이제 136절의 방법을 구 위의 임의의 점의 위치의 함수의 전개식에서 주어진 사각 구면 조화 함수의 계수를 결정하는 데 사용할 수 있다. 가령 F가 임의의 함수라 하고 A_n^σ가 대칭계의 구면 조화 함수로 이 함수를 전개한 것에서 $Y_n^{(\sigma)}$의 계수라고 하자. 그러면

$$\iint F Y_n^{(\sigma)} ds = A_n^{(\sigma)} \iint \left(Y_n^{(\sigma)} \right)^2 ds = A_n^{(\sigma)} [n, \sigma] \tag{83}$$

이다. 여기에서 $[n, \sigma]$은 등식 (80)에 주어진 면적분의 값을 약칭한 것이다.

142b] Ψ는 라플라스 함수를 만족하고 원점으로 잡은 점 O에서 거리 a 안에는 특이점이 없는 임의의 함수라 하자. 항상 그러한 함수를 O에 원점을 갖는 양의 차의 입체 조화 함수의 급수로 전개하는 것이 가능하다.

이것을 수행하는 한 가지 방법은 중심이 O에 있고 반지름이 a보다 작은 구를 그리고 일련의 표면 조화 함수로 구의 표면에서의 퍼텐셜의 값을 전개하는 것이다. 이 조화 함수의 각각을 r/a로 곱해 표면 조화 함수의 차수와 같도록 차수를 올리면, 주어진 함수가 얻어진 입체 조화 함수의 합이 된다.

그러나 적분이 필요하지 않은 더 편리한 방법은 대칭계의 조화 함수의 축들에 대하여 미분하는 것이다.

가령, Ψ의 전개식에서 $\underset{n}{A}\underset{n}{c}\overset{(\sigma)}{\underset{n}{Y}}\overset{(\sigma)}{c} r^n$의 형태의 항이 있다고 하자.

Ψ와 그 전개식 위에서 연산

$$\frac{d^{n-\sigma}}{dz^{n-\sigma}} \left(\frac{d^\sigma}{d\xi^\sigma} + \frac{d^\sigma}{d\eta^\sigma} \right)$$

을 수행하고 미분 후에 x, y, z를 0으로 놓으면, $\underset{n}{A}\overset{(\sigma)}{c}$을 포함하는 식을 제외한 전개식의 모든 항이 0이 된다.

실수축들에 대한 미분에 의해 Ψ에서의 연산을 표현하면, 등식

$$\frac{d^{n-\sigma}}{dz^{n-\sigma}} \left[\frac{d^\sigma}{dx^\sigma} - \frac{\sigma(\sigma-1)}{1.2} \frac{d^{\sigma-2}}{dx^{\sigma-2}} \frac{d^2}{dy^2} + \ldots \right] \Psi$$

$$=A\overset{(\sigma)}{\underset{n}{c}}\frac{(n+\sigma)!(n-\sigma)!}{2^{\sigma}n!} \qquad (84)$$

을 얻는다. 이것으로부터 원점에서 x, y, z에 대한 Ψ의 미분 계수에 의해 그 급수에 속해 있는 임의의 조화 함수의 계수를 결정할 수 있다.

143] 식 (50)으로부터 조화 함수를 구면에 분포하는 극을 가진 같은 차수의 띠형 조화 함수계의 합으로 표현하는 것이 항상 가능하다는 것을 알 수 있다. 그러나 이 계의 단순화는 쉬워 보이지 않는다. 하지만 구면 조화 함수의 특징 중 몇몇을 눈에 보이게 하기 위해 나는 3차와 4차 띠형 조화 함수를 계산했고 함수의 덧셈을 위해 이미 기술한 방법에 의해 두 개의 띠형 조화 함수의 합인 조화 함수에 해당하는 등퍼텐셜선을 구면에 그렸다. 이 책의 끝에 있는 그림 VI에서 IX까지를 보라.

그림 VI은 지면에 120° 기울어진 축들을 가진 두 개의 3차 띠형 조화 함수의 차를 보여준다. 그리고 이 차는 $\sigma=1$이고 지면에 대하여 수직인 축을 갖는 제2형의 조화 함수이다.

그림 VII은 역시 3차 조화 함수이지만 그것을 구성하는 띠형 조화 함수의 축들이 90° 기울어져 있는 것을 보여준다. 그 결과는 대칭계의 유형을 보이지 않는다. 마디선 중 하나는 대원(大圓)[28]이지만 그것이 교차하는 다른 두 마디선은 원이 아니다.

그림 VIII은 축들이 90° 기울어진 두 개의 4차 띠형 조화의 차를 나타낸다. 그 결과는 $n=4$, $\sigma=1$인 사각 조화 함수이다.

그림 IX는 같은 띠형 조화 함수의 합을 나타낸다. 그 결과는 가장 일반적인 4차 조화 함수의 한 유형의 개념을 전달한다. 이 유형에서 구 위의 마디선은 서로 교차하지 않는 6개의 달걀형으로 되어 있다. 이 달걀형들 속에서 조화 함수는 양이 되고 달걀형 밖에 있는 연결된 구면의 부분에서의 조화 함수는 음이다.

이 모든 그림들은 구면의 수직 투영이다.

---

28) 구면 위에 그릴 수 있는 원 중에서 가장 큰 것을 대원이라고 한다―옮긴이.

나는 그림 V에 1차 구면 조화 함수값에 따라 전기화된 구면 때문에 생기는 등퍼텐셜면과 역선을 나타내기 위해 구의 축을 통과하는 단면을 그렸다.

구 안에서 등퍼텐셜면은 등거리 평면들이고 역선은 축에 평행한 직선들이다. 구 밖에서 역선은 그것들이 가장 단순한 형으로 분포되면 지구의 자기 때문에 생기는 역선의 표현과 같을 것이다.

144a] 이제 퍼텐셜이 알려진 전기력의 작용하에서 구형의 도체 위의 전기 분포를 결정할 준비가 되었다.

이미 주어진 방법에 의해 주어진 힘 때문에 생기는 퍼텐셜 Ψ를 구의 중심이 원점에 있는 양의 차의 입체 조화 함수의 급수로 전개한다.

$A_n r^n Y_n$이 이것들 중 하나라고 하자. 그러면 도체구 안에서 퍼텐셜은 균일하므로 구면의 전기 분포에서 생기는 $-A_n r^n Y_n$항이 있어야 하고 $4\pi\sigma$의 전개식에는

$$4\pi\sigma_n = (2n+1)a^{n-1}A_n Y_n$$

의 항이 있어야 한다.

이런 방식으로 우리는 면밀도에 대한 식에서 0차를 제외한 모든 차수의 조화 함수의 계수를 결정할 수 있다. 0차에 해당하는 계수는 구의 전하 e에 의존하고 $4\pi\sigma_0 = a^{-2}e$에 의해 주어진다.

구의 퍼텐셜은

$$V = \Psi_0 + \frac{e}{a}$$

이다.

144b] 다음으로 접지된 도체의 근처에 놓여 있고 그린 함수 G가 구가 놓여 있는 영역에 있는 어떤 두 점의 좌표 x, y, z와 x', y', z'에 의해 결정되어 있다고 가정하자.

구 위의 면밀도가 일련의 구면 조화 함수에 의해 표현되면 구 위에 있는 이 전하에서 생기는 구 밖의 전기 현상은 구의 중심에 있는 일련의

특이점 모두에서 생기는 것과 동일하다. 그것들 중 첫 번째 것은 구의 전하와 같은 전하를 갖는 하나의 점이고 다른 것들은 면밀도를 표현하는 조화 함수에 해당하는 다른 차수의 다중점(multiple point)들이다.

그린 함수를 $G_{pp'}$으로 지칭하자. 여기에서 p는 좌표가 x, y, z인 점이고 p'은 좌표가 x', y', z'인 점이다.

전하 A_0가 점 p'에 놓여 있고 x', y', z'을 상수라고 생각하면, $G_{pp'}$은 x, y, z의 함수이다. A_0을 둘러싼 물체에 유도되는 전기에서 생기는 퍼텐셜은

$$\Psi = A_0\, G_{pp'} \tag{1}$$

이다.

만약 전하 A_0이 점 p'에 놓여 있지 않고 p'이 중심인 반지름 a의 구에 균일하게 퍼져 있다면, 구 밖의 점들에서 Ψ의 값은 같아질 것이다

구 위의 전하가 균일하게 분포하지 않는다면, 면밀도가 구면 조화 함수의 급수로 표현되게 하자. 즉,

$$4\pi a^2 \sigma = A_0 + 3A_1 Y_1 + \ldots + (2n+1)A_n Y_n + \ldots \tag{2}$$

이 분포의 임의의 항에서 생기는 퍼텐셜, 말하자면

$$4\pi a^2 \sigma_n = (2n+1)A_n Y_n \tag{3}$$

구의 안쪽의 점들에 대해서 $\dfrac{r^n}{a^{n+1}}A_n Y_n$이 될 것이고 구 밖의 점들에 대해서 $\dfrac{a^n}{r^{n+1}}A_n Y_n$이 될 것이다.

이제 129c, 129d절의 식 (13), (14)에 의해 나중의 식은

$$(-1)^n A_n \frac{a^n}{n!}\frac{d^n}{dh_1 \ldots dh_n}\frac{1}{r}$$

과 같다. 즉, 구의 표면에 있는 전하 때문에 구의 바깥에 생기는 퍼텐셜은 축이 $h_1 \ldots h_n$이고 모멘트가 $A_n a^{n}$[29)]인 다중점 때문에 생기는 퍼텐셜과 같다.

그리하여 둘러싼 도체 위에서의 전기 분포와 이 분포 때문에 생기는 퍼텐셜은 이러한 다중점 때문에 생기는 것과 같다.

그러므로 둘러싼 물체의 유도된 전기화 때문에 점 p 즉, (x, y, z)에서 생기는 퍼텐셜은

$$\Psi_n = (-1)^n A_n \frac{a^n}{n!} \frac{d'^n}{d'h_1 \ldots d'h_n} G \tag{4}$$

이다. 여기에서 d에 붙은 프라임($'$)은 미분이 x', y', z'에 대하여 이루어짐을 나타낸다. 이 좌표는 나중에 구의 중심의 좌표와 같게 만들어질 것이다.

Y_n이 $2n+1$개의 대칭계의 성분으로 분해된다고 가정하는 것이 편리하다. $A_n^{(\sigma)} Y_n^{(\sigma)}$이 이것들 중 하나라고 하자. 그러면

$$\frac{d'^n}{d'h_1 \ldots d'h_n} = D'_n^{(\sigma)} \tag{5}$$

이다. 여기에서 $\sin\sigma\phi$나 $\cos\sigma\phi$ 중에서 어느 것이 조화 함수에서 나타나는지 나타내는 s나 c의 첨자는 붙여줄 필요가 없다.

이제 유도된 전기화에서 생기는 퍼텐셜의 완전한 표현

$$\Psi = A_0 G + \sum \sum \left[(-1)^n A_n^{(\sigma)} \frac{a^n}{n!} D'_n^{(\sigma)} G \right] \tag{6}$$

를 쓸 수 있다. 그러나 구 안에서 퍼텐셜은 상수여서

$$\Psi + \frac{1}{a} A_0 + \sum \sum \left[\frac{r^{n_1}}{a^{n_1+1}} A_{n_1}^{(\sigma_1)} Y_{n_1}^{(\sigma_1)} \right] = \text{상수} \tag{7}$$

라고 쓸 수 있다.

이제 이 식에 연산 $D_{n_1}^{(\sigma_1)}$을 수행해야 한다. 여기에서 미분은 x, y, z에 대하여 취해져야 하고 n_1과 σ_1의 값은 n과 σ의 값에 독립이다. (7)의 모든 항이 $Y_{n_1}^{(\sigma_1)}$에 있는 항을 제외하고는 0이 되고

---

29) 이중 극자 모멘트는 같은 양 A_n, 다른 부호의 두 전하가 거리 a^n만큼 떨어져 있을 때 $A_n a^n$이 된다. 이때 이중 극자 모멘트는 방향이 h_n인 벡터이다—옮긴이.

$$-2 \frac{(n_1 + \sigma_1)! \, (n_1 - \sigma_1)!}{2^{2\sigma_1} n_1!} \frac{1}{a^{n_1+1}} A_{n_1}^{(\sigma_1)}$$

$$= A_0 D_{n_1}^{(\sigma_1)} G + \sum\sum \left[(-1)^n A_n^\sigma \frac{a^n}{n!} D_{n_1}^{(\sigma_1)} D_n'^{(\sigma)} G \right] \qquad (8)$$

임을 알게 된다.

그리하여 한 무리의 등식들을 얻게 되고 각 식의 좌변은 우리가 결정하기를 원하는 계수 중 하나를 갖고 있다. 우변의 첫 항은 구의 전하인 A_0을 가지고 있고 이 항을 으뜸항(principal term)으로 간주할 수 있다.

일단은 다른 항들은 무시하고 1차 근사에 의해

$$A_{n_1}^{(\sigma_1)} = -\frac{1}{2} \frac{2^{2\sigma_1} n_1!}{(n_1 + \sigma_1)! \, (n_1 - \sigma_1)!} A_0 \, a^{n_1+1} D_{n_1}^{(\sigma_1)} G \qquad (9)$$

를 얻는다.

중심에서 주위를 둘러싼 도체의 가장 가까운 곳까지의 최단거리를 b로 지칭하면

$$a^{n_1+1} D_{n_1}^{(\sigma_1)} G < n_1! \left(\frac{a}{b}\right)^{n_1+1}$$

이 성립한다.

그러므로 b가 구의 반지름 a와 비교해 크다면, 다른 구면 조화 함수의 계수는 A_0과 비교해 매우 작다. 식 (8)의 우변의 첫 항 다음의 항과 첫 번째 항의 비는 $\left(\frac{a}{b}\right)^{2n+n_1+1}$과 유사한 크기의 차수를 가질 것이다.

그러므로 1차 근사에서는 그것들을 무시할 수 있고 2차 근사식의 이항들에 1차 근사에서 얻은 계수의 값을 집어넣을 수 있다. 우리가 원하는 정도의 근사식에 도달할 때까지 계속 그 방법을 쓴다.

거의 구형인 도체 위의 전기 분포

145a] 도체 표면의 방정식이

$$r = a(1 + F) \tag{1}$$

라고 하자. 여기에서 F는 r방향의 함수, 말하자면 a와 ϕ의 함수이고 그것의 제곱은 이 탐구에서 무시할 수 있는 그런 양이다.

F가 표면 조화 함수의 급수의 형태

$$F = f_0 + f_1 Y_1 + f_2 Y_2 + \ldots + f_n Y_n \tag{2}$$

으로 전개된다고 하자.

이 항들 중에서 첫 번째 항은 a보다 평균 반지름이 긴 양에 의존한다. 그러므로 a가 평균 반지름, 근사적으로 말하자면 주어진 도체와 부피가 같은 구의 반지름이라고 가정하면, 계수 f_0은 0이 될 것이다.

f_1이 있는 두 번째 항은 균일한 밀도를 갖는다고 가정되는 도체의 원점에서부터 질량 중심까지의 거리에 의존한다. 그러므로 원점을 질량 중심으로 택하면, 계수 f_1은 0이 될 것이다.

도체가 A_0이라는 전하를 가지고 있고 외부 전기력이 그것에 미치지 않는다고 가정하고 시작하자. 그러므로 도체 밖의 퍼텐셜은

$$V = A_0 \frac{1}{r} + A_1 Y'_1 \frac{1}{r^2} + \ldots + A_n Y'_n \frac{1}{r^{n+1}} + \ldots \tag{3}$$

의 형태이어야 한다. 표면 조화 함수들은 F의 전개식에서처럼 같은 형을 갖는 것으로 가정되지 않는다.

도체의 표면에서 퍼텐셜은 도체의 퍼텐셜, 즉 상수 α이다.

그러므로 a와 F에 의해 r의 제곱들을 전개하고 F의 제곱 이상의 항을 무시하면,

$$\alpha = A_0 \frac{1}{a}(1 - F) + A_1 \frac{1}{a^2} Y'_1 (1 - 2F) + \ldots$$
$$+ A_n \frac{1}{a^{n+1}} Y'_n (1 - (n+1)F) + \ldots \tag{4}$$

이 된다.

$A_1,...$의 계수들이 A_0과 비교해 분명히 작으므로, 이 계수들의 곱과 F와의 곱을 무시하면서 시작할 수 있다.

첫 항에 있는 F 대신에 구면 조화 함수에 의한 그것의 전개식을 적고 같은 차수의 조화 함수를 포함하는 항들을 0과 같다고 놓으면,

$$\alpha = A_0 \frac{1}{a} \tag{5}$$

$$A_1 Y'_1 = A_0\, a f_1 Y_1 = 0 \tag{6}$$

$$\cdots\cdots\cdots$$

$$A_n Y'_n = A_0\, a^n f_n Y_n \tag{7}$$

을 얻는다.

이 등식들로부터 Y'은 Y와 같은 형이어야 하므로 서로 같아야 하고 $A_1=0$이고 $A_n=A_0 a^n f_n$이라는 것이 유도된다.

구면의 임의의 점의 밀도를 결정하기 위해 등식

$$4\pi\sigma = -\frac{dV}{d\nu} = -\frac{dV}{dr}\cos\varepsilon \text{ (근사적으로 성립)} \tag{8}$$

을 이용한다. 여기에서 ν는 법선이고 ε은 법선이 반지름과 이루는 각이다. 이 탐구에서 F와 θ와 ϕ에 대한 그것의 첫 번째 미분 계수가 작다고 가정하면 $\cos\varepsilon=1$이라고 놓을 수 있어서

$$4\pi\sigma = -\frac{dV}{dr} = A_0 \frac{1}{r^2} + \cdots + (n+1) A_n Y_n \frac{1}{r^{n+2}} + \cdots \tag{9}$$

이다.

a와 F의 항들에 의해 r의 제곱들을 전개하고 F와 A_n의 곱을 무시하면,

$$4\pi\sigma = A_0 \frac{1}{a^2}(1-2F) + \cdots + (n+1) A_n \frac{1}{a^{n+2}} Y_n \tag{10}$$

을 얻게 된다.

F를 구면 조화 함수로 전개하고 A_n에 이미 알고 있는 값을 대입하면,

$$4\pi\sigma = A_0 \frac{1}{a^2} [1 + f_2 Y_2 + 2f_3 Y_3 + \dots + (n-1)f_n Y_n] \qquad (11)$$

을 얻게 된다.

그러므로 곡면이 n차의 구면 조화 함수값에 비례하여 그 깊이가 변하는 얇은 층만큼 구의 표면과 다르다면, 어떤 두 점에서의 면밀도의 차와 합의 비는, 같은 두 점에서 반지름의 차와 합의 비에 $n-1$을 곱한 것과 같을 것이다.

145b] 거의 구형인 도체 (1)이 외부 전기력의 작용을 받는다면, 이 힘에서 생기는 퍼텐셜 U를 도체의 부피의 중심에 원점이 있는 한 계열의 양의 차의 구면 조화 함수로 다음과 같이 전개하자.

$$U = B_0 + B_1 r Y'_1 + B_2 r^2 Y'_2 + \dots + B_n r^n Y'_n + \dots \qquad (12)$$

여기에서 Y에 붙은 프라임은, 이 조화 함수가 F의 전개식에 나오는 같은 차수의 조화 함수와 반드시 같은 형이 될 필요가 없다는 것을 나타낸다.

도체가 정확하게 구형이었다면, 도체의 면전하 때문에 도체의 밖에 있는 한 점에 생기는 퍼텐셜은

$$V = A_0 \frac{1}{r} - B_1 \frac{a^3}{r^2} Y'_1 - \dots - B_n \frac{a^{2n+1}}{r^{n+1}} Y'_n - \dots \qquad (13)$$

였을 것이다.

면전하 때문에 생기는 실제 퍼텐셜을 $V+W$라고 하자. 여기에서

$$W = C_1 \frac{1}{r^2} Y''_1 + \dots + C_m \frac{1}{r^{m+1}} Y''_m + \dots \qquad (14)$$

이다. 이중의 프라임이 붙은 조화 함수는 F나 U에서 나오는 조화 함수와 다르고 계수 C는 F가 작기 때문에 역시 작다.

만족할 조건은 $r = a(1+F)$일 때 도체의 퍼텐셜은

$$U + V + W = 상수 = A_0 \frac{1}{a} + B_0$$

이라는 것이다.

a와 F에 의해 r의 거듭제곱들을 전개하고, F의 1차 항 중에서 A 또는 B와 곱해진 것은 그대로 두고 작은 양인 C와 곱해진 것은 무시하면,

$$F\left[-A_0\frac{1}{a}+3B_1aY'_1+5B_2a^2Y'_2+...+(2n+1)B_na^nY'_n+...\right]$$

$$+C_1\frac{1}{a^2}Y''_1+...+C_m\frac{1}{a^{m+1}}Y''_m+...=0 \qquad (15)$$

을 얻는다.

계수 C를 결정하기 위해 첫 줄에서 지시되어 있는 곱을 수행해야 하고 그 결과를 구면 조화 함수의 급수로 표현해야 한다. 부호를 바꾼 이 급수는 도체의 표면에서 W를 위한 급수가 될 것이다.

n차와 m차 구면 조화 함수의 곱은 x/r, y/r, z/r의 $n+m$차 유리 함수이고 따라서 $m+n$을 초과하지 않는 차수의 구면 조화 함수의 급수로 전개될 수 있다. 그러므로 F가 m을 넘지 않는 차수의 구면 조화 함수로 전개될 수 있고, 외력에서 생기는 퍼텐셜이 n을 넘지 않는 차수의 구면 조화 함수로 전개될 수 있다면, 표면 전하에서 생기는 퍼텐셜이 $m+n$을 넘지 않는 차수의 구면 조화를 포함할 것이다.

그러면 면밀도를 근사적 등식

$$4\pi\sigma+\frac{d}{dr}(U+V+W)=0 \qquad (16)$$

에 의해 퍼텐셜로부터 알아낼 수 있다.

145c] 거의 구형인 도체 그릇 속에 거의 구형인 도체가 거의 중심이 같도록 놓인 경우

도체의 표면 방정식을

$$r=a(1+F) \qquad (17)$$

라고 하자. 여기에서

$$F=f_1Y_1+...+f_n^{(\sigma)}Y_n^{(\sigma)} \qquad (18)$$

이다.

그릇의 안쪽 표면의 방정식을

$$r = b(1+G) \qquad (19)$$

여기에서

$$G = g_1 Y_1 + \dots + g_n^{(\sigma)} Y_n^{(\sigma)} \qquad (20)$$

이고 f차 g는 1에 비해 매우 작고 $Y_n^{(\sigma)}$는 n차 σ형 표면 조화 함수이다.

도체의 퍼텐셜은 α이고 그릇의 퍼텐셜은 β라고 하자. 도체와 그릇 사이의 임의의 점에서의 퍼텐셜이 다음과 같이 구면 조화 함수로 전개된다고 가정하자.

$$\Psi = h_0 + h_1 Y_1 r + \dots + h_n^{(\sigma)} Y_n^{(\sigma)} + \dots$$
$$+ k_0 \frac{1}{r} + k_1 Y_1 \frac{1}{r^2} + \dots + k_n^{(\sigma)} Y_n^{(\sigma)} \frac{1}{r^{n+1}} + \dots \qquad (21)$$

그러면, $r = a(1+F)$일 때, $\psi = 0$이고 $r = b(1+G)$일 때, $\psi = \beta$가 되도록 형태의 상수를 결정해야 한다.

이전의 탐구로부터 h_0과 k_0을 제외한 모든 h와 k는 작은 양일 것이고 그것들을 F와 곱한 것은 무시될 만함이 분명하다. 그러므로

$$\alpha = h_0 + k_0 \frac{1}{a}(1-F) + \dots + \left(h_n^{(\sigma)} a^n + k_n^{(\sigma)} \frac{1}{a^{n+1}} \right) Y_n^{(\sigma)} + \dots \quad (22)$$

$$\beta = h_0 + k_0 \frac{1}{b}(1-G) + \dots + \left(h_n^{(\sigma)} b^n + k_n^{(\sigma)} \frac{1}{b^{n+1}} \right) Y_n^{(\sigma)} + \dots \quad (23)$$

라고 쓸 수 있다. 그러므로

$$\alpha = h_0 + k_1 \frac{1}{a} \qquad (24)$$

$$\beta = h_0 + k_0 \frac{1}{b} \qquad (25)$$

$$k_0 \frac{1}{a} f_n^{(\sigma)} = h_n^{(\sigma)} a^n + k_n^{(\sigma)} \frac{1}{a^{n+1}} \qquad (26)$$

$$k_0 \frac{1}{b} g_n^{(\sigma)} = h_n^{(\sigma)} b^n + k_n^{(\sigma)} \frac{1}{b^{n+1}} \qquad (27)$$

이 되고 이것들로부터 다음과 같이 k_0을 내부 도체의 전하로 표현할 수 있다.

$$k_0 = (\alpha - \beta)\frac{ab}{b-a} \tag{28}$$

그리고 n차 조화 함수의 계수로

$$h_n^{(\sigma)} = k_0 \frac{b^n g_n^{(\sigma)} - a^n f_n^{(\sigma)}}{b^{2n+1} - a^{2n+1}} \tag{29}$$

$$k_n^{(\sigma)} = k_0 a^n b^n \frac{b^{n+1} f_n^{(\sigma)} - a^{n+1} g_n^{(\sigma)}}{b^{2n+1} - a^{2n+1}} \tag{30}$$

을 얻는다. 여기에서 계수 $f_n^{(\sigma)}$, $g_n^{(\sigma)}$, $h_n^{(\sigma)}$, $k_n^{(\sigma)}$는 같은 차수일 뿐 아니라 같은 형에 속하는 조화 함수의 계수들임을 기억해야 한다.

내부 도체 위의 면밀도는 등식

$$4\pi\sigma a^2 = k_0(1 + ... + A_n Y_n^{(\sigma)} + ...)$$

로 주어지고 여기에서

$$A_n = \frac{f_n^{(\sigma)}\{(n+2)a^{2n+1} + (n-1)b^{2n+1}\} - g_n^{(\sigma)}(2n+1)a^{n+1}b^n}{b^{2n+1} - a^{2n+1}} \tag{31}$$

이다.

146] 띠형 조화 함수의 적용의 사례로 두 개의 구형 도체 위의 전기 평형을 고찰해 보자.

a와 b가 구의 반지름이고 c가 중심 사이의 거리라고 하자. 단순성을 위해 $a=cx$이고 $b=cy$라고 놓고 x와 y는 1보다 작은 수치라고 하자.

구의 중심을 연결하는 선을 띠형 조화 함수의 축이라고 하고 어느 구의 띠형 조화 함수의 극이 그 구에서 다른 구에 가장 가까운 점이라고 하자.

첫 번째 구의 면밀도를 σ_1이라 하고 등식

$$4\pi\sigma_1 a^2 = A + A_1 P_1 + 3A_2 P_2 + ... + (2m + 1) A_m P_m \qquad (1)$$

을 만족한다고 하자. 그리하여 A가 구의 전체 전하이고 $A_1...$이 띠형 조화 함수 $P_1...$의 계수들이라고 하자.

전하의 이러한 분포 때문에 생기는 퍼텐셜은 구 안에 있는 점에 대해서는

$$U' = \frac{1}{a}\left[A + A_1 P_s \frac{r}{a} + A_2 P_2 \frac{r^2}{a^2} + ... + A_m P_m \frac{r^m}{a^m} \right] \qquad (2)$$

으로 나타낼 수 있고 구 밖에 있는 점에 대해서는

$$U = \frac{1}{r}\left[A + A_1 P_1 \frac{a}{r} + A_2 P_2 \frac{a^2}{r^2} + ... + A_m P_m \frac{a^m}{r^m} \right] \qquad (3)$$

으로 나타낼 수 있다.[30]

마찬가지로 두 번째 구의 면밀도는 등식

$$4\pi\sigma_2 b^2 = B + B_1 P_1 + ... + (2n + 1) B_n P_n \qquad (4)$$

으로 주어진다. 이 전하 때문에 이 구의 안과 밖에 생기는 퍼텐셜은

$$V' = \frac{1}{b}\left[B + B_1 P_1 \frac{s}{b} + ... + B_n P_n \frac{s^n}{b^n} \right] \qquad (5)$$

$$V = \frac{1}{s}\left[B + B_1 P_1 \frac{b}{s} + ... + B_n P_n \frac{b^n}{s^n} \right] \qquad (6)$$

이 된다. 여기에서 몇 개의 조화 함수는 두 번째 구에 관련된다.[31]

구의 전하는 각각 A와 B에 연결된다. 첫 번째 구 안의 모든 점에서의 퍼텐셜은 상수이고 그 구의 퍼텐셜 α와 같으므로 첫 번째 구에서

$$U' + V = \alpha \qquad (7)$$

---

30) r는 구의 중심으로부터 주어진 점까지의 거리이다—옮긴이.
31) s는 두 번째 구로부터 주어진 점까지의 거리이다—옮긴이.

이다.

마찬가지로 두 번째 구의 퍼텐셜이 β라면, 그 구 안의 점들에 대해서

$$U + V' = \beta \tag{8}$$

이다. 두 구 모두의 바깥에 있는 점에 대해서 퍼텐셜은 Ψ이고 여기에서

$$U + V = \Psi \tag{9}$$

이다.

구들의 중심을 연결하는 축에서

$$r + s = c \tag{10}$$

이다.

그러므로 r에 대하여 미분하고 그 후에 $r=0$으로 놓고 극에서 띠형 조화 함수 각각이 0이라는 것을 이용하면,

$$\left.\begin{aligned}
A_1 \frac{1}{a^2} - \frac{dV}{ds} &= 0 \\
A_2 \frac{2!}{a^3} + \frac{d^2 V}{ds^2} &= 0 \\
\cdots\cdots\cdots\cdots\cdots\cdots\cdots & \\
A_m \frac{m!}{a^{m+1}} + (-1)^m \frac{d^m V}{ds^m} &= 0
\end{aligned}\right\} \tag{11}$$

임을 알 수 있다. 미분 후에 s는 c와 같다고 놓아야 한다.

미분을 수행하고 $a/c = x$, $b/c = y$라고 쓰면, 이 등식은 다음으로 바뀐다.

$$\left.\begin{aligned}
0 &= A_1 + Bx^2 + 2B_1 x^2 y + 3B_2 x^2 y^2 + \ldots + (n+1)B_n x^2 y^n \\
0 &= A_2 + Bx^3 + 3B_1 x^3 y + 6B_2 x^3 y^2 + \ldots + \frac{1}{2}(n+1)(n+2)B_n x^3 y^n \\
\cdots & \cdots\cdots\cdots\cdots\cdots\cdots\cdots\cdots\cdots\cdots\cdots\cdots\cdots\cdots\cdots\cdots \\
0 &= A_m + Bx^{m+1} + (m+1)B_1 x^{m+1} y + \frac{1}{2}(m+1)(m+2)B_2 x^{m+1} y^2 \\
& \qquad + \ldots + \frac{(m+n)!}{m!n!} B_n x^{m+1} y^n
\end{aligned}\right\} \tag{12}$$

두 번째 구에 대하여 해당하는 연산을 수행하면

$$
\left.\begin{aligned}
0 &= B_1 + Ay^2 + 2A_1 xy^2 + 3A_2 x^2 y^2 + ... + (m+1)A_m x^m y^2 \\
0 &= B_2 + Ay^3 + 3A_1 xy^3 + 6A_2 x^2 y^3 + ... + \frac{1}{2}(m+1)(m+2)A_m x^m y^3 \\
&\cdots\cdots\cdots\cdots\cdots\cdots\cdots\cdots\cdots\cdots\cdots\cdots\cdots\cdots\cdots\cdots\cdots\cdots\cdots \\
0 &= B_n + Ay^{n+1} + (n+1)A_1 xy^{n+1} + \frac{1}{2}(n+1)(n+2)A_2 x^2 y^{n+1} \\
&\qquad\qquad + ... + \frac{(m+n)!}{m!n!} A_m x^m y^{n+1}
\end{aligned}\right\} \quad (13)
$$

을 얻는다.

두 구의 퍼텐셜 α와 β를 결정하기 위해 등식 (7)과 (8)을 다음의 형태로 바꿔 쓸 수 있다.

$$
c\alpha = A\frac{1}{x} + B + B_1 y + B_2 y^2 + ... + B_n y^n \tag{14}
$$

$$
c\beta = B\frac{1}{y} + A + A_1 x + A_2 x^2 + ... + A_m x^m \tag{15}
$$

그러므로 우리의 관심을 계수 A_1에서 A_m까지와 B_1에서 B_n까지 제한하면 두 구의 전하인 A와 B에 의해 이 양들을 결정할 $m+n$개의 등식을 갖게 된다. 그리고 이 계수들을 (14)와 (15)에 대입하면 구들의 퍼텐셜을 구의 전하로 나타낼 수 있다.

이러한 연산은 행렬식 형태로 표현할 수 있지만 계산의 목적상 다음과 같은 과정을 거치는 것이 더 편리하다.

등식 (12)에 등식 (13)으로부터 얻은 $B_1 ... B_n$의 값을 대입하면 다음을 얻는다.

$$
\begin{aligned}
A_1 = &-Bx^2 + Ax^2 y^3 [2.1 + 3.1y^2 + 4.1y^4 + 5.1y^6 + 6.1y^8 + ...] \\
&+ A_1 x^3 y^3 [2.2 + 3.3y^2 + 4.4y^4 + 5.5y^6 + ...] \\
&+ A_2 x^4 y^3 [2.3 + 3.6y^2 + 4.10y^4 + ...] \\
&+ A_3 x^5 y^3 [2.4 + 3.10y^2 + ...] \\
&+ A_4 x^6 y^3 [2.5 + ...]
\end{aligned} \tag{16}
$$

$$+\cdots\cdots$$

$$A_2 = -Bx^3 + Ax^3 y^3 [3.1 + 6.1y^2 + 10.1y^4 + 15.1y^6 + \ldots]$$
$$+ A_1 x^4 y^3 [3.2 + 6.3y^2 + 10.4y^4 + \ldots]$$
$$+ A_2 x^5 y^3 [3.3 + 6.6y^2 + \ldots]$$
$$+ A_3 x^6 y^3 [3.4 + \ldots] \tag{17}$$
$$+ \cdots\cdots$$

$$A_3 = -Bx^4 + Ax^4 y^3 [4.1 + 10.1y^2 + 20.1y^4 + \ldots]$$
$$+ A_1 x^5 y^3 [4.2 + 10.3y^2 + \ldots]$$
$$+ A_2 x^6 y^3 [4.3 + \ldots] \tag{18}$$
$$+ \cdots\cdots$$

$$A_4 = -Bx^5 + Ax^5 y^3 [5.1 + 15.1y^2 + \ldots]$$
$$+ A_1 x^6 y^3 [5.2 + \ldots] \tag{19}$$
$$+ \cdots\cdots$$

이 등식들의 좌변을 $A_1 \ldots$의 근사값으로 대치하고 근사를 취하기를 계속하면, x와 y의 곱과 거듭제곱의 곱을 내림차순으로 어느 정도까지 그 계수에 대한 근사 작업을 수행할 수 있다.

$$A_n = p_n A - q_n B$$
$$B_n = -r_n A + s_n B$$

라고 쓰면 다음을 얻는다.

$$p_1 = x^2 y^3 [2 + 3y^2 + 4y^4 + 5y^6 + 6y^8 + 7y^{10} + 8y^{12} + 9y^{14} + \ldots]$$
$$+ x^5 y^6 [8 + 30y^2 + 75y^4 + 154y^6 + 280y^8 + \ldots]$$
$$+ x^7 y^6 [18 + 90y^2 + 288y^4 + 735y^6 + \ldots]$$
$$+ x^9 y^6 [32 + 200y^2 + 780y^4 + \ldots]$$
$$+ x^{11} y^6 [50 + 375y^2 + \ldots]$$
$$+ x^{13} y^6 [72 + \ldots]$$

$$\cdots\cdots$$
$$+x^8 y^9 [32 + 192y^2 + \ldots]$$
$$+x^{10} y^9 [144 + \ldots]$$
$$\cdots\cdots \tag{20}$$

$$q_1 = x^2$$
$$+x^5 y^3 [4 + 9y^2 + 16y^4 + 25y^6 + 36y^8 + 49y^{10} + 64y^{12} + \ldots]$$
$$+x^7 y^3 [6 + 18y^2 + 40y^4 + 75y^6 + 126y^8 + 196y^{10} + \ldots]$$
$$+x^9 y^3 [8 + 30y^2 + 80y^4 + 175y^6 + 336y^8 + \ldots]$$
$$+x^{11} y^3 [10 + 45y^2 + 140y^4 + 350y^6 + \ldots]$$
$$+x^{13} y^3 [12 + 63y^2 + 224y^4 + \ldots]$$
$$+x^{15} y^3 [14 + 84y^2 + \ldots]$$
$$+x^{17} y^3 [16 + \ldots]$$
$$\cdots\cdots$$
$$+x^8 y^6 [16 + 72y^2 + 209y^4 + 488y^6 + \ldots]$$
$$+x^{10} y^6 [60 + 342y^2 + 1222y^4 + \ldots]$$
$$+x^{12} y^6 [150 + 1050y^2 + \ldots]$$
$$+x^{14} y^6 [308 + \ldots]$$
$$\cdots\cdots$$
$$+x^{11} y^9 [64 + \ldots]$$
$$+\cdots\cdots \tag{21}$$

이후의 연산에서는 이 계수들을 a, b, c로 쓰고 항들을 c의 내림차순으로 정리하는 것이 더 편리할 것이다. 이것은 c에 대하여 미분하는 것을 더 쉽게 해준다. 그리하여 다음과 같은 결과를 얻는다.

$$p_1 = 2a^2 b^3 c^{-5} + 3a^2 b^5 c^{-7} + 4a^2 b^7 c^{-9} + (5a^2 + 8a^5 b^6) c^{-11}$$
$$+ (6a^2 b^{11} + 39a^5 b^8 + 18a^7 b^6) c^{-13}$$
$$+ (7a^2 b^{13} + 75a^5 b^{10} + 90a^7 b^8 + 32a^9 b^6) c^{-15}$$

$$+(8a^2b^{15}+154a^5b^{12}+288a^7b^{10}+32a^8b^9$$
$$+200a^9b^8+50a^{11}b^6)c^{-17}$$
$$+(9a^2b^{17}+280a^5b^{14}+735a^7b^{12}+192a^8b^{11}+780a^9b^{10}$$
$$+144a^{10}b^9+357a^{11}b^8+72a^{13}b^6)c^{-19}+\ldots \qquad (22)$$

$$q_1=a^2c^{-2}+4a^5b^3c^{-8}+(6a^7b^3+9a^5b^5)c^{-10}$$
$$+(8a^9b^3+18a^7b^5+16a^5b^7)c^{-12}$$
$$+(10a^{11}b^3+30a^9b^5+16a^8b^6+40a^7b^7+25a^5b^9)c^{-14}$$
$$+(12a^{13}b^3+45a^{11}b^5+60a^{10}b^6+80a^9b^7$$
$$+72a^8b^8+75a^7b^9+36a^5b^{11})c^{-16}$$
$$+(14a^{15}b^3+63a^{13}b^5+150a^{12}b^6+140a^{11}b^7+342a^{10}b^8$$
$$+175a^9b^9+209a^8b^{10}+126a^7b^{11}+49a^5b^{13})c^{-18}$$
$$+(16a^{17}b^3+84a^{15}b^5+308a^{14}b^6+224a^{13}b^7+1050a^{12}b^8$$
$$+414a^{11}b^9+1222a^{10}b^{10}+336a^9b^{11}+488a^8b^{12}+196a^7b^{13}$$
$$+64a^5b^{15})c^{-20}+\ldots \qquad (23)$$

$$p_2=3a^3b^3c^{-6}+6a^3b^5c^{-8}+10a^3b^7c^{-10}$$
$$+(12a^6b^6+15a^3b^9)c^{-12}$$
$$+(27a^8b^6+54a^6b^8+21a^3b^{11})c^{-14}$$
$$+(48a^{10}b^6+162a^8b^8+158a^6b^{10}+28a^3b^{13})c^{-16}$$
$$+(75a^{12}b^6+360a^{10}b^8+48a^9b^9+606a^8b^{10}$$
$$+372a^6b^{12}+36a^3b^{15})c^{-18}+\ldots \qquad (24)$$

$$q_2=a^3c^{-3}+6a^6b^3c^{-9}+(9a^8b^3+18a^6b^5)c^{-11}$$
$$+(12a^{10}b^3+36a^8b^5+40a^6b^7)c^{-13}$$
$$+(15a^{12}b^3+60a^{10}b^5+24a^9b^6+100a^8b^7+75a^6b^9)c^{-15}$$
$$+(18a^{14}b^3+90a^{12}b^5+90a^{11}b^6+200a^{10}b^7$$
$$+126a^9b^8+225a^8b^9+126a^6b^{11})c^{-17}$$
$$+(21a^{16}b^3+126a^{14}b^5+225a^{13}b^6+350a^{12}b^7+594a^{11}b^8$$

$$+ 525a^{10}b^9 + 418a^9b^{10} + 441a^8b^{11} + 196a^6b^{13})c^{-19} + ... \quad (25)$$

$$p_3 = 4a^4b^3c^{-7} + 10a^4b^5c^{-9} + 20a^4b^7c^{-11}$$
$$+ (16a^7b^6 + 35a^4b^9)c^{-13}$$
$$+ (36a^9b^6 + 84a^7b^8 + 56a^4b^{11})c^{-15}$$
$$+ (64a^{11}b^6 + 252a^9b^8 + 282a^7b^{10} + 84a^4b^{13})c^{-17} + ... \quad (26)$$

$$q_3 = a^4c^{-4} + 8a^7b^3c^{-10} + (12a^9b^3 + 30a^7b^5)c^{-12}$$
$$+ (16a^{11}b^3 + 60a^9b^5 + 80a^7b^7)c^{-14}$$
$$+ (20a^{13}b^3 + 100a^{11}b^5 + 32a^{10}b^6 + 200a^9b^7 + 175a^7b^9)c^{-16}$$
$$+ (24a^{15}b^3 + 150a^{13}b^5 + 120a^{12}b^6 + 400a^{11}b^7 + 192a^{10}b^8$$
$$+ 525a^9b^9 + 336a^7b^{11})c^{-18} + ... \quad (27)$$

$$p_4 = 5a^5b^3c^{-8} + 15a^5b^5c^{-10} + 35a^5b^7c^{-12}$$
$$+ (20a^8b^6 + 70a^5b^9)c^{-14}$$
$$+ (45a^{10}b^6 + 120a^8b^8 + 126a^5b^{11})c^{-16} + ... \quad (28)$$

$$q_4 = a^5c^{-5} + 10a^8b^3c^{-11} + (15a^{10}b^3 + 45a^8b^5)c^{-13}$$
$$+ (20a^{12}b^3 + 90a^{10}b^5 + 140a^8b^{7)}c^{-15}$$
$$+ (25a^{14}b^3 + 150a^{12}b^5 + 40a^{11}b^6$$
$$+ 350a^{10}b^7 + 350a^8b^9)c^{-17} + ... \quad (29)$$

$$p_5 = 6a^6b^3c^{-9} + 21a^6b^5c^{-11} + 56a^6b^7c^{-13}$$
$$+ (24a^9b^6 + 126a^6b^9)c^{-15} + ... \quad (30)$$

$$q_5 = a^6c^{-6} + 12a^9b^3c^{-12} + (18a^{11}b^3 + 63a^9b^5)c^{-14}$$
$$+ (24a^{13}b^3 + 126a^{11}b^5 + 224a^9b^7)c^{-16} + ... \quad (31)$$

$$p_6 = 7a^7b^3c^{-10} + 28a^7b^5c^{-12} + 84a^7b^7c^{-14} + ... \quad (32)$$

$$q_6 = a^7c^{-7} + 14a^{10}b^3c^{-13} + (21a^{12}b^3 + 84a^{10}b^5)c^{-15} + ... \quad (33)$$

$$p_7 = 8a^8 b^3 c^{-11} + 36a^8 b^5 c^{-13} + \dots \tag{34}$$

$$q_7 = a^8 c^{-8} + 16a^{11} b^3 c^{-14} + \dots \tag{35}$$

$$p_8 = 9a^9 b^3 c^{-12} + \dots \tag{36}$$

$$q_8 = a^9 c^{-9} + \dots \tag{37}$$

r와 s의 값은 각각 q와 p에 있는 a와 b를 바꾸어 쓰면 된다.

이제 두 구의 퍼텐셜을 이 계수들에 의해 다음의 형태

$$\alpha = lA + mB \tag{38}$$

$$\beta = mA + nB \tag{39}$$

로 계산하면, l, m, n은 퍼텐셜의 계수들이고(87절),

$$m = c^{-1} + p_1 ac^{-2} + p_2 a^2 c^{-3} + \dots \tag{40}$$

$$n = b^{-1} - q_1 ac^{-2} - q_2 a^2 c^{-3} - \dots \tag{41}$$

가 되고 이것을 a, b, c에 의해 전개하면

$$
\begin{aligned}
m = {}& c^{-1} + 2a^3 b^3 c^{-7} + 3a^3 b^3 (a^2 + b^2) c^{-9} \\
& + a^3 b^3 (4a^4 + 6a^2 b^2 + 4b^4) c^{-11} \\
& + a^3 b^3 [5a^6 + 10a^4 b^2 + 8a^3 b^3 + 10a^2 b^4 + 5b^6] c^{-13} \\
& + a^3 b^3 [6a^8 + 15a^6 b^2 + 30a^5 b^3 + 20a^4 b^4 \\
& \qquad + 30a^3 b^5 + 15a^2 b^6 + 6a^8] c^{-15} \\
& + a^3 b^3 [7a^{10} + 21a^8 b^2 + 75a^7 b^3 + 35a^6 b^4 + 144a^5 b^5 \\
& \qquad + 35a^4 b^6 + 75a^3 b^7 + 21a^2 b^8 + 7b^{10}] c^{-17} \\
& + a^3 b^3 [8a^{12} + 28a^{10} b^2 + 154a^9 b^3 \\
& \qquad + 56a^8 b^4 + 446a^7 b^5 + 102a^6 b^6 \\
& \qquad + 446a^5 b^7 + 56a^4 b^8 + 154a^3 b^9 + 28a^2 b^{10} + 8b^{12}] c^{-19}
\end{aligned}
$$

$$+a^3b^3[9a^{14}+36a^{12}b^2+280a^{11}b^3+84a^{10}b^4$$
$$+1107a^9b^5+318a^8b^6$$
$$+1668a^7b^7+318a^6b^8+1107a^5b^9+84a^4b^{10}+280a^3b^{11}$$
$$+36a^2b^{12}+9b^{14}]c^{21}+\ldots \tag{42}$$

$$n=b^{-1}-a^3c^{-4}-a^5c^{-6}-a^7c^{-8}-(a^3+4b^3)a^6c^{-10}$$
$$-(a^5+12a^2b^3+9b^5)a^6c^{-12}$$
$$-(a^7+25a^4b^3+36a^2b^5+16b^7)a^6c^{-14}$$
$$-(a^9+44a^6b^3+96a^4b^5+16a^3b^6+80a^2b^7+25b^9)a^6c^{-16}$$
$$-(a^{11}+70a^8b^3+210a^6b^5+84a^5b^6+260a^4b^7$$
$$+72a^3b^8+150a^2b^9+36b^{11})a^6c^{-18}$$
$$-(a^{13}+104a^{10}b^3+406a^8b^5+272a^7b^6+680a^6b^7+468a^5b^8$$
$$+575a^4b^9+209a^3b^{10}+252a^2b^{11}+49b^{13})a^6c^{-20}$$
$$-(a^{15}+147a^{12}b^3+720a^{10}b^5+693a^9b^6+1548a^8b^7+1836a^7b^8$$
$$+1814a^6b^9+1640a^5b^{10}+1113a^4b^{11}+488a^3b^{12}$$
$$+392a^2b^{13}+64b^{15})a^6c^{-22}+\ldots \tag{43}$$

이 된다.

l의 값은 n의 식에서 a와 b를 뒤바꾸면 얻어진다.

계의 퍼텐셜 에너지는 87절에 의해

$$W=\frac{1}{2}lA^2+mAB+\frac{1}{2}nB^2 \tag{44}$$

이고 두 구 사이의 척력은 93a절에 의해

$$-\frac{dW}{dc}=\frac{1}{2}A^2\frac{dl}{dc}+AB\frac{dm}{dc}+\frac{1}{2}B^2\frac{dn}{dc} \tag{45}$$

이 된다.

어떤 구의 임의의 점에서의 면밀도는 계수를 A_n과 B_n으로 하여 등식 (1)과 (4)에 의해 주어진다.

제10장 공초점 2차 곡면[1], [2]

147] 공초점(共焦點)계의 일반 방정식을

$$\frac{x^2}{\lambda^2 - a^2} + \frac{y^2}{\lambda^2 - b^2} + \frac{z^2}{\lambda^2 - c^2} = 1 \qquad (1)$$

로 놓자. 여기에서 λ는 가변 매개변수이고 우리는 2차식의 종류에 따라 아래첨자로 구분하여 이엽 쌍곡면들에 대해서는 λ_1, 일엽 쌍곡면들에 대해서는 λ_2, 타원면들에 대해서는 λ_3으로 놓는다.[3]

---

1) 이 장의 내용은 매우 흥미로운 저작 G. Lame, *Leçons sur les Fonctions Inverses des Transcendantes et les Surfaces Isothermes*(Paris, 1857)로부터 주로 빌려온 것이다.

2) 대수적 곡면은 그것의 차(order) 또는 도(degree)를 갖는다. 여기에서 차수 또는 도수는 $f(x, y, z)=0$의 형태로 표현된 곡면의 방정식의 모든 항 중에서 x, y, z의 최대 제곱수를 지칭한다. 그러므로 2차 곡면은 그것의 방정식이 x, y, z의 2차식으로 이루어진 곡면을 지칭한다. 즉,

$$ax^2 + by^2 + cz^2 + 2hxy + 2gxz + 2fyz + 2lx + 2my + 2nz + c = 0$$

의 형태로 표현된 식의 그래프는 3차원공간에서 곡면으로 나타낼 수 있는데, 이것을 2차곡면이라고 한다. 이 식은 좌표를 움직여서 좌표축을 바꾸어 타원면, 쌍곡면, 2차 뿔면, 타원 포물면, 쌍곡 포물면, 기둥면 등과 같은 전형적인 형태로 만들 수 있다―옮긴이.

3) 일엽 쌍곡면은 $\frac{x^2}{a^2} + \frac{y^2}{b^2} - \frac{z^2}{c^2} = 1$의 형태의 2차식의 그래프에 해당한다. Z축에 수직으로 자르면 단면은 타원이 되고, 다른 두 축에 각각 수직으로 자르면 쌍곡선이 된다. 이엽 쌍곡면 $-\frac{x^2}{a^2} - \frac{y^2}{b^2} + \frac{z^2}{c^2} = 1$의 형태의 2차 곡면이다. X축에 수직으로 자르면 단면은 타원이 되고, 다른 두 축에 각각 수직으로 자르면

양들을 크기가 커지는 순서로 놓으면

$$a, \ \lambda_1, \ b, \ \lambda_2, \ c, \ \lambda_3$$

이 된다. 양 a는 대칭을 위해서 도입하지만 항상 결과에서는 $a=0$이라고 놓는다.

우리가 매개변수를 λ_1, λ_2, λ_3으로 갖는 세 곡면을 생각하면, 우리는 그 방정식들 사이에서 소거에 의해 그것들의 교차점에서 x^2의 값은 다음 방정식

$$x^2(b^2 - a^2)(c^2 - a^2) = (\lambda_1^2 - a^2)(\lambda_2^2 - a^2)(\lambda_3^2 - a^2) \qquad (2)$$

을 만족시킨다.

y^2와 z^2의 값은 a, b, c를 대칭적으로 바꾸어 넣음으로써 얻을 수 있다.

이 방정식을 에 대하여 미분하면

$$\frac{dx}{d\lambda_1} = \frac{\lambda_1}{\lambda_1^2 - a^2} \, x \qquad (3)$$

를 얻게 된다.

만약 ds_1이 λ_2와 λ_3의 교차 곡선이 곡면 λ_1과 $\lambda_1 + d\lambda_1$ 사이에서 잘리는 구간(intercept)의 길이라고 하면,

$$\begin{aligned}
\overline{\frac{ds_1}{d\lambda_1}}\bigg|^2 &= \overline{\frac{dx}{d\lambda_1}}\bigg|^2 + \overline{\frac{dy}{d\lambda_1}}\bigg|^2 + \overline{\frac{dz}{d\lambda_1}}\bigg|^2 \\
&= \frac{\lambda_1^2(\lambda_2^2 - \lambda_1^2)(\lambda_3^2 - \lambda_1^2)}{(\lambda_1^2 - a^2)(\lambda_1^2 - b^2)(\lambda_1^2 - c^2)}
\end{aligned} \qquad (4)$$

이 분수식의 분모는 곡면 λ_1의 반축의 제곱들의 곱이다.

쌍곡선이 된다. 타원면 $\dfrac{x^2}{a^2} + \dfrac{y^2}{b^2} + \dfrac{z^2}{c^2} = 1$의 형태의 2차 곡면이다. 세 축에 수직으로 자른 단면은 어느 것이나 타원이 된다. 한 방향의 단면이 원이 되면 럭비공이나 원반던지기의 원반과 비슷한 모양이 된다—옮긴이.

$$D_1^2 = \lambda_3^2 - \lambda_2^2, D_2^2 = \lambda_3^2 - \lambda_1^2, D_3^2 = \lambda_2^2 - \lambda_1^2 \tag{5}$$

라고 놓고 $a=0$이라고 놓으면,

$$\frac{ds_1}{d\lambda_1} = \frac{D_2 D_3}{\sqrt{b^2 - \lambda_1^2}\sqrt{c^2 - \lambda_1^2}} \tag{6}$$

이 된다.

D_2와 D_3이 주어진 점을 통과하는 지름에 대한 켤레인 λ_1의 중앙 단면의 반축들이고 D_3이 ds_2에 평행하며 D_2는 D_3에 평행하다는 것을 아는 것은 쉽다.

또한 세 개의 매개변수 $\lambda_1, \lambda_2, \lambda_3$을 등식

$$\alpha = \int_a^{\lambda_1} \frac{cd\lambda_1}{\sqrt{(b^2 - \lambda_1^2)(c^2 - \lambda_1^2)}} \;^{4)}$$

$$\beta = \int_b^{\lambda_2} \frac{cd\lambda_2}{\sqrt{(\lambda_2^2 - b^2)(c^2 - \lambda_2^2)}} \tag{7}$$

$$\gamma = \int_c^{\lambda_3} \frac{cd\lambda_3}{\sqrt{(\lambda_3^2 - b^2)(\lambda_3^2 - c^2)}}$$

으로 정의되는 세 함수 에 의한 그것들의 값으로 대치하면

$$ds_1 = \frac{1}{c} D_2 D_3 \, d\alpha, \; ds_2 = \frac{1}{c} D_3 D_1 \, d\beta, \; ds_3 = \frac{1}{c} D_2 D_1 \, d\gamma \tag{8}$$

이다.

148] 이제 V가 임의의 점 α, β, γ에서의 퍼텐셜이라고 하자. 그러면 ds_1의 방향에 있는 합력은

$$R_1 = -\frac{dV}{ds_1} = -\frac{dV}{d\alpha}\frac{d\alpha}{ds_1} = -\frac{dV}{d\alpha}\frac{c}{D_2 D_3} \tag{9}$$

가 된다.

---

4) 원본의 오타로 하한을 수정함—옮긴이.

ds_1, ds_2, ds_3은 서로 수직이므로 면적 요소 $ds_2 ds_3$에 걸친 면적분은

$$R_1 ds_2 ds_3 = -\frac{dV}{d\alpha}\frac{c}{D_2 D_3}\frac{D_3 D_1}{c}\frac{D_1 D_2}{c}d\beta d\gamma$$
$$= -\frac{dV}{da}\frac{D_1^2}{c}d\beta d\gamma \qquad (10)$$

이다.

이제 곡면 α, β, γ와 $\alpha+d\alpha, \beta+d\beta, \gamma+d\gamma$ 사이에 끼어 있는 부피 요소를 생각해 보자. 각각의 8분공간(八分空間, octant)[5]마다 하나씩, 그러한 부피 요소가 8개가 있다.

우리는 α가 β와 $\beta+d\beta$, γ와 $\gamma+d\gamma$에 의해 분할된 면 요소에 대하여 수직인 힘의 성분(안쪽으로 향하는)의 면적분을 알아냈다.

곡면 $\alpha+d\alpha$에 해당하는 요소에 대한 면적분은

$$+\frac{dV}{d\alpha}\frac{D_1^2}{c}d\beta d\gamma + \frac{d^2 V}{d\alpha^2}\frac{D_1^2}{c}d\alpha d\beta d\gamma$$

일 것이다. 왜냐하면 D_1은 α에 독립이기 때문이다. 부피 요소의 두 마주 보는 면을 위한 면적분은 이 양들의 합이 될 것이다. 즉,

$$\frac{d^2 V}{d\alpha^2}\frac{D_1^2}{c}d\alpha d\beta d\gamma$$

이다.

마찬가지로 다른 두 면을 위한 면적분은

$$\frac{d^2 V}{d\beta^2}\frac{D_2^2}{c}d\alpha d\beta d\gamma, \quad \frac{d^2 V}{d\gamma^2}\frac{D_3^2}{c}d\alpha d\beta d\gamma$$

가 될 것이다.

이 여섯 면은 부피가

---

5) 하나의 곡면은 공간을 양분한다. 그러므로 세 곡면이 한 점에서만 만날 때 그 점 주위의 공간은 8개로 나뉜다. 우리는 이것 하나하나를 8분 공간이라고 부를 수 있다―옮긴이.

$$ds_1\,ds_2\,ds_3 = \frac{D_1^2 D_2^2 D_3^2}{c^3}\,d\alpha d\beta d\gamma$$

인 요소를 둘러싼다. 그리고 ρ가 그 요소 안의 체밀도라면, 77절에 의해 그 요소의 면적분과 그 안의 전기량에 4π를 곱한 것의 합은 0이다. 이것을 $d\alpha d\beta d\gamma$로 나누면

$$\frac{d^2 V}{d\alpha^2}D_1^2 + \frac{d^2 V}{d\beta^2}D_2^2 + \frac{d^2 V}{d\gamma^2}D_3^2 + 4\pi\rho\frac{D_1^2 D_2^2 D_3^2}{c^2} = 0 \qquad (11)$$

이다. 그것은 타원체 좌표로 나타낸 라플라스 방정식의 푸아송 확장의 형태이다.

$\rho = 0$이면, 네 항은 0이 되고 이 방정식은 라플라스 방정식과 같아진다.

이 방정식의 일반적인 논의를 위해서 독자는 라메(Lamé)의 저작을 참조 바란다.

149] α, β, γ를 결정하기 위하여 보조각 θ, ϕ, ψ를 도입하여 일반 타원 적분의 형태로 그것을 놓을 수 있다. 여기에서

$$\lambda_1 = b\sin\theta \qquad (12)$$

$$\lambda_2 = \sqrt{c^2\sin^2\phi + b^2\cos^2\phi} \qquad (13)$$

$$\lambda_3 = c\sec\psi \qquad (14)$$

이다

$b = kc$로 놓으면, $k^2 + k^2 = 1$로 놓으면, k와 k'을 상보적인 두 공초점계 계수(modulus)라고 부른다. 그리고

$$\alpha = \int_0^\theta \frac{d\theta}{\sqrt{1 - k^2\sin^2\theta}} \qquad (15)$$

임을 알게 되고 이것은 통상적 표시법 $F(k, \theta)$에 따라 쓸 수 있는 첫 번째 종류의 타원 적분이다.

같은 방식으로

$$\beta = \int_0^\phi \frac{d\phi}{\sqrt{1 - k'^2 \cos^2 \phi}} = F(k') - F(k', \phi) \qquad (16)$$

임을 알게 된다. 여기에서 $F(k')$은 계수 k'에 대한 완전 함수이다. 또한

$$\gamma = \int_0^\psi \frac{d\psi}{\sqrt{1 - k^2 \cos^2 \psi}} = F(k) - F(k, \psi) \qquad (17)$$

이다.

여기에서 α는 각 θ의 함수로 나타나 있고, 따라서 매개변수 λ_1의 함수이고, β는 각 ϕ의 함수이고 따라서 λ_2의 함수이고, γ는 Ψ의 함수이고 따라서 λ_3의 함수이다.

그러나 이 각들과 매개변수들은 α, β, γ의 함수로 생각될 수도 있다. 그러한 역함수들의 특성과 그것들에 연결된 함수들의 특성은 이 주제에 관한 라메의 저작에 설명되어 있다.

매개변수들이 보조각의 주기 함수들이므로 그것들은 α, β, γ의 주기 함수라는 것은 알기 쉽다. λ_1과 λ_2의 주기는 $4F(k)$이고 λ_2의 주기는 $2F(k')$이다.

특수해

150] V가 α, β, γ의 선형 함수라면, 그 방정식은 충족된다. 그러므로 그 방정식으로부터 주어진 퍼텐셜로 유지되는 같은 족(族, family)의 두 공초점 곡면 위에 전기 분포와 그 곡면들 사이의 임의의 점의 퍼텐셜을 유도할 수 있다.

이엽 쌍곡면

α가 상수일 때, 해당하는 곡면은 이엽(二葉) 쌍곡면이다. α의 부호를 고려 중인 엽(葉) 안의 x의 부호와 같게 하자. 그러면 한 번에 이들 엽 중에서 하나씩 연구할 수 있다.

α_1, α_2가 다른 쌍곡면에 속하건 같은 쌍곡면에 속하건, 두 개의 일엽

에 해당하는 α의 값이라고 하자. V_1, V_2가 유지되는 퍼텐셜이라고 하자. 그러면

$$V = \frac{\alpha_1 V_2 - \alpha_2 V_1 + \alpha(V_1 - V_2)}{\alpha_1 - \alpha_2} \qquad (18)$$

라고 놓는다면, 두 곡면과 두 곡면 사이의 공간 전체에서 조건이 충족될 것이다. V가 곡면 α_1 너머의 공간에서 일정하되 V_1과 같다고 놓고, 곡면 α_2 너머의 공간에서도 역시 일정하되 V_2와 같다고 놓으면, 이 특별한 경우의 완전한 해를 얻을 것이다.

둘 중 어느 한 엽의 임의의 점에서 합력은

$$\pm R_1 = -\frac{dV}{ds_1} = -\frac{dV}{da}\frac{da}{ds_1} \qquad (19)$$

$$\text{즉,} \quad R_1 = \frac{V_1 - V_2}{\alpha_2 - \alpha_1}\frac{c}{D_2 D_3} \qquad (20)$$

이다.

p_1이 임의의 점에서의 접평면 위의 중심에서 그은 수선(垂線)이고, P_1이 그 곡면의 반축의 곱이면, $p_1 D_2 D_3 = P_1$이다.

그러므로

$$R_1 = \frac{V_1 - V_2}{\alpha_2 - \alpha_1}\frac{c p_1}{P_1} \qquad (21)$$

즉, 곡면의 임의의 점에서의 힘은 접평면 위의 중심에서 그은 수선에 비례함을 알 수 있다.

면밀도 σ는 등식

$$4\pi\sigma = R_1 \qquad (22)$$

로부터 알 수 있다.

한 엽의 쌍곡면에서 $x=d$라는 방정식으로 표현되는 평면에 의해 분리되어 나오는 조각 위의 전체 전기량은

$$Q = \frac{c}{2} \frac{V_1 - V_2}{\alpha_2 - \alpha_1} \left(\frac{d}{\lambda_1} - 1 \right) \tag{23}$$

이다. 그러므로 전체 무한한 엽 위의 전기량은 무한대다.

그 곡면의 제한적 형태는 다음과 같다.

(1) $\alpha = F(k)$일 때, 곡면은 방정식

$$\frac{x^2}{b^2} - \frac{z^2}{c^2 - b^2} = 1 \tag{24}$$

로 표현되는 쌍곡선의 양의 가지(branch)의 양의 편 위에 있는 xz평면의 부분이다.

(2) $\alpha = 0$일 때, 곡면은 yz평면이다.

(3) $\alpha = -F(k)$일 때, 곡면은 같은 쌍곡선의 음의 가지의 음의 편에 있는 xz평면의 부분이다.

일엽 쌍곡면

β를 상수로 만들면 일엽 쌍곡면의 방정식을 얻는다. 그러므로 전기장의 경계선을 형성하는 두 곡면은 두 개의 다른 쌍곡면에 속해야 한다. 이 탐구는 다른 측면에서는 이엽 쌍곡면의 경우와 같을 것이다. 그래서 퍼텐셜의 차이가 주어질 때, 곡면의 임의의 점에서의 밀도는 접평면의 중심으로부터 그은 수선에 비례할 것이고 무한한 엽 위의 전체 양은 무한대가 될 것이다.

극한 형태

(1) $\beta = 0$일 때, 곡면은 위의 (24)의 방정식을 갖는 쌍곡선의 두 가지 (branch) 사이의 평면의 부분이다.

(2) $\beta = -F(k')$일 때, 곡면은 방정식

$$\frac{x^2}{c^2} + \frac{y^2}{c^2 - b^2} = 1 \tag{25}$$

로 표현되는 초점 타원(focal ellipse)의 바깥에 있는 xy평면의 일부이다.

타원체

주어진 타원체에 대하여 γ는 상수다. 두 타원체 γ_1과 γ_2가 퍼텐셜 V_1과 V_2로 유지된다면, 그것들 사이의 공간에 있는 임의의 점 γ에 대하여

$$V = \frac{\gamma_1 V_2 - \gamma_2 V_1 + \gamma(V_1 - V_2)}{\gamma_1 - \gamma_2} \tag{26}$$

라고 할 수 있다.

임의의 점에서 면밀도는

$$\sigma = -\frac{1}{4\pi} \frac{V_1 - V_2}{\gamma_1 - \gamma_2} \frac{c p_3}{P_3} \tag{27}$$

이다. 여기에서 p_3은 접평면의 중심에서 그은 수선이고 P_3은 반축들의 곱이다.

어느 곡면 위의 전체 전하는

$$Q_2 = c \frac{V_1 - V_2}{\gamma_1 - \gamma_2} = -Q_1 \tag{28}$$

로 주어지고 유한하다.

$\gamma = F(k)$일 때, 타원체 표면은 모든 방향으로 무한한 거리에 있다.

$V_2 = 0$이고 $\gamma_2 = F(k)$라고 놓으면, 무한히 펼쳐져 있는 마당에서 퍼텐셜 V로 유지되는 타원체 γ 위에 전기량이

$$Q = c \frac{V}{F(k) - \gamma} \tag{29}$$

임을 알게 된다.

타원체의 극한 형태는 $\gamma = 0$일 때 생긴다. 이 경우에 곡면은 도형의 방정식이 위의 (25)와 같은 초점 타원 안에 있는 xy평면의 일부이다.

도형의 방정식이 (25)이고 이심률이 k인 타원판의 한쪽 면 위의 면밀도는

$$\sigma = \frac{V}{4\pi \sqrt{c^2 - b^2}} \frac{1}{F(k)} \frac{1}{\sqrt{1 - \dfrac{x^2}{c^2} - \dfrac{y^2}{c^2 - b^2}}} \tag{30}$$

이고 그것의 전하는
$$Q = c \frac{V}{F(k)} \qquad (31)$$

이다.

특수한 경우들

151] c가 유한하게 유지되고 b와 함께 k가 줄어들어 결국 0이 되면, 곡면계는 다음 방식으로 변형된다.

이엽 쌍곡면 각각의 실수축과 허수축들 중 하나는 무한히 줄어들고 그 곡면은 결국 z축에서 교차하는 두 평면과 일치된다.

양 α는 θ와 같아지고 첫 번째 계는 자오평면계로 변하고 그 자오평면계의 방정식은

$$\frac{x^2}{(\sin\alpha)^2} - \frac{y^2}{(\cos\alpha)^2} = 0 \qquad (32)$$

이다.

양 β에 대하여 앞의 (7)에서 주어진 정의를 따르면 하한에서 무한한 적분값에 도달할 것이다. 이것을 피하기 위해서 이 특수한 경우에서는 β를 적분값

$$\int_{\lambda_2}^{c} \frac{c d\lambda_2}{\lambda_2 \sqrt{c^2 - \lambda_2^2}}$$

로 정의한다.

이제 $\lambda_2 = c\sin\phi$라고 놓으면, β는

$$\int_{\phi}^{\frac{\pi}{2}} \frac{d\phi}{\sin\phi} \qquad \text{즉,} \qquad \log \cot \frac{1}{2}\phi$$

가 되고 이것으로부터
$$\cos\phi = \frac{e^\beta - e^{-\beta}}{e^\beta + e^{-\beta}} \qquad (33)$$

이고 따라서
$$\sin\phi = \frac{2}{e^\beta + e^{-\beta}} \qquad (34)$$

이다.

지수적 양 $\frac{1}{2}(e^{\beta} + e^{-\beta})$를 β의 타원체 코사인 또는 더 간략하게 β의 쌍곡코사인(hypocosine) 즉, $\cosh\beta$라고 부르고 $\frac{1}{2}(e^{\beta} - e^{-\beta})$를 β의 쌍곡사인(hyposine), 즉 $\sinh\beta$라고 부르고, 같은 방식으로 다른 간단한 삼각비와 유사한 성격의 함수들을 사용한다면, $\lambda_2 = c\,\mathrm{sech}\,\beta$이고 일엽 쌍곡면들의 계의 방정식은

$$\frac{x^2 + y^2}{(\mathrm{sech}\,\beta)^2} - \frac{z^2}{(\tanh\beta)^2} = c^2 \tag{35}$$

이다.

양 γ는 ψ가 되어 $\lambda_3 = c\sec\gamma$이고 타원체들의 계의 방정식은

$$\frac{x^2 + y^2}{(\sec\gamma)^2} + \frac{z^2}{(\tan\gamma)^2} = c^2 \tag{36}$$

이 된다.

이런 종류의 타원체들은 그것들의 켤레 축들 주위의 회전 도형으로서, 행성형 타원체라고 불린다.

무한한 마당 속에 퍼텐셜 V로 유지되는 부정 타원체 위의 전기량은

$$Q = c\,\frac{V}{\frac{1}{2}\pi - \gamma} \tag{37}$$

이다. 여기에서 $c\sec\gamma$는 적도 반지름이고 $c\tan\gamma$는 극 반지름이다.

$\gamma = 0$이면, 도형은 반지름 c의 원형 디스크이고

$$\sigma = \frac{V}{2\pi^2\sqrt{c^2 - \gamma^2}} \tag{38}$$

$$Q = c\,\frac{V}{\frac{1}{2}\pi} \tag{39}$$

이다.

152] 두 번째 경우. $b = c$라고 하고 그때 $k = 1$이고 $k' = 0$이고

$$\alpha = \log\tan\frac{\pi + 2\theta}{4}, \text{ 이로부터 } \lambda_1 = c\tanh\alpha \tag{40}$$

이고 이엽 회전 쌍곡면 방정식은

$$\frac{x^2}{(\tanh\alpha)^2} - \frac{y^2 + z^2}{(\mathrm{sech}\alpha)^2} = c^2 \tag{41}$$

이다.

양 β는 ϕ가 되고 일엽 쌍곡면 각각은 x축에서 교차하는 방정식이

$$\frac{y^2}{(\sin\beta)^2} - \frac{z^2}{(\cos\beta)^2} = 0 \tag{42}$$

인 한 쌍의 평면으로 바뀐다. 이것은 β가 경선(經線)인 자오평면계이다.

(7)에서 정의된 양 γ는 이 경우에 하한에서 무한대가 된다. 이것을 피하기 위해서 그것을 적분값

$$\int_{\lambda_3}^{\infty} \frac{c d\lambda_3}{\lambda_3^2 - c^2}$$

으로 정의하자.

그리고 나서 $\lambda_3 = c\sec\psi$라고 놓으면 $\gamma = \int_{\psi}^{\frac{\pi}{2}} \frac{d\psi}{\sin\psi}$ 가 되고 이것으로부터 $\lambda_3 = c\coth\gamma$와 타원체 족의 방정식은

$$\frac{x^2}{(\coth\gamma)^2} + \frac{y^2 + z^2}{(\mathrm{cosech}\gamma)^2} = c^2 \tag{43}$$

이다.

이 타원체들은 횡축이 회전축으로 달걀형 타원체(ovary ellipsoid)라고 부른다.

무한한 마당에서 퍼텐셜 V에서 유지되는 달걀형 타원체 위의 전기량은 이 경우에 (29)에 의해

$$cV \div \int_{\psi_0}^{\frac{\pi}{2}} \frac{d\psi}{\sin\psi} \tag{44}$$

로 주어진다. 여기에서 $c\sec\psi_0$는 극 반지름이다.

극 반지름을 A로 지정하고 적도 반지름을 B로 지정하면, 방금 알아낸 결과는

$$V \frac{\sqrt{A^2 - B^2}}{\log \dfrac{A + \sqrt{A^2 - B^2}}{B}} \tag{45}$$

이 된다.

적도 반지름이 둥근 끝을 가진 도선에서처럼 극 반지름에 비해 매우 작다면,

$$Q = \frac{AV}{\log 2A - \log B} \qquad (46)$$

이다.

b와 c의 비가 한정된 값을 유지하면서 둘 다 0으로 접근할 때, 곡면계는 두 개의 공초점 원뿔계와 반지름이 γ에 반비례하는 구면계가 된다.

c에 대한 b의 비가 0이거나 1이면, 곡면계는 자오평면계 하나, 공통축을 갖는 직원뿔계 하나, 반지름이 γ에 반비례하는 동심구면계 하나가 된다. 이것은 일반적인 구면극좌표계이다.

기둥면

153] c가 무한대라면, 그 곡면들은 z축에 평행한 모선[6]을 갖는 기둥면[7]이 된다. 하나의 기둥면계는 쌍곡면 즉, 이엽 쌍곡면이 축퇴(縮退, degenerated)된 기둥면으로 되어 있다. c가 무한대일 때, k는 0이어서 $\theta = \alpha$라면, 이 계의 방정식은

$$\frac{x^2}{\sin^2 a} - \frac{y^2}{\cos^2 a} = b^2 \qquad (47)$$

임은 당연한 귀결이다.

다른 계가 타원체이고 $k=0$일 때, β는

---

6) 하나의 직선이 그 직선에 수직인 면에서 원을 그리도록 평행이동을 시킬 때 휩쓸고 지나가는 면은 원통을 이룬다. 이와 같이 어떤 기둥면을 그리기 위해 사용되는 직선을 모선(generating line)이라고 한다―옮긴이.

7) 기둥면〔柱面〕은 2차 곡면의 일종으로 도선상의 점을 지나는 정방향(定方向)인 직선이 모선이 되어 만드는 곡면이다. 그 방정식의 형태는 도선에 따라 여러 가지이며, 도선이 원일 때는 원기둥〔圓柱〕이고 회전체가 된다. 도선이 2차 곡선일 때는 2차 기둥면이 된다―옮긴이.

$$\int_b^{\lambda_2} \frac{d\lambda_2}{\sqrt{\lambda_2^2 - b^2}}, \quad \text{즉} \quad \lambda_2 = b\cosh\beta$$

가 된다. 이 계의 방정식은

$$\frac{x^2}{(\cosh\beta)^2} + \frac{y^2}{(\sinh\beta)^2} = b^2 \tag{48}$$

이다.

이 두 계는 1권의 끝에 있는 그림 X에 나와 있다.

공초점 포물면

154] 일반적인 방정식에서 좌표 원점을 계의 중심에서 t만큼 떨어진 x축 위의 점으로 보내고 x, λ, b, c를 $t+x$, $t+\lambda$, $t+b$, $t+c$로 치환하고 나서 t를 무한대로 보내면, 극한에서 초점이 $x=b$와 $x=c$인 점들에 있는 포물면계의 방정식

$$4(x-\lambda) + \frac{y^2}{\lambda-b} + \frac{z^2}{\lambda-c} = 0 \tag{49}$$

을 얻는다.

매개변수가 첫 번째 타원 포물면[8]계에 대해서는 λ이고, 쌍곡 포물면[9]계에 대해서는 μ이고, 두 번째 타원 포물면계에 대해서는 v라면, λ, b, μ, c, v가 커지는 순서로 배열된 것이 된다. 그리고

$$\left. \begin{array}{l} x = \lambda + \mu + v - c - b \\[2mm] y^2 = 4\,\dfrac{(b-\lambda)(\mu-b)(v-b)}{c-b} \end{array} \right\} \tag{50}$$

---

8) 타원 포물면은 $\dfrac{x^2}{a^2} + \dfrac{y^2}{b^2} = 2z$의 식으로 표현된다. 이것을 z축에 수직으로 자르면 단면은 타원이 되고, 다른 두 축에 각각 수직으로 자르면 포물선이 된다— 옮긴이.

9) 쌍곡 포물면은 $\dfrac{x^2}{a^2} - \dfrac{y^2}{b^2} = 2z$의 식으로 표현된다. 이것을 z축에 수직으로 자르면 단면은 쌍곡선이 되고, 다른 두 축에 각각 수직으로 자르면 포물선이 된다. 그 모양이 마치 말 안장과 유사하다—옮긴이.

$$z^2 = 4 \frac{(c - \lambda)(c - \mu)(v - c)}{c - b}$$

적분 (7)에서 무한한 값을 피하기 위해, 포물면계의 해당 적분은 다른 한계 사이에서 취해진다.

이 경우에

$$\alpha = \int_\lambda^b \frac{d\lambda}{\sqrt{(b - \lambda)(c - \lambda)}}$$

$$\beta = \int_b^\mu \frac{d\mu}{\sqrt{(\mu - b)(c - \mu)}}$$

$$\gamma = \int_c^v \frac{dv}{\sqrt{(v - b)(v - c)}}$$

로 쓴다.

이것들로부터

$$\left.\begin{array}{l} \lambda = \frac{1}{2}(c + b) - \frac{1}{2}(c - b)\cosh\alpha \\[2mm] \mu = \frac{1}{2}(c + b) - \frac{1}{2}(c - b)\cos\beta \\[2mm] v = \frac{1}{2}(c + b) + \frac{1}{2}(c - b)\cosh\gamma \end{array}\right\} \qquad (51)$$

$$\left.\begin{array}{l} x = \frac{1}{2}(c + b) + \frac{1}{2}(c - b)(\cosh\gamma - \cos\beta - \cosh\alpha) \\[2mm] y = 2(c - b)\sinh\frac{\alpha}{2}\sin\frac{\beta}{2}\cosh\frac{\gamma}{2} \\[2mm] z = 2(c - b)\cosh\frac{\alpha}{2}\cos\frac{\beta}{2}\sinh\frac{\gamma}{2} \end{array}\right\} \qquad (52)$$

를 얻는다.

$b=c$일 때, x축 주위의 회전 포물면의 경우가 된다. 그리고 {각주를 보라.}

$$x = a(e^{2\alpha} - e^{2\gamma})$$
$$y = 2ae^{\alpha+\gamma}\cos\beta$$
$$z = 2ae^{\alpha+\gamma}\sin\beta \tag{53}$$

이다.

β가 상수인 면들은 축을 통과하는 평면들이고 β는 축을 통과하는 고정된 평면과 그러한 평면이 만드는 각이다.

α가 상수인 면들은 공초점 포물면들이다. $\alpha=-\infty$일 때, 포물면은 원점에 끝을 갖는 직선이 된다.

또한 그 초점을 원점으로 삼고 포물면의 축을 θ의 축으로 삼은 구면 극좌표인 r, θ, ϕ에 의해 α, β, γ의 값을 얻을 수 있다.

$$\alpha = \log\left(r^{\frac{1}{2}}\cos\frac{1}{2}\theta\right)$$
$$\beta = \phi$$
$$\gamma = \log\left(r^{\frac{1}{2}}\sin\frac{1}{2}\theta\right) \tag{54}$$

퍼텐셜이 a와 같은 경우와 띠형 입체 조화 $r^i Q_i$와 비교할 수 있다. 둘 다 라플라스 방정식을 충족시키고 x, y, z의 동차 함수이지만 포물면에서 유도되는 경우에는 축에 불연속이 존재한다.{θ 대신에 $\theta+2\pi$를 씀으로써 α가 변경되기 때문에}

무한한 마당 안의 전기화된 포물면(한 방향으로 무한히 나아가는 직선의 경우를 포함하여) 위의 면밀도는 초점에서 떨어진 거리(직선의 경우에는 직선의 끝점에서 떨어진 거리)의 제곱근에 반비례한다.[10]

---

10) {154절의 결과는 다음과 같이 유도될 수 있다. 변수 x, y, z를 로 바꿈으로써 라플라스 방정식은

$$\frac{d}{d\lambda}\left\{\frac{(\mu-\nu)(b-\lambda)^{\frac{1}{2}}(c-\lambda)^{\frac{1}{2}}}{(\mu-b)^{\frac{1}{2}}(c-\mu)^{\frac{1}{2}}(\nu-b)^{\frac{1}{2}}(\nu-c)^{\frac{1}{2}}}\frac{d\phi}{d\lambda}\right\} + \dots = 0$$

즉, $(\nu-\mu)\{b-\lambda\}^{\frac{1}{2}}\{c-\lambda\}^{\frac{1}{2}}\dfrac{d}{d\lambda}\left\{(b-\lambda)^{\frac{1}{2}}(c-\lambda)^{\frac{1}{2}}\dfrac{d\phi}{d\lambda}\right\}$

$$+(\nu - \mu)(\mu - b)^{\frac{1}{2}}(c - \mu)^{\frac{1}{2}}\frac{d}{d\mu}\left\{(\mu - b)^{\frac{1}{2}}(c - \mu)^{\frac{1}{2}}\frac{d\phi}{d\mu}\right\}$$

$$+(\mu - \lambda)(\nu - b)^{\frac{1}{2}}(\nu - c)^{\frac{1}{2}}\frac{d}{d\nu}\left\{(\nu - b)^{\frac{1}{2}}(\nu - c)^{\frac{1}{2}}\frac{d\phi}{d\nu}\right\} = 0$$

이 된다. 또는

$$\frac{d\alpha}{d\lambda} = \frac{1}{(b - \lambda)^{\frac{1}{2}}(c - \lambda)^{\frac{1}{2}}}$$

$$\frac{d\beta}{d\mu} = \frac{1}{(\mu - b)^{\frac{1}{2}}(c - \mu)^{\frac{1}{2}}}$$

$$\frac{d\gamma}{d\nu} = \frac{1}{(\nu - b)^{\frac{1}{2}}(\nu - c)^{\frac{1}{2}}}$$

이라면, 라플라스 방정식은

$$(\nu - \mu)\frac{d^2\phi}{d\alpha^2} + (\nu - \lambda)\frac{d^2\phi}{d\beta^2} + (\mu - \lambda)\frac{d^2\phi}{d\gamma^2} = 0$$

이 된다. 그래서 α, β, γ의 함수가 라플라스 방정식을 충족시킨다.
$b = c$일 때,

$$\alpha = -\int_0^\lambda \frac{d\lambda}{b - \lambda}$$

$$\gamma = \int_{2b}^\nu \frac{d\nu}{\nu - b}$$

$$\lambda = b\{1 - e^\alpha\} \text{(원문의 오류가 수정됨—옮긴이)}$$

$$\nu = b\{1 + e^\gamma\}$$

로 취할 수 있다.
(51)로부터

$$(\mu - b) = \frac{1}{2}(c - b)\{1 - \cos\beta\}$$

$$(c - \mu) = \frac{1}{2}(c - b)\{1 + \cos\beta\}$$

이므로 (50)으로부터

$$x = b + b(e^\gamma - e^\alpha)$$

$$y^2 = 4b^2 e^{\gamma + \alpha}\sin^2\frac{\beta}{2}$$

$$z^2 = 4b^2 e^{\gamma + \alpha}\cos^2\frac{\beta}{2}$$

이다.
초점 $x = b$를 원점으로 잡고 β 대신 $2\beta'$를 쓰고, be^γ 대신 $\alpha e^{2\gamma'}$를 쓰고, $b\varepsilon^\alpha$ 대신 $a\varepsilon^{2\beta}$를 쓰면,

$$x = e^{2\gamma'} - e^{2\alpha'} \text{(원문의 오류가 수정됨—옮긴이)}$$

$$y = 2\alpha e^{\alpha' + \gamma'}\sin\beta'$$

$$z = 2\alpha\varepsilon^{\alpha' + \gamma'}\cos\beta'$$

을 얻는다. 이 (54) 형식의 등식은 쉽게 유도될 수 있다.

이 등식들로부터 반지름 방향의 힘은 $1/r$에 비례해 변하므로 수직 방향의 힘과 함께 면밀도가 $\frac{1}{r} \cdot \frac{r}{p}$에 비례할 것이다. 여기에서 p는 접평면 위의 초점으로부터 그은 수선이다. 그러므로 면밀도 $1/p$에 비례하고 따라서 r의 제곱근에 반비례한다)—톰슨.

제11장 전기 영상과 전기 반전 이론

155] 이미 우리는 알려진 전기 분포의 영향하에 도체구(導體球)가 있을 때 그 구의 표면의 전기 분포가 구면 조화 함수의 방법에 의해 파악될 수 있음을 보였다.

이러한 목적을 달성하기 위해서는 영향하에 있는 계의 퍼텐셜을, 원점에 구의 중심이 있는 한 계열의 양의 차(degree)의 입체 조화 함수들로 전개하는 것이 필요하다. 그리고 나서 구의 전기화 때문에 생기는 퍼텐셜을 나타내주는 한 계열의 음의 차의 입체 조화 함수를 찾아낸다.

이러한 매우 강력한 분석 방법을 사용해서 푸아송은 주어진 전기계의 영향하에 있는 구의 전기화를 결정했고 두 개의 도체 구가 존재할 때 그것들 위의 전기 분포를 결정하는 더 어려운 문제를 풀어내었다. 이 연구는 플라나[1]와 다른 이들에 의해 매우 상세하게 추구되었고 그들에 의해 푸아송의 정확성이 입증되었다.

단일한 전기화된 점의 영향하에 있는 구(球)라는 가장 기본적인 문제에 이 방법을 적용해 보려면 전기화된 점 때문에 생기는 퍼텐셜을 한 계

---

1) 이탈리아의 천문학자이자 수학자인 플라나(Giovanni Plana, 1781~1864)는 1800년에 에콜 폴리테크니크에 입학하여 라그랑주에게 배웠다. 이탈리아에 돌아가서 그는 토리노 대학의 천문학 교수가 되었으며 이탈리아 최고의 과학자 중 하나로 평가받았다. 그의 천문학과 무한소 분석 강의는 명석하기로 유명했으며 그의 연구는 해석학(오일러 적분, 타원 함수), 수리 물리학(구球의 냉각과 정전기 냉각), 측지학(오스트리아에서 프랑스까지의 위도의 길이), 천문학 등에 이르렀다―옮긴이.

열의 입체 조화 함수로 전개하고 그 구 때문에 바깥 공간에 생기는 퍼텐셜을 표현해 주는 두 번째 계열의 입체 조화 함수를 결정하는 것이 필요하다.

이 수학자 중 어느 누구도 이 두 번째 계열이 물리적 실재를 갖지 않는 가상의 전기화된 점 때문에 생기는 퍼텐셜을 나타낸다는 것을 주목한 것 같지 않다. 외부의 점들에 대한 이 구면의 작용은 구면이 제거되었을 때 이 가상의 전기화된 점이 만들어낼 효과와 동일하기 때문에 우리는 이 점을 전기 영상(影像)이라고 부를 수 있다.

이 발견은 비로소 W. 톰슨에 의해 이루어진 것으로 알려져 있다. 그는 그것을 기초적인 기하학적 형태로 제시될 수 있는 전기 문제를 해결하는 데 매우 강력한 방법으로 개발했다.

1848년에 『케임브리지 및 더블린 수학 잡지』(*Cambridge and Dublin Mathematical Journal*)에 게재된 그의 원래의 탐구는 일반적인 원격 작용 이론에 의해 표현되어 있으므로 퍼텐셜의 방법과 4장의 일반 정리를 사용하지 않는다. 아마도 이 방법에 의해 그것이 발견되었을 것임에도 불구하고 말이다. 그러나 나는 퍼텐셜의 개념과 등퍼텐셜 면의 개념을 사용하는 것이 유도 과정을 더 이해하기 쉽게 해준다면 톰슨의 방법을 따르는 대신에, 자유롭게 그러한 방법을 사용할 것이다.

전기 영상 이론

156] 그림 7에서 A와 B가 무한히 펼쳐진 균질한 유전체 매질 속의 두 점을 나타낸다고 하자. A와 B의 전하를 각각 e_1과 e_2라고 하자. A와 B로부터의 거리가 각각 r_1과 r_2인 공간상의 임의의 점을 P라 하자. 그러면 P에서의 퍼텐셜의 값은

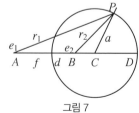

그림 7

$$V = \frac{e_1}{r_1} + \frac{e_2}{r_2} \tag{1}$$

가 될 것이다.

이러한 전기 분포 때문에 생기는 등퍼텐셜면은 e_1과 e_2가 같은 부호일 때는 그림 I(이 책의 끝에 있음)에 나와 있는 것과 같고 e_1과 e_2가 반대 부호일 때에는 그림 II에 나와 있는 것과 같다. 이제 $V=0$인 곡면을 고려해야 한다. 이것은 이 계에서 유일한 구면이다. e_1과 e_2가 같은 부호일 때 이 곡면은 전적으로 무한한 거리에 있지만 그것들의 부호가 반대일 때에는 퍼텐셜이 0인 유한한 거리에 있는 평면이거나 구면이다.

이 곡면의 방정식은

$$\frac{e_1}{r_1} + \frac{e_2}{r_2} = 0 \tag{2}$$

이다. 그것의 중심은 직선 AB 위의 점 C에 있고

$$AC : BC = e_1^2 : e_2^2$$

의 관계를 만족하고 그 구의 반지름은

$$AB \, \frac{e_1 e_2}{e_1^2 - e_2^2}$$

이다.

두 점 A와 B는 이 구에 대하여 반점(反點)이다. 즉, 그것들은 동일한 반지름 위에 있고 그 반지름은 중심으로부터 각 점까지의 거리들의 기하평균에 해당한다.[2]

---

2) 평면 위에 중심이 O, 반지름이 k인 하나의 원이 있을 때, 이 원 O에 대한 반전이란 평면 위의 점 P에 대하여 반직선 OP 위에서 $OP \cdot OP' = k^2$이 되는 점 P'을 대응시키는 것을 지칭한다. 이때 O를 반전원이라고 부르고, 점 O는 반전의 중심이라고 하며, P와 P'은 서로 반점(反點)이라고 부른다. 이때 P가 그리는 도형 F와 반전의 대응점 P'이 그리는 도형 F'은 서로 반형(反形)이라고 한다. 평면 위에서 반전의 중심을 지나지 않는 원의 반형은 원, 반전의 중심을 지나는 원의 반형은 직선이다. 공간에서는 원을 구가 대신하게 되어 반전의 중심을 지나지 않는 구면의 반형은 구면이고, 반전의 중심을 지나는 구면의 반형은 평면이다.

이 구면은 퍼텐셜이 0이므로 그것이 얇은 금속으로 만들어져 있고 접지되어 있다면, 안쪽에 있든 바깥쪽에 있든, 임의의 점에서의 퍼텐셜의 변화는 없을 것이다. 그리고 모든 곳에서의 전기 작용은 전기화된 두 점 A와 B 때문에 생기는 것과 같을 것이다.

이제 금속 껍질을 접지시켜 두고 점 B를 제거하면 구 내부의 퍼텐셜은 모든 곳에서 0이 되지만 바깥쪽에서의 퍼텐셜은 이전과 동일할 것이다. 왜냐하면 구면은 여전히 같은 퍼텐셜로 유지될 것이고 바깥쪽의 전기화에 어떤 변화도 발생하지 않았기 때문이다.

그러므로 전기화된 점 A가 퍼텐셜이 0인 구형의 도체 바깥쪽에 놓여 있다면 구 바깥쪽의 모든 점에서의 전기 작용은 구 안쪽의 또 하나의 점 B와 함께 A점 때문에 생기는 그것과 같을 것이므로 점 B를 A의 전기 영상이라고 부를 수 있을 것이다.

같은 방식으로 B가 구 껍질 안쪽에 있는 점이라면, 구 안쪽의 전기 작용은 그것의 영상 A와 함께 B 때문에 생기는 것과 같을 것이다.

157] 전기 영상의 정의. 전기 영상은 곡면의 한쪽에서 그 면의 실제 전기화가 만들어내는 전기 작용과 같은 전기 작용을 만들어내는 그 곡면의 다른 쪽에 있는 전기화된 점 또는 점의 계이다.

광학에서 거울이나 렌즈의 한쪽 편 위에 점이나 점의 계가 있어서 거울이나 렌즈의 반대편에서 실제로 존재하는 광선의 계를 방출한다면, 그 점이나 점의 계를 허상이라고 부른다.

전기 영상은 면의 다른 쪽에 있는 공간에 관계되어 있다는 점에서 광학의 허상에 해당한다. 그것은 실제 위치에 있는 허상에 해당하지 않고 다만 광학적 초점과 근사적 성격을 가질 뿐이다.

전기적 실상은 존재하지 않는다. 즉, 전기화된 곡면의 동일한 편에 있

직선을 반지름이 무한대인 원으로 간주하면 반전은 평면에서는 원원대응(圓圓對應)이고, 평면을 반지름이 무한대인 구로 간주하면 반전은 구면에서는 구구대응(球球對應)이라고 볼 수 있다. 이때 도형 F 위의 점들이 이루는 각의 크기는 반전에 의해 변화를 받지 않는다. 즉 반전은 등각사상(等角寫像)이다─옮긴이.

는 영역에서 전기화된 곡면이 일으키는 것과 동일한 효과를 일으키는 가상적인 전기화된 점은 존재하지 않는다.

공간의 임의의 영역에서의 퍼텐셜이 같은 영역에 있는 어떤 전기화 때문에 생기는 퍼텐셜과 같다면, 그것은 실제로 그 전기화에 의해 만들어지는 것이어야 하기 때문이다. 사실상 임의의 점에서의 전기화는 푸아송 방정식의 적용에 의해 그 점 근처에서의 퍼텐셜로부터 알아낼 수 있다.

그 구의 반지름을 a라 하자.

중심 C에서 전기화된 점 A까지의 거리를 f라 하자.

이 점의 전하를 e라 하자.

그러면 그 점의 영상은 구의 같은 반지름 위에 $\dfrac{a^2}{f}$의 거리의 점 B에 있고 그 영상의 전하는 $-e\dfrac{a}{f}$이다.

우리는 이 영상이 그 곡면의 반대편에서 실제 전기화가 그 곡면에 있는 것과 동일한 효과를 만들어낼 것임을 이미 보였다. 다음으로 구면 위의 임의의 점 P에서 이 전기화의 면밀도를 결정할 것이고 이 목적을 위해서 80절의 쿨롱의 정리, 즉, R가 도체 표면에서의 합력이고 σ가 면밀도라면

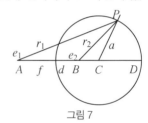

그림 7

$$R = 4\pi\sigma$$

에 의해 R를 그 곡면으로부터 구할 수 있다.

우리는 R를 두 힘, 즉 AP를 따라 작용하는 척력 $\dfrac{e}{AP^2}$와 PB를 따라 작용하는 인력 $e\dfrac{a}{f}\dfrac{1}{PB^2}$의 합력으로 생각할 수 있다.

이 힘을 AC 방향과 CP 방향으로 분해하면 척력의 성분이

$$AC를 따라서는 \frac{ef}{AP^3},\ CP를 따라서는 \frac{ea}{AP^3}$$

임을 알 수 있다. 인력의 성분은

$$AC를\ 따라서는\ -e\frac{a}{f}\frac{1}{BP^3}BC,\ CP를\ 따라서는\ -e\frac{a^2}{f}\frac{1}{BP^3}$$

이 된다.

이제 $BP = \dfrac{a}{f}AP$이고 $BC = \dfrac{a^2}{f}$이므로 인력의 성분은

$$AC를\ 따라서는\ -ef\frac{1}{AP^3},\ CP를\ 따라서는\ -e\frac{f^2}{a}\frac{1}{AP^3}$$

이라고 쓸 수 있다.

인력과 척력의 AC 방향 성분은 크기가 같고 방향이 반대이므로 이 합력은 전적으로 반지름 CP의 방향을 향한다. 이것은 단지 우리가 이미 입증한 대로 구가 등퍼텐셜면이고 합력은 모든 곳에서 그 면에 수직이라는 것을 지지해 준다.

A가 있는 쪽을 향하는 그 면의 법선 CP를 따라 측정된 합력은

$$R = -e\frac{f^2 - a^2}{a}\frac{1}{AP^3} \tag{3}$$

이 된다.

A가 구 안쪽에 있다면 f는 a보다 작고 R는 안쪽을 향해야 한다. 그러므로 이 경우에

$$R = -e\frac{a^2 - f^2}{a}\frac{1}{AP^3} \tag{4}$$

이다.

모든 경우에 대하여

$$R = -e\frac{AD.Ad}{CP}\frac{1}{AP^3} \tag{5}$$

이라고 쓸 수 있다. 여기에서 AD, Ad는 A에서 구와 만나는 선분들이고 이것들의 곱은 모든 경우에 양수로 취급되어야 한다.

158] 이것으로부터 80절의 쿨롱의 정리에 의해 P에서의 면밀도는

$$\sigma = -e \frac{AD.Ad}{4\pi.CP} \frac{1}{AP^3} \tag{6}$$

이 됨을 알 수 있다. 구의 임의의 점에서 전기 밀도는 점 A로부터의 거리의 세제곱에 반비례한다.

이 표면 분포의 효과는, 점 A의 효과와 합쳐져 곡면을 기준으로 점 A와 같은 쪽에서는 A에 e가 있고 B에 그것의 영상 $-e\frac{a}{f}$가 있을 때 만들어내는 것과 동일한 퍼텐셜을 만들어내고, 곡면의 다른 쪽에서는 퍼텐셜이 모든 곳에서 0이 되도록 한다. 그리하여 표면 분포 자체의 효과는, A가 있는 편에서는 B에 영상 $-e\frac{a}{f}$가 있어서 생기는 것과 동일한 퍼텐셜을 만들고, 반대편에서는 A에 e가 있을 때 퍼텐셜과 크기가 같고 부호가 반대인 퍼텐셜을 만들어낸다.

구면 위의 전체 전하는 분명히 $-e\frac{a}{f}$이다. 왜냐하면 그것이 B에 있는 영상의 전하와 동일하기 때문이다.

그러므로 우리는 구면에 대한 어떤 전기 분포의 작용에 관련한 정리, 즉 "면밀도는 점 A가 구의 안에 있건 밖에 있건 점 A로부터의 거리의 세제곱에 반비례한다"에 도달했다.

그 밀도가 등식

$$\sigma = \frac{C}{AP^3} \tag{7}$$

에 의해 주어진다고 하자. 여기에서 C는 일정한 양이다. 그러면 식 (6)에 의해서

$$C = -e \frac{AD.Ad}{4\pi a} \tag{8}$$

가 된다.

그 곡면에 의해 A와 분리된 임의의 점에 대한 이러한 표면 분포의 작용은 전기량 $-e$, 즉

$$\frac{4\pi aC}{AD.Ad}$$

이 A에 모여 있을 때의 작용과 동일하다.

그 면에 대하여 A와 같은 편에 있는 임의의 점에 대한 그것의 작용은 A의 영상인 B에 모여 있는 전기량

$$\frac{4\pi Ca^2}{f.AD.Ad}$$

의 작용과 같다.

구 위에 있는 전체 전기량은 A가 구 안에 있으면 첫 번째 양과 같고 A가 구 밖에 있으면 두 번째 양과 같다.

이 명제들은 구형 도체 위에서 전기 분포에 관련한 W. 톰슨의 원래의 기하학적 탐구에 의해 확증되었다. 연구자들은 그것을 참조하기 바란다.

159] 접지되어 퍼텐셜이 0으로 유지되는 반지름 a의 도체 구의 근처에 전기 분포가 알려져 있는 계가 놓여 있다면, 계의 몇 부분에서 기인한 전기화가 중첩될 것이다.

A_1, A_2,...가 전기화된 계의 점들이라 하고 f_1, f_2,...를 구의 중심으로부터 그 점들까지의 거리, e_1, e_2,...를 그것들의 전하라고 하면, 이 점들의 영상 B_1, B_2,...는 점들 자체와 같은 반지름 위에 구의 중심으로부터 거리 $\dfrac{a^2}{f_1}$, $\dfrac{a^2}{f_2}$,... 에 있게 될 것이고 그 전하는

$$-e_1\frac{a}{f_1},\ -e_2\frac{a}{f_2},...$$

가 될 것이다.

표면 전기화 때문에 구의 바깥 면에 생기는 퍼텐셜은 영상 B_1, B_2,...의 계에 의해 만들어질 것과 똑같을 것이다. 그러므로 이 계는 계 A_1, A_2,...의 전기 영상이라고 부른다.

구가 퍼텐셜 0에 있지 않고 V에 있다면, 바깥면에 균일한 면밀도

$$\sigma = \frac{V}{4\pi a}$$

를 갖는 전기 분포를 중첩해야 한다. 구의 바깥에 있는 모든 점에서의

이 효과는 그 중심에 놓인 전기량 Va의 효과와 동일할 것이고 구의 안쪽의 모든 점에서의 퍼텐셜은 단지 V만큼 증가하게 될 것이다.

영향을 미치는 점 A_1, A_2,...의 외부계 때문에 구에 생기는 전체 전하는

$$E = Va - e_1\frac{a}{f_1} - e_2\frac{a}{f_3} - \dots \tag{9}$$

이다. 전하 E 또는 퍼텐셜 V는 다른 것이 주어질 때 이것으로부터 계산될 수 있다.

이미 앞에서 모든 폐곡면과 관련하여 그 안에 있는 점들에 대하여 앞서 입증했듯이, 전기화된 계가 구면 안에서 있을 때 구면 위에 유도되는 전하는, 유도하는 전하와 양이 같고 부호가 반대이다.

160][3] 구의 중심에서 반지름 a보다 큰 거리 f에 있는 전기화된 점 e

---

3) 〔본문에 있는 논의는 그 문제가 86절의 예제로 간주되면 더 쉽게 이해될 것이다. 그러면 전기화된 점으로 기술되는 것이 반지름이 b이고 퍼텐셜이 v인 진짜 작은 구형 도체라고 가정하자. 그러면 우리는 두 개의 구라는 특수한 문제를 만나게 된다. 그것의 하나의 해가 이미 146절에서 주어졌고 또 하나의 해는 173절에서 주어질 것이다. 그러나 우리가 당면한 경우에서 반지름 b는 매우 작아서 작은 도체의 전기가 그 표면에 고르게 분포되어 있고 첫 번째 작은 도체의 전기 영상을 제외한 모든 영상은 무시되는 것으로 생각할 수 있다. 구 위의 전하 E가 주어지므로 그 영상에서의 전하 $-ea/f$에 추가하여 구의 중심에 ea/f의 전하를 가져야 한다.

그리하여
$$V = \frac{E}{a} + \frac{e}{f}$$

$$v = \frac{E + e\dfrac{a}{f}}{f} - \frac{ea}{f^2 - a^2} + \frac{e}{b}$$

를 얻게 된다. 그러므로 계의 에너지는 85절에서

$$\frac{E^2}{2a} + \frac{Ee}{f} + \frac{e^2}{2}\left(\frac{1}{b} - \frac{a^3}{f^2(f^2 - a^2)}\right)$$

이다.

위의 등식들에 의해 에너지를 퍼텐셜에 의해 표현할 수 있다. 같은 차수의 근사에 따라 그것은

$$\frac{aV^2}{2} - \frac{ab}{f}Vv + \frac{1}{2}\left(b + \frac{ab^2}{f^2 - a^2}\right)v^3$$

이 된다〕—니벤.

와 그 전기화된 점과 구의 전하의 영향으로 유도된 구면의 전기화 사이의 상호작용에서 생기는 에너지는

$$M = \frac{Ee}{f} - \frac{1}{2}\frac{e^2 a^3}{f^2(f^2 - a^2)} \tag{10}$$

이고 V는 퍼텐셜이고 E는 구의 전하이다.

그러므로 전기화된 점과 구 사이의 척력은 92절에 의해

$$\begin{aligned}F &= ea\left(\frac{V}{f^2} - \frac{ef}{(f^2 - a^2)^2}\right) \\ &= \frac{e}{f^2}\left(E - e\frac{a^3(2f^2 - a^2)}{f(f^2 - a^2)^2}\right)\end{aligned} \tag{11}$$

로 표현된다.

그러므로 그 점과 그 구 사이의 힘은 다음 경우에 항상 인력이다.

(1) 구가 절연되어 있지 않을 때

(2) 구에 전하가 없을 때

(3) 전기화된 점이 구에 매우 가까울 때

힘이 척력이 되도록 하기 위해 구의 퍼텐셜은 양이어야 하고 $e\dfrac{f^3}{(f^2 - a^2)^2}$ 보다 커야 한다. 그리고 그 구의 전하는 e와 같은 부호이어야 하고 $e\dfrac{a^3(2f^2 - a^2)}{f(f^2 - a^2)^2}$ 보다 커야 한다.

평형점에서 평형은 불안정해서 물체가 더 가까울 때 인력이 되고 멀어지면 척력이 된다.

전기화된 점이 구면 안에 있을 때 전기화된 점 위에 미치는 힘은 항상 구의 중심에서 멀어지는 방향이고

$$\frac{e^2 af}{(a^2 - f^2)^2}$$

와 같다.

전기화된 점이 구 밖에 있을 때 그 점에 가장 가까운 구의 점에서의

면밀도는

$$\sigma_1 = \frac{1}{4\pi a^2}\left\{Va - e\,\frac{a(f+a)}{(f-a)^2}\right\}$$

$$= \frac{1}{4\pi a^2}\left\{E - e\,\frac{a^2(3f-a)}{f(f-a)^2}\right\} \tag{12}$$

가 되고 전기화된 점에서 가장 먼 구의 점에서의 면밀도는

$$\sigma = \frac{1}{4\pi a^2}\left\{Va - e\,\frac{a(f-a)}{(f+a)^2}\right\}$$

$$= \frac{1}{4\pi a^2}\left\{E + e\,\frac{a^2(3f+a)}{f(f+a)^2}\right\} \tag{13}$$

이다.

구의 전하 E가

$$e\,\frac{a^2(3f-a)}{f(f-a)^2} \quad \text{와} \quad -e\,\frac{a^2(3f+a)}{f(f+a)^2}$$

사이에 놓여 있을 때, 전기화는 전기화된 점 근처에서는 음의 부호이고 반대편에서는 양의 부호이다. 표면의 양으로 대전된 부분과 음으로 대전된 부분 사이에는 원형의 분할선이 있을 것이다. 이 선은 평형선일 것이다.

만약 $$E = ea\left(\frac{1}{\sqrt{f^2-a^2}} - \frac{1}{f}\right) \tag{14}$$

이면 평형선에서 구와 만나는 등퍼텐셜면은 중심이 전기화된 점이고 반지름이 $\sqrt{f^2-a^2}$ 인 구이다.

이러한 경우에 속하는 역선과 등퍼텐셜면은 이 권의 끝에 있는 그림 IV에 나와 있다.

무한 도체 평면에서의 영상

161] 156절에서 전기화된 두 점 A와 B가 반대 부호, 같은 크기의 전하로 전기화되어 있다면, 퍼텐셜이 0인 곡면은 A와 B에서 같은 거리의 모든 점, 곧 평면이 될 것이다.

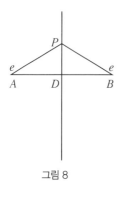

그림 8

그래서 A가 전하 e를 갖는 전기화된 점이라 하고 AD가 평면에 수직이라면, AD를 연장해 $DB=AD$가 되도록 B를 찍는다. 그리고 B에 $-e$의 전하를 놓으면 B에 있는 이 전하가 A의 영상이 될 것이고 평면에 대하여 A와 같은 편에 있는 모든 점에서 평면과 동등한 효과를 만들어낼 것이다. 왜냐하면 A와 B 때문에 A 편에 생기는 퍼텐셜은 A를 제외한 모든 점에서 $\nabla^2 V=0$, 평면에서는 $V=0$이라는 조건을 만족하고 이 조건을 충족하는 단 하나의 형태의 V만 있기 때문이다.

평면의 점 P에서 합력을 결정하기 위해 우리는 그것이 $\dfrac{e}{AP^2}$와 같은 크기를 갖는 두 힘, AP 방향으로 작용하는 힘과 BP 방향으로 작용하는 힘의 합력임을 이용한다. 그러므로 이 힘들의 합력은 AB와 평행한 방향이고 그 크기는

$$\frac{e}{AP^2}\frac{AB}{AP}$$

이다. 그러므로 면으로부터 A가 놓여 있는 공간을 향하여 측정된 합력 R는

$$R=-\frac{2eAD}{AP^3} \tag{15}$$

이고 점 P에서의 밀도는

$$\sigma=-\frac{eAD}{2\pi AP^3} \tag{16}$$

로 주어진다.

전기 반전에 관하여

162] 전기 영상법에서 우리는 이미 해를 알고 있는 전기 문제로부터 해를 갖는 다른 문제들을 얼마든지 유도할 수 있는 변환의 방법을 얻게 된다.

반지름 R인 구의 중심에서의 거리가 r인 점의 영상은 원래의 점과 같은 반지름 위에 중심에서의 거리가 r'인 곳에 있으면서 $rr'=R^2$의 관계를 충족시킨다.[4] 그러므로 점, 선, 면으로 이루어진 계의 영상은 순수 기하학에서 반전법(method of inversion)으로 알려진 방법에 의해 원래의 계로부터 얻어진다. 이 방법은 샤슬[5]과 샐몬[6] 등의 수학자들이 기술한 방법이다.

A와 B가 두 점이고 A'과 B'이 그 영상이고 O가 반전의 중심이고 R가

---

4) 이때 반지름이 R인 구를 반전구라고 부른다—옮긴이.

5) 프랑스의 수학자인 샤슬(Michel Chasles, 1793~1880)은 1812년에 에콜 폴리테크니크에 입학했다. 샤슬은 1837년에 수학사 저술인 『역사 개요』(*Aperçu historique*)를 집필하여 기하학자와 수학사가로서 명성을 얻기 시작했다. 1841년부터 에콜 폴리테크니크에서 측지학, 천문학, 응용 역학을 가르쳤고 1846년에 소르본 대학에서 고급 기하학 자리가 그를 위해 만들어져 그 자리에 죽기까지 머물렀다. 그는 1865년에 런던 왕립학회의 코플리 메달(Copley Medal)을 순수 기하학에 기여한 공로로 받았다. 사영 기하학의 기초를 놓았으며 그의 교과서 『고급 기하학론』(*Traité de geometrie superieure*) 등은 독일, 프랑스, 영국, 독일에서 널리 사용되어 큰 영향을 미쳤다—옮긴이.

6) 아일랜드 출신의 수학자이자 신학자인 샐몬(George Salmon, 1819~1904)은 1833년에 더블린의 트리니티 칼리지에 들어갔다. 그는 수학과 고전을 공부했고 1838년에 수학으로 학위를 받고 1841년에 펠로가 되었으며 1866년에 신학 레기우스 교수가 되었다. 1888년에 출판된 그의 교회의 무오성에 대한 강의는 로마 가톨릭의 교의에 대항한 프로테스탄트의 원리에 대`한 옹호였다. 그는 25년간 수학을 강의했으며 그중에 40여 편의 수학 논문을 썼다. 그는 신학자로서도 명성을 얻었다. 그는 케일리와 실베스터, 헤르미테와 크렙시의 대수 이론에 관심을 가졌고 곧 그들과 어깨를 나란히 했다. 그가 1848년에서 1862년까지 집필한 고급 수학 교과서 네 권은 널리 읽혔다. 그는 케일리와 함께 정육면체 위의 27개의 직선을 발견했고 공간상의 대수 곡선을 분류했으며 조건에 제한받는 곡면의 족에 관한 연구, 대수 방정식의 반복되는 근을 위한 조건 등의 연구가 유명하다—옮긴이.

반전구의 반지름이라면,

$$OA.OA' = R^2 = OB.OB'$$

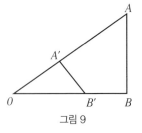

그림 9

이 성립한다. 그러므로 삼각형 OAB와
$OB'A'$이 닮음이고

$$AB : A'B' = OB : OB' = OA.OB : R^2$$

이 성립한다.

전기량 e가 A에 놓여 있다면, B에서의 퍼텐셜은 $V = \dfrac{e}{AB}$ 일 것이다.

e'이 A'에 놓여 있다면, B'에서의 퍼텐셜은

$$V' = \frac{e'}{A'B'}$$

일 것이다.

전기 영상의 이론에서

$$e : e' = OA : R = R : OA'$$

이므로

$$V : V' = R : OB \qquad\qquad (17)$$

이다. 즉, A에 있는 전기 때문에 B에서 생기는 퍼텐셜 대(對) A의 전기 영상 때문에 B의 영상에서 생기는 퍼텐셜은 R 대 OB와 같다.

이 비는 OA가 아니라 OB에만 의존하므로, 전기화된 물체의 계 때문에 B에서 생기는 퍼텐셜 대 그 계의 영상 때문에 B'에서 생기는 퍼텐셜은 R 대 OB와 같다.

중심으로부터 임의의 점 A까지의 거리를 r라고 하고 그 영상 A'까지의 거리를 r'이라고 하자. 또 e가 A의 전기화이자 A'의 전기화라 하고, L, S, K가 각각 A에서의 선 요소, 면 요소, 입체 요소라고 하고 L', S', K'이 A'에서 그것들의 영상이라고 하자. 마찬가지로 $\lambda, \sigma, \rho, \lambda', \sigma', \rho'$을

각각의 두 점에서 선밀도, 면밀도, 체밀도라고 하자. V는 원래의 계 때문에 A에서 생기는 퍼텐셜이고 V'은 반전된 계 때문에 A'에서 생기는 퍼텐셜이라고 하자. 그러면 다음 관계들이 성립한다.

$$\left. \begin{array}{c} \dfrac{r'}{r} = \dfrac{L'}{L} = \dfrac{R^2}{r^2} = \dfrac{r'^2}{R^2},\ \dfrac{S'}{S} = \dfrac{R^4}{r^4} = \dfrac{r'^4}{R^4},\ \dfrac{K'}{K} = \dfrac{R^6}{r^6} = \dfrac{r'^6}{R^6} \\[2ex] \dfrac{e'}{e} = \dfrac{R}{r} = \dfrac{r'}{R},\ \dfrac{\lambda'}{\lambda} = \dfrac{r}{R} = \dfrac{R}{r'}, \\[2ex] \dfrac{\sigma'}{\sigma} = \dfrac{r^3}{R^3} = \dfrac{R^3}{r'^3},\ \dfrac{\rho'}{\rho} = \dfrac{r^5}{R^5} = \dfrac{R^5}{r'^5} \\[2ex] \dfrac{V'}{V} = \dfrac{r}{R} = \dfrac{R}{r'} \end{array} \right\} \quad (18)^{7)}$$

원래의 계에서 어떤 곡면이 도체의 표면이고 그에 따라 일정한 퍼텐셜 P를 갖는다면 변환된 계에서 표면의 영상은 퍼텐셜 $P\dfrac{R}{r}$ 를 가질 것이다. 그러나 반전의 중심 O에 $-PR$과 같은 전하를 놓으면 변환된 표면의 퍼텐셜은 0이 된다.

그러므로 퍼텐셜 P를 갖도록 대전되어 열린 공간 속에 절연되어 있는 도체 위의 전기 분포를 안다면 반전에 의해 도체 위에서의 분포를 알아낼 수 있다. 그 분포의 형태는 반전의 중심에 있는 전하 $-PR$로 전기화된 점의 영향을 받는 접지되어 있는 첫 번째 도체의 영상이다.

163] 다음의 기하학 정리들은 반전의 경우들을 연구하는 데 유용하다.

반전의 중심을 지나지 않는 모든 구는 반전될 때 또 하나의 구가 되고, 만약 반전의 중심을 지나는 구는 반전되어 평면이 된다.

반전의 중심으로부터 구들의 중심까지의 거리를 a와 a'이라고 하고, 구들의 반지름을 a와 a'이라 하자. 이때 반전의 중심에 대한 구의 멱수

---

7) 톰슨과 타이트의 *Natural Philosophy*, §515를 보라.

(power)를 반전의 중심을 지나는 직선으로부터 구가 잘라낸 선분들의 곱8)이라고 정의하면, 첫 번째 구의 멱수는 $a^2-\alpha^2$이고 두 번째 구의 멱수는 $a'^2-\alpha'^2$이 된다. 이 경우에

$$\frac{a'}{a} = \frac{\alpha'}{\alpha} = \frac{R^2}{a^2-\alpha^2} = \frac{a'^2-\alpha'^2}{R^2} \tag{19}$$

이 성립한다. 즉, 첫 번째와 두 번째 구의 중심의 거리의 비는 그것들의 반지름의 비와 같고 첫 번째 구의 멱수에 대한 반전구의 멱수의 비, 또는 반전구의 멱수에 대한 두 번째 구의 멱수의 비와 같다.

하나의 구에 대한 반전의 중심의 영상은 다른 구의 중심의 반점이다.

반전면이 평면이거나 구면일 경우에 평면 위에 있는 반전의 중심에서 그은 수선에 대한 반전의 반지름의 비는 이 반지름에 대한 구의 지름의 비와 같다. 구는 이 수선 위에 중심이 있으며 반전의 중심을 지난다.

모든 원은 반전의 중심을 지나지 않는다면 또 하나의 원으로 반전되고 반전의 중심을 지나면 직선이 된다.

두 구 사이의 각, 또는 교차점에서 두 선 사이의 각은 반전으로도 바뀌지 않는다.

한 점과 한 구에 대한 그 점의 영상을 통과하는 모든 원은 구와 직각으로 만난다.

그러므로 한 점을 통과하고 수직으로 구와 만나는 임의의 원은 그 점의 영상을 통과한다.

164] 어떤 다른 물체에 영향을 받지 않는 절연된 구 위의 균일한 분포로부터 전기화된 점의 영향을 받는 절연되지 않은 구 위의 전기 분포를 유도하는 데 반전의 방법을 응용할 수 있다.

전기화된 점이 A에 있다면, 그것을 반전의 중심으로 삼고 A가 반지름

---

8) '반전의 중심과 구의 중심을 지나는 직선이 있을 때, 반전의 중심에서 직선이 구와 만나는 두 점까지의 거리의 곱'이라고 정의하는 것이 정확해 보인다―옮긴이.

이 a인 구의 중심에서 거리 f만큼 떨어진 곳에 있다면, 반전된 도형은 반지름이 a'이고 중심이 거리 f'에 있는 구가 될 것이다. 그리고 여기에서

$$\frac{a'}{a} = \frac{f'}{f} = \frac{R^2}{f^2 - a^2} \qquad (20)$$

의 관계가 충족된다.

이 구들 중 어느 하나의 중심은 A에 대한 다른 구의 반전점에 해당한다. 즉, C가 첫 번째 구의 중심이고 B가 첫 번째 구의 반전점이라면, C'은 두 번째 구의 반전점이 될 것이고 B'은 두 번째 구의 중심이 될 것이다.

이제 전기량 e'이 두 번째 구에 전달되게 하고 그것이 외부 힘에 영향을 받지 않게 하자. 그것은 면밀도

$$\sigma' = \frac{e'}{4\pi a'^2} \qquad (21)$$

으로 구 위에 고르게 펼쳐질 것이다. 구 밖의 임의의 점에 대한 그것의 작용은 구의 중심 B'에 있는 전하 e'의 작용과 같을 것이다.

구면 위와 그 안에서 퍼텐셜은

$$P' = \frac{e'}{a'} \qquad (22)$$

으로 일정할 것이다.

이제 이 계를 반전시키자. 중심 B'은 반전된 계에서 반점 B가 되고 B'에 있는 전하 e'은 B에 있는 $e'\dfrac{R}{f'}$가 된다. 구면에 의해 B와 분리된 임의의 점에서 퍼텐셜은 B에 있는 이 전하 때문에 생긴 것과 같다.

구면 위, 즉 B와 같은 편의 임의의 점 P에서의 퍼텐셜은 반전된 계에서

$$\frac{e'}{a'} \frac{R}{AP}$$

가 된다.

이제

$$e = -\frac{e'}{a'}R \tag{23}$$

를 만족하는 A에 있는 전하 e를 이 계에 중첩시키면, 구면 위와 B와 같은 편에 있는 모든 점에서의 퍼텐셜은 0이 될 것이다. A와 같은 편에 있는 모든 점의 퍼텐셜은 A에 있는 전하 e와 B에 있는 전하 $e'\frac{R}{f'}$ 때문에 생긴 것이 된다.

그러나 B에 있는 영상의 전하에 대해서는 이전에 확인한 대로

$$e'\frac{R}{f'} = -e\frac{a'}{f'} = -e\frac{a}{f} \tag{24}$$

가 성립한다.

첫 번째 구의 임의의 점에서의 밀도를 알기 위해

$$\sigma = \sigma'\frac{R^3}{AP^3} \tag{25}$$

을 이용한다.

첫 번째 구에 속하는 양에 의해 σ'의 값을 대치하면 158절에서와 같은 값

$$\sigma = \frac{e(f^2 - a^2)}{4\pi a AP^3} \tag{26}$$

을 얻는다.

연속적인 영상의 유한계에 대하여

165] 두 도체 평면이 두 직각의 등분각으로 교차한다면, 전기화를 완전히 결정할 영상의 유한계가 존재할 것이다. 왜 그런지 알아보자.

AOB를 교차선에 대하여 수직인 두 도체 평면의 단면이라 하고 교차각을 $AOB = \frac{\pi}{n}$ 라고 하고 P를 전기화된 점이라고 하자. 그리고 나서 O에 중심이 있고 반지름이 OP인 원을 그리고, OB로 시작해서 두 평면에 대한 P의 연속적인 영상인 점들을 찾는다면, OB에 대한 P의 영상으로 Q_1을 발견할 것이고, OA에 대한 Q_1의 영상으로 P_2를 발견할 것이고,

OB에 대한 P_2의 영상으로 Q_3를 찾고, OA에 대한 Q_3의 영상으로 P_3를 찾을 것이고, OB에 대한 P_3의 영상으로 Q_2를 찾을 것이다.

AOB가 두 직각의 등분각일 때,[9] AO에 대한 P의 영상으로 시작했다면, 역순인 Q_2, P_3, Q_3, P_2, Q_1의 순서로 같은 점이 발견되었을 것이다.

전기화된 점과 하나씩 건너뛴 영상인 P_2, P_3는 $2AOB$와 동일한 각간격으로 원 주위에 배열되어 있고 그 사이사

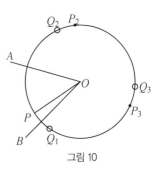

그림 10

이의 영상인 Q_1, Q_2, Q_3는 같은 크기의 간격으로 배열되어 있다. 그러므로 $2AOB$가 2π의 등분각이라면,[10] 유한한 수의 영상이 있을 것이고 이것들 중 어느 것도 각 AOB 안에 오지 않을 것이다. 그러나 AOB가 π의 등분각이 아니라면, 실제 전기화를 한정된 일련의 전기화된 점의 결과로 나타내는 것이 불가능할 것이다.

$AOB = \dfrac{\pi}{n}$라면, P와 크기가 같고 부호가 반대인 n개의 음의 영상 Q_1, Q_2,...가 존재할 것이고 P와 크기가 같고 부호도 같은 $n-1$개의 양의 영상 P_2, P_3,...가 존재할 것이다.

같은 부호의 연속적인 영상 사이의 각은 $\dfrac{2\pi}{n}$이다. 도체면 각각을 대칭면으로 생각하면, 전기화된 점, 양의 영상, 음의 영상이 그 평면에 대하여 대칭적으로 배열되어 모든 양의 영상에 대하여 평면의 같은 법선상에 평면의 반대편 같은 거리에 음의 영상이 있게 된다.[11]

이제 임의의 점에 대하여 이 계를 반전시키면, 두 평면은 두 구 또는 $\dfrac{\pi}{n}$의 각으로 교차하는 하나의 구와 하나의 평면이 된다. 이때 P의 반전점인 유도점 **P**는 이 각 안에 있게 된다.

연속적인 영상들은 **P**를 지나고 두 구와 직각으로 교차하는 원 위에

---

9) $AOB = \dfrac{\pi}{n}$라는 조건과 같다. 물론 n은 정수이다—옮긴이.

10) $AOB = \dfrac{\pi}{n}$라는 조건과 같다. 물론 n은 정수이다—옮긴이.

11) 이때 원래의 점 P는 양의 영상으로 간주해야 한다—옮긴이.

있다.

영상의 위치를 찾기 위해 점과 구 안의 그것의 영상은 같은 반지름 위에 있다는 원리를 이용할 수 있고 영상들이 놓여 있는 원에 대하여 **P**에서 시작해 두 구의 중심을 교대로 통과하도록 원의 연속적인 현을 그릴 수 있다.

각각의 영상에 부여해야 하는 전하를 알기 위해서는 교차원에 임의의 점을 취하고 각각의 영상의 전하가 이 점으로부터의 거리에 비례하고 그 부호는 그것이 첫 번째 계에 속하느냐 두 번째 계에 속하느냐에 따라 양이 되거나 음이 되도록 한다.

166] 이렇게 해서 $\frac{\pi}{n}$ 의 각으로 만나는 두 개의 구면으로 이루어져 있고 퍼텐셜이 0으로 유지되는 도체에 의해 경계가 지워지는 임의의 공간이 한 전기화된 점에 영향을 받을 때 그 영상의 분포를 알게 되었다.

반전에 의해 재진입각 $\frac{\pi}{n}$ 에서 만나는 두 개의 구형 부분으로 이루어진 도체가 퍼텐셜 1로 대전되어 자유 공간에 놓여 있을 경우를 유도할 수 있다.

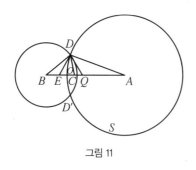

그림 11

이 목적을 위해 평면의 계를 P에 대하여 반전하고 전하의 부호를 바꾼다. 영상들이 이전에 놓여 있었던 원은 이제 구들의 중심을 통과하는 직선이 된다.

그림 11은 중심선 AB를 포함하는 단면을 나타낸다. D, D'은 교차원이 지면(紙面)과 만나는 점들이라면 연속적인 영상들을 찾아내기 위해 첫 번째 원의 반지름 DA를 그리고 DA와 $\frac{\pi}{n}$, $\frac{2\pi}{n}$,...의 각을 이루는 DC, DE,...를 그린다. 그것들이 중심선과 만나는 점들 A, C, E,...는 양의 영상의 위치가 될 것이고 각각의 전하는 D로부터의 거리에 의해 나타내질 것이다. 이 영상 중의 마지막 것은 두 번째 원의 중심에 있을 것이다.

음의 영상을 찾아내기 위해 중심선과 $\frac{\pi}{n}$, $\frac{2\pi}{n}$,...의 각을 이루는 DQ, DR,...를 그리자. 이 선들과 중심선과의 교차점들은 음의 영상의 위치가 될 것이고 각각의 전하는 D로부터의 거리에 의해 표현될 것이다(E와 Q 가 구 A 안의 반전점이라면, 각 ADE, AQD는 같다).

둘 중 어느 구의 임의의 점에서의 면밀도는 영상의 계 때문에 생기는 면밀도의 합이다. 가령, 중심이 A인 구의 임의의 점에서의 면밀도는

$$\sigma = \frac{1}{4\pi DA}\left\{1 + (AD^2 - AB^2)\frac{DB}{BS^3} + (AD^2 - AC^2)\frac{DC}{CS^3} + ...\right\}$$

로 주어진다. 여기에서 A, B, C,...는 양의 영상의 계열이다.

S가 교차원 위에 있을 때 밀도는 0이다.

구면 부분의 하나 위에 있는 전체 전하를 알기 위해서 우리는 각각의 영상 때문에 그 부분에 생기는 유도의 면적분을 알아낼 수 있다.

전하가 DA인 A점에 있는 영상 때문에 중심이 A인 부분 위에 생기는 전체 전하는

$$DA\frac{DA + OA}{2DA} = \frac{1}{2}(DA + OA)$$

이다. 여기에서 O는 교차원의 중심이다.

같은 방식으로 B에 있는 영상 때문에 같은 부분 위에 생기는 전하는 $\frac{1}{2}(DB + OB)$이고 다른 점에 대해서도 같은 방식으로 말할 수 있다. 여기에서 OB처럼 O에서 왼쪽으로 그려지는 선들은 음으로 간주된다.

그리하여 A에 중심을 갖는 구의 부분 위에 있는 전체 전하는

$$\frac{1}{2}(DA + DB + DC + ...) + \frac{1}{2}(OA + OB + OC + ...)$$

$$-\frac{1}{2}(DP + DQ + ...) - \frac{1}{2}(OP + OQ + ...)$$

이다.

167] 전기 영상의 방법은 두 직각의 등분각으로 서로 교차하는 평면이나 구면으로 경계 지워지는 임의의 공간에 적용될 수 있다.

그러한 구면의 계가 존재하기 위해 그 도형의 모든 입체각은 삼면각이어야 하는데 그 각 중 둘은 직각이어야 하며 나머지 하나는 직각 또는 두 직각의 등분각이어야 한다.

그리하여 영상의 수가 유한한 경우들은 다음과 같다.

(1) 단일한 구면이나 평면

(2) 두 평면이거나 하나의 구와 평면이거나 각 $\frac{\pi}{n}$로 교차하는 두 구

(3) 이 두 면과 그것들과 수직으로 만나는 제3의 면. 이 면은 평면이나 구면일 수 있다.

(4) 이 세 면 중 처음 둘과는 수직으로 만나고 세 번째 것과는 각 $\frac{\pi}{n'}$로 만나는 제4의 평면이나 구면과 이 세 면.

이미 우리는 첫 번째와 두 번째 경우는 살펴보았다. 첫 번째 경우는 단일한 영상이 나온다. 두 번째 경우에서는 유도점을 통과하고 두 면에 수직인 원 위에 두 계열로 배열되는 $2n-1$개의 영상이 나온다. 세 번째 경우에서는 이 영상들과 유도점 외에도 제3의 곡면에 대한 영상들이 있어 유도점을 제외하고 모두 $4n-1$개의 영상이 나온다.

네 번째의 경우는 먼저 유도점을 지나는 원을 첫 번째 두 면에 수직으로 그리고 그 위에서 n개의 음의 영상과 $n-1$개의 양의 영상의 위치와 크기를 결정한다. 그리고 나서 유도점을 포함해서 이 $2n$개의 점 각각을 지나면서 세 번째와 네 번째 면에 수직이 되도록 원을 그리고 그 위에서 두 계열의 영상, 계열마다 n'개의 영상을 결정한다. 이런 식으로 유도점을 제외하고 $2nn'-1$개의 양의 영상과 $2nn'$개의 음의 영상을 얻는다. 이 $4nn'$개의 점들은 하나의 사이클라이드(cyclide)[12)]의 두 계의 곡률선에

---

12) 사이클라이드는 4차 곡면의 일종으로서 두 개의 1-매개변수 구 족(family of spheres)을 둘러싸는 한 쌍의 공초점 원추곡면으로서 그 위의 곡률선들이 모두 직선이거나 원호이어야 한다. 원환체(토러스, torus)가 대표적인 사이클라이드이다. 자세한 것은 U. Pinkall, "Cyclides of Dupin," in *Mathematical Models from the Collections of Universities and Museums*, G. Fischer ed.(Braunschweig: Vieweg, 1986), pp.28~30을 참조할 것 — 옮긴이.

속하는 원들의 교차점들이다.

이 점들의 각각이 적절한 전기량으로 대전되어 있다면 퍼텐셜이 0인 면은 $n+n'$개의 구로 이루어져 있을 것이다. 이것들은 두 무리의 구를 형성할 것인데 그중 첫 번째 무리의 연속적인 구들은 $\dfrac{\pi}{n}$의 각으로 교차하고 두 번째 무리의 연속적인 구들은 $\dfrac{\pi}{n'}$의 각으로 교차하는 한편, 첫 번째 무리의 모든 구들은 두 번째 무리의 모든 구와 수직을 이룬다.

수직으로 만나는 두 구의 경우(이 권 뒤의 그림 IV를 볼 것)

168] 그림 12에서 D와 D'을 지나는 원에서 서로 수직으로 만나는 두 구의 중심을 A, B라 하고 직선 DD'이 C에서 중심선과 만난다고 하자. 그러면 C는 구 B에 대한 A의

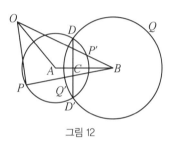

그림 12

영상이 되고 또한 구 A에 대한 B의 영상도 된다. 만약 $AD = \alpha$, $BD = \beta$ 라면 $AB = \sqrt{\alpha^2 + \beta^2}$ 이고 A, B, C에 α, β, $-\dfrac{\alpha\beta}{\sqrt{\alpha^2+\beta^2}}$ 와 같은 전기량을 갖는 전하를 놓으면, 두 구는 퍼텐셜이 1인 등퍼텐셜면일 것이다.

그러므로 이 계로부터 다음 경우들에서 전기 분포를 결정할 수 있다.

(1) 두 구면의 더 큰 부분으로 이루어진 도체 $PDQD'$ 위에서. 그것의 퍼텐셜은 1이고 그것의 전하는

$$\alpha + \beta - \frac{\alpha\beta}{\sqrt{\alpha^2+\beta^2}} = AD + BD - CD$$

이다.

그러므로 이 양은 다른 물체의 유도 작용에서 자유로울 때, 그러한 도형의 용량을 나타낸다.

중심이 A에 있는 구의 임의의 점 P에서의 밀도와 중심이 B에 있는 임의의 점 Q에서의 밀도는 각각

$$\frac{1}{4\pi\alpha}\left(1-(\frac{\beta}{BP})^3\right) \text{와} \quad \frac{1}{4\pi\beta}\left(1-(\frac{\alpha}{AQ})^3\right)$$

이다. 교차원 위에서 밀도는 0이다.

구 중 하나가 다른 것에 비해서 훨씬 더 크다면, 작은 구의 꼭대기에서의 밀도는 결국 큰 구의 꼭대기에서의 밀도의 세 배이다.

(2) 구면의 더 작은 두 부분으로 이루어진 렌즈 모양 $P'DQ'D'$ 위에서. 그것은 전하 $-\dfrac{\alpha\beta}{\sqrt{\alpha^2+\beta^2}}$ 로 대전되어 있고 α와 β로 대전되어 퍼텐셜 1을 갖는 점 A와 B의 작용을 받는다. 임의의 점에서의 밀도는 동일한 식에 의해 표현된다.

(3) 시계 뚜껑 모양의 $DPD'Q'$ 위에서. 그것은 전하 α로 대전되어 있고 각각 β와 $\dfrac{-\alpha\beta}{\sqrt{\alpha^2+\beta^2}}$ 로 대전된 점 B와 C의 작용을 받는다. 또한 그것은 퍼텐셜 1에서 평형 상태에 있다.

(4) 또 하나의 두꺼운 시계 뚜껑 모양의 $QDP'D'$ 위에서. 그것은 β로 대전되어 있고 A와 C의 작용을 받는다.

또한 다음 내부면들 위에서 전기 분포를 유도할 수 있다.

원 DD'의 중심에 있는 내부의 전기화된 점 C의 영향하에 있는 속이 빈 렌즈 모양인 $P'DQ'D'$.

오목한 면의 중앙에 있는 점의 영향하에 있는 속이 빈 시계 뚜껑 모양.

세 점 A, B, C의 영향하에 있는 두 개의 구의 두 개의 큰 부분으로 이루어진 속이 빈 입체.

그러나 우리는 이러한 경우들의 해를 찾아내는 대신에 전기 영상의 원리를 단위 전기로 대전된 O점의 작용에 의해 도체 $PDQD'$의 외부면의 점 P에 유도된 전기 밀도를 결정하기 위해 적용할 것이다.

$$OA = a, \ OB = b, \ OP = r, \ BP = p$$

$$AD = \alpha, \ BD = \beta, \ AB = \sqrt{\alpha^2+\beta^2}$$

라 하자.

계를 반지름 1과 중심 O의 구에 대하여 반전시키자.

두 구는 서로 직교하는 구로 남아 있을 것이고 A와 B와 같은 반지름 위에 중심을 가질 것이다. 프라임을 붙여 반전된 계의 해당 양을 나타내면,

$$a' = \frac{a}{a^2 - \alpha^2}, \; b' = \frac{b}{b^2 - \beta^2}, \; \alpha' = \frac{\alpha}{a^2 - \alpha^2}, \; \beta' = \frac{\beta}{b^2 - \beta^2}$$

$$r' = \frac{1}{r}, \; p'^2 = \frac{\beta^2 r^2 + (b^2 - \beta^2)(p^2 - \beta^2)}{r^2 (b^2 - \beta^2)^2}$$

이 된다.

만약 반전된 계에서 구의 퍼텐셜이 1이라면 점 P'에서의 밀도는

$$\sigma' = \frac{1}{4\pi\alpha'}\left(1 - \left(\frac{\beta'}{p'}\right)^3\right)$$

이다.

원래의 계에서 P에서의 밀도가 σ라면,

$$\frac{\sigma}{\sigma'} = \frac{1}{r^3}$$

이고 퍼텐셜은 $\frac{1}{r}$이다. O에 크기가 1인 음의 전하를 놓음으로써 퍼텐셜은 원래의 표면에서 0이 될 것이고 P에서의 밀도는

$$\sigma = \frac{1}{4\pi} \frac{a^2 - \alpha^2}{\alpha r^3}\left(1 - \frac{\beta^3 r^3}{(\beta^2 r^2 + (b^2 - \beta^2)(p^2 - \beta^2))^{\frac{3}{2}}}\right)$$

이다.

이것이 O에 있는 전하 때문에 구의 부분 중 하나 위에 생기는 전기 분포이다. 다른 구의 부분에 있는 분포는 a와 b, α와 β를 교환하고 p 대신에 q 또는 AQ로 대치함으로써 얻어진다.

O에 있는 전기화된 점에 의해 도체에 유도되는 전체 전하를 알아내

기 위해서 반전된 계를 살펴보자.

반전된 계에서 A'에는 전하 α'이 있고 B'에는 전하 β'이 있고, 선분 $A'B'$에 있는 점 C'에는 음전하 $\dfrac{\alpha'\beta'}{\sqrt{\alpha'^2+\beta'^2}}$이 있어서 다음 조건

$$A'C' : C'B' = \alpha'^2 : \beta'^2$$

을 만족한다.

만약 $OA' = a'$, $OB' = b'$, $OC' = c'$이라면,

$$c'^2 = \frac{a'^2\beta'^2 + b'^2\alpha'^2 - \alpha'^2\beta'^2}{\alpha'^2+\beta'^2}$$

임을 알게 된다.

이 계를 반전시키면 전하는

$$\frac{\alpha'}{a'} = \frac{\alpha}{a}, \quad \frac{\beta'}{b'} = \frac{\beta}{b}$$

가 되고

$$-\frac{\alpha'\beta'}{\sqrt{\alpha'^2+\beta'^2}}\frac{1}{c'} = -\frac{\alpha\beta}{\sqrt{a^2\beta^2+b^2\alpha^2-\alpha^2\beta^2}}$$

를 만족한다.

그리하여 O에 있는 음의 전하의 단위 때문에 도체 위에 유도되는 전체 전하는

$$\frac{a}{\alpha} + \frac{\beta}{b} - \frac{\alpha\beta}{\sqrt{a^2\beta^2+b^2\alpha^2-\alpha^2\beta^2}}$$

이다.

직교하는 세 구면 위의 전기 분포

169] 구들의 반지름을 α, β, γ라고 하면

$$BC = \sqrt{\beta^2+\gamma^2}, \; CA = \sqrt{\gamma^2+\alpha^2}, \; AB = \sqrt{\alpha^2+\beta^2}$$

이다. 그림 13의 PQR가 ABC에서 삼각형의 대변에 내린 수선의 발이라고 하고 O가 수선들의 교점이라고 하자.

그때 P가 구 γ 안에 있는 B의
영상이고 동시에 구 β_1 안의 C의
영상이기도 하다. 또한 O는 구 α
안의 P의 영상이다.

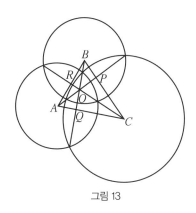

그림 13

전하 α, β, γ는 A, B, C에 놓여
있다고 하자.

그러면 P에 놓여 있는 전하는

$$-\frac{\beta\gamma}{\sqrt{\beta^2+\gamma^2}} = -\frac{1}{\sqrt{\dfrac{1}{\beta^2}+\dfrac{1}{\gamma^2}}}$$

이다.

또한 $AP = \dfrac{\sqrt{\beta^2\gamma^2+\gamma^2\alpha^2+\alpha^2\beta^2}}{\beta^2+\gamma^2}$ 이므로 P의 영상으로 생각되는
O에 있는 전하는

$$\frac{\alpha\beta\gamma}{\sqrt{\beta^2\gamma^2+\gamma^2\alpha^2+\alpha^2\beta^2}} = \frac{1}{\sqrt{\dfrac{1}{\alpha^2}+\dfrac{1}{\beta^2}+\dfrac{1}{\gamma^2}}}$$

이다.

같은 방식으로 직교하는 1의 퍼텐셜을 갖는 네 구면과 전기적으로 동
등한 영상의 계를 알아낼 수 있다.

네 번째 구의 반지름이 δ이고 이 구의 중심에 있는 전하를 δ가 되게
하면 임의의 두 구, 말하자면 α와 β의 중심선의 교점에 있는 전하는

$$-\frac{1}{\sqrt{\dfrac{1}{\alpha^2}+\dfrac{1}{\beta^2}}}$$

이다.

중심 D에서 세 중심의 평면 ABC에 그은 수선의 교점에서의 전하는

$$+ \cfrac{1}{\sqrt{\cfrac{1}{\alpha^2} + \cfrac{1}{\beta^2} + \cfrac{1}{\gamma^2}}}$$

이고 네 개의 수선의 교점에서의 전하는

$$- \cfrac{1}{\sqrt{\cfrac{1}{\alpha^2} + \cfrac{1}{\beta^2} + \cfrac{1}{\gamma^2} + \cfrac{1}{\delta^2}}}$$

이다.

전기화된 단위점의 작용을 받는, 0의 퍼텐셜에 있는 직교하는 네 개의 구의 계

170] 네 개의 구를 A, B, C, D라고 하고 전기화된 점을 O라 하자. 네 개의 구 A_1, B_1, C_1, D_1을 그리되 그중의 하나인 A_1이 O를 지나고 세 구 B, C, D와 직교하도록 그려준다. 여섯 개의 구 $(ab), (ac), (ad), (bc),$ $(bd), (cd)$를 그리되 각각이 O를 지나고 원래의 구 중 둘의 교차원을 지나도록 그려준다.

세 개의 구 B_1, C_1, D_1은 O 이외의 다른 점에서 교차할 것이다. 이 점을 A'이라고 부르고 B', C', D'이 각각 C_1, D_1, A_1의 교점, D_1, A_1, B_1의 교점, A_1, B_1, C_1의 교점이라고 하자. 이 구들 중 어떤 둘, 가령 A_1, B_1은 점 $(a'b')$에서 여섯 개의 구 중 하나 (cd)와 교차할 것이다. 그런 점들이 여섯 개가 있을 것이다.

구 중 어떤 하나 가령, A_1은 점 a'에서 여섯 개의 구 중 셋인 $(ab),$ $(ac), (ad)$와 교차할 것이다. 그런 점이 네 개가 있을 것이다. 마지막으로 여섯 개의 구 $(ab), (ac), (ad), (cd), (db), (bc)$는 O에 추가하여 한 점 S에서 만날 것이다.

이제 반지름이 1이고 중심이 O에 있는 구에 대하여 이 계를 반전시키면 네 개의 구 A, B, C, D는 구로 반전될 것이고 나머지 10개의 구는 평면이 될 것이다. 교차점 중에서 첫 번째 넷인 A', B', C', D'은 구의 중심이 될 것이고 나머지들은 위에서 기술된 다른 11개의 점에 해당할 것이다. 이 15개의 점들은 네 개의 구의 계에서 O의 영상을 형성할 것이다.

구 A 안에 있는 O의 영상인 점 A'에 O의 영상과 같은 전하, 즉 $-\dfrac{\alpha}{a}$ 를 놓아야 한다. 여기에서 α는 구 A의 반지름이고 a는 O로부터 그 중심까지의 거리이다. 같은 방식으로 적절한 전하를 B', C', D'에 놓아야 한다.

다른 11개의 점 중 어떤 것의 전하는 α, β, γ, δ를 α', β', γ', δ'으로 대치하고 각 점의 결과를 O로부터 그 점까지의 거리로 곱함으로써 앞 절에 있는 식으로부터 알아낼 수 있다. 여기에서

$$\alpha'=-\frac{\alpha}{a^2-\alpha^2},\ \beta'=-\frac{\beta}{b^2-\beta^2},\ \gamma'=-\frac{\gamma}{c^2-\gamma^2},\ \delta'=-\frac{\delta}{d^2-\delta^2}$$

이다.

〔우리는 169, 170절에서 논의된 경우를 다음과 같이 취급할 수도 있다. 직교하는 세 개의 좌표 평면을 취하고 8개의 점 $\left(\pm\dfrac{1}{2\alpha},\ \pm\dfrac{1}{2\beta},\ \pm\dfrac{1}{2\gamma}\right)$의 계에 전하 $\pm e$를 놓되 하나 또는 세 개의 음의 좌표를 갖는 점에는 음의 전하를 놓자. 그러면 좌표 평면은 퍼텐셜이 0이 되는 것이 확실하다. 이제 임의의 점에 대하여 반전시키면 하나의 전기화된 점의 영향을 받는 직교하는 세 구의 경우를 얻게 된다. 전기화된 점 하나에 대하여 반전시키면, 서로 직교하며 자유롭게 대전된, 반지름 α, β, γ의 세 개의 구 형태의 도체의 경우를 위한 해를 알게 된다.

위의 전기화된 계의 경우에다 원점에 중심을 갖는 구 안의 영상을 추가하면, 세 개의 좌표 평면에 추가하여 구의 표면이 퍼텐셜 0인 면의 부분을 형성함을 알 수 있다.〕

교차하지 않는 두 개의 구

171] 공간이 교차하지 않는 두 개의 구면으로 경계 지워져 있을 때, 이 공간 안에 있는 유도점의 연속적인 영상들은 두 무한 계열을 형성한다. 그것들 중 어느 것도 구면 사이에 있지 않다. 따라서 전기 영상의 방법이 적용되기 위한 조건을 충족시킨다.

교차하지 않는 임의의 두 구는, 구들의 두 개의 공통 반점 중 하나를 반전점(point of inversion)으로 가정하면 두 개의 동심구로 반전될 수 있다.

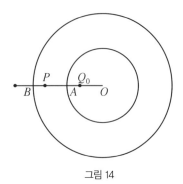

그림 14

그러므로 두 개의 절연되지 않은 동심 구면이 두 구면 사이에 놓인 전기화된 점 P의 유도를 받는 경우로 시작하자.

첫 번째 구의 반지름을 b라 하고 두 번째 구의 반지름을 be^{ϖ}라 하자. 중심에서부터 유도점까지의 거리를 $r=be^u$라 하자.

그러면 모든 연속적인 영상들은 유도점과 같은 반지름 위에 있을 것이다.

그림 14의 Q_0가 첫 번째 구 안에 있는 P의 영상이라고 하고 이 두 번째 구 안에 있는 Q_0의 영상이라 하고, Q_1이 첫 번째 구 안에 있는 P_1의 영상이라 하자. 계속 이런 식으로 나간다. 그러면 $OP_s . OQ_s = b^2$

이고

$$OP_s . OQ_{s-1} = b^2 e^{2\varpi}$$

이다. 또한

$$OQ_0 = be^{-u}$$
$$OP_1 = be^{u+2\varpi}$$
$$OQ_1 = be^{-(u+2)\varpi} \cdots$$

그러므로
$$OP_s = be^{(u+2s\varpi)}$$
$$OQ_s = be^{-(u+2s\varpi)}$$

이다.

P의 전하를 P라고 부르고 P_s의 전하는 P_s라고 부르면,

$$P_s = Pe^{\varpi}, \; Q_s = -Pe^{-(u+s\varpi)}$$

이다.

다음에 Q'_1이 두 번째 구에 있는 P의 영상이라 하고 P'_1이 첫 번째 구에 있는 Q'_1의 영상이라 하고, 계속 이런 식으로 불러 나가면

$$OQ'_1 = be^{2\varpi - u}, \; OP'_1 = be^{u - 2\varpi}$$
$$OQ'_2 = be^{4\varpi - u}, \; OP'_2 = be^{u - 4\varpi}$$
$$OQ'_s = be^{2s\varpi - u}, \; OP'_s = be^{u - 2s\varpi}$$
$$Q'_s = -Pe^{s\varpi - u}, \; P'_s = Pe^{-s\varpi}$$

이 된다.

이 영상들 중에서 P는 모두 양이고 Q는 모두 음이다. P와 Q는 모두 첫 번째 구에 속하고 P'과 Q'은 모두 두 번째 구에 속한다.

첫 번째 구 안의 영상들은 수렴하는 두 수열을 형성하고 그것의 합은

$$-P\frac{e^{\varpi - u} - 1}{e^{\varpi} - 1}$$

이다.

그러므로 이것은 첫 번째 또는 안쪽 구 위의 전기량이다. 두 번째 구 밖의 영상들은 두 개의 발산하는 수열을 형성할 것이고 구면에 대한 각각의 면적분은 0이 된다. 그러므로 외부 구면 위의 전하량은

$$P\left(\frac{e^{\varpi - u} - 1}{e^{\varpi} - 1} - 1\right) = -P\frac{e^{\varpi} - e^{\varpi - u}}{e^{\varpi} - 1}$$

가 된다.

이 식을 OA, OB, OP에 의해 그 값을 대치하면

$$A \text{ 위의 전하 } = -P\frac{OA}{OP}\frac{PB}{AB}$$

$$B \text{ 위의 전하 } = -P\frac{OB}{OP}\frac{AP}{AB}$$

임을 알 수 있다.

구의 반지름이 무한대가 된다고 가정하면, 이 경우는 두 평행면 A와 B 사이에 있는 점의 문제가 된다. 이 경우에 이 식은

$$A \text{ 위의 전하} = -P\frac{PB}{AB}$$

$$B \text{ 위의 전하} = -P\frac{AP}{AB}$$

가 된다.

172] 이 경우에서 서로 교차하지 않는 임의의 두 구의 문제로 옮겨가기 위해서 두 구에 모두 수직인 모든 원이 지나가는 두 개의 공통 반점 **O**, **O′**을 찾아내는 것에서 시작한다. 그러면 이 점들 중 하나에 대하여 그 계를 반전시키면 구들은 첫 번째 경우처럼 동심구가 된다.

그림 15에서 점 **O**를 반전의 중심으로 삼으면, 이 점은 그림 14에서 두 구면 사이의 어딘가에 위치하게 될 것이다.

이미 우리는 171절에서 전기화된 점이 퍼텐셜이 0인 두 동심 도체 사이에

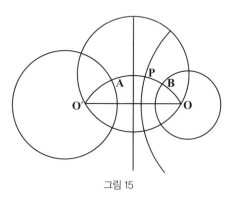

그림 15

놓여 있는 경우를 풀었다. 그 경우를 점 **O**에 대하여 반전시킴으로써 우리는 서로 밖에 있는 퍼텐셜 0의 두 구형 도체 위에, 근처에 있는 전기화된 점에 의해 유도되는 분포를 연역할 것이다. 이렇게 얻어진 결과가 상호 영향만 있는 대전된 두 구형 도체 위에서의 분포를 알아내는 데 사용될 수 있는지를 173절에서 보여줄 것이다.

연속적인 영상들이 놓여 있는 그림 14의 반지름 $OAPB$는 그림 15에서 **O**, **O′**를 통과하는 원호가 되고 **OP**에 대한 **O′P**의 비는 Ce^{u}와 같다. 여기에서 C는 수값이다.

$$\theta = \log \frac{\mathbf{O'P}}{\mathbf{OP}}, \quad \alpha = \log \frac{\mathbf{O'A}}{\mathbf{OA}}, \quad \beta = \log \frac{\mathbf{O'B}}{\mathbf{OB}}$$

라고 하면, $\qquad \beta - \alpha = \varpi, \ u + \alpha = \theta$ [13]

이 된다. $\mathbf{P}$의 모든 연속적인 영상은 호 $\mathbf{O'APBO}$ 위에 놓여 있을 것이다.

$\mathbf{A}$에 대한 $\mathbf{P}$의 영상의 위치는 $\mathbf{Q}_0$이고 여기에서

$$\theta(\mathbf{Q}_0) = \log \frac{\mathbf{O'Q}_0}{\mathbf{OQ}_0} = 2\alpha - \theta$$

이다. $\mathbf{B}$에 대한 $\mathbf{Q}_0$의 영상은 $\mathbf{P}_1$이고 여기에서

$$\theta(\mathbf{P}_1) = \log \frac{\mathbf{O'P}_1}{\mathbf{OP}_1} = \theta + 2\varpi$$

이다.

마찬가지로

$$\theta(\mathbf{P}_s) = \theta + 2s\varpi \qquad \theta(\mathbf{Q}_s) = 2\alpha - \theta - 2s\varpi$$

이다.

같은 식으로 $\mathbf{B}$, $\mathbf{A}$, $\mathbf{B}$,...에 대한 $\mathbf{P}$의 연속적인 영상이 $\mathbf{Q'}_0$, $\mathbf{P'}_1$, $\mathbf{Q'}_1$...이라면,

$$\theta(\mathbf{Q'}_0) = 2\beta - \theta \qquad \theta(\mathbf{P'}_1) = \theta - 2\varpi$$
$$\theta(\mathbf{P'}_s) = \theta - 2\varpi \qquad \theta(\mathbf{Q'}_s) = 2\beta - \theta + 2s\varpi$$

이다.

임의의 영상 $\mathbf{P}_s$의 전하를 알기 위해서 반전된 그림 14에서 그것의 전하는

---

13) {O'가 구들의 공통 중심 O로 반전되므로 162절에 의해 $\mathbf{O'P}/OP=\mathbf{OP}/OO'$, $\mathbf{O'A}/OA=\mathbf{OA}/OO$이므로 $\mathbf{O'P} \cdot \mathbf{OA}/OP \cdot \mathbf{O'A}=OP/OA=e^u$를 얻게 된다}— 톰슨.

$$P \sqrt{\frac{OP_s}{OP}}$$

이다. 원래의 그림 15에서는 이것을 $\mathbf{OP}_s$로 곱해야 한다. 그리하여 $P=\mathbf{P}/\mathbf{OP}$이므로 쌍극 그림(dipolar figure)에서 $\mathbf{P}_s$의 전하는

$$\mathbf{P} \sqrt{\frac{\mathbf{OP}_s.\mathbf{O'P}_s}{\mathbf{OP}.\mathbf{O'P}}}$$

이다.

$\xi = \sqrt{\mathbf{OP}.\mathbf{O'P}}$ 로 놓고 ξ를 점의 매개변수라고 부르면,

$$\mathbf{P}_s = \frac{\xi_s}{\xi} \mathbf{P}$$

라고 쓸 수 있다. 즉, 어떤 영상의 전하는 그것의 매개변수에 비례한다.

곡선 좌표 θ와 ϕ를 사용하기 위해

$$e^{\theta + \sqrt{-1}\,\phi} = \frac{x + \sqrt{-1}\,y - k}{x + \sqrt{-1}\,y + k}$$

라고 놓자. 여기에서 $2k$는 거리 OO'이라면,

$$x = -\frac{k\sinh\theta}{\cosh\theta - \cos\phi}, \quad y = \frac{k\sin\phi}{\cosh\theta - \cos\phi}$$

$$x^2 + (y - k\cot\phi)^2 = k^2 \csc^2 \phi,$$
$$(x + k\coth\theta)^2 + y^2 = k^2 \operatorname{cosech}^2 \theta$$

$$\cot\phi = \frac{x^2 + y^2 - k^2}{2ky} \text{ 14)}, \quad \coth\theta = \frac{x^2 + y^2 + k^2}{2kx}$$

$$\xi = \frac{\sqrt{2}\,k}{\sqrt{\cosh\theta - \cos\phi}} \text{ 15)}$$

---

14) {그러므로 ϕ는 영상들이 자리 잡은 호 위에 있는 모든 점에 상수이다}—톰슨.

15) 이 식들에서 $2\cosh\theta = e^{\theta} + e^{-\theta}, 2\sinh\theta = e^{\theta} - e^{-\theta}$이며, (theta)의 다른 함수들은 대응하는 삼각함수들과 같은 정의로부터 유도됨을 기억해야 한다. 쌍극좌표계를 이 경우에 적용하는 방법은 톰슨이 1847년 Liouville's Journal 에 발표했다. Thomson, *Electrical Papers*, 211절 및 212절 (재간행본) 참

이다.

각 영상의 전하는 그 매개변수 ξ에 비례하고 그것이 $\mathbf{P}$형이냐 $\mathbf{Q}$형에 따라 양수나 음수로 간주되므로

$$\mathbf{P}_s = \frac{\mathbf{P}\sqrt{\cosh\theta - \cos\phi}}{\sqrt{\cosh(\theta + 2s\varpi) - \cos\phi}},$$

$$\mathbf{Q}_s = -\frac{\mathbf{P}\sqrt{\cosh\theta - \cos\phi}}{\sqrt{\cosh(2\alpha - \theta - 2s\varpi) - \cos\phi}}$$

$$\mathbf{P}'_s = \frac{\mathbf{P}\sqrt{\cosh\theta - \cos\phi}}{\sqrt{\cosh(\theta - 2s\varpi) - \cos\phi}}$$

$$\mathbf{Q}'_s = -\frac{\mathbf{P}\sqrt{\cosh\theta - \cos\phi}}{\sqrt{\cosh(2\beta - \theta + 2s\varpi) - \cos\phi}}$$

임을 알 수 있다.

이제 무한 수열 둘을 이루는 영상들의 위치와 전하를 얻었다. 다음에는 구 $\mathbf{A}$ 안에 있는 $\mathbf{Q}$ 또는 $\mathbf{P}'$ 안에 있는 형의 모든 영상들의 합을 알아냄으로써 구 위에 있는 전체 전하를 결정해야 한다. 이것을 다음과 같이 쓸 수 있다.

$$\mathbf{P}\sqrt{\cosh\theta - \cos\phi}\sum_{s=1}^{s=\infty} \frac{1}{\sqrt{\cosh(\theta - 2s\varpi) - \cos\phi}}$$

$$\mathbf{P} - \sqrt{\cosh\theta - \cos\phi}\sum_{s=0}^{s=\infty} \frac{1}{\sqrt{\cosh(2\alpha - \theta - 2s\varpi) - \cos\phi}}$$

이런 식으로 $\mathbf{B}$ 위에 유도되는 전체 전하는

조. 본문 속에서 나는 *Nuovo Cimento* vol. xx에 실린 베티 교수의 연구를 해석적 방법에 이용했지만, 톰슨이 자신의 독창적인 연구 *Phil. Mag.*, 1853에서 사용한 전기영상의 아이디어를 유지했다.

$$\mathbf{P} \sqrt{\cosh\theta - \cos\phi} \sum_{s=1}^{s=\infty} \frac{1}{\sqrt{\cosh(\theta - 2s\varpi) - \cos\phi}}$$

$$-\mathbf{P} \sqrt{\cosh\theta - \cos\phi} \sum_{s=1}^{s=\infty} \frac{1}{\sqrt{\cosh(2\beta - \theta + 2s\varpi) - \cos\phi}}$$

이다.

173] 이 결과를 반지름이 a와 b이고 중심 사이의 거리가 c인 두 구의 용량 계수와 유도 계수의 결정에 적용할 것이다.

구 A의 퍼텐셜이 1이고 구 B의 퍼텐셜은 0이라고 하자.

그러면 구 A의 중심에 있는 전하 a의 연속적인 영상은 실제 전기 분포의 영상들과 같을 것이다. 모든 영상은 극과 구의 중심 사이의 축에 있을 것이고 172절에서 결정된 영상의 계 넷 중에서 세 번째 것과 네 번째 것만이 이 경우에는 관찰될 것이다.

$$k = \frac{\sqrt{a^4 + b^4 + c^4 - 2b^2 c^2 - 2c^2 a^2 - 2a^2 b^2}}{2c}$$

라고 놓으면,

$$\sinh\alpha = -\frac{k}{a}, \ \sinh\beta = \frac{k}{b}$$

가 된다.

구 A의 중심에 대한 θ와 ϕ의 값은

$$\theta = 2\alpha, \ \phi = 0$$

이다.

그러므로 P가 A의 전하의 일부를 구성한다는 것을 기억하고 식들에서 P를 a 즉, $-k\dfrac{1}{\sinh\alpha}$ 로, θ를 2α로, ϕ를 0으로 대치해야 한다. 이렇게 하면 A의 용량 계수가

$$q_{aa} = k \sum_{s=0}^{s=\infty} \frac{1}{\sinh(s\varpi - \alpha)}$$

이 되고 B에 대한 A의 유도 계수 또는 A에 대한 B의 유도 계수는

$$q_{ab} = -k \sum_{s=0}^{s=\infty} \frac{1}{\sinh s\varpi}$$

이 된다는 것을 알 수 있다.

같은 식으로 B가 퍼텐셜 1을 갖는다고 가정하고 A가 퍼텐셜 0을 갖는다고 가정함으로써 q_{bb}의 값을 결정할 수 있을 것이다. 현재의 표시법으로

$$q_{bb} = k \sum_{s=0}^{s=\infty} \frac{1}{\sinh(\beta + s\varpi)}$$

이라고 쓸 수 있다.

구의 반지름 a와 b, 중심 사이의 거리 c에 의하여 이 양을 계산하기 위해 만약

$$K = \sqrt{a^4 + b^4 + c^4 - 2b^2 c^2 - 2c^2 a^2 - 2a^2 b^2}$$

이라고 하면,

$$\sinh\alpha = -\frac{K}{2ac}, \ \sinh\beta = \frac{K}{2bc}, \ \sinh\varpi = \frac{K}{2ab}$$

$$\cosh\alpha = \frac{c^2 + a^2 - b^2}{2ca}, \ \cosh\beta = \frac{c^2 + b^2 - a^2}{2cb}, \ \cosh\varpi = \frac{c^2 - a^2 - b^2}{2ab}$$

이라고 쓸 수 있고

$$\sinh(\alpha + \beta) = \sinh\alpha\cosh\beta + \cosh\alpha\sinh\beta$$
$$\cosh(\alpha + \beta) = \cosh\alpha\cosh\beta + \sinh\alpha\sinh\beta$$

이 과정이나 W. 톰슨의 논문에서 증명된 연속적인 영상의 직접적인 계산법에 의해

$$q_{aa} = a + \frac{a^2 b}{c^2 - b^2} + \frac{a^3 b^2}{(c^2 - b^2 + ac)(c^2 - b^2 - ac)} + \dots$$

$$q_{ab} = -\frac{ab}{c} - \frac{a^2 b^2}{c(c^2 - a^2 - b^2)}$$

$$- \frac{a^3 b^3}{c(c^2 - a^2 - b^2 + ab)(c^2 - a^2 - b^2 - ab)} - \cdots$$

$$q_{bb} = b + \frac{ab^2}{c^2 - a^2} + \frac{a^2 b^3}{(c^2 - a^2 + bc)(c^2 - a^2 - bc)} + \cdots$$

임을 알 수 있다.

174] 두 개의 구가 각각 퍼텐셜 V_a와 V_b로 전기화되어 있다면 전하 E_a와 E_b를 결정할 다음 방정식

$$E_a = V_a q_{aa} + V_b q_{ab}$$
$$E_b = V_a q_{ab} + V_b q_{bb}$$

를 얻게 된다.

만약 $\qquad\qquad q_{aa} q_{bb} - q_{ab^2} = D = \dfrac{1}{D'}$

이라고 놓고

$$p_{aa} = q_{bb} D', \ p_{ab} = -q_{ab} D', \ p_{bb} = q_{aa} D'$$

이라고 놓으면, $\qquad\qquad p_{aa} p_{bb} - p_{ab^2} = D'$

이 된다. 그러면 전하에 의해 퍼텐셜을 결정할 방정식은

$$V_a = p_{aa} E_a + p_{ab} E_b$$
$$V_b = p_{ab} E_a + p_{bb} E_b$$

가 된다. 여기에서 p_{aa}, p_{ab}, p_{bb}는 퍼텐셜의 계수이다.

이 계의 전체 에너지는 85절에 의해

$$Q = \frac{1}{2}(E_a V_a + E_b V_b)$$

$$= \frac{1}{2}(V_a^2 q_{aa} + 2V_a V_b q_{ab} + V_b^2 q_{bb})$$

$$= \frac{1}{2}(E_a^2 p_{aa} + 2E_a E_b p_{ab} + E_b^2 p_{bb})$$

가 된다.

그러므로 구 사이의 척력은 92, 93절에 의해

$$F = \frac{1}{2}\left(V_a^2 \frac{dq_{aa}}{dc} + 2V_a V_b \frac{dq_{ab}}{dc} + V_b^2 \frac{dq_{bb}}{dc}\right)$$

$$= -\frac{1}{2}\left(E_a^2 \frac{dp_{aa}}{dc} + 2E_a E_b \frac{dp_{ab}}{dc} + E_b^2 \frac{dp_{bb}}{dc}\right)$$

로 얻어진다. 여기에서 c는 구의 중심 사이의 거리이다.

척력에 대한 이 두 식 중에서 첫 번째 것은 척력을 구의 퍼텐셜과 용량 계수와 유도 계수의 변화에 의해 표현해 주는 것으로 계산상 가장 편리하다.

그러므로 q들을 c에 대해서 미분해야 한다. 이 양들은 k, α, β, ϖ의 함수로 표현되고 a와 b가 상수라는 가정 위에서 미분되어야 한다. 등식

$$k = -a\sinh\alpha = b\sinh\beta = -c\frac{\sinh\alpha\sinh\beta}{\sinh\varpi}$$

$$\frac{dk}{dc} = \frac{\cosh\alpha\cosh\beta}{\sinh\varpi}$$

로부터

$$\frac{d\alpha}{dc} = \frac{\sinh\alpha\cosh\beta}{k\sinh\varpi}$$

$$\frac{d\beta}{dc} = \frac{\cosh\alpha\sinh\beta}{k\sinh\varpi}$$

$$\frac{d\varpi}{dc} = \frac{1}{k}$$

임을 알 수 있고 이것들로부터

$$\frac{dq_{aa}}{dc} = \frac{\cosh\alpha\cosh\beta}{\sinh\varpi}\frac{q_{aa}}{k} - \sum_{s=0}^{s=\infty}\frac{(sc + b\cosh\beta)\cosh(s\varpi - \alpha)}{c(\sinh(s\varpi - \alpha))^2}$$

$$\frac{dq_{ab}}{dc} = \frac{\cosh\alpha\cosh\beta}{\sinh\varpi}\frac{q_{ab}}{k} + \sum_{s=1}^{s=\infty}\frac{sc\cosh s\varpi}{(\sinh s\varpi)^2}$$

$$\frac{dq_{bb}}{dc} = \frac{\cosh\alpha\cosh\beta}{\sinh\varpi}\frac{q_{bb}}{k} - \sum_{s=0}^{s=\infty}\frac{(sc + a\cosh\alpha)\cosh(\beta + s\varpi)}{c(\sinh(\beta + s\varpi))^2}$$

임을 알 수 있다.

W. 톰슨은 같은 반지름을 갖는 두 개의 구가 구의 지름보다 작은 거리만큼 떨어져 있을 때, 그것들 사이의 힘을 계산했다. 더 먼 거리에 대해서 연속적인 영상 중 둘 또는 셋 이상을 사용하는 것이 필요하지 않다. c에 대하여 q들의 미분 계수의 수열은 직접적인 미분에 의해 쉽게 얻어진다. 즉

$$\frac{dq_{aa}}{dc} = -\frac{2a^2bc}{(c^2 - b^2)^2} - \frac{2a^3b^2c(2c^2 - 2b^2 - a^2)}{(c^2 - b^2 + ac)^2(c^2 - b^2 - ac)^2} - \cdots$$

$$\frac{dq_{ab}}{dc} = \frac{ab}{c^2} + \frac{a^2b^2(3c^2 - a^2 - b^2)}{c^2(c^2 - a^2 - b^2)^2}$$

$$+ \frac{a^3b^3\{(5c^2 - a^2 - b^2)(c^2 - a^2 - b^2) - a^2b^2\}}{c^2(c^2 - a^2 - b^2 + ab)^2(c^2 - a^2 - b^2 - ab)^2} - \cdots$$

$$\frac{dq_{bb}}{dc} = -\frac{2ab^2c}{(c^2 - a^2)^2} - \frac{2a^2b^3c(2c^2 - 2a^2 - b^2)}{(c^2 - a^2 + bc)^2(c^2 - a^2 - bc)^2} - \cdots$$

이다.

접촉하는 두 개의 구 위의 전기 분포

175] 두 개의 구가 퍼텐셜이 1이고 어떤 점에 의해 영향을 받지 않는다고 가정하고 $\frac{1}{2a}$과 $\frac{1}{2b}$이 계를 접촉점에 대하여 반전시키면, 반전점으로부터 각각 $\frac{1}{2a}$과 $\frac{1}{2b}$만큼 떨어져 있고 그 점에 있는 양의 전기 단위의 작용으로 전기화되어 있는 두 개의 평행한 평면을 얻게 된다.

단위 전하를 갖고 원점에서 $s(\frac{1}{a} + \frac{1}{b})$만큼 떨어져 있는 일련의 양의

영상이 있을 것이고 여기에서 s는 $-\infty$에서 $+\infty$까지의 임의의 적분값을 가질 것이다.

또한 -1의 전하를 갖고 원점에서의 거리가 a의 방향으로[16] 계산해서 $\frac{1}{a} + s(\frac{1}{a} + \frac{1}{b})$인 일련의 음의 영상이 있을 것이다.

이 계가 접촉하는 두 구의 형태로 다시 반전될 때, 양의 영상에 대응하는 일련의 음의 영상을 가질 것인데 접촉점에서 영상까지의 거리가 $\frac{1}{s(\frac{1}{a} + \frac{1}{b})}$의 형태가 될 것이고 여기에서 s는 구 A에 대해서는 양수일 것이고 구 B에 대해서는 음수가 될 것이다. 각 영상의 전하는 구의 퍼텐셜이 1일 때 수치상 접촉점으로부터의 거리와 같을 것이고 항상 음수일 것이다.

또한 두 평면에 대하여 음의 영상에 대응하는 양의 영상의 계열이 있을 것이고 a의 중심 방향으로 측정된 그것의 접촉점으로부터의 거리는 $\frac{1}{\frac{1}{a} + s(\frac{1}{a} + \frac{1}{b})}$의 형태가 될 것이다.

s가 0이거나 양의 정수일 때 그 영상은 구 A 안쪽에 있다.

s가 음의 정수일 때, 영상은 구 B 안에 있다. 이 영상의 전하는 수치상 원점에서의 거리와 같고 항상 양수이다.

그러므로 구 A의 전체 전하는

$$E_a = \sum_{s=0}^{s=\infty} \frac{1}{\frac{1}{a} + s(\frac{1}{a} + \frac{1}{b})} - \frac{ab}{a+b} \sum_{s=1}^{s=\infty} \frac{1}{s}$$

이다.

이 수열들의 각각은 무한이지만 그것들을

$$E_a = \sum_{s=1}^{s=\infty} \frac{a^2 b}{s(a+b)\{s(a+b) - a\}}$$

의 형태로 결합하면 수열은 수렴하게 된다.

---

16) a의 중심 방향을 의미한다 — 옮긴이.

같은 방식으로 구 B의 전하는

$$E_b = \sum_{s=1}^{s=\infty} \frac{ab}{s(a+b)-b} - \frac{ab}{a+b} \sum_{s=-1}^{s=\infty} \frac{1}{S}$$

$$= \sum_{s=1}^{s=\infty} \frac{ab^2}{s(a+b)\{s(a+b)-b\}}$$

이 된다.

E_a를 위한 식은 분명히

$$\frac{ab}{a+b} \int_0^1 \frac{\theta^{\frac{b}{a+b}-1}-1}{1-\theta} d\theta$$

와 같다. 이 경우에 대한 이러한 형태의 결과는 푸아송이 얻어내었다.

Ea를 위한 위의 수열은

$$a - \left\{ \gamma + \Psi\left(\frac{b}{a+b}\right) \right\} \frac{ab}{a+b}$$

와 같다는 것을 보일 수 있다(Legendre, *Traité des Fonctions Elliptiques*, ii, 438). 여기에서 $\gamma=0.57712\cdots$,이고

$\Psi(x) = \dfrac{d}{dx}\log\Gamma(1+x)$이다. Ψ의 값은 가우스에 의해 표가 만들어졌다(*Werke*, Band iii, pp. 161-162).

잠깐 동안 $b \div (a+b)$를 x로 놓으면, 전하 E_a의 E_b차를

$$-\frac{d}{dx}\log\Gamma(x)\Gamma(1-x) \times \frac{ab}{a+b}$$

$$= \frac{ab}{a+b} \times \frac{d}{dx}\log\sin\pi x$$

$$= \frac{\pi ab}{a+b}\cot\frac{\pi b}{a+b}$$

로 쓸 수 있다.

구들이 같을 때 퍼텐셜이 1인 각각의 전하는

$$E_a = a \sum_{s=1}^{s=\infty} \frac{1}{2s(2s-1)}$$

$$= a\left(1 - \frac{1}{2} + \frac{1}{3} - \frac{1}{4} + \cdots\right)$$

$$= a \log_e 2 = 0.69314718a$$

가 된다.

구 A가 구 B에 비해서 매우 작을 때 A 위의 전하는 근사적으로

$$E_a = \frac{a^2}{b} \sum_{s=1}^{s=\infty} \frac{1}{s^2}$$

$$\text{즉, } E_a = \frac{\pi^2}{6} \frac{a^2}{b}$$

이다.

B 위의 전하는 A가 없어진 것과 거의 같다. 즉,

$$E_b = b$$

이다. 각각의 구 위의 평균 밀도는 전하를 표면적으로 나눔으로써 얻어진다. 이 경우에는

$$\sigma_a = \frac{E_a}{4\pi a^2} = \frac{\pi}{24b}$$

$$\sigma_b = \frac{E_b}{4\pi b^2} = \frac{1}{4\pi b}$$

$$\sigma_a = \frac{\pi^2}{6} \sigma_b$$

가 된다.

그러므로 매우 작은 구가 매우 큰 구와 접촉할 경우에 작은 구 위의 평균 밀도는 큰 구의 평균 밀도에 $\frac{\pi^2}{6}$ 즉, 1.644936을 곱한 것과 같다.

구형 그릇의 경우에 대한 전기 반전의 적용

176] W. 톰슨의 전기 영상의 방법의 위력이 가장 두드러지게 나타난 예 중 하나는 작은 원에 의해 둘러싸인 구면의 일부 위에서의 전기 분포의 고찰에서 발견된다. 이 고찰의 결과는 증명 없이 리우빌[17])에게 전달되었고 1847년에 그의 학술지에 게재되었다. 완전한 탐구는 톰슨의 『전기 논문집』(*Electrical Papers*) 재판의 15절에 제시되었다. 나는 어떤 휘어진 면의 유한한 부분 위의 전기 분포의 문제의 해가 이외의 수학자에 의해 제시된 적이 있는지 알지 못한다.

그 계산을 확인하기보다는 그 방법을 설명하기를 원하기 때문에 나는 자세히 그것의 기하학적 취급이나 적분을 다루지 않을 것이고 독자들이 직접 톰슨의 저작을 읽어볼 것을 추천한다.

타원체 위의 전기 분포

177] 두 개의 닮은꼴이고 닮음의 위치에 있는 동심 타원체들로 경계 지워진 껍질의 인력에 관하여 껍질 안의 임의의 점에 대한 알짜 인력이 없다는 것은 잘 알려진 방법에 의해 증명되어 있다.[18]) 껍질의 두께가 무한히 작아지고 그 밀도가 증가하게 되면, 결국 접평면 위의 중심으로부

---

17) 프랑스의 수학자인 리우빌(Joseph Liouville, 1809~82)은 학생 시절인 1828년에서 1830년 사이에 과학 아카데미에 제출한 전기, 열, 해석학에 관한 7편의 논문으로 명성을 얻게 된다. 1831년에 에콜 폴리테크니크에서 가르치기 시작하면서 학문의 길로 들어섰다. 그는 수학에서 해석학, 미분기하학, 수론, 군 이론 분야의 연구에 종사했다. 그는 대수 방정식을 분류했고 타원 함수, 대수 함수로 표현될 수 있는 적분을 연구했다. 특히 그가 유리 계수를 갖는 대수 방정식의 해가 아닌 수인 초월수(transcendental number)를 발견한 것은 두드러진 업적으로 인정받고 있다. 그는 그밖에도 수리 물리학, 천체 물리학은 물론 학술지 편집자와 교사로서도 영향력을 행사했다. 그의 학술지라 불린 『순수 응용 수학 저널』(*Journal de mathématiques pures et appliquées*)은 1836년에 그에 의해 창간되어 40년간 출판되었는데 19세기의 가장 영향력 있는 수학 전문 학술지로 인정받았다—옮긴이.

18) Thomson과 Tait, *Natural Philosophy*, §520, 또는 이 책의 150절을 볼 것.

터 그은 수선과 비례하는 면밀도의 개념에 도달하고 타원체 안의 임의의 점에서 이 표면 분포의 알짜 인력이 0이므로 표면 위에 그렇게 분포되어 있는 전기는 평형 상태에 있을 것이다.

그러므로 외부 영향에 의해 교란되지 않는 타원체의 임의의 점에서 면밀도는 중심으로부터 접평면까지의 거리에 비례한다.

디스크 위의 전기 분포

타원체의 두 축의 길이를 같게 만들고 세 번째 축은 0이 되게 하면, 우리는 원형 디스크의 경우를 얻게 되고, 외부의 영향에 교란받지 않고 퍼텐셜 V로 전기화된 디스크의 임의의 점에서의 면밀도를 위한 식도 얻게 된다. σ가 디스크의 한쪽 편에서의 면밀도이고 **KPL**이 점 P를 통과하는 현이라면,

$$\sigma = \frac{V}{2\pi^2 \sqrt{KP.PL}}$$

이다.

전기 반전의 원리의 응용

178] 반전점으로 임의의 점 Q를 잡고 R는 반전구의 반지름이라고 하자. 그러면 디스크의 평면은 Q를 지나는 구면이 되고 디스크 자체는 원에 의해 경계 지워진 구면의 부분이 된다. 이러한 구면의 부분을 보울(bowl)이라고 부를 것이다.

S'이 퍼텐셜 V로 전기화되어 있고 외부의 영향을 받지 않는 디스크라면, 그 전기 영상 S는 퍼텐셜 0이고 S에 있는 전기량 $V'R$의 영향에 의해 전기화되는 구의 부분이 될 것이다.

그리하여 반전의 방법에 의해 우리는 구면이나 평면에 있는 전기화된 점의 영향하에서 만들어진 퍼텐셜 0의 보울이나 평면 디스크 위에 있는 전기 분포 문제의 해를 얻었다.

구면의 빈 부분 위에 있는 전기화된 점의 영향

이미 주어진 원리와 반전의 기하학에 의해 유도된 해의 형태는 다음과 같다.

C가 구형 보울 S의 중심점이거나 극이고 a가 C로부터 보울의 변두리의 한 점까지의 거리라면, 전기량 q가 보울에 연장되어 있는 구[19]의 표면에 있는 점 Q에 놓여 있고 보울 S가 퍼텐셜 0으로 유지될 때 보울의 임의의 점 P에서의 밀도 σ는

$$\sigma = \frac{1}{2\pi^2}\frac{q}{QP^2}\sqrt{\frac{CQ^2 - a^2}{a^2 - CP^2}}$$

으로 주어진다. 여기에서 CQ, CP, QP가 점 C, Q, P를 연결하는 선분이다.

이 식은 보울이 일부를 이루는 구면의 반지름에 독립이라는 것이 두드러진 점이다. 그러므로 이 식은 평면 디스크의 경우에 변형 없이 적용 가능하다.

임의의 수의 전기화된 점의 영향

이제 구가 두 부분으로 나누어지는 것으로 생각하자. 그중 하나는 우리가 이미 전기 분포를 결정한 구의 부분으로 보울이라고 부를 것이고 나머지 부분은 유도점인 Q가 놓여 있는 구의 비어 있는 부분이다.

임의의 수의 유도점이 그 나머지 부분에 놓여 있다면, 보울의 임의의 점 위에 이것에 의해 유도되는 전기는 각각에 의해 따로따로 유도되는 밀도를 합침으로써 얻어진다.

179] 구의 나머지 면 전체가 균일하게 전기화되어 있고 면밀도가 ρ라면 보울의 임의의 점에서 밀도는 이렇게 전기화된 표면에 걸친 보통 적

---

19) 구의 빈 부분이란 바로 이 부분을 지칭한다. 즉, 보울을 이루는 면의 변두리 밖에 있는 보울에 연장시켜 그릴 수 있는 가상적인 구면이다─옮긴이.

분에 의해 얻을 수 있다.

그리하여 우리는 밀도 ρ로 확실하게 전기화되어 있는 구면의 나머지 부분의 영향으로 전기화된 보울이 퍼텐셜 0으로 유지되는 경우의 해를 구하려고 한다.

이제 전체 계가 지름 f의 구 안에 절연된 채 놓여 있다고 하고 이 구가 균일하고 확고하게 면밀도 ρ'으로 전기화되어 있다고 하자.

이 구 안에는 합력이 없으므로 보울 위의 전기 밀도는 불변일 것이지만 구 안의 모든 점에서의 퍼텐셜은 V만큼 늘어날 것이다. 여기에서 $V=2\pi'f$에 해당한다. 그리하여 보울의 모든 점에서의 퍼텐셜은 이제 V가 될 것이다.

이제 이 구가 보울이 일부를 이루는 구와 동심의 위치에 있고 그 반지름이 안쪽 구의 반지름보다 무한히 작은 양만큼 크다고 가정하자.

우리는 이제 퍼텐셜 V로 유지되는 보울이 표면 밀도 $\rho+\rho'$으로 확고하게 전기화[20]되어 있는 나머지 구 부분의 영향을 받는 경우를 갖게 되었다.

180] 이제 $\rho+\rho'=0$이라고 가정하고 퍼텐셜이 V로 유지되고 외부의 영향으로부터 자유로운 보울의 경우로 들어가자.

퍼텐셜 0에 있고 밀도 ρ로 전기화된 나머지 구에 의해 보울이 영향을 받을 때, σ를 보울의 어느 쪽 표면의 주어진 점에서의 밀도라고 하면, 보울이 퍼텐셜 V로 유지되도록 하기 위해 우리는 가정된 덮개 구 위의 밀도 ρ'에 의해 보울의 바깥쪽에서의 밀도를 증가시켜야 한다.

이러한 탐구의 결과는, f가 구의 지름이고 a가 보울의 반지름의 현[21] 이고 r가 보울의 극에서 P까지의 거리의 현이라면, 보울의 안쪽 면 위에서의 면밀도 σ는

---

20) 확고하게 전기화(rigidly electrified)되어 있다는 의미는 전기화가 변할 수 없음을 의미한다─옮긴이.

21) 보울의 중심에서 변두리 위의 한 점까지의 거리를 말한다─옮긴이.

$$\sigma = \frac{V}{2\pi^2 f} \left\{ \sqrt{\frac{f^2 - a^2}{a^2 - r^2}} - \tan^{-1} \sqrt{\frac{f^2 - a^2}{a^2 - r^2}} \right\}$$

이고 같은 점에서 보울의 바깥면 위에서의 면밀도는

$$\sigma + \frac{V}{2\pi f}$$

라는 것이다.

이 결과의 계산에서 구면의 부분에 걸친 보통 적분보다 더 난해한 어떤 연산도 사용되지 않는다. 구형 보울의 전기화 이론을 완성하기 위해서는 단지 구면 반전의 기하학이 필요할 뿐이다.

181] 이제는 연장된 구면에 있지 않은 점 Q에 놓여 있는 전기량 q에 의해 절연되지 않은 보울의 임의의 점에서 유도되는 면밀도를 알아내는 것이 필요하다고 하자.

보울을 Q에 대하여 반전시키고 반전구의 반지름을 R라고 하자. 보울 S는 영상 S'으로 반전될 것이고 점 P는 그 영상으로 P'을 가질 것이다. 이제 보울 S'이 퍼텐셜 V'으로 유지되고 그것이 $q=V'R$의 관계를 만족할 때 P'에서의 밀도 σ'을 결정해야 한다.

원래의 보울의 점 P에서 밀도 σ는

$$\sigma = - \frac{\sigma' R^3}{QP^3}$$

이다. 이 보울은 퍼텐셜이 0이고 Q에 있는 전기량 q의 영향을 받는다.

이 과정의 결과는 다음과 같다.

그림 16이 구의 중심 O, 보울의 극 C, 유도점 Q를 지나는 단면을 나타낸다고 하자. D는 반전된 그림에서 보울의 변두리의 비어 있는 극[22]에 대응되는 점이고 다음 작도에 의해 찾아낼 수 있다.

---

22) 보울을 연장해서 그려지는 구에서 보울의 중심을 이루는 구의 극과는 정반대 쪽에 위치한 극을 가리킨다—옮긴이.

Q를 통과하도록 현 EQE'과 FQF'
을 그린 후, 반전구의 반지름이 Q에
서 나누어지는 현의 부분들 사이의
평균이라고 가정하면, $E'F'$은 EF의
영상이 될 것이다. 호 $F'CE'$이 D'에
서 이분되어 $F'D'{=}D'E'$이 되도록
하고 $D'QD$가 D에서 구와 만나도록
하자. 그러면 D가 찾으려던 점이다.

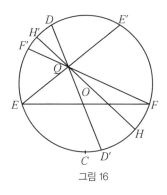

그림 16

구의 중심 O와 Q를 통과하도록 $HOQH'$을 그린 후, 구와 H와 H'에서
만나도록 한다. P가 보울에 있는 임의의 점이라면, 완성된 구면에 의해
Q와 분리되는 쪽 위의 P에 면밀도가 Q에 있는 전기량 q에 의해 유도될
때, 그 면밀도는

$$\sigma = \frac{q}{2\pi^2}\frac{QH.QH'}{HH'.PQ^3}\left\{\frac{PQ}{DQ}\left(\frac{CD^2-a^2}{a^2-CP^2}\right)^{\frac{1}{2}}-\tan^{-1}\left[\frac{PQ}{DQ}\left(\frac{CD^2-a^2}{a^2-CP^2}\right)^{\frac{1}{2}}\right]\right\}$$

일 것이다. 여기에서 a는 보울의 극 C로부터 보울의 테두리까지 그려진
현을 지칭한다.[23]

Q 바로 주변부에서의 면밀도는

$$\sigma + \frac{q}{2\pi}\frac{QH.QH'}{HH'.PQ^3}$$

이다.

---

23) {보울 위의 전기 분포에 대하여 더 고찰하려면 Ferrer, *Quarterly Journal of
Math.* 1882; Gallop., *Quarterly Journal,* 1886, p.229를 볼 것. 이 논문에
서 보울의 용량은 $\dfrac{a(\alpha+\sin\alpha)}{\pi}$ (여기에서 a는 보울이 일부를 이루는 구의
반지름이고 α는 그 정점(頂點)이 구의 중심에 있고 보울의 변두리를 통과하
는 원뿔의 반수직각(semivertical angle)이다)임을 보였다. 또한 Kruseman,
"On the Potential of the Electric Field in the neighbourhood of a
Spherical Bowl," *Phil. Mag.* 24, p.38, 1887과 Basset, *Proc. Lond. Math.
Soc.* 16, p.286을 볼 것}—톰슨.

제11장의 부록

{두 개의 서로 영향을 미치는 구에 걸친 전기 분포는 많은 수학자의 관심을 끌었다. 정적분에 의해 표현된 첫 번째 해는 푸아송에 의해 두 편의 매우 영향력 있고 매력적인 논문, *Mem. de l'Institut*, 1811, (1) p.1, (2) p.163에서 주어졌다. 본문에서 언급된 것에 추가하여 다음 저자들이 이 문제를 고려했다. Plana, *Mem. di Torino* 7, p.71, 16, p.57; Cayley, *Phil. Mag.* (4), 18, pp.119, 193; Kirchhoff, *Crelle*, 59, p.89, Wied. *Ann.* 27, p.673; Mascart, C.R. 98, p.222, 1884.

구 위의 전하를 제시하는 수열은 키르히호프에 의해 매우 우아한 형태로 제시되었다. 그것은 다음과 같이 쉽게 유도될 수 있다. 중심이 A, B인 구의 반지름을 a, b라고 하고 각각의 퍼텐셜을 U, V라고 하자. 그러면 구가 서로 영향을 미치지 않는다면, 전기 효과는 구의 중심에 있는 두 개의 전하 aU, bV의 효과와 같을 것이다. 중심 사이의 거리 c가 유한할 때, 이 전기 분포는 구 위의 퍼텐셜이 상수가 되도록 하지는 않을 것이다. 그리하여 A에 있는 전하는 구 B의 퍼텐셜을 변경시킬 것이다. 이 퍼텐셜을 변경시키지 않고 일정하게 유지하기를 원하면, B 안에 A의 영상을 취하여 전하를 거기에 놓아야 한다. 그러나 이 전하는 A의 퍼텐셜을 변경시킬 것이고 이 영상의 영상을 다시 취해야 한다. 계속 이런 식으로 반복되어야 한다. 그리하여 영상의 무한 계열을 얻게 되는데 이것을 네 무리 α, β, γ, δ로 나누는 것이 편리할 것이다. 첫 번째 두 무리는 A의 중심에 있는 전하 때문에 생기는 것이다. α는 A 안에 있는 영상들로 이루어져 있고 β는 구 B 안에 있는 영상들로 이루어져 있다. 다른 두 무리인 γ와 δ는 B의 중심에 있는 전하 때문에 생긴다. γ는 B 안에 있는 것들로 이루어져 있고 δ는 A 안에 있는 것들로 이루어져 있다. 첫 번째 무리의 n번째 영상의 전하와 A로부터의 거리를 P_n, F_n이라고 하고 두 번째 무리의 n번째 영상의 전하와 B로부터의 거리를 P_n', f_n'이라고 하자. 그러면 연속적인 영상 사이에 있는 다음 관계를 얻게 된다.

$$f_n' = \frac{b^2}{c - f_n}, \quad p_n' = \frac{p_n f_n'}{b}$$

$$f_{n+1} = \frac{a^2}{c - f_n'}, \quad p_{n+1} = \frac{p_n' f_{n+1}}{a}$$

이 등식들에서 P_n'과 f_n'을 소거하면,

$$p_{n+1} = \frac{p_n(cf_{n+1} - a^2)}{ab} \tag{1}$$

을 얻지만

$$f_{n+1} = \frac{a^2}{c - \dfrac{b^2}{c - f_n}}$$

이므로

$$cf_{n+1} - a^2 = \frac{a^2 b^2}{c^2 - cf_n - b^2}$$

이고

$$p_{n+1} = p_n \frac{ab}{c^2 - cf_n - b^2}$$

즉,

$$\frac{p_n}{p_{n+1}} = \frac{c^2 - cf_n - b^2}{ab}$$

이다. 그러나 (1)로부터

$$\frac{p_n}{p_{n-1}} = \frac{cf_n - a^2}{ab}$$

이므로

$$\frac{p_n}{p_{n+1}} + \frac{p_n}{p_{n-1}} = \frac{c^2 - b^2 - a^2}{ab}$$

이다. 여기에서 $p_n = \dfrac{1}{P_n}$, $p_{n-1} = \dfrac{1}{P_{n-1}}$, $p_{n+1} = \dfrac{1}{P_{n+1}}$ 로 놓으면,

$$P_{n+1} + P_{n-1} = \frac{c^2 - b^2 - a^2}{ab} P_n$$

을 얻는다. 식의 대칭성을 이용해서 $p_n' = \dfrac{1}{P_n'}$ 로 놓으면 pn에 대해서와 마찬가지로 P_n'에 대하여 동일한 점화식을 얻을 것임을 알 수 있다.

이 점화식으로부터

$$P_n = Aa^n + \frac{B}{a^n}$$

임을 알 수 있다. 여기에서 α와 $\frac{1}{\alpha}$ 은 방정식

$$x^2 - x\frac{(c^2 - a^2 - b^2)}{ab} + 1 = 0$$

의 근이다. α가 1보다 작은 근이라고 가정하자. 그러면

$$p_n = \frac{\alpha^n}{A\alpha^{2n} + B}$$

이고 이 일련의 영상 때문에 구 위에 유도되는 전하는

$$\sum_{n=0}^{n=\infty} \frac{\alpha^n}{A\alpha^{2n} + B}$$

이다.

A와 B를 결정하기 위해 등식

$$P_0 = \frac{1}{Ua} = A + B$$

$$P_1 = \frac{c^2 - b^2}{Ua^2 b} = A\alpha + \frac{B}{\alpha} \quad (164절)$$

를 이용하면

$$\frac{A}{B} = -\frac{(a + b\alpha)^2}{c^2} = -\xi^2$$

이므로

$$p_n = aU(1 - \xi^2)\frac{\alpha^n}{1 - \xi^2\alpha^{2n}}$$

$$\sum p_n = aU(1 - \xi^2)\left\{\frac{1}{1 - \xi^2} + \frac{\alpha}{1 - \xi^2\alpha^2} + \frac{\alpha^2}{1 - \xi^2\alpha^4} + \dots\right\}$$

이 된다. 또한

$$p_n' = \frac{\alpha^n}{A'\alpha^{2n} + B'}$$

$$p_0' = -\frac{abU}{c} = \frac{1}{A' + B'}$$

$$p_1' = -\frac{a^2 b^2 U}{c\,(c^2 - (a^2 + b^2))} = \frac{\alpha}{A'\alpha^2 + B'}$$

그리하여
$$\frac{A'}{B'} = -\alpha^2$$

이 되고
$$\sum p_n' = -\frac{abU}{c}\,(1 - \alpha^2)\left\{ \frac{1}{1 - \alpha^2} + \frac{\alpha}{1 - \alpha^4} + \frac{\alpha^3}{1 - \alpha^6} + \ldots \right\}$$

를 얻는다. 그리하여 E_1과 E_2가 구의 전하라 하고

$$E_1 = q_{11}U + q_{12}V$$
$$E_2 = q_{12}U + q_{22}V$$

라면,

$$q_{11} = a\,(1 - \xi^2)\left\{ \frac{1}{1 - \xi^2} + \frac{\alpha}{1 - \xi^2\alpha^2} + \frac{\alpha^2}{1 - \xi^2\alpha^4} + \ldots \right\}$$

$$q_{12} = -\frac{ab}{c}\,(1 - \alpha^2)\left\{ \frac{1}{1 - \alpha^2} + \frac{\alpha}{1 - \alpha^4} + \frac{\alpha^2}{1 - \alpha^6} + \ldots \right\}$$

$$q_{22} = b\,(1 - \eta^2)\left\{ \frac{1}{1 - \eta^2} + \frac{\alpha}{1 - \eta^2\alpha^2} + \frac{\alpha^2}{1 - \eta^2\alpha^4} + \ldots \right\}$$

이고 여기에서
$$\eta^2 = \frac{(b + a\alpha^2)}{c^2}$$

이것들은 푸아송과 키르히호프에 의해 주어진 수열이다.

$$\frac{\varepsilon^p + 1}{\varepsilon^p - 1} = \frac{2}{p} + 4\int_0^\infty \frac{\sin pt}{\varepsilon^{2\pi t} - t}\,dt \ [24]$$

---

[24] {De Morgan, *Diff. and Int. Cal.* p.672}—톰슨.

이므로

$$\frac{1}{1-\varepsilon^p} = \frac{1}{2} - \frac{1}{p} - 2\int_0^\infty \frac{\sin pt}{\varepsilon^{2\pi t} - 1}\, dt$$

$$\frac{\alpha^n}{1-\xi^2\alpha^{2n}} = \frac{1}{2}\alpha^n - \frac{1}{2n\log\alpha + 2\log\xi}$$
$$- 2\int_0^\infty \frac{\alpha^n \sin(2n\log\alpha + 2\log\xi)t}{\varepsilon^{2\pi t} - 1}\, dt$$

$$\sum\frac{\alpha^n}{1-\xi^2\alpha^{2n}} = \frac{1}{2}\frac{1}{1-\alpha} - \sum\frac{\alpha^n}{2n\log\alpha + 2\log\xi}$$
$$- 2\int_0^\infty \frac{\alpha^n \sin(2n\log\alpha + 2\log\xi)t}{\varepsilon^{2\pi t} - 1}\, dt$$

이다. 이제

$$\sum\frac{\alpha^n}{2n\log\alpha + 2\log\xi} = \int_0^\infty \frac{\varepsilon^{2t\log\xi}}{1-\alpha\varepsilon^{2t\log\alpha}}\, dt$$

이고

$$\sum\alpha^n\sin(2n\log\alpha + 2\log\xi)t = \frac{\sin(2t\log\xi) - \alpha\sin(2t\log\xi/\alpha)}{1 - 2\alpha\cos(2t\log\alpha) + \alpha^2}$$

이다. 그러므로

$$q_{11} = a(1-\xi^2)\left\{\frac{1}{2}\frac{1}{1-\alpha} - \int_0^\infty \frac{\varepsilon^{2t\log\xi}}{1-\alpha\varepsilon^{2t\log\alpha}}\, dt\right.$$
$$\left. - 2\int_0^\infty \frac{\sin(2t\log\xi) - \alpha\sin(2t\log\xi/\alpha)}{(\varepsilon^{2\pi t} - 1)(1 - 2\alpha\cos(2t\log\alpha) + \alpha^2)}\right\}dt$$

이다. 이것은 이 식들에 대한 푸아송 적분이다.}

제12장 2차원 켤레 함수 이론

182] 전기 평형의 문제가 풀린 독립적인 사례의 수는 매우 적다. 구면 조화 함수의 방법은 구형 도체의 경우에 사용돼 왔고, 전기 영상과 반전의 방법은 여전히 그것들이 적용될 수 있는 경우에는 훨씬 더 강력한 방법이다. 내가 아는 한, 2차 곡면의 경우는 역선이 평면 곡선이 아닐 때 등퍼텐셜면과 역선이 둘 다 알려진 유일한 경우이다.

그러나 전기 평형 이론과 2차원 공간에서만 고려해야 하는 전류 전도의 문제에는 중요한 부류의 문제들이 있다.

가령, 고려 중인 전기장의 부분 전체와 거기에서 상당히 떨어진 곳에서 모든 도체들의 표면이 z축에 평행한 직선 운동에 의해 발생하고 이것이 적용되지 않는 마당의 부분이 고려되는 부분에서 매우 멀리 떨어져 있어서 마당의 먼 부분의 전기 작용이 무시될 수 있다면, 전기는 각각의 발생선을 따라 균일하게 분포할 것이다. 그리고 만약 z축에 수직이고 거리가 1인 두 평면으로 둘러싸인 마당의 일부를 생각한다면 전기의 퍼텐셜과 분포는 x와 y만의 함수일 것이다.

밑변이 $dxdy$이고 높이가 1인 요소 안의 전기량을 $\rho dxdy$라고 하고 밑변이 선 요소 ds이고 높이가 1인 면적 요소 위의 전기를 σds라고 하면, 푸아송 방정식은

$$\frac{d^2V}{dx^2} + \frac{d^2V}{dy^2} + 4\pi\rho = 0$$

이라고 쓸 수 있다.

자유 전하가 없을 때, 이것은 라플라스 방정식

$$\frac{d^2 V}{dx^2} + \frac{d^2 V}{dy^2} = 0$$

으로 바뀐다.

전기 평형의 일반적인 문제는 다음과 같이 진술될 수 있다.

함수 V의 형식을 알아내기 위해 폐곡선 C_1, C_2,....으로 경계 지워진 2차원 연속 공간이 주어졌을 때 이 경계에서 그 값이 각각 V_1, V_2,....이고 각 경계에 대해서 상수이며 이 공간 안에서 V는 모든 곳에서 유한하며, 연속이며 단일한 값을 가지며 라플라스 방정식을 만족하도록 하자.

이 문제조차 완벽하게 일반적인 해가 주어졌는지 나는 모르겠다. 그러나 190절에 주어진 변환 방법이 이 경우에 적용될 수 있으며 그것은 3차원에 적용가능한 어떤 알려진 방법보다 훨씬 더 강력하다.

그 방법은 두 변수 켤레 함수의 특성에 의존한다.

켤레 함수의 정의

183] $\alpha + \sqrt{-1}\,\beta$가 $x + \sqrt{-1}\,y$의 함수라면, α와 β라는 양은 x와 y의 켤레 함수이다. 이 정의로부터

$$\frac{d\alpha}{dx} = \frac{d\beta}{dy} \text{ 이고 } \frac{d\alpha}{dy} + \frac{d\beta}{dx} = 0 \tag{1}$$

$$\frac{d^2\alpha}{dx^2} + \frac{d^2\alpha}{dy^2} = 0, \ \frac{d^2\beta}{dx^2} + \frac{d^2\beta}{dy^2} = 0 \tag{2}$$

가 따라 나온다.

그러므로 두 함수는 라플라스 방정식을 만족한다. 또한

$$\frac{d\alpha}{dx}\frac{d\beta}{dy} - \frac{d\alpha}{dy}\frac{d\beta}{dx} = \overline{\left.\frac{d\alpha}{dx}\right|}^2 + \overline{\left.\frac{d\alpha}{dy}\right|}^2 = \overline{\left.\frac{d\beta}{dx}\right|}^2 + \overline{\left.\frac{d\beta}{dy}\right|}^2 = R^2 \tag{3}$$

이다.

만약 x와 y가 직교좌표이고 ds_1이 곡선 (α)와 $(\alpha + d\alpha)$ 사이에서 곡선$(\beta=상수)$의 잘려진 부분이고 ds_2가 곡선 (β)와 $(\beta + d\beta)$ 사이에서 곡

선(α=상수)의 잘려진 부분이라고 하면,

$$-\frac{ds_1}{d\alpha} = \frac{ds_2}{d\beta} = \frac{1}{R} \qquad (4)$$

이고 곡선들은 직교한다.

퍼텐셜 $V = V_0 + k\alpha$라고 가정하면(여기에서 k는 어떤 상수), V는 라플라스 방정식을 만족시킬 것이고 곡선들 (α)는 등퍼텐셜 곡선이 될 것이다. 곡선들 (β)는 역선이 될 것이고 xy 평면으로의 정사영이 곡선 AB인 원통면의 단위 길이에 걸친 R의 면적분은 $k(\beta_B - \beta_A)$일 것이다. 여기에서 β_A와 β_B는 곡선의 끝점에서의 β의 값이다.

평면 위에 등차수열을 이루는 α의 값들에 해당하는 일련의 곡선을 그리고 같은 공차를 갖는 β의 값들의 수열에 해당하는 일련의 곡선을 그리면, 두 계열의 곡선들은 모든 곳에서 직교하고 공차가 충분히 작다면, 평면이 분할되는 요소는 궁극적으로 작은 정사각형이 될 것이고 마당의 다른 부분에서 그것들의 변은 다른 방향을 향하고 R에 반비례하는 다른 크기를 가질 것이다.

등퍼텐셜선 (α) 중 둘 또는 그 이상이 그것들 사이의 연속 공간을 둘러싸고 있는 폐곡선이라면, 이것들을 각각 퍼텐셜 $V_0 + k\alpha_1$, $V_0 + k\alpha_2$,...를 갖는 도체면이라고 간주할 수 있다. 역선 (β_1)과 (β_2) 사이에서 이것들 중 하나 위에 있는 전기량은 $\frac{k}{4\pi}(\beta_2 - \beta_1)$이 될 것이다.

그러므로 두 도체 사이의 등퍼텐셜선의 수는 퍼텐셜의 차를 나타낼 것이고 도체에서 나오는 역선의 수는 그 위에 있는 전기량을 나타낼 것이다.

다음으로 켤레 함수에 관계되는 가장 중요한 정리 몇몇을 진술해야 한다. 그것들을 증명하면서 미분 계수를 포함하는 식 (1) 중 어느 것이나 허수 기호를 사용하는 원래의 정의를 사용할 수 있다.

184] 정리 I. x'와 y'이 x와 y에 대하여 켤레 함수이고 x''와 y''이 역시 x와 y에 대하여 켤레 함수라면, $x' + x''$와 $y' + y''$도 x와 y에 대하여 켤레 함수이다.

증명.
$$\frac{dx'}{dx} = \frac{dy'}{dy} \text{ 이고 } \quad \frac{dx''}{dx} = \frac{dy''}{dy}$$

이므로
$$\frac{d(x'+x'')}{dx} = \frac{d(y'+y'')}{dy}$$

이다. 또한
$$\frac{dx'}{dy} = -\frac{dy'}{dx} \text{ 이고 } \quad \frac{dx''}{dy} = -\frac{dy''}{dx}$$

이므로
$$\frac{d(x'+x'')}{dy} = -\frac{d(y'+y'')}{dx}$$

이다. 즉, $x'+x''$과 $y'+y''$이 x와 y에 대하여 켤레이다.

두 개의 주어진 함수의 합인 함수의 그래프 표현

x와 y의 함수 (α)가 xy 평면에 있는 곡선의 계열에 의해 그래프로 표현된다고 하자. 이 곡선 각각은 공차 δ만큼씩 증가하는 값들의 수열에 속하는 하나의 α값에 대응된다.

x와 y의 다른 함수 (β)가 α의 수열과 같은 공차를 갖는 β값의 수열에 대응되는 일련의 곡선에 의해 같은 식으로 표현된다고 하자.

그리고 나서 함수 ($\alpha+\beta$)를 나타내기 위해서는 이전의 두 계열의 교차점을 통과하는 곡선의 계열을 곡선 (α)와 (β)의 교차점으로부터 곡선 ($\alpha+\delta$)와 ($\beta+\delta$)의 교차점까지 그려야 한다. 그리고 나서 ($\alpha+2\delta$)와 ($\beta+2\delta$)의 교차점을 통과하도록 그린다. 그다음에도 같은 방식으로 계속한다. 이 점들 각각에서 그 함수는 같은 값, 즉 ($\alpha+\beta$)를 가질 것이다. 다음의 곡선은 (α)와 ($\beta+\delta$)의 교차점을 통과하고, 그다음은 ($\alpha+\delta$)와 (β)의 교차점을 통과하고, 그다음은 ($\alpha+2\delta$)와 ($\beta+\delta$)의 교차점을 통과해야 한다. 이런 방식으로 계속된다. 이 곡선에 속하는 함수는 ($\alpha+\beta+\delta$)일 것이다.

이런 식으로 곡선 (α)의 계열과 (β)의 계열을 그릴 때, 계열 ($\alpha+\beta$)를 작도할 수 있다. 이 세 곡선의 계열을 세 장의 투명 용지에 그릴 수 있다. 첫 번째와 두 번째를 적절하게 겹치면, 세 번째를 그릴 수 있다.

이런 방식의 추가에 의한 켤레 함수의 결합은, 결합될 단순한 경우를 어떻게 그려야 하는지 알 때, 많은 흥미로운 경우들을 별 어려움 없이 그림으로 나타낼 수 있게 해준다. 그러나 우리는 다음 정리에 의존하는 훨씬 더 강력한 해의 변환 방법을 갖고 있다.

185] 정리 II. x''과 y''이 변수 x'과 y'에 대한 켤레 함수이고 x'과 y'이 변수 x와 y에 대한 켤레 함수이면, x''과 y''은 x와 y에 대하여 켤레 함수이다.

증명.
$$\frac{dx''}{dx} = \frac{dx''}{dx'}\frac{dx'}{dx} + \frac{dx''}{dy'}\frac{dy'}{dx}$$
$$= \frac{dy''}{dy'}\frac{dy'}{dy} + \frac{dy''}{dx'}\frac{dx'}{dy}$$
$$= \frac{dy''}{dy}$$

그리고
$$\frac{dx''}{dy} = \frac{dx''}{dx'}\frac{dx'}{dy} + \frac{dx''}{dy'}\frac{dy'}{dy}$$
$$= -\frac{dy''}{dy'}\frac{dy'}{dx} - \frac{dy''}{dx'}\frac{dx'}{dx}$$
$$= -\frac{dy''}{dy}$$

이다. 이것은 x''과 y''이 x와 y의 켤레 함수가 되기 위한 조건이다.

또한 이것을 켤레 함수의 원래의 정의로부터 입증할 수 있다. 즉, $x'' + \sqrt{-1}\,y''$이 $x' + \sqrt{-1}\,y'$의 함수이고 $x' + \sqrt{-1}\,y'$은 $x + \sqrt{-1}\,y$의 함수이므로 $x'' + \sqrt{-1}\,y''$는 $x + \sqrt{-1}\,y$의 함수이다.

같은 식으로 x'과 y'은 x와 y의 함수라면, x와 y는 x'과 y'의 켤레 함수임을 증명할 수 있다.

이 정리는 그래프로 다음과 같이 해석될 수 있다.

x'과 y'은 직교좌표라고 하고 규칙적인 등차수열로 취해진 x'과 y'의 값에 대응하는 곡선을 종이 위에 그리자. 그러면 두 개의 곡선계가 종이를 작은 정사각형들로 분할하게 된다. 또한 종이를 같은 간격으로 수평

선과 수직선으로 나누도록 하자. 그리고 선마다 해당하는 x'과 y'의 값을 표시하자.

다음에는 또 한 장의 종이에 x와 y를 직교좌표로 만들고 x'과 y'을 나타내는 두 개의 곡선계를 그리자. 역시 각각의 곡선에 해당하는 x'과 y'의 값을 표시하자. 이 곡선 좌표계는 첫 번째 종이 위의 직교좌표계 x'과 y'에 점 대 점으로 대응된다.

그리하여 첫 번째 종이 위의 곡선 x'' 위의 점을 임의의 수만큼 취하고 이 점의 x'과 y'의 값을 주목하고, 두 번째 종이 위의 해당하는 점을 표시하면, 변환된 곡선 x'' 위에서 많은 점을 발견할 것이다. 첫 번째 종이 위의 모든 곡선 x''과 y''에 대하여 동일한 방식을 사용하면, 두 번째 종이 위에서 다른 형태의 두 계열의 곡선 x'', y''을 얻게 될 것이지만 종이를 작은 정사각형으로 나누는 것은 동일할 것이다.

186] 정리 III. V가 x'과 y'의 함수이고 x'과 y'가 x와 y의 켤레 함수이면,

$$\iint \left(\frac{d^2 V}{dx^2} + \frac{d^2 V}{dy^2} \right) dx\,dy = \iint \left(\frac{d^2 V}{dx'^2} + \frac{d^2 V}{dy'^2} \right) dx'\,dy'$$

이다. 여기에서 적분은 같은 상·하한에 대하여 취한다.

증명.
$$\frac{dV}{dx} = \frac{dV}{dx'}\frac{dx'}{dx} + \frac{dV}{dy'}\frac{dy'}{dx}$$

$$\frac{d^2 V}{dx^2} = \frac{d^2 V}{dx'^2}\left(\frac{dx'}{dx}\right)^2 + 2\frac{d^2 V}{dx'dy'}\frac{dx'}{dx}\frac{dy'}{dx} + \frac{d^2 V}{dy'^2}\overline{\frac{dy'}{dx}}\bigg|^2$$

$$+ \frac{dV}{dx'}\frac{d^2 x'}{dx^2} + \frac{dV}{dy'}\frac{d^2 y'}{dx^2}$$

또 $$\frac{d^2 V}{dy^2} = \frac{d^2 V}{dx'^2}\overline{\frac{dx'}{dy}}\bigg|^2 + 2\frac{d^2 V}{dx'dy'}\frac{dx'}{dy}\frac{dy'}{dy} + \frac{d^2 V}{dy'^2}\overline{\frac{dy'}{dy}}\bigg|^2$$

$$+ \frac{dV}{dx'}\frac{d^2 x'}{dy^2} + \frac{dV}{dy'}\frac{d^2 y'}{dy^2}$$

이다.

마지막 두 등식을 더하고 켤레 함수의 조건 (1)을 이용하면

$$\frac{d^2V}{dx^2} + \frac{d^2V}{dy^2} = \frac{d^2V}{dx'^2}\left\{ \left.\overline{\frac{dx'}{dx}}\right|^2 + \left.\overline{\frac{dx'}{dy}}\right|^2 \right\} + \frac{d^2V}{dy'^2}\left\{ \left.\overline{\frac{dy'}{dx}}\right|^2 + \left.\overline{\frac{dy'}{dy}}\right|^2 \right\}$$

$$= \left(\frac{d^2V}{dx'^2} + \frac{d^2V}{dy'^2}\right)\left(\frac{dx'}{dx}\frac{dy'}{dy} - \frac{dx'}{dy}\frac{dy'}{dx}\right)$$

그리하여

$$\iint\left(\frac{d^2V}{dx^2} + \frac{d^2V}{dy^2}\right)dxdy$$

$$= \iint\left(\frac{d^2V}{dx'^2} + \frac{d^2V}{dy'^2}\right)\left(\frac{dx'}{dx}\frac{dy'}{dy} - \frac{dx'}{dy}\frac{dy'}{dx}\right)dxdy$$

$$= \iint\left(\frac{d^2V}{dx'^2} + \frac{d^2V}{dy'^2}\right)dx'dy'$$

이다.

만약 V가 퍼텐셜이라면, 푸아송 방정식에 의해

$$\frac{d^2V}{dx^2} + \frac{d^2V}{dy^2} + 4\pi\rho = 0$$

이고 그 결과를

$$\iint \rho dxdy = \iint \rho'dx'dy'$$

으로 쓸 수 있다. 즉, 하나의 좌표계가 다른 좌표계의 켤레 함수라면, 두 계의 해당 부분에 전기량은 같다.

켤레 함수에 관한 추가 정리

187] 정리 IV. x_1과 y_1 및 x_2와 y_2가 x와 y의 켤레 함수이고 $X = x_1x_2 - y_1y_2$이고 $Y = x_1y_2 - x_2y_1$이면, X와 Y는 x와 y의 켤레 함수이다.

증명. $\quad X + \sqrt{-1}\,Y = (x_1 + \sqrt{-1}\,y_1)(x_2 + \sqrt{-1}\,y_2)$

정리 V. 가 방정식

$$\frac{d^2\phi}{dx^2} + \frac{d^2\phi}{dy^2} = 0$$

의 해이고 $2R = \log\left(\left|\overline{\dfrac{d\phi}{dx}}\right|^2 + \left|\overline{\dfrac{d\phi}{dy}}\right|^2\right)$ 이고 $\Theta = -\tan^{-1}\dfrac{\dfrac{d\phi}{dx}}{\dfrac{d\phi}{dy}}$ 이면,

R 와 Θ 는 x 와 y 의 켤레 함수이다.

증명. R 와 Θ 는 $\dfrac{d\phi}{dy}$ 와 $\dfrac{d\phi}{dx}$ 의 켤레 함수이고 이것들은 x 와 y 의 켤레 함수이다. 그러므로 R 와 Θ 는 x 와 y 의 켤레 함수이다.

예제 I.–반전

188] 일반적인 변환 방법의 예로 2차원에서 반전의 경우를 들어보자.

O 가 평면에 고정되어 있고 OA 가 고정된 방향이고 $r=OP=ae^\rho$ 이고 $\theta=AOP$, 그리고 x 와 y 가 O 에 대한 P 의 직교좌표라면,

$$\left.\begin{array}{ll} \rho = \log\dfrac{1}{a}\sqrt{x^2+y^2}, & \theta = \tan^{-1}\dfrac{y}{x} \\[2mm] x = ae^\rho\cos\theta, & y = ae^\rho\sin\theta \end{array}\right\} \tag{5}$$

이므로 ρ 와 θ 는 x 와 y 의 켤레 함수이다.

$\rho'=n\rho$ 이고 $\theta'=n\theta$ 라면, ρ' 과 θ' 은 ρ 와 θ 의 켤레 함수일 것이다. $n=-1$ 인 경우에

$$r' = \frac{a^2}{r},\ \theta' = -\theta \tag{6}$$

이다. 이것은 보통의 반전을 OA 로부터 $180°$ 그림을 돌린 것과 결합한 경우이다.

2차원에서 반전

이 경우에 r와 r'은 O로부터 해당하는 점까지의 거리를 나타내고, e와 e'은 물체의 전체 전기화이고, S와 S'은 표면 요소이고 V와 V'은 입체 요소이고 σ와 σ'은 면밀도이고 ρ와 ρ'은 밀도, ϕ와 ϕ'은 해당 퍼텐셜 이라면,

$$\left.\begin{array}{l} \dfrac{r'}{r} = \dfrac{S'}{S} = \dfrac{a^2}{r^2} = \dfrac{r'^2}{a^2}, \ \dfrac{V'}{V} = \dfrac{a^4}{r^4} = \dfrac{r'^4}{a^4} \\[2mm] \dfrac{e'}{e} = 1, \ \dfrac{\sigma'}{\sigma} = \dfrac{r^2}{a^2} = \dfrac{a^2}{r'^2}, \ \dfrac{\rho'}{\rho} = \dfrac{r^4}{a^4} = \dfrac{a^4}{r'^4} \end{array}\right\} \tag{7}$$

이다. 가설에 의해 이전의 변수를 새로운 변수로 표현함으로써 ϕ'와 ϕ 로부터 얻어지므로

$$\frac{\phi'}{\phi} = 1$$

이다.

예제 II. 2차원에서 전기 영상

189] 퍼텐셜 0인 반지름 $AQ=b$인 원의 중심을 A라 하고 A에서의 전 하를 E라 하자. 그러면 어떤 점 P의 퍼텐셜은

$$\phi = 2E \log \frac{b}{AP} \tag{8}$$

이다. 그리고 그 원이 속이 빈 도체 원통의 단면이라면, 임의의 점 Q에 서의 면밀도는 $-\dfrac{E}{2\pi b}$ 이다.

점 O에 대하여 계를 반전시킬 때 $AO=mb$이고 $a^2=(m^2-1)b^2$ 이라고 하자. 그러면 원이 자체로 반전되고 A의 전하와 동일한 전하 를 A'에 갖게 된다. 여기에서

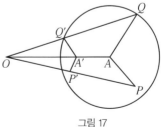

그림 17

$$AA' = \frac{b}{m}$$

이다.

 Q'에 있는 밀도는

$$-\frac{E}{2\pi b} \frac{b^2 - \overline{AA'}\Big|^2}{A'Q'^2}$$

이고 원의 안에 있는 임의의 점 P'에서의 퍼텐셜은

$$\begin{aligned}
\phi' = \phi &= 2E(\log b - \log AP) \\
&= 2E(\log OP' - \log A'P' - \log m) \qquad (9)
\end{aligned}$$

이다.

 이것은 A'에 있는 전하 E와, 그 원에 대한 A'의 영상으로서 O에 위치한 전하 $-E$의 조합으로부터 생기는 퍼텐셜과 동등하다. 그러므로 O에 있는 가상의 전하는 A'에 있는 전하와 크기가 같고 부호가 반대이다.

 점 P'이 원의 중심을 원점으로 하는 극좌표에 의해 정의되고

$$\rho = \log r - \log b, \quad \rho_0 = \log AA' - \log b$$

라고 하면, $\qquad AP' = be^{\rho}, \; AA' = be^{\rho_0}, \; AO = be^{-\rho_0} \qquad (10)$

이고 점 (ρ, θ)에서의 퍼텐셜은

$$\begin{aligned}
\phi = {}& E\log(e^{-2\rho_0} - 2e^{-\rho_0}e^{\rho}\cos\theta + e^{2\rho}) \\
&- E\log(e^{2\rho_0} - 2e^{\rho_0}e^{\rho}\cos\theta + e^{2\rho}) + 2E\rho_0 \qquad (11)
\end{aligned}$$

이다. 이것은 $\rho=0$일 때 $\phi=0$이라는 조건에서 점 $(\rho, 0)$에 있는 전하 E 때문에 생긴 점 (ρ, θ)에서의 퍼텐셜이다.

 이 경우에 ρ와 θ는 등식 (5)에 있는 켤레 함수이다. ρ는 원의 반지름에 대한 한 점의 반지름 벡터의 비의 로그이고 θ는 각이다.

중심은 이 좌표계에서 유일한 특이점이고 폐곡선을 따른 선적분 $\int \frac{d\theta}{ds}\, ds$ 는 그 폐곡선이 중심을 포함하느냐 그렇지 않느냐에 따라 0이 되거나 2π가 된다.

예제 III. 이 경우에 대한 노이만 변환[1]

190] 이제 α와 β가 x와 y의 임의의 켤레 함수라 하자. 이때 곡선들 (α)가 등퍼텐셜 곡선들이고 곡선들 (β)는 원점에 있는 단위 길이당 절반의 단위 전하와, 원점으로부터 어떤 거리에 어떤 방식으로 배열된 전기화된 계로 이루어진 계 때문에 생기는 역선들이라고 하자.

퍼텐셜이 a_0인 곡선은 폐곡선이고 원점에 있는 절반의 단위를 제외하고는 전기화된 계의 어느 부분도 이 곡선 안쪽에는 놓여 있지 않다고 가정하자.

그러면 이 곡선과 원점 사이의 모든 곡선들 (α)는 원점을 둘러싼 폐곡선이 될 것이고 모든 곡선들 (β)는 원점에서 만날 것이며 곡선들 (α)와 직각으로 만날 것이다.

곡선 (α_0) 안쪽의 임의의 점의 좌표는 그 점의 α와 β의 값에 의해 결정될 것이고 만약 그 점이 곡선들 (α) 중 하나 주위를 양의 방향으로 움직인다면, β값이 바뀔 때마다 2π씩 증가할 것이다.

이제 곡선 (α_0)가 정사영(projection)이 원점인 선[2] 위의 선밀도 E의 전하의 영향을 받아 퍼텐셜 0으로 유지되는 임의의 형태의 속이 빈 기둥의 안쪽 면의 단면이라면, 외부의 전기화된 계는 고려하지 않을 수 있고 곡선 안쪽의 임의의 점 (α)에서의 퍼텐셜은

$$\phi = 2E(\alpha - \alpha_0) \tag{12}$$

---

1) Crelle's *Journal*, 59, p.335, 1861을 보라. 또, *Schwarz Crelle*, 74, p.218, 1872도 보라.
2) 기둥의 축을 이루는 선으로 원점을 지난다. 이 기둥의 단면은 임의의 형태이고 항상 이 선과 수직으로 만난다—옮긴이.

이고, β_1과 β_2에 해당하는 점들 사이의 곡선 α_0의 임의의 부분 위의 전기량에 대하여

$$Q = \frac{1}{2\pi} E(\beta_1 - \beta_2) \qquad (13)$$

라 할 수 있다.

이런 식으로 또는 어떤 식으로든 전하가 원점으로 잡은 주어진 점에 있을 때 주어진 단면의 곡선의 경우 퍼텐셜의 분포를 결정했다면, 일반적인 변환의 방법을 적용하여 전하가 임의의 다른 점에 놓여 있는 경우로 옮겨갈 수 있다.

전하가 놓여 있는 점에 대한 α와 β의 값이 α_1과 β_1이라 하고 등식 (11)에 ρ 대신에 $\alpha - \alpha_0$를 놓고 ρ_0 대신에 $\alpha_1 - \alpha_0$를 놓는다. 그 이유는 둘 다 $\alpha = \alpha_0$인 곡면에서 0이 되기 때문이다. 또 θ 대신에는 $\beta - \beta_1$을 놓는다. 그러면 좌표가 α, β인 임의의 점에서의 퍼텐셜에 대하여

$$\phi = E\log\left(1 - 2e^{\alpha + \alpha_1 - 2\alpha_0}\cos(\beta - \beta_1) + e^{2(\alpha + \alpha_1 - 2\alpha_0)}\right)$$
$$- E\log\left(1 - 2e^{\alpha - \alpha_1}\cos(\beta - \beta_1) + e^{2(\alpha - \alpha_1)}\right) - 2E(\alpha_1 - \alpha_0) \quad (14)$$

를 얻는다.

이 퍼텐셜에 대한 식은 $\alpha = \alpha_0$일 때 0이 되고 곡선 α_0 안쪽에서 유한하고 연속이다. 단 하나의 점 (α_1, β_1)만이 예외이다. 그 점에서 두 번째 항은 무한대가 되고 그 점의 근처에서 이 항은 궁극적으로 $-2E\log r'$이 된다. 여기에서 r'은 그 점으로부터의 거리이다.

그러므로 우리는 폐곡선 안에 있는 어떤 점에서의 전하에 대한 그린의 문제의 해가 알려졌을 때 또 다른 점에서의 전하에 대한 해를 유도하는 수단을 얻게 되었다.

점 (α_1, β_1)에 있는 전하 E에 의해 점 β와 $\beta + d\beta$ 사이의 곡선 α_0의 요소 위에 유도되는 전하는 183절의 표시법으로

$$-\frac{1}{4\pi}\frac{d\phi}{ds_1}ds_2$$

이다. 여기에서 ds_1은 안쪽을 향하고 α는 미분 후에 α_0와 같다고 놓아야 한다.

이것은 183절의 (4)에 의해

$$\frac{1}{4\pi}\frac{d\phi}{d\alpha}\,d\beta \ (\alpha = \alpha_0)$$

즉,
$$-\frac{E}{2\pi}\frac{1 - e^{2(\alpha_1 - \alpha_0)}}{1 - 2e^{(\alpha_1 - \alpha_0)}\cos(\beta - \beta_1) + e^{2(\alpha_1 - \alpha_0)}}\,d\beta \qquad (15)$$

가 된다.

폐곡선의 모든 점에서의 퍼텐셜값이 β의 함수로 주어지고 폐곡선 안쪽에는 전기화가 없을 때, 이 식으로부터 폐곡선 안의 임의의 점 (α_1, β_1)에서의 퍼텐셜을 알아낼 수 있다.

즉, 86절에 의해 폐곡선의 부분 $d\beta$를 퍼텐셜 V로 유지함으로써 (α_1, β_1)에서 생기는 퍼텐셜 부분은 nV이다. 여기에서 n은 (α_1, β_1)에 있는 단위 전기화에 의해 $d\beta$에 유도되는 전하이다. 그러므로 V가 β의 함수로 정의된 폐곡선 위에 한 점에서의 퍼텐셜이고 곡선 안에서의 전기화가 없다면 폐곡선 안에 있는 점 (α_1, β_1)에서의 퍼텐셜 ϕ는

$$\phi = \frac{1}{2\pi}\int_0^{2\pi}\frac{(1 - e^{2(\alpha_1 - \alpha_0)})V d\beta}{1 - 2e^{(\alpha_1 - \alpha_0)}\cos(\beta - \beta_1) + e^{2(\alpha_1 - \alpha_0)}} \qquad (16)$$

이다.

예제 IV. 마주 보는 두 평면에 의해 형성된 도체의 모서리 근처의 전기 분포

191] y의 음의 방향으로 무한히 연장되어 있는 도체의 표면이 $y=0$[3)]인 무한 평면을 이루고 그 표면이 면밀도 σ_0으로 대전된 경우에, 평면으로부터 거리 y[4)]에 있는 도체에 대하여

---

3) xz 평면을 말한다―옮긴이.
4) y값은 양수라고 봐야 한다. 왜냐하면 y값이 음수인 부분은 무한히 펼쳐진 도체가 이미 차지하고 있기 때문이다.

$$V = C - 4\pi\sigma_0 y$$

라고 쓸 수 있다. 여기에서 C는 도체 자체의 퍼텐셜값이다.

평면에 있는 직선을 극축(polar axis)으로 가정하고 극좌표로 전환하면 퍼텐셜은

$$V = C - 4\pi\sigma_0 ae^\rho \sin\theta$$

임을 알 수 있다. 그리고 폭이 1이고 축을 따라 측정된 길이가 ae^ρ인 평형사변형 위에 전기량은

$$E = \sigma_0 ae^\rho$$

가 된다.

이제 $\rho = n\rho'$이고 $\theta = n\theta'$이라 하면, ρ'과 θ'이 ρ와 θ에 켤레이므로 식

$$V = C - 4\pi\sigma_0 ae^{n\rho'} \sin n\theta'$$

과
$$E = \sigma_0 ae^{n\rho'}$$

이 퍼텐셜과 전기의 가능한 분포를 나타낸다.

$ae^{\rho'}$을 r로 쓴다면, r는 축으로부터의 거리가 된다. 또한 각을 위해서는 θ' 대신에 θ를 쓸 수 있다. 그러면

$$V = C - 4\pi\sigma_0 \frac{r^n}{a^{n-1}} \sin n\theta$$

$$E = \sigma_0 \frac{r^n}{a^{n-1}}$$

을 얻게 된다. V는 $n\theta = \pi$, 즉 π의 정수배인 경우에 C와 같아진다.

모서리가 그 도체의 철각(凸角)이고 면들이 기운 각을 α라고 하면, 유전체의 각은 $2\pi - \alpha$가 되므로[5] $\theta = 2\pi - \alpha$일 때, 그 점은 도체의 다른 표

---

[5] α의 각으로 기울어진 두 도체 평면 표면이 만날 때 나머지 부분은 유전체가 채우고 있는 것으로 간주한다—옮긴이.

면[6]에 있게 된다. 그러므로

$$n(2\pi - \alpha) = \pi \text{ 또는 } n = \frac{\pi}{2\pi - \alpha}$$

로 놓아야 한다. 그러면

$$V = C - 4\pi\sigma_0 a \left(\frac{r}{a}\right)^{\frac{\pi}{2\pi - \alpha}} \sin\frac{\pi\theta}{2\pi - \alpha}$$

$$E = \sigma_0 a \left(\frac{r}{a}\right)^{\frac{\pi}{2\pi - \alpha}}$$

이다. 그 모서리에서 임의의 거리 r의 거리에서의 면밀도 σ는

$$\sigma = \frac{dE}{dr} = \frac{\pi}{2\pi - \alpha}\sigma_0 \left(\frac{r}{a}\right)^{\frac{\alpha - \pi}{2\pi - \alpha}}$$

이다.

모서리에서 유한한 거리까지 계산된 전체 전하는 항상 유한하다 할 지라도 각이 철각일 때 α는 π보다 작고 전체 면밀도는 모서리로부터의 거리의 제곱수에 반비례하므로 모서리에서의 밀도는 무한대가 된다.

그러므로 $\alpha=0$일 때 모서리는 수학적 평면의 모서리처럼 무한히 가늘 다. 이 경우에 밀도는 모서리로부터의 거리의 제곱근에 반비례한다.

$\alpha = \frac{\pi}{3}$일 때, 모서리는 정삼각기둥의 모서리와 같고 밀도는 거리의 5 분의 2 제곱에 반비례한다.

$\alpha = \frac{\pi}{2}$일 때, 모서리는 직각이고 밀도는 거리의 세제곱근에 반비례 한다.

$\alpha = \frac{2\pi}{3}$일 때, 모서리는 정육각기둥의 모서리와 같고 밀도는 거리의 4제곱에 반비례한다.

$\alpha = \pi$일 때, 모서리는 사라지고 밀도는 상수가 된다.

$\alpha = \frac{4}{3}\pi$일 때, 모서리는 정육각기둥의 바깥쪽에서 본 모서리와 같

---

6) α의 각으로 맞닿는 두 평면 도체 표면 중 전하가 고르게 분포하는 평면이 아닌 다른 평면을 가리킨다—옮긴이.

고 밀도는 모서리로부터의 거리의 제곱근에 정비례한다.

$\alpha = \dfrac{3}{2}\pi$ 일 때, 모서리는 오목한 직각이고 밀도는 모서리로부터의 거리에 정비례한다.

$\alpha = \dfrac{5}{3}\pi$ 일 때, 모서리는 오목한 $60°$ 이고 밀도는 모서리로부터 거리의 제곱에 정비례한다.

실제로 밀도가 어떤 점에서든 무한대가 되는 모든 경우에는 55절에서 설명한 것처럼 그 점으로부터 유전체로 방전이 있다.

예제 V. 타원과 쌍곡선. 그림 X.

192]
$$x_1 = e^{\phi}\cos\psi, \quad y_1 = e^{\phi}\sin\psi \tag{1}$$

라면, x_1과 y_1은 ϕ와 ψ의 켤레 함수임을 알 수 있다.

또한
$$x_2 = e^{-\phi}\cos\psi, \quad y_2 = -e^{-\phi}\sin\psi \tag{2}$$

이면, x_2과 y_2은 ϕ와 ψ의 켤레 함수이다. 그러므로

$$2x = x_1 + x_2 = (e^{\phi} + e^{-\phi})\cos\psi, \; 2y = y_1 + y_2 = (e^{\phi} - e^{-\phi})\sin\psi \tag{3}$$

이면, x와 y는 또한 ϕ와 ψ의 켤레 함수일 것이다.

이 경우에 ϕ가 상수인 점들이 타원 위에 놓이며 이때 타원의 축은 $e^{\phi} + e^{-\phi}$와 $e^{\phi} - e^{-\phi}$이다.

ψ가 상수인 점들은 쌍곡선 위에 놓이며 이때 쌍곡선의 축은 $2\cos\psi$와 $2\sin\psi$이다.

x축에서 $x = -1$과 $x = +1$ 사이에서

$$\phi = 0, \; \psi = \cos^{-1}x \tag{4}$$

이다.

이 범위를 벗어난 x축 위에서는

$$x > 1, \ \psi = 2n\pi, \ \phi = \log(x + \sqrt{x^2 - 1})$$
$$x < -1, \ \psi = (2n+1)\pi, \ \phi = \log(\sqrt{x^2 - 1} - x) \tag{5}$$

이다.

그리하여 Φ가 퍼텐셜 함수이고 Ψ가 흐름 함수라면, x축 사이의 -1 과 $+1$ 사이의 공간을 양의 편에서 음의 쪽으로 통과하는 전기의 흐름을 얻게 된다. 축의 이 범위를 벗어난 부분은 전기에 불투과성을 갖는다.

이 경우에 y축은 흐름의 축이므로 그것도 전기에 불투과성인 것으로 가정할 수 있다.

또한 단위 길이당 절반의 단위 전하(이것은 납작한 도체의 양쪽면 위에 있는 전하를 포함한다)로 대전된 폭이 2인 납작하고 무한히 긴 도체 때문에 생기는 등퍼텐셜면들의 단면이 타원이라고 생각할 수 있다.

ψ를 퍼텐셜 함수라고 하고 ϕ를 흐름 함수라고 하면, 그 경우는 폭 2 만큼의 띠가 잘려나간 무한히 긴 평면이 한쪽 편은 퍼텐셜 π로 대전되고 다른 쪽은 퍼텐셜 0으로 남아 있는 경우가 된다.

이 경우들은 10장에서 다룬 2차 곡면의 특별한 경우들로 생각할 수 있다. 곡선의 형태가 그림 X에 나와 있다.

예제 VI. 그림 XI.

193] 다음에 x'과 y'을 x와 y의 함수라고 하자. 여기에서

$$x' = b \log \sqrt{x^2 + y^2}, \ \ y' = b \tan^{-1} \frac{y}{x} \tag{6}$$

이다. x'과 y'은 역시 192절의 ϕ와 ψ의 켤레 함수이다.

이 두 개의 좌표에 대하여 그림 X의 변환으로부터 결과한 곡선은 그림 XI로 주어질 것이다.

x'과 y'이 직교좌표라면, 첫 번째 그림에서의 x축의 특성이 $y' = bn'\pi$, n'은 정수)인 두 번째 그림에서 x'에 평행한 일련의 선들에서 나타날 것이다.

이 선들 위에 있는 x'의 양수값들은 1보다 큰 x의 값에 해당할 것이고, 그 값에 대하여는 이미 보인 대로

$$\psi = n\pi, \quad \phi = \log(x + \sqrt{x^2 - 1}) = \log(e^{\frac{x'}{b}} + \sqrt{e^{\frac{2x'}{b}} - 1}) \qquad (7)$$

이 성립한다.

같은 선들 위의 x'의 음수값들은 1보다 작은 x의 값에 해당할 것이고 그 값에 대하여는 이미 보인 대로

$$\phi = 0, \quad \psi = \cos^{-1} x = \cos^{-1} e^{\frac{x'}{b}} \qquad (8)$$

이 성립한다.

첫 번째 그림의 y축의 특성이 x'에 평행한 두 번째 그림의 일련의 선들에 나타날 것이다. 그에 대하여

$$y' = b\pi \left(n' + \frac{1}{2}\right) \qquad (9)$$

이 성립할 것이다.

이 선들을 따라서 ψ의 값은 양이든 음이든 모든 점들에 대하여 $\psi = \pi \left(n + \frac{1}{2}\right)$이다. 그리고

$$\phi = \log(y + \sqrt{y^2 + 1}) = \log(e^{\frac{x'}{b}} + \sqrt{e^{\frac{2x'}{b}} + 1}) \qquad (10)$$

이다.

〔ϕ와 ψ가 상수인 곡선들은 식

$$x' = \frac{1}{2} b \log \frac{1}{4} (e^{2\phi} + e^{-2\phi} + 2\cos 2\psi)$$

$$y' = b\tan^{-1}\left(\frac{e^\phi - e^{-\phi}}{e^\phi + e^{-\phi}} \tan\psi\right)$$

에서 직접 그릴 수 있다. 그림은 y'의 값에서 πb 간격으로 반복될 것이므로, 그러한 간격 하나를 위한 선들을 그리는 것으로 충분할 것이다.

이제 ϕ 또는 ψ가 y'과 함께 부호를 바꿈에 따라 두 경우가 나온다. ϕ가 그렇게 부호를 바꾼다고 가정하자. 그러면 ψ가 상수인 곡선은 모두 x'축 주위에서 대칭일 것이고 음의 편에 있는 어떤 점에서 수직으로 그 축과 만날 것이다. $\phi=0$인 점에서 출발하여 점차로 ϕ를 증가시키면, 그 곡선은 처음에는 수직인 상태에서 출발하여 큰 ϕ값에 대하여는 x'축에 길이 방향으로 평행한 상태까지 구부러질 것이다. x'의 축의 양수측은 그 계 중 하나이다. 즉, ψ는 거기서 0이고 $y'=\pm\frac{1}{2}\pi b$일 때, $\psi=\frac{1}{2}\pi$이다. 그러므로 ψ가 0에서 $\frac{1}{2}\pi$까지 범위 안의 상수값을 갖는 선들은 x'축의 양수측을 둘러싸는 곡선계이다.

ϕ가 상수값을 갖는 곡선들은 계 ψ와 수직으로 만나고 ϕ의 값은 $+\infty$에서 $-\infty$까지 범위에 있다. x'축보다 위쪽에 그린 곡선들 ϕ 중 하나에 대하여 ϕ의 값은 양수이고, x'축의 음수측을 따라서 그 값은 0이 되고 x'축 아래의 어떤 곡선에 대하여 그 값은 음수가 된다.

계 ψ가 x'축 주위에서 대칭임을 이미 보았다. 그 계와 수직으로 만나고 선들 $y'=\pm\frac{1}{2}\pi b$에 있는 P와 R를 끝으로 하는 곡선을 PQR라 하자. Q는 x'축 위에 있는 점이다. 그러면 곡선 PQR는 x'축 주위에서 대칭이다. 그러나 PQ를 따른 ϕ의 값을 c라 하면, QR를 따른 ϕ의 값은 $-c$가 된다. ϕ의 값에 나타나는 이러한 불연속성은 195절에서 논의될 경우에서 전기 분포로 설명될 것이다.

다음으로 ψ가 아니라 ϕ가 y'에 따라 부호가 바뀐다고 가정하면, ϕ값은 0에서 ∞까지 걸쳐 있을 것이다. $\phi=0$일 때, x'축의 음수측을 얻게 된다. $\phi=\infty$일 때, x'축에 수직인 무한한 거리에 있는 직선을 얻게 된다. 수직으로 ψ계와 만나는 이 둘 사이의 임의의 선 PQR를 따라서 ϕ의 값은 선의 전체 길이에서 양의 상수이다.

이제 ψ의 어떤 값은 그것이 상수인 곡선이 x'축의 음수측을 지나는 점에서 갑자기 변한다. ψ의 부호도 거기에서 변한다. 이 불연속성의 중요성은 197절에서 선명해질 것이다.

우리가 어떻게 그릴지 보인 선들이 그림 XI에 그려져 있다. 그 그림의

위쪽 3분의 1을 잘라내고 나머지 3분의 2만 보면 될 것이다.]

194] ϕ를 퍼텐셜 함수로 생각하고 ψ를 흐름 함수로 생각하면, 그 경우를 폭이 πb인 무한히 긴 금속띠에 비전도성 구획이 원점에서 양의 방향으로 무한히 펼쳐져 있어 띠의 양의 부분을 두 개의 분리된 통로(channel)로 나누는 경우로 볼 수 있다. 이 구획을 금속판에 있는 좁은 슬릿(slit)으로 가정할 수 있겠다.

전류가 이 통로 중 하나를 따라 흘러 다른 하나로 돌아오게 하고 전류의 입구와 출구가 원점의 양의 측으로 무한히 먼 거리 떨어져 있다면, 퍼텐셜과 전류의 분포가 각각 ϕ와 ψ 함수에 의해 주어질 것이다.

한편 ψ를 퍼텐셜이라 하고 ϕ를 흐름 함수라고 하면, 그 경우는 y'의 일반적인 방향에서 많은 비전도성 구획들이 x'에 평행하게 펼쳐져 있는 얇은 막을 통해 y'축으로부터 음의 방향으로 무한히 펼쳐져 있는 얇은 막을 통해 흐르는 전류의 경우가 될 것이다.

195] 이 결과를 또한 두 가지 중요한 정전기학적 문제에 적용할 수 있다.

(1) 평판 형태의 도체가 직선 테두리를 갖거나 무제한으로 펼쳐진 채로 xz 평면의 원점을 기준으로 양의 방향에 놓여 있다고 하자. 그리고 두 장의 무한한 도체 평면이 그것에 평행하게 각각 다른 편에 $\frac{1}{2}\pi b$의 거리에 놓여 있다고 하자. ψ가 퍼텐셜 함수라면, 그 값은 중간의 도체에 대해서는 0이고 두 평면에 대해서는 $\frac{1}{2}\pi$이다.

z 방향으로 거리 1만큼 펼쳐져 있고, 원점에서 $x'=a$까지 펼쳐져 있는 중간 도체의 일부 위에 있는 전기량을 생각하자.

x'_1에서 x'_2까지 펼쳐져 있는 이 띠의 일부 위에 있는 전기는 $\frac{1}{4\pi}(\phi_2 - \phi_1)$이다.

그리하여 원점에서 $x'=a$까지 중간 판의 한쪽 편 위에 있는 양은

$$E = \frac{1}{4\pi} \log\left(e^{\frac{a}{b}} + \sqrt{e^{\frac{2a}{b}} - 1}\right) \tag{11}$$

이다.

a가 b에 비해서 크면, 이것은

$$E = \frac{1}{4\pi} \log 2e^{\frac{a}{b}}$$

$$= \frac{a + b \log_e 2}{4\pi b} \tag{12}$$

가 된다.

그러므로 직선 테두리로 둘러싸인 평면 위의 전기량은, 만약 전기가 경계에서 일정한 거리만큼 떨어진 곳에서와 같은 밀도로 그 평면 위에 균일하게 분포되어 있을 때 그 평면이 가졌을 것보다 더 크다. 그것은 같은 균일한 면밀도를 갖지만 판의 실제 경계를 넘어 $b \log_e 2$와 같은 폭으로 펼쳐진 판 위의 전기량과 같다.

이 가상의 균일한 분포는 그림 XI에 점직선으로 표시되어 있다. 모든 방향으로 무한히 펼쳐진 두 평면 위에서 밀도가 균일하다는 가정하에서 수직선들은 역선을 나타내고 수평선은 등퍼텐셜면을 나타낸다.

196] 전기 축전기는 종종 모든 측방향으로 중간판보다 상당히 넓게 펼쳐져 있는 두 평행한 평면과 그 사이 중앙에 끼워진 판으로 구성된다. 중간판의 경계의 곡률 반지름이 판 사이의 거리와 비교해 크다면, 경계 선을 근사적인 직선으로 취급할 수 있고, 중간판이 그 경계 주위로 균일한 폭의 띠만큼 확장된 구역을 갖는 것으로 가정하고 확장된 판 위에서의 면밀도를 경계선 근처가 아닌 부분에서와 같다고 가정하여 축전기의 용량을 계산할 수 있다.

그리하여 S가 둘레 L을 갖는 판의 실제 면적이고 B가 큰 판들 사이의 거리라면,

$$b = \frac{1}{\pi} B \tag{13}$$

이고 추가적인 띠의 폭은

$$\alpha = \frac{\log_e 2}{\pi} B \tag{14}$$

이다. 그래서 확장된 면적은

$$S' = S + \frac{\log_e 2}{\pi} BL \tag{15}$$

이다.

중간 판의 한쪽 편의 용량은

$$\frac{1}{2\pi} \frac{S'}{B} = \frac{1}{2\pi} \left\{ \frac{S}{B} + L \frac{1}{\pi} \log_e 2 \right\} \tag{16}$$

이다.

판의 두께 수정

일반적으로 중간 판이 판 사이의 거리와 비교해 무시할 만하지 않은 두께를 가지므로, 중간판의 단면이 곡선 $\psi = \psi'$에 해당하는 것으로 가정함으로써 이 경우의 실상을 더 잘 나타낼 수 있다.

판은 경계로부터 일정한 거리에서 거의 균일한 두께 $\beta = 2b\psi'$을 가질 것이지만 테두리 근처에서는 둥글게 되어 있을 것이다.

판의 실제 테두리의 위치는 $y' = 0$으로 놓으면 알 수 있다. 이것으로부터

$$x' = b \log_e \cos\psi' \tag{17}$$

이다.

이 테두리에서 ϕ의 값은 0이고 $x' = a(a/b$가 클 때)인 점에서는 근사적으로

$$\frac{a + b \log_e 2}{b}$$

이다.

그리하여 전체적으로 그 판 위의 전기량은 마치

$$\frac{B}{\pi} \left(\log_e 2 + \log_e \cos \frac{\pi}{2} \frac{\beta}{B} \right)$$

$$\text{즉,} \quad \frac{B}{\pi} \log_e\left(2\cos\frac{\pi}{2}\frac{\beta}{B}\right) \tag{18}$$

의 폭의 띠를 판에 덧붙이고 경계에서 일정한 거리만큼 떨어진 곳에서의 밀도가 모든 곳에 균일하게 펼쳐져 있는 경우와 같다.

테두리 근처의 밀도

판의 임의의 점에서의 면밀도는

$$\frac{1}{4\pi}\frac{d\phi}{dx'} = \frac{1}{4\pi b}\frac{e^{\frac{x'}{b}}}{\sqrt{e^{\frac{2x'}{b}} - 1}}$$

$$= \frac{1}{4\pi b}\left(1 + \frac{1}{2}e^{-\frac{2x'}{b}} + \frac{3}{8}e^{-\frac{4x'}{b}}\cdots\right) \tag{19}$$

이다.

괄호 안의 양은 x'이 증가하면 빨리 1에 접근하므로 경계로부터 띠의 폭 α의 n배만큼 떨어진 곳에서 실제 밀도는 정상 밀도의 약 $\frac{1}{2^{2n+1}}$ 배만큼 정상 밀도보다 크다.

같은 방식으로 무한한 평면 위의 밀도를 계산할 수 있다. 그것은

$$\frac{1}{4\pi b}\frac{e^{\frac{x'}{b}}}{\sqrt{e^{\frac{2x'}{b}} + 1}} \tag{20}$$

이다. $x'=0$일 때, 밀도는 정상 밀도의 $2^{-\frac{1}{2}}$ 배이다.

양의 편으로 띠의 폭의 n배만큼 떨어진 곳에서 밀도는 정상 밀도의 약 $\frac{1}{2^{2n+1}}$ 배만큼 정상 밀도보다 작다.

음의 편으로 띠의 폭의 n배만큼 떨어진 곳에서 밀도는 정상 밀도의 약 $\frac{1}{2^n}$ 배이다.

이 결과들은 이 방법을 제한된 면적을 갖는 판 즉, 불규칙성이 가장자리에서 별로 멀지 않은 곳에 존재할 수 있는 경우에 적용할 때 기대되는 정확성의 정도를 나타낸다. 동일한 간격으로 유사한 판들이 $+V$와 $-V$의 퍼텐셜을 가지며 교대로 무한히 일렬로 배열된 경우에 동일한 분포가 나타날 것이다. 이 경우에 판들 사이의 거리를 B와 같다고 놓아야 한다.

197] (2) 우리가 고려할 두 번째 경우는 $x'z$에 평행한 평면들이 $B=\pi b$ 의 간격을 두고 무한히 일렬로 배열되어 있는데 그것들이 모두 평면 $y'z$ 에 의해 잘리면서 이 평면의 음의 쪽으로만 펼쳐져 있는 경우이다. ϕ를 퍼텐셜 함수로 삼으면, 이 평면을 퍼텐셜 0인 도체로 간주할 수 있다.

ϕ가 상수인 곡선들을 생각하자.

$y'=n\pi b$일 때, 즉 평면들 각각을 연장시킨 곳에서

$$x' = b \log \frac{1}{2}(e^{\phi} + e^{-\phi}) \tag{21}$$

을 얻고 $y'=(n+\frac{1}{2})\pi b$ 일 때, 즉 평면들의 사이에서

$$x' = b \log \frac{1}{2}(e^{\phi} - e^{-\phi}) \tag{22}$$

이다.

그리하여 ϕ가 클 때 ϕ가 상수인 곡선은 y'축으로부터의 평균 거리가 근사적으로

$$a = b(\phi - \log_e 2) \tag{23}$$

인 물결 모양의 선이다. 그리고 이 선의 다른 편 위에서 물결 모양의 진 폭은

$$\frac{1}{2}\, b \log \frac{e^{\phi} + e^{-\phi}}{e^{\phi} - e^{-\phi}} \tag{24}$$

이다.

ϕ가 클 때, 이 값은 $be^{-2\phi}$가 되므로 곡선은 양의 편의 축으로부터 거 리 a에 있는 y'축에 평행한 직선의 형태에 접근한다.

평행한 평면들의 계가 일정한 퍼텐셜로 유지될 때 $x'=a$인 평면이 상 이한 퍼텐셜로 유지된다고 가정하면, $b\phi=a+b\log_e 2$이므로 그 평면 위 에 유도되는 전기의 면밀도는, 일련의 평면들과 동일한 퍼텐셜을 갖고 원래의 평면에 평행한 하나의 평면에 의해, 그 위에 유도될 면밀도와 같을 것이지만, 먼 곳에서는 그 값이 평면들의 테두리의 면밀도보다는

$b \log_e 2$만큼 크다.

B가 일련의 평면들의 간격이라면, $B=\pi b$이므로 추가되는 간격은

$$\alpha = B \frac{\log_e 2}{\pi} \tag{25}$$

이다.

198] 다음으로 등퍼텐셜면 중 둘 사이에 끼어 있는 공간을 생각해 보자. 그 등퍼텐셜면 중 하나는 일련의 평행한 물결 모양으로 이루어져 있다고 하고 다른 것은 ϕ가 큰 값에 해당하여 근사적으로 평면으로 생각할 수 있다고 하자.

D가 각각의 파동의 마루에서 골까지의 거리, 즉 이 물결 모양의 파고(波高)라면, ϕ의 해당하는 값이

$$\phi = \frac{1}{2} \log \frac{e^{\frac{D}{d}}+1}{e^{\frac{D}{d}}-1} \tag{26}$$

임을 알게 된다.

파동의 마루에서 x'의 값은

$$b \log \frac{1}{2}(e^{\phi} + e^{-\phi}) \tag{27}$$

이다.

그러므로[7] A가 파동의 마루에서 맞은편 평면까지의 거리라면, 평면

---

7) Φ가 그 평면의 퍼텐셜이고 ϕ가 파동면의 퍼텐셜이라고 하자. 단위 면적당 평면 위의 전기량은 $1 \div 4\pi b$이다. 그리하여 용량은

$$1 \div 4\pi b (\Phi - \phi)$$
$$= 1 \div 4\pi (A + \alpha')$$

이라고 하면 $A + \alpha' = b(\Phi - \phi)$

이다. 그러나 $A + b \log \frac{1}{2}(e^{\phi} + e^{-\phi}) = b(\Phi - \log 2)$

$$\therefore \alpha' = -b\phi + b(\log 2 + \log \frac{1}{2}(e^{\phi} + e^{-\phi}))$$
$$= b \log(1 + e^{-2\phi})$$

(26)에 의해 $= b \log \frac{2}{1 + e^{-\frac{D}{b}}}$ 이다.

과 물결치는 면으로 이루어진 계의 용량은 거리 $A+\alpha'$만큼 떨어져 있는 두 평면의 용량과 같다. 여기에서

$$a' = \frac{B}{\pi} \log_e \frac{2}{1 + e^{-\pi \frac{D}{B}}} \tag{28}$$

와 같다.

199] 이러한 형태의 단일한 홈이 표면의 나머지가 평면인 도체에 만들어져 있고, 다른 도체가 거리 A만큼 떨어져 있는 평면이라면, 한 도체의 다른 도체에 대한 용량은 줄어들 것이다. 이 감소량은 그러한 홈 n개가 나란히 있을 때 생기는 감소량의 $\frac{1}{n}$보다 작을 것이다. 왜냐하면 나중의 경우에 도체들 사이의 평균 전기력이 앞의 경우보다 작을 것이므로 각각의 홈이 그 표면에 일으키는 유도는 이웃하는 홈 때문에 줄어들 것이기 때문이다.

홈의 길이를 L, 폭을 B, 깊이를 D라 하면, 면적이 S인 맞은편 평면의 부분의 용량은

$$\frac{S - LB}{4\pi A} + \frac{LB}{4\pi (A + \alpha')} = \frac{S}{4\pi A} - \frac{LB}{4\pi A} \cdot \frac{a'}{A + \alpha'} \tag{29}$$

이 된다.

만약 A가 B 또는 α'에 비해 크다면, 보정치는 (28)에 의해

$$\frac{L}{4\pi^2} \frac{B^2}{A^2} \log_e \frac{2}{1 + e^{-\pi \frac{D}{B}}} \tag{30}$$

가 되고 무한한 깊이의 슬릿에 대해서는 $D=\infty$로 놓으면, 보정치는

$$\frac{L}{4\pi^2} \frac{B^2}{A^2} \log_e 2 \tag{31}$$

이다.

일련의 평행판 위의 면밀도를 알기 위해서는 $\phi=0$일 때 $\sigma = \frac{1}{4\pi} \frac{d\psi}{dx'}$을 알아야 한다. 그러면

$$\sigma = \frac{1}{4\pi b} \frac{1}{\sqrt{d^{-2\frac{x}{b}} - 1}} \tag{32}$$

을 얻는다.

일련의 판들의 테두리로부터 A만큼 떨어져 있는 평판 위의 평균 밀도는 $\bar{\sigma} = \dfrac{1}{4\pi b}$ 이다. 판 중 하나의 테두리에서 $n\alpha$만큼 떨어져 있는 곳에서의 면밀도는 이 평균 밀도의 $\dfrac{1}{\sqrt{2^{2n}-1}}$ 배이다.

200] 다음에는 이 결과로부터 197절에 나오는 그림의 평면을 $y'=-R$ 축 주위로 회전시킬 때 만들어지는 그림(평면 앞에 있는 일련의 동축 원통들)에서 전기 분포를 유도해 보자. 이 경우에 푸아송 방정식은

$$\frac{d^2 V}{dx'^2} + \frac{d^2 V}{dy'^2} + \frac{1}{R+y'}\frac{dV}{dy'} + 4\pi\rho = 0 \tag{33}$$

의 형태를 가질 것이다.

$V=\phi$ 즉, 193절에 주어진 함수라고 가정하자. 그리고 이 방정식에서 ρ의 값을 구해 보자. 우리는 처음 두 항이 0이 된다는 것을 알고 있다. 그러므로

$$\rho = -\frac{1}{4\pi}\frac{1}{R+y'}\frac{d\phi}{dy'} \tag{34}$$

이다.

이미 탐구한 면밀도에 추가하여 방금 진술한 법칙에 따라 공간에 전기 분포가 있다고 가정하면, 퍼텐셜 분포는 그림 XI에 있는 곡선으로 나타날 것이다.

이제 이 그림에서 $\dfrac{d\phi}{dy'}$는 판의 경계 근처를 제외하고는 일반적으로 매우 작아서 새로운 분포는 판의 테두리 근처의 전기의 표면 분포에 의해 근사적으로 나타낼 수 있을 것이다.

그러므로 $y'=0$과 $y'=\dfrac{\pi}{2}b$ 사이와 $x'=-\infty$에서 $x'=+\infty$ 사이에서 $\iint \rho\, dx' dy'$를 적분하면, 곡률 때문에 판의 한쪽 편에 추가적으로 생기는 전체 전하를 알 수 있다.

$$\frac{d\phi}{dy'} = -\frac{d\psi}{dx'} \text{ 이므로}$$

$$\int_{-\infty}^{\infty}\rho\,dx'=\int_{-\infty}^{\infty}\frac{1}{4\pi}\frac{1}{R+y}\frac{d\psi}{dx'}\,dx'$$

$$=\frac{1}{4\pi}\frac{1}{R+y'}\left(\psi_{\infty}-\psi_{-\infty}\right)$$

$$=\frac{1}{8}\frac{1}{R+y'}\left(2\frac{y'}{B}-1\right)\qquad(35)$$

이고 이것을 y'에 대하여 적분하면

$$\int_{0}^{\frac{B}{2}}\int_{-\infty}^{\infty}\rho\,dx'dy'=\frac{1}{8}-\frac{1}{8}\frac{2R+B}{B}\log\frac{2R+B}{2R}\qquad(36)$$

$$=-\frac{1}{32}\frac{B}{R}+\frac{1}{192}\frac{B^2}{R^2}+\dots\qquad(37)$$

임을 알게 된다.

이것은 하나의 원통의 테두리 근처 공간에 원주 단위 길이마다 분포되어 있다고 가정해야 하는 전체 전기량의 절반이다. 그것은 감지할 만한 밀도를 갖는 판의 테두리에 단지 가깝기 때문에 맞은편 평면에 대한 그것의 작용을 현저하게 변화시키지 않고 판의 표면 위에 전기가 모두 밀집되어 있다고 가정할 수 있다. 그리고 그 면과 원통면 사이의 인력을 계산할 때 이 전기가 원통면에 속하는 것으로 가정해야 한다.

곡률이 없다면 단위 길이당 판의 양의 표면 위의 면전하는

$$-\int_{-\infty}^{0}\frac{1}{4\pi}\frac{d\phi}{dy'}\,dx'=\frac{1}{4\pi}\left(\psi_0-\psi_{-\infty}\right)=-\frac{1}{8}$$

이 될 것이다. 그러므로 그것에 위의 분포 전체를 더하면, 양의 측 위에서 전체 전하를 얻기 위해서 이 전하에 인자 $\left(1+\frac{1}{2}\frac{B}{R}\right)$를 곱해야 한다.[8), 9)] 두 개의 무한 평행 판이 B만큼 떨어져 있고 그 사이에 놓인 반

---

8) (판의 음의 편에는 양의 편과 동일한 전하가 있으므로 단위 원주당 원통 위의 전체 전하는 $-\frac{1}{4}\left(1+\frac{1}{4}\frac{B}{R}\right)$일 것이다. 그러므로 곡률의 수정치는 $\left(1+\frac{1}{4}\frac{B}{R}\right)$이지 본문에서처럼 $\left(1+\frac{1}{2}\frac{B}{R}\right)$가 아니다}—톰슨.

9) [200절에서 전체 공간 분포를 추정하면서 그것을 위해 더 올바르게 적분 $\iint \rho 2\pi (R + y')\, dx'dy'$을 취할 수도 있다. 이 적분은 반지름 R의 테두리의 단위 원주당 $-\frac{1}{32}\frac{B}{R'}$의 값을 내놓으므로 본문과 같은 보정치가 나온다.

디스크의 경우는 같은 방식으로 다음과 같이 취급될 수 있다.

195절의 그림을 중간판의 테두리에서 $+R$만큼 떨어져 있는 평면에 수직인 선 주위로 회전시키자. 그 테두리는 원을 그릴 것이고 그것이 디스크의 테두리가 될 것이다. 200절에서처럼 푸아송 방정식으로 시작한다. 이 경우에 그것은

$$\frac{d^2 V}{dy'^2} + \frac{d^2 V}{dx'^2} - \frac{1}{R - x'}\frac{dV}{dx'} + 4\pi\rho = 0$$

로 표현될 것이다.

이제 $V = \psi$, 즉 195절의 퍼텐셜 함수라고 가정하자. 그러므로 전기가 밀도 ρ가

$$\frac{1}{4\pi}\frac{1}{R - x'}\frac{d\psi}{dx'}$$

인 판 사이의 구역에 존재한다고 가정해야 한다.

총량은

$$2\int_0^{\frac{B}{2}}\int_{-\infty}^{R} \rho \cdot 2\pi (R - x')\, dx'dy'$$

이다.

이제 R가 판 사이의 거리와 비교해 크다면, 이 결과는 그림 XI에 나온 퍼텐셜선들을 검토해서

$$\int_0^{\frac{B}{2}}\int_{-\infty}^{\infty} \frac{d\psi}{dx'}\, dx'dy' \quad \text{즉,} \quad -\frac{1}{8}\pi B$$

와 같음이 드러날 것이다.

디스크 양쪽면을 모두 포함하면 전체 표면 분포는

$$2\int_0^{R}\left(-\frac{1}{4\pi}\frac{d\psi}{dy'}\right)_{y'=0} 2\pi (R - x')\, dx'$$

$$= -\int_0^{R}(R - x')\left(\frac{d\phi}{dx'}\right)_{y'=0} dx'$$

$$= -\int_0^{R} \phi_{y'=0}\, dx'$$

$$= -\int_0^{R}\log\left(e^{\frac{x'}{b}} + \sqrt{e^{\frac{2x'}{b}} - 1}\right) dx'$$

$$= -\int_0^{R}\left\{\frac{x'}{b} + \log\left(1 + \sqrt{1 - e^{-\frac{2x'}{b}}}\right)\right\} dx'$$

$$= -\frac{\pi R^2}{2b} - \int_0^{\frac{R}{b}} b\log\left(1 + \sqrt{1 - e^{-2\xi}}\right) d\xi$$

지름 R의 디스크의 경우에서 디스크의 용량은

$$\frac{R^2}{B} + 2\frac{\log_e 2}{\pi}R + \frac{1}{2}B \tag{38}$$

이다.

톰슨의 가드 링 이론

201] W. 톰슨의 전위계 중 몇몇에서는 큰 평면이 하나의 퍼텐셜에 고정되어 있고 이 면에서 A만큼 떨어진 곳에 반지름 R의 평면 디스크가 있는데 그 둘레를 디스크와 동심인 반지름 R'의 원형 구멍이 뚫린 가드 링(guard ring)이 둘러싸고 있다. 이 디스크와 가드 링은 퍼텐셜 0으로 유지된다.

디스크와 가드 링 사이의 간격을 무한한 깊이에 $R'-R(=B$라 놓자)의 폭을 갖는 원형 홈으로 간주할 수 있다.

이다. 마지막 적분을 계산하기 위해

$$\sqrt{1 - e^{-2\xi}} = 1 - t$$

라고 놓으면 R/b가 클 때 근사적으로

$$\int_0^{\frac{R}{b}} \log(1 + \sqrt{1 - e^{-2\xi}})\,d\xi = -\frac{1}{2}\int_1^{\frac{1}{2}e^{-\frac{2R}{b}}} \log(2 - t)\left(\frac{1}{2-t} - \frac{1}{t}\right)dt$$

$$= -\frac{1}{4}(\log 2)^2 - \frac{1}{2}\log 2\left(-\log 2 - \frac{2R}{b}\right) - \sum_{n=1}^{n=\infty}\frac{1}{2^{n+1}}\frac{1}{n^3}$$

$$= \frac{R}{b}\log 2 + \frac{1}{4}(\log 2)^2 - \sum_{n=1}^{n=\infty}\frac{1}{2^{n+1}}\frac{1}{n^2}$$

을 얻는다. 그래서 판 위의 전기량은

$$= -\frac{R^2}{2b} - R\log 2 - \frac{1}{8}\pi B - \frac{b}{4}(\log 2)^2 + \sum_{n=1}^{n=\infty}b\frac{b}{2^{n+1}}\frac{1}{n^2}$$

이다.
판의 퍼텐셜 차이는 $\frac{\pi}{2}$이고 $B=\pi b$이므로 용량은

$$\frac{R^2}{B} + \frac{2}{\pi}R\log 2 + \frac{B}{4} + \frac{B}{2\pi^2}(\log 2)^2 - \frac{B}{\pi^2}\sum_{n=1}^{n=\infty}\frac{1}{2^n}\frac{1}{n^2} = \frac{\pi^2}{12} - \frac{1}{2}(\log 2)^2$$

이고 이 결과는 본문의 값보다 대략 $0.28B$만큼 작다]–니벤.

큰 디스크의 단위 퍼텐셜 때문에 디스크 위에 유도되는 전하는, 밀도가 일정하다고 가정할 때, $\frac{R^2}{4A}$ 일 것이다.

폭이 B이고 길이가 $L = 2\pi R$이고 깊이가 무한대인 직선 홈의 한쪽 편의 전하는 큰 디스크에서 나와서 홈의 측면에 도달하는 역선의 수에 의해 추정될 수 있다. 197절과 각주를 참조하여 그 전하는

$$\frac{1}{2}LB \times \frac{1}{4\pi b}$$

$$\text{즉, } \frac{1}{4}\frac{RB}{A + \alpha'}$$

임을 알 수 있다. 이 경우에 $\Phi = 1$, $\phi = 0$이므로 $b = A + \alpha'$이 된다.

그러나 홈은 직선이 아니고 곡률 반지름 R를 가지므로 이것에 인자 $\left(1 + \frac{1}{2}\frac{B}{R}\right)$[10]를 곱해 주어야 한다.

그러므로 디스크 위의 전체 전하는

$$\frac{R^2}{4A} + \frac{1}{4}\frac{RB}{A + \alpha'}\left(1 + \frac{B}{2R}\right) \tag{39}$$

$$= \frac{R^2 + R'^2}{8A} - \frac{R'^2 - R^2}{8A} \cdot \frac{\alpha'}{A + \alpha'} \tag{40}$$

이 될 것이다.

α'의 값은 $\frac{B\log 2}{\pi}$ (=대략 $0.22B$)보다 클 수 없다.

B가 A 또는 R와 비교해 작다면, 이 식은 단위 퍼텐셜 차이 때문에 디스크 위에 유도되는 전하에 대하여 충분히 좋은 근사값을 제공한다. R에 대한 A의 비는 어떠한 값이든 가질 수 있지만 큰 디스크와 가드 링의 반지름은 모두 A의 정수배만큼 R보다 커야 한다.

---

10) {200절의 각주에서 구했듯이 곡률을 위한 수정 인자를 $\left(1 + \frac{1}{4}\frac{B}{R}\right)$로 취하면, 디스크 위의 전하는 $\frac{B^2}{16(A + \alpha')}$만큼 본문에서 주어진 것보다 작을 것이다—톰슨.

예제 VII.-그림 XII

202] 유체 운동의 불연속에 대한 논문[11]에서 헬름홀츠는 좌표가 퍼텐셜 함수와 그것의 켤레 함수로 표현되는 몇 개의 공식의 적용을 제시했다.

이 공식들 중 하나가 접지되어 있는 무한 평면과 평행한 유한한 크기의 전기화된 판의 경우에 적용될 수 있다.

$$x_1 = A\phi, \quad y_1 = A\psi$$

이고 또한 $\qquad x_2 = Ae^\phi\cos\psi, \quad y_2 = Ae^\phi\sin\psi$

이므로 이것들은 모두 ϕ와 ψ의 켤레 함수이고 x_2에 x_1을 더하고 y_2에 y_1을 더해서 얻은 함수도 켤레일 것이다.

그러므로

$$x = A\phi + Ae^\phi\cos\psi$$
$$y = A\psi + Ae^\phi\cos\psi$$

라면, x, y는 ϕ, ψ에 대하여 켤레이고 ϕ, ψ는 x, y에 대하여 켤레일 것이다.

이제 x, y를 직교좌표라 하고 $k\psi$를 퍼텐셜이라고 하자. 그러면 $k\phi$는 $k\psi$의 켤레일 것이다. 여기에서 k는 임의의 상수다.

$\phi = \pi$라고 놓으면, $y = A\pi$, $x = A(\phi - e^\phi)$이다.

ϕ가 $-\infty$에서 0까지 변하고 다음에는 0에서 $+\infty$까지 변한다면, x는 $-\infty$부터 $-A$까지 변하고 $-A$에서 $-\infty$까지 변한다. 그러므로 $\psi = \pi$인 등퍼텐셜면은 원점에서 $b = \pi A$만큼 떨어져 있는 xz에 평행하고 $x = -\infty$에서 $x = -A$까지 펼쳐져 있는 평면이다.

$x = -(A+a)$에서 $x = -A$까지, $z = 0$에서 $z = c$까지 펼쳐진 이 평면의 부분

---

11) *Monatsberichte der Königl. Akad. der Wissenschaften*, zu Berlin, April 23, 1868, p.215.

을 생각해 보자. 그것이 xz 평면에서부터 $y=b=A\pi$만큼 떨어져 있고 그것의 퍼텐셜은 $V=k\psi=k\pi$라고 가정하자.

고려 중인 그 평면의 일부에 있는 전하량은 그 끝점들에서 ϕ의 값을 확인함으로써 알 수 있다.

그러므로 등식

$$x = -(A+a) = A(\phi - e^{\phi})$$

로부터 ϕ를 결정해야 한다. 여기에서 ϕ는 음수값 ϕ_1과 양수값 ϕ_2를 가질 것이다. 평면의 테두리에서 $x=-A$일 때, $\phi=0$이 된다.

그러므로 평면의 한쪽 위의 전하는 $-ck\phi_1 \div 4\pi$이고 다른 쪽의 전하는 $ck\phi_2 \div 4\pi$가 될 것이다.

이 전하는 모두 양이고 그 합은

$$\frac{ck(\phi_2 - \phi_1)}{4\pi}$$

이다. a가 A와 비해 크다고 가정하면,

$$\phi_1 = -\frac{a}{A} - 1 + e^{-\frac{a}{A} - 1} + e^{-\frac{a}{A} - 1 + \cdots}$$

$$\phi_2 = \log\left\{\frac{a}{A} + 1 + \log\left(\frac{a}{A} + 1 + \ldots\right)\right\}$$

이다.

ϕ_1에 있는 지수 항들을 무시하면, 음의 표면 위의 전하는, 만약 면밀도가 경계에서 멀리 떨어져 있는 곳의 면밀도와 같은 값으로 균일하다면 그 표면이 가졌을 것보다 크다는 것을 알게 된다. 이때 초과되는 양은 균일한 면밀도를 가진 폭이 $A = \frac{b}{\pi}$인 띠 위의 전하와 같다.

고려되는 평면의 부분의 전체 용량은

$$C = \frac{c}{4\pi^2}(\phi_2 - \phi_1)$$

이다.

전체 전하는 CV이고 $y=0$으로 표현되고 퍼텐셜 $\psi=0$인 무한한 평면을 향해 끌어당기는 힘은

$$-\frac{1}{2}V^2\frac{dC}{db} = V^2\frac{ac}{8\pi^3 A^2}\left(1 + \frac{\dfrac{A}{a}}{1 + \dfrac{A}{a}\log\dfrac{a}{A}} + e^{-\frac{a}{A}} + \ldots\right)$$

$$= \frac{V^2 c}{8\pi b^2}\left\{a + \frac{b}{\pi} - \frac{b^2}{\pi^2 a}\log\frac{a\pi}{b} + \ldots\right\}$$

이다.

등퍼텐셜선과 역선은 그림 XII에서 주어진다.

예제 VIII. 평행 도선 격자 이론. 그림 XIII

203] 많은 전기 기구에서 도선 격자는 기구의 어떤 부분이 유도로 전기화되는 것을 막기 위해 사용된다. 도체가 자체와 동일한 퍼텐셜을 갖는 금속 그릇에 의해 완전히 둘러싸여 있다면 그 그릇 밖의 전기화된 물체는 그 그릇 안의 도체의 표면 위에 아무런 전기도 유도할 수 없다는 것이 알려져 있다. 그러나 도체가 금속으로 완전히 둘러싸여 있으면 보이지 않기에 어떤 경우에는 가는 도선으로 만든 격자로 감싼 채로 구멍을 남겨두게 된다. 전기 유도의 효과를 줄이는 이 격자의 효과를 탐구해보자. 한 평면에 같은 간격으로 평행하게 일련의 도선들이 배열되어 격자를 구성하는 것으로 가정하자. 이때 도선들의 직경은 그것들 사이의 간격에 비하여 작고, 격자면의 한쪽 편의 전기화된 물체의 가장 가까운 부분과 격자면 사이의 거리가 멀고 다른 편의 보호되는 도체의 가장 가까운 부분과 격자면 사이의 거리도 멀어, 이웃하는 도선들 사이의 간격에 비하여 상당히 멀리 화면으로부터 떨어져 있다고 가정하자.

204] 단위 길이당 전기량 λ로 대전되어 있는 무한한 길이의 곧은 도선의 축으로부터 r'만큼 떨어져 있는 곳의 퍼텐셜은

$$V = -2\lambda \log r' + C \qquad (1)$$

이다.

도선에서 거리가 1인 축을 기준으로 하는 극좌표로 이것을 나타낼 수 있다. 이 경우에

$$r'^2 = 1 - 2r\cos\theta + r^2 \qquad (2)$$

으로 놓아야 한다. 그리고 기준축이 선밀도 λ'으로 대전되어 있다고 가정하면,

$$V = -\lambda \log(1 - 2r\cos\theta + r^2) - 2\lambda'\log r + C \qquad (3)$$

임을 알 수 있다.

$$r = e^{2\pi\frac{y}{a}}, \quad \theta = \frac{2\pi x}{a} \qquad (4)$$

라고 놓는다면, x와 y가 직교좌표라면, 공액 함수의 이론에 의해

$$V = -\lambda \log\left(1 - 2e^{\frac{2\pi y}{a}}\cos\frac{2\pi x}{a} + e^{\frac{4\pi y}{a}}\right) - 2\lambda'\log e^{\frac{2\pi y}{a}} + C \qquad (5)$$

이고 이것은 xz 평면에 있고 z축에 평행하고 x가 a의 정배수인 x축의 점들을 통과하여 y축에 수직인 평면으로 향하는 가는 도선들이 무한히 나열되어 있을 때 유도되는 퍼텐셜값과 같다.

이 도선들 각각은 선밀도 λ로 대전되어 있다.

λ'을 포함하는 항은 y의 방향으로 일정한 힘 $\dfrac{4\pi\lambda'}{a}$을 일으키는 전기화를 나타낸다.

$\lambda'=0$일 때 등퍼텐셜면과 역선의 형태가 그림 XIII에 나타나 있다. 도선들 근처의 등퍼텐셜면은 거의 원통이다. 그래서 도선들이 그것들 사이의 거리에 비해 유한하지만 작은 직경을 가질 때조차도 그 해가 근사적으로 옳다고 생각할 수 있다.

도선에서 먼 곳에 있는 등퍼텐셜면은 점점 더 근사적으로 격자면에

평행한 평면이 된다.

등식에서 $y=b_1$, 즉 a와 비교해 큰 양이라 하면, 근사적으로

$$V_1 = -\frac{4\pi b_1}{a}(\lambda + \lambda') + C \tag{6}$$

임을 알 수 있다.

다음으로 $y=-b_2$(여기에서 b_2는 a에 비해 큰 양수값)라고 하면, 근사 사적으로

$$V_2 = -\frac{4\pi b_2}{a}\lambda' + C \tag{7}$$

이다.

c가 격자 도선의 반지름이고 a와 비교해 매우 작다면, 도선의 표면이 z축에서 c만큼 떨어진 곳에서 xz 평면과 만나는 등퍼텐셜면과 일치한다고 가정함으로써 격자 자체의 퍼텐셜을 알아낼 수 있다. 격자의 퍼텐셜을 알기 위해서는 $x=c$, $y=0$이라고 놓으면,

$$V = -2\lambda \log_e 2\sin\frac{\pi c}{a} + C \tag{8}$$

이다.

205] 이제 도선 사이의 간격에 비해 도선의 굵기가 가는 격자와 격자의 각 면에 하나씩 도선 사이의 거리에 비해 멀리 떨어져 있는 두 개의 평면 도체로 구성된 계의 전기 상태를 나타내는 식을 얻었다.

첫 번째 평면의 면밀도 σ_1은 등식 (6)에서 얻을 수 있다. 즉,

$$4\pi\sigma_1 = \frac{dV_1}{db_1} = -\frac{4\pi}{a}(\lambda + \lambda') \tag{9}$$

이고 두 번째 평면의 면밀도 σ_2는 등식 (7)에서 얻어진다. 즉,

$$4\pi\sigma_2 = \frac{dV_2}{db_2} = \frac{4\pi}{a}\lambda' \tag{10}$$

이다. 이제

$$\alpha = -\frac{a}{2\pi}\log_e\left(2\sin\frac{\pi c}{a}\right) \tag{11}$$

로 쓰고 등식 (6), (7), (8), (9), (10)으로부터 c, λ, λ'을 소거하면,

$$4\pi\sigma_1\left(b_1 + b_2 + \frac{b_1 b_2}{\alpha}\right) = V_1\left(1 + \frac{b_2}{\alpha}\right) - V_2 - V\frac{b_2}{\alpha} \tag{12}$$

$$4\pi\sigma_2\left(b_1 + b_2 + \frac{b_1 b_2}{\alpha}\right) = -V_1 + V_2\left(1 + \frac{b_1}{\alpha}\right) - V\frac{b_1}{\alpha} \tag{13}$$

을 얻는다.

도선이 무한히 가늘 때, α가 무한대가 되고 분모가 α인 항들이 0이 되므로 이것은 격자가 삽입되어 있지 않은 두 개의 평행 평면의 경우에 해당한다.

격자가 평면 중 하나, 가령 첫 번째 것과 금속으로 연결되어 있다면, $V=V_1$이고 σ_1을 위한 등식[12]의 우변이 V_1-V_2가 된다. 그러므로 격자가 삽입되어 있을 때 첫 번째 평면 위에 유도된 밀도 σ_1과, 두 번째 평면이 동일한 퍼텐셜로 유지되는 가운데 격자가 제거되었을 때 그 위에 유도될 밀도의 비는 1 대 $1 + \dfrac{b_1 b_2}{a(b_1 + b_2)}$와 같다.

격자가 두 번째 면과 연결되어 있다고 가정했다면 두 번째 면에 대한 첫 번째 면의 전기적 영향을 줄이는 격자의 효과에 대하여 동일한 값을 찾아냈을 것이다. 이것은 b_1과 b_2가 같은 방식으로 그 식에 나타나므로 분명히 옳다. 이것은 역시 88절의 정리의 직접적인 결과이다.

하나의 전기화된 판이 격자를 통과해서 다른 판에 영향을 미쳐 만들어지는 유도는 격자를 제거하고 평면 사이의 거리를 b_1+b_2로부터

$$b_1 + b_2 + \frac{b_1 b_2}{\alpha}$$

로 늘렸을 때와 같다.

두 평면이 퍼텐셜 0으로 유지되고 격자는 주어진 퍼텐셜까지 전기화

---

12) 등식 (9)를 말한다—옮긴이.

되어 있다면, 격자 위의 전기량과 같은 위치에 놓여 있는 동일한 면적의 평면 위에 유도될 전기량의 비는

$$b_1 b_2 : b_1 b_2 + \alpha (b_1 + b_2)$$

가 될 것이다.

이 탐구는 b_1과 b_2가 a에 비해 크고 a가 c에 비해 클 때만 근사적으로 옳다. 양 α는 임의의 크기를 갖는 길이이다. 그것은 c가 무한히 작을 때 무한대가 된다.

$c = \frac{1}{2} a$라고 가정하면, 격자 도선들 사이에 구멍이 없을 것이므로 그것을 통하여 유도도 없을 것이다. 그러므로 이 경우에 $\alpha = 0$을 가져야 한다. 그러나 식 (11)은 이 경우에

$$\alpha = - \frac{a}{2} \pi \log_e 2 = - 0.11a$$

가 된다. 이 값은 분명히 잘못이다. 유도의 부호가 결코 격자 때문에 바뀌지 않을 것이기 때문이다. 그러나 원통형 도선 격자의 경우에 고차의 근사로 진행하는 것은 쉽다. 나는 단지 이 과정의 단계들만을 지시하겠다.

근사의 방법

206] 도선들이 원통형이고 각각 위의 전기 분포는 y축에 평행한 지름에 대하여 대칭이므로 퍼텐셜의 적절한 전개식은

$$V = C_0 \log r + \sum C_i r^i \cos i\theta \tag{14}$$

의 형태이다. 여기에서 r는 도선 중 하나의 축으로부터의 거리이고 θ는 r와 y 사이의 각이다. 도선이 도체이므로 r가 반지름과 같아질 때, V는 상수여야 한다. 그러므로 θ의 배수의 코사인 각각의 계수는 0이 되어야 한다.

간결성을 위해서 새 좌표 $\xi, \eta, \ldots$를

$$a\xi = 2\pi x,\ a\eta = 2\pi y,\ a\rho = 2\pi r,\ a\beta = 2\pi b,...\qquad(15)$$

가 되도록 가정하자. 그리고

$$F_\beta = \log(e^{\eta+\beta} + e^{-(\eta+\beta)} - 2\cos\xi)\qquad(16)$$

이라고 하자. 그러고 나서

$$V = A_0 F_\beta + A_1 \frac{dF_\beta}{d\eta} + A_2 \frac{d^2 F_\beta}{d\eta^2} + ...\qquad(17)$$

라고 하고 계수들 A에 적절한 값을 주면, η와 $\cos\xi$의 함수인 임의의 퍼텐셜을 표현할 수 있다. 이 함수는 $n+\beta=0$이고 $\cos\xi=1$일 때만 무한대가 된다.

$\beta=0$일 때 ρ와 θ에 의한 F의 전개식은[13)]

$$F_0 = 2\log\rho + \frac{1}{12}\rho^2\cos2\theta - \frac{1}{1440}\rho^4\cos4\theta + ...\qquad(18)$$

이다.

유한한 β값에 대하여 F의 전개식은

$$F_\beta = \beta + 2\log(1 - e^{-\beta}) + \frac{1 + e^{-\beta}}{1 - e^{-\beta}}\rho\cos\theta$$
$$- \frac{e^{-\beta}}{(1 - e^{-\beta})^2}\rho^2\cos2\theta + ...\qquad(19)$$

이다.

$\eta=\beta_1$과 $\eta=-\beta_2$로 표현되는 두 도체 평면과 $\eta=0$인 격자면으로 이루어진 계의 경우에 격자의 영상들은 두 개의 무한 계열을 이룰 것이다.

---

13) {F의 전개식은 $\log(e^{-\eta} + e^{\eta} - 2\cos\xi)$가 $\log r^2 + \log r_1^2 + \log r_2^2 + ...$와 상수만큼 차이가 난다는 것을 주목함으로써 얻어진다. 여기에서 r, r_1, r_2,...가 도선들로부터 P까지의 거리이다. 같은 방법을 F_β를 전개하는 데 적용할 수 있다. 이것은 y 방향으로 $-b$만큼 도선을 움직이는 것에 해당하기 때문이다. 그러나 전개식은 본문에 주어진 것과 같은 형태는 아니다}—톰슨.

첫 번째 계열은 같은 부호의 같은 양으로 전기화된 격자 양쪽편에 있는 영상들의 무한 계열과 격자 자체로 이루어져 있다. 이 가상적인 원통[14]의 축은

$$\eta = \pm\, 2n\,(\beta_1 + \beta_2) \ (n\text{은 정수}) \tag{20}$$

의 형태의 방정식을 갖는 평면에 놓여 있다.

두 번째 계열은 계수 A_0, A_2, A_4...가 격자 자체에 있는 동일한 양들과 크기가 같고 부호가 반대인 무한 계열의 영상들로 이루어지는 반면에 A_1, A_3,...는 격자 자체의 동일한 양들과 크기가 같고 부호도 같다. 이 영상들의 축은

$$\eta = 2\beta_2 \pm 2m\,(\beta_1 + \beta_2)\ (m\text{은 정수}) \tag{21}$$

의 형태의 방정식으로 표현되는 평면들에 속해 있다.

그러한 영상의 무한 계열 때문에 생긴 퍼텐셜은 영상들의 수가 홀수인지 짝수인지에 의존할 것이다. 그리하여 무한 계열 때문에 생기는 퍼텐셜은 미결정적이지만 그것에 함수 $B\eta + C$를 더한다면, 이 문제의 조건은 전기 분포를 결정하기에 충분할 것이다.

먼저 두 도체 평면의 퍼텐셜, V_1, V_2를 A_0, A_1과 B, C에 의해 결정할 수 있다. 그다음에 이 평면의 임의의 점에서의 면밀도 σ_1과 σ_2를 결정해야 한다. σ_1과 σ_2의 평균값은 등식

$$4\pi\sigma_1 = \frac{2\pi}{a}\,(A_0 - B),\ 4\pi\sigma_2 = \frac{2\pi}{a}\,(A_0 + B) \tag{22}$$

로 주어진다.

그러면 격자 자체와 모든 영상들 때문에 생기는 퍼텐셜을 θ의 배수의 코사인과 ρ에 의해 전개하고 그 결과에

---

14) 영상들의 배열이 원통형이기 때문이다—옮긴이.

$$B\rho\cos\theta + C$$

를 더해야 한다.

그러면 θ에 독립인 항들이 격자의 퍼텐셜 V를 제공할 것이고 0과 같다고 놓은 각각의 θ의 배수의 코사인의 계수는 미결정의 계수들 사이의 방정식을 제시할 것이다.

이런 식으로 이 모든 계수들을 소거하기에 충분히 많은 방정식을 찾을 수 있고 V_1, V_2, V에 의해 σ_1, σ_2를 결정할 두 개의 방정식을 남기게 된다.

이 방정식은

$$\begin{aligned}
V_1 - V &= 4\pi\sigma_1(b_1 + \alpha - \gamma) + 4\pi\sigma_2(\alpha + \gamma) \\
V_2 - V &= 4\pi\sigma_1(\alpha + \gamma) + 4\pi\sigma_2(b_2 + \alpha - \gamma)
\end{aligned} \tag{23}$$

의 형태가 될 것이다.

격자에 의해 보호받는 평면 중 하나에 유도되는 전기량은, 다른 평면이 다른 주어진 퍼텐셜에 있을 때 마치 평면들이 $b_1 + b_2$ 대신에

$$\frac{(\alpha - \gamma)(b_1 + b_2) + b_1 b_2 - 4\alpha\gamma}{\alpha + \gamma}$$

만큼 떨어져 있을 때와 같을 것이다.

α와 γ의 값은 근사적으로 다음과 같다.

$$\begin{aligned}
\alpha = \frac{a}{2\pi}\bigg\{ &\log\frac{a}{2\pi c} - \frac{5}{3}\cdot\frac{\pi^4 c^4}{15a^4 + \pi^4 c^4} \\
&+ 2e^{-4\pi\frac{b1+b2}{\alpha}}(1 + e^{-4\pi\frac{b1}{\alpha}} + e^{-4\pi\frac{b2}{\alpha}} + ...) + ...\bigg\}
\end{aligned} \tag{24}$$

$$\gamma = \frac{3\pi\alpha c^2}{3\alpha^2 + \pi^2 c^2}\left(\frac{e^{-4\pi\frac{b1}{\alpha}}}{1 - e^{-4\pi\frac{b1}{\alpha}}} - \frac{e^{-4\pi\frac{b2}{\alpha}}}{1 - e^{-4\pi\frac{b2}{\alpha}}}\right) + ... \text{[15]} \tag{25}$$

15) {보충편에 켤레 함수를 사용하는 또 다른 방법, 즉, 유한한 평면의 용량을 계산하는 방법 등이 소개되어 있다}―톰슨.

제13장 정전기 기구

정전기 기구에 관하여

현재 고찰하고자 하는 기구는 다음 부류로 나누어진다.

(1) 전기화의 생산과 증식을 위한 전기 기계

(2) 알려진 비율로 전기화를 높이기 위한 배율기

(3) 전기 퍼텐셜과 전하의 측정을 위한 전위계

(4) 큰 전하를 유지하기 위한 축전지

전기 기계

207] 흔한 전기 기계는 유리판이나 유리 원통이 아연 아말감을 펼쳐 놓은 가죽에 접촉한 상태에서 회전하도록 되어 있다. 유리면은 양으로 전기화되고 마찰포(摩擦布)의 면은 음으로 전기화된다. 유리의 전기화된 면이 마찰포의 전기화로부터 멀어짐에 따라 그것은 높은 양의 퍼텐셜을 얻는다. 그런 후에 그것을 그 기계의 도체와 연결되어 있는 한 무리의 날카로운 금속침의 맞은편에 오게 한다. 유리의 양전기화는 금속침들에 음전기화를 유도하는데 이것은 침이 날카로울수록, 또 그것들이 유리에 가까울수록 커진다.

기계가 제대로 작동될 때 유리와 금속침들 사이의 공기를 통해서 방전이 생긴다. 유리는 양전하의 일부를 잃고 그 전기는 금속침으로 옮겨 가고 기계의 절연된 주된 도체, 즉 그것이 전기적으로 연결되어 있는 다른 물체들로 옮겨 간다.

그리하여 마찰포로 접근하는 유리의 부분은 동시에 마찰포에서 멀어지는 유리 부분보다 더 작은 양전하를 가지므로 마찰포와 그것에 연결되어 있는 도체는 음으로 전기화된다.

보다 많은 양으로 전기화되어 마찰포에서 멀어지는 유리면은 마찰포로 접근하는 부분적으로 방전된 면보다 더 많이 마찰포의 음전하에 끌린다. 그러므로 전기력은 그 기계를 돌리는 데 사용되는 힘에 대한 저항으로 작용한다. 그러므로 기계를 돌리는 데 사용되는 일은 보통의 마찰과 다른 저항들을 이기는 데 사용되는 것보다 더 커진다. 그 초과량은 전기화 상태를 유발하는 데 사용되므로 이 전기화의 에너지는 일의 초과량과 같다.

마찰을 이기는 데 사용된 일은 문질러진 물체 속에서 즉시 열로 전환된다. 전기 에너지도 역학적 에너지나 열로 전환될 수 있다.

기계가 역학적 에너지를 저장하지 않는다면, 모든 에너지는 열로 전환될 것이고 마찰로 생긴 열과 전기 작용으로 생긴 열의 유일한 차이점은 전자가 면을 마찰함으로써 생기는 반면에 후자는 떨어져 있는 도체에서 생길 수 있다는 점이다.[1]

유리면 위의 전하가 마찰포에 의해 끌리는 것을 우리는 보았다. 이 인력이 충분히 강하다면, 유리와 수거침(收去針) 사이가 아니라 유리와 마찰포 사이에는 방전이 있을 것이다.

어떤 전기 기계에서 움직이는 부분은 유리가 아니라 에보나이트이고 마찰포는 양모나 모피다. 그때 마찰포는 양으로 대전되고 주된 도체는 음으로 전기화된다.

---

1) 역학적 에너지가 마찰에 의해 열로 전환되는 많은 경우에서 에너지의 일부는 먼저 전기 에너지로 전환되고 그 후에 열로 전환될 수 있다. 전기 에너지가 마찰면들에 가까운 단락된 회로의 전류를 유지하는 데 사용될 때 이런 일이 일어난다. Sir W. Thomson, "On the Electrodynamic Qualities of Metals," *Phil. Trans.*, 1856, p.649을 보라.

볼타의 기전반

208] 기전반(起電盤)은 금속을 뒤에 댄 수지판이나 에보나이트판과 그것과 같은 크기의 금속판으로 이루어져 있다. 절연 손잡이가 이 판들 중 하나의 뒤에 나사로 조여져 있을 수 있다. 에보나이트판에는 금속판과 에보나이트판이 접촉할 때 금속판과 에보나이트판의 금속 뒷면을 연결하는 금속핀이 있다.

에보나이트판은 양모나 고양이 모피로 문지르면 음으로 전기화된다. 그러고 나서 금속판을 절연 손잡이를 사용해서 에보나이트 근처로 가져간다. 직접적인 방전이 에보나이트와 금속판 사이에서 일어나지 않지만 금속판의 퍼텐셜은 유도에 의해 음수가 된다. 그래서 금속판이 금속핀에 어떤 거리 이내로 접근할 때 스파크가 발생한다. 만약 금속판이 멀리 옮겨지면, 금속판은 양의 전하를 갖고 있을 것이고 그 전하는 도체로 옮겨질 수 있다. 에보나이트판의 뒷면에 있는 금속은 금속판의 전하와 크기는 같고 부호가 반대인 음전하를 가지게 된다. 축전기나 축전기를 충전하기 위해 그 기구를 사용할 때 판 중 하나를 접지된 도체에 연결시키고 다른 쪽은 그것에 접촉시켰다가 떼어서 축전기의 전극에 대고 나서 고정된 판 위에 놓는다. 이 과정을 반복한다. 에보나이트판이 고정되어 있다면, 축전기는 양으로 대전될 것이다. 금속판이 고정되면, 축전기는 음으로 대전될 것이다.

판들을 분리시키기 위해서 손이 하는 일은 항상 판들을 접근시킬 때 전기 인력이 하는 일보다 크다. 그래서 축전기를 충전하는 조작은 일을 소모시킨다. 이 일의 일부는 대전된 축전기의 에너지에 의해 설명되고 일부는 소리, 스파크의 열을 내는 데 소모되고 나머지는 다른 저항을 이기고 운동을 일으키는 데 소모된다.

역학적 일에 의해 전기화를 생산하는 기계에 관하여

209] 보통의 마찰 전기 기계에서 마찰을 이기는 데 사용되는 힘은 전기화를 증가시키는 데 사용되는 것보다 훨씬 크다. 그러므로 오로지 전

기력에 대항하는 역학적 일에 의해 전기화를 생산할 수 있는 배열이 실용적 가치는 없다 할지라도 과학적으로 중요하다. 이런 종류의 첫 번째 기계는 니콜슨(Nicholson)[2]의 회전 배가기(revolving doubler)였을 것이다. 그것은 1788년에 『철학연보』에 '마찰이나 접지 없이 감개(winch)의 회전에 의해 두 상태의 전기를 만드는 기구'로 기술되었다.

210] 볼타는 바로 회전 배가기를 사용해서 전퇴(電堆)의 전기화로부터 전위계에 영향을 미칠 수 있는 전기화를 만들어내는 데 성공했던 것이다. 같은 원리의 기구가 독자적으로 발리(C. F. Varley)[3]와 W. 톰슨에 의해 발명되었다.

이 기구는 근본적으로 다양한 형태의 절연된 도체들, 일부는 고정되어 있고 다른 것들은 움직일 수 있는 도체들로 이루어져 있다. 움직일 수 있는 도체는 운반기라고 부르고 고정된 것들은 유도기, 수용기, 축전장치라고 부를 수 있다. 유도기와 수용기는 운반기가 회전 중에 어떤 점에 도달했을 때 거의 완전히 도체에 의해 둘러싸이도록 만들어진다. 유도기, 수용기가 완전히 운반기를 둘러쌀 수 없고 동시에 움직일 수 있는 부분들의 복잡한 배열 없이 운반기를 안팎으로 자유롭게 움직이도록 허용하므로, 그 기구는 운반기가 수용기에서 나올 때 가지고 있는 적은 양의 전기를 저장하는 한 쌍의 축전장치가 없다면 이론적으로 완벽하지 않다. 그러나 현재로서는 운반기가 그것들 안에 있어 이론이 훨씬 간단해질 경우에 유도기와 수용기가 운반기를 완전히 둘러싼다고 가정할 수

---

2) 영국의 화학자인 니콜슨(William Nicholson, 1753~1815)은 인도, 네덜란드 등지에서 동인도 회사, 도기 회사 등의 직원으로 일하다가 런던으로 돌아와 특허국 직원, 수학 교사 등을 지냈다. 1790년 액체 비중계를 발명했으며, 1800년에는 볼타가 전지를 발명하자 이에 자극을 받아 전지 및 갈바니(Galvani) 전류를 연구했다. 또한 A. 칼라일과 함께 전류의 화학작용을 연구했으며, 최초로 물을 전기분해하여 수소와 산소를 포집했다. 1797년에 『자연철학, 화학 및 기술 잡지』(*Natural Philosophy, Chemistry and the Arts*)를 창간했으며 『자연철학입문』(*Introduction to Natural Philosophy*, 1781)을 저술했다—옮긴이.

3) Specification of Patent, Jan. 27, 1860, No. 206.

있다.

기계가 두 개의 유도기 A와 C, 두 개의 수용기 B와 D, 두 개의 운반기 F와 G로 구성된다고 가정하자.

유도기 A는 양으로 전기화된다고 가정하고 그 퍼텐셜이 A라고 하자. 그리고 운반기 F가 그 안에 있고 퍼텐셜이 F라고 하자. 그러면 Q가 A와 F 사이의 유도 계수(양수로 취함)라고 할 때, 운반기 위의 전기량은 $Q(F-A)$일 것이다.

유도기 안에 있는 동안 운반기가 접지되면, $F=0$이고 운반기 위의 전하는 음의 전하 $-QA$일 것이다. 운반기가 수용기 B 안에 있게 될 때까지 운반하자. 그리고 나서 그것을 스프링과 접촉하게 하여 B와 전기적으로 연결되게 하자. 그때 그것은 32절에서 보인 대로 완전히 방전되고 전체 음전하를 수용기 B에 전달해 줄 것이다.

다음으로 운반기는 우리가 음으로 대전되어 있다고 가정하는 유도기 C에 들어갈 것이다. C 안에 있는 동안 운반기는 접지되어 있어서 양의 전하를 얻고 그것을 운반기는 밖으로 운반하고 수용기 D에 전달해 준다. 이런 과정을 계속 반복한다.

이런 식으로 유도기의 퍼텐셜이 항상 상수로 머문다면, 수용기 B와 D는 연속적으로 전하를 받는다. 그 양은 운반기가 매번 회전할 때마다 동일하다. 그리하여 회전마다 수용기 안의 전기는 일정한 양씩 늘어난다.

그러나 유도기 A를 수용기 D와 연결시키고 유도기 C를 수용기 B와 연결시키면, 유도기의 퍼텐셜은 연속적으로 증가할 것이고 회전마다 수용기에 전달되는 전기량은 연속적으로 증가할 것이다.

가령, A와 D의 퍼텐셜이 U라고 하고 B와 C의 퍼텐셜이 V라고 하자. 그러면, 운반기가 접지되어 A 안에 있을 때 퍼텐셜이 0이 될 것이므로 그것의 전하는 $-QU$가 된다. 운반기가 이 전하를 가지고 B에 들어가서 그것을 B에 전달해 준다. B와 C의 용량이 B이면, 그 퍼텐셜은 V에서 $V - \dfrac{Q}{B}U$로 변화될 것이다.

다른 운반기가 동시에 $-QV$의 전하를 C에서 D까지 운반했다면, 그것은 A와 D의 퍼텐셜을 U에서 $U - \dfrac{Q'}{A}V$로 변화시킬 것이다. 여기에서 Q'은 운반기와 C 사이의 유도 계수이고 A는 A와 D의 용량이다. 그러므로 U_n과 V_n을 $\dfrac{n}{2}$ 회전 후에 두 도체의 퍼텐셜이라 하고 U_{n+1}과 V_{n+1}을 $\dfrac{n+1}{2}$ 회전 후의 두 도체의 퍼텐셜이라고 하면,

$$U_{n+1} = U_n - \frac{Q'}{A}V_n$$

$$V_{n+1} = \tilde{V}_n - \frac{Q}{B}U_n$$

이다.

$p^2 = \dfrac{Q}{B}$ 이고 $q^2 = \dfrac{Q'}{A}$ 이면

$$pU_{n+1} + qV_{n+1} = (pU_n + qV_n)(1-pq) = (pU_0 + qV_0)(1-pq)^{n+1}$$

$$pU_{n+1} - qV_{n+1} = (pU_n - qV_n)(1+pq) = (pU_0 - qV_0)(1+pq)^{n+1}$$

임을 알 수 있다. 그리하여

$$2U_n = U_0((1-pq)^n + (1+pq)^n) + \frac{q}{p}V_0((1-pq)^n - (1+pq)^n)$$

$$2V_n = \frac{p}{q} - U_0((1-pq)^n) - (1+pq)^n) + V_0((1-pq)^n + (1+pq)^n)$$

이 된다.

이 등식들로부터 양 $pU+qV$는 연속적으로 줄어드는 것으로 나타난다. 그래서 전기화의 초기 상태가 무엇이든 수용기는 결국 반대 부호로 전기화된다. A와 B의 퍼텐셜은 q 대 $-p$의 비에 있게 된다.

한편 양 $pU-qV$은 연속적으로 증가한다. 처음에 아무리 조금 pU가 qV보다 크거나 작더라도 그 차이는 회전마다 기하급수적으로 증가하여 기전력이 매우 커져서 장치의 절연성이 무너지기까지 계속된다.

이 종류의 기구는 다양한 목적으로 사용될 수 있다. 우선 그것은 발리(Varley)의 큰 기계처럼 높은 퍼텐셜로 많은 양의 전기를 생산하기 위

해 사용될 수 있다.

톰슨의 전위계에서는 이러한 종류의 매우 작은 기계(보충기라고 부른다)가 몇 회전하기만 해도 그 장치의 전하를 증가시키거나 감소시킬 수 있다. 이처럼 이 장치는 축전기의 전하를 조정하기 위해 사용될 수 있다.

또한 이 장치는 작은 퍼텐셜의 차이를 증폭시키기 위해 사용될 수 있다. 가령 유도기는 처음에 열전쌍(熱電雙)[4]이 만들어내는 것같이 극도로 작은 퍼텐셜로 대전될 수 있다. 그 후에 그 기계를 돌림으로써 퍼텐셜 차이는 연속적으로 배가(倍加)되어 보통의 전위계로 측정할 수 있는 수준까지 증가한다. 기계의 매 회전에서 생기는 이 차이의 증가 비율을 실험에 의해 결정함으로써 유도기가 대전된 원래의 기전력을 회전수와 마지막 전기화로부터 유도할 수 있다.

대부분의 이 기구들에서 운반기는 축 주위를 회전하도록 만들어져 있어 굴대를 돌림으로써 유도기에 대하여 적절한 위치로 오게 되어 있다. 연결 부분들이 스프링에 의해 전기적으로 연결되게 배열되어 있어 운반기는 적절한 순간에 스프링과 접촉하게 된다.

211] 그러나 W. 톰슨은 유도기 안에 있지만 접촉하지는 않는 비절연 상태의 그릇으로부터 절연된 수용기로 떨어지는 물방울을 운반기로 사용하는 전하 배가 장치를 만들었다.[5] 이 장치에서 수용기는 연속적으로 유도기의 전하와 반대 부호를 갖는 전기를 공급받는다. 유도기가 양으로 전기화되어 있으면, 수용기는 연속적으로 증가하는 음전기를 받게 된다.

---

4) 서로 다른 두 종류의 금속의 양끝을 각각 연결하고 두 이음매를 다른 온도로 유지하면 회로에 기전력이 생긴다. 이것을 열전기력이라고 한다. 그러므로 온도 차와 기전력의 관계를 알고 있으면 하나의 이음매를 일정한 온도로 유지시키고 다른 이음매는 온도를 측정하고자 하는 물체에 접촉시킨 후, 기전력을 측정하면 물체의 온도를 알 수 있다. 이 원리를 이용한 온도계를 열전쌍이라고 한다―옮긴이.

5) *Proc. R.S.*, June 20, 1867.

물은 수용기에서 깔때기를 통해 빠져나가게 되어 있는데 깔때기의 노즐은 수용기의 금속에 의해 거의 둘러싸여 있다. 그리하여 이 노즐에서 떨어지는 물방울은 거의 전기화되어 있지 않다. 같은 구조물의 또 하나의 유도기와 수용기는 한 계의 유도기가 다른 계의 수용기와 접촉하도록 배열되어 있다. 그리하여 수용기의 전하의 증가율은 더 이상 상수가 아니고 시간에 대한 등비수열로 증가한다. 이때 두 수용기의 전하는 반대 부호이다. 이러한 증가는 떨어지는 물방울이 전기 작용에 의해 경로에서 이탈되어 수용기 바깥에 떨어지거나 심지어 유도기를 때리기까지 계속된다.

이 기구에서 전기화의 에너지는 떨어지는 물방울의 에너지에서 유래한다.

212] 전기 유도 원리를 이용하는 몇몇 다른 전기 기계가 만들어져 왔다. 이것들 중에서 가장 주목할 만한 것은 홀츠(Holtz)[6]의 기계이다. 그것에서는 운반기가 고무 라크(gum-lac)를 칠한 유리판이고 유도기는 판지 조각이다. 이 장치에서는 회전하는 운반기판의 양편에 하나씩 있는 두 장의 유리판에 의해 이 장치의 부분들 사이에서 스파크가 일어

---

6) 독일의 전기연구자인 홀츠(Wilhelm Holtz, 1836~1913)는 1865년에 강력한 유도 기계를 발명했다. 그것은 고정 디스크와 그 앞에 배치된, 그것보다 약간 작은 회전 디스크로 이루어져 있었다. 고정 디스크의 뒷면에는 두 개의 종이판이 지름의 반대편에 부착되어 유도기의 역할을 하게 되어 있었고 그것으로부터 고정 디스크의 넓은 창(窓)들을 통해 튀어나온 하나 또는 그 이상의 침이 그 침의 맞은편에서 도는 회전 디스크의 뒷면 가까이에 위치해 있었다. 고정 디스크의 유도기와는 반대편을 향하는 회전 디스크의 앞쪽에는 일련의 침이 달린 두 개의 전하 수거기가 회전 디스크의 앞면에서 전하를 수거하여 기계의 단자로 보내주게 되어 있었다. 1867년에 홀츠는 두 개의 평행판이 짧은 간격을 두고 반대 방향으로 도는 새로운 유도 기계를 만들었다. 여기에서는 4개의 수거침이 절연 지지물에 올려졌다. 그 중 둘은 한 디스크의 직경의 반대편에 위치했고 다른 둘은 다른 디스크의 직각을 이루는 직경의 반대편에 위치했다. 출력은 서로 연결된 이웃하는 침들 사이에서 취해졌다. 이것은 이전의 홀츠 기계에서 유도기가 있는 판이 또 하나의 회전판으로 대치된 것에 해당했다. 여기에서 두 디스크는 서로에 대하여 유도기 역할을 하게 되어 있었다—옮긴이.

나는 것이 방지되어 있다. 이 기계는 매우 효과적이고 대기 상태에 별로 영향을 받지 않는다. 그 원리는 회전 배가기나 같은 아이디어로 개발된 기구들과 같지만 이 기구는 운반기가 절연판이고 유도기가 불완전한 도체이기 때문에 운반기가 알려진 형태의 양도체이고 정해진 점에서 대전되고 방전되는 다른 경우보다 그것의 작동의 완전한 설명이 더 어렵다.[7]

213] 이미 기술된 전기 기계에서 스파크는 운반기가 그것의 퍼텐셜과 다른 퍼텐셜을 갖는 도체와 접촉하게 되면 스파크가 언제든지 일어난다.

방금 우리는 스파크가 일어날 때는 언제든지 에너지의 손실이 있으므로 기계를 회전시키는 데 사용되는 전체 에너지는 사용할 수 있는 형태의 전기화로 전환되지 않고 일부가 전기 스파크의 열과 소음으로 소모된다는 것을 보였다. 그러므로 나는 이러한 능률(efficiency)의 손실을 보지 않는 전기 기계를 어떻게 만들 수 있는지를 보이는 것이 바람직하다고 생각했다. 나는 그것을 유용한 기계의 형태가 아니라 그 방법의 예로써 제안한다. 그 방법은 열기관에서는 축열장치라고 불리는 고안물이 그 방법에 의해 일의 손실을 막기 위해서 전기 기계에 적용될 수 있다.

그림에서 *A*, *B*, *C*, *A'*, *B'*, *C'*은 속이 빈 고정된 도체를 나타내고 운반기 *P*는

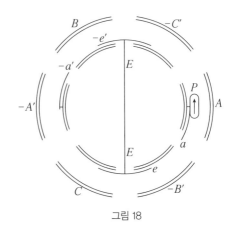

그림 18

7) {현재 가장 많이 사용되는 유도 기계는 보스(Voss)와 윔셔스트(Wimshurst)의 것이다. 그림을 사용한 이에 대한 설명은 *Nature*, vol. 28, p.12에서 볼 수 있다}─톰슨.

그것들 각각의 안쪽을 연속적으로 통과하도록 배열되어 있다. 이것들 중에서 A, A'과 B, B'은 운반기가 통과의 중심점에 있을 때 거의 운반기를 둘러싸지만 C, C'의 경우는 그렇게 운반기를 덮지 않는다.

A, B, C는 퍼텐셜 V인 큰 용량의 라이덴병에 연결되어 있고 A', B', C'은 퍼텐셜 $-V$인 또 다른 라이덴병에 연결되어 있다.

P는 A에서 $-C'$ 등의 방향으로 원을 그리며 움직이는 운반기 중 하나로서 그것의 경로에서 스프링들과 접촉하게 되어 있다. 그중에서 a, a'은 각각 A, A'과 연결되어 있고 e, e'은 접지되어 있다.

운반기 P가 A의 중앙에 있을 때 P와 A 사이의 유도 계수는 $-A$라고 하자. 이 위치에 있는 P의 용량은 A보다 크다. 왜냐하면 P가 완전히 수용기 A에 의해 둘러싸여 있지 않기 때문이다. P의 용량을 $A+a$라고 하자.

P의 퍼텐셜을 U라 하고 A의 퍼텐셜을 V라 하면 P 위의 전하는 $(A+a)U-AV$가 될 것이다. 이제 P가 수용기 A의 중앙에 있을 때, 스프링 a와 접촉하게 하자. 그러면 P의 퍼텐셜은 A의 퍼텐셜과 같이 V가 될 것이고 이에 따라 P의 전하는 aV가 된다.

이제 P가 스프링 a와 떨어진다면, P는 aV의 전하를 운반하게 된다. P가 A를 떠날 때 그것의 퍼텐셜은 줄어들고 그것이 음으로 전기화된 C'의 영향하에 놓이게 되면 훨씬 더 줄어들게 된다.

P가 C' 안에 올 때, C' 위의 유도의 계수는 $-C'$이고 그 용량이 $C'+c'$이면, U가 P의 퍼텐셜일 때, P 위의 전하는

$$(C'+c')U+C'V'=aV$$

이다. 만약

$$C'V'=aV$$

이면, 이 지점에서 P의 퍼텐셜은 0으로 줄어들 것이다.

이 지점에서 P가 접지되어 있는 스프링 e'과 연결되게 하자. P의 퍼

텐셜이 스프링의 퍼텐셜과 같으므로 접촉 시에 스파크는 일어나지 않을 것이다.

운반기가 스파크 없이 접지되는 경로가 되는 이 도체 C'은 열기관에서 축열장치(regenerator)에 해당한다. 그러므로 우리는 그것을 축전장치(regenerator)라고 부를 것이다.

이제 P가 접지 스프링 e과 여전히 접촉한 채로 움직이게 해서 퍼텐셜이 V인 유도기 B의 중앙에 오게 하자. $-B$가 이 지점에서 P와 B 사이의 유도 계수라면, $U=0$이므로 P 위의 전하는 $-BV$가 될 것이다.

P가 접지 스프링으로부터 떨어져 나올 때 그것은 이 전하를 띠게 된다. 그것이 양전기를 띤 유도기 B로부터 음전기를 띤 수용기 A'으로 움직일 때, 그 퍼텐셜은 점차 음수가 될 것이다. A'의 중앙에서 그것이 그 전하를 유지한다면, 그 퍼텐셜은

$$-\frac{A'V' + BV}{A' + a'}$$

가 될 것이고 BV가 $a'V$보다 크면 그 수치는 V'의 수치보다 클 것이다. 그러므로 P가 A'의 중앙에 도달하기 전에 그 퍼텐셜이 $-V'$인 어떤 점이 있다. 이 점에서 P가 음의 수용기 스프링 a'과 접촉하게 하자. 두 물체는 동일한 퍼텐셜을 가질 것이므로 스파크는 일어나지 않는다. P가 여전히 스프링과 접촉한 상태에서 A'의 중앙에 오게 하여 A'과 같은 퍼텐셜을 띠게 하자. 이 운동 동안 그것은 음전하를 A'에 전해준다. A'의 중앙에서 그것은 스프링을 떠나면서 전하 $-a'V'$을 양전기를 띤 축전장치 C 쪽으로 가져가고 거기에서 그것의 퍼텐셜은 0으로 줄어들고 접지 스프링 e와 접촉한다. 그리고 나서 그것은 접지 스프링을 따라 음전기를 띤 유도기 B'으로 미끄러지고 그 운동 중에 그것은 양전기 $B'V'$을 얻고 마침내 그것은 양전기를 띤 수용기 A에 연결되어 1회의 작동 사이클을 마치게 된다.

이 사이클 동안 양전기를 띤 수용기는 전하 aV'을 잃었고 전하 $B'V'$을 얻었다. 그러므로 양전기의 전체 수득량은 $B'V'-aV$이다.

마찬가지로 음전기의 전체 수득량은 $BV-a'V'$이다.

유도기가 절연이 유지되는 한 되도록 가까이 운반기의 표면에 근접하게 함으로써 B와 B'은 크게 할 수 있고 운반기가 수용기 안에 들어왔을 때 거의 수용기에 감싸지도록 만듦으로써 a와 a'은 매우 작아질 수 있고 그때 라이덴병의 전하는 회전마다 증가할 것이다.

축전장치에 의해 충족되는 조건은

$$C'V=aV, \, CV=a'V'$$

이다.

a와 a'이 작기 때문에 축전장치는 크기가 커서도 안 되고 운반기에 매우 가까워서도 안 된다.

전위계와 검전기에 관하여

214] 전위계는 전하나 전기 퍼텐셜을 측정할 수 있는 기구이다. 한편 전하의 존재나 퍼텐셜 차이의 존재를 알려주기는 하지만 측정치를 제시할 수 없는 기구를 검전기라고 부른다.

검전기는 충분히 민감하다면 전기 측정에 사용될 수 있다. 물론 이를 위해서는 측정이 전기화의 부재하에 이루어지게 해주어야 한다. 가령, 대전된 두 개의 물체 A와 B가 있다면, 어떤 물체가 더 큰 전하를 갖는지 결정하기 위해 제1장에 기술된 방법을 사용할 수 있다. 물체 A를 절연된 지지물을 사용해서 절연된 닫힌 그릇 C의 안쪽으로 운반하자. C를 접지시키고 다시 절연시키자. 그러면 C의 외부에는 전기화가 없을 것이다. 이제 A를 들어내고 B를 C의 안쪽에 집어넣자. 그리고 C의 전기화를 검전기로 측정하자. B의 전하량이 A의 전하량과 같다면, 전기화는 없을 것이지만 그것이 더 크거나 작다면, B와 같은 종류 또는 반대 종류의 전기화가 있을 것이다.

관찰하는 대상이 어떤 현상의 비존재인 이러한 종류의 방법을 무(無)방법 또는 영(零) 방법이라고 부른다. 그것은 현상의 존재를 감지할 수 있는 기구만을 요구한다.

현상을 기록하기 위해 또 다른 부류의 기구에서는 현상을 기록하기 위해서는 기구가 기록할 양의 같은 값에 대하여 같은 측정치를 항상 제시한다는 것을 신뢰할 수 있지만, 기구의 눈금이 그 양의 값에 비례하지 않고, 그 눈금이 해당하는 값의 연속 함수라는 것을 제외하고는 이 둘 사이의 관계가 알려져 있지 않다. 같은 부호로 전기화되어 있는 기구의 부분들 간의 상호 밀침에 의존하는 몇몇 전위계가 이런 부류에 속한다. 이러한 기구의 용도는 현상을 기록하는 것이지 측정하는 것은 아니다. 그것은 해당하는 양의 참값을 측정하는 대신에 일련의 숫자를 얻어낼 뿐이다. 이 숫자들은 나중에 기구의 눈금이 적절하게 탐구되고 매겨졌을 때 이 값을 결정하는 데 사용될 수 있다.

훨씬 더 고급의 기구에서는 눈금 간격이 측정되는 양에 비례하므로 그 양의 완전한 측정을 위해서 요구되는 모든 것은 그 양의 참값을 얻기 위해 눈금값에 곱해야 하는 계수에 대한 지식뿐이다.

양들의 참값을 독립적으로 결정하는 수단을 자체 안에 가지고 있도록 만들어진 기구를 절대 기구(absolute instrument)라고 부른다.

쿨롱의 비틀림 천칭

215] 쿨롱이 전기의 기본 법칙을 확립하기 위해 수행한 많은 실험은 대전된 두 개의 작은 구 사이의 힘을 측정함으로써 이루어졌다.[8] 이 두 구 중 하나는 고정되어 있었고 다른 하나는 두 가지 힘 즉, 구 사이의 전기 작용과 유리 섬유나 금속선의 비틀림 탄성이 평형을 이루도록 되어 있었다. 38절을 보라.

비틀림 천칭은 가는 철사나 유리 섬유에 매단 고무 라크로 된 수평 팔의 한쪽 끝에 매끈하게 도금한 딱총나무 고갱이로 된 작은 구를 부착시

---

8) 이하에서 맥스웰이 서술하는 실험은 프랑스의 공학자 쿨롱이 1785년에 전기력의 법칙을 찾아낸 역사적인 실험이다 — 옮긴이.

켜 만든 것이다. 매다는 줄은 눈금을 새긴 수평 원 주위를 돌아가는 수평팔의 수직축에 단단히 고정되어 있어 철사의 위쪽 끝을 축 주위로 임의의 각도로 돌리게 되어 있었다.

이 장치 전체가 케이스 속에 들어가 있다. 또 하나의 작은 구를 절연된 막대 위에 올린 후, 대전시켜 구멍을 통해 상자 속에 넣고 그 구의 중심을 매달린 구가 움직이며 그리는 수평의 원 위의 일정한 점에 고정시킨다. 매달린 구의 위치는 기구의 원통형 유리 용기 위의 원에 새겨진 눈금에 의해 확인할 수 있다.

이제 두 개의 구가 대전되어 있다고 가정하고 비틀림 팔이 고정된 구의 중심을 통과하는 반지름과 θ의 각을 이루는 위치에서 평형 상태로 매달려 있는 구를 생각하자. 그때 두 구의 중심 사이의 거리는 $a\sin\frac{1}{2}\theta$ (a는 비틀림 팔의 반지름)이다. F가 구 사이의 힘이라면, 비틀림 축 주위에서 이 힘의 모멘트는

$$Fa\cos\frac{1}{2}\theta$$

이다.

두 개의 구를 완전히 방전시키고 비틀림 팔이 고정된 구를 통과하는 반지름과 각 ϕ에서 평형을 이루고 있게 하자.

그러면 전기력이 비틀림 팔을 튼 각은 $\theta-\phi$이었고 M이 섬유의 비틀림 탄성 모멘트라면, 우리는 방정식

$$Fa\cos\frac{1}{2}\theta = M(\theta - \phi)$$

를 얻게 된다.

그러므로 M을 확인할 수 있다면, 거리 $2a\sin\frac{1}{2}\theta$에서 구 사이의 실제 힘 F를 결정할 수 있다.

비틀림 모멘트 M을 얻기 위해 I를 비틀림 팔의 관성 모멘트라 하고 T를 비틀림 탄성의 작용하에 있는 팔의 2회 진동 시간이라고 하자. 그러면

$$M = 4\pi^2 \frac{I}{T^2}$$

이다.

모든 전위계에서 우리가 어떤 힘을 측정하고 있는지 아는 것은 가장 중요하다. 매달린 구 위에 작용하는 힘은 부분적으로는 고정된 구의 직접적인 작용에서 생기고 부분적으로는 케이스 측면의 전기화에 의해서 생긴다.

케이스가 유리로 만들어져 있다면, 모든 점에서 매우 어려운 측정에 의해서 표면의 전기화를 결정하는 것은 불가능하다. 그러나 케이스가 금속으로 만들어져 있거나 거의 완전히 그 장치를 둘러싸고 있는 금속 케이스가 구(球)들과 유리 케이스 사이에 휘장처럼 쳐져 있다면, 금속 휘장의 안쪽의 전기화는 전적으로 구들의 전기화에 의존할 것이고 유리 용기의 전기화는 구들에 아무런 영향을 미치지 않을 것이다. 이런 식으로 케이스의 작용 때문에 생기는 미결정성을 피할 수 있다.

모든 효과를 계산할 수 있는 사례에 의해서 이것을 예시하기 위해 케이스가 반지름 b인 구라고 가정하고 비틀림 팔의 운동의 중심이 구의 중심과 일치하고 구의 반지름을 a라고 가정하자. 두 개의 구 위의 전하를 E_1, E라고 하고 그것들의 위치 사이의 각을 θ라고 하고 고정된 구는 중심에서 거리 a_1에 있고 작은 두 구 사이의 거리를 r라고 하자.

이번에는 작은 구 위의 전기의 분포에 대한 유도의 효과를 무시하면 그것들 사이의 힘은 척력

$$\frac{EE_1}{r^2}$$

일 것이다. 그리고 중심을 통과하는 수직축 주위의 이 힘의 모멘트는

$$\frac{EE_1 aa_1 \sin\theta}{r^3}$$

일 것이다.

케이스의 구면 때문에 생기는 E_1의 영상은 중심으로부터의 거리가

$\dfrac{b^2}{a_1}$이고 전하 $-E_1\dfrac{b}{a_1}$를 갖고 E_1과 같은 반지름 위에 있는 점이고 E와 이 영상 사이의 인력의 매달림 축 주위에서의 모멘트는

$$EE_1\frac{b}{a_1}\frac{a\dfrac{b^2}{a_1}\sin\theta}{\left\{a^2-2\dfrac{ab^2}{a_1}\cos\theta+\dfrac{b^4}{a_1^2}\right\}^{\frac{3}{2}}}$$

$$=EE_1\frac{aa_1\sin\theta}{b^3\left\{1-2\dfrac{aa_1}{b^2}\cos\theta+\dfrac{a^2a_1^2}{b^4}\right\}^{\frac{3}{2}}}$$

이다.

구형 케이스의 반지름 b가 중심에서 구까지의 거리 a와 a_1에 비해 크다면, 분모에 있는 인자의 두 번째, 세 번째 항을 무시할 수 있다. 이것을 비틀림 팔을 돌리려 하는 모멘트와 같다고 놓으면,

$$EE_1 aa_1\sin\theta\left\{\frac{1}{r^3}-\frac{1}{b^3}\right\}=M(\theta-\phi)$$

이다.

퍼텐셜의 측정을 위한 전위계

216] 모든 전위계에서 움직일 수 있는 부분은 전기로 대전된 물체이고 그 퍼텐셜은 그 주위의 고정된 부분의 퍼텐셜과는 다르다. 쿨롱의 방법에서처럼 어떤 전하를 갖는 절연된 물체가 사용될 때 직접적인 측정 대상은 전하이다. 그러나 쿨롱의 전위계의 공들은 가는 도선에 의해 다른 도체와 연결할 수 있다. 그러면 공들의 전하는 이러한 도체의 퍼텐셜의 값과 기구의 케이스의 퍼텐셜에 의존할 것이다. 공들의 반지름이 서로간의 거리에 비해 작고 케이스의 측면이나 출구로부터 공들까지의 거리에 비해 작다면, 각각의 공 위의 전하는 그것의 퍼텐셜에서 기구의 케이스의 퍼텐셜을 뺀 값을 그 반지름에 곱한 것과 근사적으로 같을 것이다.

그러나 쿨롱의 장치 형태는 두 구의 퍼텐셜의 차이가 작을 때 적절한 거리에 있는 두 구 사이의 힘이 작기 때문에 이런 종류의 측정에는 적합하지 않을 것이다. 더 편리한 형태는 끌림 디스크 전위계(attracted disk electrometer)이다. 이러한 원리를 따르는 첫 번째 전위계는 해리스(Sir Snow Harris)에 의해 제작되었다.[9] 그 후에 이것은 W. 톰슨에 의해 이론상으로나 구조상으로 더 완전해졌다.[10]

다른 퍼텐셜에 있는 두 디스크를 그 사이에 작은 간격을 두고 마주 보게 놓을 때, 주변에 다른 도체나 전기화된 물체가 없다면, 마주 보는 면 위에는 거의 균일한 전기화가 있고 디스크의 뒷면에는 매우 작은 전기화가 있을 것이다. 그러므로 디스크의 면적을 크게 하고 그것들 사이의 거리를 작게 하면, 작은 퍼텐셜의 차이는 측정할 만한 인력을 유발할 것이다.

이렇게 배열된 두 디스크 위의 전기 분포에 대한 수학 이론은 202절에서 주어져 있지만 디스크들이 무한한 공간에 있다고 가정할 수 있을 정도로 그 장치의 케이스를 아주 크게 만드는 것은 불가능하므로 이러한 형태의 기구의 표시 눈금은 수치상으로 쉽게 해석되지 않는다.

217] 끌림 디스크에 가드 링을 첨가한 것은 그 장치에 대한 톰슨 경의 주된 개선 중 하나이다.

디스크 중 하나 전체를 매달아 그것에 작용하는 힘을 결정하는 대신에 디스크의 중심 부분을 나머지 부분에서 분리시켜 끌림 디스크를 만들고 디스크의 나머지 부분을 이루는 바깥 고리는 고정시킨다. 이런 방식에서는 힘이 매우 규칙적인 디스크의 부분 위에서만 힘이 측정되고 변두리 근처의 전기화의 균질성의 결여는 중요하지 않다. 왜냐하면 가드 링의 변두리에서만 전기화의 균질성의 결여가 발생하고 디스크의 매

---

9) *Phil. Trans.* 1834.

10) 전위계에 대한 톰슨의 탁월한 보고서를 보라. *Report of the British Association*, Dundee, 1867.

달려 있는 부분의 변두리에서는 발생하지 않기 때문이다.

여기에다 가드 링을 끌림 디스크의 뒷면과 더불어 모든 달아맨 장치를 둘러싸는 금속 케이스에 가드링을 연결시킴으로써 디스크의 뒷면의 전기화는 불가능해진다. 왜냐하면 그것은 모두 같은 퍼텐셜에 있는 속이 빈 닫힌 도체의 내면의 부분이기 때문이다.

그러므로 본질적으로 톰슨의 절대 전위계는 다른 퍼텐셜에 있는 두 개의 평행판으로 구성된다. 평행판 중 하나는 판의 변두리에서 떨어진 어떤 구역이 전기력의 작용하에서 움직이도록 만들어져 있다. 우리의 생각을 확고하게 하기 위해 우리는 끌림 디스크와 가드 링을 가장 먼저 고려할 수 있다. 고정 디스크는 수평으로 유지된 채 절연 막대 위에 올려져 있고 그 절연 막대는 마이크로미터 나사에 의해 측정 가능한 수직 운동을 하게 되어 있다. 가드 링은 적어도 고정 디스크만큼은 크다. 매달린 디스크의 아래쪽 면은 진짜 평면이고 고정 디스크에 평행하다. 민감한 천칭을 가드 링 위에 세우고 움직일 수 있는 가벼운 디스크를 매달되 그것의 크기가 가드 링의 구멍에 거의 맞도록 하여 서로 옆면이 닿지 않

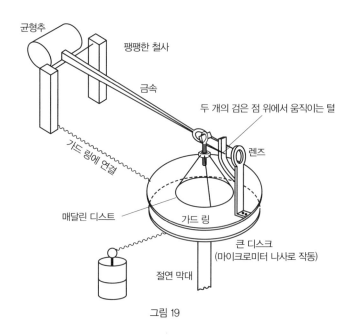

그림 19

도록 드리운다. 매달린 디스크의 아래쪽 면은 진짜 평면이어야 하며 우리는 그것의 평면이 가드 링의 아래쪽 면과 일치하여 디스크와 가드 링 사이의 좁은 간격으로만 끊어져 있는 단일한 평면을 형성할 시점을 알 수 있는 수단이 필요하다.

이러한 목적을 달성하기 위해서 아래쪽 디스크는 그것이 가드 링과 접촉하게 될 때까지 나사를 돌려서 올려주고 매달린 디스크는 아래쪽 디스크 위에 드리워 그것의 아랫면이 가드 링의 아랫면과 같은 평면이 되도록 만든다. 그러면 가드 링에 대한 그것의 위치는 기준 표시 체계에 의해 확인할 수 있다. W. 톰슨은 일반적으로 이 목적을 위해 움직일 수 있는 부분에 부착된 검은 털을 사용한다. 이 털은 흰색 에나멜을 칠한 바탕 위에 두 개의 검은 점 앞에서 오르내리게 되어 있고 평-볼록 렌즈[11]의 평면을 눈으로 향하고 렌즈를 통해서 점들을 배경으로 검은 털을 보게 되어 있다. 렌즈를 통해서 본 검은 털이 직선으로 나타나고 검은 점 사이의 간격을 양분하면, 그것은 가시 위치(可視 位置)에 있다고 말하는데 이것은 털과 함께 움직이는 매달린 디스크가 높이와 관련하여 적절한 위치에 있다는 것을 나타낸다. 매달린 디스크의 수평은 그것의 윗면에서 반사된 어떤 물체의 영상과 가드 링의 윗면에서 반사된 같은 물체의 나머지의 영상을 비교함으로써 조사할 수 있다.

그러면 무게를 아는 추를 매달린 디스크의 중심에 올릴 때, 그것의 가시 위치에서 평형이 되도록 천칭을 배열하고 전체 장치는 금속으로 모든 부분을 연결하여 전기화를 띠지 않게 한다.

금속 케이스를 가드 링 위에 덮어 천칭과 달아 맨 디스크를 둘러싼 후 기준 표시를 볼 수 있을 만한 구멍을 뚫어 놓는다.

가드 링, 케이스, 매달린 디스크는 모두 금속으로 연결하고 장치의 다른 부분과는 절연시킨다.

---

11) 한쪽 면은 평면이고 다른 쪽 면은 볼록면인 렌즈로 확대경의 역할을 한다—옮긴이.

이제 이 기구로 두 도체의 퍼텐셜 차이를 측정해 보자. 도체들을 도선에 의해 각각 윗쪽 디스크와 아래쪽 디스크에 연결하고 추를 매달린 디스크에서 내려놓는다. 그리고 나서 마이크로미터 나사에 의해 아래쪽 디스크를 위로 올려 전기 인력이 매달린 디스크를 가시 위치까지 끌어내리도록 한다. 그러면 디스크 사이의 인력은 디스크를 가시 위치까지 끌어내리는 추의 무게와 같다.

W가 추의 무게의 수치이고 g가 중력이면,[12] 그 힘은 Wg이고 A가 매달린 디스크의 면적이고 D가 디스크 사이의 거리, V가 디스크들의 퍼텐셜 차이라면,[13]

---

12) 현대적 의미로는 중력 가속도이다. 일반적으로 중력이라면 그것은 무게와 같이 힘의 차원을 갖는다―옮긴이.

13) 매달린 디스크의 반지름을 R라 하고 가드 링의 구멍의 반지름을 R'이라 하자. 그러면 디스크와 가드 링 사이의 고리 모양 간격의 폭은 $B=R'-R$가 된다. 매달린 디스크와 고정된 큰 디스크 사이의 거리가 D이고 이 디스크 사이의 퍼텐셜의 차이가 V라면, 201절의 고찰에 의해 매달린 디스크 위의 전기량은

$$Q = V \left\{ \frac{R^2 + R'^2}{8D} - \frac{R'^2 - R^2}{8D} \frac{a}{D+a} \right\}$$

가 될 것이다. 여기에서

$$a = B \frac{\log_e 2}{\pi}, \quad 즉 a = 0.220635 \, (R' - R)$$

이다.

만약 가드 링의 표면이 매달린 디스크의 표면의 평면과 정확하게 일치하지 않는다면, 고정된 디스크와 가드 링 사이의 거리가 D가 아니라 $D+z=D'$이라고 가정하자. 그러면 225절의 탐구로부터 디스크의 변두리에는 가드 링의 일반적 표면 위에서부터 잰 그것의 높이 z 때문에 추가적인 전하가 있게 될 것으로 보인다. 이 경우에 전체 전하는 근사적으로

$$Q = V \left\{ \frac{R^2 + R'^2}{8D} - \frac{R'^2 - R^2}{8D} \frac{\alpha}{D+\alpha} + \frac{R+R'}{D} (D'-D) \log_e \frac{4\pi (R+R')}{D'-D} \right\}$$

이고 인력에 대한 식에서 디스크의 면적 A를 수정된 양

$$A = \frac{1}{2} \pi \left\{ R^2 + R'^2 - (R'^2 - R^2) \frac{\alpha}{D+\alpha} + 8(R+R')(D'-D) \log_e \frac{4\pi (R+R')}{D'-D} \right\}$$

$$Wg = \frac{V^2 A}{8\pi D^2} \quad 즉, \quad V = D\sqrt{\frac{8\pi gW}{A}}$$

가 성립한다.

　매달린 디스크가 반지름 R인 원형이고 가드 링의 구멍의 반지름이 RI
이라면,

$$A = \frac{1}{2}\pi(R^2 + R'^2)이고, \quad V = 4D\sqrt{\frac{gW}{R^2 + R'^2}}$$

이다.

　218] $D=0$에 해당하는 마이크로미터 눈금치를 결정하는 데 항상 어느
정도 불확실성이 있고 매달린 디스크의 위치에 항상 잘못이 있으므로
W. 톰슨은 자신의 모든 측정치가 기전력 V의 차이에 의존하게 만들기
를 선호한다. 그리하여 V와 V'이 두 개의 퍼텐셜이고 D와 D'이 해당하
는 거리라면,

$$V - V'(D - D')\sqrt{\frac{8\pi gW}{A}}$$

이다.

　가령, 갈바니[14] 전지[15]의 기전력을 측정하기 위해서는 두 개의 전위

　로 대치한다. 여기에서 　$R=$ 매달린 디스크의 반지름
　　　　　　　　　　$R'=$ 가드링 안의 구멍의 반지름
　　　　　　　　　　$D=$고정된 디스크와 매달린 디스크의 사이의 거리
　　　　　　　　　　$D'=$ 고정된 디스크와 가드링 사이의 거리
　　　　　　　　　　$a=0.220635(R'-R)$

이다.

a가 D에 비해 작을 때 두 번째 항을 무시할 수 있고 $DI-D$가 작을 때 마지막
항을 무시할 수 있다―원주.

{이것에 대한 또 다른 고찰은 『보충편』을 보라}―톰슨.

14) 이탈리아의 해부학자인 갈바니(Luigi A. Galvani, 1737~89)는 1791년에 그
　의 메스의 날이 개구리 뒷다리의 신경에 닿았을 때 개구리 다리가 움직이는
　것을 보았다. 그것은 그 실험실의 스파크를 일으키고 있었던 정전기 기계에
　맞추어 움직였다. 그리고 그가 메스의 날을 만질 때만 다리가 움직였고 뼈로

계가 사용된다.

필요하다면 보충기에 의해 대전 상태가 유지되는 축전기를 사용해서 1차 전위계의 아래쪽 디스크를 일정한 퍼텐셜로 유지한다. 이것은 1차 전위계의 아래쪽 디스크와 2차 전위계의 아래쪽 디스크를 연결하고 그것의 매달린 디스크는 접지시켜서 확인할 수 있다. 2차 전위계가 가시 위치에 올 때까지 축전기의 퍼텐셜을 올리면, 2차 전위계의 디스크 사이의 거리와 매달린 디스크를 가시 위치로 옮기기 위해서 요구되는 힘이 상수일 때, 1차 전위계의 아래쪽 디스크의 퍼텐셜은 우리가 V라고 부르는 일정한 양만큼 땅의 퍼텐셜보다 크다는 것을 우리는 알고 있다.

이제 전지의 양극을 접지시키고 음극을 1차 전위계의 매달린 디스크에 연결하면, 디스크 사이의 퍼텐셜 차이는 $V+v$일 것이다. 여기에서 는 전지의 기전력이다. 이 경우에 마이크로미터의 측정치를 D라 하고 매달린 디스크가 접지되어 있을 때 측정치를 D'이라 하자. 그러면

$$v = (D - D')\sqrt{\frac{8\pi g W}{A}}$$

가 된다.

이런 식으로 작은 기전력 v는 편리하게 측정할 수 있는 거리에 있는 디스크들이 있는 이 전위계로 측정할 수 있다. 그 거리가 너무 작을 때 절대적인 거리의 작은 변화는 힘의 큰 변화를 만들어낸다. 왜냐하면 그

된 메스의 손잡이를 쥐고 있을 때는 다리가 움직이지 않았다. 계속된 실험에서 갈바니는 다른 금속이 개구리 다리에 닿을 때 다리가 움직이는 것을 발견했다. 그는 의사였기 때문에 이러한 현상을 생리학적으로 해석해 일종의 동물 전기가 일으키는 현상으로 생각했다. 그는 이 전기가 개구리의 뇌에서 신경을 통해 근육으로 흘러가 근육의 표면과 내부가 반대의 전기가 되어 경련할 때 방전이 일어난다고 설명했다. 볼타는 갈바니의 발견에 고무되어 전지를 발명하게 된다―옮긴이.

15) 일반적으로 갈바니 전지라고 부르는 것은 다른 전기 도체가 직렬로 연결되고 그 두 개의 말단상(末端相)의 화학적 조성이 같은 계로 되어 있는 전지로서 전기 화학에서 가장 기본적인 계이다―옮긴이.

힘은 거리의 제곱에 반비례하기 때문이다. 그러므로 거리가 마이크로 미터 나사의 오차의 한계에 비해 크지 않다면, 절대 거리의 작은 오차가 결과의 큰 오차를 유도한다.

디스크의 표면에 있는 형태와 디스크들 사이의 간격의 작은 불규칙성의 효과는 거리의 세제곱과 그 이상의 제곱수에 따라 줄어든다. 주름진 표면의 돌출부들은 평면을 이루는데 그 돌출부들의 형태가 어떠하든, 주름의 폭에 비해 상당한 거리만큼 떨어진 곳에서의 전기 효과는 돌출부의 꼭대기들의 평면 뒤쪽으로 어떤 작은 거리만큼 떨어져 있는 평면의 전기효과와 같다. 197절, 198절을 보라.

보조적인 전기화를 보조 전위계로 검사하여 디스크 사이의 적절한 간격은 확보한다.

보조 전위계는 더 단순한 구조를 가져도 된다. 이것에는 절대 기준으로 인력을 결정하라는 규정이 없다. 왜냐하면 보조 전위계에서 필요한 것은 일정한 전기화를 보장하는 것뿐이기 때문이다. 그러한 전위계를 게이지 전위계라고 부른다.

측정할 전기화 외에 보조적인 전기화를 사용하는 이 방법은 전체 효과가 측정할 전기화에 의해 전체 효과를 유발하는 전기 측정의 일체정전법에 대조시켜 분리정전법이라고 부른다.

끌림 디스크 전위계의 몇몇 형태에서 끌림 디스크는 팔의 한쪽 끝에 놓여 있는데 그 팔은 그것의 중력 중심을 통과하고 스프링에 의해 펼쳐진 채로 유지되는 백금선[16]에 부착되어 지지된다. 팔의 다른 쪽 끝에는 털이 달려 있어서 디스크 사이의 거리가 변화될 때 가시 위치로 털을 보내서 전기 인력을 일정한 값으로 유지할 수 있게 되어 있다. 이 전위계에서 이 힘은 일반적으로 절대 기준으로 결정되지 않지만, 백금선의 비틀림 탄성이 변하지 않는다면 일정한 것으로 알려져 있다.

---

16) 이때 백금선은 수평으로 놓여서 수평팔을 지지하게 되어 있다. 그림 19를 보라─옮긴이.

전체 장치를 라이덴병 안에 놓는다. 라이덴병의 안쪽 면을 대전시켜 끌림 디스크와 가드 링에 연결한다. 다른 디스크는 마이크로미터 나사에 의해 작동되는데 먼저 접지되고 다음에는 퍼텐셜을 측정할 도체에 연결된다. 눈금치의 차이에 각각의 전위계마다 결정되어야 할 상수를 곱하면 얻고자 하는 퍼텐셜을 얻는다.

219] 앞서 설명한 전위계들은 자동이 아니므로 매번의 관찰을 위해 마이크로미터 나사를 조정한다거나 그밖의 다른 어떤 조작을 관찰자가 수행하기를 요구한다. 그러므로 그것들은 스스로 적절한 위치로 옮겨가서 자동으로 기록하는 기구로 작동하도록 설정되어 있지 않다. 이러한 조건은 W. 톰슨의 사분원 전위계로 충족된다.

이 기구가 토대로 하는 전기 원리를 다음과 같이 설명할 수 있다.

A와 B는 두 개의 고정된 도체로 같은 퍼텐셜에 있을 수도 있고 다른 퍼텐셜에 있을 수도 있다. C는 높은 퍼텐셜에 있는 움직일 수 있는 도체로 그것의 일부가 A의 표면을 마주 보고 다른 일부는 B의 표면을 마주 보도록 배치한다. 이 부분들의 비율은 C의 움직임에 따라 달라진다.

이 목적을 위해서는 C를 축 주위에서 움직이게 만들고 A, B, C 각각의 마주 보는 면을 같은 축 주위의 회전면의 부분이 되게 하는 것이 가장 편리하다.

이런 식으로 C의 면과 A 또는 B와 마주 보는 면 사이의 거리가 항상 같도록 하면서 양의 방향으로 C를 움직이면 B와 마주 보는 면적이 넓어지고 A와 마주 보는 면적이 줄어든다.

A와 B의 퍼텐셜이 같다면, A에서 B로 C를 미는 힘이 없을 것이지만 C의 퍼텐셜이 A의 퍼텐셜과 다른 것보다 B의 퍼텐셜과 더 많이 다르면, C는 B와 마주 보는 면적을 늘리는 쪽으로 움직이려는 경향을 가질 것이다.

장치의 적당한 배열에 의해 이 힘은 어떤 한계 내에서 C의 위치가 달라져도 거의 상수가 되도록 만들 수 있을 것이다. 그래서 C가 비틀림 섬유에 매달려 있다면, 그것의 편향은 A와 B 사이의 퍼텐셜 차에 A와 B

의 퍼텐셜의 평균값과 C의 차를 곱한 것에 거의 비례할 것이다.[17]

보충기로 전기를 공급하고 게이지 전위계로 검사하는 축전기에 의해 C를 높은 퍼텐셜로 유지하고 A와 B는 그것들의 퍼텐셜 차이를 측정할 수 있는 두 도체에 연결해 놓는다. C의 퍼텐셜이 높을수록 그 기구는 더 민감해진다. C의 이러한 전기화는 측정할 전기화에 독립이기 때문에 이 전위계는 분리정전형에 속한다.

이 전위계에 93절, 127절에 제시된 도체계의 일반 이론을 적용할 수 있다.

A, B, C가 각각 세 개의 도체의 퍼텐셜을 나타낸다고 하자. a, b, c는 각각의 용량이고 p는 B와 C 사이의 유도 계수이고, q는 C와 A 사이의 유도 계수이고, r는 A와 B 사이의 유도 계수이다. 이 모든 계수들은 일 반적으로 C의 위치와 함께 변할 것이다. 그리고 C의 운동이 어떤 범위 내에 국한되어 있는 한 A와 B의 말단이 C의 말단 근처에 있지 않도록 배열한다면, 우리는 이 계수의 형태를 확정할 수 있을 것이다. θ가 A에 서 B를 향하는 C의 회전을 나타낸다면, C와 마주 보는 A의 표면의 일 부는 θ가 증가함에 따라 감소할 것이다. 그러므로 A가 퍼텐셜 1로 유지 되고 B와 C가 퍼텐셜 0으로 유지된다면, A의 전하는 $a=a_0-\alpha\theta$일 것이 다. 여기에서 a_0와 α는 상수이고 a는 A의 용량이다.

A와 B가 대칭적이라면, B의 용량은 $b=b_0+\alpha\theta$이다.

C의 용량은 운동에 의해 변하지 않는다. 왜냐하면 운동의 유일한 효 과는 C의 다른 부분을 A와 B 사이의 간격의 맞은편으로 보내주는 것이 기 때문이다. 그러므로 $c=c_0$이다.

B가 퍼텐셜 1로 올려질 때 C 위에 유도되는 전기량은 $p=p_0-\alpha\theta$이다.

A와 C 사이의 유도 계수는 $q=q_0+\alpha\theta$이다.

A와 B 사이의 유도 계수는 C의 운동에 의해 변하지 않고 $r=r_0$로 머 문다. 그러므로 그 계의 전기 에너지는

---

17) 이에 대한 보다 철저한 이론적 유도가 다음에서 이어진다—옮긴이.

$$W = \frac{1}{2}A^2 a + \frac{1}{2}B^2 b + \frac{1}{2}C^2 c + BCp + CAq + ABr$$

이고 Θ가 θ를 증가시키는 방향을 향하는 힘의 모멘트라면 A, B, C를 상수라고 가정할 때,

$$\Theta = \frac{dW}{d\theta}$$

$$= \frac{1}{2}A^2\frac{da}{d\theta} + \frac{1}{2}B^2\frac{db}{d\theta} + \frac{1}{2}C^2\frac{dc}{d\theta} + BC\frac{dp}{d\theta} + CA\frac{dq}{d\theta} + AB\frac{dr}{d\theta}$$

$$= -\frac{1}{2}A^2\alpha + \frac{1}{2}B^2\alpha - BC\alpha + CA\alpha$$

즉,
$$\Theta = \alpha(A - B)\{C - \frac{1}{2}(A + B)\}$$

이다.[18]

톰슨의 사분원 전위계의 현재의 형태에서는 도체 A와 B는 네 개의

---

[18] {이것은 다음과 같이 유도될 수 있다. 바늘이 사분원들 안에 대칭이 되도록 놓여 있다면 $A=B$일 때, 짝힘은 없을 것이다. 이 경우에 $dW/d\theta$가 C의 모든 가능한 값에 대하여 0이 된다면,

$$\frac{1}{2}\frac{da}{d\theta} + \frac{1}{2}\frac{db}{d\theta} + \frac{dr}{d\theta} = 0$$

이어야 한다. 그래서

$$\frac{dp}{d\theta} + \frac{dq}{d\theta} = 0$$

$$\frac{dc}{d\theta} = 0$$

$$\frac{dW}{d\theta} = \frac{1}{2}(A - B)\left(A\frac{da}{d\theta} - B\frac{db}{d\theta} + 2C\frac{dq}{d\theta} \right)$$

가 된다.

그 사분원들이 바늘을 완전히 둘러싸고 있다면 짝힘은 같은 양만큼 모든 퍼텐셜이 증가함으로써 영향을 받을 것이다. 그리하여

$$\frac{da}{d\theta} - \frac{db}{d\theta} + 2\frac{dq}{d\theta} = 0$$

가 되고 따라서

$$\frac{dW}{d\theta} = \frac{1}{2}(A - B)\left\{ (A - C)\frac{da}{d\theta} - (B - C)\frac{db}{d\theta} \right\}$$

사분원으로 완전히 나누어진 원통형의 상자의 형태를 이룬다. 사분원들은 분리되어 절연되어 있지만 A와 A'은 도선으로 연결되어 있고 B와 B'도 도선으로 연결되어 있다.

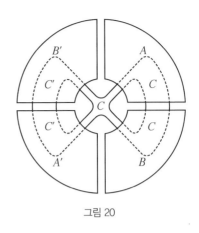

그림 20

도체 C는 이것들의 좌우 양말단에서 바퀴살로 지탱되면서 수직축 주위에서 돌 수 있게 되어 있다. 도체 C는 두 개의 마주 보는 평평한 사분 원호[19]로 이루어져 있다는데 평형 위치에서 이 사분원들의 일부는 A 안에, 일부는 B 안에 있고 지탱하는 바퀴살들은 속이 빈 사분 원형 토대의 중앙 근처에 있어서 상자의 분할선들과 C의 양극단 및 지지물들은 가능한 한 서로 멀리 떨어져 있어야 한다.

도체 C는 장치의 케이스를 이루는 라이덴병의 내박(內箔)과 연결되어 있어 계속 높은 퍼텐셜로 유지된다. B는 접지되어 있고 A는 퍼텐셜을 측정할 물체에 연결되어 있다.

이 물체의 퍼텐셜이 0이고 기구를 조정한다면 C를 움직이게 하려는 힘이 없어져야 하지만 A의 퍼텐셜이 C의 퍼텐셜과 같은 부호라면, C는 A에서 B로 거의 균일한 힘으로 움직이려는 경향이 있을 것이고 매다는 장치는 동일한 힘을 받아 평형을 이루게 될 때까지 꼬일 것이다. 어떤 범위 내에서 C의 회전각은

가 된다.

만약 사분원들이 대칭적이라면, $\dfrac{da}{d\theta} = -\dfrac{db}{d\theta}$ 이고 본문의 식을 얻게 된다.

학생들은 또한 홉킨슨(G. Hopkinson)의 사분원 전위계에 대한 논문, *Phil. Mag.* 5th series, 19, p.291과 홀박스의 논문 Halwachs, *Wied. Ann.* 29, p.11을 참조할 수 있을 것이다―톰슨.

19) 중심각이 직각인 원호를 가리킨다―옮긴이.

$$(A - B)\{C - \tfrac{1}{2}(A + B)\}$$

에 비례할 것이다. C의 퍼텐셜을 증가시킴으로써 도구의 민감성은 증가할 것이고 $\tfrac{1}{2}(A + B)$의 작은 값에 대하여 회전각은 거의 $(A-B)C$에 비례할 것이다.

전기 퍼텐셜의 측정에 관하여

220] 절대 기준에 의해 퍼텐셜의 큰 차이를 결정하기 위해 우리는 끌림 디스크 전위계를 사용하여 인력을 추의 무게 효과와 비교할 수 있다. 동시에 사분원 전위계에 의해 같은 도체들의 퍼텐셜 차이를 측정한다면, 사분원 전위계의 눈금들의 절대치를 확인할 수 있을 것이고[20] 이런 식으로 매달린 부분의 퍼텐셜과 매다는 장치의 비틀림 모멘트에 의해 사분원 전위계의 눈금값을 유도할 수 있을 것이다.[21]

유한한 크기의 대전 도체의 퍼텐셜을 확인하기 위해 도체를 전위계의 한쪽 전극에 연결하고 다른 쪽 전극은 접지시키거나 일정한 퍼텐셜을 갖는 물체에 연결한다. 전위계의 눈금은 도체와 접촉하는 전위계의 부분 사이에 전기의 분배가 이루어진 후에 도체의 퍼텐셜을 표시하게 된다. K가 도체의 용량, K'이 도체와 접촉하는 전위계의 부분의 용량을 나타내고 V, V'이 접촉하기 전의 이 물체들의 퍼텐셜을 가리킨다면, 접촉한 후의 공통 퍼텐셜은

$$\overline{V} = \frac{KV + K'V'}{K + K'}$$

이 될 것이다.

그러므로 도체의 원래의 퍼텐셜은

---

20) 끌림 디스크 전위계가 다른 전위계의 눈금을 정하는 기준으로 사용할 정도로 정확성이 확보되어 있었다―옮긴이.

21) {퍼텐셜의 큰 차이는 W. 톰슨의 새로운 전압계에 의해 더 편리하게 측정할 수 있다―톰슨.

$$V = \overline{V} + \frac{K'}{K}(\overline{V} - V')$$

이었다.

도체가 전위계에 비해 크지 않다면, K'은 K와 견줄 만할 것이고 K와 K'의 값을 확인할 수 없다면, 이 식의 두 번째 항의 값은 의심스러울 것이다. 그러나 전위계의 전극의 퍼텐셜을 접촉 이전의 물체의 퍼텐셜과 거의 같게 만들 수 있다면, K와 K'의 값의 불확실성의 중요성은 줄어들 것이다.

우리가 물체의 퍼텐셜값을 근사적으로 알고 있다면, 전극을 '보충기'로 혹은 다른 방법으로 근사적인 퍼텐셜값까지 충전시킬 수 있을 것이고 다음 실험에서는 더 가까운 근사치를 얻게 될 것이다. 이런 식으로 전위계의 용량과 비교해 작은 용량을 갖는 도체의 퍼텐셜을 측정할 수 있다.

공기 중 임의의 점의 퍼텐셜의 측정

221] 첫 번째 방법. 하나의 구를 전기화된 도체들로부터 그것의 반지름에 비해 큰 거리만큼 떨어진 주어진 점에 중심이 오도록 놓는다. 그것을 가는 도선으로 접지시키고 나서 절연시킨 후, 전위계로 가져가 구 위의 전체 전하를 확인한다.

그리고 나서 주어진 점에서의 퍼텐셜을 V, 구의 반지름을 a라고 하면, 구 위의 전하는 $-Va=Q$가 될 것이고 벽을 접지시킨 방에 구가 있을 때 전위계로 측정한 구의 퍼텐셜을 V'이라고 하면,

$$Q = V'a$$

이고 따라서 $\qquad V + V' = 0$

이다. 즉, 구의 중심이 있는 점에서 공기의 퍼텐셜은 접지된 후 절연되고 방으로 옮겨진 구의 퍼텐셜과 크기는 같고 부호는 반대이다.

이 방법은 크로이츠나흐(Creuznach)[22]의 델만(Delmann)이 지상에서 일정한 높이에 있는 지점의 퍼텐셜을 측정하는 데 사용했다.

두 번째 방법. 우리는 구를 주어진 점에 놓고 먼저 접지시킨 후, 절연시키고, 도체 물질로 둘러싸여 퍼텐셜이 0인 공간으로 옮긴다고 가정했다.

이제 미세한 절연된 도선을 전위계의 전극으로부터 퍼텐셜을 측정할 위치로 늘어놓는다고 가정하자. 구를 먼저 완전히 방전시키자. 이것은 구를 거의 둘러쌀 수 있는 같은 금속으로 된 그릇의 안쪽에 구를 넣으면 된다. 이제 이렇게 방전된 구를 도선의 끝으로 가져가 접촉시킨다. 구는 전기화되어 있지 않기 때문에 그 장소의 공기의 퍼텐셜과 같은 퍼텐셜을 가질 것이다. 전극선이 같은 퍼텐셜에 있다면, 그것은 접촉에 의해 영향을 받지 않을 것이다. 그러나 전극이 다른 퍼텐셜을 갖고 있다면, 그것은 그 구와의 접촉에 의해서 이전보다 더 공기의 퍼텐셜에 가까워질 것이다. 구를 방전시키고 전극에 대는 그런 연속된 조작에 의해 전위계의 전극의 퍼텐셜은 주어진 점의 공기의 퍼텐셜에 계속해서 접근하게 될 것이다.

222] 도체에 접촉하지 않고 도체의 퍼텐셜을 재려면 그 도체의 주변에 있는 임의의 점에서 공기의 퍼텐셜을 재고 그 결과로부터 그 도체의 퍼텐셜을 계산하면 될 것이다. 그 도체를 거의 둘러싼 속이 빈 용기가 있다면, 이 용기 안에 있는 공기의 임의의 점에서의 퍼텐셜은 거의 도체의 퍼텐셜과 같을 것이다.

이런 방식으로 하나는 구리, 하나는 아연으로 된 두 개의 속이 빈 도체가 금속선으로 접촉되어 있다면, 아연으로 둘러싸인 속이 빈 용기 속의 공기의 퍼텐셜은, 구리로 둘러싸인 속이 빈 용기 속의 공기의 퍼텐셜을 기준으로 했을 때 양(+)이라는 것을 W. 톰슨이 확인했다.

---

22) 크로이츠나흐는 독일 서부 라인란트팔츠주에 있는 도시로 라인강의 지류인 나에강에 접해 있다. 염분을 많이 포함한 온천으로 유명하다. 대리석 가공, 가죽, 유리, 담배 제조업이 주된 산업이며, 포도가 많이 재배된다―옮긴이.

세 번째 방법. 어떤 수단에 의해서건 전극의 끝에서 연속적으로 작은 물체들이 스스로 떨어져 나오게 할 수 있다면, 전극의 퍼텐셜은 둘러싼 공기의 퍼텐셜과 근사적으로 같을 것이다. 이것은 전극에 연결된 깔때기나 파이프로부터 산탄알이나 줄밥, 혹은 모래나 물을 떨어뜨리면 간단하다. 퍼텐셜을 측정할 시점은, 연속적이던 흐름이 분할된 부분들이나 방울들로 끊어질 때다.

또 다른 편리한 방법은 전극에 화약심지를 매다는 것이다. 그 퍼텐셜은 곧 심지의 불붙는 끝에 있는 공기의 퍼텐셜과 같아질 것이다. 심지어 가는 금속 핀 끝도 퍼텐셜이 상당할 때는 공기 중의 입자(또는 먼지?)에 의해 방전을 일으키기에 충분하다. 그러나 우리가 이 차이를 0으로 줄이기를 원한다면, 위에서 말한 방법 중 하나를 써야 한다.

두 장소의 퍼텐셜의 차이의 수치가 아니라 단지 부호만을 확인하고 싶다면, 물방울이나 줄밥을 한 장소와 연결된 노즐로부터 다른 장소로 떨어지게 하고 절연된 그릇 안에 물방울이나 줄밥을 받으면 된다. 떨어지는 매 조각(방울)은 일정한 전기로 대전되고 그것은 용기 속으로 완전히 방전된다. 그리하여 그릇의 전하는 연속적으로 누적되고 충분한 수의 방울이 떨어진 후, 그릇의 전하를 대략적인 방법으로 측정하면 된다. 노즐에 연결되어 있는 장소의 퍼텐셜이 다른 장소의 퍼텐셜에 비해 양이면 이 전하의 부호는 양이다.

전기화의 면밀도의 측정

시험판 이론

223] 도체 표면 위의 전기 분포의 수학적 이론의 결과를 조사하기 위해서는 도체의 다른 점들에서의 면밀도를 측정할 수 있어야 한다. 이 목적을 위해서 쿨롱은 고무 라크로 만들어진 절연 막대에 고정시킨 금박을 입힌 작은 종이 디스크를 고무 라크로 만들어진 절연 막대에 고정시켜 사용했다. 그는 이 디스크를 도체의 여러 점에 도체의 표면과 가능한

한 일치되게 놓았다. 그러고 나서 그는 그것을 절연 막대를 사용해서 떼어내고 그의 전위계로 그 디스크의 전하를 측정했다.

디스크의 표면이 도체의 면과 거의 일치되도록 접촉했으므로 그는 디스크의 바깥 면 위의 면밀도가 그 장소에서 도체의 면 위의 밀도와 거의 같으며 디스크를 떼었을 때 디스크 위의 전하는 디스크의 면적과 같은 도체의 표면의 한 구역에 있는 전하와 같다고 결론 내렸다. 이런 식으로 사용하는 디스크를 쿨롱의 시험판(proof plane)이라고 부른다.

쿨롱이 시험판을 사용한 것에 대한 이의가 제기되었으므로 나는 그 실험의 이론에 대해 약간 언급하겠다.

이 실험은 밀도를 측정할 점에서 작은 도체를 도체의 표면과 접촉시키고 그 물체를 떼어내 그 전하를 알아내는 과정으로 이루어져 있다.

우리는 먼저 작은 물체가 도체와 접촉할 때 그 물체 위의 전하는 작은 물체가 접촉점에 놓이기 전에 그 점에 존재했던 면밀도에 비례한다는 것을 보여야 한다.

작은 물체의 모든 치수, 특히 접촉점에 수직 방향의 치수는 접촉점에서 도체의 곡률 반경의 크기에 비해 작다고 가정하자. 그러므로 작은 물체가 차지한 공간 안에 확고하게 전기화되어 있다고 가정되는 도체 때문에 생기는 합력의 변화는 무시될 수 있으며 작은 물체 근처의 도체면은 평면으로 취급될 수 있다.

이제 작은 물체가 평면과 접촉하여 얻을 전하는 그 면에 수직인 합력에 비례할 것이고 결국, 면밀도에 비례할 것이다. 우리는 물체의 특별한 형태에 따른 전하의 양을 확인할 것이다.

다음으로 작은 물체가 제거될 때 그것과 도체 사이에 아무런 스파크가 발생하지 않아서 그것이 자체 전하를 그대로 가지고 있을 것임을 보여야 한다. 물체들이 접촉하고 있을 때 그것들의 퍼텐셜은 같고 접촉점에 가장 가까운 부분들 위의 밀도는 극히 작기 때문에 이것은 자명하다. 작은 물체가 양으로 대전되어 있는 도체에서 매우 가까운 거리로 옮겨 갈 때 작은 물체에 가장 가까운 점에서 전기화는 더 이상 0이 아니라 양

(陽)이지만 작은 물체의 전하가 양이므로 작은 물체에 가까운 면의 양전기화는 다른 이웃하는 면 위의 점들의 전기화보다 적을 것이다. 이제 스파크의 발생은 일반적으로 합력의 크기에 의존하고 이것은 또한 면밀도에 의존한다. 그러므로 도체가 그 표면의 다른 부분들로부터 방전을 일으킬 만큼 높게 전기화되어 있지 않다고 가정하기 때문에 더 작은 면밀도를 갖는다는 것을 우리가 입증한 표면의 부분으로부터 작은 물체 쪽으로 스파크를 일으키지는 않을 것이다.

224] 이제 우리는 다양한 형태의 작은 물체를 고려할 것이다.

그것을 작은 반구라고 가정하자. 그것을 도체에 가져가 그것의 평평한 측면의 중심을 도체와 접촉시키자.

그 도체를 큰 구라고 하자. 그 반구의 형태를 수정하여 그 면을 반구보다는 조금 더 연장하여 구면과 수직으로 만나게 하자. 그러면 이것은 이미 정확한 해를 얻은 경우와 같아진다. 168절을 보라.

A와 B가 서로 수직으로 만나는 두 구의 중심이고, DD'이 교차원의 지름이라 하고, C가 그 원의 중심이라면, V가 두 구의 바깥면과 일치하는 바깥면을 갖는 도체의 퍼텐셜일 때, 구 A의 노출된 면 위의 전기량은

$$\frac{1}{2}V(AD + BD + AC - CD - BC)$$

이고 구 B의 노출된 면 위의 전기량은

$$\frac{1}{2}V(AD + BD + BC - CD - AC)$$

이다. 그러면 이것들의 합인 전체 전하는

$$V(AD + BD - CD)$$

가 된다.

α와 β가 구들의 반지름이라면 α가 β에 비해 클 때, B 위의 전하 대 A 위의 전하의 비율은

$$\frac{3}{4}\frac{\beta^2}{\alpha^2}\left(1 + \frac{1}{3}\frac{\beta}{\alpha} + \frac{1}{6}\frac{\beta^2}{\alpha^2} + \dots\right) : 1$$

이다. 이제 B가 제거되었을 때 A 위의 균일한 면밀도를 σ라 하면, A 위의 전하는

$$4\pi a^2 \sigma$$

이다. 그러므로 B 위의 전하는

$$3\pi\beta^2\sigma\left(1 + \frac{1}{3}\frac{\beta}{\alpha} + \dots\right)$$

이다. 즉, β가 α에 비해 매우 작을 때, 반구 B 위의 전하는 반구의 원형 밑면과 같은 면적의 면에 퍼져 있는 면밀도 σ 때문에 생긴 전하의 세 배와 같다.

작은 구를 전기화된 물체에 닿게 하고 나서 먼 곳으로 떼어놓으면, 175절로부터 구 위의 평균 면밀도와 접촉점에서 물체의 면밀도의 비는 $\pi^2 : 6$, 즉 1.645 : 1이 됨을 알게 된다.

225] 시험판을 위한 가장 편리한 형태는 원형 디스크이다. 그러므로 우리는 전기화된 표면 위에 놓인 원형 디스크 위의 전하를 어떻게 측정하는지 보일 것이다.

이 목적을 위해 퍼텐셜 함수값을 구성하여 등퍼텐셜면 중 하나가 원형의 납작한 돌기를 닮도록 만들 것이다. 그것의 일반적인 형태는 평면 위에 놓인 원판과 유사하다.

어떤 평면의 면밀도를 σ라고 하고 그 평면을 xy라고 하자.

이 전기화 때문에 생기는 퍼텐셜은

$$V = -4\pi\sigma z$$

가 될 것이다.

이제 반지름 a의 디스크 두 개가 면밀도 $-\sigma'$과 $+\sigma'$으로 확고하게 전기화되어 있다고 하자. 이것 중에서 첫 번째 것이 원점에 중심을 두고

xy 평면 위에 놓여 있고 두 번째 것은 그것에 평행하고 아주 짧은 거리 c만큼 떨어져 있다고 하자.

그다음은 우리가 자기 이론에서 보게 될 것처럼, 임의의 점에서의 두 디스크의 퍼텐셜이 $\omega\sigma'c$임을 보일 수 있다. 여기에서 ω는 그 점에서 어느 한쪽 디스크의 테두리로 펼쳐지는 입체각이다. 그러므로 전체 계의 퍼텐셜은

$$V = -4\pi\sigma z + \sigma'c\omega$$

일 것이다.

이것의 등퍼텐셜면과 유도선의 형태가 2권의 끝에 있는 그림 XIIIA의 왼편에 그려져 있다.

$V=0$인 곡면의 형태를 추적하자. 이 면은 점선으로 표시되어 있다.

z축으로부터 임의의 점까지의 거리를 r라고 놓고 이 r보다 훨씬 작고 z가 작다면,

$$\omega = 2\pi - 2\pi\,\frac{z}{a} + \ldots$$

임을 알 수 있다.

그러므로 a보다 상당히 작은 r의 값에 대하여 퍼텐셜 0인 곡면의 방정식은

$$0 = -4\pi\sigma z_0 + 2\pi\sigma'c - 2\pi\sigma'\,\frac{z_0\,c}{a} + \ldots$$

$$\text{즉,}\ z_0 = \frac{\sigma'c}{2\sigma + \sigma'\dfrac{c}{a}}$$

가 된다. 그러므로 축 근처에서 이 등퍼텐셜면은 거의 평평하다.

r가 a보다 큰 디스크의 바깥에서는 z가 0일 때 ω도 0이므로 xy 평면은 등퍼텐셜면의 부분이다.

곡면의 이 두 부분이 만나는 곳을 찾기 위해 이 평면의 어떤 점에서 $\dfrac{dV}{dz} = 0$인지 알아보자.

r가 a와 거의 같을 때 입체각 ω는 근사적으로 단위 반지름을 갖는 구의 방패꼴(lune)이 된다. 이때 방패꼴의 각은 $\tan^{-1}\{z \div (r-a)\}$ 이고 입체각 ω는 $2\tan^{-1}\{z \div (r-a)\}$이므로 $z=0$일 때, 근사적으로 $\frac{dV}{dz} = -4\pi\sigma + \frac{2\sigma'c}{r-a}$ 를 만족한다.

이리하여 $\frac{dV}{dz} = 0$일 때,

$$r_0 = a + \frac{\sigma'c}{2\pi\sigma} \fallingdotseq a + \frac{z_0}{\pi}$$

이다.

그러므로 $V=0$인 등퍼텐셜면은 반지름이 r_0이고 거의 균일한 두께 z_0 를 갖는 디스크 비슷한 도형과 이 도형을 넘어서 펼쳐진 무한한 xy 평면 부분으로 이루어져 있다.

전체 디스크에 걸친 면적분은 그 위의 전하와 같아진다. 4부의 704절 에 나오는 원형 전류 이론에서처럼

$$Q = 4\pi a\sigma'c \left\{ \log \frac{8a}{r_0 - a} - 2 \right\} + \pi\sigma r_0^2$$

임을 알 수 있다.

평면의 동일한 면적 위에 있는 전하는 $\pi\sigma r_0^2$이다. 그러므로 그 디스 크 위의 전하는 평면의 동일한 면적 위의 전하보다 큰데 그 비율은

$$1 + 8\frac{z_0}{r_0} \log \frac{8\pi r_0}{z_0} : 1$$

이다. z_0는 두께, r_0는 디스크의 반지름이고 z_0는 r_0에 비해 작다고 가정 한다.

축전기와 용량의 측정에 관하여

226] 축전기 즉, 콘덴서는 절연성 유전 매질에 의해 분리되어 있는 두 개의 도체면으로 이루어진 장치이다.

라이덴병은 일종의 축전기로서 얇은 주석박의 내박(內箔)이 병을 이

루는 유리에 의해 외박(外箔)과 분리되어 있다. 원래의 라이덴병은 물을 담은 유리 용기로서 물은 병을 들고 있는 손과 유리에 의해 분리되어 있었다.

어떤 절연된 도체의 외면은 축전기의 면 중 하나로 고려될 수 있고 축전기의 다른 면은 지면이나 도체가 놓여 있는 방의 벽이 될 것이고 중간의 공기는 절연 매질의 역할을 한다.

축전기의 용량은 면 사이의 퍼텐셜 차이가 1이 되도록 내면을 대전시키는 전기의 양으로 측정된다.

모든 전기 퍼텐셜은 각각의 전기 요소를 한 점에서 전기 요소까지의 거리로 나눔으로써 얻어진 많은 부분들의 합이므로, 전기량을 퍼텐셜로 나눈 것은 길이의 차원을 가져야 한다. 그러므로 전기 용량은 길이의 양이므로 모호함 없이 전기 용량을 피트(ft)나 미터(m)로 표현할 수 있다.

전기 연구에서 축전기는 두 개의 주요한 목적을 위해 사용된다. 하나는 가능한 한 작은 영역 속에 큰 전기량을 받아 유지하는 것이고 또 하나는 일정한 전기량이 들어와 증가하는 축전기의 퍼텐셜에 의해 전기량을 재는 것이다.

전하의 유지 목적을 위해서는 라이덴병보다 더 완전하게 고안된 것이 없었다. 주된 손실은 한쪽 코팅박(箔)에서 다른 쪽 코팅박으로 유리의 코팅되지 않은 축축한 면을 따라 전기가 기어가기 때문에 일어난다. 이 것은 병 안쪽의 공기를 인위적으로 건조시키고 공기에 노출되는 유리면에 니스를 바름으로써 크게 줄일 수 있다. 톰슨 경의 검전기에서는 날마다 매우 적은 퍼센트의 손실만이 발생하기에 유리가 양호하면 이 손실 중에는 공기나 유리를 통한 직접적인 전도로 야기되는 것으로 전혀 없을 것이라고 나는 믿는다. 손실은 주로 다양한 절연 막대나 기구의 유리면을 따라 일어나는 표면 전도에서 생긴다.

사실상, 같은 전기학자가 긴 목을 가진 큰 유리구 속의 황산에 전하를 전달했고 그 목을 밀봉하여 그 전하를 완전히 유리로 둘러쌌다. 몇 년 후에 전하는 여전히 그 안에 유지되어 있는 것이 발견되었다.

그러나 유리가 이런 식으로 절연시킬 수 있는 것은 차가울 때뿐이다. 이는 유리가 100℃ 이하의 온도까지 가열되면 즉시 전하는 탈출하기 때문이다.

작은 공간 속에 큰 용량을 얻기를 바랄 때는 유전체로 생고무판, 운모, 파라핀 먹인 종이를 쓴 축전기가 편리하다.

227] 전기량을 측정하기 위한 두 번째 부류의 축전기를 위해서 모든 고체 유전체를 아주 조심스럽게 사용해야 한다. 왜냐하면 그것들은 전기 흡수라는 성질을 갖고 있기 때문이다.

그러한 축전기를 위한 유일하게 안전한 유전체는 공기이다. 어떤 먼지나 흙이 공기로 채워져 있어야 할 마주 보는 면 사이의 공간에 들어가면, 그것은 공기층의 두께를 변화시킬 뿐 아니라 마주 보는 면 사이에 연결을 일으켜 축전기가 전하를 더 이상 유지하지 못할 수 있다.

축전기의 용량을 절대 기준, 말하자면 피트나 미터로 측정하기 위해서는 먼저 그 형태와 크기를 확실히 하고 나서 마주 보는 면 위의 전기 분포의 문제를 풀어야 한다. 즉, 그것의 용량을 이미 이 문제가 풀린 또 다른 축전기의 용량과 비교해야 한다.

이 문제는 매우 어려우므로 해가 알려진 형태로 만들어진 축전기로 시작하는 것이 가장 좋다. 가령, 제한되지 않은 공간 속의 절연된 구의 용량은 구의 반지름에 의해 측정된다는 것이 알려져 있다.

실제로 방에 매달린 구가 다른 축전기의 용량과 비교를 위한 절대 기준으로 콜라우시(Kohlrausch)[23]와 베버에 의해 사용되었다.

---

23) 독일의 물리학자인 콜라우시(Friedrich Wilhelm Georg Kohlrausch, 1840~1910)는 용액의 전도율에 대한 실험으로 가장 유명하다. 그는 1863년에 괴팅겐 대학에서 빌헬름 베버 지도하에 박사 학위를 받았으며 여러 대학 교수직을 거쳐 1894년에 헬름홀츠의 죽음으로 비게 된 PTR(제국물리기술연구소)의 소장 자리를 맡았다. 그의 연구는 정밀성으로 유명했는데 그는 전해물의 전도율, 탄성, 은의 전기 화학 당량의 결정 등의 연구에 종사했다. 그는 전해물의 전도율을 측정할 때 직류가 아니라 교류를 씀으로써 측정 중에 분극에 의한 전기 퍼텐셜의 변화를 막았다. 1876년에 이온의 이동에 대한 히토르

그러나 적당한 크기의 구의 용량은 흔하게 사용되는 축전기의 용량과 비교했을 때 매우 작기 때문에 구는 편리한 표준 척도가 아니다.

　약간 더 큰 반지름의 속이 빈 동심 구면으로 그 구를 둘러쌀 때 그것의 용량은 크게 증가한다. 그때 안쪽 표면의 용량은 공기층의 두께에 반비례하고 두 구의 반지름의 곱에 비례한다.[24]

　톰슨 경은 이 배열을 용량의 표준으로 사용했다. {로울랜드 (Rowland)[25] 교수와 로사(Rosa) 씨가 전자기 단위와 정전기 단위의 비를 결정할 때에도 이 방법을 사용했다. *Phil. Mag.* ser. v. 28, pp. 304, 315.} 그러나 진짜 구를 만드는 것과 진짜 동심 배열을 만드는 것, 그리고 충분히 정확하게 그것들 사이의 거리와 반지름을 재는 것은 매우 어렵다.

　프의 연구에 영향을 받아 수행한 연구에서 희석액에서 모든 전기화학적 원소들은 그것들이 전리되는 화합물에 무관하게 고유한 저항을 갖는다는 결론에 도달했고 히토르프의 결과를 이용해서 이것이 옳음을 입증했다. 그의 연구는 아레니우스의 용액 구조 이론에 직접 영향을 미쳤다. 또한 그는 물리 실험실 교육법을 도입한 선구자로 인정받고 있다—옮긴이.

24) 원문에는 "The capacity of the inner surface is then a fourth proportional to the thickness of the stratum of air and the radii of the two surfaces"로 되어 있으나 번역문처럼 적어야 문맥에 맞을 것 같다—옮긴이.

25) 미국의 물리학자인 로울랜드(Henry Augustus Rowland, 1848~1901)는 철, 강철, 니켈의 투자율의 연구로 본격적인 물리 연구를 시작했다. 그는 이 양을 측정하기 위해 환상체의 변압기를 만들어 사용했다. 그의 연구는 맥스웰의 칭찬을 받았고 그는 미국에서 가장 촉망받는 젊은 실험 물리학자 중 하나로 명성을 얻었다. 그는 1875년에 신설 존스 홉킨스 대학의 물리학 교수가 되었으며 1년간 유럽의 실험실들을 시찰하고 장치를 구입했다. 이로써 구비된 훌륭한 실험 장비들은 존스 홉킨스 대학을 세계적인 실험 물리학의 중심지 중하나가 되게 했다. 로울랜드는 디스크와 함께 도는 전하가 자기 효과를 발휘한다는 것을 발견했고 옴의 값과 열의 일당량을 정밀하게 측정했다. 그의 요면 격자는 1인치에 43,000개의 선을 고르게 그을 수 있는 장치에 의해 만들어져 분해능과 정확성이 탁월해져서 여러 나라로 팔려나갔고 1890년의 파리 박람회에서 그랑프리를 수상했다. 로울랜드는 미국 물리학회의 창립자이자 첫 회장이었다—옮긴이.

그러므로 용량의 절대적 척도로서 평행하는 면들을 마주 보게 하는 배열을 선호하게 된다.

평면의 정확성은 쉽게 조사할 수 있고 그것들 사이의 거리도 마이크로미터 나사로 잴 수 있으며 무엇보다도 거리의 연속적인 변화를 얻어낼 수 있어 측정 기구의 매우 중요한 특성을 갖추었다.

남아 있는 유일한 어려움은 평면들이 반드시 경계를 가져야 하고 평면의 경계 근처의 전기 분포를 엄밀하게 계산할 수 없다는 데에서 생긴다. 평행판들을 그것들 사이의 거리에 비해 반지름이 큰 동일한 원형 디스크로 만든다면, 디스크들의 둘레를 직선처럼 취급할 수 있고 전기 분포를 202절에서 서술한 헬름홀츠의 방법으로 계산할 수 있다. 그러나 이 경우에는 전기의 일부가 각 디스크의 뒤편에 분포할 것이고 계산에서는 근처에 도체가 없다는, 작은 기구에서는 충족되지 않는, 또한 충족될 수도 없는 가정을 전제로 함을 염두에 두어야 한다.

228] 그러므로 우리는 W. 톰슨이 고안한 다음의 배열을 선호하게 된다. 그것은 가드 링 배열이라고 부를 수 있는 것으로 그 방법에 의해 절연된 디스크 위의 전기량을 그것의 퍼텐셜로 정확하게 확정할 수 있다.[26]

가드 링 축전기

Bb는 위판의 바깥면이 정확하게 평면인 도체 재료로 된 원통형 용기이다. 이 위판은 두 부분으로 되어 있다. 디스크 A와 그것에서 스파크가 일어나는 것을 막을 정도의 간격을 두고 디스크를 빙 둘러싼 넓은 링 BB가 그것이다. 디스크는 절연 재료로 된 기둥 GG로 지지된다. C는 금속 디스크이고 그것의 아래쪽 면은 정확하게 평면이고 BB에 평행하다. 디스크 C는 A에 비해 상당히 크다. A에서 C까지의 거리는 조절할 수

---

26) 여러 가지 전기 측정 기기의 고안에 있어서 W. 톰슨의 기여는 매우 두드러졌다. 그는 정확한 측정이 이루어질 수 있도록 만드는 독창적인 설계로 전기 실험의 많은 문제들을 해결했다—옮긴이.

있고 그림에는 나와 있지
않은 마이크로미터 나사로
측정할 수 있다.

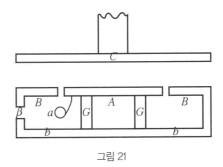

그림 21

이 축전기는 다음과 같은
방식을 따라 측정 기구로
사용할 수 있다.

C를 퍼텐셜 0이라고 가
정하고 디스크 A와 용기 Bb가 둘 다 퍼텐셜 V에 있다고 가정하자. 그러
면 용기가 거의 닫혀 있고 모두 같은 퍼텐셜에 있으므로 디스크의 뒷면
은 전기화가 없을 것이다. BB가 디스크와 같은 퍼텐셜에 있기 때문에
디스크의 테두리에는 거의 전기화가 없을 것이다. 디스크 면 위에는 전
기화가 거의 균일할 것이고 따라서 디스크 위의 전체 전하는 124절에
나와 있듯이 그 면적과 평면 위의 면밀도의 곱으로 거의 정확하게 나타
낼 수 있을 것이다.

사실상 우리는 그 디스크 위의 전하가

$$V \left\{ \frac{R^2 + R'^2}{8A} - \frac{R'^2 - R^2}{8A} \frac{a}{A+a} \right\}$$

임을 201절의 고찰로부터 이미 알고 있다. 여기에서 R는 디스크의 반
지름, R'이 가드 링 안에 있는 구멍의 반지름, A는 A와 C 사이의 거리이
고 a는 $(R' - R) \frac{\log_e 2}{\pi}$ 를 넘을 수 없는 양이다.

디스크와 가드 링 사이의 간격이 A와 C 사이의 거리에 비해 작다면,
두 번째 항은 매우 작아질 것이고 디스크 위의 전하는 거의

$$V \frac{R^2 + R'^2}{8A}$$

일 것이다.

{이것은 면밀도 $V/4\pi A$로 균일하게 전기화된 디스크 위의 전하와 같
다. 이때 디스크의 반지름은 원래의 디스크의 반지름과 구멍의 반지름

의 산술 평균이다.}

이제 용기 *Bb*를 접지시키자. 디스크 *A* 위의 전하는 더 이상 균일하게 분포하지 않을 것이지만 전체 양은 같을 것이고 *A*를 방전시키면, 일정한 전기량을 얻을 것이고 그 값은 *V*와 원래의 퍼텐셜 차이와 측정할 수 있는 양 *R*, *R′*, *A*에 의해 알 수 있다.

축전기의 용량의 비교에 관하여

229] 축전기의 부분들의 치수와 형태로부터 절대 척도에 의해 결정된 용량을 갖도록 최선으로 조정된 형태의 축전기는 일반적으로 전기 실험에 최적은 아니다. 실제 사용되는 용량의 척도는 도체면 하나가 다른 하나를 거의 둘러싸고 있는 오로지 두 개의 도체면만을 갖는 축전기여야 바람직하다. 한편 가드 링 축전기는 어떤 순서로 충전되고 방전되어야 하는 독립적인 세 도체 부분을 갖는다. 그리하여 나중에 2차적인 표준으로 사용될 축전기들을 검사할 수 있도록 전기적 과정에 의해 두 개의 축전기의 용량을 비교할 수 있는 것이 바람직하다.

먼저 두 개의 가드 링 축전기의 용량이 같음을 어떻게 검사하는지 보이겠다.

*A*를 이 축전기 중 하나의 디스크라 하고 *B*를 그것에 부착된 도체 용기의 나머지를 이루는 가드 링이라 하고 *C*를 이 축전기의 큰 디스크라 하자. 그리고 *A′*, *B′*, *C′*을 다른 축전기의 해당되는 것들이라고 하자.

이 축전기들 중 하나가 단지 두 개의 도체만을 갖는 더 간단한 종류라면, 우리는 *B*나 *B′*을 삭제하고 *A*를 안쪽 도체면이라고 하고 *C*는 바깥 도체면이라고 가정하기만 하면 된다. 이 경우에 *C*는 *A*를 둘러싸고 있는 것으로 이해할 수 있다.

다음과 같이 연결하자.

*B*가 항상 *C′*와 연결되게 하고 *B′*과 *C*가 항상 연결되게 한다. 즉, 각각의 가드 링이 다른 축전기의 큰 디스크와 연결시킨다.

(1) *A*를 *B*, *C′*와 연결시키고 양전하를 가진 라이덴병의 전극 *J*와 연

결하고 A'은 B', C와 연결하고 땅과 연결시킨다.

(2) A, B, C'을 J와 절연시킨다.

(3) A를 B, C'에서 절연시키고, A'을 B'과 C에서 절연시킨다.

(4) B와 C'을 B', C와 연결하고 접지시킨다.

(5) A를 A'과 연결한다.

(6) A와 A'을 검전기 E와 연결한다.

이 연결을 다음과 같이 표현할 수 있다.

(1) $0=C=B'= A' \mid A=B=C'=J$

(2) $0=C=B'= A' \mid A=B=C' \mid J$

(3) $0=C=B' \mid A' \mid A \mid B=C'$

(4) $0=C=B' \mid A' \mid A \mid B=C'=0$

(5) $0=C=B' \mid A'= A \mid B=C'=0$

(6) $0=C=B' \mid A'= E=A \mid B=C'=0$

여기에서 등호는 전기적 연결을 나타내고 수직선은 절연을 나타낸다.

(1)에서 두 축전기는 반대로 대전되어서 A는 양이고 A'은 음이다. A와 A' 위의 전하는 각각의 축전기의 큰 디스크를 마주 보는 윗면 위에 균일하게 분포되어 있다.

(2)에서는 라이덴병이 제거되고 (3)에서는 A와 A'이 절연된다.

(4)에서는 가드 링들이 큰 디스크들과 연결되어서 A와 A' 위의 전하들이 전체 표면 위에 분포된다.

(5)에서 A와 A'이 연결되어 있다. 전하들이 크기가 같고 방향이 반대이면, 전기화가 완전히 사라질 것이고 (6)에서 이것을 검전기 E에 의해 검사한다.

검전기 E는 A와 A'이 더 큰 용량을 가짐에 따라 양전기나 음전기를 나타낼 것이다.

적절한 구조의 비결에 의해[27] 이 조작 전체가 1초보다 매우 짧은 시

---

27) {이 비결은 홉킨슨(Hopkinson) 박사의 유리와 액체의 정전기 용량에 관한

간 안에 연속적으로 이루어질 수 있고 용량들을 조절하여 검전기에 의해 전기화가 검출되지 않게 할 수 있다. 이런 식으로 하나의 축전기의 용량을 조절하여 다른 것의 용량과 같아지게 하거나 몇 개의 다른 축전기의 용량의 합과 같아지게 할 수 있다. 이로써 축전기의 계가 형성되고 그 각각은 절대 척도, 즉 피트나 미터로 결정된 용량을 갖는다. 동시에 그것은 전기 실험에 가장 적당한 구조를 갖게 된다.

이 비교의 방법은 아마도 평판이나 디스크 형태의 다른 유전체의 정전기 유도의 비용량(specific capacity)[28]을 결정하는 데 유용함을 알게 될 것이다. A에 비해 상당히 큰 유전체 디스크가 A와 C 사이에 삽입되면, 축전기의 용량은 변경되고 A와 C가 서로 더 가까울 때의 동일한 축전기의 용량과 같게 될 것이다.[29]

유전체판을 삽입한 상태에서 A와 C의 거리가 x인 축전기가, 유전체를 갖지 않고 A와 C의 거리가 x'인 동일한 축전기와 용량이 같다면, a를 판의 두께라 하고 K를 표준으로서 공기와 비교된 비유전체 유도 용량이라고 하면,

$$K = \frac{a}{a + x' - x}$$

이다.

127절에서 기술된 세 개의 원통의 조합은 W. 톰슨에 의해 용량을 측정 가능한 양만큼 늘리거나 줄일 수 있는 축전기로 사용되었다.

이 장치를 이용한 깁슨(Gibson)과 바클레이(Barclay)의 실험이 *Proceedings of the Royal Society*, Feb. 2, 1871과 *Phil. Trans.*, 1871, p.573에 서술되어 있다. 그들은 고체 파라핀의 비유도 용량이 1.975(공기를 1로 봄)임을 알아내었다.

논문 *Phil. Trans*, 1881, Part II, p.360에서 기술된다—톰슨.

28) 유전율에 해당하는 개념이다—옮긴이.

29) 유전체는 일반적으로 공기보다 유전율이 크기 때문에 같은 거리에서 용량을 크게 만들어준다—옮긴이.

제2부 전기운동학

제1장 전류

230] 우리는 앞서 45절에서 도체가 전기적으로 평형에 있을 때 도체의 모든 점에서 퍼텐셜은 같아야 한다는 것을 보았다.

두 도체 A와 B가 대전되어 A의 퍼텐셜이 B의 퍼텐셜보다 높다고 하자. 두 도체에 접촉하는 금속선 C에 의해 두 도체가 연결된다면, A의 전하의 일부가 B로 전해질 것이고 매우 짧은 시간 안에 A와 B의 퍼텐셜은 같아질 것이다.

231] 이 과정에서 어떤 현상이 도선 C 안에서 발생함을 관찰할 수 있다. 이것은 전기 충돌(conflict) 현상 또는 전류 현상이라고 부른다.

첫 번째 현상은 A에서 B로 양전기화가 전달되고 B에서 A로 음전기화가 전달되는 것이다. 작은 절연된 물체를 A와 B에 교대로 접촉시킴으로써 이 전달을 느리게 발생시킬 수 있다. 전기 대류라고 불러도 좋을 이 과정에 의해 각 물체의 전기화의 연속적인 작은 분량이 다른 쪽으로 전달된다. 두 경우 모두 일정한 전기량 또는 전기화 상태의 일정한 양이 한 곳에서 다른 곳으로 두 물체 사이의 공간에 있는 어떤 경로를 따라 지나간다.

그러므로 전기의 본성에 대한 우리의 견해가 무엇이건 우리가 기술한 과정이 전류를 구성한다는 것을 받아들여야 한다. 이 흐름은 A에서 B로 가는 양전기의 흐름이나 B에서 A로 가는 음전기의 흐름, 혹은 이 두 흐름의 결합으로 간주할 수 있다.

페흐너(Fechner)[1]와 베버의 이론에 따르면, 이 흐름은 동일한 물질을 통과하는 정확하게 같은 양전기의 흐름과 음전기의 흐름의 조합이다. 이것은 베버의 매우 귀중한 실험 결과 중 몇몇의 진술을 이해하기 위해서 만들어진, 전류의 구성에 관한 매우 인위적인 가설임을 기억할 필요가 있다.

36절에서처럼 P단위의 양전기가 A에서 B로 전달되고 N단위의 음전기가 B에서 A로 단위 시간 동안 전달된다면, 베버의 이론에 따라 $P=N$이고 P 또는 N을 그 흐름의 척도(numerical measure)로 간주할 수 있다.

반면에 우리는 P와 N 사이의 관계에 대하여 아무런 가정을 하지 않고 그 흐름의 결과 즉, A에서 B로 $P+N$단위의 양전기화의 전달에만 주의한다. 그래서 우리는 그 흐름의 진정한 척도를 $P+N$이라고 생각할 것이다. 그러므로 베버가 1이라고 부를 전류를 우리는 2라고 부른다.[2]

---

1) 독일의 심리학자인 페흐너(Gustav Theodor Fechner, 1801~87)는 1817년에 라이프치히 대학에 입학했고 거기에서 그의 생의 대부분을 보냈다. 그는 1822년에 의학 박사 학위를 받았다. 페흐너의 첫 과학 연구는 물리학으로서 전기, 특히 옴의 법칙에 대한 것이었다. 그는 1831년에 갈바니 전지에 대한 정량적 측정 결과를 발표했다. 이 논문은 그를 물리학자로 알려지게 했고 이로써 1834년에 물리학 교수가 되었다. 그러나 1839년에 그는 심각한 신경증에 걸려 교수직을 그만두었다. 그는 신경증에서 회복된 후에 정신과 물질이 동일한 것의 다른 측면이라는 관점을 가지고 감각과 지각에 관한 정량적 실험 연구를 수행했다. 그러한 결과가 자극에 대한 반응을 정량화한 베버-페흐너의 법칙이다. 그는 정신 물리학과 실험 미학을 창시했다. 오늘날 페흐너의 정신 물리학의 연구는 실험 심리학의 토대를 놓은 것으로 인정받고 있다—옮긴이.

2) 여기에서 전류를 어떻게 이해할 것인가와 관련하여 독일 학자들과 맥스웰의 접근법이 다른 것에 주의할 필요가 있다. 페흐너와 베버는 전류가 양전하와 음전하의 흐름에 의해 유발된다는 가설에 입각하여 전류를 이해하려고 하지만 맥스웰은 그러한 미시적 가설을 세우지 않고 현상적인 결과에만 집중하여 전류를 이해하려고 한다. 이러한 태도는 19세기 대륙과 영국 사이의 물리학자들 사이에 나타나는 전반적인 경향을 반영한다. 이에 관해서는 M. Norton Wise, "The Maxwell literature and British dynamical theory," *Historical Studies in the Physical Sciences* 13(1982), pp.175~205에서 잘 요약해 주고 있다—옮

일정한 전류에 관하여

232] 다른 퍼텐셜에 있는 두 개의 절연된 도체 사이의 전류의 경우에 그 작용은 곧 두 물체의 퍼텐셜이 같아지면 끝나버린다. 그러므로 그 흐름은 본질적으로 일시적 전류이다.

그러나 도체의 퍼텐셜 차이가 일정하도록 유지하는 수단들이 있다. 그런 경우에 전류는 일정한 세기로 지속적으로 흐르는 **일정한 전류**가 된다.

볼타 전지

일정한 전류를 만들어내는 가장 편리한 방법은 볼타 전지에 의한 것이다.

명확하게 하기 위해 다니엘(Daniell)[3]의 정상(定常) 전지에 대해 기술하겠다.

황산아연 용액을 다공성 질그릇 셀(cell)[4] 안에 넣는다. 이 셀을 황산구리 포화 용액이 담긴 그릇 안에 넣는다. 아연 조각을 황산아연 용액에 담그고 구리 조각을 황산구리 용액 속에 담근다. 액체면 위에 나온 아연과 구리에 두 도선을 납땜한다. 이 조합을 다니엘 전지(battery)의 셀

옮긴이.

3) 영국의 화학자인 다니엘(John Federic Daniell, 1790~1845)은 1813년에 왕립학회 회원이 되었고 1831년에 킹스 칼리지 화학 교수가 되었다. 1836년에 볼타 전지를 개량하여 최초로 실용적인 2액식(二液式) 전지인 다니엘 전지를 발명했다. 1844년에는 밀러와 공동으로 전해조 중격막에 의해 분리된 두 전해질 용액의 농도를 각각 측정하는 실험에서 양이온과 음이온의 이동 능력에 차이가 있다는 것을 발견했다. 이것을 설명하기 위해서 아래와 위의 2개의 양 및 음이온 열(列)이 서로 반 당량씩 어긋나 간다는 전기분해 메커니즘에 대한 모델을 제안했다. 이것은 뒤에 나오는 자유이온설의 이론적 출발점이 되었다─옮긴이.

4) cell은 일반적으로 전지로 번역하나 원래는 작은 방이나 작은 공간을 의미한다. 이 책에서는 cell이 전지를 의미하지 않는 경우도 있기 때문에 그대로 '셀'이라고 부르겠다. 일반적으로 셀은 전지의 요소를 이루는 것으로 셀이 여러 개 모여야 전지(battery)가 된다─옮긴이.

(cell)[5] 또는 요소라고 부른다. 272절을 보라.

233] 만약 셀이 비전도성 받침 위에 올려져 절연되어 있고 구리와 연결된 도선을 절연된 도체 A와 접촉시키고 아연과 연결된 도선을 A와 같은 금속으로 된 또 하나의 절연된 도체 B와 접촉시키면, A의 퍼텐셜은 일정한 양만큼 B의 퍼텐셜보다 크다는 것을 민감한 전위계에 의해 보일 수 있다. 이 전위차를 다니엘 셀의 기전력이라고 부른다.

이제 A와 B를 셀로부터 떼어내고 도선으로 A와 B를 연결하면 일시적 전류가 A에서 B 쪽으로 도선을 통과하고 A와 B의 퍼텐셜은 같아진다. 그러면 A와 B를 다시 셀로 충전할 수 있고 그 과정은 셀이 작동되는 한 계속 반복될 수 있다. 그러나 A와 B를 도선 C로 연결하고 동시에 이전처럼 전지와 연결하면, 셀은 C를 통해 일정한 전류를 유지시키고 A와 B 사이에 일정한 퍼텐셜의 차이를 유지시킬 것이다. 그 차이는, 앞으로 보겠지만, 셀의 전체 기전력과 같지 않을 것이다. 왜냐하면 이 힘의 일부가 셀 자체를 통과하는 전류를 유지하는 데 소모되기 때문이다.[6]

첫 번째 셀의 아연을 금속에 의해 두 번째 셀의 구리와 연결하고 같은 식으로 계속 연결하는 방식에 의해 직렬로 연결된 많은 셀들을 볼타 전지(voltaic battery)[7]라고 부른다. 그러한 전지의 기전력은 그것을 구성하는 셀의 기전력의 합과 같다. 전지가 절연된다면 그것은 전체적으로 대전되어 있을 것이지만 구리 끝의 퍼텐셜은 그 절대적인 값이 무엇이든 항상 아연 끝의 퍼텐셜보다 전지의 기전력만큼 높을 것이다. 셀은

---

5) 다니엘 셀은 다공성 격리면에 의해 분리된 서로 다른 전해물 속에 두 전극을 넣어 만든 1차 전지의 한 형태이다. 보통 음극은 황산구리(II) 수용액에 넣은 구리이고 양극은 희석한 황산이나 황산아연 용액에 넣은 아연수은 아말감으로 되어 있다. 이 셀의 전압은 대략 1.1볼트이다─옮긴이.

6) 이것이 우리가 일반적으로 전지의 내부 저항이라고 부르는 것이다─옮긴이.

7) 볼타 전지라는 말은 꼭 볼타가 만든 전지를 의미하지 않는다. 일반적으로 화학적인 작용에 의해 기전력을 일으키는 전지를 총칭해서 볼타 전지라고 부르는 것이다. 그러므로 앞에서 기술된 다니엘 전지는 볼타 전지의 한 유형이라고 할 수 있다─옮긴이.

매우 다양한 구성을 가질 수 있다. 전류가 흐르지 않을 때 화학 반응이 진행되지 않는다면 셀은 얼마든지 다른 화학 물질과 다른 금속을 포함할 수 있다.

234] 이제 볼타 전지의 끝이 서로 절연되어 있는 경우를 생각해 보자. 구리 끝은 양으로 즉, 유리 전기로 전기화될 것이고 아연 끝은 음으로 즉, 수지 전기로 전기화될 것이다.

전지의 두 끝이 도선에 의해 연결되어 있다고 하자. 전류가 흐르기 시작할 것이고 매우 짧은 시간만에 일정한 값을 얻을 것이다. 그러면 이제 일정한 전류라고 말할 수 있다.

전류의 성질

235] 전류는 도선을 통해서는 구리에서 아연 쪽으로, 용액 속에서는 아연에서 구리 쪽으로 닫힌 회로를 형성한다.

하나의 셀의 구리를 다음 셀의 아연과 연결하는 도선 중 어느 것을 잘라 회로가 끊어지면, 전류는 멈출 것이고 구리와 연결되어 있는 도선의 끝의 퍼텐셜이 아연과 연결되어 있는 도선의 끝의 퍼텐셜보다 일정한 양, 즉 회로의 전체 기전력만큼 크다는 것을 알게 될 것이다.

전류의 전기분해 작용

236] 회로가 끊어져 있으면 화학 작용이 셀에서 진행되지 않지만 회로가 완성되자마자 각각의 다니엘 셀의 아연판에서 아연이 용해되고 구리는 구리판 위에 침적된다.

만약 일정하게 보충되는 것이 없다면 황산아연의 양은 증가하고 황산구리의 양은 줄어든다.

셀의 판의 크기에 상관없이 회로의 어느 곳에 있든지 다니엘 셀 각각에서 용해되는 아연의 양과 침적되는 구리의 양은 같다. 만약 셀 중 하나가 다른 구조를 가졌다면 거기에서 화학 작용의 양은 다니엘 셀에서의 작용에 대하여 일정한 비율을 유지할 것이다. 가령, 셀 중 하나가 물로 희석된 황산 속에 담근 두 개의 백금판으로 이루어졌다면, 전류가 액체로 들어가는 판, 즉 다니엘 셀의 구리와 금속으로 연결되어 있는 판의 면에서 산소가 발생할 것이고 전류가 액체를 떠나는 판, 즉 다니엘 셀의 아연과 연결되어 있는 판에서 수소가 발생할 것이다.

수소의 부피는 정확히 같은 시간 동안 발생한 산소의 부피의 정확한 두 배이고 산소의 무게는 수소의 무게의 정확한 8배이다.

회로의 모든 셀에서 용해되거나 침적하거나, 분해되는 각 물질의 무게는 그 물질의 전기 화학 당량이라고 부르는 어떤 양에 전류의 세기와 전류의 흐른 시간을 곱한 것과 같다.

이 원리를 확립한 실험은 패러데이의 『실험 연구』 시리즈 7과 8에 나와 있다. 그리고 이 규칙의 분명한 예외에 대한 탐구는 밀러(Miller)[8]의 『화학물리』(Chemical Physics)와 비데만(Wiedemann)의 『생체전기론』(Galvanismus)에서 볼 수 있다.

237] 이런 식으로 분해되는 물질을 전해물이라고 부르고 이 과정을 전기분해라고 부른다. 전류가 전해물로 들어가거나 거기에서 나오는 장소를 전극이라고 부른다. 이것들 중에서 전류가 들어가는 전극을 양극이라고 하고 전류가 전해물을 떠나는 전극을 음극이라고 한다.

전해물이 분해된 성분을 이온이라고 부른다. 양극에서 나타나는 이온을 음이온, 음극에서 나타나는 이온을 양이온이라고 부른다.

---

8) 영국의 화학자인 밀러(William Allen Miller, 1817~70)는 널리 사용되는 화학 교과서의 저자로서 화학의 분광학적 분석과 그것을 위한 사진술의 응용 분야를 개척했으며 이를 이용해 별들의 조성에 대한 최초의 믿을 만한 정보를 얻어내었다. 그는 기센 대학의 리비히 실험실에서 화학 시범 조교가 되었고 1842년에 의학 박사 학위를 받았다. 그는 여러 원소와 물질의 스펙트럼을 사진 찍거나 그렸으며 그것을 천문학에서 활용했다. 그는 이웃에 사는 허긴스(W. Huggins)와 함께 시리우스, 달, 목성, 화성의 스펙트럼을 집중적으로 연구했고 이러한 공로를 인정받아 1867년에는 왕립 천문학회의 금메달을 공동 수상했다. 이러한 밀러의 연구는 항성으로 확장되었으며 이에 의해 별들이 태양과 매우 비슷한 조성을 갖는다는 것을 발견했다—옮긴이.

휴얼(Whewell)의 도움으로 패러데이가 창안한 이 용어들 중에서 첫 번째 셋, 즉 전극(electrode), 전기분해(electrolysis), 전해물(electrolyte)은 일반적으로 채택되었고 이런 종류의 분해와 성분의 전이가 발생하는 전류의 전도 방식을 **전해 전도**라고 부른다.[9]

균일한 전해물이 단면이 일정하지 않은 관에 담겨 있고 전극이 이 관의 양쪽 끝에 설치되어 있다면, 전류가 통과할 때, 음이온이 양극에서 나타나고 양이온이 음극에서 나타나며 이 이온들의 양은 전기 화학적으로 등가이고 다시 마찬가지로 이것들은 일정한 양의 전해물과 등가이다. 관의 다른 부분에서, 단면이 크건 작건, 일정하건 변하건, 전해물의 조성은 불변이다. 그러므로 관의 모든 단면을 가로질러 일어나는 전기분해의 양은 같다. 그러므로 단면이 작은 곳에서 그 작용은 단면이 큰 곳보다 더 강력해야 하지만 주어진 시간 안에 전해물의 단면 전체를 통과하는 이온의 총량은 모든 단면에서 같다.

그러므로 전류의 세기를 주어진 시간에 전기분해의 양으로 측정할 수 있다. 전해 산물의 양을 쉽게 측정할 수 있는 기구를 **전해전량계**(voltameter)라고 부른다.

이렇게 측정되는 전류의 세기는 회로의 모든 부분에서 같고, 임의의 주어진 시간 후에 전해전량계 안의 전해 산물의 총량은 같은 시간 동안 임의의 단면을 통과하는 전기량에 비례한다.

238] 볼타 전지 회로의 일부에 전해전량계를 설치하고 다른 부분에서 회로를 끊는다면, 전류의 측정이 다음과 같이 수행된다고 가정할 수 있다. 끊어진 회로의 끝을 A와 B라 하고 A를 양극, B를 음극이라고 하자. 절연된 공을 교대로 A, B에 대면, 매번 왕복할 때마다 측정 가능한 일정한 양의 전기가 A에서 B로 옮겨갈 것이다. 이 양을 전위계로 측정

---

9) 맥스웰은 전기분해 과정에서 연속적으로 성분의 전이가 일어나면서 전도가 일어난다고 보고 있다. 다시 말하자면, 전해물 속에서 이미 전리가 일어나 이온이 생성되는 것으로 보지 않고 전류의 영향을 받아야 이온이 전극에서 생기는 것으로 이해하고 있다─옮긴이.

할 수도 있고 공의 정전기 용량과 회로의 기전력을 곱해서 계산할 수도 있다. 그래서 전기는 대류라고 부를 수 있는 과정에 의해 절연된 공에 실려 A에서 B로 옮겨진다. 동시에 전기분해가 전해전량계와 전지의 셀에서 진행될 것이고 각 셀에서의 전기분해량을 절연된 공에 의해 옮겨진 전기량과 비교할 수 있다. 단위 전기에 의해 전기분해되는 물질의 양을 그 물질의 전기 화학 당량[10]이라고 부른다.

이 실험은 이런 식으로 보통 크기의 공과 다루기 쉬운 전지를 가지고 수행하면 매우 지루하고 까다로울 것이다. 왜냐하면 엄청난 수의 왕복이 있어야 감지할 만한 양의 전해물이 분해될 것이기 때문이다. 그러므로 이 실험은 단지 하나의 예시로 간주해야 하고 실제 전기 화학 당량은 다른 방식으로 측정된다. 그러나 이 실험은 전기분해 과정 자체의 예시로 볼 수도 있다. 전해 전도를 1전기 화학 당량의 음이온이 음전기를 띠고 양극의 방향으로 움직이고 같은 당량의 양이온이 양전기를 띠고 음극의 방향으로 움직이는 일종의 대류로 간주한다면, 전이되는 전체 전기량은 1단위가 될 것이고, 내가 아는 한, 알려진 사실과 일치하는 전기분해 과정의 개념을 얻게 된다. 물론 이것은 전기와 화합물의 본성에 대한 우리의 무지 때문에 실제로 일어나는 것에 대한 매우 불완전한 표현 (representation)이 될 것이다.

---

10) 전기에 의한 화학 당량의 측정에 가장 멀리 뛰어든 사람은 다름 아닌 패러데이였다. 패러데이는 화학 당량을 다음과 같이 정의했다. "화학 당량이라는 용어는 화학적 친화력이 반응의 발생을 허용하는 범위에서 다른 물체와의 반응에 필요한 물질의 비율을 의미하는 것으로 사용할 수 있다" M. Faraday, Chemical Manuplation(London, 1827), §§1202~1203. 패러데이는 화학 당량을 구할 수 있는 실제적이고 정확한 방법으로 볼타 전량계(volta electro-meter)를 고안하여 사용했다. 패러데이는 이렇게 구한 전기 화학 당량이 보통 화학 당량에 비해서 보다 절대적이고 근본적인 기준인 전기력에 의한 당량값이라고 주장했다. 서소영, 「'전기화학법칙'(1832~34) 성립 과정에 나타난 화학자 패러데이의 면모」(서울대학교 이학석사논문, 1996), p.45 — 옮긴이.

전류의 자기 작용

239] 외르스테드(Oersted)[11]는 직선 전류 근처에 놓인 자석이 자석과 전류를 통과하는 평면에 수직으로 놓이려는 경향이 있음을 발견했다. 475절을 보라.

사람이 자신의 몸을 전류와 겹치게 놓아 구리에서 나와 도선을 통해 아연으로 흐르는 전류가 머리에서 발끝으로 흐르게 하고 자석의 중심으로 머리를 돌리면, 북쪽을 가리키려는 경향이 있는 자석의 끝은, 전류가 흐를 때, 사람의 오른손 쪽을 가리키려는 경향을 가질 것이다.

이러한 전자기 작용의 본성과 법칙은 이 책의 4부에서 논의될 것이다. 현재 우리의 관심은 전류가 전류 바깥에 미치는 자기 작용을 갖는다는 것과 그것에 의해 회로를 끊거나 다른 것을 전류에 끼워 넣지 않고도 전류의 존재와 세기를 확인할 수 있다는 것이다.

자기 작용의 양은 전류가 전해전량계 안의 전기분해의 산물에 의해 측정될 때처럼 전류의 세기에 정확하게 비례하고 전류가 흐르는 도체가 금속이건 전해물이건 도체의 본성에는 상당히 독립적임이 확인되어 있다.

240] 자기 효과에 의해 전류의 세기를 표시하는 기구를 갈바노미터라고 한다.

일반적으로 갈바노미터는 명주를 입힌 도선으로 하나 또는 여러 개의 코일을 만들고 그 안에 자석을 그 축이 수평이 되게 하여 매단 구조이다. 전류가 도선으로 흐를 때 자석은 코일면에 수직으로 배열되려는 경향을 갖는다. 코일의 면을 지구의 적도면에 평행하게 놓는다고 가정하

---

11) 외르스테드(Hans Christian Oersted, 1777~1851)는 덴마크의 물리학자로서 1897년에 코펜하겐 대학을 졸업했고 1801년부터 볼타의 전지의 발명에 자극을 받아 유럽 각지에서 유학하고 1806년에 코펜하겐 대학에서 강의하기 시작했고 1817년에 정교수가 되었다. 1819년에서 1820년에 걸친 실험 연구 중에 도선을 흐르는 전류가 가까이 있는 자침을 흔들리게 하는 현상을 발견했다. 과학진흥협회를 창설하고 코펜하겐에 공과대학을 설립하여 덴마크의 과학 발전에 기여했다―옮긴이.

고 전류가 태양의 겉보기 운동 방향, 즉 동쪽에서 서쪽으로 코일을 돌면서 흐른다고 가정하면, 안쪽의 자석은 거대한 자석으로 간주할 수 있는 지구의 자기화와 같은 방향으로 자신의 자기화를 향하게 하려는 경향을 가진다. 지구의 경우 북극이, 남쪽을 가리키는 나침반 바늘의 끝과 같은 극이다.

갈바노미터는 전류의 세기를 재는 데 가장 편리한 기구이다. 그러므로 우리는 전류의 법칙을 연구하는 데 이러한 기구를 만들 가능성을 당연시하겠고 그 기구의 원리에 관한 논의는 4부로 돌리겠다. 따라서 우리는 전류가 어떤 세기를 갖는다고 말할 때 그 측정은 갈바노미터로 이루어진다고 가정한다.

제2장 전도와 저항

241] 일정한 전류가 유지되는 회로의 상이한 점들에서의 전기 퍼텐셜을 전위계에 의해 결정한다면, 우리는 전체가 일정한 온도를 갖는 단일한 금속으로 구성되어 있는 회로의 어떤 부분에 있는 임의의 점에서의 퍼텐셜은 그 점에서 전류의 방향으로 회로를 따라 더 가서 나오는 회로의 다른 점에서의 퍼텐셜보다 높다는 것을 알게 된다. 이때 그 차이는 전류의 세기와 끼어 있는 회로의 부분의 본성과 치수에 의존한다. 회로의 이 부분의 양끝에서의 퍼텐셜의 차이는 그것에 작용하는 외부 기전력이라고 부른다. 고려 중인 회로의 부분이 균일하지 않고 한 물질에서 다른 물질로, 또는 금속에서 전해물로, 또는 뜨거운 부분에서 차가운 부분으로 전이되는 부분을 갖는다면, 외부 기전력 외에도 고려되어야 하는 내부 기전력이 있을 수 있다.

기전력, 전류, 저항 사이의 관계는 1827년에 『갈바니 전기 회로에 대한 수학적 논의』(*Die Galvanische Kette Mathematisch Bearbeitet*)라는 제목으로 출판되었고 테일러의 『과학논문집』(*Scientific Memo-irs*)에 번역된 옴(G.S. Ohm)[1] 박사의 저작에서 처음 고찰되었다. 균일한

---

1) 옴(Georg Simon Ohm, 1789~1854)은 에를랑겐 대학을 졸업하고 1817년에 쾰른의 김나지움 물리학 교사가 되어 프랑스의 수리 물리학을 독학하고 실험 장치를 갖추어 1820년 이후에 전자기 실험을 시작했다. 1825년에 전류의 세기가 도선의 길이에 따라 감소함을 발표했고 1826년에 옴의 법칙을 도출했다. 1927년에 본문에서 언급된 저서를 집필하여 그때까지의 실험을 푸리에의 열

도체의 경우에 이 연구의 결과는 일반적으로 '옴의 법칙'이라고 불린다.

옴의 법칙

회로의 어떤 부분의 양끝 사이에서 작용하는 기전력은 전류의 세기와 회로의 그 부분의 저항의 곱이다.

여기에서 기전력을 만들어내는 전류의 세기에 대한 기전력의 비로 정의되는 도체의 저항이라는 새로운 용어가 도입되었다. 만약 옴이, 저항이 실제 물리적 양에 해당한다는 것, 다시 말해 도체의 본성이 변경될 때만 변화하는 일정한 값을 갖는다는 것을 실험적으로 보이지 않았다면, 이 용어의 도입은 아무런 과학적 가치가 없었을 것이다.

우선 도체의 저항은 그것을 통해 흐르는 전류의 세기에 무관하다.

둘째로 저항은 도체가 유지되는 전기 퍼텐셜이나 도체 표면의 전기 분포 밀도에 무관하다.

그것은 도체를 구성하는 재료의 본성, 도체의 부분들의 결집 상태, 도체의 온도에 전적으로 의존한다.

도체의 저항은 그것의 1만분의 1, 또는 심지어 10만분의 1의 범위까지 측정이 가능하다. 그래서 아주 많은 도체들이 조사되었고 옴의 법칙의 정확성에 대한 우리의 확신은 현재 매우 확고하다.[2] 6장에서 그것의 응용과 결과에 대해 알아보겠다.

전도론에 대한 유비로서 연역적 수학이론으로 제시했다. 1833년에 뉘른베르크 공과대학 물리학 교수가 되었고 음향학 연구를 시작했으며 1843년에 소리가 배음과 기음으로 분석될 수 있음을 발표했다―옮긴이.

2) {금속 도체에 대한 옴의 법칙의 검증은 Chrystal, *B.A. Report* 1866, p.36을 보라. 크리스털(Chrystal)은 무한히 약한 전류에 대한 도선의 저항은 매우 강한 전류에 대한 저항과 10^{-10}%의 범위 안에서만 다르다는 것을 보였다. 전해물에 대한 옴의 법칙의 검증에 대해서는 Fitzgerald and Trouton, *B.A. Report*, 1886을 보라}―톰슨.

전류에 의한 열 발생

242] 기전력이 도체를 통해 전류가 흐르게 만들 때 전기는 높은 기전력의 장소에서 낮은 기전력의 장소로 전이된다는 것을 우리는 알고 있다. 그 전이가 대류에 의해, 즉 한 장소에서 다른 장소로 이웃하는 전하를 공 위에 실어 운반함으로써 이루어졌다면, 그 공에 대하여 전기력이 하는 일이 있었을 것이고 이 일이 이용되었을 수도 있다. 이 일은 실제로 건식 전퇴(電堆) 회로에서 부분적으로 이용된다. 거기에서 전극은 종의 형태를 가지며 운반자 공은 두 종 사이에서 진자처럼 흔들리면서 교대로 종을 때리게 되어 있다. 이런 식으로 전기 작용이 진자의 흔들림을 유지하고 종소리를 멀리 전파시킨다. 도선의 경우에는 외부에 일을 하지 않으면서 높은 퍼텐셜의 장소에서 낮은 퍼텐셜의 장소로 같은 전기의 전이가 일어난다. 그러므로 에너지 보존 원리를 고려하면 우리는 도체 안에서 내부 일을 찾아야 된다. 전해물에서 이 내부 일은 부분적으로는 그 성분의 분해를 포함한다. 다른 도체에서는 내부 일이 전적으로 열로 전환된다.

열로 전환되는 에너지는 이 경우에 기전력과 통과하는 전기량의 곱이다. 그러나 기전력은 전류와 저항의 곱이고 전기량은 전류와 시간의 곱이다. 그러므로 열량과 단위 열의 역학적 당량의 곱은 전류의 세기의 제곱과 저항과 시간의 곱과 같다.[3]

전류가 도체의 저항을 극복하면서 발생시키는 열은 줄(Joule)[4] 박사

---

3) 현대적 표현으로는 $JQ = I^2 Rt$에 해당한다―옮긴이.

4) 줄(James Prescott Joule, 1818~89)은 영국의 아마추어 과학자로서 열의 일 당량의 정밀한 측정을 수행하여 유명해졌다. 그는 전지를 동력으로 한 전자기 엔진을 개량하여 증기기관보다 효율적으로 움직이게 할 수 없을까 하는 생각으로 연구를 시작했다. 1840년에 전류에 의한 열발생에 관한 법칙을 발견했다. 그는 두 힘과 열은 서로 변환할 수가 있고 그 전체 양은 감소하지 않는다고 생각하여 일련의 열의 일 당량 실험을 수행하여 어느 실험에서나 거의 동등한 비의 값이 얻어진다는 것을 확인했다. 1847년에 그 실험 결과가 영국 과학진흥협회에 보고되자 W. 톰슨은 그 자리에서 그 가치를 인정했다―옮긴이.

에 의해 결정되었다. 그는 주어진 시간 동안 발생하는 열은 전류의 제곱에 비례한다는 것을 최초로 확립했고 나중에는 주의 깊게 관련된 모든양들을 절대적으로 측정하여 등식

$$JH = C^2 Rt$$

를 입증했다. 여기에서 J는 줄의 열의 역학적 당량, H는 열의 단위 수, C는 전류의 세기, R는 도체의 저항, t는 전류가 흐른 시간이다. 기전력, 일, 열 사이의 이 관계는 역학적 효과의 원리를 기전력 측정에 응용하는 내용을 다룬 논문에서 처음으로 온전히 설명되었다.[5]

243] 전기 전도 이론과 열 전도 이론 사이의 유비는 일견 거의 완전하다. 두 계가 기하학적으로 닮음이라면, 첫 번째 계의 어떤 부분의 열전도율은 두 번째 계의 대응하는 부분의 전기 전도율에 비례한다. 또한 첫 번째 계의 어떤 부분에서 온도가 두 번째 계의 대응하는 점에서의 전기 퍼텐셜에 비례하게 만들면, 첫 번째 계의 어떤 영역을 가로지르는 열의 흐름은 두 번째 계의 대응하는 영역을 가로지르는 전기의 흐름에 비례할 것이다.

그러므로 전기 흐름은 열 흐름에 해당하고 전기 퍼텐셜은 온도에 해당하는 우리가 제시한 예에서 열이 높은 온도의 장소에서 낮은 온도의 장소로 흐르려는 경향을 갖듯이 전기는 높은 퍼텐셜에서 낮은 퍼텐셜로 흐르려는 경향을 갖는다.

244] 그러므로 전기 퍼텐셜 이론과 온도 이론은 서로를 예시하는 데 사용될 수 있다. 그러나 전기 현상과 열 현상 사이에 주목할 만한 차이가 존재한다.

닫힌 도체 그릇 안에 명주실로 도체를 매달고 그릇을 대전시킨다. 그릇의 퍼텐셜과 그 안에 있는 모든 것의 퍼텐셜은 순간적으로 상승할 것이다. 그러나 아무리 오래, 아무리 강하게 그 그릇이 전기화되어도, 안

---

5) *Phil. Mag.* Dec. 1851.

의 물체가 그릇과 닿건 닿지 않건 상관없이, 전기화의 징후가 그릇 안쪽에서는 나타나지 않으며 안의 물체를 꺼냈을 때 그것은 아무런 전기 효과를 나타내지 않는다.

그러나 그 그릇이 높은 온도로 가열되면, 안쪽의 물체는 같은 온도로 가열될 것이지만 상당한 시간이 경과한 후에야 그렇게 될 것이고 그 후에 꺼내면 그것은 뜨거울 것이고 얼마간 열을 계속 열을 발산할 것이다.

현상들 사이의 차이는 물체들은 열을 흡수하고 방출할 수 있는 반면에 그것들은 전기에서는 해당되는 특성이 없다는 점에 있다. 물체는 그것에 공급되는 일정한 양의 열 없이는 뜨거워질 수 없다. 그러나 물체의 전기 퍼텐셜은 전기를 그 물체에 전달하는 것 없이 이미 기술한 방식으로 어느 정도까지든 올릴 수 있다.

245] 다시 물체를 먼저 가열하고 닫힌 그릇 안쪽에 놓는다고 가정하자. 그 그릇의 바깥은 처음에는 둘러싸고 있는 물체들의 온도와 같지만 곧 뜨거워질 것이고 안쪽 물체의 열이 달아나기까지 뜨거운 상태에 있을 것이다.

해당되는 전기 실험을 수행하는 것은 불가능하다. 물체를 전기화시켜 속이 빈 그릇 안에 놓았을 때, 그 그릇의 바깥은 처음에 아무런 전기화의 징후를 나타내지 않다가 나중에 전기화되는 일은 일어날 수 없다. 이것이 패러데이가 절대 전하의 이름으로 찾았지만 결국 찾지 못했던 종류의 현상들이다.

열은 외부 작용을 일으키지 않도록 물체의 안쪽에 숨을 수 있다. 그러나 전기량이 반대 종류, 같은 크기의 전기량과 유도 관계를 지속하지 않도록 전기량을 격리시키는 것은 불가능하다.

그러므로 열에 대한 물체의 용량에 해당되는 것이 전기 현상에는 없다. 이것은 이 책에서 주장하는 교의, 즉 전기가 비압축성 유체처럼 연속 조건을 충족시킨다는 것으로부터 즉시 유도된다. 그러므로 추가적인 전기량을 물질 안에 압박함으로써 실체적 전하를 어떤 물질 속에 넣는 것은 불가능하다. 61, 111, 329, 334절을 보라.

제3장 접촉하는 물체 사이의 기전력

접촉하는 다른 물질의 퍼텐셜

246] 그릇 안쪽의 공기의 퍼텐셜로 속이 빈 도체 그릇의 퍼텐셜을 정의한다면, 1부 221절에서 기술한 전위계에 의해 이 퍼텐셜을 확인할 수 있다.

이제 다른 금속, 가령 구리와 아연으로 된 두 개의 속이 빈 그릇을 택해 금속으로 연결시키고 각 그릇 안의 공기의 퍼텐셜을 조사하면, 아연 그릇 안의 공기의 퍼텐셜은 구리 그릇 안의 공기의 퍼텐셜에 비해서 높을 것이다. 퍼텐셜의 차이는 그릇 안쪽 면의 본성에 의존한다. 가령, 퍼텐셜 차이는 아연면에 광택이 있고 구리면에 산소 피막이 형성되어 있을 때 가장 크다.

이로 보건대 두 개의 다른 금속이 접촉하고 있을 때 한쪽의 퍼텐셜이 일정한 양만큼 다른 쪽의 퍼텐셜보다 높아지기 위해서 일반적으로 한쪽에서 다른 쪽으로 작용하는 기전력이 생기는 것으로 보인다. 이것이 볼타의 **접촉 전기 이론**이다.

어떤 금속, 가령 구리를 기준으로 택하면, 퍼텐셜이 0인 구리와 접촉하고 있는 철의 퍼텐셜이 I라 하고, 퍼텐셜이 0인 구리와 접촉하고 있는 아연의 퍼텐셜을 Z라 하면, 금속들을 둘러싼 매질이 동일할 때 퍼텐셜 0인 철과 접촉하고 있는 아연의 퍼텐셜은 $Z-I$일 것이다.

어떠한 세 개의 금속에도 적용되는 이 결과로부터 접촉하고 있는 같은 온도의 임의의 두 금속의 퍼텐셜 차이는 그것들이 제3의 금속에 접촉하고 있을 때 그것들의 퍼텐셜 차이와 같다. 그래서 회로가 같은 온도의 임의의 개수의 금속들로 이루어져 있다면, 그것들이 고유의 퍼텐셜을 얻자마자 전기적 평형이 이루어져 회로에는 전류가 유지되지 않을 것이다.

247] 그러나 회로가 두 개의 금속과 전해물로 이루어져 있다면, 볼타 이론에 따라 전해물은 그것과 접촉하고 있는 금속들의 퍼텐셜을 동등하게 만들어서 금속 연결부에서 기전력은 더 이상 균형을 이루지 못하고 연속적인 전류가 유지되게 된다. 이 전류의 에너지는 전해물과 금속 사이에서 일어나는 화학 작용에 의해 공급된다.

248] 그러나 어떤 다른 수단에 의해 접촉하는 두 금속의 퍼텐셜을 같게 만들어 줄 수 있다면, 화학 작용 없이 전기 효과가 유발될 수도 있다. 그리하여 W. 톰슨의 실험에서[1] 구리 깔때기를 수직의 아연 원통과 접촉시켜 구리 줄밥을 깔때기로 통과시킬 때, 줄밥은 아연 원통 중간 근처에서 서로 분리되고 깔때기에서도 분리되어 아래에 놓인 절연된 수용기로 떨어진다. 그러면 수용기가 음으로 대전되는 것을 알 수 있는데 줄밥이 계속 그 안으로 떨어짐에 따라 전하는 증가한다. 동시에 구리 깔때기를 담은 아연 원통은 더욱더 양으로 대전된다.

이제 아연 원통이 도선으로 수용기와 연결되면, 원통에서 수용기로 도선을 타고 양의 전류가 발생한다. 구리 줄밥의 흐름은, 각각의 줄밥이 유도에 의해 음으로 대전되어 있으므로, 깔때기에서 수용기로 음의 전류, 다시 말하면 수용기에서 깔때기로 양의 전류를 형성한다. 그러므로 양의 전류가 (줄밥에 의해서) 공기를 통해 아연에서 구리로, 그리고 금속 연결부를 통해서 구리에서 아연으로 흐른다. 이것은 보통의 볼타 전지 배열에서 일어나는 것과 똑같고 이 경우에 전류를 유지하는 힘은 화학 작용이 아니라 중력이다. 양으로 대전된 깔때기와 음으로 대전된 줄밥 사이에 전기 인력에도 불구하고 중력에 의해 줄밥은 떨어지는 것

---

1) *North British Review*, 1864, p.353와 *Proc. R.S.* June 20, 1867.

이다.

249] 접촉 전기 이론의 주목할 만한 입증이 펠티에(Peltier)[2]의 발견에 의해 이루어졌다. 전류가 두 금속의 연결부를 통과할 때 한쪽 방향으로 전류가 흐를 때는 연결부가 더워지고 반대 방향으로 전류가 흐를 때는 연결부가 차가워진다. 금속을 통과하는 전류는 저항에 부딪히므로 항상 열을 발생시킨다는 것을 기억해야 한다. 그러므로 전체 도체에 대한 냉각 효과는 항상 가열 효과보다 적음에 틀림없다. 그러므로 각 금속에서 보통 저항으로 생기는 열 발생과 두 금속의 연결부에서의 열의 발생이나 흡수와는 구분되어야 한다. 첫 번째 것은 전류에 의한 열의 마찰적 발생이라고 부를 것이고, 우리가 보았듯이 그것은 전류의 제곱에 비례하고 전류가 양의 방향으로 흐르건 음의 방향으로 흐르건 동일하다. 두 번째 것은 펠티에 효과라고 부를 수 있겠는데 그것의 부호는 전류의 부호와 함께 바뀐다.

두 금속으로 이루어진 복합 도체의 한 부분에서 발생하는 전체 열은

$$H = \frac{R}{J} C^2 t - \Pi C t$$

로 표현될 수 있다. 여기에서 H는 열량, J는 단위 열의 역학적 당량, R는 도체의 저항, C는 전류, t는 시간이다. Π는 펠티에 효과 계수, 즉 단위 전류에 의해 단위 시간 동안 연결부에서 흡수되는 열이다.

이제 발생하는 열은 도체 안에서 전기력에 대항하여 행해진 일과 역학적으로 등가다. 즉, 그것은 전류와 그것을 발생시키는 기전력의 곱과 같다. 그리하여 E가 전류가 도체를 통해 흐르게 만드는 외부 기전력이라면,

---

2) 1834년에 펠티에(Jean Charles Athanase Peltier)는 서로 다른 두 금속의 연결부를 가로질러 전류가 흐를 때 방향에 따라 열이 흡수되거나 방출되는 현상을 발견했다. 이것을 펠티에 효과라고 부른다. 펠티에 효과는 전류가 운반하는 열량이 물질에 따라 다른 데서 기인한다. 이러한 펠티에 효과를 이용한 전자 소자를 펠티에 소자나 전자냉각 소자라고 한다―옮긴이.

$$JH = CEt = RC^2 t - J\Pi Ct$$

이다. 그러므로

$$E = RC - J\Pi$$

이다.

　복합 도체를 통해 전류를 흐르게 만드는 데 필요한 외부 기전력은 기전력 $J\Pi$ 만큼 저항에서만 생기는 기전력보다 작다. 그러므로 $J\Pi$ 는 양의 방향으로 작용하는 연결부에서의 접촉 기전력을 나타낸다.

　국소적 기전력을 결정하는 데 열의 동역학적 이론을 이렇게 응용하는 W. 톰슨의 방법[3]은 과학적으로 매우 중요하다. 왜냐하면 복합 도체의 두 점을 갈바노미터나 검전기의 전극과 도선으로 연결하는 보통의 방법은 도선과 복합 도체의 재료와의 연결부에서의 접촉력 때문에 쓸모가 없기 때문이다. 한편, 열에 의한 방식에서는 에너지의 유일한 생성원(source)이 전류이고 회로의 어떤 부분에서는 도체의 그 부분을 가열하는 것을 제외하고는 전류가 아무런 일도 하지 않는다는 것을 우리는 알고 있다. 그러므로 전류의 양과 발생하거나 흡수되는 열량을 측정할 수 있다면, 그 부분의 도체를 통과하도록 전류를 유발하는 기전력을 결정할 수 있고 이 측정값은 회로의 다른 부분에서의 접촉력의 효과와는 전적으로 무관하다.

　이 방법으로 결정된 두 금속의 연결부에서의 기전력은 246절에서 기술된 볼타의 기전력을 설명해 주지 못한다. 후자는 일반적으로 이 절의 기전력보다 훨씬 크고 종종 반대 부호이다. 그러므로 금속의 퍼텐셜이 그것과 접촉하는 공기의 퍼텐셜에 의해 측정될 수 있다는 가정은 잘못임에 틀림없고 우리는 볼타 기전력의 더 큰 부분을 두 금속의 연결부가 아니라 금속을 회로의 제3요소를 구성하는 공기나 다른 매질에서 분리

---

3) *Proc. R.S. Edin.*, Dec. 15, 1851과 *Trans. R.S. Edin.*, 1854.

시키는 표면 중 하나 혹은 양쪽에서 찾아내야 한다.

250] 다른 금속들로 이루어진 회로에서 연결부들이 다른 온도에 있을 때 열전류[4]가 발생한다는 제벡(Seebeck)[5]의 발견은 완전한 회로에서 이 접촉력이 항상 서로 균형을 이루지는 않는다는 것을 보여준다. 그러나 균일한 온도에서 다른 금속으로 이루어진 완전한 회로에서는 접촉력이 서로 균형을 이루어야 한다는 것이 확실하다. 그렇지 않다면, 회로에는 형성되는 전류가 있을 것이고 이 전류는 기계를 작동시키거나 회로에서 열을 발생시키는 일을 하는 데 사용될 수 있을 것이기 때문q이다. 반면에 회로가 모두 같은 온도에 있다면 같은 시간에 에너지의 소모는 없을 것이고 아무런 화학 변화나 다른 변화가 발생하지 않을 것이다. 그러므로 두 금속 a, b의 연결부에서의 펠티에 효과를 전류가 a에서 b로 흐를 때 로 나타낸다면, 같은 온도에 있는 두 금속으로 이루어진 회로에 대하여

$$\Pi_{ab} + \Pi_{ba} = 0$$

이 성립할 것이다. 그리고 세 개의 금속 a, b, c로 이루어진 회로에 대하여

---

4) 서로 다른 두 종류의 도체(또는 반도체)를 접합하고 접합 부분에 온도차를 주면 접합부에 열기전력이 발생하여 두 도체(또는 반도체)의 다른 쪽 끝을 연결시켜주면 이 회로에서 전류가 흐른다. 이것을 열전류라고 부르고 그 발견자인 제벡의 이름을 따서 제벡 효과라고도 부른다. 열기전력은 도체 중에 생긴 온도차에 의한 열의 흐름과 그것에 따라 일어나는 전자의 흐름의 비가 도체의 종류에 따라 다르기 때문에 발생된다. 이러한 방식에 의해 야기되는 발전을 열발전이라고 한다. 일반적으로 그 효율은 낮다—옮긴이.

5) 독일의 물리학자인 제벡(Thomas Johann Seebeck, 1770~1831)은 괴팅겐 대학에서 의학을 공부하고 1818년에 베를린 과학 아카데미 회원이 되었다. 1821년에 구리와 비스무트의 양끝을 접합하고 그 양끝에 온도차를 발생시키면 전위차가 생기는 현상을 발견했다. 이 현상을 이용하여 열전쌍이 만들어졌다. 제벡은 이외에 당의 수용액 속에서의 편광면의 회전에 대한 연구도 수행했다—옮긴이.

$$\Pi_{bc} + \Pi_{ca} + \Pi_{ab} = 0$$

이 성립해야 한다.

이 등식으로부터 세 개의 펠티에 효과는 독립적이지 않으며 그것들 중 하나가 다른 둘로부터 유도될 수 있다는 것은 자명하다. 가령, c를 표준 금속이라고 가정하고 $P_b = J\Pi_{bc}$이고 $P_b = J\Pi_{bc}$라고 쓰면,

$$J\Pi_{ab} = P_a - P_b$$

이 성립한다.

P_a라는 양은 온도의 함수이며 금속 a의 본성에 의존한다.

251] 또한 마그누스(Magnus)[6]는 회로가 한 가지 금속으로 이루어져 있다면, 도체의 단면과 온도가 다른 부분에서 변한다 할지라도 전류가 형성되지 않는다는 것을 보여주었다.[7]

이 경우에 열전도와 뒤따르는 에너지의 소산(消散)이 있으므로 앞선 경우에서처럼 이 결과를 자명한 것으로 생각할 수는 없다. 가령, 회로의 두 부분 사이의 기전력은 전류가 더운 부분에서 차가운 부분으로 빨리 흐르느냐, 천천히 흐르느냐, 혹은 반대 방향으로 흐르느냐에 의존할 뿐만 아니라 전류가 도체의 굵은 부분으로부터 가는 부분으로 흐르느냐,

---

6) 독일의 물리학자이자 화학자 마그누스(Heinrich Gustav Magnus, 1802~70)는 스웨덴에서 19세기 전반 동안 유럽 화학계에 큰 영향력을 행사했던 J. J. 베르셀리우스에게 화학을 배우고 파리에서 게이뤼삭에게 역시 화학을 배웠다. 1845년에는 베를린 대학의 물리학 교수가 되었다. 독일의 자연철학 전성기에 실험파(實驗派)의 기수가 되어, 자택을 실험실로 개방했으며, 제자로 비데만, 헬름홀츠, 틴들 등을 키워냈다. 또한 그는 게이뤼삭의 법칙이 각종 기체에 대해 근사적으로는 옳지만 엄밀하게는 성립하지 않는 것을 증명했다. 그밖에도 공기 온도계의 연구, 셀렌과 텔루르 등의 화학적 특성 연구를 수행했고 역학, 수력학, 열학 등에 관심을 가졌으며 야구공이 커브를 그리는 원리를 설명해 주는 마그누스 효과의 발견은 그의 두드러진 유체역학적 성과였다—옮긴이.

7) [르 루(Le Roux)는 단면에서 온도가 분자 거리 정도에서 유한한 양만큼 갑자기 변하면 이것이 성립하지 않는다는 것을 보였다]—톰슨.

반대 방향으로 흐르느냐에 의존하기에 이렇게 생긴 기전력은 한 금속으로 이루어진 균일하지 않게 가열된 회로에서 전류를 가능하게 만들 것이다.

그러므로 펠티에 현상의 경우와 같은 이유에 의해 하나의 금속으로 된 도체를 통과하는 전류가 전류의 방향이 바뀔 때 역전되는 열 효과를 만들어낸다면, 이것은 온도가 높은 장소에서 낮은 장소로 전류가 흐르거나 반대로 흐를 때 일어난다. 또한 하나의 금속으로 이루어진 도체에서 온도가 x인 장소에서 온도가 y인 장소로 전류가 흐를 때 발생하는 열이 H라면,

$$JH = RC^2 t - S_{xy} Ct$$

이고 전류를 유지하는 경향을 갖는 기전력은 S_{xy}일 것이다.

균일한 회로의 세 점에서의 온도를 x, y, z라 하면, 마그누스의 결과에 의해

$$S_{yz} + S_{zx} + S_{xy} = 0$$

가 성립해야 한다. 그러므로 z가 0도라고 가정하면,

$$Q_x = S_{xz}, Q_y = S_{yz}$$

라고 가정할 때,

$$S_{xy} = Q_x - Q_y$$

라고 놓을 수 있다. 여기에서 Q_x는 온도 x의 함수이고 함수의 형태는 금속의 본성에 의존한다.

이제 두 금속 a와 b로 이루어진 회로가 있는데 전류가 a에서 b로 통과하는 곳에서 온도가 x이고 b에서 a로 통과하는 곳에서 y라면, 기전력은

$$F = P_{ax} - P_{bx} + Q_{bx} - Q_{by} + P_{by} - P_{ay} + Q_{ay} - Q_{ax}$$

일 것이고 여기에서 P_{ax}는 온도 x에 있는 금속 a에 대한 P값을 의미한다. 즉,

$$F = P_{ax} - Q_{ax} - (P_{ay} - Q_{ay}) - (P_{bx} - Q_{bx}) + P_{by} - Q_{by}$$

을 만족한다.

다른 금속들로 이루어졌고 불균등하게 가열된 회로에서는 일반적으로 열전류가 존재하므로 P와 Q가 일반적으로 같은 금속, 같은 온도일 때와는 다른 것이 자명하다.

252] 양 Q의 존재는 앞서 언급한 W. 톰슨의 논문에서 커밍(Cumming)[8], [9]이 발견한 열전기 반전(thermoelectric inversion) 현상으로부터 유도에 의해 입증되었다. 커밍은 열전기 측정치에서 어떤 금속들의 순서가 고온과 저온에서 다른 것을 발견했다. 따라서 어떤 온도에서 두 금속은 서로에게 중립적일 수 있었다. 그러므로 구리와 철의 회로에서 하나의 연결부는 보통의 온도로 유지가 되지만 다른 것의 온도가 상승하면 전류가 뜨거운 연결부를 통과해서 구리에서 철 쪽으로 형성되고 기전력이 증가하여 고온 연결부가 온도 T(톰슨에 따르면 약 284℃)까지 상승한다. 고온 연결부의 온도가 이보다 더 상승하면, 기전력은 줄어들고 마침내 온도가 충분히 상승하면 전류가 반전된다. 전류의 반전은 차가운 연결부의 온도를 올림으로써 더 쉽게 이루어질 수 있다. 두 연결부의 온도가 T 근처라면, 전류는 더 뜨거운 연결부에서 철에서 구리 쪽으로 형성되어 두 연결부가 T보다 낮은 온도일 때 관찰된 것과 정반대

---

8) *Cambridge Transactions*, 1823.

9) 영국의 물리학자인 커밍(James Cumming, 1777~1861)은 1797년에 케임브리지 대학 트리니티 칼리지에 들어가 1801년에 수학 우등졸업시험에서 10위 랭글러(wrangler)가 되었으며 1803년에 펠로가 되었고 1815년에 같은 대학 화학 교수가 되어 죽기 직전까지 봉직했다. 그는 선생으로서 뛰어난 능력을 발휘했으나 독창적인 연구는 미진했다. 그는 외르스테드의 발견에 자극받아 갈바노미터를 독자적으로 고안했다. 커밍은 고온에서 금속의 열전기 순서가 바뀌는 것을 발견했다. 이 현상은 제벡이 먼저 독자적으로 발견했다—옮긴이.

방향이 된다.

그러므로 연결부 중 하나가 중립 온도 T에 있고 다른 하나가 더 뜨겁거나 더 차다면, 전류는 중립 온도에 있는 연결부를 통과해 구리에서 철쪽으로 형성될 것이다.

253] 이 사실로부터 톰슨은 다음과 같이 추론했다.

T보다 낮은 온도에 있는 다른 연결부를 생각해 보자. 전류가 엔진을 작동시키거나 도선에 열을 발생시키게 할 수 있고 이러한 에너지의 소모는 열이 전기 에너지로 전환됨으로써 유지됨에 틀림없다. 즉, 열은 회로 중 어디에선가 사라져야 한다. 이제 온도 T에서 철과 구리는 서로 중립적이므로 뜨거운 연결부에서는 가역적인 열 효과가 생기지 않고 차가운 연결부에서는 펠티에 원리에 의해 전류에 의한 열의 방출이 있게 된다. 그러므로 열이 사라질 수 있는 유일한 곳은 회로의 구리 또는 철 부분에 있다. 그러므로 철에서 고온부에서 저온부로 흐르는 전류가 철을 식혀주든가, 구리에서 저온부에서 고온부로 흐르는 전류가 구리를 식혀주든가, 아니면 이 두 과정이 모두 일어날 수도 있다. {이 추론은 열전기적 연결부가 단지 열기관처럼 작용하고 전기가 연결부를 가로지를 때 연결부를 형성하는 물질의 에너지에 아무런 변화(가령, 전지에서 일어나는 것과 같은 변화)가 일어나지 않는다고 가정하고 있다.} 공들인 일련의 독창적인 실험에 의해 톰슨은 다른 온도의 부분들 사이를 흐르는 전류의 가역적 열작용을 검출해내는 데 성공했고 전류는 구리와 철에서 반대의 효과를 낸다는 것도 알아냈다.[10]

물질 유체의 흐름이 뜨거운 부분에서 차가운 부분으로 관을 따라 형성될 때 그것은 관을 데우며 차가운 부분에서 뜨거운 부분으로 흐름이 형성될 때 그것은 관을 식힌다. 이러한 효과는 유체의 열에 대한 비용량에 의존한다. 우리가 전기를, 양전기든 음전기든, 물질 유체로 가정한

---

10) "On the Electrodynamic Qualities of Metals," *Phil. Trans.*, Part III, 1856.

다면, 불균등하게 가열된 도체에 대한 열효과에 의해 그것의 비열을 측정할 수 있을 것이다. 이제 톰슨의 실험은 구리에서는 양전기가, 그리고 철에서는 음전기가 뜨거운 부분에서 차가운 부분으로 열을 운반한다는 것을 보여준다. 그러므로 양전기나 음전기가 가열되거나 냉각될 수 있고 열을 다른 물체로 전달할 수 있는 유체라고 가정하면, 우리는 그 가정이 양전기에 관해서는 구리에 의해, 음전기에 관해서는 철에 의해 반박된다는 것을 알아야 한다. 그러므로 두 가설을 모두 버려야 한다.

한 가지 금속으로 되어 있고 불균등하게 가열된 도체에 대한 전류의 가역적 효과에 대한 이러한 과학적 예측은 에너지 보존 이론의 또 하나의 교육적 적용 사례로서 새로운 과학적 연구의 방향을 지시해 준다. 톰슨은 또한 우리가 P와 Q로 지정한 양 사이의 관계를 지시하기 위해 열역학 제2법칙을 적용했고 방향에 따라 구조가 다른 물체의 있음 직한 열전기 특성들을 탐구했다. 그는 또한 이러한 특성들이 압력, 전기화 등에 의해 유발되는 조건을 실험적으로 탐구했다.

254] 타이트 교수는 최근에 다른 금속들로 이루어진 열전기 회로가 다른 온도 있는 연결부들을 가질 때 회로의 기전력을 탐구했다.[11] 그는 회로의 기전력이 매우 정확하게 식

$$E = a(t_1 - t_2)[t_0 - \frac{1}{2}(t_1 + t_2)]$$

에 의해 표현되는 것을 발견했다. 여기에서 t_1은 고온 연결부의 절대 온도, t_2는 저온 연결부의 절대 온도, t_0은 두 금속이 상호 중립적일 때의 온도이다. 인자 a는 회로를 구성하는 두 금속의 본성에 의존하는 계수이다. 이 법칙은 타이트 교수와 그의 학생들에 의해 상당한 온도 범위에서 확인되었고 타이트 교수는 열전기 회로를 열전도에 대한 그의 실험과 수은 온도계가 편리하지 않거나 충분한 범위를 갖지 못하는 다른 경우들에서 온도 측정 기구로서 사용할 수 있게 되기를 희망하고 있다.

---

11) *Proc. R.S.* Edin., Session 1870~71, p.308과 Dec. 18, 1871.

타이트의 이론에 따르면, 톰슨이 전기 비열이라고 부르는 양은 각각의 순수한 금속의 절대 온도에 비례한다. 물론 그것의 크기와 심지어 부호조차 금속마다 다르다. 이런 특성으로부터 그는 다음 결과를 열역학 원리에 의해 유도했다. $k_a t$, $k_b t$, $k_c t$를 세 금속 a, b, c의 전기 비열이라고 하고 T_{bc}, T_{ca}, T_{ab}를 금속의 쌍이 상호 중립적일 때의 온도라고 하자. 그러면 등식

$$(k_b - k_c)\,T_{bc} + (k_c - k_a)\,T_{ca} + (k_a - k_b)\,T_{ab} = 0$$

$$J\Pi_{ab} = (k_a - k_b)\,t\,(T_{ab} - t)$$

$$E_{ab} = (k_a - k_b)(t_1 - t_2)\left[T_{ab} - \tfrac{1}{2}(t_1 + t_2)\right]$$

는 중립 온도, 펠티에 효과의 값, 열전기 회로의 기전력의 관계식이다.

제4장 전기분해

전해 전도

255] 회로의 임의의 부분의 전류가 전해물이라고 부르는 어떤 화합물을 통과할 때, 전류의 통과에 따라 전기분해라는 어떤 화학 과정이 일어나 물질이 이온이라는 두 성분으로 분해된다는 것은 이미 진술했다. 이온 중의 한 가지는 소위 음이온, 즉 음전기 성분으로 양극, 즉 전류가 전해물로 들어가는 곳에서 나타나고 다른 하나는 소위 양이온으로 음극, 즉 전류가 전해물에서 나오는 곳에서 나타난다.

전기분해의 온전한 연구는 전기학 못지않게 화학에 속해 있다. 우리는 화합물의 조성에 관한 이론에 전기분해를 적용하는 것을 논의하지 않고 전기적 관점에서 그것을 살펴보겠다.

모든 전기 현상 중에서 전기분해는 전류의 진정한 본성에 대한 실제적인 통찰력을 가장 잘 제공할 것으로 보인다. 왜냐하면 우리는 보통 물질의 흐름과 전류가 동일한 현상의 본질적 부분을 형성하고 있음을 보았기 때문이다.

전기에 대한 우리의 생각이 현재 불완전한 상태에서 전기분해 이론이 그렇게 불만스러운 것은 아마도 이런 이유 때문일 것이다.

패러데이에 의해 확립되고 베츠(Beetz), 히토르프(Hittorf)[1] 등의 실

---

1) 독일의 화학자이자 물리학자인 히토르프(Johann Wilhelm Hittorf, 1824~1914)는 전해질 용액 속의 이온에 의해 전하의 전달에 대한 실험 연구과 기체를 통한 전기 전도 연구로 유명하다. 1846년에 베를린 대학에서 박사 학위를

험에 의해 오늘날까지 지지 받는 전기분해의 기본 법칙은 다음과 같다.

주어진 시간 동안 전류의 통과에 의해 분해되는 전해물의 전기 화학 당량수는 같은 시간 동안 전류가 전달하는 전기 단위수와 같다.

물질의 전기 화학 당량은 단위 시간 동안 물질을 통과하는 단위 전류, 즉 물질을 통과하는 단위 전기가 전기분해하는 물질의 양이다. 단위 전기를 절대 척도로 정의할 때, 각 물질의 전기 화학 당량의 절대치는 그레인(grain)이나 그램으로 결정될 수 있다.

다른 물질의 전기 화학 당량은 보통의 화학 당량에 비례한다. 그러나 보통의 화학 당량은 물질들이 결합하는 수치상의 비율일 뿐인 반면에 전기 화학 당량은 결정된 크기를 갖는 물질의 양으로 단위 전기의 정의에 의존한다.

모든 전해물은 전기분해 동안 전류가 들어가고 나오는 곳에서 나타나고 다른 곳에서는 나타나지 않는 두 성분으로 이루어져 있다. 그러므로 전해물의 물질 안에 그려진 면을 상정하면, 이 면을 통해서 일어나는 전기분해의 양은 그 면을 서로 반대 방향으로 통과하는 두 성분의 전기 화학 당량으로 측정할 수 있고, 그것은 그 면을 통과하는 전체 전류에 비례할 것이다.

그러므로 이온이 반대 방향으로 전해물의 물질을 통과하는 것은 전해물을 통한 전류 전도 현상의 일부이다. 전류가 통과하는 전해물의 모든 점에는 각각 양이온과 음이온으로 이루어진 물질 흐름이 있다. 그것들은 전류와 같은 유선(流線, line of flow)을 가지며 크기상으로도 전류에 비례한다.

받았다. 그는 전기분해 중에 전해물의 농도 변화에 대해서 연구했고 1865년에 낮은 압력의 기체를 통한 전기 방전에서 나오는 띠스펙트럼과 선스펙트럼의 존재를 발견했다. 그는 전해물 속에서 양이온과 음이온이 이동한다고 보았고 이온의 전달 속도와 농도와의 관계를 식으로 표현했다. 1869년부터는 글로우 방전에 미치는 자기장의 효과와 유리관 자체의 발광에 대해서 연구했다. 그의 연구는 크룩스의 연구에 초석이 되었으며 거기에서 J.J. 톰슨에 의해 음극선의 본성이 전자라는 것이 발견되는 성과가 나오게 된다—옮긴이.

그러므로 이온의 흐름은 대류 전류라는 가정, 특히 양이온의 모든 분자가 모든 양이온 분자에 동일한 어떤 고정된 양의 양전기로 대전되어 있고 모든 음이온 분자는 같은 양의 음전기로 대전되어 있다는 가정이 극히 자연스럽다.[2]

그러면 전해물을 통해 이온이 정반대 방향으로 운동하는 것, 이것이 전류에 대한 온전한 물리적 표현이 될 것이다. 이온의 이러한 운동을 확산 과정에서 기체나 액체의 서로에 대한 운동과 비교할 수 있다. 두 과정에는 이런 차이가 있을 것이다. 확산에서는 다른 물질들이 단지 뒤섞여 있고 그 혼합은 균일하지 않은 반면에 전기분해에서는 그것들이 화학적으로 결합되어 있고 전기분해는 균일하다. 확산에서 주어진 방향으로 한 물질의 운동을 일으키는 결정적 원인은 그 방향에서 단위 부피당 그 물질의 양의 감소가 있는 것이다. 반면에 전기분해에서는 각 이온의 운동은 대전 분자에 작용하는 기전력 때문이다.

256] 물체의 분자 요동 이론에 대한 많은 연구를 수행한 클라우지우스(Clausius)[3]는 모든 물체의 분자들이 일정한 요동 상태에 있지만 고체 안에서는 각각의 분자가 원래의 위치에서 일정한 거리 이상 움직이지 못하는 반면에 유체에서는 분자가 원래의 위치에서 일정한 거리를 움직인 후에 다시 돌아오기까지 그것에서 훨씬 더 멀리 가는 것 같다고 생각한다. 그러므로 겉보기에 정지해 있는 유체에서 분자는 연속적으로 그들의 위치를 바꾸고 있고 유체의 한 부분에서 다른 부분으로 불규칙하게 움직인다. 클라우지우스는 복합 유체에서는 화합물 분자가 이런 식으로 움직일 뿐 아니라 화합물 분자 사이에서 일어나는 충돌에서 그것들을 구성하는 분자들이 종종 갈라지고 짝을 바꾸므로 동일한 개별 원자가 한 때에는 반대 종류의 다른 원자와 결합하고 있다가 다른 때

---

2) 당시에 맥스웰은 이온들이 모두 같은 전하량을 운반하는 것으로 이해했다. 그러므로 오늘날처럼 1가, 2가, 3가처럼 이온이 서로의 비가 정수배인 전하량을 운반한다는 생각을 하지 않았다—옮긴이.

3) Pogg. *Ann.* 101, p.338, 1857.

에는 다른 원자와 결합하게 된다고 생각한다. 이런 과정이 액체에서는 항상 진행된다고 클라우지우스는 추측하지만 기전력이 액체에 작용할 때, 이전에는 무관하게 모든 방향을 향했던 분자 운동이 이제는 기전력의 영향을 받아 양으로 대전된 분자가 양극보다는 음극 쪽으로 향하는 더 큰 경향을 갖게 되고 음으로 대전된 분자는 반대 방향으로 움직이려는 더 큰 경향을 갖게 된다. 그러므로 양이온 분자는 자유 간격[4] 동안에 음극을 향해 몸부림칠 것이고 반대 방향으로 무리 속을 헤치고 나아가는 음이온 분자와 잠깐 동안 결합함으로써 계속해서 진행에 방해를 받는다.

257] 클라우지우스의 이 이론은 전해물의 실제 분해가 유한한 크기의 기전력을 요구하는 반면에 전해물에서 전류의 전도는 옴의 법칙을 따르므로 전해물 안의 모든 기전력은 가장 약하더라도 비례하는 크기의 전류를 유발하는 일이 어떻게 생길 수 있는지 이해하게 해준다.

클라우지우스의 이론에 따르면, 전해물의 분해와 재결합이 전류가 없을 때조차 계속해서 진행되고 있고 가장 약한 기전력조차도 이 과정에 어느 정도의 방향성을 제공하기에 충분해서 같은 현상의 부분인 이온의 흐름과 전류를 유발한다. 그러나 전해물 안에서 이온은 결코 유한한 양이 해리되어 있지 않으며 이 이온의 해리는 유한한 기전력을 요구한다. 전극에서 이온은 누적된다. 왜냐하면 이온들의 이웃하는 부분은 이온이 전극에 도달할 때 그것과 결합할 준비가 되어 있는 상대 이온 분자를 발견하는 대신에 결합할 수 없는 같은 종류의 분자와 어울리도록 강요받기 때문이다. 이런 효과를 내기 위해 필요한 기전력은 유한한 크기이며 다른 기전력이 제거될 때 역전된 전류를 만들어내는 대립 기전력을 형성한다. 전극에서 이온의 누적에 의해 생기는 이 역전된 기전력이 관찰될 때, 전극은 분극되어 있다고 말한다.

---

4) 양이온이 음이온과 결합하지 않고 홀로 이동하는 시간 간격을 말하는 것이다—옮긴이.

258] 물체가 전해물인지 아닌지를 결정하는 좋은 방법 중 하나는 그것을 백금 전극 사이에 놓고 잠깐 동안 전류를 통과시키고 나서 볼타 전지에서 전극을 분리시키고 그것들을 갈바노미터에 연결시켜 전극의 분극에 의해 생긴 역전류가 갈바노미터를 통과하는지 관찰하는 것이다. 두 전극에 다른 물질이 누적되어 생기는 그런 전류는 물질이 전지에서 나온 원래의 전류에 의해 전기분해되었다는 증거이다. 이러한 방법은 전극에서 분해 산물의 존재를 직접적인 화학적 방법에 의해 검출하기 어려운 경우에 종종 적용될 수 있다. 271절을 보라.

259] 우리가 지금까지 진행해 온 곳까지는 전기분해 이론이 매우 만족스러워 보인다. 그것은 눈에 보이지 않지만 쉽게 입증되는 운동을 하는 전해물의 물질 성분의 흐름에 의해 이해하지 못하는 본성을 가진 전류를 설명해 준다. 그것은 패러데이가 한 것처럼, 액체 상태에서 전도성을 갖는 전해물이 고체화될 때 왜 부도체인지 명쾌하게 설명해 준다. 즉, 분자가 한쪽에서 다른 쪽으로 지나갈 수 없다면, 전해 전도는 일어날 수 없으므로 그 물질은 도체가 되기 위해서는 용융이나 용해에 의해 액체 상태가 되어야 한다.

그러나 우리가 좀더 나아가 전해물 안의 이온 분자가 실제로 양이든 음이든 어떤 정해진 양의 전기로 대전되어 있어서 전해 전류가 단순히 대류성 흐름이라고 가정하면, 이 매혹적인 가설은 매우 어려운 문제를 야기함을 알게 된다.

우선, 우리는 모든 전해물 속에서 음극에서 해리되는 양이온의 각 분자가 양전하를 음극에 전달해 주며, 그 양은 그 양이온 분자 모두뿐 아니라 다른 모든 양이온 분자에 대해서도 같다고 가정해야 한다. 같은 식으로 각각의 음이온 분자가 해리될 때 그것들은 양극에 음전하를 전달해 준다. 그 수치는 양이온 분자 때문에 생기는 양전하의 수치와 같고 부호가 반대이다.

단일한 분자 대신에 그 이온의 1 전기 화학 당량에 해당하는 분자의 집합을 생각한다면, 모든 분자들의 전체 전하량은, 우리가 보았듯이, 양이든 음이든 단위 전기량이다.

260] 아직 우리는 어떤 물질의 1 전기 화학 당량에 얼마나 많은 분자가 있는지 알지 못한다. 그러나 많은 물리적 고려로 확증되어 있는 화학의 분자 이론은 1 전기 화학 당량 안의 분자수는 모든 물질에 대하여 같다고 가정한다. 그러므로 분자에 대한 고려에서 1 전기 화학 당량 안에 있는 분자수는 N이라고 가정할 수 있다. 이 수는 현재 알려져 있지 않지만 나중에 그것을 결정할 수단이 알려질 것이다.[5]

그러므로 결합 상태로부터 해리될 때 각각의 분자는 양이온일 때는 크기가 $\frac{1}{N}$인 양전하를, 음이온일 때는 크기가 $\frac{1}{N}$인 음전하를 띠고 떨어져 나온다.[6] 이러한 전기의 일정한 양을 분자 전하라고 부를 것이다. 그것이 알려지게 되면 그것은 가장 자연스러운 전기의 단위가 될 것이다.

이제까지 우리는 분자의 전기화와 그 전기화의 방전을 추적하는 데 우리의 상상력을 사용함으로써 우리 생각의 정밀성을 증진시켰다.

이온의 해리와 양극에서 음극으로 양전기의 통과는 동시에 일어난다. 이온들이 결합 상태에 있을 때도 그것들 각각은 위에서 서술한 분자 전하를 가질 것이므로 해리될 때 이온은 대전되지 않는다.

그러나 분자의 전기화는 말하기는 쉽지만 그렇게 쉽게 이해되지는 않는다.

두 금속이 어떤 점에서 접촉하면 그 표면의 나머지는 전기화될 것이고 금속이 얇은 공기층에 의해 분리된 두 판의 형태에 있다면, 각각의 판 위의 전하는 상당한 크기가 될 수 있다는 것이 알려져 있다. 전해물의 두 성분이 결합되어 있을 때 이와 같은 것이 일어나게 되어 있을 수 있다. 각 쌍의 분자들은 한 점에서 접촉하고 나머지 면은 접촉 기전력

---

5) 5절의 각주를 보라.
6) 맥스웰은 이 책에서 이온이 양이온이든 음이온이든 모두 1가(價) 이온뿐인 것으로 본다. 2가 이상의 이온이 존재한다는 것은 나중에 가서야 입증되었다— 옮긴이.

때문에 생긴 전하로 대전되게 되어 있을 수 있다.

그러나 그 현상을 설명하기 위해 우리는 이렇게 각각의 분자 위에 유발되는 전하가 왜 고정된 양인지, 염소와 아연 사이의 기전력은 염소와 구리 사이의 기전력보다 훨씬 더 클 텐데 왜 염소 분자와 아연 분자가 결합되어 있을 때의 분자 전하가, 아연 분자와 구리 분자가 결합되어 있을 때의 분자 전하와 같은지 보여야 한다. 분자의 대전이 접촉 기전력의 효과라면, 왜 다른 세기의 기전력이 정확하게 동일한 전하를 만들어내는 것일까?

그러나 분자 전하가 상수값이란 사실을 단지 단언함으로써 이 어려움을 뛰어넘고 이 일정한 분자 전하를 서술상의 편의를 위해 하나의 전기 분자라고 부른다고 가정하자.

이 구절은, 비록 그것이 거칠고 이 책의 다른 부분과 조화를 이루지 않는다 하더라도, 적어도 전기분해에 대하여 알려져 있는 것을 명쾌하게 진술하고 두드러진 난점들을 제대로 평가하는 것을 가능하게 해준다.

모든 전해물은 음이온과 양이온으로 이루어진 두 성분 화합물이라고 생각해야 한다. 음이온이나 양이온 또는 둘이 모두 복합체일 수도 있다. 그래서 음이온 또는 양이온 분자는 여러 개의 단순체 분자들로 형성되어 있을 수 있다. 음이온 분자와 양이온 분자가 결합하여 전해물 한 분자를 형성한다.

전해물에서 음이온으로 행동하기 위해 그렇게 행동하는 분자는 우리가 하나의 음전기 분자라고 부르는 것으로 대전되어 있어야 하고 양이온으로 행동하기 위해서 분자는 하나의 양전기 분자로 대전되어 있어야 한다.

이 전하는 전해물에서 분자들이 음이온과 양이온으로 결합되어 있을 때만 분자와 연결된다. 그 분자가 전기분해될 때, 분자는 전극에 자신의 전하를 내어놓고 결합에서 풀려나면서 전기화되지 않은 물체로 나타난다.

같은 분자가 하나의 전해물에서 양이온으로 행동할 수 있고 다른 전해물에서는 음이온으로 행동할 수 있을 뿐 아니라 전해물이 아닌 복합물체(compound body) 안으로 들어갈 수 있다면, 그 분자가 양이온으로 행동할 때는 양전하를 받고 음전하로 행동할 때는 음전하를 받으며, 전해물 안에 있지 않을 때는 전하를 띠지 않는다고 가정해야 한다.

가령, 요오드는 요오드화 금속 안과 요오드화수소산에서는 음이온으로 행동하지만 브롬화 요오드에서는 양이온으로 행동한다고 한다.

이 분자 전하 이론은 전기분해에 대한 매우 많은 사실을 기억할 수 있는 방법이 될 수 있다. 그러나 전기분해의 진정한 본성을 이해하게 될 때 어떤 형태로든 분자 전하 이론을 유지하게 될 가능성은 극히 낮다. 왜냐하면 그때 우리는 전류에 대한 참된 이론을 만들어낼 안전한 토대를 얻었을 것이고 이런 임시적인 이론에서 독립하게 될 것이기 때문이다.

261] 전기분해에 대한 우리의 지식의 가장 중요한 단계 중 하나는 전극에서 이온의 방출로부터 일어나는 2차적인 화학작용에 대한 인식이었다.

많은 경우에 전극에서 발견되는 물질은 실제로 전기분해에 참여하는 이온이 아니라 이 이온이 전해물에 작용한 결과물이다.

그러므로 황산소다 용액이 묽은 황산도 통과해서 흐르는 전류에 의해 전기분해될 때, 황산소다와 묽은 황산에서 모두 같은 양의 산소가 양극에서 발생하고 같은 양의 수소가 음극에서 발생한다.

그러나 전기분해가 U자관이나 다공성막을 갖춘 용기 같은 적당한 용기에서 이루어져 분리된 채로 각 전극을 둘러싼 물질을 조사할 수 있다면, 황산소다의 양극에 산소의 1당량뿐 아니라 황산의 1당량이 있고 음극에는 수소의 1당량뿐 아니라 소다의 1당량이 있다.

첫눈에는 염의 조성에 대한 오래된 이론에 따라 황산소다가 성분인 황산과 소다로 전기분해되는 동안 동시에 그 용액의 물이 산소와 수소로 전기분해되는 것처럼 보일 것이다. 그러나 이 설명은 황산소다 용액을 통하여 흐르는 전류가 물 1당량과 함께 그 염 1당량을 전기분해할 때, 묽은 황산을 통과하는 같은 전류는 물 1당량을 전기분해한다는 것을 받아들이는 것을 포함한다. 이것은 전기 화학 당량의 법칙에 위배된다.

그러나 황산소다의 성분이 SO_3와 Na_2O가 아니라 SO_4와 Na_2라면, 즉 황산과 소다가 아니라 황산이온(sulphion)과 소듐이라고 가정하면, 황산이온은 양극으로 움직여 풀려나지만 자유 상태로 존재할 수 없어 각각 1당량씩의 황산과 산소로 분해된다. 동시에 소듐이 음극에서 풀려나오고 거기에서 용액의 물이 분해되어 1당량의 소다와 1당량의 수소를 형성시킨다.

묽은 황산에서 전극에 모인 기체는 물의 성분, 즉 한 부피의 산소와 두 부피의 수소이다. 또한 음극에서는 황산의 증가가 있지만 그 양은 1당량이 아니다.

순수한 물이 전해물인지 아닌지는 의심스럽다. 물이 순수할수록, 전해 전도에 대한 저항은 커진다. 외부에서 들어온 물질의 최소한의 양만으로도 물의 전기 저항을 크게 줄일 수 있다. 다른 관찰자들에 의해 결정된 물의 전기 저항은 매우 달라서 그것을 결정된 양으로 생각할 수 없다. 물이 더 순수해질수록 저항은 더 커진다. 우리가 진정으로 순수한 물을 얻을 수 있다면, 그것이 도무지 전도성을 가질지 의심스럽다.[7]

물이 전해물로 고려되고 전해물의 전형으로 간주되는 한, 그것이 두 성분의 화합물이고 두 부피의 수소가 한 부피의 산소와 화학적으로 등가라고 주장할 강력한 이유가 있었다. 그러나 물이 전해물이 아니라는 것을 받아들이면, 우리는 같은 부피의 산소와 수소가 화학적으로 등가라고 가정하는 데 거리낄 것이 없다.[8]

---

7) {F. Kohlrausch, "Die Elektrische Leitungsfähigkeit des im Vacuum distillir-ten Wassers," Wied. *Ann.* 24, p.48. Bleekrode는 순수한 염화수소산이 부도체임을 보였다. Wied. *Ann.* 3, p.161}—톰슨.

8) 원자가에 대한 이해나 당량에 대한 이해에 있어 불완전함이 맥스웰의 사고에

기체의 동역학 이론은 완전한 기체에서 동일한 부피는 항상 동일한 수의 분자를 포함하며 분자 상호 간의 요동 운동에 의존하는 비열의 주된 부분은 같은 수의 기체 분자에 대해 동일하다. 그러므로 우리는 동일한 부피의 산소와 수소가 같은 당량으로 간주되는 화학 체계를 선호하게 된다. 거기에서 물은 2당량의 수소와 1당량의 산소의 화합물로 간주되므로 아마도 직접적인 전기분해가 가능하지 않다.

전기분해는 전기 현상과 화학 결합 사이에 긴밀한 관계가 있음을 확실히 알려주지만, 모든 화합물이 전해물이 아니라는 사실은 화학 결합이 어떤 순수한 전기적 현상보다 고도의 복잡성을 가진 과정임을 보여준다. 그러므로 금속은 양도체이고 그것의 성분들은 접촉에 의한 전기화의 정도가 다르게 나타나지만 금속 간의 결합은 유체 상태에서도 전류에 의해 분해되지 않는다.[9] 음이온으로 행동하는 물질의 조합의 대부분은 도체가 아니므로 전해물이 아니다. 이 이외에도 전해물과 같은 성분을 포함하는 많은 화합물이 있지만 이들은 같은 당량의 비율을 갖지 않으며 부도체이어서 전해물이 아니다.

전기분해에서 에너지 보존에 관하여

262] 전지, 도선, 전기분해 셀로 이루어진 볼타 회로[10]를 생각해보자.

회로의 단면을 단위 전기가 통과하는 동안, 볼타 셀이든 전기분해 셀이든, 셀에 있는 각각의 물질의 1 전기 화학 당량이 전기분해된다.

어떤 주어진 화학 과정에 동등한 역학적 에너지의 양은, 그 과정 때문에 생긴 전체 에너지를 열로 바꾸어주고 줄의 열의 역학적 당량을 열

혼돈을 유발하고 있다. 이는 물 분자가 원자적으로 어떠한 조성을 갖는지에 대한 확정이 아직도 제대로 이루어지지 않았음을 보여준다―옮긴이.

9) (Roberts-Austen, B.A. Report, 1887을 보라)―톰슨.

10) 볼타 회로는 화학적으로 기전하는 볼타 전지가 연결되어 있는 전기 회로를 지칭한다―옮긴이.

의 단위수에 곱해줌으로써 동역학적 척도로 열을 표현하여 확인할 수 있다.

이러한 직접적인 방법이 적절하지 않은 곳에서는 먼저 그 과정 이전의 상태에서 취한 물질과, 그 과정 이후의 상태에서 취한 물질이 두 경우의 동일한 최종 상태로 가는 동안 방출하는 열을 추정하면, 그 과정의 열당량은 두 열량의 차이다.

화학 작용이 볼타 회로를 유지하는 경우에 줄은 볼타 셀에서 만들어진 열은 그 셀 안에서 일어난 화학 과정 때문에 생긴 열보다 작고 열의 나머지는 연결하는 도선에서 발생한다는 것, 또는 회로에 전자기 엔진이 있을 때 그 열의 일부분은 그 엔진의 역학적 일로 설명될 수 있다는 것을 발견했다.

가령, 볼타 셀의 전극이 먼저는 짧고 굵은 도선에 의해 그리고 나중에는 길고 가는 도선에 의해 연결된다면, 1그레인의 아연이 용해되는 동안 셀 안에서 발생한 열은 두 번째 경우보다 첫 번째 경우가 크다. 그러나 도선에서 발생한 열은 첫 번째 경우보다 두 번째 경우가 크다. 1그레인의 아연이 용해되는 동안 셀에서 발생한 열과 도선에서 발생한 열의 합은 두 경우에 같다. 줄은 이것을 직접적인 실험에 의해 확인했다.

셀에서 발생하는 열과 도선에서 발생하는 열의 비는 셀의 저항과 도선의 저항의 비와 같다. 그래서 만약 도선이 충분한 저항을 갖게 하면, 열의 거의 대부분은 도선에서 발생할 것이고 만약 도선이 충분한 전도능(conducting power)을 갖게 하면, 열의 거의 대부분은 셀에서 발생할 것이다.

도선이 큰 저항을 갖게 하자. 그러면 거기에서 발생하는 열은 동역학적 척도에서 전달된 전기량과 그것을 도선으로 흐르게 한 기전력의 곱과 같다.

263] 이제 셀에 있는 물질의 1 전기 화학 당량이 전류를 일으키는 화학 작용을 겪는 동안 1단위의 전기가 도선을 통과한다. 그러므로 1단위의 전기의 통과로 생긴 열은 이 경우에 기전력에 의해 측정된다. 그러나

이 열은 주어진 화학 과정을 거치는 동안 셀에서든 도선에서든 그 물질의 1 전기 화학 당량이 발생시키는 양이다.

그러므로 톰슨이 처음으로 증명한 다음의 중요한 정리를 제시할 수 있다(*Phil. Mag.* Dec. 1851).

'어떤 전기화학 장치의 기전력은 물질의 1 전기 화학 당량이 받은 화학 작용의 역학적 당량과 절대 척도에서 동일하다.'[11]

많은 화학 작용의 열 당량은 앤드루스(Andrews), 헤스(Hess),[12] 파브르(Favre),[13] 질버만(Silbermann), 톰센(Thomsen)[14] 등에 의해

---

11) {이 정리는 셀 안에 가역적인 열 효과가 없을 때만 적용된다. 이것이 존재할 때, 기전력 p와 화학작용의 역학적 당량 사이의 관계는 관계식

$$p - \theta \frac{dp}{d\theta} = \omega$$

로 표현할 수 있다. 여기에서 θ는 셀의 절대 온도이다. Helmholtz, "Die Ther-modynamik chemischer Vorgänger," *Wissenschaftliche Abhandlungen*, 2, p.958}─톰슨.

12) 스위스 태생의 화학자인 헤스(Germain Henri Hess, 1802~50)는 3세 때 아버지를 따라 상트페테르부르크로 이주하여 도르파트 대학에서 의학 박사 학위를 받았다. 그해에 잠시 스톡홀름의 J.J. 베르셀리우스 밑에서 유학한 후, 상트페테르부르크 대학의 화학 교수를 지냈고 상트페테르부르크 과학 아카데미 정회원을 역임했다. 가장 유명한 업적은 열화학에 관련된 것으로 반응열을 계통적으로 측정하여 1840년에 경험적으로 총열량보존의 법칙, 즉 헤스의 법칙을 이끌어낸 것이다. 그밖에 유기화학 방면에서 광물·석유·수지(樹脂) 등 천연물의 분석, 백금의 촉매작용 연구, 알코올에 대한 수산화포타슘(KOH)의 작용 연구 등이 있다─옮긴이.

13) 프랑스의 화학자인 파브르(Pierre Antoine Favre, 1813~80)는 1835년에 파리의 의학부에서 의학 학위를 받았고 1840년에 장 뒤마의 강의를 듣고 화학으로 전향했다. 아연의 당량을 연구했고 1848년부터는 열화학 연구를 시작하여 열의 단위로 '칼로리'라는 말을 처음 쓰기 시작했으며 1845년에서 1853년 사이에 프랑스의 물리학자 질버만(J.T. Silbermann)과 함께 일련의 열화학 연구를 수행했다. 그들은 수은 칼로리미터를 고안해서 열을 측정했고 이 기구는 한동안 널리 쓰였다. 그들은 될롱의 규칙, 즉 화합물의 연소열은 성분 원소의 연소열의 합이라는 주장이 틀렸음을 입증했고 모호한 화학적 친화력의 개념을 더 정확한 열역학적 표현으로 대치하는 데 영향력이 컸다. 1857년에 파브르는 볼타 전지에 의해 전동기가 추를 끌어올리도록 하여 줄의 에너지

결정되었다. 이것들에 열의 역학적 당량을 곱함으로써 화학작용의 역학적 당량을 유도할 수 있다.

이 정리는 순수한 열에 관한 데이터로부터 상이한 볼타 전지 배열의 기전력과 상이한 경우들에서 전개분해를 유발하는 데 필요한 기전력을 계산할 수 있게 해줄 뿐 아니라 실제적으로 화학적 친화력을 측정할 수단을 제공한다.

화학적 친화력 즉, 어떤 화학적 변화의 진행을 유발하려는 경향은 어떤 경우가 다른 경우보다 더 강하다는 것이 오래전부터 알려졌지만, 이 경향의 적절한 척도가 만들어지지 못하다가 어떤 경우에 이 경향은 어떤 기전력과 정확하게 동등하므로 기전력의 측정에서 사용되는 동일한 원리에 따라 측정될 수 있다는 것이 입증되기에 이르렀다.

그러므로 어떤 경우들에서 화학적 친화력은 측정할 수 있는 양의 형태가 되어, 화학적 친화력이 독특한 특성으로 간주되고 측정치로 환원될 수 없었을 때보다 반응 진행 속도나 어떤 물질의 다른 물질에 의한 대체 등의 화학 과정의 전체 이론이 훨씬 더 이해할 만해졌다.

전기분해의 산물의 부피가 전해물의 부피보다 클 때, 전기분해가 일어나는 동안 압력을 극복하는 데 일이 행해진다. 압력 p에서 전해물이

보존 법칙을 실증했다―옮긴이.

14) 덴마크의 화학자인 톰센(Hans Peter Jörgen Julius Thomsen, 1826~1909)은 코펜하겐 대학에서 화학을 가르쳤고 빙정석을 이용한 소다 제조법을 정교화하여 코펜하겐과 독일, 폴란드, 미국에 공장을 열었다. 곧이어 솔베이법이 널리 쓰이게 되면서 이 방법은 경쟁력을 잃었지만 빙정석의 용도는 여전히 다양했다. 그는 실용적 연구보다는 순수 연구에 더욱 매진했는데 특히 열화학적 실험 연구 중에는 18℃로 유지되는 실험실에서 3,500회 이상의 열 측정을 수행했다. 갈바니 셀로 수행한 화학 실험에서 기전력이 화합물을 기본 입자를 분리하는 데 필요한 역학적 일을 계산하는 데 사용할 수 있다는 것을 발견했다. 많은 학생들이 그 밑에서 배우기를 원했지만 허락지 않았기 때문에 그는 학파를 형성하지 않았고 베르텔로(Berthelot)와의 선취권과 실험의 정밀성에 대한 논쟁으로 프랑스를 싫어하여 프랑스 대학에서 수여하는 명예 박사학위를 모두 거절했다―옮긴이.

전기분해될 때, 전해물의 1 전기 화학 당량의 부피가 v만큼 증가한다면, 압력을 극복하기 위해 단위 전기가 통과하는 동안 하는 일은 vp이고 전기분해를 위해 필요한 기전력은 이 역학적 일을 수행하는 동안 소모되는 vp와 같은 부분을 포함해야 한다.

전기분해의 산물이 산소나 수소처럼 전해물보다 훨씬 희박하고 보일의 법칙을 매우 정확하게 충족시키는 기체라면, vp는 같은 온도에 대하여 거의 상수일 것이고 전기분해를 위해 필요한 기전력은 감지할 만한 정도로 압력에 의존하지 않을 것이다.[15] 그러므로 분해된 기체를 작은 공간에 제한함으로써 묽은 황산의 전기분해를 억제하는 것은 불가능하다는 것이 발견되었다.

전기분해의 산물이 액체이거나 고체일 때, vp는 압력이 증가할 때 증가할 것이므로 v가 양수라면 압력의 증가는 전기분해를 위해 요구되는 기전력을 증가시킬 것이다.

전기분해가 진행되는 동안 같은 식으로 어떤 다른 종류의 일이 기전력의 값에 영향을 미칠 것이다. 가령, 수직 전류가 두 아연 전극 사이에서 황산아연 용액을 통과한다면, 용액 속의 전류가 아래로 흐를 때보다 위로 흐를 때 더 큰 기전력이 필요할 것이다. 왜냐하면 두 번째 경우에서는 아연을 아래 전극에서 위 전극으로 운반해야 하고 첫 번째 경우에는 아연을 윗 전극에서 아래 전극으로 운반해야 하기 때문이다. 이 목적을 위해 필요한 기전력은 피트당 다니엘 셀의 기전력의 백만분의 1보다 작다.

---

15) {이 결과는 열역학 제2법칙에 부합하지 않는다. 이 법칙에 따르면 압력의 증가가 전기분해에 필요한 기전력을 증가시킨다. J.J. Thomson, "Applications of Dynamics to Physics and Chemistry," p.86, v. Helmholtz, "Weitere Untersuchungen die Electrolyse des Wassers betreffend," *Wied. Ann.* 34, p.737을 보라}─톰슨.

제5장 전해 분극

264] 전류가 금속 전극으로 경계 지워진 전해물을 통과할 때, 전극에서 이온의 누적이 일어나 분극이라는 현상을 유발한다. 그것은 전류의 반대 방향으로 작용하여 저항의 가시적 증가를 가져오는 기전력이 생기는 것이다.

지속적인 전류를 사용할 때, 저항이 전류의 개시부터 신속하게 증가하는 것으로 나타나 마침내 거의 상수값에 도달한다. 금속 도체의 형태의 변화가 그 저항을 바꾸듯이 전해물이 담긴 용기의 형태가 마찬가지로 바뀌면, 같은 방식으로 저항이 바뀌지만 전극의 본성에 의존하는 추가적인 겉보기 저항이 항상 전해물의 진짜 저항에 더해진다.

265] 이 현상 때문에 어떤 이들은 전류가 전해물을 통과하기 위해 요구되는 유한한 기전력이 있다고 생각하게 되었다. 그러나 렌츠(Lenz),[1] 노이만(Neumann), 베즈(Beetz), 비데만(Wiedemann),[2] 팔조프(Paalzow),[3] 그리고 최근에는 콜라우시(F. Kohlrausch), 니폴트

---

1) 러시아 태생의 독일 물리학자인 렌츠(Heinrich Friedrich Emil Lenz, 1804~65)는 러시아의 상트페테르부르크 대학의 교수를 지냈고, 전자기학을 연구하여 1834년에 전자기 유도가 일어나는 방향에 대해 처음으로 일반적인 법칙(렌츠의 법칙)을 발견했다. 또한 유도기전력의 세기를 측정하여 그것이 회로를 만드는 도체의 종류와는 관계가 없음을 발견하는 등 전자기 유도 연구에 대한 초기 연구에서 중요한 기여를 했다―옮긴이.

2) Elektricität, 1, p.568, bd. 1.

3) Berlin. Monatsbericht, July, 1868.

(W.A. Nippoldt),[4] 피츠제럴드(Fitzegrald)[5]와 트루턴(Trouton)[6], [7]의 연구에 의해 전해물 자체의 전도는 금속 도체의 전도만큼 정확하게 옴의 법칙을 따르며 전해물과 전극의 경계면에서 생기는 겉보기 저항은 전적으로 분극에 기인한다는 것이 입증되었다.

266] 분극이라고 부르는 현상은 지속적인 전류에서 전류의 흐름에 저항하는 힘이 있음을 나타내는 전류의 감소로 가시화된다. 또한 저항은 전류에 반대하는 힘으로 인지되지만 순간적으로 기전력을 제거하거나 역전시킴으로써 두 현상을 구분할 수 있다.

저항하는 힘은 항상 전류의 흐름에 반대 방향으로 작용하고 그것을 극복하기 위해 필요한 외부 기전력은 전류의 세기에 비례하고 전류의 방향을 바꾸면 그 방향을 바꾼다. 외부 기전력이 0이 되면 전류는 단순히 멈춘다.

한편 분극으로 유발되는 기전력은 고정된 방향을 가져서 그것을 유발하는 전류에 대항한다. 그 전류를 유발하는 기전력이 제거되면, 분극은

---

4) Pogg. *Ann*. bd. 138, s.286(October, 1869).

5) 아일랜드 태생의 영국 물리학자인 피츠제럴드(George F. Fitzgerald, 1851~1901)는 더블린의 트리니티 칼리지에서 공부하고 그곳에서 강사를 지낸 후, 1880년에 더블린 대학 실험 물리학 교수가 되었다. 맥스웰의 전자기 이론을 응용하여 운동하는 물체는 그 방향으로 길이 수축을 일으킨다는 '로렌츠-피츠제럴드 수축'을 제창했다. 이는 마이컬슨-몰리의 실험 결과를 설명하기 위한 것이었다. 또 혜성의 꼬리 구조는 미세한 입자이며 그 반발력은 빛의 압력 때문임을 설명하는 이론을 제시했다―옮긴이.

6) B.A. Report, 1887.

7) 아일랜드 출신의 물리학자인 트루턴(Frederick Thomas Trouton, 1863~1922)은 더블린의 트리니티 칼리지에서 공학과 물리 과학으로 학위를 받았다. 그는 피츠제럴드의 조수로 트리니티 칼리지에 머물면서 협동 연구를 수행했다. 트루턴은 1902년에 런던 대학 칼리지에서 물리학 교수가 되어 공학과 물리학을 연구했다. 그는 1912년에 중병에 걸려 두 다리가 영구적으로 마비되었다. 그는 학부 때 이미 잠열과 분자량 사이의 관계를 보여주는 트루턴의 법칙을 만들어내었으며 헤르츠의 전자기파 검출 소식을 듣고 피츠제럴드와 트루턴은 일련의 재현 연구를 수행했다. 피츠제럴드의 수축 가설을 입증하기 위한 실험을 1903년에 트루턴이 노블과 함께 수행한 것은 유명하다―옮긴이.

반대 방향의 전류를 유발한다.

두 현상의 차이는 긴 모세관을 통해 물 흐름을 강제하는 것과 물탱크에 그냥 연결된 관으로 물을 미는 것의 차이에 비유된다. 첫 번째 경우에 흐름을 만들어내는 압력을 제거하면 그 흐름은 단순히 멈출 뿐이다. 두 번째 경우에는 압력을 제거하면 물은 물탱크에서 다시 흘러내리기 시작한다.

역학적 예시를 더 온전하게 만들기 위해서는 물탱크가 적당한 깊이를 가져서 어떤 양의 물이 그것에 차오르면, 넘치기 시작한다고 가정하면 된다. 이것은 분극 때문에 생기는 총기전력에 최대 한계가 있음을 나타낸다.

267] 분극의 원인은 전극 사이의 유체의 전기분해 산물이 전극에 존재하기 때문으로 보인다. 그래서 전극의 표면이 전기적으로 달라지게 되고 그것들 사이에 기전력이 작용하게 되고 그 방향은 분극을 일으키는 전류의 방향과 반대가 된다.

전극에 존재해서 분극을 일으키는 이온들은 완전한 자유 상태에 있지 않고 상당한 힘으로 전극 표면에 부착되는 상태에 있다.

분극으로 생기는 기전력은 전극이 이온으로 덮인 밀도에 의존하지만 이 밀도에 비례하지는 않는다. 왜냐하면 기전력이 이 밀도만큼 빨리 증가하지 않기 때문이다.

이 이온 침적은 계속해서 풀어지는 경향이 있어 액체 속으로 확산되거나 기체로 달아나거나 고체로 침전된다.

이 분극의 소실률은 미미한 정도의 분극에 대해서는 극히 작고 분극의 한계치 근처에서는 엄청나게 크다.

268] 262절에서 우리는 전기분해 과정에서 작용하는 기전력은 물질의 1 전기 화학 당량에서 비롯된 그 과정의 결과물의 역학적 당량과 수치상 같다는 것을 보았다. 그 과정이 볼타 셀처럼 그 안에서 일어나는 물질의 내부 에너지의 감소를 포함한다면, 기전력은 전류의 방향과 일치한다. 그 과정이 전기분해 셀의 경우처럼 물질의 내부 에너지의 증가

를 포함한다면, 기전력은 전류의 반대 방향을 향하고 이 기전력은 분극이라고 불린다.

전기분해를 지속시키고 이온들을 전극에서 자유 상태로 분리시키는 일정한 전류의 경우에 전기분해를 위해 필요한 기전력을 계산하기 위해 분리된 이온의 내부 에너지를 적당한 과정에 의해 측정하고 그것을 전해물의 내부 에너지와 비교하기만 하면 된다. 이것으로 최대의 분극을 얻어낼 수 있다.

그러나 전기분해 과정의 초기에 전극에 침적되는 이온은 자유 상태에 있지 않으며 그것의 내부 에너지는 전해물 안에서 결합되어 있을 때보다는 크지만 자유 상태의 에너지보다는 작다. 사실상 전극과 접촉하고 있는 이온은 침적물이 매우 얇을 때 전극과의 화학 결합의 상태와 비교될 만한 상태에 있다. 그러나 침적물이 증가함에 따라 뒤따르는 부분들은 더 이상 전극과 긴밀하게 결합되지 않으며 단지 그것에 부착될 뿐이고 마침내 침적물이 기체 상태라면 거품이 되어 달아나고 액체 상태라면 전해물 속으로 확산되고 고체 상태라면 침전물을 형성한다.

그러므로 우리는 분극을 연구하기 위해 다음을 고려해야 한다.

(1) 침적물의 면밀도 σ. 이 양 σ는 단위 면적 위에 침적된 이온의 전기 화학 당량수를 나타낸다. 침적되는 매 전기 화학 당량이 전류에 의해 전달되는 단위 전기량을 나타내므로 σ는 물질의 면밀도 또는 전기의 면밀도 중 어느 것이나 나타낸다고 생각할 수 있다.

(2) 분극 기전력 p. 이 양 p는 전해물을 통해 흐르는 전류가 아주 미약해서 전해물의 적당한 저항이 두 전극의 전기 퍼텐셜 사이에 감지할 만한 차이를 만들지 않을 때, 이 퍼텐셜의 차이다.

어느 순간에 기전력 p는 그 순간에 진행되고 있는 전기분해 과정의 역학적 당량과 수치상 일치하며 또한 전해물의 1 전기 화학 당량과 일치한다. 이 전기분해 과정은 전극 위에 이온의 침적으로 이루어지며 그것들이 침적되는 상태는 먼저 쌓인 침적물에 의해 수정될 수도 있는 전극 표면의 실제 상태에 의존한다는 것을 기억해야 한다.

그러므로 어느 순간의 기전력은 전극이 겪어온 내력에 의존한다. 거칠게 말해서 그것은 침적물의 밀도 σ의 함수이어서 $\sigma=0$일 때 $p=0$이지만 p가 σ보다 더 빨리 한계값에 접근한다. 그러나 p가 σ의 함수라는 진술을 정확하다고 간주할 수 없다. p가 침적물의 표면층의 화학적 상태의 함수이고 이 상태는 시간을 포함하는 어떤 법칙에 따라 침적물의 밀도에 의존한다고 말하는 것이 더 정확할 것이다.

269] (3) 우리가 고려해야 하는 세 번째 것은 분극의 소실이다. 분극은 그냥 두면 줄어드는데 그 줄어드는 속도의 일부는 분극의 세기나 침적물의 밀도에 의존하고 일부는 둘러싼 매질의 본성과 전극 표면이 노출되는 화학적, 역학적, 열적 작용에 의존한다.

침적물이 소실되는 속도로 전체 침적물이 사라지는 시간 T를 결정한다면, 시간 T를 소실 시간 계수라고 부를 수 있다. 침적물의 밀도가 매우 작을 때, T는 매우 커서 며칠 몇 달이 될 수도 있다. 침적물의 밀도가 한계값에 접근할 때, T는 매우 빠르게 줄어들어 1초의 아주 적은 부분이 될 것이다. 사실상 소실률은 매우 빨리 증가해서 전류의 세기가 일정하게 유지될 때 분리된 기체는 침적물의 밀도를 증가시키는 데 기여하지 않고 형성되자마자 거품이 되어 달아난다.

270] 그러므로 분극이 미약할 때와 최대치에 있을 때의 전기분해 셀의 전극의 분극 상태 사이에는 큰 차이가 있다. 가령, 백금 전극을 가진 묽은 황산의 전기분해 셀 여러 개가 직렬로 연결되어 있고 다니엘 셀 하나 정도의 작은 기전력이 회로에 작용하게 되면, 기전력은 극히 짧은 시간 지속 시간을 갖는 전류를 만들어낸다. 왜냐하면 매우 짧은 시간 후에 셀의 분극에서 생기는 기전력이 다니엘 셀의 기전력과 균형을 이룰 것이기 때문이다.

소실은 분극이 미약할 경우에 매우 작을 것이고 그것은 매우 느린 기체의 흡수와 액체를 통한 확산에 의해 일어날 것이다. 이 소실률은 어떤 가시적인 기체의 분리 없이 여전히 계속 흐르는 극히 미약한 전류에 의해 나타난다.

분극 상태가 형성되는 짧은 시간 동안의 이 소실을 무시하고 이 시간 동안 전류에 의해 전달되는 전체 전기량을 Q라고 부르고 A를 전극 중 하나의 면적이라고 하고 σ를 침적물의 밀도라고 하면 균일하게 가정된

$$Q = A\sigma$$

이다.

이제 전기분해 장치의 전극을 다니엘 셀에서 떼어내고 그것들을 갈바노미터와 연결하여 그것을 통해 흐르는 전체 방전을 재면, 분극이 사라짐에 따라 거의 Q에 가까운 전기량이 방전될 것이다.

271] 그러므로 우리는 리터(Ritter)[8]의 2차 전퇴(電堆) 형태인 이 장치의 작용을 라이덴병과 비교할 수 있다.

2차 전퇴와 라이덴병 모두가 어떤 양의 전기로 충전될 수 있고 후에는 방전될 수 있다. 방전시키는 동안 충전량과 거의 같은 전기량이 반대 방향으로 지나간다. 충전량과 방전량의 차이는 그 일부의 소실에서 비롯된다. 이 소실 과정은 충전량이 적을 경우 매우 느리고 충전량이 어떤 한계를 넘어섰을 때 극히 빨라진다. 충전량과 방전량의 차이의 다른 부분은, 전극이 겉보기에 완전한 방전을 일으키기에 충분한 시간 동안 접촉된 후에 잠깐 동안 전극을 떼었다가 나중에 전극을 연결시키면, 원래의 방전과 같은 방향으로 두 번째 방전을 일으키게 된다. 이것을 잔류 방전이라고 하며 2차 전퇴뿐 아니라 라이덴병의 현상이기도 하다.

그러므로 2차 전퇴는 여러 점에서 라이덴병과 비교될 수 있다. 그러나 어떤 중요한 차이점들이 있다. 라이덴병의 충전량은 매우 정확하게

---

8) 독일의 아마추어 과학자인 리터(Johann Wilhelm Ritter, 1776~1810)는 볼타가 전지를 발명한 직후, 이에 대한 연구를 시작하여 금속의 전기화학열(電氣化學列)을 발견했다. 또한 전기 저항의 법칙, 전지의 분극, 축전지의 원리 등 전기화학 분야에서 중요한 기여를 했다. 그는 옴의 법칙에 대한 선구적인 연구를 수행했으며 2차 전지에 대한 이론을 제기했다. 그는 전지의 기전력의 근원을 화학작용에서 찾았다—옮긴이.

충전 기전력, 즉 두 면의 퍼텐셜 차이에 비례하고 단위 기전력에 해당하는 충전량을 라이덴병의 용량이라고 부르며 일정한 값을 갖는다. 2차 전퇴의 용량이라고 부를 해당량은 기전력이 증가함에 따라 증가한다.

라이덴병의 용량은 마주 보는 면의 면적, 그것들 사이의 거리, 그것들 사이의 물질의 본성에 의존하지만 금속면 자체의 본성에는 의존하지 않는다. 2차 전퇴의 용량은 전극면의 면적에 의존하지만 그것 사이의 거리에 의존하지 않는다. 그것은 그것들 사이의 유체의 본성뿐 아니라 전극 표면의 본성에도 의존한다. 2차 전퇴의 각 요소에서 전극의 퍼텐셜의 최대 차이는 대전된 라이덴병의 그것에 비해 매우 작아서 큰 기전력을 얻기 위해서 많은 요소의 전퇴를 사용해야 한다.

한편, 2차 전퇴의 전하의 면밀도는 라이덴병의 판면에 축적될 수 있는 전하의 최대 면밀도보다 엄청나게 크다. 그래서 발리(C.F. Varley)[9]는 큰 용량의 축전기의 구조를 기술하면서 절연 재료에 의해 분리된 주석박(朱錫箔)으로 된 유도판보다 싸다는 점에서 선호되는 묽은 산에 담긴 일련의 금이나 백금판을 추천한다.

라이덴병에 에너지가 저장되는 형태는 물체면 사이의 유전체의 속박 상태, 즉 이미 내가 전기 분극이라는 이름으로 기술한 적이 있는 상태이다. 그때 나는 현재 알려져 있는 이 상태에 수반하는 현상들을 지적하고 실제로 일어나는 것이 무엇인지에 대한 우리의 불완전한 지식 상태를 지적한 바 있다. 62절, 111절을 보라.

2차 전퇴의 에너지가 저장되어 있는 형태는 전극면에 있는 물질층의 화학적 상태이다. 그것은 화학 결합에서 표면 응집, 기계적 부착, 단순 병치에 이르는 다양한 관계에 있는 전해물의 이온과 전극의 물질로 이루어져 있다.

이 에너지의 장소는 전해 물질 안이 아니라 전극면에 가깝다. 그것이 존재하는 형태는 전해 분극이라고 부를 수 있다.

---

9) 상세한 사항은 C.F. Varley, "Electric Telegraphs...," Jan. 1860을 보라.

2차 전퇴를 라이덴병과 연결시켜 연구한 후에 학생들은 다시 볼타 전지를 211절에 기술된 것과 같은 전기 기계의 어떤 형태와 비교하기 바란다.

발리는 최근에 묽은 황산 속의 백금판에 대하여 1제곱 인치의 용량이 175에서 542µF(마이크로패럿) 이상에 해당하며, 용량은 기전력에 따라 증가해서 다니엘 셀의 기전력의 0.02배에서 175µF이고 다니엘 셀의 기전력의 1.6배에서 542µF에 달한다는 것을 발견했다.[10]

그러나 라이덴병과 2차 전퇴의 비교가 버프(Buff)가 수행한 다음 실험에서처럼 훨씬 더 진행될 수 있다.[11] 라이덴병이 전하를 보유할 수 있는 것은 라이덴병의 유리가 차가울 때뿐이다. 100℃ 이하의 온도에서 유리는 도체가 된다. 수은이 든 시험관을 수은 용기에 넣고 한 쌍의 전극을 하나는 안쪽 부분의 수은에, 다른 하나는 바깥쪽 부분의 수은에 연결하면, 이 배열이 보통 온도에서는 전하를 보유할 수 있는 라이덴병을 구성한다. 전극이 볼타 전지의 전극에 연결되면, 유리가 차가울 때는 전류가 흐르지 않는다. 그러나 그 장치가 점차 가열되면 전류가 흐르기 시작하고 온도가 올라감에 따라 유리는 전과 같이 여전히 단단해 보이지만 전류는 빠르게 증가할 것이다.

이 전류는 분명히 전해성(電解性)이다. 왜냐하면 전극을 전지에서 떼어내어 갈바노미터에 연결하면 유리면의 분극에서 기인한 상당한 역전류가 흐르기 때문이다.

전지가 작동되는 동안 장치가 냉각되면, 전류가 전처럼 차가운 유리에 의해 차단되지만 표면의 분극은 남아 있다. 수은을 제거하고 유리 표면을 질산과 물로 씻고 새로운 수은을 집어넣고 그 장치를 가열하면 전류가 전도될 만큼 유리가 데워지자마자 분극 전류가 흐르기 시작한다.

---

10) *Proc. R.S.* Jan. 12, 1871. 이 주제에 대한 다른 연구에 대한 설명을 위해서는 Wiedemann, *Elektricität*, bd. 2, pp.744~771을 보라.

11) *Annalen der Chemie und Pharmacie*, bd. 90, p.257(1854).

그러므로 100℃의 유리는 여전히 고체이지만 전해물로 간주할 수 있다. 그리고 유전체가 경미한 전도율을 갖는 대부분의 예에서 전도는 전해성이라고 믿을 상당한 이유가 있다. 분극의 존재는 전기분해의 결정적 증거로 간주될 수 있고 온도 상승에 따라 물질의 전도율이 증가하면, 그 전도가 전해성이라고 생각할 충분한 근거가 있다.

일정한 전류를 만드는 볼타 전지의 요소

272] 일련의 실험을 분극이 일어나는 볼타 전지로 수행할 때 전류가 흐르지 않는 동안 분극은 줄어든다. 그러므로 전류가 다시 흐르기 시작할 때의 전류는 지속적으로 얼마 동안 흐른 후의 전류보다 강하다. 반면에 전류를 짧은 분로(分路, shunt)를 통해 흐르게 해줌으로써 회로의 저항이 줄어든다면, 보통 회로를 통해 전류가 다시 흐르게 해주었을 때, 짧은 회로의 사용으로 만들어지는 큰 분극 때문에 처음에 전류는 정상 세기보다 약하다.

정확한 측정을 포함하는 실험에서 특히 문제가 되는 이러한 회로상의 불규칙성을 제거하기 위해 분극을 제거하는 것, 또는 적어도 그것을 가능한 한 줄이는 것이 필요하다.

황산아연 용액이나 묽은 황산에 담근 아연판의 표면에서는 별로 분극이 일어나지 않는 것으로 보인다. 분극의 주된 장소는 음극의 금속 표면이다. 음극의 금속이 담겨 있는 유체가 묽은 황산일 때, 그것은 유체의 전기분해에서 생기는 수소 기체 거품으로 덮여 있는 것으로 보인다. 물론 이 거품은 유체가 금속에 닿는 것을 방해함으로써 접촉 표면을 줄여 회로의 저항을 증가시킨다. 그러나 눈에 보이는 거품 외에도 자유 상태에 있지 않고 금속에 부착된 얇은 수소막이 있는 것이 확실하다. 알다시피 이 피막이 역방향의 기전력을 유발할 수 있으므로 그것은 반드시 전지의 기전력을 틀림없이 줄여놓을 것이다.

이 수소 피막을 제거하기 위해 다양한 모색이 이루어졌다. 수소 피막은 액을 휘젓는다든지, 음극판의 표면을 문질러준다든지 하는 기계적 수단에 의해 어느 정도까지 줄여줄 수 있다. 스미(Smee) 전지에서는 음극판을 수직으로 배치하고 가늘게 쪼갠 백금으로 덮어 놓아서 그곳에서 수소 거품이 쉽게 이탈하고 이탈한 수소 거품이 상승하면서 액체의 흐름을 만들어내어서, 형성되는 다른 거품을 떨어낸다.

그러나 훨씬 더 효과적인 방법은 화학적인 수단을 사용하는 것이다. 이것에는 두 종류가 있다. 그로브(Grove)[12] 전지와 분젠(Bunsen)[13] 전지에서는 음극판이 산소가 풍부한 유체에 담겨 있어서 수소는 판 위에서 피막을 형성하는 대신에 이 물질과 결합하게 되어 있다. 그로브 전지에서는 백금판이 진한 질산에 담겨 있다. 분젠의 첫 번째 전지에서는 탄소가 같은 산 속에 담겨 있다. 크롬산도 같은 목적에 사용되고 있으며 크롬산은 질산이 변해서 생기는 산의 증기가 나오지 않는 장점이 있다.

수소를 제거하는 다른 방식은 음극판의 금속으로 구리를 쓰고 표면을 산화물 피막으로 덮는 것이다. 그러나 이 피막은 그것을 음극으로 쓰면

---

12) 영국의 법률가이자 물리학자인 그로브(William Robert Grove, 1811~96)는 1832년에 옥스퍼드 대학을 졸업한 후 변호사가 되었으며 그 후에 재판관을 지내다가 1884년에 은퇴했다. 그는 패러데이의 전기화학 연구에 고무되어 연구하던 중 1839년에 강력한 그로브 전지를 발명했다. 이것은 묽은 황산에 넣은 아연과 진한 질산 속에 넣은 백금을 전극으로 하는 전지였다. 1843년에는 수소와 염소, 수소와 산소, 산소와 일산화 탄소 등을 사용한 가스 전지를 만들었다―옮긴이.

13) 독일의 화학자이자 물리학자인 분젠(Robert Wilhelm von Bunsen, 1811~99)은 괴팅겐 대학에서 화학을 배웠으며 1831년에 대학을 졸업한 후 여러 곳을 돌아다니며 지식과 기술을 습득한 후, 1834년에 귀국하여 괴팅겐 대학에서 사강사가 되었고 마르부르크 대학, 브레슬라우 대학, 하이델베르크 대학에서 교수가 되었다. 유독한 카코딜 화합물을 연구하다가 한쪽 눈을 실명했고 분석화학 분야에서 요드 적정법, 기체 분석, 염색 분석 등의 방법을 확립했고, 키르히호프와 함께 1859년에는 분광 분석법을 알아내었다. 이를 토대로 희토류와 백금족을 연구했고, 1860년에는 세슘을, 1861년에는 루비듐을 발견했다. 광화학 변화에 대한 연구를 통해 분젠-로스코의 법칙을 발견했다. 공업화학 분야에서는 용광로 가스와 금속의 전해제법을 연구했고, 분젠 버너(1855), 분젠 전지(1841), 광도계(1844), 분광기(1859), 수류 펌프(1855), 열량계(1870) 등을 고안했다―옮긴이.

빨리 사라진다. 그것을 새롭게 하기 위해 줄(Joule)은 구리판을 디스크 형태로 만들어 반만 액에 담그고 그것을 서서히 돌려 차례로 노출되는 부분에서 공기가 작용하게 할 것을 제안했다.

또 다른 방법은 전해물을 액으로 쓰는 것이다. 그것의 양이온은 아연보다 상당히 음극성을 띠는 금속이어야 한다.

다니엘 전지에서는 구리판이 황산구리 포화 용액에 잠겨 있다. 전류가 아연에서 구리로 용액을 통해 흐를 때, 수소는 전혀 구리판 위에 나타나지 않고 구리가 그 위에 침적된다. 용액이 포화되고 전류도 강하지 않으면, 구리가 진짜 양이온으로 행동하는 것으로 보이고 음이온 SO_4가 아연 쪽으로 움직인다.

이 조건이 충족되지 않을 때, 수소는 음극에서 방출되지만 즉시 용액에 작용해 구리를 석출시키고 SO_4와 결합해 황산 기름[14]을 형성한다. 이것이 일어날 때 구리판 옆의 황산구리는 황산 기름으로 대치되고 액은 무색이 되며[15] 수소 기체에 의한 분극이 다시 발생한다. 이렇게 침적되는 구리는 진짜 전기분해로 침적되는 것보다 더 느슨하고 더 무른 구조를 갖는다.

구리와 접촉하는 액체가 황산구리로 포화되어 있는지 확인하기 위해서는 이 물질의 결정을 구리에 가까운 액체에 놓으면 된다. 그러면 용액이 구리의 침적으로 묽어질 때 더 많은 결정이 용해된다.

구리 바로 옆의 액이 황산구리로 포화되어 있어야 한다는 것을 우리는 보았다. 아연이 잠겨 있는 액에는 황산구리가 없어야 하는 것은 더욱더 필수적이다. 이 염(鹽) 중 조금이라도 아연 표면으로 가면, 아연은 줄어들고 구리가 아연 위에 침적하게 된다. 그러면 아연, 구리, 유체가 작은 회로를 형성해 거기에서 신속한 전기분해가 진행되고 아연은 전지의

---

14) 황산 기름(vitriol oil)은 진한 황산을 말한다. 진한 황산은 상당한 점성을 갖는 액체이기 때문에 이렇게 불렸다―옮긴이.

15) 황산구리의 색은 청색이다. 이것은 구리 이온에서 나오는 색이다. 그러므로 용액이 무색으로 바뀌는 것은 구리 이온이 줄어든다는 것을 의미한다―옮긴이.

유용한 효과에 아무런 기여도 하지 못하는 작용에 의해 침식된다.

이것을 막기 위해 아연을 묽은 황산이나 황산아연에 담그고, 황산구리 용액이 이 액체와 섞이는 것을 막기 위해 두 액체는 포낭(包囊, bladder)이나 다공성 질그릇으로 된 칸막이로 분리시킨다. 이 칸막이는 그것을 통해 전기분해가 일어나는 것은 허용하지만 유체가 가시적인 흐름에 의해 뒤섞이는 것은 효과적으로 막아준다.

어떤 전지에서는 톱밥이 흐름을 막기 위해 사용된다. 그러나 그레이엄(Graham)[16]의 실험은 두 액체가 이런 종류의 칸막이로 분리되어 있을 때에도 가시적인 흐름이 없다면 두 액체가 직접 접촉하고 있을 때만큼 확산 과정이 빨리 진행됨을 보여준다. 격막(膈膜, septum)이 확산을 줄이기 위해 사용된다면 그것은 그 요소의 저항을 정확하게 같은 비율로 증가시킬 것이다. 왜냐하면 전해 전도는 확산과 같은 형태의 수학적 법칙을 따르는 과정이기에 하나를 방해하는 것은 무엇이든 똑같이 다른 것을 방해하기 때문이다. 유일한 차이는 확산이 항상 진행 중인 반면에 전류는 단지 전지가 작용할 때에만 흐른다는 점이다.

모든 형태의 다니엘 전지에서 최종 결과는 황산구리가 아연에 도달하여 전지를 망치게 되는 것이다. 이 결과를 막연하게 늦추기 위해 W. 톰슨은 다니엘 전지를 다음 형태로 만들었다.[17]

각 셀 안에는 구리판이 바닥에 수평으로 놓여 있고 황산아연 포화 용액이 그 위에 부어져 있다. 격자의 형태를 가진 아연은 용액 표면 근처에 수평으로 놓여 있다. 유리관을 수직으로 용액에 넣어 그것의 낮은 끝

---

16) 영국의 화학자 그레이엄(Thomas Graham, 1805~69)은 1819년에 글라스고 대학에 입학하여 화학을 공부했고 1834년에 왕립학회 회원이 되었고 화학학회를 창립하여 첫 회장이 되었다. 그는 1844년에 돌턴 사후에 영국 화학계의 대부가 되었다. 그는 무기화학과 물리 화학에 주로 종사했는데 특히 콜로이드 화학은 그가 창시했다고 할 수 있다. 그의 기체 확산의 법칙은 혼합기체를 분리하는 효과적인 방법을 가능하게 했고 방사능 농축에 활용되었다―옮긴이.

17) *Proc. R.S.*, Jan. 19, 1871.

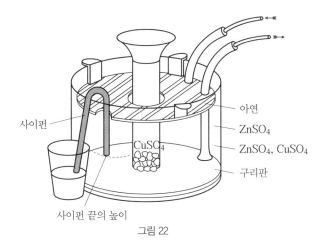

사이펀

아연
ZnSO₄
ZnSO₄, CuSO₄
구리판

CuSO₄

사이펀 끝의 높이

그림 22

이 구리판의 표면 바로 위에 오게 하고 황산구리 결정들을 이 유리관 안쪽에 떨어뜨린다. 이 결정은 용액 속에서 용해되어 황산아연만의 용액보다 더 큰 밀도의 용액을 형성한다. 그것은 확산으로만 아연에 도달할 수 있다. 이 확산 과정을 늦추기 위해서 유리관을 솜으로 채운 사이펀의 한쪽 끝을 아연과 구리 중간 즈음에 두고 다른 쪽 끝은 셀 바깥의 용기에 둔다. 그래서 액체가 그 깊이의 중간 근처에서 서서히 빠져나오게 한다. 장소를 제공하기 위해, 물 또는 황산아연 묽은 용액을 필요한 대로 보충해 준다. 이런 식으로 확산에 의해 액체를 통해 올라가는 황산구리의 대부분이 아연에 도달하기 전에 사이펀에 의해 빨려 나온다. 아연은 황산구리가 거의 없는 액체로 둘러싸여 있고 그것은 셀 안에서 매우 느리게 아래로 움직이면서 황산구리의 상승 운동을 저지한다. 전지가 작용하는 동안 구리는 구리판 위에 침적하고 SO₄는 액체를 통해 천천히 아연으로 움직여 그것과 결합하여 황산아연을 형성한다. 그리하여 바닥에 있는 액체는 구리의 침적에 의해 밀도가 낮아지고 꼭대기에 있는 액체는 아연의 침식에 의해 밀도가 높아진다. 이러한 작용이 층의 밀도의 순서를 바꾸어 불안정해져 용기 안에 가시적인 흐름이 생기는 것을 방지하기 위해 유리관에 황산구리 결정을 잘 공급하고 셀의 위쪽이 셀 안의 액체의 어떤 층보다 더 가볍도록 충분히 희석된 황산아연 용액을 위에서 공급해 주는 데 신경을 써야 한다.

다니엘 전지는 보통 사용되는 가장 강력한 전지가 결코 아니다. 그로브 셀의 기전력은 192,000,000이고 다니엘 셀은 107,900,000이고 분젠 셀은 188,000,000이다.

다니엘 셀의 저항은 일반적으로 같은 크기의 그로브 셀이나 분젠 셀보다 더 크다.

그러나 이 결점은 정확한 측정이 요구되는 모든 경우에서 상쇄되고도 남는다. 다니엘 전지는 기전력의 안정성에 있어서 다른 알려진 모든 배열을 능가한다.[18] 그것은 또한 오랫동안 작용 상태를 지속하며 아무런 기체도 방출하지 않는 장점이 있다.

---

18) {표준 기전력이 요구될 때, 클라크(Clark) 셀이 이제 가장 자주 사용된다. 그러한 셀의 제작과 사용시 주의해야 될 점은 Lord Rayleigh, "The Clark Cell as a Standard of Electromotive Force," *Phil. Trans.* part 2, 1885}—톰슨.

제6장 선형 전류

선형 도체계에 관하여

273] 전류가 어떤 도체의 표면의 두 부분(전극이라고 부른다) 사이를 항상 동일한 방식으로 흐르도록 도체가 배치되어 있다면 그 도체는 선형 도체로 취급할 수 있다. 가령, 어떤 형태의 금속 덩어리의 표면이 두 곳을 제외하고 절연 물질로 완전히 덮여 있고, 노출된 두 곳이 완전한 전도성 물질로 이루어진 전극에 연결되어 있다면 그것은 선형 도체로 취급될 수 있다. 왜냐하면 이 전극 중 하나로 전류가 들어오고 다른 쪽으로 전류가 나간다면 유선이 결정될 것이고 그 금속 덩어리의 모든 부분에서 전류가 E의 선형 함수일 것이므로 기전력, 전류, 저항 사이의 관계가 옴의 법칙으로 표현될 것이기 때문이다. 그러나 만약 둘보다 많은 수의 전극 후보가 있다면, 도체는 그것을 통해 하나 이상의 독립적인 전류를 가질 수 있을 것이고 전극들은 서로에게 켤레(conjugated)가 되지 못한다. 282a와 282b절을 보라.

옴의 법칙

274] E가 전극 A_1에서 전극 A_2까지 선형 도체 안에서의 기전력이라고 하자.(69절을 보라.) 그 도체를 따라 흐르는 전류의 세기를 C라고 하자. 다시 말해서 단위 시간 동안 C단위 전기가 A_1, A_2 방향의 모든 단면을 통과한다고 하자. 그리고 도체의 저항을 R이라고 하자. 그러면 옴의 법칙의 표현은

$$E = CR \tag{1}$$

이다.

직렬로 배치된 선형 도체

275] A_1, A_2가 첫 번째 도체의 전극이고 두 번째 도체는 그 전극 중 하나를 A_2와 접촉하고 있다. 두 번째 도체의 전극은 A_2, A_3라고 지정하자. 세 번째 도체의 전극은 A_3, A_4로 지정하자.

이 도체들을 따라 걸려 있는 기전력을 E_{12}, E_{23}, E_{34}로 지정하고 다른 도체에 대해서도 마찬가지로 지정해 준다.

도체의 저항은

$$R_{12}, R_{23}, R_{34},...$$

라고 하자. 그러면 도체는 직렬로 배열되어 있어서 각 도체에는 같은 전류 C가 흐를 것이므로 옴의 법칙에 의해

$$E_{12} = CR_{12}, E_{23} = CR_{23}, E_{34} = CR_{34},... \tag{2}$$

라고 놓을 수 있다.

E가 총기전력이고 R가 계의 총저항이라면 옴의 법칙에 의해

$$E = CR \tag{3}$$

이어야 한다.

이제
$$E = E_{12} + E_{23} + E_{34} + ... \tag{4}$$

즉, 분리된 기전력의 합이고 식 (2)에 의해

$$= C(R_{12} + R_{23} + R_{34} + ...)$$

이다.

이 결과를 (3)과 비교하면

$$R = R_{12} + R_{23} + R_{34} + \dots \tag{5}$$

라고 할 수 있다. 즉, 직렬로 연결된 도체의 저항은 각 도체의 저항의 합이다.

도체열의 임의의 점의 퍼텐셜

A와 C가 도체열(列)의 전극이라고 하고 B가 그 사이의 점이고, a, b, c가 각각 이 점들의 퍼텐셜이라고 하자. R_1은 A에서 B까지 부분의 저항이고 R_2는 B에서 C까지 부분의 저항이고 R가 A에서 C까지 전체의 저항이라고 하자. 그러면

$$a - b = R_1 C,\ b - c = R_2 C,\ a - c = RC$$

이므로 B에서의 퍼텐셜은

$$b = \frac{R_2 a + R_1 c}{R} \tag{6}$$

이다. 그것은 A와 C의 퍼텐셜이 주어질 때 B에서의 퍼텐셜을 결정한다.

다중 도체의 저항

276] 여러 도체 ABZ, ACZ, ADZ를 나란히 배열해 그것들의 끝점이 두 점 A, Z와 접촉하게 하자. 그러면 그것들은 겹호(multiple arc)로 배열되어 있다고 말한다.

이 도체들의 저항을 각각 R_1, R_2, R_3라고 하고 전류를 C_1, C_2, C_3라고 하고 다중 도체의 저항을 R라고 하고 전체 전류를 C라고 하자. 그러면, A와 Z에서의 퍼텐셜은 모든 도체에 대하여 동일하므로 그것들은 우리가 E라고 부를 동일한 퍼텐셜 차이를 갖게 된다. 그러므로

$$E = C_1 R_1 = C_2 R_2 = C_3 R_3 = CR$$

이지만
$$C = C_1 + C_2 + C_3$$

이므로
$$\frac{1}{R} = \frac{1}{R_1} + \frac{1}{R_2} + \frac{1}{R_3} \tag{7}$$

이다. 즉, 다중 도체의 저항의 역수는 성분 도체의 역수의 합이다.

만약 도체의 저항의 역수를 그 도체의 전도율이라고 부르면, 다중 도체의 전도율은 성분 도체의 전도율의 합이라고 말할 수 있다.

다중 도체의 분지에서의 전류

앞 절의 등식들로부터 C_1이 다중 도체의 어떤 분지(分枝)에서의 전류라고 하고 그 분지의 저항을 R_1이라고 하면,

$$C_1 = C \frac{R}{R_1} \tag{8}$$

이다. 여기에서 C는 전체 전류이고 R는 이전에 결정된 다중 도체의 저항이다.

균일한 단면의 도체의 종저항

277] 주어진 재료의 정육면체의 한 모서리에 평행한 전류에 대한 그것의 저항을 ρ라고 하고 정육면체의 변의 길이는 단위 길이라고 하면, ρ는 '그 재료의 단위 부피 비저항'이라고 부른다.

다음에는 같은 재료로 된 길이 l, 단면적 1인 각기둥 도체를 생각해 보자. 이것은 직렬로 배열된 l개의 정육면체와 동등하다. 그러므로 그 도체의 저항은 $l\rho$이다.

마지막으로 길이 l, 균일한 단면적 s의 도체를 생각해 보자. 이것은 바로 앞의 도체와 유사한 s개의 도체가 겹호로 배열된 것과 동등하다. 그러므로 이 도체의 저항은

$$R = \frac{l\rho}{s}$$

이다. 균일한 도선의 저항을 알고 있을 때 그 길이와 단면적을 잴 수 있

다면 도선의 재료의 비저항을 결정할 수 있다.

작은 도선의 단면적은 길이, 무게, 시료의 비중으로부터 계산에 의해 가장 정확하게 결정할 수 있다. 비중의 결정은 종종 불편하고 그런 경우에 단위 길이, 단위 질량의 도선의 저항이 '단위 무게당 비저항'으로 사용된다.

r가 이 비저항이고 l이 도선의 길이, m이 도선의 질량이라면

$$R = \frac{l^2 r}{m}$$

이라고 적을 수 있다.

이 등식들에 포함된 양들의 차원에 대하여

278] 도체의 저항은 도체에 흐르는 전류에 대한 그것을 유발하는 기전력의 비이다. 도체의 전도율은 이 양의 역수, 즉 전류를 유발하는 기전력에 대한 전류의 비이다.

우리는 이미 정전기적 측정계에서 도체의 퍼텐셜에 대한 그것에 퍼져 있는 전기량의 비가 도체의 용량이며 길이로 측정된다는 것을 알고 있다. 도체가 무제한의 마당에 놓여 있는 구(球)라면, 이 길이는 구의 반지름이다. 그러므로 기전력에 대한 전기량의 비는 길이이고, 전류에 대한 전기량의 비는 그 양을 통과시키기 위해 전류가 흐르는 시간에 해당한다. 그리하여 기전력에 대한 전류의 비는 시간에 대한 길이의 비, 즉 속도에 해당한다.

도체의 전도율이 정전기적 측정계에서 속도에 의해 표현된다는 사실은 반지름 r인 구를 퍼텐셜 V로 대전시키고 주어진 도체에 의해 접지시켰다고 가정함으로써 확인할 수 있다. 전기가 그 도체를 통해 달아날 때 구의 퍼텐셜을 항상 V와 동등하게 유지시키기 위해 구를 수축시키자. 그러면 구 위의 전하는 그 순간에 rV이고 전류는 $-\frac{d}{dt}(rV)$이지만 V가 상수이므로 전류는 $-\frac{dr}{dt}V$이고 그 도체에 걸린 기전력은 V이다.

도체의 전도율은 기전력에 대한 전류의 비, 즉 $-\frac{dr}{dt}$이고 이것은 전하

가 그 도체를 통해서 땅으로 흘러갈 때 퍼텐셜을 일정하게 유지하기 위해 구의 반지름이 줄어드는 속도이다.

그러므로 정전기 계에서 도체의 전도율은 속도이고 $[LT^{-1}]$의 차원을 갖는다.

그러므로 도체의 저항은 $[L^{-1}T]$의 차원을 갖는다.

단위 부피당 비저항은 $[T]$의 차원을 갖고 단위 부피당 비전도율은 $[T^{-1}]$의 차원을 갖는다.

이 계수의 수치는 시간 단위에만 의존하고 그것은 다른 나라들에서 동일하다.

단위 무게당 비저항은 $[L^{-3}MT]$의 차원을 갖는다.

279] 나중에 전자기적 측정계에서 도체의 저항은 속도에 의해 표현되고 이 계에서 도체의 저항의 차원은 $[LT^{-1}]$이다.

물론 도체의 전도율은 이것의 역수이다.

이 계에서 단위 부피당 비저항은 $[L^2T^{-1}]$의 차원을 갖고 단위 무게당 비저항은 $[L^{-1}T^{-1}M]$의 차원을 갖는다.

일반적인 선형 도체계에 관하여

280] 선형 계의 가장 일반적인 경우는 n개의 점 A_1, $A_2,...A_n$이 $\frac{1}{2}n(n-1)$개의 선형 도체에 의해 쌍으로 연결되는 경우다. 임의의 점의 쌍, 가령 A_p와 A_q를 연결하는 도체의 전도율(즉, 저항의 역수)을 K_{pq}라고 하고 A_p에서 A_q까지의 전류를 C_{pq}라고 하자. 점 A_p와 A_q에서의 전기 퍼텐셜을 각각 P_p, P_q라고 하고 A_p에서 A_q까지의 도체를 따라 존재하는 내부 기전력을 E_{pq}라고 하자.

A_p에서 A_q로 흐르는 전류는 옴의 법칙에 의해

$$C_{pq} = K_{pq}(P_p - P_q + E_{pq}) \tag{1}$$

이다.

이 양들 사이에 다음 관계가 있다.

도체의 전도율은 어느 방향이든 같다. 즉

$$K_{pq} = K_{qp} \qquad (2)$$

이다.

기전력과 전류는 방향을 갖는 양이다. 그러므로

$$E_{pq} = -E_{qp}, \ C_{pq} = -C_{qp} \qquad (3)$$

이다.

$P_1, P_2...P_n$이 각각 $A_1, A_2...A_n$에서의 퍼텐셜이라고 하고 $Q_1, Q_2,...Q_n$이 이 점들 각각에서 단위 시간 동안 계로 들어가는 전기량이라고 하자. 이것은 반드시 '연속' 조건

$$Q_1 + Q_2... + Q_n = 0 \qquad (4)$$

을 충족시킨다. 왜냐하면 전기는 계 안에 무한정으로 쌓이거나 만들어질 수 없기 때문이다.

임의의 점 Ap에서의 '연속' 조건은

$$Q_p = C_{p1} + C_{p2} + ... + C_{pn} \qquad (5)$$

이다. 등식 (1)에 의해 전류의 값을 대치하면, 이것은

$$Q_p = (K_{p1} + K_{p2} + ... + K_{pn})P_p - (K_{p1}P_1 + K_{p2}P_2 + ... + K_{pn}P_n)$$
$$+ (K_{p1} + E_{p1} + ... + K_{pn}E_{pn}) \qquad (6)$$

이 된다. 기호 K_{pp}는 이 등식에서 나타나지 않는다. 그러므로 그것에 값

$$K_{pp} = -(K_{p1} + K_{p2} + ... + K_{pn}) \qquad (7)$$

을 주자. 즉, K_{pp}는 A_p에서 만나는 도체들의 전도율의 값의 총합과 크기가 같고 부호가 반대인 양이라고 하자. 그러면 점 A_p에 대한 연속 조건을 쓸 수 있다.

$$K_{p1}P_1 + K_{p2}P_2 + ... + K_{pp}P_p... + K_{pn}P_n$$
$$= K_{p1}E_{p1} + ... + K_{pn}E_{pn} - Q_p \qquad (8)$$

이 식에서 p를 1, 2,...n으로 대치함으로써 n개의 퍼텐셜 $P_1, P_2,...P_n$을 결정할 동류의 식 n개를 얻게 된다.

그러나 방정식계 (8)을 더한다면 그 결과는 (3), (4), (7)에 의해 모두 0이므로 단지 n-1개의 독립 방정식만이 존재한다. 이것들은 점들의 퍼텐셜의 차를 결정하기에 충분하겠지만 어느 것의 절대 퍼텐셜을 결정하기에는 충분하지 못하다. 그러나 이것은 계의 전류를 계산하는 데 필요하지 않다.

행렬식

$$\begin{vmatrix} K_{11} & K_{12} & ...K_{1(n-1)} \\ K_{21} & K_{22} & ...K_{2(n-1)} \\ .... \\ K_{(n-1)1} & K_{(n-1)2} & ...K_{(n-1)(-1n)} \end{vmatrix} \qquad (9)$$

을 D로 지정하고 K_{pq}의 소행렬식(minor)을 D_{pq}로 지정하면,[1) P_p-P_n 의 값에 대하여

$$(P_p - P_n)D = (K_{12}E_{12} + ... - Q_1)D_{p1} + (K_{21}E_{21} + ... - Q_2)D_{p2}...$$
$$+ (K_{q1}E_{q1} + ... + K_{qn}E_{qn} - Q_q)D_{pq} + ... \qquad (10)$$

임을 알게 된다.

같은 방식으로 어떤 다른 점 가령, A_q의 퍼텐셜이 A_n의 퍼텐셜보다 얼마나 높은지 결정할 수 있다. 그러면 식 (1)로부터 A_p와 A_q 사이의 전류를 결정할 수 있고, 문제가 완전히 풀린다.

281] 이미 86절에서 정적 전기에 대해 입증한 상반적 특성에 응답하면서 계의 두 도체의 상반적 특성을 입증하겠다.

---

1) K_{pq}의 소행렬식(minor)을 D_{pq}로 지정한다는 의미는 행렬 K_{pq}에서 p행과 q열 을 제거하고 남은 행렬의 행렬식을 D_{pq}로 표시한다는 의미이다―옮긴이.

P_p에 대한 식에서 Q_q의 계수는 $-\dfrac{D_{pq}}{D}$이다. P_q에 대한 식에서 Q_p의 계수는 $-\dfrac{D_{qp}}{D}$이다.

이제 D_{pq}와 D_{qp}는 단지 K_{pq}를 K_{qp}로 바꾼 것처럼 기호의 치환만이 다를 뿐이다. 그러나 등식 (2)에 의해 이 두 기호는 동등하다. 왜냐하면 도체의 전도율은 양방향에서 같기 때문이다.

그리하여 $$D_{pq} = D_{qp} \tag{11}$$

이다.

이것으로부터 A_q에서의 단위 전류의 유입으로부터 생기는 A_p에서의 퍼텐셜 부분은 A_p에서의 단위 전류의 유입으로부터 생기는 A_q에서의 퍼텐셜 부분과 같다는 것이 유도된다.[2]

이것으로부터 더 실용적인 형태의 명제를 유도할 수 있다.

A, B, C, D가 계의 임의의 네 점이고 A에서 계로 들어왔다가 B에서 계를 떠나는 전류의 효과는 C에서의 퍼텐셜을 D에서의 퍼텐셜보다 P만큼 크게 만들어준다. 그러면 동일한 전류 Q가 C에서 계로 들어가고 D에서 계를 떠나게 만들면 A에서의 퍼텐셜은 같은 양 P만큼 B에서의 퍼텐셜보다 크다.

기전력 E가 A에서 B로 도체에 작용하도록 걸리고 이것이 X에서 Y로 전류 C를 흐르게 한다면, X에서 Y 방향으로 도체에 걸린 같은 기전력 E는 동일한 전류를 A에서 B로 흐르게 한다.

기전력 E는 지정된 점 사이에 걸린 볼타 전지의 기전력일 수 있다. 이때 도체의 저항이 전지의 설치 전후에 같도록 주의해야 한다.

282a] 기전력 E_{pq}가 도체 $A_p A_q$를 따라 작용한다면, 계 $A_r A_s$라는 또 하나의 도체를 따라 유발된 전류는

$$K_{rs} K_{pq} E_{pq} (D_{rp} + D_{sq} - D_{rq} - D_{sp}) \div D$$

---

2) 상반 정리를 표현한 것이다. 이 정리는 나중에 레일리에 의해 음향학 현상에 확대되어 적용된다―옮긴이.

임을 쉽게 알 수 있다.

만약

$$D_{rp} + D_{sq} - D_{rq} - D_{sp} = 0 \qquad (12)$$

라면 전류가 흐르지 않을 것이다. 그러나 기전력이 A_rA_s를 따라 작용할 때 A_pA_q에는 전류가 흐르지 않는다면 (11)에 의해 같은 등식이 성립한다. 이 상반 관계 때문에 관련된 두 도체는 켤레 관계라고 부른다.

켤레 도체 이론은 키르히호프[3]에 의해 탐구되었다. 그는 퍼텐셜의 고려를 배제한 다음과 같은 방식으로 선형계의 조건을 제시했다.

(1) ('연속' 조건) 계의 임의의 점에서 그 점을 향해 흐르는 전류의 총합은 0이다.

(2) 도체들에 의해 형성된 임의의 완전한 회로에서 회로를 따라 걸려 있는 기전력의 합은 각 도체에서의 전류와 도체의 저항의 곱을 모두 더한 것과 같다.[4]

퍼텐셜이 반드시 0일 때, 완전한 회로를 위해 (1) 형태의 식들을 더함으로써 이 결과를 얻는다.

282b][5], [6] 도선이 단순한 연결망을 형성하고 각각의 고리(mesh)를

---

3) 키르히호프(Gustav R. Kirchhoff, 1824~87)는 쾨니히스베르크 대학에서 F. E. 노이만의 지도를 받았고 졸업 후에 하이델베르크 대학, 베를린 대학에서 물리학 교수를 지냈다. 1849년에 전자기학 분야에서 정상(正常) 전류에 대한 옴의 법칙을 일반화시켜 키르히호프의 법칙을 확립했다. 1857년에는 R. 분젠과 함께 스펙트럼 분석 연구를 수행하여 소듐 D선의 암선과 휘선이 같은 위치에 있음을 확인하고 이 스펙트럼선의 반전 현상을 설명했다. 흑체 복사 개념을 도입하여 열평형 상태에서 열복사와 열흡수가 일치한다는 키르히호프의 법칙을 도출했다—옮긴이.

4) 이것이 그 유명한 키르히호프의 법칙이다—옮긴이.

5) 〔세인트 존스 칼리지(St. John's College)의 플레밍(J.A. Fleming, B.A.)의 맥스웰 교수 강의 노트에서 발췌. Fleming, *Phil. Mag.* 20, p.221, 1885도 보라〕—니벤.

6) 홍성욱의 박사 학위 논문 Sungook Hong, "Forging the Scientist-

통해 전류가 돈다고 가정하면, 두 개의 이웃하는 고리의 각각의 타래(thread)를 형성하는 도선의 실제 전류는 두 고리에서 도는 두 전류의 차가 된다. 이때 전류는 시계바늘의 운동 방향의 반대 방향으로 돌 때를 양수로 간주한다. 이 경우에 다음 명제를 제시하는 것은 쉽다. 즉, 임의의 고리에서 x는 전류, E가 기전력, R이 전체 저항이라고 하자. 또한 y, z,...를 x가 돌고 있는 고리와 공통의 타래를 갖는 이웃하는 고리에서 돌고 있는 전류라고 하고 그 부분의 저항은 s, t,...이라고 하자. 그러면

$$Rx - sy - tz - ... = E$$

이다.

이 규칙의 용도를 예시하기 위해 휘트스톤 브리지(Wheatstone's bridge)로 알려진 배열을 사용하겠다. 347절의 그림과 표시법을 채용하도록 하자. 세 회로 OBC, OCA, OAB를 각각 전류 x, y, z가 흐르는 경우에 이 규칙을 적용하면 다음 세 방정식을 얻는다.

$$(\alpha + \beta + \gamma)x - \gamma y - \beta z = E$$
$$-\gamma x + (b + \gamma + \alpha)y - \alpha z = 0$$
$$-\beta x - \alpha y + (c + \alpha + \beta)z = 0$$

이 방정식들로부터 이제 분지 OA에서의 갈바노미터 전류 $x-y$의 값을 결정할 수 있다. 독자는 이것과 휘트스톤 브리지와 연결된 다른 문제들이 논의되는 347절과 그 이후의 절들을 참고하기 바란다.

계에서 발생하는 열

283] 전류 C에 의해 단위 시간 동안 저항이 R인 도체에서 발생하는 열량의 역학적 당량은 242절에 의해

Engineer: A Professional Career of John Ambrose Fleming"(서울대학교 이학박사학위논문, 1994), 28, p.346에서도 언급되었다—옮긴이.

$$JH = RC^2 \qquad (13)$$

이다.

그러므로 계의 모든 도체에 대해서 RC^2과 같은 양의 합을 결정해야
한다.

A_p에서 A_q까지의 도체에 대해서 전도율은 K_{pq}이고 저항은 R_{pq}이다.
여기에서

$$K_{pq}R_{pq} = 1 \qquad (14)$$

이다.

이 도체에서의 전류는 옴의 법칙에 의하면

$$C_{pq} = K_{pq}(P_p - P_q) \qquad (15)$$

이다

그러나 우리는 전류값이 옴의 법칙에 의해 주어진 것이 아니라 X_{pq}라
고 가정하겠다. 여기에서

$$X_{pq} = C_{pq} + Y_{pq} \qquad (16)$$

이다.

계에서 발생하는 열을 결정하기 위해

$$R_{pq} X_{pq}^2$$

형태의 양의 총합을 알아내야 한다. 즉,

$$JH = \sum \{ R_{pq} C_{pq}^2 + 2R_{pq} C_{pq} Y_{pq} + R_{pq} Y_{pq}^2 \} \qquad (17)$$

이 성립한다.

C_{pq}에 그 값을 주고 K_{pq}와 R_{pq} 사이의 관계를 이용하면, 이것은

$$\sum [(P_p - P_q)(C_{pq} + 2Y_{pq}) + R_{pq} Y_{pq}^2] \tag{18}$$

이 된다.

이제 C와 X가 A_p에서 연속 조건을 충족시켜야 하므로

$$Q_p = C_{p1} + C_{p2} + ... + C_{pn} \tag{19}$$

$$Q_p = X_{p1} + X_{p2} + ... + X_{pn} \tag{20}$$

을 얻고 따라서

$$0 = Y_{p1} + Y_{p2} + ... + Y_{pn} \tag{21}$$

이다. 그러므로 (18)의 모든 항을 더하면,

$$\sum (R_{pq} X_{pq}^2) = \sum P_p Q_p + \sum R_{pq} Y_{pq}^2 \tag{22}$$

을 얻는다.

이제 R가 항상 양수이고 이 본질적으로 양수이므로 이 등식의 마지막 항은 본질적으로 양수이다. 그러므로 우변의 첫 번째 항은, Y가 모든 도체에서 0일 때, 즉 모든 도체에서의 전류가 옴의 법칙에 의해 주어진 값일 때의 최솟값이다.[7]

---

7) {비슷한 방식에 의해 다른 분지들에 기전력이 있을 때, 전류는 $\sum RC^2 - 2 \sum EC$ 가 최소가 되도록 스스로 조정된다는 것을 입증할 수 있다. 여기에서 E는 전류가 C인 분지에서의 기전력이다. F라고 부를 이 양을 회로를 따라 흐르는 독립적인 전류에 의해 표현하면, 도체 안에서의 전류 x, y, z,...의 분포는 등식

$$\frac{dF}{dx} = 0, \frac{dF}{dy} = 0$$

로부터 얻어질 수 있다.

그러므로 382절에서 고려되는 휘트스톤 브리지의 경우에

$$F = ax^2 + by^2 + cz^2 + \beta(x-z)^2 + \gamma(y-x)^2 + \alpha(z-y)^2 - 2Ex$$

그러므로 다음 정리가 유도된다.

284] 내부 기전력이 없는 임의의 도체계에서 옴의 법칙을 따라 분포되어 있는 전류에 의해 발생하는 열은, 전류의 실제 출입 조건과 일치하는 어떤 다른 방식으로 전류가 분포되어 있었다면 발생했을 열보다 적다.

옴의 법칙이 충족될 때 실제로 발생하는 열은 $\Sigma P_p Q_p$, 즉 다른 외부 전극에서 공급되는 전기량과 그것이 공급되는 퍼텐셜의 곱을 모두 합친 것과 역학적으로 동등하다.

제6장의 부록

280절에서 고찰되는 전류 분포 법칙은 기억하기 쉬운 다음 규칙으로 표현할 수 있다.

점들 중 하나, 가령 A_n의 퍼텐셜을 0이라고 하자. 그러면 전기량 Q_s가 속으로 흘러들어갈 때 점 A_p의 퍼텐셜은

$$-\frac{D_{ps}}{D} Q_s$$

임을 본문에서 보였다.

양 D와 D_{ps}는 다음 규칙에 의해 얻어질 수 있다. D는 한번에 $(n-1)$개씩의 전도율의 값을 곱하고 그것을 모두 더한 것에서 폐회로를 이루는 분지들의 전도율의 곱을 포함하는 모든 항들을 제외한 값이다. D_{ps}는 한번에 $(n-2)$개씩의 전도율의 값을 곱하고 그것을 모두 더한 것에서 분지 A_pA_n 또는 A_sA_n의 전도율을 포함하는 모든 항, 즉 자체적으로

이고 그 절의 등식들은

$$\frac{dF}{dx} = 0, \frac{dF}{dy} = 0, \frac{dF}{dz} = 0$$

와 같아진다. 이것은 종종 도체 안에서 전류의 분포를 알아내는 가장 편리한 방법이다. 281절의 상반 특성은 편리하게 이것에 의해 유도될 수 있다)—톰슨.

또는 A_pA_n이나 A_sA_n의 도움으로 폐회로를 이루는 분지들의 전도율의 곱을 포함하는 모든 항을 제외한 값이다.

(10)으로부터 분지 A_qA_r에서 작용하는 기전력 E_{qr}의 효과는 Q에 있는 세기 $K_{qr}E_{qr}$의 소멸원(消滅源, sink)과 R에 있는 같은 세기의 생성원(生成源, source)의 효과와 같다는 것을 알 수 있다. 그러므로 앞의 규칙은 이 경우를 포함한다. 그러나 이 규칙의 적용의 결과를 더 간단하게 다음과 같이 진술할 수 있다. 기전력 E_{pq}가 도체 A_pA_q를 따라 작용한다면, 또 하나의 도체 A_rA_s를 따라 생성되는 전류는

$$K_{rs} K_{pq}\frac{\Delta}{D} E_{pq}$$

이다. 여기에서 D는 위에서 주어진 규칙에 의해 얻어지고 $\Delta=\Delta_1-\Delta_2$이다. Δ_1은 한번에 $(n-2)$개씩 전도율의 값을 곱한 것을 모두 더한 것으로부터 A_pA_r(즉, A_pA_r와 함께 폐회로를 이루는 분지의 전도율의 곱)과 $A_qA_s(A_sA_q$와 폐회로를 이루는 분지의 전도율의 곱)의 전도율을 둘 다 포함하는 곱들을 선택하고, 이렇게 선택된 항들 중에서 A_rA_s나 A_pA_q의 전도율을 포함하는 모든 항들, 즉 자신 또는 A_rA_s나 A_pA_q의 도움으로 폐회로를 이루는 분지들의 전도율의 곱을 제외하여 얻는다. Δ_2는 Δ_1의 식에서 A_pA_r와 A_sA_q 대신에 각각 A_pA_s, A_qA_r를 넣은 것에 해당한다.

전류가 P에서 들어가고 Q에서 나온다면, A_p와 A_q 사이의 퍼텐셜의 차이에 대한 전류의 비는 $\dfrac{D}{\Delta'}$ 이다.

여기에서 Δ'은 한번에 $(n-2)$개씩 취한 전도율의 곱의 합에서 A_pA_q의 전도율을 포함하는 모든 항, 즉 그것과 함께 폐회로를 이루는 분지들의 전도율의 곱을 제외한 값이다.

이 식들에서 폐회로를 이루는 분지의 전도율의 곱을 포함하는 항들은 모두 제외된다.

이 규칙을 예시하기 위해 이 규칙을 매우 중요한 사례인, 네 점이 여섯 개의 도체로 연결된 경우에 적용해 보자. 그 점들을 1, 2, 3, 4라고 부르자.

그러면 D는 한번에 셋씩 전도율의 값을 곱한 것에서 네 개의 곱 $K_{12}K_{23}K_{31}$, $K_{12}K_{24}K_{41}$, $K_{13}K_{34}K_{41}$, $K_{23}K_{34}K_{42}$를 제외한 값이다. 이것들은 네 개의 폐회로 (123), (124), (134), (234)에 해당한다.

그러므로

$$D=(K_{14}+K_{24}+K_{34})(K_{12}K_{13}+K_{12}K_{23}+K_{13}K_{23})$$
$$+K_{14}K_{24}(K_{13}+K_{23})+K_{14}K_{34}(K_{12}+K_{23})$$
$$+K_{34}K_{24}(K_{12}+K_{13})+K_{14}K_{24}K_{34}$$

이다.

기전력 E가 (23)을 따라 작용한다고 가정하자. 분지 (14)를 통해 흐르는 전류는

$$\frac{\Delta_1-\Delta_2}{D}EK_{14}K_{23}$$
$$\Delta_1=K_{13}K_{24} \text{ (정의에 의해)}$$
$$\Delta_2=K_{12}K_{43}$$

이다. 그러므로 (14)로 전류가 흐르지 않는다면, $K_{13}K_{24}-K_{12}K_{43}=0$이고 이것은 (23)과 (14)가 켤레일 조건이다.

(13)을 통해 흐르는 전류는

$$\frac{K_{12}(K_{14}+K_{24}+K_{34})+K_{14}K_{24}}{D}\cdot EK_{14}K_{23}$$

이다.

전류가 (2)로 들어가고 (3)으로 나올 때 그 연결망의 전도율은

$$\frac{D}{(K_{14}+K_{24}+K_{34})(K_{12}+K_{13})+K_{14}(K_{24}+K_{34})}$$

가 된다.

만약 5개의 점을 취하면, (23)과 (14)가 켤레일 조건은

$$K_{12} K_{34} (K_{15} + K_{25} + K_{35} + K_{45}) + K_{12} K_{35} K_{45} + K_{34} K_{51} K_{52}$$
$$= K_{13} K_{24} (K_{15} + K_{25} + K_{35} + K_{45}) + K_{13} K_{52} K_{54} + K_{24} K_{51} K_{53}$$

이다.

제7장 3차원 전도

전류의 표시법

285] 임의의 점에서 면적 요소 dS가 x축에 수직이 되도록 취하고 단위 전기 Q가 단위 시간 동안 음(−)의 편에서 양(+)의 편으로 이 면적 요소를 통과한다고 하자. 그러면, dS가 무한히 작아질 때, $\dfrac{Q}{dS}$ 가 결국 u와 같아진다면, u는 주어진 점에서의 x 방향의 전류 성분이라고 부른다.

같은 식으로 각각 y와 z 방향의 전류 성분인 v와 w를 결정할 수 있다.

286] 주어진 점 O를 통과하여 임의의 방향 OR를 향하는 전류 성분을 결정하기 위해 l, m, n을 OR의 방향 코사인이라고 하자. 그러면 x, y, z축으로부터

$$\frac{r}{l}, \frac{r}{m}, \frac{r}{n}$$

과 같은 부분을 A, B, C에서 잘라낸다면, 삼각형 ABC는 OR에 수직일 것이다.

이 삼각형 ABC의 면적은

$$dS = \frac{1}{2} \frac{r^2}{lmn}$$

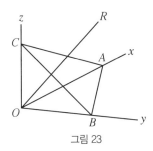

그림 23

일 것이고 r를 줄임으로써 이 면적은 한없이 줄어들 수 있다.

삼각형 ABC를 거쳐서 사면체 $ABCO$를 떠나는 전기량은 세 삼각형 OBC, OCA, OAB를 통해 그 사면체로 들어오는 전기량과 같아야 한다.

삼각형 OBC의 면적은 $\frac{1}{2}\frac{r^2}{mn}$이고 그것의 평면에 수직인 전류 성분이 u이므로 단위 시간 동안 이 삼각형을 통하여 들어오는 양은 $\frac{1}{2}r^2\frac{u}{mn}$이다.

단위 시간 동안 삼각형 OCA와 OAB를 통해 들어오는 양은 각각

$$\frac{1}{2}r^2\frac{v}{nl}, \frac{1}{2}r^2\frac{w}{lm}$$

이다.

만약 γ가 OR 방향의 전류 성분이라면, ABC를 통해 단위 시간 동안 정사면체에서 나가는 양은

$$\frac{1}{2}r^2\frac{\gamma}{lmn}$$

이다. 이것은 세 개의 다른 삼각형을 통해 들어가는 양과 같으므로,

$$\frac{1}{2}\frac{r^2\gamma}{lmn} = \frac{1}{2}r^2\left\{\frac{u}{mn} + \frac{v}{nl} + \frac{w}{lm}\right\}$$

이다. $\frac{2lmn}{r^2}$ 을 곱하면

$$\gamma = lu + mv + nw \tag{1}$$

를 얻는다.

$$u^2 + v^2 + w^2 = \Gamma^2$$

라고 놓고 l', m', n'을

$$u = l'\Gamma, \ v = m'\Gamma, \ w = n'\Gamma$$

가 되도록 놓으면

$$\gamma = \Gamma\,(ll' + mm' + nn') \tag{2}$$

이다.

그러므로 총전류를 크기가 Γ이고, 방향 코사인이 l', m', n'인 벡터로

정의하고 γ가 총전류의 방향과 θ의 각을 이루는 방향의 전류 성분을 지칭한다면,

$$\gamma = \Gamma\cos\theta \tag{3}$$

이다. 이것은 전류 분해의 법칙이 속도나 힘 등 다른 벡터들과 같음을 보여준다.

287] 주어진 면이 유면이라는 조건을 결정하기 위해

$$F(x, y, z) = \lambda \tag{4}$$

를 한 족(族)에 속하는 면들의 방정식이라고 하자. 이것들 각각은 λ를 상수로 만듦으로써 주어진다. 그러면

$$\left(\frac{d\lambda}{dx}\right)^2 + \left(\frac{d\lambda}{dy}\right)^2 + \left(\frac{d\lambda}{dz}\right)^2 = \frac{1}{N^2} \tag{5}$$

이라고 놓으면, λ가 증가하는 방향을 향하는 법선의 방향 코사인은

$$l = N\frac{d\lambda}{dx}, \; m = N\frac{d\lambda}{dy}, \; n = N\frac{d\lambda}{dz} \tag{6}$$

이다.

그러므로 γ가 그 면에 수직인 전류 성분이라면

$$\gamma = N\left\{u\frac{d\lambda}{dx} + v\frac{d\lambda}{dy} + w\frac{d\lambda}{dz}\right\} \tag{7}$$

이다.

$\gamma=0$이면, 그 면을 통과하는 전류가 없을 것이고 그 면은 유면(surface of flow)이라고 부른다. 왜냐하면 유선이 그 면 안에 있기 때문이다.

288] 그러므로 유면 방정식은

$$u\frac{d\lambda}{dx} + v\frac{d\lambda}{dy} + w\frac{d\lambda}{dz} = 0 \tag{8}$$

이 된다. 이 방정식이 모든 λ에 대하여 성립한다면, 그 족의 모든 면들

은 유면이 된다.

289] 매개변수가 λ'인 또 다른 족의 면들이 있다고 하자. 그러면 이것들도 유면이라면,

$$u\frac{d\lambda'}{dx} + v\frac{d\lambda'}{dy} + w\frac{d\lambda'}{dz} = 0 \qquad (9)$$

을 얻게 된다.

매개변수가 λ''인 제3족의 유면들이 있다면,

$$u\frac{d\lambda''}{dx} + v\frac{d\lambda''}{dy} + w\frac{d\lambda''}{dz} = 0 \qquad (10)$$

이다.

이 세 방정식들 사이에서 u, v, w를 소거하면,

$$\begin{vmatrix} \dfrac{d\lambda}{dx} & \dfrac{d\lambda}{dy} & \dfrac{d\lambda}{dz} \\[2mm] \dfrac{d\lambda'}{dx} & \dfrac{d\lambda'}{dy} & \dfrac{d\lambda'}{dz} \\[2mm] \dfrac{d\lambda''}{dx} & \dfrac{d\lambda''}{dy} & \dfrac{d\lambda''}{dz} \end{vmatrix} = 0 \qquad (11)$$

즉, $$\lambda'' = \phi(\lambda, \lambda') \qquad (12)$$

을 얻는다. 즉, λ''은 λ와 λ'의 함수이다.

290] 이제 매개변수가 λ, $\lambda + \delta\lambda$와 λ', $\lambda' + \delta\lambda'$인 네 면을 고려하자. 이 네 면은 단면이 사각형인 관을 둘러싼다. 그 관을 $\delta\lambda.\delta\lambda'$이라고 부르자. 이 관은 유선이 통과하지 않는 면으로 둘러싸여 있으므로 그것을 유관이라고 부른다. 그 관을 가로지르는 두 단면을 취하면 한 단면에서 관으로 들어가는 양은 다른 단면에서 관을 떠나는 양과 같아야 한다. 그리고 이 양은 관의 모든 단면에서 같으므로 그것을 $L\delta\lambda.\delta\lambda'$이라고 하자. 여기에서 L은 특정한 관을 결정하는 매개변수 λ와 λ'의 함수이다.[1]

---

1) 맥스웰은 힘의 세기를 설명하기 위해 역선으로 형성된 관 속에서 움직이는 비

291] δS가 x에 수직인 평면에 의한 유관의 단면을 지칭한다면, 독립 변수의 변환 이론에 의해

$$\delta\lambda.\delta\lambda' = \delta S \left(\frac{d\lambda}{dy}\frac{d\lambda'}{dz} - \frac{d\lambda}{dz}\frac{d\lambda'}{dy} \right) \tag{13}$$

이고 전류의 성분의 정의에 의해

$$udS = L\delta\lambda.\delta\lambda' \tag{14}$$

이고 따라서

$$u = L \left(\frac{d\lambda}{dy}\frac{d\lambda'}{dz} - \frac{d\lambda}{dz}\frac{d\lambda'}{dy} \right) \tag{15a}$$

마찬가지로

$$v = L \left(\frac{d\lambda}{dz}\frac{d\lambda'}{dx} - \frac{d\lambda}{dx}\frac{d\lambda'}{dz} \right) \tag{15b}$$

$$w = L \left(\frac{d\lambda}{dx}\frac{d\lambda'}{dy} - \frac{d\lambda}{dy}\frac{d\lambda'}{dx} \right) \tag{15c}$$

이다.

292] 함수 λ나 λ' 중 하나를 알면 항상 다른 것을 결정할 수 있으므로 L은 1과 같을 수 있다. 가령, yz 평면을 취하고 그 위에 y에 평행한 일련의 등거리선을 그려 이 평면에 의한 λ'족의 교차선으로 삼자. 다시 말해서 함수 λ'은 $x=0$일 때, $\lambda'=z$가 되는 조건에 의해 결정된다. 그리고 $L=1$이라고 놓으면 $x=0$일 때,

$$\lambda = \int u dy$$

압축성 유체를 상정했다. 그러나 이 유체는 수학적 관념을 구체적으로 제시하기 위한 것이지 물리적 실재로 상정한 것은 아니었다. 그는 기하학적 도구를 사용함으로써 순수한 해석적인 형식론보다 더 명확하게 현상을 설명할 수 있다고 보았다. 그는 다루는 현상의 수학적 유사성에 의거해 이러한 물리적 유비를 사용하고자 했다. 피터 하만, 『에너지, 힘, 물질: 19세기 물리학』(서울: 성우, 2000), p.124을 보라―옮긴이.

이고 그 평면(x=0)에서 어떤 부분을 통과하는 전기의 양은

$$\iint u\,dy\,dz = \iint d\lambda\,d\lambda' \qquad (16)$$

일 것이다.

yz 평면에 의한 유선의 단면의 본성이 결정되고 그밖의 곳에서 면의 형태는 조건 (8), (9)에 의해 결정된다. 이렇게 결정된 두 함수 와 은 모든 점에서의 전류를 식 (15)에 의해 결정하기에 충분하다. 이때 식 (15)의 L은 1로 놓아야 한다.

유선에 관하여

293] λ의 값의 계열과 λ'의 값의 계열을 선택하고 각 수열의 공차를 1로 놓자. 이 값들로 정의된 두 계열의 면들은 공간을 단면이 사각형인 관의 계로 분할하여 각 관을 통해서 단위 흐름이 있게 한다. 단위가 충분히 작다고 가정함으로써 그 흐름의 세부를 원하는 정도로 미세한 이러한 관들로 표현할 수 있다. 그러면 관들의 계와 만나도록 임의의 면을 그리면, 이 면을 통과하는 흐름의 양은 그것이 만나는 관의 수로 표현된다. 왜냐하면 각 관이 단위 흐름을 운반하기 때문이다.

면들의 실제 교차선은 유선이라고 부른다. 단위가 충분히 작게 선택되면, 한 면과 만나는 유선의 수는 그것과 만나는 유관의 수와 같으므로 유선을 흐름의 방향뿐 아니라 그 세기로 표현해 주는 것으로 생각할 수 있다. 왜냐하면 주어진 단면을 통과하는 각 유선은 단위 흐름에 해당하기 때문이다.

흐름막과 흐름 함수에 관하여

294] 하나의 계, 가령 λ'에 속하는 이웃한 두 유면 사이에 끼어 있는 도체 층은 흐름 막(current-sheet)이라고 부른다. 이 막 안의 유관은 함수 λ에 의해 결정된다. λ_A와 λ_P가 각각 A와 P에서의 λ값을 지칭한다면, A에서 P로 그 막 위에 그려진 임의의 선을 가로질러 오른쪽에서

왼쪽으로 가로지르는 흐름이 $\lambda_P - \lambda_A$이다.[2] AP가 그 막 위에 그려진 곡선의 한 요소 ds라면, 이 요소를 오른쪽에서 왼쪽으로 가로지르는 흐름은

$$\frac{d\lambda}{ds}\, ds$$

이다. 그 막 안의 흐름의 분포를 완전히 결정하는 이 함수 λ를 흐름 함수라고 부른다.

얇은 금속판이나 도체 물질이 공기나 다른 비전도성 매질로 양쪽 측면이 싸여 있다면 이것을 흐름막으로 취급할 수 있고 그 안에서 전류의 분포는 흐름 함수에 의해 표현될 수 있다. 647절을 보라.

'연속' 방정식

295] x, y, z 각각에 대하여 세 방정식 (15)를 미분하고 L이 λ와 λ'의 함수임을 이용하면,

$$\frac{du}{dx} + \frac{dv}{dy} + \frac{dw}{dz} = 0 \tag{17}$$

을 얻는다.

수력학의 해당하는 방정식은 '연속' 방정식이라고 불린다. 그것이 표현하는 연속성은 존재의 연속성으로 재료 물질이 공간의 한 부분을 떠나 다른 곳에 도달할 때 그 사이의 공간을 거치지 않을 수 없다는 사실을 나타낸다. 그것은 단순히 한 장소에서 사라져 다른 곳에 나타낼 수 없고 반드시 연속적인 경로를 따라 움직여야 하므로 한 장소를 포함하고 다른 장소를 배제하는 폐곡면이 그려져 있다면, 한 장소에서 다른 장소로 움직이는 재료 물질은 폐곡면을 통과해야 한다. 수력학에서 그 방정식의 가장 일반적인 형태는

---

[2] {'AP를 가로지르는 흐름'은 면 λ_A, λ_P, λ', $\lambda'+1$에 의해 둘러싸인 유관을 통하는 흐름을 의미한다}—톰슨.

$$\frac{d(\rho u)}{dx} + \frac{d(\rho v)}{dy} + \frac{d(\rho w)}{dz} + \frac{d\rho}{dt} = 0 \qquad (18)$$

이다. 여기에서 ρ는 물질이 차지하는 부피에 대한 물질의 양의 비율을 나타낸다. 이 경우에 그 부피는 부피의 미분 요소이고 (ρ_u), (ρ_v), $(\rho_{u'})$는 각각이 단위 시간 동안 x, y, z의 축에 수직인 면의 면적에 대한 그 면적 요소를 통과하는 물질의 양의 비를 의미한다. 이렇게 이해되는 연속 방정식은 어떠한 재료 물질에도 적용된다. 고체이든 유체이든, 그 운동이 연속적이건 불연속적이건, 그 물질의 부분의 존재가 연속적이기만 하면 적용할 수 있다. 물질이 아니라 하더라도 어떤 것이 시간과 공간에서 연속적인 존재의 조건을 따른다면, 이 방정식은 이 조건을 표현해 줄 것이다. 물리과학의 다른 부문, 가령, 전기량이나 자기량의 이론에서도 유사한 형태의 방정식이 존재한다. 그러한 방정식을 '연속 방정식'이라고 부르는 것은, 이러한 양들에 물질의 특성을 부여하거나 심지어 시간과 공간에서 연속적 존재의 특성을 부여하려는 것이 아니라 방정식의 형태가 닮았기 때문이다.

전류의 경우에 우리가 도달한 방정식 (17)은 (18)에서 $\rho=1$이라고 놓으면 즉, 그 재료가 균질하고 비압축성이라고 가정하면, (18)과 동일해진다. 유체의 경우에도 그 방정식은 수력학의 논저(論著)들에서 주어지는 증명의 방식들 중 어느 것에 의해 세워질 수 있다. 우리는 이 방식들 중 하나에서는 유체가 움직일 때 어떤 유체 요소의 경로와 변형을 추적하고 다른 방식에서는 공간 요소에 관심을 고정하고 그것으로 들어오고 그것으로부터 나오는 모든 것을 고려한다. 이 방법들 중 전자는 전류에 적용될 수 없다. 왜냐하면 우리는 전류가 물체를 통과하는 속도를 알지 못하며, 심지어 전류가 흐름의 양의 방향으로 움직이는지 음의 방향으로 움직이는지도 모르기 때문이다. 우리가 아는 것이라고는 단위 시간 동안에 단위 면적을 가로지르는 양, 즉 방정식 (18)에서 (ρu)에 해당하는 양의 대수값이 전부이다. 우리에게는 인자 ρ 또는 u 중 어느 것의 값을 확인할 수단이 없으므로 우리는 물체를 통과하는 그것의 경로를 따라 전기의 특정 부분을 따라갈 수 없다. 부피 요소의 벽을 통과하는 것을 살피는 다른 탐구의 방법은 전류에 적용될 수 있고 형태상 앞의 방법보다 선호할 만하다. 그러나 그것은 수력학에 관한 다른 논저에 나와 있을 것이므로 여기에서 그것을 반복할 필요는 없겠다.

주어진 면을 통과하는 전기량

296] 곡면의 임의의 점에서 총전류를 Γ 라고 하자. 그 곡면의 요소를 ds 라고 하고 Γ 와 바깥으로 그려진 표면에 대한 법선 사이의 각을 ε 이라 하자. 그러면 그 곡면을 통과하는 전체 전류는

$$\iint \Gamma \cos\varepsilon \, dS$$

이다. 이때 적분은 곡면 위에서 취해진다.

21절에서처럼 이 적분을 임의의 폐곡선에 대하여 다음 형태로 전환할 수 있다.

$$\iint \Gamma \cos\varepsilon \, dS = \iiint \left(\frac{du}{dx} + \frac{dv}{dy} + \frac{dw}{dz} \right) dx \, dy \, dz \tag{19}$$

삼중 적분은 그 곡면이 포함하는 공간에서 취해진다. 이것은 폐곡면으로부터의 총발산량에 대한 식이다. 일정한 전류의 모든 경우에서 이것은 적분의 상·하한이 무엇이든 0이어야 하므로 적분 기호 안의 양이 0이어야 하고 우리는 이런 식으로 연속 방정식 (17)을 얻는다.

제8장 3차원에서 저항과 전도율

전류와 기전력 사이의 가장 일반적인 관계에 관하여

297] 임의의 점에서의 전류 성분을 u, v, w라고 하자.

기전세기의 성분을 X, Y, Z라고 하자.

임의의 점에서 기전세기는 그 점에 놓인 단위 양전기에 미치는 합력이다. 그것은 (1) 정전기 작용에서 생겨날 수 있으며 그 경우에 V가 퍼텐셜이라면,

$$X = -\frac{dV}{dx}, \; Y = -\frac{dV}{dy}, \; Z = -\frac{dV}{dz} \tag{1}$$

이다. 그것은 또한 (2) 전자기 유도에서 생겨날 수 있다. 전자기 유도 법칙은 나중에 살펴볼 것이다. 또는 그것은 (3) 그 점 자체에서 주어진 방향으로 전류를 만들어내는 경향이 있는 열전기나 열화학 작용에서 생겨날 수 있다.

우리는 일반적으로 X, Y, Z은 힘의 기원이 무엇이든 그 점에서의 실제 기전세기의 성분을 나타낸다고 가정할 것이다. 그러나 때때로 우리는 그것이 전적으로 퍼텐셜의 변이에서 기인한다고 가정할 때의 효과를 살펴볼 것이다.

옴의 법칙에 따르면 전류는 기전세기에 비례한다. 그리하여 X, Y, Z는 u, v, w의 일차 함수이어야 한다. 그러므로 저항의 방정식을

$$
\left.\begin{array}{l}
X = R_1 u + Q_3 v + P_2 w \\
Y = P_3 u + R_2 v + Q_1 w \\
Z = Q_2 u + P_1 v + R_3 w
\end{array}\right\} \tag{2}
$$

로 가정할 수 있다.

계수 R를 좌표축 방향의 종(縱)저항 계수라고 부를 것이다.

계수 P와 Q는 횡(橫)저항 계수라고 부를 것이다. 그것들은 한 방향으로 전류를 만들어내는 데 필요한 다른 방향의 기전세기를 가리킨다.

그러면 선형계의 임의의 두 도체의 상반적 특성(281절)으로부터 고체 물체가 선형 도체계로 취급된다고 자유롭게 가정할 수 있다면, y축에 평행한 단위 전류를 만들어내는 데 필요한 z축 방향의 기전력은 z축에 평행한 단위 전류를 만들어내는 데 필요한 y축 방향의 기전력과 같아야 한다. 이것은 $P_1 = Q_1$임을 보여줄 것이고 마찬가지로 $P_2 = Q_2$, $P_3 = Q_3$임을 알게 될 것이다. 이 조건들이 충족된다면, 계수의 계는 대칭적이라고 한다. 그것들이 충족되지 않을 때, 그것은 비대칭계라고 부른다.

모든 실제 경우에 계가 대칭적이라고 믿을 이유는 상당하지만[1] 비대칭계의 가능성을 받아들일 때의 몇 가지 결과를 알아볼 것이다.

298] 양 u, v, w는 전도율 방정식이라고 부를 방정식계

$$
\left.\begin{array}{l}
u = r_1 X + p_3 Y + q_2 Z \\
v = q_3 X + r_2 Y + p_1 Z \\
w = p_2 X + q_1 Y + r_3 Z
\end{array}\right\} \tag{3}
$$

에 의해 X, Y, Z의 선형 함수로 표현될 수 있다. 계수 r를 종전도율 계수라고 부를 것이고 p와 q를 횡전도율 계수라고 부를 것이다.

저항 계수는 전도율 계수의 역수이다. 이 관계를 다음과 같이 정의할

---

1) {303절의 각주를 보라}—톰슨.

수 있다.

[PQR]를 저항 계수의 행렬식이라고 하고 [pqr]를 전도율 계수의 행렬식이라고 하자. 그러면 다음 관계가 성립한다.

$$
\begin{aligned}
[PQR] = {} & P_1 P_2 P_3 + Q_1 Q_2 Q_3 + R_1 R_2 R_3 \\
& - P_1 Q_1 R_1 - P_2 Q_2 R_2 - P_3 Q_3 R_3
\end{aligned}
\tag{4}
$$

$$
[pqr] = p_1 p_2 p_3 + q_1 q_2 q_3 + r_1 r_2 r_3 - p_1 q_1 r_1 - p_2 q_2 r_2 - p_3 q_3 r_3 \tag{5}
$$

$$
[PQR][pqr] = 1 \tag{6}
$$

$$
[PQR]p_1 = (P_2 P_3 - Q_1 R_1), \ [pqr]P_1 = (p_2 p_3 - q_1 r_1) \tag{7}
$$

다른 방정식들은 기호 P, Q, R, p, q, r와 첨자 1, 2, 3을 순환의 순으로 변경시킴으로써 만들 수 있다.

열 발생률

299] 저항을 극복하느라고 열을 내면서 단위 시간 동안 전류가 하는 일을 알아내기 위해, 전류의 성분과 기전세기의 해당하는 성분을 곱한다. 그리하여 단위 시간 동안에 소모되는 일의 양, W를 위한 다음 식을 얻는다.

$$
W = Xu + Yv + Zw \tag{8}
$$

$$
\begin{aligned}
= {} & R_1 u^2 + R_2 v^2 + R_3 w^2 + (P_1 + Q_1) vw \\
& + (P_2 + Q_2) wu + (P_3 + Q_3) uv
\end{aligned}
\tag{9}
$$

$$
\begin{aligned}
= {} & r_1 X^2 + r_2 Y^2 + r_3 Z^2 + (p_1 + q_1) YZ \\
& + (p_2 + q_2) ZX + (p_3 + q_3) XY
\end{aligned}
\tag{10}
$$

축의 적당한 선택에 의해 (9)에서 u, v, w의 곱을 포함하는 항을 없앨 수 있다. 그렇지 않으면 (10)에서 X, Y, Z의 곱을 포함하는 항을 없앨 수 있다. 그러나 W를

$$R_1 u^2 + R_2 v^2 + R_3 w^2$$

의 형태로 변형시키는 좌표계는 일반적으로 그것을

$$r_1 X^2 + r_2 Y^2 + r_3 Z^2$$

의 형태로 변형시키는 좌표계와 같지 않다.

두 좌표계가 일치하는 것은 단지 계수 P_1, P_2, P_3가 각각 Q_1, Q_2, Q_3와 같을 때뿐이다.

톰슨과 마찬가지로[2] 우리는

$$\left. \begin{array}{ll} P = S + T, & Q = S - T \\ p = s + t, & q = s - t \end{array} \right\} \tag{11}$$

라고 쓰고

$$\left. \begin{aligned} [PQR] = R_1 R_2 R_3 + 2 S_1 S_2 S_3 - S_1^2 R_1 - S_2^2 R_2 - S_3^2 R_3 \\ + 2 (S_1 T_2 T_3 + S_2 T_3 T_1 + S_3 T_1 T_2) + R_1 T_1^2 + R_2 T_2^2 + R_3 T_3^2 \end{aligned} \right\} \tag{12}$$

$$\left. \begin{aligned} [PQR] r_1 &= R_2 R_3 - S_1^2 + T_1^2 \\ [PQR] s_1 &= T_2 T_3 + S_2 S_3 - R_1 S_1 \\ [PQR] t_1 &= R_1 T_1 + S_2 T_3 + S_3 T_2 \end{aligned} \right\} \tag{13}$$

을 얻는다.

그러므로 S_1, S_2, S_3를 0으로 놓으면, 계수 T가 0이 되지 않을 경우에는 계수 s가 0이 되지는 않는다.

---

2) *Trans. R.S. Edin.*, 1853~54, p.165.

안정 조건

300] 전기 평형은 안정하므로 전류를 유지하는 데 소모되는 일은 항상 양수이어야 한다. W가 양수이기 위해서는 세 계수 R_1, R_2, R_3과 세 식

$$\left.\begin{array}{c} 4R_2 R_3 - (P_1 + Q_1)^2 \\ 4R_3 R_1 - (P_2 + Q_2)^2 \\ 4R_1 R_2 - (P_3 + Q_3)^2 \end{array}\right\} \tag{14}$$

가 모두 양수이어야 한다.

전도율 계수에 대해서도 유사한 조건이 존재한다.

균일한 매질에서의 연속 방정식

301] 기전력의 성분을 퍼텐셜 V의 도함수로 표현한다면, 연속 방정식

$$\frac{du}{dx} + \frac{dv}{dy} + \frac{dw}{dz} = 0 \tag{15}$$

은 균일한 매질에서

$$r_1 \frac{d^2 V}{dx^2} + r_2 \frac{d^2 V}{dy^2} + r_3 \frac{d^2 V}{dz^2} + 2s_1 \frac{d^2 V}{dydz}$$
$$+ 2s_2 \frac{d^2 V}{dzdx} + 2s_3 \frac{d^2 V}{dxdy} = 0 \tag{16}$$

이 된다.

그 매질이 균일하지 않다면, 하나의 점에서 다른 점으로 옮겨갈 때 전도율 계수의 변이로부터 생기는 항들이 있을 것이다.

이 방정식은 비등방성 매질에서 라플라스 방정식에 해당한다.

302] 만약

$$[rs] = r_1 r_2 r_3 + 2s_1 s_2 s_3 - r_1 s_1^2 - r_2 s_2^2 - r_3 s_3^2 \tag{17}$$

$$[AB] = A_1 A_2 A_3 + 2B_1 B_2 B_3 - A_1 B_1^2 - A_2 B_2^2 - A_3 B_3^2 \tag{18}$$

이라고 놓을 때

$$[rs]A_1 = r_2 r_3 - s_1^2 \\ [rs]B_1 = s_2 s_3 - r_1 s_1 \\ \text{.....................} \Biggr\} \quad (19)$$

이라면, 계 AB는 계 rs의 역수[3]가 될 것이고

$$A_1 x^2 + A_2 y^2 + A_3 z^2 + 2B_1 yz + 2B_2 zx + 2B_3 xy = [AB]\rho^2 \quad (20)$$

이라고 놓으면,

$$V = \frac{C}{4\pi} \frac{1}{\rho} \quad (21)$$

이 그 방정식의 해가 됨을 알게 될 것이다.[4]

계수 T가 0인 경우에 계수 A와 B는 299절의 계수 R와 S와 동일해진

---

3) 원문의 잘못을 수정했다―옮긴이.

4) {변환

$$x = aX + bY + eZ \\ y = a'X + b'Y + e'Z \quad (1) \\ z = amX + bmY + emZ$$

에 의해 (16)의 좌변이

$$\frac{d^2 V}{dX^2} + \frac{d^2 V}{dY^2} + \frac{d^2 V}{dZ^2} \quad (2)$$

가 된다고 가정하자.

이것이 성립하기 위해서는

$$r_1 \xi^2 + r_2 \eta^2 + r_3 \zeta^2 + 2s_1 \eta\zeta + \dots$$

이 우리가 U라고 부를

$$(a\xi + a'\eta + a''\zeta)^2 + (b\xi = b'\eta + b''\zeta)^2 + (c\xi + c'\eta + c''\zeta)^2$$

와 같아야 한다는 것을 알 수 있다.

등식들

$$x = \frac{1}{2}\frac{dU}{d\xi}, \ y = \frac{1}{2}\frac{dU}{d\eta}, \ z = \frac{1}{2}\frac{dU}{d\zeta}$$

즉,

다. T가 존재할 때 이것은 성립하지 않는다.

그러므로 무한하고, 균일하지만, 비등방성인 매질 안의 한 중심으로부터 흘러나오는 전기의 경우에 등퍼텐셜면은 타원체이다. 이때 각 타원체에 대하여 ρ는 상수이다. 이 타원체의 축들은 전도율의 주축들의 방향을 향하고 계가 대칭이 아니라면 이것들은 저항의 주축들과 일치하지 않는다.

방정식 (16)의 변환에 의해 전도율의 주축을 x, y, z축으로 삼을 수 있다. 그러면 s와 B 형태의 계수들은 0이 되고 A 형태의 계수 각각은 r 형태의 해당하는 계수의 역수가 될 것이다. ρ에 대한 식은

$$\frac{x^2}{r_1} + \frac{y^2}{r_2} + \frac{z^2}{r_3} = \frac{\rho^2}{r_1 r_2 r_3} \tag{22}$$

가 될 것이다.

303] 저항 방정식과 전도율 방정식의 완전한 계의 이론은 세 변수의

$$\left.\begin{array}{l} x = a(a\xi + a'\eta + a''\zeta) + b(b\xi + b'\eta + b''\zeta) + c(c\xi + c'\eta + c''\zeta) \\ y = a'(a\xi + a'\eta + a''\zeta) + b'(b\xi + b'\eta + b''\zeta) + c'(c\xi + c'\eta + c''\zeta) \\ z = a''(a\xi + a'\eta + a''\zeta) + b''(b\xi + b'\eta + b''\zeta) + c''(c\xi + c'\eta + c''\zeta) \end{array}\right\} \tag{3}$$

에 의해 ξ, η, ζ를 소거하면, 계 AB가 계 rs의 역수이므로

$$U = A_1 x^2 + A_2 y^2 + A_3 z^2 + 2B_1 yz + \dots$$

를 얻는다.

그러나 식 (1)과 (2)로부터

$$X = a\xi + a'\eta + a''\zeta$$
$$Y = b\xi + b'\eta + b''\zeta$$
$$Z = c\xi + c'\eta + c''\zeta$$

이고 따라서

$$U = X^2 + Y^2 + Z^2$$

임을 알 수 있다.

그러나 (2)에 의해 $V = \dfrac{1}{\sqrt{X^2 + Y^2 + Z^2}}$은 이 미분방정식을 충족시킨다. 따라서 $\dfrac{1}{\sqrt{U}}$이 그 미분방정식을 충족시켜야 한다―톰슨.

선형 함수의 이론이고 그것은 응력변형 이론과 다른 물리 분야에서 예시된다.[5] 그것을 취급하는 가장 편리한 방법은 해밀턴과 타이트가 벡터의 선형 함수와 벡터 함수를 다룬 방법이다. 그러나 우리는 일부러 사원수 표시법을 도입하지 않겠다.

계수 T_1, T_2, T_3는 벡터 T의 직교 성분으로 간주할 수 있다. T의 절대 크기와 방향은 물체에 고정되어 있고 기준축의 방향에 무관하다. 동일한 조건이 또 다른 벡터인 t의 성분들인 t_1, t_2, t_3에 대해서도 충족된다.

벡터 T와 t는 일반적으로 방향이 일치하지 않는다.

이제 벡터 T와 일치하도록 z축을 택하고 그에 따라 저항 방정식을 변환한다. 그러면 그것들은

$$\left. \begin{aligned} X &= R_1 u + S_3 v + S_2 w - Tv \\ Y &= S_3 u + R_2 v + S_1 w + Tu \\ Z &= S_2 u + S_1 v + R_3 w \end{aligned} \right\} \tag{23}$$

의 형태를 갖게 될 것이다.

이 방정식들로부터 기전력을 두 힘의 합력으로 생각할 수 있다. 그중 하나는 R와 S의 계수에만 의존하고 다른 하나는 T에만 의존한다. R와 S에 의존하는 부분은 타원체의 접평면의 법선이 반지름 벡터에 관계되는 동일한 방식으로 전류에 관계된다. T에 의존하는 다른 부분은 T와 T의 축에 수직인 전류의 성분과의 곱과 같다. 또한 그것의 방향은 T에 수직이고 전류에 수직이며 T 주위의 양의 방향으로 $90°$ 돌리면 T에 수직인 전류의 성분이 그 방향에 놓이게 된다.

전류와 T를 벡터로 생각한다면, T 때문에 생기는 기전세기 부분은 $T \times$ 전류의 벡터 부분이다.

계수 T는 회전 계수라고 부른다. 그것이 어떠한 알려진 물질 속에도 존재하지 않는다고 믿는 것이 타당하다. 만약 어딘가에 존재한다면, 아

---

5) Thomson and Tait, *Natural Philosophy*, §154를 보라.

마도 한 방향의 극성을 가진 자석에서 발견되어야 할 것이다. 그러한 극성이 물질 속의 회전 현상에서 생기는 것일지도 모르기 때문이다.[6]

304] 그러면 회전 계수가 없다고 가정하고서 우리는 100a-100c 절에서 주어진 톰슨의 정리가 어떻게 주어진 시간 동안 계 안의 전류에 의해 발생하는 열이 유일한 최솟값임을 증명하기 위해 확장될 수 있는지 보일 것이다.

대수적 작업을 단순화시키기 위해 식 (9)를—이 경우에는 식 (10)도—세 항으로 줄일 수 있도록 좌표축을 선택하자. 다음과 같이 단순화되는 일반 특성 방정식 (16)을 고려해 보자.

$$r_1 \frac{d^2 V}{dx^2} + r_2 \frac{d^2 V}{dy^2} + r_3 \frac{d^2 V}{dz^2} = 0 \tag{24}$$

또한 a, b, c를 조건

$$\frac{da}{dx} + \frac{db}{dy} + \frac{dc}{dz} = 0 \tag{25}$$

을 만족시키는 x, y, z의 세 함수라고 하자. 그리고

$$\left. \begin{aligned} a &= -r_1 \frac{dV}{dx} + u \\ b &= -r_2 \frac{dV}{dy} + v \\ c &= -r_3 \frac{dV}{dz} + w \end{aligned} \right\} \tag{26}$$

라고 놓는다.

마침내 삼중적분

$$W = \iiint (R_1 a^2 + R_2 b^2 + R_3 c^2) \, dx \, dy \, dz \tag{27}$$

가 100a 절의 제시된 것과 같은 경계 지워진 공간에 걸쳐 취해진다. 즉,

---

6) {홀(Hall)이 영구 전류에 대한 자기 작용을 발견한 것은(*Phil. Mag.* 9, p.225; 10, p.301, 1880) 자기장에 놓인 도체가 회전 계수를 갖는다고 말함으로써 기술될 수 있다. Hopkins, *Phil. Mag.* 10, p.430, 1880을 보라}—톰슨.

어떤 부분에 걸쳐서 V는 상수이고, 그렇지 않으면 벡터 a, b, c의 수직 성분이 주어지며 앞의 조건은 전체 경계면에 걸쳐서 이루어지는 이 성분의 적분이 0이어야 한다는 추가적인 제한 조건과 함께 제시된다. 그러면 W는

$$u=0, \; v=0, \; w=0$$

일 때 최솟값이 될 것이다.

왜냐하면 이 경우에

$$r_1 R_1 = 1, \quad r_2 R_2 = 1, \quad r_3 R_3 = 1$$

이고 (26)에 의해

$$
W = \iiint \left(r_1 \left| \frac{\overline{dV}}{dx} \right|^2 + r_2 \left| \frac{\overline{dV}}{dy} \right|^2 + r_3 \left| \frac{\overline{dV}}{dz} \right|^2 \right) dxdydz
$$
$$
+ \iiint (R_1 u^2 + R_2 v^2 + R_3 w^2) \, dxdydz
$$
$$
- 2 \iiint \left(u \frac{dV}{dx} + v \frac{dV}{dy} + w \frac{dV}{dz} \right) dxdydz \tag{28}
$$

이지만

$$\frac{du}{dx} + \frac{dv}{dy} + \frac{dw}{dz} = 0 \tag{29}$$

이므로 세 번째 항은 상·하한에서의 조건에 의해 0이 되고 이로써 (28)의 첫 번째 항은 W의 유일한 최솟값이 되기 때문이다.

305] 이 명제는 전기 이론에서 매우 중요하므로, 가장 일반적인 경우에 대한 다음 증명을 해석적 연산 없이 제시하는 것이 유용할 것이다.

균질하건 불균질하건 임의의 형태의 도체를 통한 전기의 전달을 고려하자.

그러면 우리는 다음 사실들을 알고 있다.

(1) 이 경로를 따라 전류의 방향으로 선을 그리면, 그 선은 높은 퍼텐

셜의 장소들로부터 낮은 퍼텐셜의 장소로 진행해야 한다.

(2) 계의 모든 점에서의 퍼텐셜이 주어진 일정한 비율로 변하면, 전류는 옴의 법칙에 따라 같은 비율로 변할 것이다.

(3) 어떤 퍼텐셜의 분포가 어떤 전류 분포를 유발하고 두 번째 퍼텐셜 분포가 두 번째 전류 분포를 유발한다면, 퍼텐셜이 첫 번째와 두 번째 퍼텐셜의 합이나 차에 해당하는 세 번째 분포는, 주어진 유한한 면을 통과하는 전체 전류가 첫 번째와 두 번째 경우에 그것을 통과하는 전류의 합이나 차가 되는 그런 분포가 될 것이다. 왜냐하면 옴의 법칙에 의해 퍼텐셜의 변화 때문에 생기는 추가적인 전류는 퍼텐셜의 원래의 분포 때문에 생기는 원래의 전류와는 무관하기 때문이다.

(4) 퍼텐셜이 폐곡면의 전체에서 일정하고 그 안에 전극이나 내부 기전력이 존재하지 않는다면, 그 폐곡면 안에는 전류가 없을 것이고 그 안의 임의의 점에서의 퍼텐셜은 표면의 퍼텐셜과 같을 것이다.

폐곡면 안에 전류가 있다면, 그것은 폐곡선을 이루거나 그 폐곡면 안에서나 표면에서 시작되고 끝나야 한다.

그러나 전류가 높은 퍼텐셜의 장소에서 낮은 퍼텐셜의 장소로 지나가야 한다면, 그것은 폐곡선에서 흐를 수 없다.

그 곡면 안에는 전극이 없으므로 전류가 폐곡면 안에서 시작되거나 끝날 수 없으며, 폐곡면의 모든 점에서 퍼텐셜이 동일하므로 곡면의 한 점에서 다른 점으로 진행하는 선을 따라 전류가 흐를 수 없다.

이와 같이 이 폐곡면 안에는 전류가 없으므로 퍼텐셜의 차이가 있을 수 없다. 그러한 차이는 전류를 만들어낼 것이므로 폐곡면 안의 퍼텐셜은 표면에서처럼 모든 곳에서 동일하다.

(5) 폐곡면의 임의의 부분을 통과하는 전류가 없고 그 곡면 안에 전극이나 내적 기전력이 없다면, 그 곡면 안에 전류가 없고 퍼텐셜은 일정할 것이다.

우리는 전류가 폐곡선을 형성할 수 없고, 폐곡면 안에서 시작되고 끝날 수 없음을 알았고 가설에 의해 전류가 곡면을 통과하지 않으므로, 폐곡면 안에는 전류가 있을 수 없고 퍼텐셜은 상수이다.

(6) 퍼텐셜이 폐곡면의 한 부분에서 균일하고 그 면의 나머지 부분에서는 전류가 없다면, 그 면 안의 퍼텐셜은 같은 이유 때문에 균일할 것이다.

(7) 한 물체의 표면의 일부분 위의 모든 점의 퍼텐셜을 알 수 있고 그 물체의 표면의 나머지 부분 위의 각 점에서 표면 위로 흐르는 전류를 알 수 있다면, 그 물체 안의 점들의 퍼텐셜 분포는 단 하나만이 존재할 수 있다.

이것을 증명해 보자. 그 물체 안에 있는 임의의 점의 퍼텐셜이 서로 다른 두 개의 값을 갖는다면, 첫 번째 경우의 것을 V_1, 두 번째 경우의 것을 V_2라고 하자. 그 물체의 모든 점의 퍼텐셜이, 첫 번째 퍼텐셜에서 두 번째 퍼텐셜을 뺀 값에 해당하는 세 번째 경우를 상상해보자. 퍼텐셜이 알려진 표면의 부분 위에서, 세 번째 경우의 퍼텐셜은 0이 되고 전류가 알려진 면의 부분 위에서 세 번째 경우의 전류는 0이 될 것이다. 그래서 (6)에 의해 그 면 안의 모든 곳에서 퍼텐셜은 0이다. 즉, V_1이 V_2보다 크지도 않고 작지도 않다. 그러므로 가능한 퍼텐셜 분포는 유일하게 존재한다. 이 명제는 고체가 하나의 폐곡선으로 둘러싸이건, 여러 개의 폐곡선으로 둘러싸이건 성립한다.

주어진 형태의 도체 저항의 근사적 계산에 관하여

306] 여기에서 고려되는 도체는 세 부분으로 나누어진 표면을 갖는다. 이 부분 중 하나에 걸쳐서 퍼텐셜은 일정한 값으로 유지된다. 두 번째 부분에 걸친 퍼텐셜은 첫 번째와 다른 상수를 갖는다. 표면의 나머지 부분은 전기를 통과시키지 않는다. 완전한 전도성 재료로 된 두 전극을 그 도체에 접촉시킴으로써 첫 번째 부분과 두 번째 부분의 조건이 충족되고 그 표면의 나머지를 완전한 비전도성 재료로 둘러쌈으로써 세 번째 부분의 조건도 충족된다고 가정할 수 있다.

이러한 상황하에서 도체의 모든 부분의 전류는 전극의 퍼텐셜의 차이에 비례한다. 이 차이를 기전력이라고 부르며 한 전극에서 다른 전극으로의 전체 전류는 기전력과 도체의 전도율 전체의 곱이고 도체의 저항은 전도율의 역수이다.

도체가 전체적으로 일정한 저항이나 전도율을 갖는다고 말할 수 있는 상황은 도체가 거의 위에서 정의된 상태에 있을 때뿐이다. 큰 구리 덩어리를 양끝에 달아맨 가는 도선으로 이루어진 저항 코일은 근사적으로 이 조건을 충족시킨다. 왜냐하면 큼직한 전극들에서 퍼텐셜은 거의 일정하고, 같은 전극의 다른 점에서의 퍼텐셜 차이는 두 전극의 퍼텐셜 차이와 비교하여 무시할 만하기 때문이다.

그러한 저항을 계산하는 매우 유용한 방법은, 내가 아는 한 레일리가 그의 논문「공명 이론에 관하여」(On the Theory of Resonance)[7]에서 최초로 제시했다. 그것은 다음과 같은 생각에 기초한다.

도체의 임의의 부분의 비저항이 변하고 나머지가 불변이라면, 그 부분의 비저항이 증가하면 전체 도체의 저항은 증가하고 그 부분의 비저항이 감소하면 전체 도체의 저항은 감소한다.

이 원리는 자명한 것으로 간주할 수 있지만 전극으로 선택된 두 점 사이의 도체계의 저항의 표현값이 그 계의 각 구성 요소의 저항이 증가할 때 함께 증가한다는 것에서 쉽게 증명된다.

이것으로부터 다음 사실이 유도된다. 어떤 형태의 곡면이 도체 물질 안에 그려져 있고 이 면이 완전한 도체 물질로 된 무한히 얇은 판이라고 가정하면, 그 면이 도체의 자연 상태에서의 등퍼텐셜면 중 하나가 아니라면 도체 전체의 저항은 줄어든다. 만약 그 면이 자연 상태의 등퍼텐셜면이면, 그것은 이미 전기 평형에 있으므로 그것을 완전한 도체로 만들 때 아무런 효과도 나타나지 않는다.

그러므로 일련의 곡면을 도체 안에 그렸을 때 첫 번째 곡면이 첫 번째 전극과 일치하고, 마지막 곡면이 두 번째 전극과 일치하고, 중간의 곡면

---

7) *Phil. Trans.*, 1871, p.77, 102a절을 보라.

들은 비전도성 표면으로 둘러싸여 있고 서로 교차하지 않는다면, 이 각각의 곡면들이 완전한 전도성 물질의 무한히 얇은 판이라고 가정할 때, 원래의 도체의 저항보다 틀림없이 크지 않은 저항을 가진 계를 얻게 될 것이다. 다만 선택된 곡면들이 자연적인 등퍼텐셜면들과 일치할 때만 원래의 저항과 같은 저항을 가진 계를 얻게 될 것이다.

인위적 계의 저항을 계산하는 것은 원래의 문제보다 훨씬 덜 어려운 연산이다. 왜냐하면 전체 저항은 이웃하는 곡면들 사이에 낀 모든 층의 저항의 합이고 각 층의 저항은 다음과 같이 알아낼 수 있기 때문이다.

층의 곡면 요소를 dS라고 하고, 그 요소에 수직인 층의 두께를 v, 비저항을 ρ, 완전한 도체면들의 퍼텐셜 차이를 E, dS를 통과하는 전류를 dC라고 하면,

$$dC = E \frac{1}{\rho v} dS \tag{1}$$

이고 층을 통과하는 전체 전류는

$$C = E \iint \frac{1}{\rho v} dS \tag{2}$$

이다. 이때 적분은 도체의 비전도성 표면으로 둘러싸인 전체 층에 걸쳐 취한다.

그리하여 층의 전도율은

$$\frac{C}{E} = \iint \frac{1}{\rho v} dS \tag{3}$$

이고 층의 저항은 이 양의 역수이다.

이 층이 함수 F가 각각 F와 $F+dF$의 값을 갖는 두 곡면에 의해 경계 지워지는 층이라면,

$$\frac{dF}{v} = \nabla F = [(\frac{dF}{dx})^2 + (\frac{dF}{dy})^2 + (\frac{dF}{dz})^2]^{\frac{1}{2}} \tag{4}$$

이고 그 층의 저항은

$$\frac{dF}{\iint \frac{1}{\rho} \nabla F dS} \tag{5}$$

이다.

인위적 도체 전체의 저항을 알기 위해서 F에 대하여 적분하기만 하면된다. 즉,

$$R_1 = \int \frac{dF}{\iint \frac{1}{\rho} \nabla F dS} \tag{6}$$

이다.

선택된 곡면 모두가 자연적인 등퍼텐셜면이 아니라면, 자연 상태에있는 도체의 저항 R는 이렇게 얻어진 값보다 크다. 또한 R의 실제 값은이렇게 얻을 수 있는 R_1의 값의 최대값이므로, 선택된 곡면들이 진짜등퍼텐셜면으로부터 약간만 벗어나 있다면 비교적 작은 R의 오차만 생길 것이다.

저항값의 하한을 결정하는 이 방법은 분명히 완전하게 일반적이어서어떤 형태의 도체에도 적용될 수 있다. 심지어 이 방법은 비저항 ρ가 도체 안에서 어떤 방식으로 변할 때조차 적용된다.

가장 익숙한 예가 변하는 단면을 가진 직선 도선의 저항을 결정하는일반적인 문제이다. 이 경우에 선택된 면들은 도선의 축에 수직인 평면들이고, 그 사이의 층들은 평행한 면들을 갖는다. 단면적이 S이고 두께가 dS인 층의 저항은

$$dR_1 = \frac{\rho ds}{S} \tag{7}$$

이고 길이 s의 전체 도선의 저항은

$$R_1 = \int \frac{\rho ds}{S} \tag{8}$$

이다. 여기에서 S는 횡단면이며 s의 함수이다.

길이에 따라 천천히 변하는 단면을 갖는 도선의 경우에 이 방법은 실제값에 매우 가까운 결과를 내지만 실제로 그것은 단지 하한값일 뿐이다. 단면이 완전히 균일한 경우를 제외하면 실제 저항은 항상 이 값보다 크다.

307] 저항의 상한값을 알기 위해, 도체에 그려진 하나의 곡면이 전기에 대해 불침투성이라고 가정하자. 그 곡면이 자연적인 유면이 아니라면 이 곡면의 효과는 도체의 저항을 증가시키는 것이어야 한다. 두 계(系, system)의 곡면들에 의해 흐름을 완전히 제어할 한 무리의 관들을 만들 수 있고 이 비침투성 곡면들의 계가 효과가 있다면 그 효과는 그 자연적 값 이상으로 저항을 증가시키는 것이다.

각각의 관들의 저항은 미세한 도선을 위해 이미 주어진 방법에 의해 계산할 수 있다. 그리고 전체 도체의 저항은 모든 관들의 저항의 역수의 합의 역수이다. 그렇게 얻어진 저항은, 관들이 자연적인 유선을 따라 펼쳐져 있을 때를 제외하면, 자연적 저항보다 크다.

도체가 길쭉한 회전체의 형태를 하고 있는, 이미 고려한 경우에서 x의 값을 그 축을 따라 재고 임의의 점에서의 단면의 반지름을 b라고 하자. 한 무리의 불침투성면이 ϕ가 상수인 축을 지나는 평면들이라고 하고 다른 무리는

$$y^2 = \psi b^2 \tag{9}$$

을 만족시키는 회전면들이라고 하자. 여기에서 ψ는 0과 1 사이의 수량이다.

면들 ϕ와 $\phi + d\phi$, ψ와 $\psi + d\psi$, x와 $x+dx$로 둘러싸인 관 중 하나의 부분을 고려하자.

축에 수직으로 취해진 관의 단면은

$$y\,dy\,d\phi = \frac{1}{2} b^2\, d\psi\, d\phi \tag{10}$$

이고 만약 θ가 축과 관이 이루는 각이라면

$$\tan\theta = \psi^{\frac{1}{2}}\frac{db}{dx} \tag{11}$$

이다.

관의 요소의 진짜 길이는 $dx\,\sec\theta$이고 그것의 진짜 단면적은

$$\frac{1}{2}\,b^2 d\psi\, d\phi \cos\theta$$

이다. 그래서 그 저항은

$$2\rho\,\frac{dx}{b^2\,d\psi\,d\phi}\sec^2\theta = 2\rho\,\frac{dx}{b^2\,d\psi\,d\phi}\left(1+\psi\left|\overline{\frac{db}{dx}}\right|^2\right) \tag{12}$$

이다.

$$A = \int\frac{\rho}{b^2}\,dx, \quad B = \int\frac{\rho}{b^2}\left(\frac{db}{dx}\right)^2 dx \tag{13}$$

라고 놓자. 이때 적분은 도체의 전체 길이 x에 대해서 이루어진다. 그러면 관 $d\psi\,d\theta$의 저항은

$$\frac{2}{d\psi\,d\phi}(A + \psi B)$$

이고 그 전도율은

$$\frac{d\psi\,d\phi}{2(A + \psi B)}$$

이다.

전체 도체의 전도율은 분리된 관의 전도율의 합이므로, 그것을 구하려면 이 식을 $\phi=0$와 $\phi=2\pi$ 사이와 $\psi=0$와 $\psi=1$ 사이에서 적분해야 한다. 그 결과는

$$\frac{1}{R'} = \frac{\pi}{B}\log_e\left(1 + \frac{B}{A}\right) \tag{14}$$

이다. 그것은 도체의 진짜 전도율보다 더 작을 수도 있지만 클 수는 없다. $\frac{db}{dx}$는 항상 작은 양일 때, 양 $\frac{B}{A}$도 작고 이 식을 전도율을 얻기 위

해 다음과 같이 전개할 수 있다.

$$\frac{1}{R'} = \frac{\pi}{A}\left(1 - \frac{1}{2}\frac{B}{A} + \frac{1}{3}\frac{B^2}{A^2} - \frac{1}{4}\frac{B^3}{A^3} + \dots\right) \tag{15}$$

이 식의 첫 번째 항 $\frac{\pi}{A}$ 는 앞의 방법에 의해 전도율의 상한으로 찾았어야 하는 값이다. 그러므로 실제 전도율은 첫 번째 항보다 작지만 전체 급수보다는 크다. 저항의 상한값은 이것의 역수, 즉

$$R' = \frac{A}{\pi}\left(1 + \frac{1}{2}\frac{B}{A} - \frac{1}{12}\frac{B^2}{A^2} + \frac{1}{24}\frac{B^3}{A^3} - \dots\right) \tag{16}$$

이다.

만약 흐름이 면 ϕ 와 ψ 에 의해 인도된다고 가정하는 것 외에 각 관을 통한 흐름이 $d\psi\,d\phi$ 에 비례한다고 가정했다면, 이 추가적인 속박하에서 우리는 저항값으로

$$R'' = \frac{1}{\pi}\left(A + \frac{1}{2}B\right) [8] \tag{17}$$

를 얻었을 것이다. 이것은 레일리의 논문에서 설정된 가정이고 거기에서 주어진 저항의 상한은 값 (17)이다. 그것은 우리가 (16)에서 얻은 것보다 약간 더 크다.

308] 이제 같은 방법을 원통형 도체의 길이에 적용되어야 할 보정치를 찾아내는 데 적용할 것이다. 이때 원통형 도체는 반지름이 a 이고 끝이 상이한 금속으로 된 무거운 전극과 금속으로 연결되어 있다.

저항의 하한을 얻기 위해서는 완전한 전도성 물질로 된 무한히 얇은 디스크가 원통의 끝과 무거운 전극 사이에 놓여 있어 원통의 끝 모든 곳이 유일하고 동일한 퍼텐셜이 되도록 한다고 가정할 것이다. 그러면 원통 안의 퍼텐셜은 오직 그것의 길이의 함수이고 원통이 전극과 만나는 곳에서 전극의 표면은 근사적으로 평면이고 원통의 지름에 비해 전극의 모든 치수가 크다고 가정하면, 퍼텐셜의 분포는 무한 매질에 놓인 디스

---

[8] Lord Rayleigh, *Theory of Sound*, ii, p.171.

크 형태의 도체 때문에 생기는 퍼텐셜이 될 것이다. 151, 177절을 보라.

E는 전극의 먼 부분의 퍼텐셜과 디스크의 퍼텐셜의 차이이고 C는 디스크의 표면에서 전극으로 흐르는 전류이고 ρ'은 전극의 비저항이라고 하고 Q는 151절에서처럼 분포되어 있다고 가정되는 디스크 위의 전기의 양이라면, 디스크 위에서 기전세기의 적분값은

$$\rho'C = \frac{1}{2} \cdot 4\pi Q = 2\pi \frac{aE}{\frac{\pi}{2}} \quad \text{(151절에 의해)}$$
$$= 4aE \tag{18}$$

가 된다.

따라서 주어진 점에서 전극까지의 도선의 길이가 L이고 도선의 비저항이 ρ라면, 그 점에서 연결부에 가깝지 않은 전극의 임의의 점까지의 저항은

$$R = \rho \frac{L}{\pi a^2} + \frac{\rho'}{4a}$$

이고 이것은 다음과 같이 쓸 수 있다.

$$R = \frac{\rho}{\pi a^2}\left(L + \frac{\rho'}{\rho}\frac{\pi a}{4}\right) \tag{19}$$

여기에서 괄호 안의 두 번째 항은 저항을 계산 중인 원통 또는 도선의 길이에 더해져야 하는 양이고 이것은 확실히 너무 작은 수정치이다.

두드러지는 오차의 본성을 이해하기 위해 우리는 디스크까지의 도선 안의 흐름이 그 단면의 모든 곳에서 균일하다고 가정했지만 디스크에서 전극까지의 흐름은 균일하지 않고 임의의 점에서 그 점을 지나는 최소의 호에 반비례한다는 것을 생각할 수 있다. 실제적인 경우에서 디스크를 통과하는 흐름은 균일하지 않지만 여기에서 가정한 경우처럼 점마다 매우 크게 달라지지는 않을 것이다. 실제 경우에 디스크의 퍼텐셜은 균일하지 않고 중간에서 변두리로 가면서 줄어들 것이다.

309] 다음으로 디스크를 통과하는 흐름이 모든 점에서 균일하다고

제한함으로써 실제 저항보다 큰 양을 결정하겠다. 이 목적에서 도입된 기전력이 디스크의 표면에 수직으로 작용한다고 가정할 수 있다.

도선 안의 저항은 전과 같을 것이지만 전극에서 열의 발생률은 흐름과 퍼텐셜의 곱의 면적분이 될 것이다. 임의의 점에서 흐름률은 $\dfrac{C}{\pi a^2}$이고 퍼텐셜은 면밀도가 σ인 전기화된 면의 퍼텐셜과 같을 것이다. 여기에서

$$2\pi\sigma = \frac{C\rho'}{\pi a^2} \tag{20}$$

이고 ρ'은 비저항이다.

그러므로 균일한 면밀도 σ를 갖는 디스크의 전기화의 퍼텐셜 에너지를 결정해야 한다.

균일한[9] 면밀도 σ의 변두리에서의 퍼텐셜은 $4a\sigma$임을 쉽게 알 수 있다. 디스크의 둘레에 폭 da의 띠를 첨가할 때 하는 일은 $2\pi a\sigma da \cdot 4a\sigma$이고 디스크의 전체 퍼텐셜 에너지는 이것의 적분, 즉

$$P = \frac{8\pi}{3}a^3\sigma^2 \tag{21}$$

이다.

전기 전도의 경우, 저항이 R'인 전극에서 하는 일의 율은 C^2R'이다.[10] 그러나 전도의 일반 방정식에서 단위 면적당 디스크를 가로지르는 전류는 다음의 형태를 갖는다.

$$-\frac{1}{\rho'}\frac{dV}{dv}$$

$$즉, \quad \frac{2\pi}{\rho'}\sigma$$

V가 디스크의 퍼텐셜이고 ds가 그 표면 요소라면, 하는 일의 율은

---

9) Professor Cayley의 논문, *London Math. Soc. Proc.* 6, p.38을 보라.

10) 여기에서 일의 율은 곧 일률과 같고 이것은 전력에 해당한다―옮긴이.

$$\frac{C}{\pi a^2} \int V ds$$

$$= \frac{2C}{\pi a^2} \frac{P}{\sigma} \ (P = \frac{1}{2} \int V \sigma ds \text{이므로})$$

$$= \frac{4\pi}{\rho'} P \text{((20)에 의해)}$$

이고 따라서

$$C^2 R' = 4 \frac{\pi}{\rho'} P \tag{22}$$

이다. 이것으로부터 (20)과 (21)에 의해

$$R' = \frac{8\rho'}{3\pi^2 a}$$

이고 원통의 길이에 더해져야 할 보정치는

$$\frac{\rho'}{\rho} \frac{8}{3\pi} a$$

이고 이 보정치는 실제값보다 크다. 그러므로 길이에 더해져야 하는 실제 보정치는 $\frac{\rho'}{\rho} an$ 이고 여기에서 n은 $\frac{\pi}{4}$와 $\frac{8}{3\pi}$ 사이, 즉 0.785와 0.849 사이에 있는 값이다.

레일리 경은 2차 근사에 의해 n의 상한을 0.8282까지 줄였다.[11]

---

11) *Phil. Mag.* Nov. 1872, p.344. 레일리 경은 이어서 상한으로 0.8242의 값을 얻었다. *London Math. Soc. Proc.* 7, p.74와 *Theory of Sound*, vol. 2, Appendix A, p.291을 보라.

제9장 불균질 매질을 통한 전도

두 도체 매질 사이의 분리면에서 충족되는 조건에 관하여

310] 전류 분포가 일반적으로 충족시켜야 하는 두 조건, 즉 퍼텐셜이 연속이어야 한다는 조건과 전류의 '연속' 조건이 있다.

두 매질 사이의 분리면에서 첫 번째 조건은 그 면의 반대편 위의 무한히 가까운 두 점에서 퍼텐셜은 같아야 한다는 것을 요구한다. 여기에서 퍼텐셜은 주어진 금속으로 된 전극에 의해 주어진 점과 연결된 전위계에 의해 측정되는 것으로 이해된다. 퍼텐셜이 222, 246절에서 기술된 방법처럼 공기로 채워진 도체의 공동(空洞) 안에서 전극이 끝나게 한 상태에서 측정된다면, 이런 식으로 측정된 다른 금속의 접촉점에서의 퍼텐셜은 온도와 두 금속의 본성에 의존하는 양만큼 다를 것이다.

그 면에서 충족되어야 할 다른 조건은 면의 임의의 요소를 통과하는 전류가 어느 매질에서 측정하건 같아야 한다는 것이다.

그러므로 V_1과 V_2가 두 매질에서의 퍼텐셜이라면, 분리면의 임의의 점에서

$$V_1 = V_2 \tag{1}$$

이고 u_1, v_1, w_1과 u_2, v_2, w_2가 각각 두 매질에서 흐르는 전류 성분이고 l, m, n이 분리면에 대한 법선의 방향 코사인이라면

$$u_1 l + v_1 m + w_1 n = u_2 l + v_2 m + w_2 n \tag{2}$$

이다. 가장 일반적인 경우에 성분 u, v, w는 V의 미분계수의 일차 함수이고 그것의 형태는 다음 등식들처럼 주어진다.

$$\left. \begin{array}{l} u = r_1 X + p_3 Y + q_2 Z \\ v = q_3 X + r_2 Y + p_1 Z \\ w = p_2 X + q_1 Y + r_3 Z \end{array} \right\} \tag{3}$$

여기에서 X, Y, Z는 각각 x, y, z에 대한 V의 미분계수이다.

이러한 전도 계수를 갖는 매질과 r와 같은 전도 계수를 갖는 등방성 매질을 분리하는 면의 경우를 고려하자.

X', Y', Z'이 등방성 매질에서 X, Y, Z의 값이라고 하자. 그러면 분리면에서

$$V = V' \tag{4}$$

이고 이것은

$$X dx + Y dy + Z dz = X' dx + Y' dy + Z' dz \tag{5}$$

일 때

$$l dx + m dy + n dz = 0 \tag{6}$$

로 쓸 수 있다.

이 조건에서

$$X' = X + 4\pi\sigma l, \ Y' = Y + 4\pi\sigma m, \ Z' = Z + 4\pi\sigma n \tag{7}$$

이 유도된다. 여기에서 σ는 면밀도이다.

또한 등방성 매질에서

$$u' = r X', \ v' = r Y', \ w' = r Z' \tag{8}$$

이고 경계에서 흐름 조건은

$$u'l + v'm + w'n = ul + vm + wn \tag{9}$$

이고 이것을 다시 쓰면

$$
\begin{aligned}
r(lX + mY & + nZ + 4\pi\sigma) \\
&= l(r_1 X + p_3 Y + q_2 Z) + m(q_3 X + r_2 Y + p_1 Z) \\
&\quad + n(p_2 X + q_1 Y + r_3 Z)
\end{aligned} \tag{10}
$$

이고 이것으로부터

$$
\begin{aligned}
4\pi\sigma r = \{l(r_1 - r) &+ mq_3 + nP_2\} X + \{lp_3 + m(r_2 - r) + nq_1\} Y \\
&+ \{lq_2 + mp_1 + n(r_3 - r)\} Z
\end{aligned} \tag{11}
$$

이다.

양 σ는 분리면 위의 전하의 면밀도를 나타낸다. 결정화되고 조직화된 물질에서 그것은 면에 수직인 힘뿐 아니라 면의 방향에 의존한다. 등방성 물질에서 계수 p, q는 0이고 계수 r는 모두 같다. 그러므로

$$4\pi\sigma = \left(\frac{r_1}{r} - 1\right)(lX + mY + nZ) \tag{12}$$

이고 여기에서 r_1은 그 물질의 전도율이고, r는 외부 매질의 전도율이고 l, m, n은 전도율이 r인 매질을 향하는 법선의 방향 코사인이다.

두 매질이 등방성일 때, 이 조건들은 매우 단순해진다. 즉, k가 단위 부피당 비저항이라면,

$$u = -\frac{1}{k}\frac{dV}{dx}, \; v = -\frac{1}{k}\frac{dV}{dy}, \; w = -\frac{1}{k}\frac{dV}{dz} \tag{13}$$

이고 v는 첫 번째 매질에서 두 번째 매질을 향하는 분리면 위의 임의의 점에 그려진 법선이라면, 연속 조건은

$$\frac{1}{k_1}\frac{dV_1}{dv} = \frac{1}{k_2}\frac{dV_2}{dv} \tag{14}$$

이다.

θ_1과 θ_2가 첫 번째 매질과 두 번째 매질에 형성된 유선이 각각 분리면의 법선과 이루는 각이라면, 이 유선의 접선들은 그 법선과 같은 평면에 있고 분리면에서 볼 때 법선과는 반대편에 있고

$$k_1 \tan\theta_1 = k_2 \tan\theta_2 \qquad (15)$$

을 만족한다. 이것을 유선의 굴절의 법칙이라고 부른다.

311] 전기가 두 매질의 분리면을 통과할 때 충족되어야 하는 조건의 예로, 그 면이 반지름 a의 구면이고 비저항이 그 면의 안에서는 k_1이고 그 면 밖에서는 k_2라고 가정하자.

그 면의 안과 밖에서의 퍼텐셜을 입체 조화 함수로 전개하고 표면 조화 함수 S_i에 의존하는 부분을 구 안과 밖에서 각각

$$V_1 = (A_1 r^i + B_1 r^{-(i+1)}) S_i \qquad (1)$$

$$V_2 = (A_2 r^i + B_2 r^{-(i+1)}) S_i \qquad (2)$$

라고 하자.

$r=a$인 분리면에서

$$V_1 = V_2, \frac{1}{k_1}\frac{dV_1}{dr} = \frac{1}{k_2}\frac{dV_2}{dr} \qquad (3)$$

이어야 하고 이 조건으로부터 방정식

$$\left. \begin{array}{l} (A_1 - A_2)a^{2i+1} + B_1 - B_2 = 0 \\ \left(\dfrac{1}{k_1}A_1 - \dfrac{1}{k_2}A_2\right)ia^{2i+1} - \left(\dfrac{1}{k_1}B_1 - \dfrac{1}{k_2}B_2\right)(i+1) = 0 \end{array} \right\} \qquad (4)$$

을 얻는다. 이 방정식들은 네 양 A_1, A_2, B_1, B_2 중 둘을 알면 다른 둘을 유도해 내기에 충분하다.

A_1과 B_1을 안다고 가정하면, A_2와 B_2를 위한 다음의 식

$$A_2 = \frac{\{k_1(i+1)+k_2 i\}A_1+(k_1-k_2)(i+1)B_1 a^{-(2i+1)}}{k_1(2i+1)} \left.\vphantom{\begin{array}{c}a\\b\end{array}}\right\}$$

$$B_2 = \frac{(k_1-k_2)iA_1 a^{2i+1}+\{k_1 i+k_2(i+1)\}B_1}{k_1(2i+1)} \tag{5}$$

을 얻는다.

이런 식으로 퍼텐셜의 조화 전개식의 각 항이 동심 구면에 의해 둘러싸인 임의의 수의 층을 위해 충족시켜야 하는 조건들을 알아낼 수 있다.

312] 첫 번째 구면의 반지름이 a_1이라고 가정하고 두 번째 구면의 반지름을 a_1보다 큰 a_2라고 하고 그것 밖에서는 비저항이 k_3라고 가정하자. 이 구면들 안에는 전기의 생성원(source)이나 소멸원(sink)이 없다면, V는 무한대가 될 일이 없을 것이고 $B_1=0$을 얻게 된다.

그러면 밖의 매질의 계수인 A_3와 B_3에 대하여

$$A_3 k_1 k_2 (2i+1)^2 = [\{k_1(i+1)+k_2 i\}\{k_2(i+1)+k_3 i\} \left.\vphantom{\begin{array}{c}a\\b\\c\\d\end{array}}\right\}$$
$$+ i(i+1)(k_1-k_2)(k_2-k_3)(\frac{a_1}{a_2})^{2i+1}]A_1$$
$$B_3 k_1 k_2 (2i+1)^2 = [i(k_2-k_3)\{k_1(i+1)+k_2 i\} a_2^{2i+1}$$
$$+ i(k_1-k_2)\{k_2 i+k_3(i+1)\} a_1^{2i+1}]A_1 \tag{6}$$

이 성립함을 알 수 있다.

바깥 매질에서 퍼텐셜값은 부분적으로 안쪽에 이질적인 물질을 가진 구의 존재와 무관하게 전류를 만들어내는 전기의 외부 생성원에 의존하고 부분적으로는 이질적인 구의 삽입으로 야기되는 교란에 의존한다.

첫 번째 부분은 양의 차수(次數)의 입체 조화 함수에 의존해야 한다. 단지 그것이 구 안에서 무한한 값을 가질 수 없기 때문이다. 두 번째 부분은 음의 차수의 조화 함수에 의존해야 한다. 왜냐하면 그것은 구의 중심에서 무한히 먼 곳에서 0이 되어야 하기 때문이다.

그러므로 외부 기전력 때문에 생기는 퍼텐셜은 한 계열의 양의 차수의 입체 조화 함수로 전개되어야 한다. A_3가 다음 형태로 이것들 중 하나의 계수라고 하자.

$$A_3 S_i r^i$$

그러면 등식 (6)에 의해 안쪽 구의 해당하는 계수 A_1을 알아낼 수 있고 이것으로부터 A_2, B_2, B_3를 유도할 수 있다. 이것들 중에서 B_3는 이질적인 구의 삽입 때문에 바깥 매질의 퍼텐셜에 미치는 영향을 나타낸다.

이제 $k_3=k_1$이라고 가정하자. 이 경우는 $k=k_2$인 속이 빈 껍질이 매질의 안쪽 부분을 $k=k_1$인 매질의 바깥 부분으로부터 분리하는 경우이다.

$$= \frac{1}{(2i+1)^2 k_1 k_2 + i(i+1)(k_2-k_1)^2 \left(1-(\frac{a_1}{a_2})^{2i+1}\right)}$$

이라고 놓으면,

$$\left. \begin{array}{l} A_1 = k_1 k_2 (2i+1)^2 CA_3 \\ A_2 = k_2 (2i+1)(k_1(i+1)+k_2 i) CA_3 \\ B_2 = k_2 i (2i+1)(k_1-k_2) a_1^{2i+1} CA_3 \\ B_3 = i(k_2-k_1)(k_1(i+1)+k_2 i)(a_2^{2i+1}-a_1^{2i+1}) CA_3 \end{array} \right\} \quad (7)$$

이다.

교란받지 않은 계수 A_3와 구 껍질 안쪽의 공동에서 그것의 값 A_1 사이의 차는

$$A_3 - A_1 = (k_2-k_1)^{2i}(i+1)\left((1-(\frac{a_1}{a_2})^{2i+1}\right) CA_3 \quad (8)$$

이다.

이 양은 k_1과 k_2의 값이 무엇이든 항상 A_3와 같은 부호를 가지므로, 구 껍질이 매질의 나머지보다 전도성이 좋든 나쁘든, 그 껍질이 둘러싸고 있는 공간에서 전기 작용은 껍질이 없을 때보다 작은 것이 당연하다. 그 껍질이 매질의 나머지보다 더 나은 양도체라면, 그것은 안쪽 구 전체의 모든 퍼텐셜을 같게 만드는 경향을 갖는다. 그것이 나쁜 도체이면 그

것은 전류가 안쪽 구에 도달하지 못하게 하는 경향을 갖는다.

속이 찬 구의 경우는 $a_1=0$으로 놓음으로써 이것에서 유도될 수도 있고 독립적으로 풀어도 된다.

313] 조화 전개식에서 가장 중요한 항은 $i=1$인 경우로 그것에 대해서 다음 식들이 성립한다.

$$\left. \begin{array}{l} C = \dfrac{1}{9k_1k_2 + 2(k_2-k_1)^2\left(1-(\frac{a_1}{a_2})^3\right)} \\[4mm] A_1 = 9k_1k_2CA_3, \ A_2 = 3k_2(2k_1+k_2)CA_3 \\[2mm] B_2 = 3k_2(k_1-k_2)a_1^3CA_3, \ B_3 = (k_2-k_1)(2k_1+k_2)(a_2^3-a_1^3)CA_3 \end{array} \right\} \quad (9)$$

저항이 k_2인 속이 찬 구의 경우는 $a_1=0$으로 놓음으로써 이것에서 유도될 수 있다. 그러면 다음을 얻는다.

$$\left. \begin{array}{l} A_2 = \dfrac{3k_2}{k_1+2k_2}A_3, \ B_2 = 0 \\[3mm] B_3 = \dfrac{k_2-k_1}{k_1+2k_2}a_2^3A_3 \end{array} \right\} \quad (10)$$

저항이 k_1인 핵을 갖고 k_2의 저항을 갖는 껍질로 둘러싸인 속이 빈 구의 경우에 B_3의 값은, 바깥 구면의 반지름을 갖고 저항 K를 갖는 균일하게 속이 찬 구의 그것과 같다는 것을 일반적인 식들로부터 증명하는 것은 쉽다. 여기에서

$$K = \frac{(2k_1+k_2)a_2^3 + (k_1-k_2)a_1^3}{(2k_1+k_2)a_2^3 - 2(k_1-k_2)a_1^3}k_2 \quad (11)$$

이다.

314] 반지름 a_1, 저항이 k_1인 구 n개가 전류의 흐름을 방해하는 효과가 서로에게 무관하다고 간주할 수 있는 거리만큼씩 떨어져서 저항이 k_2인 매질에 놓여 있다면, 이 구들이 모두 반지름 a_2인 구 안에 들어가 있을 때, 이 구의 중심에서 먼 거리 r만큼 떨어진 곳의 퍼텐셜은 다음 형태가 될 것이다.

$$V = \left(Ar + nB \frac{1}{r^2} \right) \cos\theta \qquad (12)$$

여기에서 B의 값은

$$B = \frac{k_1 - k_2}{2k_1 + k_2} a_1^3 A \qquad (13)$$

이다.

모두를 포함하는 구의 부피에 대한 n개의 작은 구의 부피의 비는

$$p = \frac{na_1^3}{a_2^3} \qquad (14)$$

이다.

그러므로 그 구에서 멀리 떨어진 곳의 퍼텐셜의 값은

$$V = A \left(r + pa_2^3 \frac{k_1 - k_2}{2k_1 + k_2} \frac{1}{r^2} \right) \cos\theta \qquad (15)$$

로 쓸 수 있다.

이제 반지름 a_2인 구 전체가 비저항 K인 재료로 만들어졌다면,

$$V = A \left\{ r + a_2^3 \frac{K - k_2}{2K + k_2} \frac{1}{r^2} \right\} \cos\theta \qquad (16)$$

의 관계를 얻을 수 있다.

앞의 식은 뒤의 식과 같아야 하므로

$$K = \frac{2k_1 + k_2 + p(k_1 - k_2)}{2k_1 + k_2 - 2p(k_1 - k_2)} k_2 \qquad (17)$$

가 성립한다. 그러므로 이것은 비저항 k_2의 재료 속에 비저항 k_1의 작은 구가 전체 부피에 대한 작은 구 모두의 부피의 비가 p가 되도록 퍼져서 이루어진 복합 매질의 비저항이다. 이 구들의 행동이 그것들의 간섭에 의존하는 효과를 내지 않기 위해서는 구들의 반지름이 그것들 사이의 거리에 비해 커야 하며, 따라서 p는 작은 분수가 되어야 한다.

이 결과는 다른 방식으로 얻을 수 있지만 여기에 제시된 것은 이미 단일한 구에 대하여 얻은 결과만을 반복해서 표현한 것이다.

구 사이의 거리가 반지름에 비해 크지 않고 $\dfrac{k_1-k_2}{2k_1+k_2}$ 가 무시 못할 정도일 때, 다른 항들이 결과에 나타나며 그에 대해서는 지금 고려하지 않겠다. 이 항들의 영향으로 구들의 배열의 어떤 계에서는 복합 매질의 저항이 방향에 따라 달라지게 된다.

영상 원리의 응용

315] 두 매질이 평면에 의해 분리되어 있는 경우를 예로 들어보자. 평면에서 첫 번째 매질 안으로 a만큼 떨어진 곳에 전기 생성원 S가 있다고 가정하자. 단위 시간 동안 생성원에서 흘러나온 전기량은 S라고 한다.

첫 번째 매질이 무한히 펼쳐져 있었다면, 임의의 점 P에서의 전류는 SP 방향을 향했을 것이고 P의 퍼텐셜은 $\dfrac{E}{r_1}$였을 것이다. 여기에서 $E=\dfrac{Sk_1}{4\pi}$이고 $r_1=SP$이다.

실제 경우에서 그 조건들은 두 번째 매질에 있는 S의 영상으로 점 I를 잡음으로써 충족될 수 있다. 이때 IS는 분리면에 수직이고 그것에 의해 이등분되어야 한다. r_2가 I로부터 임의의 점까지의 거리라고 하자. 그러면 분리면에서

$$r_1=r_2 \tag{1}$$

$$\frac{dr_1}{dv}=-\frac{dr_2}{dv} \tag{2}$$

이다.

첫 번째 매질의 임의의 점의 퍼텐셜 V_1은 S에 있는 전기량 E와 I에 있는 가상적인 양 E_2 때문에 생기는 퍼텐셜이라고 하고 두 번째 매질의 임의의 점의 퍼텐셜 V_2는 S에 있는 가상적인 양 E_1 때문에 생기는 퍼텐셜이라고 하자. 그러면

$$V_1=\frac{E}{r_1}+\frac{E_2}{r_2}, \quad V_2=\frac{E_1}{r_1} \tag{3}$$

일 때, 면 조건 $V_1=V_2$로부터

$$E + E_2 = E_1 \tag{4}$$

을 얻는다. 그리고 조건

$$\frac{1}{k_1}\frac{dV_1}{dv} = \frac{1}{k_2}\frac{dV_2}{dv} \tag{5}$$

로부터 $\qquad \frac{1}{k_1}(E - E_2) = \frac{1}{k_2}E_1 \tag{6}$

을 얻고 이것으로부터

$$E_1 = \frac{2k_2}{k_1 + k_2}E, \quad E_2 = \frac{k_2 - k_1}{k_1 + k_2}E \tag{7}$$

를 얻는다.

그러므로 첫 번째 매질에서 퍼텐셜은 정전기 이론에 따라 S에 있는 전하 E와 I에 있는 전하 E_2에 의해 공기 중에 유발될 퍼텐셜과 같고 두 번째 매질에서 퍼텐셜은 S에 있는 전하 E_1에 의해 공기 중에 유발될 퍼텐셜과 같다.

첫 번째 매질의 임의의 점에서의 전류는, 첫 번째 매질이 무한히 펼쳐져 있었다면, I에 놓인 생성원 $\frac{k_2 - k_1}{k_1 + k_2}S$와 함께 생성원 S에 의해 만들어졌을 전류와 같고, 두 번째 매질의 임의의 점에서의 전류는, 두 번째 매질이 무한히 펼쳐져 있었다면, S에 있는 생성원 $\frac{2k_2 S}{(k_1 + k_2)}$에 의해 만들어졌을 것과 같다.

이렇게 해서 우리는 평면 경계로 나누어진 두 매질의 경우에서 전기 영상의 완전한 이론을 얻었다. 첫 번째 매질에서의 기전력들의 본성이 무엇이든, 첫 번째 매질에서 기전력들이 만드는 퍼텐셜은 기전력들의 영상의 효과와 그것들의 직접적인 효과의 결합에 의해 알아낼 수 있다.

두 번째 매질이 완벽한 도체라고 가정하면, $k_2 = 0$이고 I에 있는 영상은 S에 있는 생성원과 크기가 같고 부호가 반대이다. 이것은 정전기학에서 톰슨의 이론에서 나오는 것과 같은 전기 영상의 경우이다.

두 번째 매질이 완전한 절연체라면, $k_2 = \infty$이고 I에 있는 영상은 S에 있는 영상과 같고 같은 부호를 갖는다. 이것은 유체가 고체 평면에 의해 둘러싸여 있을 때 유체동역학(hydrokinetics)에서 영상들의 경우이다.[1]

316] 경계면이 완전한 도체면이라고 가정할 때 정전기학에서 매우 유용한 반전의 방법은 같지 않은 전기 저항을 갖는 두 도체를 분리시키는 면이라는 더 일반적인 경우에는 적용될 수 없다. 그러나 2차원에서 반전의 방법은 190절에 주어진 2차원에서의 더 일반적인 변환의 방법과 마찬가지로 적용 가능하다.[2]

두 매질을 분리시키는 판을 통한 전도

317] 다음에는 저항이 k_1과 k_3인 두 매질을 분리시키며 저항이 k_2인 매질로 되어 있는 두께 AB의 판이 첫 번째 매질에 있는 생성원 S 때문에 생기는 퍼텐셜을 변화시키는 효과를 고려해 보자.

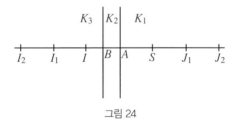

그림 24

---

1) {유사한 고찰에 의해 비유도 용량이 K_1인 유전체가 비유도 용량이 K_2인 또 하나의 유전체로부터 평면에 의해 격리되어 있을 때, 첫 번째 유전체 안의 S에 있는 전하 때문에 생기는 전기장을 얻을 수 있다. 전하가 K_1E이고 $K_1k_1=1=K_2k_2$라면 V_1과 V_2는 이 경우의 퍼텐셜을 의미한다}—톰슨.

2) Kirchhoff, *Pogg. Ann.* 64, p.497, 67, p.344; Quincke, *Pogg.* XCVii, p.382; Smith, *Proc. R.S. Edin.*, 1869~70, p.79. Holzmuller, *Einfürung in die Theorie der isogonalen Verwanschaften*, Leipzig, 1882. Gebhard, *Journal de Physique*, 1, p.483, 1882. W.G. Adams, *Phil. Mag.* ser. 4, 50, p.548, 1876.; G.C. Foster and O.J. Lodge, *Phil. Mag.* 4, 49, pp.385, 453; 50, p.475, 1879 and 1880; O.J. Lodg, *Phil. Mag.* ser. 5, 1, p.373, 1876.

그 퍼텐셜은 공기 중에서 판의 법선 중 S를 지나는 것 위에 있는 어떤 점들 위에 놓여 있는 어떤 전하계 때문에 생기는 것과 같다.

$$AI = SA,\ BI_1 = SB,\ AJ_1 = I_1 A,\ BI_2 = J_1 B,\ AJ_2 = I_2 A,...$$

라고 놓으면, 판의 두께의 두 배와 같은 거리만큼 서로 떨어져 있는 두 계열의 점들을 얻게 된다.

318] 첫 번째 매질에 있는 임의의 점 P에서 퍼텐셜은

$$\frac{E}{PS} + \frac{I}{PI} + \frac{I_1}{PI_1} + \frac{I_2}{PI_2} + ... \tag{8}$$

이고 두 번째 매질에 있는 점 P'에서 퍼텐셜은

$$\frac{E'}{P'S} + \frac{I'}{P'I} + \frac{I'}{P'I_1} + \frac{I'_2}{P'I_2} + ...$$
$$+ \frac{J'_1}{P'J_1} + \frac{J'_2}{P'J_2} + ... \tag{9}$$

이고 세 번째 매질에 있는 점 P''에서 퍼텐셜은

$$\frac{E''}{P''S} + \frac{J_1}{P''J_1} + \frac{J_2}{P''J_2} + ... \tag{10}$$

이다. 여기에서 $I, I',...$은 점 $I,...$에 놓여 있는 가상적 전하를 나타내고 프라임은 그 퍼텐셜이 그 판 안에서 취해져야 함을 의미한다.

그러면 315절에 의해 A를 통과하는 면에 대한 조건으로부터

$$I = \frac{k_2 - k_1}{k_2 + k_1}\ E,\ E' = \frac{2k_2}{k_2 + k_1}\ E \tag{11}$$

를 얻는다.

B를 지나는 면에 대해서는

$$I_1' = \frac{k_3 - k_2}{k_3 + k_2}\ E',\ E'' = \frac{2k_3}{k_2 + k_3}\ E' \tag{12}$$

을 얻는다.

마찬가지로 A를 지나는 면에 대하여 다시

$$J_1' = \frac{k_1 - k_2}{k_1 + k_2} I_1', \quad I_1 = \frac{2k_1}{k_1 + k_2} I_1' \tag{13}$$

이고 B를 지나는 면에 대해서는

$$I_2' = \frac{k_3 - k_2}{k_3 + k_2} J_1', \quad J_1 = \frac{2k_3}{k_3 + k_2} J_1' \tag{14}$$

이다.

$$\rho = \frac{k_1 - k_2}{k_1 + k_2}, \quad \rho' = \frac{k_3 - k_2}{k_3 + k_2}$$

라고 놓으면, 첫 번째 매질에서의 퍼텐셜

$$V = \frac{E}{PS} - \rho\frac{E}{PI} + (1 - \rho^2)\rho'\frac{E}{PI_1} + \rho'(1 - \rho^2)\rho\rho'\frac{E}{PI_2} + \dots$$

$$+ \rho'(1 - \rho^2)(\rho\rho')^{n-1}\frac{E}{PI_n} + \dots \tag{15}$$

를 얻는다.

세 번째 매질에 대해서

$$V = (1 + \rho')(1 - \rho)E\left\{\frac{1}{PS} + \frac{\rho\rho'}{PJ_1} + \dots + \frac{(\rho\rho')^n}{PJ_n} + \dots\right\} \tag{16}$$

를 얻는다.[3]

---

3) {이 식들은 관계

$$\frac{1}{\sqrt{a^2 + b^2}} = \int_0^\infty J_0(bt)e^{-at}dt$$

에 의해 정적분으로 환원될 수 있다. 여기에서 J_0는 0차의 베셀 함수를 지칭한다. 그러므로 S를 좌표 원점으로 잡고 판에 대한 법선을 x축으로 잡으면,

$$\frac{1}{PS} = \int_0^\infty J_0(yt)e^{-xt}dt$$

$$\frac{1}{PJ_1} = \int_0^\infty J_0(yt)e^{-(x+2c)t}dt$$

이다. 여기에서 c는 판의 두께이다.

첫 번째 매질이 세 번째 매질과 같다면, $k_1=k_3$이고 $\rho=\rho'$이고 판의 다른 쪽에서의 퍼텐셜은

$$V = (1 - \rho^2)E\left\{\frac{1}{PS} + \frac{\rho^2}{PJ_1} + ... + \frac{\rho^{2n}}{PJ_n} + ...\right\} \quad (17)$$

이 될 것이다.

판이 나머지 매질들보다 훨씬 더 나은 양도체라면, ρ는 거의 1과 같다. 판이 거의 완전한 절연체라면, ρ는 거의 -1과 같고 판이 나머지 매질들과 전도 능력에서 거의 차이가 나지 않으면, ρ는 양 또는 음의 작은 양이 된다.

이 경우에 대한 이론은 그린의 '자기 유도 이론'(Essay, p. 65)에서 최초로 진술되었다. 그러나 그의 결과는 ρ가 거의 1과 같을 때만 옳다.[4] 그가 사용하는 양 g는 등식

$$g = \frac{2\rho}{3 - \rho} = \frac{k_1 - k_2}{k_1 + 2k_2}, \quad \rho = \frac{3g}{2 + g} = \frac{k_1 - k_2}{k_1 + k_2}$$

에 의해 ρ와 연결되어 있다.

$\rho = \dfrac{2\pi\kappa}{1 + 2\pi\kappa}$ 라고 놓으면 자기화 계수가 k인 무한한 판에서 자극(磁極)에 의해 유발되는 자기 유도의 문제의 해를 얻게 될 것이다.

층이 있는 도체에 관하여

319] 도체가 전도율 계수가 다른 두 물질로 되어 있는 두께가 각각 c,

$$\frac{1}{PJ_2} = \int_0^\infty J_0(yt)e^{-(x+4c)t}dt$$

등등. (16)에 있는 이 값들을 대치해 넣으면, V는

$$E(1 + \rho')(1 - \rho)\int_0^\infty \frac{J_0(yt)e^{-xt}}{1 - \rho\rho'e^{-2ct}}dt$$

와 같아진다. $y=0$, $z=2nc$(n은 정수)일 때 이 값은 쉽게 알 수 있다]—톰슨.

[4] Sir W. Thomson, "Note on Induced Magnetism in a Plate," *Camb. and. Dub. Math. Journ.*, Nov. 1845, or *Reprint*, art. 9, §156을 보라.

c'인 교대하는 층들로 이루어져 있다고 하자. 복합 도체의 저항 계수와 전도율 계수를 구하고 싶다고 하자.

층을 이루는 평면들이 z에 수직이라고 하자. 두 번째 종류의 층에 관련되는 모든 기호에는 프라임을 붙이고 복합 도체에 관련된 모든 기호에는 '바'(bar)를 붙여 $\overline{X}$처럼 표시하자. 그러면

$$\overline{X} = X = X', \ \ (c + c')\bar{u} = cu + c'u'$$

$$\overline{Y} = Y = Y', \ \ (c + c')\bar{v} = cv + c'v'$$

$$(c + c')\overline{Z} = cZ + c'Z', \ \ \overline{w} = w = w'$$

이다.

먼저 297절의 저항 방정식 또는 298절의 전도율 방정식으로부터 $\overline{X}$, $\overline{Y}$, $\overline{w}$에 의해 u, u', v, v', Z, Z'을 결정해야 한다. 저항 계수의 행렬식을 D라고 놓으면,

$$u r_3 D = R_2 \overline{X} - Q_3 \overline{Y} + \overline{w} q_2 D$$

$$v r_3 D = R_1 \overline{Y} - P_3 \overline{X} + \overline{w} p_1 D$$

$$Z r_3 = - p_2 \overline{X} - q_1 \overline{Y} + \overline{w}$$

임을 알게 된다.

프라임을 붙인 기호를 갖는 유사한 방정식은 u', v', Z'의 값을 제공한다. $\overline{X}$, $\overline{Y}$, $\overline{w}$에 의해 $\bar{u}, \bar{v}, \bar{w}$를 알아냈으므로 층이 진 도체의 전도율 방정식을 적을 수 있다. $h = \dfrac{c}{r_3}$, $h' = \dfrac{c'}{r_3'}$으로 놓으면 다음을 얻는다.

$$\overline{p_1} = \frac{h p_1 + h' p_1'}{h + h'}, \quad \overline{q_1} = \frac{h q_1 + h' q_1'}{h + h'}$$

$$\overline{p_2} = \frac{h p_2 + h' p_2'}{h + h'}, \quad \overline{q_2} = \frac{h q_2 + h' q_2'}{h + h'}$$

$$\overline{p_3} = \frac{c p_3 + c' p_3'}{c + c'} - \frac{h h' (q_1 - q_1')(q_2 - q_2')}{(h + h')(c + c')}$$

$$\overline{q_3} = \frac{cq_3 + c'q_3'}{c + c'} - \frac{hh'(p_1 - p_1')(p_2 - p_2')}{(h + h')(c + c')}$$

$$\overline{r_1} = \frac{cr_1 + c'r_1'}{c + c'} - \frac{hh'(p_2 - p_2')(q_2 - q_2')}{(h + h')(c + c')}$$

$$\overline{r_2} = \frac{cr_2 + c'r_2'}{c + c'} - \frac{hh'(p_1 - p_1')(q_1 - q_1')}{(h + h')(c + c')}$$

$$\overline{r_3} = \frac{c + c'}{h + h'}$$

320] 층들을 형성하는 두 물질 중 어느 것도 303절의 회전 특성을 갖지 않는다면, 임의의 P 또는 p의 값은 그것에 해당하는 Q 또는 q의 값과 같다. 이것으로부터 층이 진 도체 안에서도

$$\overline{p_1} = \overline{q_1}, \ \overline{p_2} = \overline{q_2}, \ \overline{p_3} = \overline{q_3}$$

라는 것이 유도된다. 또는 회전 특성이 분리된 재료의 하나 또는 둘 다에서 존재하지 않는다면, 층화(stratification)에 의해서는 아무런 회전 특성이 전개되지 않는다.

321.] 이제 회전 특성이 없고 x, y, z축이 주축이라고 가정하면, p와 q 계수는 0이 된다. 그래서

$$\overline{r_1} = \frac{cr_1 + c'r_1'}{c + c'}, \ \overline{r_2} = \frac{cr_2 + c'r_2'}{c + c'}, \ \overline{r_3} = \frac{c + c'}{\dfrac{c}{r_3} + \dfrac{c'}{r_3'}}$$

이다.

둘 다 등방성이지만 다른 전도율 r와 r'을 갖는 물질로 시작하자. 그러면 $\overline{r_1} - \overline{r_3} = \dfrac{cc'}{c + c'} \dfrac{cc'}{c + c'} \dfrac{(r - r')^2}{(cr' + c'r)}$ 이므로 층화의 결과는 층의 수직인 방향에서 저항을 가장 크게 만들 것이고 층의 평면의 모든 방향에서는 저항이 같을 것이다.

322] 전도율이 r인 등방성 물질을 선택해 두께 a의 극히 얇은 조각들

로 잘라 이것들을 전도율이 s인 물질의 두께 k_1a인 얇은 조각과 교대로 놓는다.

이 얇은 조각들은 x에 수직이라고 하자. 그러면 이 복합 도체를 두께가 b이고 y에 수직인 훨씬 더 두꺼운 판들로 잘라서 이것들을 전도율이 s이고 두께 k_2b인 판들과 교대로 놓는다.

마지막으로 이 새로운 도체를 두께 c이고 z에 수직인 훨씬 더 두꺼운 판으로 잘라서 이것들을 전도율이 s이고 두께가 k_3c인 판들과 교대로 놓는다.

이 세 조작의 결과는 전도율이 r인 물질을 수치가 a, b, c인 직육면체로 자르되 b가 c에 비해 엄청나게 작게 하고, a가 b에 비해 엄청나게 작게 하고, 이 직육면체를 전도율이 s인 물질 속에서 x축 방향으로는 k_1a만큼, y축 방향으로는 k_2b만큼, z축 방향으로는 k_3c만큼 떨어뜨려 놓는 것이다. 그렇게 형성된 도체의 x, y, z 방향의 전도율을 321절의 결과를 순서대로 세 번 적용함으로써 얻을 수 있다. 이로써 우리는 다음을 얻는다.

$$r_1 = \frac{\{1 + k_1(1 + k_2)(1 + k_3)\}r + (k_2 + k_3 + k_2k_3)s}{(1 + k_2)(1 + k_3)(k_1 r + s)} s$$

$$r_2 = \frac{(1 + k_2 + k_2k_3)r + (k_1 + k_3 + k_1k_2 + k_1k_3 + k_1k_2k_3)s}{(1 + k_3)\{k_2 + (1 + k_1 + k_1k_2)s\}} s$$

$$r_3 = \frac{(1 + k_3)(r + (k_1 + k_2 + k_1k_2)s)}{k_3 r + (1 + k_1 + k_2 + k_2k_3 + k_3k_1 + k_1k_2 + k_1k_2k_3)s} s$$

이 유도의 정확성은 다른 크기의 차수를 가진 직육면체의 세 수치에 의존하므로 그것의 변두리와 모서리에서 충족될 조건들을 무시할 수 있다. k_1, k_2, k_3를 각각 1로 놓으면

$$r_1 = \frac{5r + 3s}{4r + 4s} s, \quad r_2 = \frac{3r + 5s}{2r + 6s} s, \quad r_3 = \frac{2r + 6s}{r + 7s} s$$

이다.

$r=0$이면, 즉 직육면체가 만들어진 매질이 완전한 절연체라면,

$$n = \frac{3}{4}s, \ \ r_2 = \frac{5}{6}s, \ \ r_3 = \frac{6}{7}s$$

가 성립한다.

$r=\infty$라면, 즉 직육면체가 완전한 도체라면,

$$n = \frac{5}{4}s, \ \ r_2 = \frac{3}{2}s, \ \ r_3 = 2s$$

이다.

$k_1=k_2=k_3$인 모든 경우에 r_1, r_2, r_3은 크기가 증가하는 순서로 나열되어 있는 것이라면, 가장 큰 전도율은 직육면체의 가장 긴 길이 방향으로 나타난다. 그리고 가장 큰 저항은 가장 짧은 치수를 갖는 방향에서 나타난다.

323] 고체 도체의 직육면체에서 하나의 꼭지점에서 맞은편 꼭지점까지 만들어진 도체 통로가 있고 그 통로는 절연 재료로 덮여 있고 그 통로의 가로 방향 치수는 아주 작아서 도선을 따라 전달되는 전류의 효과를 제외하면 고체의 전도율은 영향을 받지 않는다.

좌표축의 방향에 있는 직육면체의 치수가 a, b, c라 하고 원점에서 점 (abc)까지 펼쳐진 통로의 전도율을 $abcK$라고 하자.

통로의 끝점들 사이에 작용하는 기전력은

$$aX+bY+cZ$$

이고 C'이 그 통로를 따라 흐르는 전류라면,

$$C' = Kabc(aX+bY+cZ)$$

이다.

직육면체의 면 bc를 가로지르는 전류는 bcu이고 이것은 고체의 전도성에서 기인한 것과 통로의 전도성에서 기인한 것으로 이루어져 있다. 즉,

$$bcu = bc\,(r_1 X + p_3 Y + q_2 Z) + Kabc\,(aX + bY + cZ)$$

즉, $u = (r_1 + Ka^2)\,X + (p_3 + Kab)\,Y + (q_2 + Kca)\,Z$

이다.

같은 식으로 u와 w의 값을 알아낼 수 있다. 통로의 효과에 의해 변경된 전도율 계수는

$$r_1 + Ka^2, \quad r_2 + Kb^2, \quad r_3 + Kc^2$$
$$p_1 + Kbc, \quad p_2 + Kca, \quad p_3 + Kab$$
$$q_1 + Kbc, \quad q_2 + Kca, \quad q_3 + Kab$$

가 될 것이다.

이 식들에서 통로의 효과로 생기는 $p_1, \dots$의 값의 추가는 $q_1, \dots$의 값의 추가와 같다. 그러므로 p_1과 q_1의 값은 고체의 모든 부피 요소에 선형 통로를 도입한다 해도 달라질 수 없다. 그러므로 303절의 회전 특성은 이전에 고체 속에 존재하지 않았다면 그러한 방법으로 도입될 수 없다.

324] 대칭계를 이루는 전도율 계수를 가질 선형 도체의 틀 구성하기 공간을 같은 크기의 작은 정육면체로 나누자. 그림은 그것 중 하나를 나타낸다. 점 O, L, M, N의 좌표와 그것의 퍼텐셜은 다음과 같다.

그림 25

	x y z	퍼텐셜
O	0 0 0	$X+Y+Z$
L	0 1 1	X
M	1 0 1	Y
N	1 1 0	Z

이 네 점을 여섯 개의 도체

$$OL, OM, ON, MN, NL, LM$$

과 연결시키자. 그것들의 전도율은 각각

$$A, B, C, P, Q, R$$

이다.

이 도체들에 걸린 기전력은

$$Y+Z, Z+X, X+Y, Y-Z, Z-X, X-Y$$

이고 전류는

$$A(Y+Z), B(Z+X), C(X+Y), P(Y-Z), Q(Z-X), R(X-Y)$$

이다. 이 전류 중에서 x의 양의 방향으로 전기를 전달하는 것은 LM, LN, OM, ON을 따른 것이고 전달하는 양은

$$u = (B+C+Q+R)X + (C-R)Y + (B-Q)Z$$

이다. 마찬가지로

$$v = (C-R)X + (C+A+R+P)Y + (A-P)Z$$
$$w = (B-Q)X + (A-P)Y + (A+B+P+Q)Z$$

이고 이것으로부터 298절의 전도 방정식과 비교를 통해

$$4A = r_2 + r_3 - r_1 + 2p_1, \quad 4P = r_2 + r_3 - r_1 - 2p_1$$
$$4B = r_3 + r_1 - r_2 + 2p_2, \quad 4Q = r_3 + r_1 - r_2 - 2p_2$$
$$4C = r_1 + r_2 - r_3 + 2p_3, \quad 4R = r_1 + r_2 - r_3 - 2p_3$$

임을 알게 된다.

제10장 유전체의 전도

325] 기전력이 유전체 매질에 작용할 때 기전력은 유전체 안에 우리가 전기 분극이라고 불러온 상태를 유발한다는 것을 우리는 이미 보았다. 우리는 그 상태를 등방성 매질의 경우에는 기전력의 방향과 일치하는 방향의 전기 변위가 매질 속에 있고, 유전체를 분할하여 만들 수 있는 모든 부피 요소 위에 있는 표면 전하가 함께 존재하여 이루어지는 것으로 묘사했다. 이때 표면 전하는 기전력이 작용하는 면에서는 음전하이고 기전력과 같은 방향을 향하는 면에서는 양전하이다.

기전력은 또한 전도성 매질 위에 작용할 때 전류라고 부르는 것을 유발한다.

이제 유전 매질은, 있다 해도 매우 적은 예외를 제외하고는, 어느 정도 불완전한 도체이고 좋은 절연체가 아닌 많은 매질들은 유전 유도 현상을 나타낸다. 그러므로 우리는 유도와 전도가 동시에 일어나는 매질의 상태를 연구해야 한다.

논의의 단순성을 위해 모든 점에서 등방적(等方的)이지만 상이한 점들에서 반드시 균질하지는 않은 매질을 가정하겠다. 이 경우에 푸아송 방정식은 83절에 의해

$$\frac{d}{dx}\left(K\frac{dV}{dx}\right) + \frac{d}{dy}\left(K\frac{dV}{dy}\right) + \frac{d}{dz}\left(K\frac{dV}{dz}\right) + 4\pi\rho = 0 \qquad (1)$$

이 된다. 여기에서 K는 '비유도 용량'이다.

전류의 '연속 방정식'은

$$\frac{d}{dx}\left(\frac{1}{r}\frac{dV}{dx}\right) + \frac{d}{dy}\left(\frac{1}{r}\frac{dV}{dy}\right) + \frac{d}{dz}\left(\frac{1}{r}\frac{dV}{dz}\right) - \frac{d\rho}{dt} = 0 \qquad (2)$$

이 된다. 여기에서 r는 단위 부피에 대한 비저항이다.

K나 r가 불연속일 때, 이 방정식은 불연속면에 적합한 것으로 변형되어야 한다.

엄격하게 균질한 매질에서 r와 K는 둘 다 상수이므로

$$\frac{d^2V}{dx^2} + \frac{d^2V}{dy^2} + \frac{d^2V}{dz^2} = -4\pi\frac{\rho}{K} = r\frac{d\rho}{dt} \qquad (3)$$

임을 알 수 있고 이것으로부터 $\qquad \rho = Ce^{-\frac{4\pi}{Kr}t} \qquad (4)$

이고, $T = \dfrac{Kr}{4\pi}$ 라고 놓으면 $\qquad \rho = Ce^{-\frac{t}{T}} \qquad (5)$

이다.

이 결과는 원래 임의의 방식으로 대전되어 있었던 내부를 가진 균질한 매질에 외부 기전력이 작용할 때, 내부 전하는 외부 힘에 의존하지 않는 비율로 사라진다는 것을 보여준다. 그러므로 결국에는 그 매질 안에 전하가 없게 될 것이다. 그 후에 기전력, 전기 분극, 전도 사이의 관계가 동일하다면, 외부 힘은 매질의 임의의 안쪽 부분에 전하를 유발하거나 유지할 수 없다. 분열적 방전이 일어날 때, 이 관계는 유지되지 않으며 내부 전하는 만들어질 수 있다.

축전기를 통한 전도에 관하여

326] C를 축전기의 용량이라 하고, R를 그 저항이라 하고, E를 그 위에 작용하는 기전력, 즉 금속 전극의 표면의 퍼텐셜 차이라고 하자.

그러면 기전력이 나오는 쪽 위의 전기량은 CE일 것이고 기전력의 방향으로 축전기의 물질을 통과하는 전류는 $\dfrac{E}{R}$ 일 것이다.

전기화가 축전기를 포함하는 회로에 작용하는 기전력 E에 의해 만들

어지게 되어 있고 $\dfrac{dQ}{dt}$ 는 그 회로에서 전류를 나타낸다면, 다음과 같이 적을 수 있다.

$$\frac{dQ}{dt} = \frac{E}{R} + C\frac{dE}{dt} \tag{6}$$

기전력이 E_0인 전지가 회로에 삽입되고, 삽입된 전지의 저항과 전극을 연결하는 도선의 저항의 합이 r_1이라면,

$$\frac{dQ}{dt} = \frac{E_0 - E}{r_1} = \frac{E}{R} + C\frac{dE}{dt} \tag{7}$$

이다.

그러므로 임의의 시간 t_1에

$$E(=E_1) = E_0\frac{R}{R+r_1}(1 - e^{-\frac{t_1}{T_1}})$$

이고 여기에서

$$T_1 = \frac{CRr_1}{R+r_1} \tag{8}$$

이다.

다음에 회로 r_1이 시간 t_2 동안 끊어져 있게 하여 r_1이 무한대가 되게 하자. 그러면 우리는 (7)로부터

$$E(=E_2) = E_1 e^{-\frac{t_2}{T_2}}$$

이다. 여기에서

$$T_2 = CR \tag{9}$$

이다.

마지막으로 축전기의 표면이 시간 t_3 동안 r_3이 저항인 도선에 의해 연결되게 하자. 그리고 나서 (7)에 $E_0=0$, $r_1=r_3$이라고 놓으면

$$E(=E_3) = E_2 e^{-\frac{t_3}{T_3}}$$

을 얻는다. 여기에서

$$T_3 = \frac{CRr_3}{R+r_3} \tag{10}$$

이다.

Q_3가 시간 t_3 안에 이 도선을 통한 전체 방전이라면,

$$Q_3 = E_0 \frac{CR^2}{(R+r_1)(R+r_3)}(1 - e^{-\frac{t1}{T1}})e^{-\frac{t2}{T2}}(1 - e^{-\frac{T3}{T3}}) \qquad (11)$$

이다.

이런 식으로 시간 t_1 동안 대전된 후 시간 t_2 동안 절연된 축전기의 표면들을 연결시킨 도선을 통한 방전을 알아낼 수 있다. 일반적으로 그렇듯이 전체 전하를 유발하기에 충전의 시간이 충분하고 완전한 방전을 위해 방전의 시간이 충분하다면, 방전은

$$Q_3 = E_0 \frac{CR^2}{(R+r_1)(R+r_3)} e^{-\frac{t2}{CR}} \qquad (12)$$

이다.

327] 이런 종류의 축전기에서 처음에 어떤 방식으로든 충전되고 나중에 작은 저항의 도선을 통해 방전되고 나서 절연되는 동안 새로운 전기화는 나타나지 않을 것이다. 그러나 대부분의 실제 축전기에서 방전과 절연 후에 원래의 전하와 같은 종류, 그러나 세기가 약한 새로운 전하가 점진적으로 유발된다. 이것을 잔류 전하라고 부른다. 그러나 우리는 상이한 단순 매질들의 작은 조각의 응집체로 이루어진 매질이 이러한 특성을 가질 것을 알게 된다.

합성 유전체 이론

328] 단순성을 위해 유전체는 단위 면적의 다른 재료의 평면층 여러 겹으로 이루어져 있고 전기력은 층에 수직 방향으로 작용한다고 가정한다.

$a_1, a_2,...$가 상이한 층들의 두께라고 하자.

$X_1, X_2,...$를 층 사이의 총전기력이라고 하자.

$p_1, p_2,...$를 층을 통한 전도로 생기는 전류라고 하자.

$f_1, f_2,...$ 를 전기 변위라고 하자.

$u_1, u_2,...$를 부분적으로는 전도 때문에, 부분적으로는 변위 변화로 생기는 총전류라고 하자.

$r_1, r_2,...$를 단위 부피에 대한 비저항이라고 하자.

$K_1, K_2,...$를 비유도 용량이라 하자.

$k_1, k_2,...$를 비유도 용량의 역수라 하자.

E를 마지막 층에서 첫 번째 층에 이르는 회로(양도체로 가정한다)에 연결된 볼타 전지에서 생기는 기전력이라고 하자.

Q는 이 부분의 회로에서 시각 t까지 흐른 전기량이라고 하자.

R_0은 연결하는 도선과 전지의 저항이라고 하자.

σ_{12}는 첫 번째 층과 두 번째 층을 분리하는 표면 위에 있는 전기 밀도라고 하자.

그러면 첫 번째 층에서 옴의 법칙에 따라

$$X_1 = r_1\, p_1 \tag{1}$$

을 얻는다.

전기 변위의 이론에 의해 다음이 성립한다.

$$X_1 = 4\pi k_1 f_1 \tag{2}$$

전체 저항의 정의에 의해 다음이 성립한다.

$$u_1 = p_1 + \frac{df_1}{dt} \tag{3}$$

그리고 다른 층들에 대해서도 유사한 방정식을 쓸 수 있는데 그 층에 속하는 아래첨자를 갖는 양을 각 식에 넣어주면 된다.

임의의 층의 면밀도를 결정하기 위해 다음 형태의 방정식을 얻는다.

$$\sigma_{12} = f_2 - f_1 \tag{4}$$

그리고 그 변화를 결정하기 위해서

$$\frac{d\sigma_{12}}{dt} = p_1 - p_2 \tag{5}$$

를 얻는다.

(4)를 t에 대해 미분하고 그 결과를 (5)와 같다고 놓으면 다음을 얻는다.

$$p_1 + \frac{df_1}{dt} = p_2 + \frac{df_2}{dt} = u \tag{6}$$

(3)을 참작하면

$$u_1 = u_2 = \ldots = u \tag{7}$$

즉, 전체 전류 u는 모든 층에서 같고 도선과 전지를 통과해 흐르는 전류와 같다.

또한 식 (1)과 (2)에 의해

$$u = \frac{1}{r_1} X_1 + \frac{1}{4\pi k_1} \frac{dX_1}{dt} \tag{8}$$

을 얻고 이것으로부터 u에 대한 역연산에 의해 X_1을 알아낼 수 있다.

$$X_1 = \left(\frac{1}{r_1} + \frac{1}{4\pi k_1} \frac{d}{dt} \right)^{-1} u \tag{9}$$

전체 기전력 E는

$$E = a_1 X_1 + a_2 X_2 + \ldots \tag{10}$$

즉,
$$E = \left\{ a_1 \left(\frac{1}{r_1} + \frac{1}{4\pi k_1} \frac{d}{dt} \right)^{-1} + a_2 \left(\frac{1}{r_2} + \frac{1}{4\pi k_2} \frac{d}{dt} \right)^{-1} + \ldots \right\} u \tag{11}$$

로 이것은 외부 기전력 E와 외부 전류 u 사이의 방정식이다.

k에 대한 r의 비율이 모든 층에 대하여 같다면, 그 방정식은

$$E + \frac{r}{4\pi k} \frac{dE}{dt} = (a_1 r_1 + a_2 r_2 + \ldots) u \tag{12}$$

로 단순해진다. 이것은 이미 326절에서 살펴본 경우로서 우리가 알다시 피 이 경우에는 나머지 전하 현상이 일어나지 않는다.

k에 대한 r의 비가 달라지는 n개의 물질이 있다면, 일반적인 방정식 (11)은 역연산을 제거했을 때 E에 대한 n차, u에 대한 $(n-1)$차 선형 미분 방정식이 되고 t는 독립 변수가 된다.

이 방정식의 형태로부터 상이한 층들의 순서는 무관한 것이 분명하므로 같은 물질로 된 여러 층이 있다면, 현상을 변화시키지 않고 그것들을 하나로 결합된 것으로 간주할 수 있다.

329] 처음에 $f_1, f_2,...$가 모두 0일 때, 기전력 E_0이 갑자기 작용한다고 가정하고 그것의 순간적인 효과를 알아보자.

(8)을 t에 대해서 적분하면

$$Q = \int u\,dt = \frac{1}{n}\int X_1\,dt + \frac{1}{4\pi k_1}X_1 + 상수 \qquad (13)$$

임을 알게 된다.

이제 X_1은 항상 이 경우에 유한하므로, t가 감지할 만하지 않을 정도로 작을 때, $\int X_1\,dt$도 무시할 정도로 작아야 한다. 그리고 X_1이 원래 0 이므로 이 순간적인 효과는

$$X_1 = 4\pi k_1 Q \qquad (14)$$

가 될 것이다.

그러므로 등식 (10)은

$$E_0 = 4\pi\,(k_1 a_1 + k_2 a_2 + ...)Q \qquad (15)$$

이고 C가 이 순간적인 방식으로 측정되는 계의 전기 용량이라면,

$$C = \frac{Q}{E_0} = \frac{1}{4\pi\,(k_1 a_1 + k_2 a_2 + ...)} \qquad (16)$$

이고 이것은 층들의 전도율을 무시했을 때 얻을 결과와 같다.

다음에 기전력 E_0은 무한히 긴 시간 동안 또는 p와 같은 일정한 전도

전류가 계를 통해 흐르게 될 때까지 일정하게 유지된다고 가정하자.

그러면 우리는 $X_1 = r_1 p, ...$ 을 얻게 되고 (10)에 의해

$$E_0 = (r_1 a_1 + r_2 a_2 + ...) p \tag{17}$$

이다. R가 계의 전체 저항이라면

$$R = \frac{E_0}{p} = r_1 a_1 + r_2 a_2 + ... \tag{18}$$

이다. 이 상태에서 (2)에 의해

$$f_1 = \frac{r_1}{4\pi k_1} p$$

일 것이므로

$$\sigma_{12} = \left(\frac{r_2}{4\pi k_2} - \frac{r_1}{4\pi k_1} \right) p \tag{19}$$

가 된다.

이제 작은 저항의 도체로 양끝의 층을 갑자기 연결하면, E는 원래의 값 E_0에서 갑자기 0으로 변화될 것이고 전기량 Q가 그 도체를 통과할 것이다.

Q를 결정하기 위해 X_1'이 X_1의 새 값이라면, (13)에 의해

$$X_1' = X_1 + 4\pi k_1 Q \tag{20}$$

이다. 그러므로 (10)에 의해 $E = 0$이라 놓으면,

$$0 = a_1 X_1 + ... + 4\pi (a_1 k_1 + a_2 k_2 + ...) Q \tag{21}$$

$$즉, \qquad\qquad 0 = E_0 + \frac{1}{C} Q \tag{22}$$

를 얻는다.

그러므로 (16)에 의해 주어진 것처럼 C가 용량인 곳에서 $Q = -CE_0$이다. 그러므로 순간적인 방전량은 순간적인 충전량과 같다.

다음으로 이 방전 후에 즉시 연결이 끊어진다고 가정하자. 그러면 $u=0$이므로 (8)식에 의해 다음을 얻는다.

$$X_1 = X_1{}' e^{-\frac{4\pi k_1}{n}t} \tag{23}$$

여기에서 $X_1{}'$은 방전 후의 초기값이다.

그러므로 임의의 시각 t에서 (23)과 (20)에 의해

$$X_1 = E_0 \left\{ \frac{r_1}{R} - 4\pi k_1 C \right\} e^{-\frac{4\pi k_1}{n}t}$$

를 얻는다.

그러므로 임의의 시각에 E값은

$$= E_0 \left\{ \left(\frac{a_1 r_1}{R} - 4\pi a_1 k_1 C \right) e^{-\frac{4\pi k_1}{n}t} + \left(\frac{a_2 r_2}{R} - 4\pi a_2 k_2 C \right) e^{-\frac{4\pi k_1}{n}t} + ... \right\} \tag{24}$$

이고 임의의 시간 t 이후의 순간적인 방전량은 EC이다. 이것을 잔류 방전이라고 부른다.

k에 대한 r의 비가 모든 층에 대하여 같다면, E의 값은 0이 될 것이다. 그러나 이 비가 같지 않다면, 그 항들을 그 비의 값에 따라 크기가 감소하는 순서로 배열하자.

모든 계수의 합은 분명히 0이므로 $t=0$일 때 $E=0$이다. 그 계수들도 줄어드는 크기 순서로 되어 있고 t가 양수일 때 지수 항도 마찬가지이다. 그러므로 t가 양수일 때 E도 양수일 것이다.[1] 그러므로 잔류 방전량은 항상 1차 방전과 부호가 같다.

t가 무한히 클 때, 층들 중에서 어떤 것이 완전한 절연체가 아니라면 이 경우에 r_1은 이 층에 대하여 무한대이므로 모든 항은 0이 된다. 그리고 R는 전체 계에 대해 무한대이고 E의 마지막 값은 0이 아니라

---

1) {이것은 (24)를

$$E = \frac{E_0 \, 4\pi C}{R} \sum \left[\frac{a_p \, a_q}{r_p \, r_q} \left\{ \frac{k_q}{r_q} - \frac{k_p}{r_p} \right\} \left\{ e^{-\frac{4\pi k_p}{r_p}t} - e^{-\frac{4\pi k_q}{r_q}t} \right\} \right]$$

와 같이 쓰면 더 쉽게 알 수 있다}―톰슨.

$$E = E_0(1 - 4\pi a_1 k_1 C) \qquad (25)$$

이다. 그러므로 층들 전부가 아니라 그중에 일부만이 완전한 절연체일 때, 잔류 방전은 그 계에 영구적으로 보존될 것이다.

330] 다음으로 계의 양끝 층과 영구적으로 연결되어 있는 저항 R_0의 도선을 통과하는 전체 방전량을 결정해 보자.

어떤 순간에

$$E = a_1 r_1 p_1 + a_2 r_2 p_2 + \ldots + R_0 u = 0 \qquad (26)$$

이고 또한 (3)에 의해 $\qquad u = p_1 + \dfrac{df_1}{dt} \qquad (27)$

이다.

그러므로 $\qquad (R + R_0) u = a_1 r_1 \dfrac{df_1}{dt} + a_2 r_2 \dfrac{df_2}{dt} + \ldots \qquad (28)$

이다.

Q를 알기 위해 t에 대하여 이것을 적분하면,

$$(R + R_0) Q = a_1 r_1 (f_1' - f_1) + a_2 r_2 (f_2' - f_2) + \ldots \qquad (29)$$

를 얻는다. 여기에서 f_1은 초기값이고 f_1'은 f_1의 최종값이다.

이 경우에 $f_1' = 0$이고 (2)와 (20)에 의해 $f_1 = E_0 \left(\dfrac{r_1}{4\pi k_1 R} - C \right)$이다.

그러므로 $\quad (R + R_0) Q = -\dfrac{E}{4} \pi R \left(\dfrac{a_1 r_1^2}{k_1} + \dfrac{a_2 r_2^2}{k_2} + \ldots \right) + E_0 C R \qquad (30)$

$$= -\frac{CE_0}{R} \sum \sum \left[a_1 a_2 k_1 k_2 \left(\frac{r_1}{k_1} - \frac{r_2}{k_2} \right) \right] \qquad (31)$$

이다. 여기에서 Σ는 층들의 모든 쌍에 관하여 이런 형태의 모든 양에 대해 취해진다.

이것으로부터 우리는 Q가 항상 음수임을 알 수 있다. 즉, 방전 전류는 계를 충전할 때 사용된 전류와 반대의 방향을 향함을 의미한다.

이 탐구를 통해서 다른 종류의 층들로 구성된 유전체는, 그것을 구성하는 물질들 단독으로는 나타내지 않던 전기 흡수와 잔류 방전으로 알려진 현상을 나타낸다는 것을 알 수 있다. 재료가 층상이 아닌 다른 방식으로 배열된 경우에 대한 고찰은 계산이 더 복잡할지라도 유사한 결과를 낼 것이므로 전기 흡수 현상은, 다른 종류의 부분으로 이루어진 물질들의 경우에, 개별적 부분이 극히 미세할지라도 기대될 것이다.[2]

그러나 이 현상을 나타내는 모든 물질이 그렇게 구성되어 있다는 것이 당연한 귀결은 아니다. 그것은 균질한 물질이 나타낼 수 있는 새로운 종류의 전기 분극일 수도 있고 어떤 경우에는 유전 분극보다 훨씬 더 전기화학적 분극과 유사한 것일 수도 있기 때문이다.

이 탐구의 목적은 소위 전기 흡수의 진정한 수학적 성격을 지적하는 것과 처음에는 유사해 보이는 열 현상과 그것이 얼마나 근본적으로 다른가를 보여주는 것이다.

331] 어떤 물질로 된 두꺼운 판을 취하여 그것의 한 면을 가열하여 그것을 통한 열의 흐름을 만들어낸다. 그런 다음에 갑자기 가열된 면을 다른 면과 같은 온도로 냉각시킨 후 그대로 두면, 그 판의 가열되었던 면은 안쪽에서 나오는 열의 전도에 의해 다른 면보다 더 뜨거워진다.

이제 이것과 거의 흡사한 전기 현상이 유발될 수 있고, 이런 현상이 실제로 전신 케이블에서는 일어나지만, 그것의 수학적 법칙은 열의 경우와 정확하게 일치할지언정 층이 있는 축전기의 경우와는 전적으로 다르다.

열의 경우에는 물질을 가열한 결과로 열이 물질 속으로 실제로 들어

---

2) {로울랜드(Rowland)와 니콜스(Nichols)는 매우 균질한 아이슬란드 섬광석 결정은 전기 흡수를 나타내지 않는다는 것을 입증했다. *Phil. Mag.* 11, p.414, 1881. 무라오카(Muraoka)는 파라핀과 크실롤이 분리되어 있을 때 아무런 잔류 전하가 나타나지 않지만 파라핀의 층 위에 크실롤의 층을 놓으면 그 현상이 나타난다는 것을 보였다. *Wied. Ann.* 40, p.331, 1890}—톰슨.

가는 일이 일어난다. 전기에서 정말로 꼭 닮은 현상을 유발하는 것은 불가능하지만 그것을 강의실 실험의 형태로 다음과 같이 흉내낼 수 있다.

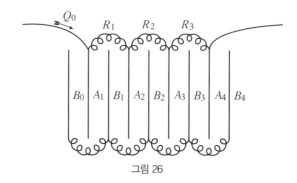

그림 26

A_1, A_2,...가 일련의 축전기의 내부 도체면이고, B_0, B_1, B_2,...가 그것들의 바깥면이라고 하자.

A_1, A_2,...를 저항 R에 의해 직렬로 연결시키고 전류가 이 열(列)을 따라 왼쪽에서 오른쪽으로 지나가게 하자.

먼저 판 B_0, B_1, B_2,...각각이 절연되어 있고 전하를 갖지 않는다고 가정하자. 그러면 각각의 판들 B 위의 전체 전기량은 0으로 유지되어야 한다. 판들 A 위의 전기는 각 경우에 맞은편 면의 전하와 크기가 같고 부호가 반대이므로, 그것들은 전기화되지 않을 것이며 전류의 변화가 관찰되지 않을 것이다.

그러나 판들 B는 모두 서로 연결되어 있거나 접지되어 있다고 하자. 그러면 판들 B의 퍼텐셜이 0인 반면에 A_1의 퍼텐셜은 양이므로, A_1은 양으로 전기화되고 B_1은 음으로 전기화될 것이다.

P_1, P_2,...는 판 A_1, A_2,...의 퍼텐셜이고 C는 각각의 용량이라 하고 전기량이 Q_0과 같은 전기량이 왼쪽에 있는 도선을 타고 오고 Q_1은 연결선 R_1을 타고, Q_2는 연결선 R_2를 타고, Q_3은 연결선 R_3을 타고 흐른다고 가정하고, 이하 마찬가지면, 판 A_1 위에 존재하는 양은 $Q_0 - Q_1$이고 우리는

$$Q_0 - Q_1 = CP_1$$

을 얻는다. 마찬가지로

$$Q_1 - Q_2 = CP_2$$

를 얻고 다른 것들도 마찬가지로 얻을 수 있다.

그러나 옴의 법칙에 의해

$$P_1 - P_2 = R_1 \frac{dQ_1}{dt}$$

$$P_2 - P_3 = R_2 \frac{dQ_2}{dt}$$

를 얻는다.

우리는 C의 값이 각각의 판에 대하여 같다고 가정해 왔다. R의 값이 각각의 도선에 대하여 같다고 가정하면, 다음 형태의 일련의 방정식을 얻게 된다.

$$Q_0 - 2Q_1 + Q_2 = RC \frac{dQ_1}{dt}$$

$$Q_1 - 2Q_2 + Q_3 = RC \frac{dQ_2}{dt}$$

결정될 n개의 전기량이 있고, 전체 기전력 또는 다른 동등 조건이 주어지면, 그것들 중 어느 것을 결정하기 위해 미분 방정식은 선형 n차가 될 것이다.

이런 방식으로 배열된 장치에 의해 발리는 12,000마일 길이의 케이블의 전기 작용을 흉내내는 데 성공했다.

기전력이 왼편 도선을 따라 작용하게 되어 있을 때, 그 계로 흘러들어 가는 전기는 처음에 A_1과 함께 시작되는 상이한 축전기들을 충전하는 데 사용되고 상당한 시간이 경과할 때까지 단지 전류의 매우 적은 양만 이 오른편에 나타난다. 갈바노미터들이 R_1, R_2,...에서 회로에 연결되면,

그것들은 전류에 하나씩 하나씩 영향을 받을 것이다. 같은 눈금을 가리키는 시각 사이의 간격이 오른쪽으로 갈수록 더 커진다.

332] 전신 케이블의 경우[3]에 전도선은 구타페르카나 다른 절연 물질의 원통형 덮개에 의해 바깥의 도체와 분리되어 있다. 그리하여 케이블의 각 부분은 바깥면이 항상 퍼텐셜 0인 축전기가 된다. 그러므로 주어진 케이블의 부분에서 도선의 면에 있는 자유 전기량은 축전기로 생각되는 케이블 부분의 용량과 퍼텐셜을 곱한 것과 같다.

a_1, a_2는 절연 덮개의 바깥쪽 반지름과 안쪽 반지름이고 K는 그것의 비유전 용량이라면, 단위 길이의 케이블의 용량은 126절에 의해

$$c = \frac{K}{2 \log \dfrac{a_1}{a_2}} \tag{1}$$

이다.

v를 도선의 임의의 점에서의 퍼텐셜이라고 하자. 이때 퍼텐셜은 같은 단면의 모든 부분에서 같다고 생각할 수 있다.

Q를 전류가 흐르기 시작한 이후에 그 단면을 통과한 전체 전기량이라고 하자. 그러면 시각 t에 x와 $x+\delta x$에 있는 단면 사이에 존재하는 양은

$$Q - (Q + \frac{dQ}{dx}\,\delta x),\ -\frac{dQ}{dx}\,\delta x$$

이고 이것은 우리가 말한 것에 의해 $cv\delta x$와 같다. 그러므로

$$cv = -\frac{dQ}{dx} \tag{2}$$

이다.

---

3) 전기동역학의 문제는 전신의 발전과 함께 긴밀한 연관성을 가지고 연구되었다. 19세기 후반에 전 세계적 규모의 전신선들이 많이 건설되었고 유지되었으며 효과적인 작동을 위해 많은 연구가 실제적인 전기기사들에 의해 이루어졌고 전기학자들에게 많은 연구의 소재를 제공하기도 했다. 전기의 표준 단위의 제정의 필요성을 강력하게 제기한 것도 전신산업이었고 그에 따라 영국 과학진흥협회의 표준이 만들어졌다—옮긴이.

다시 임의의 단면에서 기전력은 $-\dfrac{dv}{dx}$이고 옴의 법칙에 의해

$$-\frac{dv}{dx} = k\,\frac{dQ}{dt} \tag{3}$$

가 성립한다. 여기에서 k는 단위 길이의 도체의 저항이고 $\dfrac{dQ}{dt}$는 전류의 세기다. (2)와 (3) 사이에 Q를 제거하면,

$$ck\,\frac{dv}{dt} = \frac{d^2 v}{dx^2} \tag{4}$$

를 얻는다.

이것은 케이블의 임의의 점에서 임의의 순간에 퍼텐셜을 얻기 위해서 풀어야 하는 편미분 방정식이다. 이것은 열(熱)이 수직 방향으로 흐르는 층의 임의의 점에서 온도를 결정하기 위해 푸리에가 제시한 방정식과 동일하다. 열의 경우에 c는 단위 부피의 용량을 나타내거나 푸리에가 CD로 지칭한 것이고 k는 전도율의 역수를 나타낸다.

덮개가 완전한 절연체가 아니고 k_1이 덮개를 통한 반지름 방향의 전도에 대한 덮개의 단위 길이당 저항이고 ρ_1이 절연 재료의 비저항이라면,

$$k_1 = \frac{1}{2\pi}\,\rho_1 \log_e \frac{a_1}{a_2} \tag{5}$$

을 보이는 것은 쉽다.

방정식 (2)는 더 이상 성립하지 않는다. 왜냐하면 전기는 도선을 cv로 표시되는 범위까지 도선을 충전시킬 뿐 아니라 v/k_1로 표시되는 율로 달아나기 때문이다. 그러므로 전기의 소모율은

$$-\frac{d^2 Q}{dxdt} = c\,\frac{dv}{dt} + \frac{1}{k_1}\,v \tag{6}$$

가 될 것이고 이것과 (3)과의 비교에 의해

$$ck\,\frac{dv}{dt} = \frac{d^2 v}{dx^2} - \frac{k}{k_1}\,v \tag{7}$$

를 얻는다. 그리고 이것은 푸리에가 제시한 것과 같은 막대나 고리의 열

전도 방정식이다.[4]

333] 높은 퍼텐셜로 올려진 물체가, 마치 전기가 그 안에 압축되듯이, 그 물질의 구석구석까지 전기화된다면, 우리는 바로 이 형태의 방정식에 도달해야 한다. 이 방정식의 적절성에 대한 실재적 근거가 의심받기 오래전에, 바로 옴(G.S. Ohm)이 전기와 열의 유비에 의해 오도(誤導)되어 이런 견해를 받아들였고 잘못된 견해에 의해 푸리에 방정식을 긴 도선을 통한 전기 전도의 진정한 법칙을 표현하는 데 사용했던 것이다.

유전체의 성질의 역학적 예시[5]

334] 동일한 단면적의 다섯 개의 관 A, B, C, D, P가 그림처럼 회로에 배열되어 있다. A, B, C, D는 수직으로 놓여 있고 길이가 같으며 P는 수평으로 놓여 있다. A, B, C, D의 하반부는 수은으로 채워져 있고 그것들의 상반부와 P는 물로 채워져 있다.

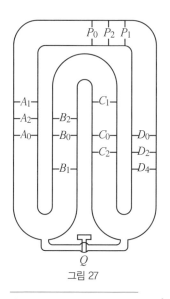

그림 27

콕 Q가 달린 튜브가 A와 B의 아랫부분과 C와 D의 아랫부분에 연결되어 있고 피스톤 P가 수평관에서 미끄러지게 되어 있다.

네 개의 관에 있는 수은의 높이가 같고 그것의 높이를 A_0, B_0, C_0, D_0으

---

4) *Théorie de la Chaleur*, 105절.

5) 전기 현상을 이해하기 위한 이러한 역학적 유비는 맥스웰과 그의 추종자들에 의해 계속 시도된다. 자연계의 통일성에 대한 믿음과 현상에 대한 역학적 이해 가능성에 대한 믿음이 이러한 시도를 계속적으로 불러내었다. 그러나 이러한 유비가 실재하는 자연이 그러한 메커니즘을 갖는다는 믿음을 이들이 가지고 있었음을 보여주지는 않는다. 맥스웰은 유비를 사용하면서 현상의 유사성과 차이점에 동시에 관심을 기울였다―옮긴이.

로 나타내고 피스톤은 P_0에 있고 콕 Q는 닫혀 있다고 가정함으로써 시작하자.

이제 피스톤이 P_0에서 P_1로 거리 a만큼 움직인다고 하자. 그러면 모든 관의 단면적은 같으므로 A와 C에 있는 수은은 각각 A_1과 C_1로 거리 a만큼 올라갈 것이고 B와 D에 있는 수은은 B_1과 D_1로 거리 a만큼 내려갈 것이다.

피스톤의 양쪽에 미치는 압력 차이는 $4a$로 나타낼 수 있다.

이 배열은 기전력 $4a$가 작용하는 유전체의 상태를 나타내는 데 도움이 된다.

관 D에 있는 물의 초과분은 유전체의 측면에 있는 양전하를 나타내고 관 A에 있는 수은의 초과분은 다른 측면의 음전하를 나타낼 수 있다. 그러면 D 옆에 있는 P 안의 압력의 초과분은 유전체의 양의 측면의 퍼텐셜의 초과분을 나타낸다.

피스톤이 자유롭게 움직인다면, 그것은 P_0까지 움직일 것이고 거기에서 평형을 이룰 것이다. 이것은 유전체의 완전한 방전을 나타낸다.

방전 동안 전체 관 구석구석에서 액체의 역운동이 있다. 이것은 유전체에서 일어난다고 가정된 전기 변위의 변화를 나타낸다.

어떤 장소에도 전기의 실제 축적이 없다는 모든 전기 변위의 특성을 나타내기 위해 나는 관(管)의 계(系)의 모든 부분이 비압축성의 액체로 채워져 있다고 가정했다.

이제 피스톤 P가 P_1에 있는 동안 콕 Q를 여는 효과를 고려해 보자.

A_1과 D_1의 높이는 변하지 않고 유지되지만 B와 C의 높이는 같아져 B_0와 C_0와 일치할 것이다.

콕 Q를 여는 것은 약간의 전도능을 가졌으나 전체 유전체를 통과하지는 않아 열린 통로를 형성하지 않는 유전체 부분의 존재에 해당한다.

유전체의 양쪽 편 위의 전하는 절연된 채로 남아 있지만 퍼텐셜의 차는 줄어든다.

사실상, 피스톤의 양쪽면에 미치는 압력의 차이는 유체가 Q를 통과하는 동안 $4a$에서 $2a$로 줄어든다.

이제 콕 Q를 닫고 피스톤 P가 자유롭게 움직이게 두면, 그것은 P_2에서 평형을 이루게 될 것이고 겉보기에 감하량(減荷量)[6]은 단지 부하량(負荷量)[7]의 절반뿐일 것이다. A와 B에서 수은의 높이는 원래의 높이보다 $\frac{1}{2}a$가 높을 것이고 관 C와 D에서 높이는 원래의 높이보다 $\frac{1}{2}a$가 낮을 것이다. 이것은 A_2, B_2, C_2, D_2가 높이로 나타나 있다.

이제 피스톤을 고정하고 콕을 열면, 수은이 B에서 C까지 흘러 두 관의 수은의 높이가 B_0, C_0이 된다. 그러면 피스톤 P의 양쪽의 압력차는 a가 될 것이다. 그다음에 콕을 닫고 피스톤 P를 자유롭게 움직이게 두면, 이것은 다시 P_2와 P_0의 중점인 점 P_3에서 평형을 이루게 될 것이다. 이것은 대전된 유전체가 처음에 방전되고 나서 그냥 두었을 때 관찰되는 잔류 방전에 해당한다. 그것은 점차 충전의 부분을 회복하고 이것이 다시 방전되면, 세 번째 충전이 형성되고 연속적인 방전은 양이 줄게 된다. 예시 실험의 경우에 각 부하량(충전량)은 이전 것의 절반이고 감하량(방전량)은 원래의 부하량의 $\frac{1}{2}$, $\frac{1}{4}$,... 로 수열을 이루며 그 수열의 합은 원래의 부하량과 같아진다.

콕을 열고 닫는 대신에 전체 실험 동안 그것을 거의, 그러나 완전히는 아니게 닫아두었다면, 완전한 절연체라서 '전기 흡수'라는 현상을 나타내는 유전체의 전기화를 닮은 경우를 얻었을 것이다.

유전체를 통한 실제 전도가 있는 경우를 나타내기 위해서는 피스톤을 새게 만들거나 관 A의 꼭대기와 관 D의 꼭대기 사이에 연락이 이루어지게 해야 한다.

이러한 식으로 우리는 임의의 종류의 유전체의 특성의 역학적 예시

---

6) 전기의 경우에는 방전량에 해당한다. 영어로는 모두 'discharge'로 표현된다—옮긴이.

7) 전기의 경우에는 충전량에 해당한다. 영어로는 모두 'charge'로 표현된다—옮긴이.

를 구성할 수 있다. 여기에서 두 가지 전기가 두 가지 실재하는 유체로 표시되고 전기 퍼텐셜은 유체 압력으로 나타난다. 충전과 방전은 피스톤 P의 운동으로 나타나고 기전력은 피스톤에 미치는 합력으로 나타난다.

제11장 전기 저항의 측정

335] 무게의 결정이 화학에서 기본적인 작업이듯이 전기 과학의 현 상태에서 도체의 전기 저항의 결정은 전기학의 기본적 작업이다.

그 이유는 다른 전기와 관련된 크기들, 가령 전기량, 기전력, 전류 등의 절대 척도를 결정하기 위해서는 많은 경우에 일반적으로 시간의 관찰, 거리의 측정, 관성 모멘트의 결정 등 일련의 복잡한 작업이 필요하다. 이 작업들은——또는 적어도 그중 일부는——매번 새롭게 결정할 때마다 반복되어야 한다. 왜냐하면 단위 전기 또는 단위 기전력, 단위 전류를 직접적인 비교가 가능하도록 불변의 상태로 유지하는 것은 불가능하기 때문이다.

적절하게 선택된 재료를 써서 적절하게 모양을 갖춘 도체의 전기 저항이 한번 결정되었을 때, 그것은 같은 온도에서 항상 동일하게 유지된다는 것이 알려졌다. 그러므로 그 도체는 다른 저항과 비교하기 위한 저항의 표준으로 사용될 수 있다. 그리고 두 저항의 비교는 극도의 정확성을 확보할 수 있는 작업이다.

전기 저항의 단위가 확정되었을 때, 이 단위의 물질적 복제품들은 전기학자들이 사용할 수 있도록 '저항 코일'의 형태로 준비되어 있다. 그러므로 세계 각처에서 전기 저항은 같은 단위에 의해 표현될 수 있다. 이 단위 저항 코일은 현재로서는 측정의 목적으로 보존되고 복제되고, 사용될 수 있는 물질적 전기 표준의 유일한 예이다.[1] 역시 매우 중요한 전기 용량의 척도는 전기 흡수의 교란적 영향 때문에 아직도 결함이 있다.

336] 저항의 단위는 완전히 임의적인 것일 수 있다. 가령, 야코비(Jacobi)[2]의 에탈론(etalon)의 경우는 22.4932그램의 무게, 7.61975미터의 길이, 0.667밀리미터의 지름을 갖는 구리선이었다. 이것의 복제품들은 라이프치히의 라이저(Leyser)에 의해 만들어졌고 여러 곳에 보급되어 있다.

다른 방법에 의하면, 그 단위는 일정한 치수의 일정한 물질의 부분의 저항으로 정의할 수 있다. 그러므로 지멘스(Siemens)[3]의 단위는 1미

---

1) {기전력의 표준으로서 클라크 셀은 이제 이 진술의 예외라고 주장할 수 있다}—톰슨.
2) 독일의 물리학자인 야코비(Moritz Hermann Jacobi, 1801~74)는 괴팅겐 대학에서 건축을 공부했고 1835년에 도르파트 대학에서 토목공학 교수가 되었다. 1837년에 상트페테르부르크의 러시아 과학 아카데미 회원이 되었다. 특히 전기 분야에서 많은 기여를 했는데 그중에서 전동기의 고안(1834~38), 전기도금법의 고안(1840), 전기 지뢰의 발명(1844), 표준 전기 저항기의 제작(1848), 전기 저항 측정법의 확립(1857) 등이 두드러진다. 그가 제작한 표준 저항인 에탈론(etalon)은 1848년에 각처의 물리학자들에게 배포되었지만 당시에는 이러한 표준 저항을 실제적으로 사용해야 할 필요가 별로 없었기에 널리 활용되지는 않았다—옮긴이.
3) 독일의 전기 공학자인 지멘스(Ernst Werner von Siemens, 1816~92)는 어려서부터 과학에 큰 관심이 있었지만 집안 형편이 어려워 프로이센 포병 및 공병 학교에서 장교 후보생이 되어 수학, 물리학, 화학을 배웠다. 그는 장교로 근무하면서 과학을 발명에 응용하는 연구를 수행하여 개선된 금은도금법을 개발해 냈다. 그 과정에 대한 특허는 그의 동생 빌헬름에 의해 1843년에 영국에서 팔렸다. 그 후 베를린으로 전근한 지멘스는 마그누스의 그룹과 교류하며 전신 체계의 개발에 박차를 가했다. 1847년에 그는 베를린 대학의 과학 기구 제작자인 할스케와 함께 전신 회사를 차리고 전신 체계의 제작과 판매를 시작했다. 러시아에서의 사업 확장에 성공함으로써 돈을 번 그는 해저 전신 연구에 돌입하여 영국 해저 전신 과학 고문이 되었다. 지멘스는 첫 해저 전신 설치선 패러데이호의 설계를 도왔고 이 배는 1875년 이후 10년간 대서양에 5개의 전신 케이블을 설치했다. 더 대단한 치적은 1870년에 완료된 인도-유럽 간 전신 가설이었다. 지멘스는 실용화 가능한 발전기의 원리를 발견했으며 과학적 표준의 확립에도 관심이 많아 표준 저항기를 제작했으며 널리 쓰이는 갈바노미터를 설계하기도 했다. 그는 과학 연구 없이는 국가의 힘은 확보될 수 없다는 주장을 하며 재정적 지원을 하여 1887년에 제국물리기술연구소(PTR)가 설립되게 했다—옮

터의 길이, 1제곱 밀리미터의 단면적을 갖는 수은주의 0℃에서의 저항
으로 정의되어 있다.

337] 마지막으로 그 단위를 정전기 단위계 또는 전자기 단위계와 비
교하여 정의할 수 있다. 실제적으로 전자기 단위계는 모든 전신 작업에
서 사용되며 실제로 사용되는 유일한 체계적 단위들도 이 계의 단위들
뿐이다.

적당한 곳에서 보여주겠지만 전자기 단위계에서 저항은 속도 차원의
양이므로 속도로 표현할 수 있다. 628절을 보라.

338] 이 계에 따른 첫 번째 측정은 베버에 의해 이루어졌다. 그는 단
위로 mm/s를 사용했다. W. 톰슨은 나중에 단위로 ft/s를 사용했지만
많은 수의 전기학자들은 이제 영국 과학진흥협회의 단위를 사용하는 데
동의했다. 그것은 속도로 표현하여 1,000만 m/s의 저항을 나타내는 것
으로 선포되었다. 이 단위의 크기는 너무 작은 베버 단위의 크기에 비해
더 편리하다. 종종 우리는 그것을 B.A. 단위라고 부르지만, 그것을 저항
의 법칙의 발견자의 이름에 연결시키기 위해 우리는 그것을 옴(Ohm)
이라고 부른다.

339] 절대 척도로 그 값을 생각해내기 위해 1,000만 미터는 파리를
지나는 자오선을 따라서 측정된 극에서 적도까지의 거리임을 아는 것이
유용하다. 그러므로 1초 동안 그 자오선을 따라 극에서 적도까지 움직
이는 물체는 전자기 단위계에서 1옴으로 나타내기로 공포한 속도를 가
질 것이다.

더 정확한 연구에 의해 영국 협회의 물질 표준으로부터 구성된 옴이
실제로 이 속도를 나타내지 않는다는 것이 입증된다면, 전기학자들은
표준을 변경하지 않을 것이며 수정치를 제시할 것이라고 나는 공언한
다.[4] 같은 방식으로 미터는 지구 4분호의 1,000만분의 1로 공포되어 있

긴이.

4) {레일리 경과 시지윅(Sidgwick) 부인의 실험은 영국 협회 단위가 초당 지구 사
분원의 0.9867배이어서 의도했던 것보다 거의 1.3% 정도 작다는 것을 보였다.

고 이것이 정확히 옳지는 않다는 것이 밝혀져 있지만 미터의 길이는 변경되지 않았고 지구의 크기는 덜 간단한 수치로 표현되고 있다.

영국 협회의 단위계에 따르면, 그 단위의 절대치는 전자기 단위계에서 유도된 양을 가능한 한 가깝게 나타내기 위해 원래 선택되어 있다.

340] 이 절대량을 나타내는 물질 단위가 만들어졌을 때, 다른 표준들은 이 단위를 복제함으로써 제작되었다. 이 과정은 극도의 정확성을 확보할 수 있는 것으로 표준 피트로부터 피트 자[尺]를 복제하는 것보다 훨씬 더 정확하다.

가장 내구적인 재료로 만든 이 복제품들은 전 세계 도처에 배포되어 있어서 원래의 표준이 분실된다 하더라도 그것들의 복제품을 얻는 데 아무런 어려움이 없을 것으로 보인다.

그러나 지멘스의 단위 같은 것들은 큰 힘을 들이지 않고도 상당한 정확성을 확보하여 다시 제작할 수 있다. 그러므로 비록 복제법(method of copying)보다는 힘이 훨씬 더 많이 들고 정

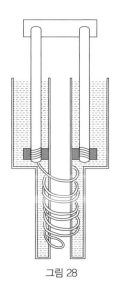

그림 28

확성은 훨씬 떨어지지만, 옴과 지멘스 단위의 관계가 알려져 있으므로, 옴은 복제할 표준을 갖고 있지 않을 때조차 재생될 수 있다.[5]

마지막으로 옴은 원래 결정된 전자기적 방법에 의해 재생될 수 있다. 초진자로부터 피트를 결정하는 것보다 상당히 힘이 더 드는 이 방법은

파리 전기학자 회의는 1884년에 새로운 저항의 단위로 '법정(法定) 옴'을 채택했다. 그것은 106cm의 길이에 $1mm^2$의 단면적을 갖는 0℃의 수은주의 저항으로 정의된다―톰슨.

5) 지멘스의 표준은 전신 기사들이 사용하기에 적당한 크기를 가지고 있었으나 임의적인 단위 중 하나였다. 이에 비해 1865년에 영국 과학진흥협회에서 공포된 저항의 표준인 옴은 열역학에서 널리 채용되고 있었던 에너지와 일의 보편적 단위와 조화를 이루는 단위였다. 영국 협회의 단위는 지멘스의 표준과 경쟁을 벌여 결국 승리하게 된다―옮긴이.

방금 언급된 방법보다 정확성이 떨어진다. 한편, 전기 과학의 진보에 상응하는 정확성을 가지고 옴에 의해 전자기 단위를 결정하는 것은 매우 중요한 물리 연구이며 반복될 가치가 충분히 있다.

옴을 나타내기 위해 제작된 실제 저항 코일들은 은과 백금을 2:1의 비율로 합금하여 지름 5 내지 8밀리미터, 길이 1 내지 2미터로 제작되었다. 이 도선들은 굵은 구리 전극에 납땜되었다. 그리고 도선 자체를 두 층의 명주로 덮었고 고체 파라핀으로 덮은 후, 얇은 놋쇠 케이스에 집어넣어 저항이 정확하게 1옴이 되는 온도로 쉽게 보낼 수 있도록 했다. 이 온도는 코일의 절연 지지물 위에 새겨져 있다.(그림 28을 보라.)

저항 코일의 형태에 대하여

341] 저항 코일은 알려진 저항을 볼타 회로에 삽입하기 위해서 쉽게 연결될 수 있게 만든 도체이다.

코일의 끝인 전극은 연결 방식에 의해 감지할 수 있을 정도의 오차가 발생하지 않도록 만들어야 한다. 상당한 크기의 저항을 위하여 전극을 굵은 구리선이나 구리 막대로 만들어 끝부분을 수은으로 잘 아말감해서 수은컵에 담겨 있는 평평한 아말감된 구리면에 꽉 압박시킨 것으로 충분하다.

매우 큰 저항을 위하여 전극은 두꺼운 놋쇠 조각이어야 하고 놋쇠나 구리 쐐기를 그것들 사이의 간격에 끼워 넣어 연결시키는 것으로 충분하다. 이 방법은 매우 편리하다는 것이 알려져 있다.

저항 코일 자체는 도선을 명주로 잘 감싸고 견고하게 전극에 납땜하여 만들어진다.

코일은 그 온도를 쉽게 관찰할 수 있도록 배열해야 한다. 이 목적을 위해 도선은 관 위에 감고 또 하나의 관으로 덮어 물그릇 속에 넣을 수 있게 했다. 그리고 물이 코일의 안과 밖에 닿을 수 있게 했다.

코일에서 전류의 전자기적 효과를 피하기 위해 도선을 먼저 반으로 접은 후에 관 위에 감는다. 그러면 코일의 모든 부분에서 크기가 같고 방향이 반대인 전류가 이웃하는 도선의 부분에서 생기게 된다.

두 코일을 같은 온도로 유지하는 것이 바람직할 때 도선들을 나란히 놓고 함께 감는다. 이 방법은 휘트스톤 브리지의 동일한 팔들의 경우처럼 저항의 절대치를 알기보다는 저항을 같게 하는 것이 중요할 때 특히 유용하다.

저항의 측정이 최초로 시도되었을 때 절연 물질의 원통 둘레에 낸 나선형 홈에 감은 피복 없는 도선으로 이루어진 저항 코일이 많이 사용되었다. 그것은 가감저항기(rheostat)라고 불렀다. 저항을 비교할 때 확보될 수 있다고 알려진 정확성은, 접촉이 가감저항기에서 얻어질 수 있는 것보다 완전하지 않은 기구를 사용할 때는 확보되지 않는다는 것이 곧 알려졌다. 그러나 가감저항기는 정확한 측정이 요구되지 않는 저항의 조절을 위해 여전히 사용된다.

저항 코일은 저항이 가장 크고 온도에 따른 변화가 가장 적은 금속으로 만들어진다. 독일 은(銀)이 이 조건을 가장 잘 충족시키지만 그것 중 어떤 시료는 수년이 지나면 그 특성이 변하는 것이 알려져 있다. 그러므로 표준 코일을 위해 몇 가지 순수한 금속과 함께 백금(白金)-은(銀)의 합금이 사용되어 왔고 이것들의 상대적 저항은 수년 동안 현대적인 정확성의 한계까지는 일정하다는 것이 알려졌다.

342] 수백 만 옴같이 매우 큰 저항을 위해서는 도선은 매우 길거나 가늘어야 하고 코일의 제작은 돈이 많이 들고 어렵다. 그리하여 텔루르(tellurium)와 셀렌(selenium)[6]이 큰 저항의 표준을 제작하기 위한

---

6) 원소 텔루르(Te, 원자번호 52)는 1798년에 클라프로트가 발견했다. 텔루르는 자연계에 백만분의 1%밖에 있지 않으며 흔히 금, 은, 구리, 납, 수은 등 중금속과 화합물의 형태로 산출된다. 그것의 성질은 황과 비슷하나 썩은 무 냄새가 난다. 비금속이지만 전기를 잘 통과시키며 압력을 가하면 전도도가 더 커진다. 셀렌(Se, 원자번호 34)은 연금술사들에게 붉은황으로 알려졌지만 1817년에 베르셀리우스가 원소임을 발견했다. 그 성질은 텔루르와 매우 유사하며 역시 썩은 무 냄새를 풍긴다. 텔루르가 지구를 의미하므로 셀렌은 달에서 그 이름을 따왔다. 붉은 유리의 제조에 쓰이며 전기 전도도가 강한 빛에서 증가하는 성질을 갖

재료로 제안되었다. 그리고 매우 독창적이고 쉬운 제작법이 최근에 필립스(Phillips)에 의해 제안되었다.[7] 그것은 한 조각의 에보나이트나 간유리 위에 미세한 연필선을 그린 것이다. 이 흑연 세선(細線)의 끝은 금속 전극에 연결되어 있고 그 전체가 절연 니스에 덮여 있다. 그러한 연필선의 저항이 일정하게 유지되는 것이 발견되면 그것은 수백만 옴의 저항을 얻는 가장 좋은 방법이 될 것이다.

343] 저항 코일을 쉽게 회로에 연결할 수 있는 다양한 배열이 있다. 가령, 저항이 1, 2, 4, 8, 16,...으로 2의 거듭제곱에 따라 배열된 일련의 코일들을 일렬로 하나의 상자 속에 넣어둔다.

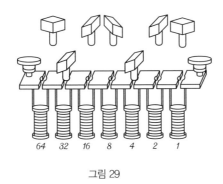

64   32   16   8   4   2   1

그림 29

전극들은 상자 밖에 배열된 두툼한 놋쇠판으로 이루어져 있는데 분로(分路)로서 놋쇠판 둘의 사이에 놋쇠 마개나 쐐기를 끼워 넣음으로써 해당하는 코일이 회로에서 끊어지게 되어 있다. 이 배열은 지멘스에 의해 도입되었다.

전극 사이의 각 간격에는 해당 코일의 저항이 표시되어 있어 가령, 상자 안의 저항을 107로 만들기를 원하면 107은 64+32+8+2+1, 즉 2진법으로는 1101011로 표현될 수 있으므로 쐐기를 64, 32, 8, 2, 1에 해

기 때문에 이를 이용한 광전기 기구에 사용된다―옮긴이.
7) *Phil. Mag.* July, 1870.

당하는 구멍에서 뽑고 16과 4 안의 쐐기는 남겨둔다.

2진법에 기초한 이 방법은 가장 적은 수의 분리된 코일이 요구되는 방법이고 가장 쉽게 검사할 수 있는 방법이다. 왜냐하면 1에 해당하는 또 하나의 코일이 있다면, 1과 1′의 특성을 검사할 수 있고 그러면 1+1′과 2의 특성을 검사할 수 있고 그다음에는 1+1′+2와 4 등등의 특성을 검사할 수 있기 때문이다.

이 배열의 유일한 결점은 10진법으로 모든 수를 표현하는 사람들에게 일반적으로 친숙하지 못한 2진 표시법에 친숙해지기를 요구한다는 점이다.

344] 저항 코일 상자를 저항을 측정하는 대신에 전도율을 측정하는 목적으로 다르게 배열할 수 있다. 각 코일의 한 끝이 상자의 전극 중 하나인 길고도 두꺼운 금속 조각과 연결되어 있다.

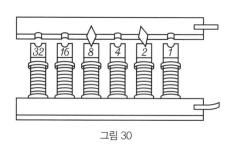

그림 30

상자의 다른 전극은 긴 놋쇠판으로 놋쇠 쐐기를 그것과 코일의 전극 사이에 꽂음으로써 놋쇠판은 주어진 코일의 세트를 통해 첫 번째 전극과 연결되게 되어 있다. 그러면 상자의 전도율은 코일의 전도율의 합이 된다.

그림에서 코일의 저항이 1, 2, 4,....이고 쐐기는 2, 8에 꽂혀 있다. 이때 상자의 전도율은 $\frac{1}{2} + \frac{1}{8} = \frac{5}{8}$ 이고 상자의 저항은 , 즉 1.6이다.

저항 코일을 작은 저항의 측정을 위해 결합하는 이 방법은 겹호 방법이라는 이름으로 톰슨 경에 의해 소개되었다. 276절을 보라.

저항의 비교에 관하여

345] E가 전지의 기전력이고 R가 전류 측정에 사용되는 갈바노미터

를 포함하는 연결물들과 전지의 저항이이라고 하자. 전류의 세기는, 전지 연결물들이 닫혀 있을 때는 I이고, 추가적인 저항 r_1, r_2가 회로에 삽입되었을 때는 각각 I_1, I_2라면, 옴의 법칙에 의해

$$E = IR = I_1(R + r_1) = I_2(R + r_2)$$

가 성립한다.

전지의 기전력 E와 전지의 저항 R를 소거하면, 옴의 공식

$$\frac{r_1}{r_2} = \frac{(I - I_1)I_2}{(I - I_2)I_1}$$

를 얻는다. 이 방법은 I, I_1, I_2의 측정을 요구하고 이것은 절대 측정을 위해 눈금을 매긴 갈바노미터에 해당한다.

저항 r_1, r_2가 같으면 I_1과 I_2가 같고 전류의 비를 결정할 수 없는 갈바노미터에 의해 전류의 동등성을 검사할 수 있다. 그러나 이것은 오히려 전류를 결정하는 실제적인 방법이라기보다는 잘못된 방법의 예로 간주할 수 있다. 기전력 E는 정확하게 상수로 유지될 수 없고 전지의 내부 저항도 극히 가변적이어서 이것을 짧은 시간 동안이라도 상수로 가정하는 어떤 방법도 믿을 만하지 않다.

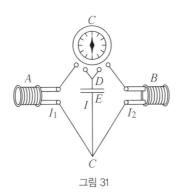

그림 31

346] 저항의 비교는 두 방법에 의해 극히 정확하게 이루어질 수 있다. 그중에서 한 방법은 R와 E의 변화에 무관한 결과를 내놓는다.

이 방법 중 첫 번째 것은 차분 갈바노미터(differential galvano-meter)의 사용에 의존한다. 이 기구에는 두 코일이 있고 전류는 서로 독립적이어서 전류가 반대 방향으로 흐르게 되어 있을 때 그것들은 바늘에 대하여 반대 방향으로 작용하고 이 전류의 비가 $m : n$일 때, 갈바노미터의 바늘에 아무런 순효과도 발휘하지 않는다.

I_1, I_2가 갈바노미터의 두 코일을 타고 흐르는 전류라고 하자. 그러면 바늘의 편향은

$$\delta = mI_1 - nI_2$$

로 쓸 수 있다.

이제 전지 전류 I가 갈바노미터의 코일 사이에서 나누어지게 하고 저항 A, B가 각각 첫 번째 코일과 두 번째 코일에 삽입되었다고 하자. 코일과 그것의 연결물들의 저항을 각각 α, β라고 하고 전지의 저항과 C, D사이의 연결물의 저항을 r라고 하고 그 기전력을 E라 하자.

옴의 법칙에 의해 C, D 사이의 퍼텐셜의 차이는

$$I_1(A + \alpha) = I_2(B + \beta) = E - Ir$$

이고 $$I_1 + I_2 = I$$

이므로

$$I_1 = E\frac{B + \beta}{D}, \ I_2 = E\frac{A + \alpha}{D}, \ I = E\frac{A + a + B + \beta}{D},$$

이다. 여기에서 $$D = (A + \alpha)(B + \beta) + r(A + \alpha + B + \beta)$$

이다.

그러므로 갈바노미터의 바늘의 편향은

$$\delta = \frac{E}{D}\{m(B + \beta) - n(A + \alpha)\}$$

이다. 만약 관찰 가능한 편향이 없다면 괄호 { } 안의 양이 전지의 전력, 배열의 적합성, 갈바노미터의 민감성, 관찰자의 정확성에 의존하는 작

은 양보다 많이 0에서 벗어날 것임을 알 수 있다.

B를 조절하여 겉보기 편향이 없게 했다고 가정하자. 이때 또 다른 도체 A'으로 A를 대신하고 A'을 조절해 겉보기 편향이 없게 하자. 그러면 1차 근사에 의해 분명히 $A'=A$이다.

이 추정의 정확도를 확인하기 위해 두 번째 관찰에서 반영된 양에 프라임을 붙이면,

$$m(B+\beta) - n(A+\alpha) = \frac{D}{E}\delta$$

$$m(B+\beta) - n(A'+\alpha) = \frac{D'}{E'}\delta'$$

이다. 그러므로

$$n(A'-A) = \frac{D}{E}\delta - \frac{D'}{E'}\delta'$$

이다.

δ와 δ'이 둘 다 분명히 0이 아니고 다만 서로 같다는 것이 관찰되었다면, $E=E'$이라고 주장할 수 없을 때 등식의 우변은 0이 아닐 것이다. 사실상 그 방법은 단지 앞서 서술한 방법을 수정한 것일 뿐이다.

그 방법의 장점은 관찰할 것이 편향의 부재라는 사실, 즉 이 방법은 영(零) 방법이라는 것이다. 여기에서 힘의 부재는 힘의 어떤 작은 양만큼 0에서 벗어났다면 관찰 가능한 효과를 냈을 것이라는 관찰로부터 주장되는 것이다.

영 방법은 사용될 때 큰 가치를 지니지만 단지 두 개의 크기가 같고 방향이 반대인 양을 함께 실험에 개입시킬 수 있는 경우에만 사용될 수 있다.

앞의 경우에 δ와 δ'은 관찰하기에는 너무 작은 양이어서 E값의 어떤 변화가 결과의 정확성에는 영향을 미치지 않을 것이다.

이 방법의 실제 정확도는 A'을 따로 조절하고 각각의 관찰 결과를 전체 계열의 평균과 비교함으로써 확인할 수 있다.

그러나 A 또는 B에, A 또는 B의 100분의 1과 같은 추가적 저항을 끼워 넣는 것처럼, A'을 알려진 양만큼 조절 상태에서 벗어나게 하고 갈바노미터의 결과적 편향을 관찰함으로써 우리는 1%의 오차에 해당하는 도수(度數)를 추정할 수 있다. 실제 정밀도를 알기 위해 우리는 관찰에서 놓치지 않을 가장 작은 양을 추정하고 그것을 1%의 오차에서 생기는 편향과 비교해야 한다.

비교가[8] A와 B 사이에 이루어지고 A와 B의 자리가 바뀌면 두 번째 방정식은

$$m(A + \beta) - n(B + \alpha) = \frac{D'}{E}\delta'$$

이 되고 이것으로부터

$$(m + n)(B - A) = \frac{D}{E}\delta - \frac{D'}{E'}\delta'$$

이다.

m과 m, A와 B, α와 , E와 E' 각각 모두 근사적으로 같다면 다음이 성립한다.

$$B - A = \frac{1}{2nE}(A + \alpha)(A + \alpha + 2r)(\delta - \delta')$$

여기에서 $\delta - \delta'$은 갈바노미터의 가장 작은 관찰 가능한 편향으로 잡을 수 있다.

갈바노미터의 도선이 질량을 유지한 채 더 길어지고 더 가늘어지면 이 도선의 길이에 비례하고 α는 도선의 길이의 제곱에 비례할 것이다. 그러므로 $\dfrac{(A + \alpha)(A + \alpha + 2r)}{n}$ 의 최솟값은

$$\alpha = \frac{1}{3}(A + r)\left\{2\sqrt{1 - \frac{3}{4}\frac{r^2}{(A + r)^2}} - 1\right\}$$

---

8) 이 고찰은 갈바노미터 측정법에 관한 베버(Weber)의 논문에서 따왔다. *Göttingen Transactions*, 10, p.65.

일 때 얻어진다.

전지 저항 r이 A와 비교해서 무시할 만하다고 가정하면,

$$\alpha = \frac{1}{3} A$$

즉, 갈바노미터의 각 코일의 저항은 측정되는 저항의 3분의 1이다.

그러면

$$B - A = \frac{8}{9} \frac{A^2}{nE} (\delta - \delta')$$

임을 알게 된다.

전류를 갈바노미터의 코일 중 하나에만 흐르게 하고 그것에 의해 유발되는 편향이 $\triangle$이라면(편향이 편향력에 정확하게 비례한다고 가정할 때)

$$\triangle = \frac{nE}{A + \alpha + r}$$

$r = 0$ $\alpha = \frac{1}{3} A$이면 $\qquad = \frac{3}{4} \frac{nE}{A}$

이다. 그러므로 $\qquad \dfrac{B - A}{A} = \dfrac{2}{3} \dfrac{\delta - \delta'}{\triangle}$

이다.

차분 갈바노미터에서 두 전류는 늘어뜨린 바늘 위에 크기가 같고 방향이 반대인 효과를 내게 되어 있다. 전류가 바늘에 미치는 힘은 전류의 세기뿐 아니라 바늘에 대한 권선(捲線)의 위치에도 의존한다. 그러므로 코일이 매우 주의 깊게 감겨 있지 않다면, n에 대한 m의 비는 바늘의 위치가 변화될 때 바뀔 것이다. 그러므로 바늘의 위치 변화가 예상되면 매 실험 과정에서 적절한 방법에 의해 이 비율을 결정하는 것이 필요하다.

휘트스톤 브리지가 사용되는 다른 영 방법은 보통의 갈바노미터만을 요구하고, 관찰되는 바늘의 편향이 0인 것은 두 전류의 반대하는 작용이 아니라 도선의 전류의 비존재를 이용한다. 그러므로 단지 영(零) 편

향만 있는 것이 아니라 관찰되는 현상처럼 영(零) 전류도 있다. 어떤 오차도 규칙성의 결여나 어떤 종류의 변화에서 생길 수 없다. 갈바노미터가 전류의 존재와 방향을 검출하기에 충분히 민감하기를 요구할 뿐이지 어떤 식으로든 그 값을 결정하거나 그 값을 다른 전류의 값과 비교하기를 요구하지 않는다.

347] 휘트스톤 브리지는 본질적으로 네 점을 연결하는 6개의 도체로 이루어져 있다. 기전력 E가 B와 C 사이에 삽입된 볼타 전지에 의해 점들 중에서 둘 사이에 작용하게 되어 있다. 다른 두 점인 Q와 A 사이의 전류는 갈바노미터로 측정된다.

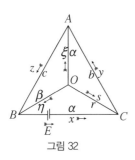

그림 32

어떤 환경하에서 이 전류는 0이 된다. 도체 BC와 OA는 서로에게 켤레가 된다고 한다. 그것은 다른 네 개의 저항 사이의 관계를 함축하며 이 관계는 저항을 측정하는 데 이용된다.

OA 사이의 전류가 0이면, O에서의 퍼텐셜은 A에서의 퍼텐셜과 같아야 한다. 이제 B와 C에서의 퍼텐셜을 알 때, OA에 전류가 없다면 275절에서 주어진 규칙에 의해 O와 A에서의 퍼텐셜을 결정할 수 있다.

$$O = \frac{B\gamma + C\beta}{\beta + \gamma}, \quad A = \frac{Bb + Cc}{b + c}$$

이고 이것으로부터 그 조건은 $b\beta = c\gamma$이다. 그러므로 b, c, β, γ는 각각 CA, AB, BO, OC에서의 저항이다.

이 방법에 의해 얻을 수 있는 정확도를 결정하기 위해 이 조건이 정확하게 충족되지 않을 때 OA에서의 전류의 세기를 확인해야 한다.

A, B, C, O가 네 점이라고 하자. BC, CA, AB를 따라 흐르는 전류를 x, y, z라 하고 도체의 저항을 a, b, c라고 하자. OA, OB, OC를 따라 흐르는 전류를 ξ, η, ζ라 하고 각 구간의 저항을 α, β, γ라 하자. BC를 따라 기전력 E가 작용한다고 하자. OA를 따라서 흐르는 전류 ξ를 알아야

한다.

A, B, C, O에서의 퍼텐셜을 기호 A, B, C, O로 나타내자. 전도 방정식은

$$
\begin{aligned}
ax &= B - C + E, & \alpha\xi &= O - A \\
by &= C - A, & \beta\eta &= O - B \\
cz &= A - B, & \gamma\zeta &= O - C
\end{aligned}
$$

이고 연속 방정식은

$$
\begin{aligned}
\xi + y - z &= 0 \\
\eta + z - x &= 0 \\
\zeta + x - y &= 0
\end{aligned}
$$

이다.

각각 전류 x, y, z가 흐르는 세 회로 OBC, OCA, OAB로 이루어진 계를 생각하고 각각의 고리(cycle)에 키르히호프의 규칙을 적용함으로써 퍼텐셜 O, A, B, C와 전류 ξ, η, ζ를 소거하고 x, y, z를 위한 다음 방정식을 얻는다.

$$
\begin{aligned}
(a + \beta + \gamma)x - \gamma y - \beta z &= E \\
-\gamma x + (b + \gamma + \alpha)y - \alpha z &= 0 \\
-\beta x - \alpha y + (c + \alpha + \beta)z &= 0
\end{aligned}
$$

그러므로 만약

$$
D = \begin{vmatrix}
a + \beta + \gamma & -\gamma & -\beta \\
-\gamma & b + \gamma + \alpha & -\alpha \\
-\beta & -\alpha & c + \alpha + \beta
\end{vmatrix}
$$

라고 놓으면,
$$
\xi = \frac{E}{D}(b\beta - c\gamma)
$$

이고 $\quad x = \dfrac{E}{D}\{(b+\gamma)(c+\beta)+\alpha(b+c+\beta+\gamma)\}$

임을 알게 된다.

348] D의 값은 대칭형

$$D = abc + bc(\beta+\gamma) + ca(\gamma+\alpha)$$
$$+ab(\alpha+\beta)+(a+b+c)(\beta\gamma+\gamma\alpha+\alpha\beta)^{9)}$$

로 표현할 수 있다. 즉, 도체 a에 전지가 있고 α에 갈바노미터가 있다고 가정하므로, a에는 전지 저항 B를 놓고 α에는 갈바노미터 저항 G를 놓을 수 있다. 그러면,

$$D = BG(b+c+\beta+\gamma) + B(b+\gamma)(c+\beta)$$
$$+G(b+c)(\beta+\gamma)+bc(\beta+\gamma)+\beta\gamma(b+c)$$

임을 알게 된다.

기전력 E는 OA를 따라 작용하게 되어 있고 OA의 저항은 여전히 α이고, 갈바노미터가 BC에 놓여 있고 BC의 저항은 여전히 a라면, D의 값은 여전히 같을 것이고 OA를 따라 작용하는 기전력 E 때문에 BC에 생기는 전류는 BC에 작용하는 기전력 B 때문에 OA에 생기는 전류와 같을 것이다.

그러나 단순히 전지와 갈바노미터를 끊고 그것들의 저항을 변경하지 않고 전지를 O와 A에 연결하고 갈바노미터를 B와 C에 연결하면, D의 값에서 B와 G의 값을 교환해야 한다. 이 D'이 교환 이후의 D의 값이라면,

$$-D' = (G-B)\{(b+c)(\beta+\gamma)-(b+\gamma)(\beta+c)\}$$
$$=(B-G)\{(b-\beta)(c-\gamma)\}$$

---

9) {D는 한 번에 세 개씩 취한 저항들의 곱의 합이다. 단 한 점에서 만나는 어떤 셋의 곱은 제외한다}—톰슨.

임을 알게 된다.

갈바노미터의 저항이 전지의 저항보다 크다고 가정하자.

또한 원래의 위치에서 갈바노미터는 가장 작은 저항 β, γ의 두 도체의 연결부를 가장 큰 저항 b, c의 두 도체의 연결부와 연결한다고 가정하자. 다시 말하면 양 b, c, γ, β가 크기 순으로 배열되어 있다면, b, c가 이웃해 있고 γ와 β가 이웃해 있다고 가정한다. 그러므로 양 $b-\beta$와 $c-\gamma$는 같은 부호를 갖는다. 그러므로 그들의 곱은 양수이고 $D-D'$는 $B-G$와 부호가 같다.

그러므로 갈바노미터는 가장 큰 두 저항과 가장 작은 두 저항을 연결하게 되어 있고 갈바노미터의 저항은 전지의 저항보다 크다고 가정하면, 연결물들이 교환되었을 때보다 D의 값은 더 작을 것이고 갈바노미터의 편향값은 더 클 것이다.

그러므로 주어진 계에서 가장 큰 갈바노미터 편향을 얻기 위한 규칙은 다음과 같다.

전지의 저항과 갈바노미터의 저항 중에서 더 큰 저항을, 다른 네 개의 저항 중에서 가장 작은 둘에 가장 큰 둘이 만나도록 연결한다.

349] 도체 AB와 AC의 저항의 비를 결정해야 한다고 가정하자. 점 A와 O를 도선에 의해 연결하면서 그 경로에 갈바노미터를 삽입하고, 전지를 B와 C 사이에서 작용하게 할 때, 갈바노미터 바늘의 감지할 만한 편향이 일어나지 않도록 하는 점 O를 도체 BOC 위에서 발견함으로써 이 일을 할 수 있다고 가정하겠다.

도체 BOC는 BO와 OC의 저항의 비를 즉시 읽을 수 있도록 균일한 저항의 도선을 같은 여러 부분들로 나눈 것으로 되어 있다.

도체 전체를 균일한 도선이 아니라 도선의 O 근처 부분과 양편 부분들을 정확하게 저항이 알려진 어떤 형태의 코일들로 만들 수 있다.

이제 우리는 시작할 때 사용한 대칭적인 표시법 대신에 다른 표시법을 사용하겠다.

BAC의 전체 저항을 R라고 하자.

$c=mR$이고 $b=(1-m)R$라고 하자.

BOC의 전체 저항은 S라고 하자.

$\beta=nS$이고 $\gamma=(1-n)S$라고 하자.

갈바노미터의 감지할 만한 편향이 없을 때, n의 값은 직접 읽을 수 있고 m의 값은 그것에서 유도된다.

전지와 그것의 연결물들의 저항을 B, 갈바노미터와 그것의 연결물들의 저항을 G라고 하자. 앞에서처럼

$$D = G\{BR+BS+RS\}+m(1-m)R^2(B+S)+n(1-n)S^2(B+R)$$
$$+(m+n-2mn)BRS$$

임을 알 수 있고 ξ가 갈바노미터 도선의 전류라면,

$$\xi = \frac{ERS}{D}(n-m)$$

이 된다.

가장 정확한 결과를 얻기 위해 바늘의 편향을 $n-m$의 값에 비해 가능한 한 크게 만들어야 한다. 이것은 갈바노미터와 표준 저항 도선의 크기의 적절한 선택에 의해 달성된다.

716절에서 갈바노미터 측정술을 다룰 때 갈바노미터 도선의 형태는 변경되고 그 질량이 일정하게 유지될 때 단위 전류에 대한 바늘의 편향은 길이에 비례할 것이지만 저항은 길이의 제곱에 비례함을 입증할 것이다. 그러므로 최대 편향은 갈바노미터 도선의 저항이 회로의 나머지의 일정한 저항과 같을 때 일어난다는 것이 입증된다.

현재의 경우에 δ가 편향이라면,

$$\delta = C\sqrt{G}\,\xi$$

이다. 여기에서 C는 상수이고 G는 도선의 길이의 제곱에 비례하는 갈바노미터 저항이다. 그러므로 D의 값에서 δ가 최대일 때 G를 포함하는 부분은 그 식의 나머지와 같아져야 한다.

또한 올바른 관찰을 했다면 그렇게 나오듯이 $m=n$이라고 놓는다면, G의 가장 좋은 값은

$$G = n(1-n)(R+S)$$

이다.

이 결과는 계를 따라서 A에서 O까지 저항을 고려하고 AO의 켤레인 BC가 이 저항에 아무런 효과를 발휘하지 않는다는 것을 기억함으로써 쉽게 얻어진다.

같은 식으로 전지의 작용면의 전체 면적이 주어진다면, 이 경우에 E는 $\sqrt{B}$에 비례하므로 전지의 가장 유리한 배열은

$$B = \frac{RS}{R+S}$$

일 때임을 알게 된다.

마지막으로 우리는 n의 값에서 주어진 변화가 가장 큰 갈바노미터 편향을 만들어내는 S의 값을 결정할 것이다. S에 대하여 ξ를 위한 식을 미분함으로써

$$S^2 = \frac{BR}{B+R}\left(R + \frac{G}{n(1-n)}\right)$$

일 때 그것이 최대임을 알 수 있다.

실제 저항이 거의 같은 값으로 나오는 매우 많은 저항 결정법이 있다면 이 목적을 위해 갈바노미터와 전지를 준비할 가치가 있을 것이다. 이 경우에 가장 좋은 배열은

$$S = R,\ B = \frac{1}{2}R,\ G = 2n(1-n)R$$

이다. 그리고 $n = \frac{1}{2}$이라면 $G = \frac{1}{2}R$이다.

휘트스톤 브리지의 용도에 관하여

350] 이미 우리는 휘트스톤 브리지의 일반 이론을 설명했다. 이제는

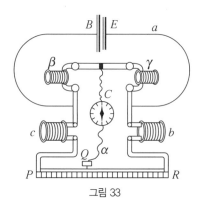
그림 33

그 응용에 대하여 생각해 보겠다.

가장 큰 정확성의 효력을 발휘할 수 있는 비교는 동일한 두 저항의 비교이다.

β는 표준 저항 코일이고 γ를 β의 저항과 같게 조정하고 싶다고 가정하자.

다른 두 개의 코일 b와 c를 서로 같게 또는 거의 같게 준비하고 네 개의 코일의 전극을 수은 컵 안에 넣어 전지의 전류가 두 분지(分枝), 즉 한쪽은 β와 γ, 다른 쪽은 b와 c 사이에서 나뉘도록 한다. 코일 b와 c는 가능한 한 저항이 일정한 도선 PR와 연결하고 같은 간격의 눈금을 PR 위에 매긴다.

갈바노미터 도선을 β와 γ의 연결부와 PR의 점 Q에 연결하고 접촉점 Q는 먼저 전지 회로가 닫힐 때까지, 다음에는 갈바노미터 회로가 닫혀 아무런 갈바노미터 바늘의 편향이 없게 될 때까지 변경시킨다.

그다음에 코일 β와 γ의 자리를 바꾸고 Q의 자리를 새로 잡는다. 이 새로운 자리가 이전의 자리와 같다면, β와 γ의 교환이 저항의 비율에 아무런 변화를 일으키지 않았기에 γ가 옳게 선택되었음을 알 수 있다. Q가 움직여야 한다면, 그 변화의 방향과 양은 γ의 저항을 β의 저항과 같게 만들어주기 위해 필요한 γ도선의 길이 변화의 본질과 양을 알려줄 것이다.

갈바노미터의 눈금값이 0이 될 때까지 도선 *PR*의 부분을 각각 포함하는 코일 *b*와 *c*의 저항이 도선 *PR*의 *b*와 *c* 분할부의 저항과 같다면, *x*가 첫 번째 경우에 *Q*의 눈금값이고 *y*가 두 번째 경우의 *Q*의 눈금값이라 할 때,

$$\frac{c+x}{b-x} = \frac{\beta}{\gamma}, \frac{c+y}{b-y} = \frac{\gamma}{\beta}$$

이고 그것으로부터 $$\frac{\gamma^2}{\beta^2} = 1 + \frac{(b+c)(y-x)}{(c+x)(b-y)}$$

이다.

b−*y*는 거의 *c*+*x*와 같고 둘은 *x*나 *y*에 대하여 크므로 이것을

$$\frac{\gamma^2}{\beta^2} = 1 + 4\frac{y-x}{b+c}$$

라고 쓸 수 있고 이것은

$$\gamma = \beta\left(1 + 2\frac{y-x}{b+c}\right)$$

이다.

*γ*가 가능한 한 잘 조정되어 있을 때, *b*와 *c*를 다른 코일들, 가령 10배 큰 저항으로 대치할 수 있다.

*β*와 *γ* 사이의 남아 있는 차이는 이제 *Q*의 그 위치에서 원래의 코일 *b*와 *c*를 쓸 때보다 10배 큰 차이를 만들어낼 것이다. 이런 식으로 우리는 연속적으로 비교의 정확성을 증가시킬 수 있다.

미끄럼 접촉부를 가진 도선에 의한 조절은 저항 상자에 의한 것보다 더 빨리 성취된다. 또한 그것은 연속적인 변화가 가능하다.

갈바노미터 대신에 전지가 미끄럼 접촉부를 가진 도선에 삽입되어서는 안 된다. 왜냐하면 접촉점에서 강력한 전류가 통과하면서 도선의 표면을 상하게 할 수 있기 때문이다. 그러므로 이 배열은 갈바노미터의 저항이 전지의 저항보다 큰 경우에 채택된다.

측정될 저항 *γ*, 전지의 저항 *a*, 갈바노미터의 저항 *α*가 주어진다

면, 다른 저항의 가장 좋은 값은 다음과 같음을 헤비사이드(Heaviside)[10](*Phil. Mag*. Feb. 1873)가 보였다.

$$c = \sqrt{a\alpha}$$
$$b = \sqrt{a\gamma\,\frac{\alpha+\gamma}{a+\gamma}}$$
$$\beta = \sqrt{\alpha\gamma\,\frac{a+\gamma}{\alpha+\gamma}}$$

작은 저항의 측정에 관하여

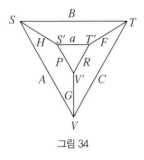

그림 34

351] 짧고 굵은 도체가 회로에 삽입될 때, 그것의 저항은 연결점들에서의 피할 수 없는 결함, 가령 접촉 불량이나 불완전한 납땜 같은 것이 만들어내는 저항에 비해 매우 작아서 그 저항의 올바른 값은 위에서 기술한 방식으로 이루어지는 실험에서 끌어낼 수 없다.

그러한 실험들의 목적은 일반적으로 물질의 비저항을 결정하는 것이고 비저항은 물질을 길고 가는 도선의 형태로 얻을 수 없을 때나 종전도뿐 아니라 횡전도에 대한 저항을 측정해야 할 때 추구된다.

W. 톰슨은 그러한 경우에 적용할 수 있는 방법을 기술했다.[11] 우리는

---

10) 영국의 물리학자이자 전기공학자인 헤비사이드(Oliver Heaviside, 1850~1925)는 1870~74년에 전신 교환원으로 일한 기간을 제외하고 독학으로 공부하여 수리 물리학의 전문가가 되었으며 특히 맥스웰의 전자기 이론의 발전과 응용에 크게 기여했다. 원거리 케이블 전송에 대한 그의 견해는 영국의 우편국의 프리스(W.H. Preece)의 공식적인 입장과 달랐기 때문에 무시당했다. 그것은 전송률을 높이기 위해서 적절하게 유도를 이용하는 방법이었는데 프리스의 반대로 실용화되지 못하다가 나중에 장하코일로 실용화되어 효율성을 인정받았다. 그는 벡터 표현법을 고안했고 연산자 계산법의 유용성을 입증했다. 그는 전리층의 존재를 예측했다. 그는 평생을 가난하게 살다가 독신으로 죽은 비운의 천재였다—옮긴이.

11) *Proc. R.S.* June 6, 1861.

그것을 9개의 도체계의 예로 제시할 것이다.

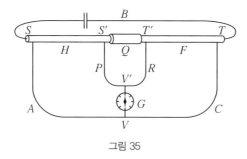

그림 35

　그 방법의 가장 중요한 부분은 도체의 전체 길이의 저항이 아니라 그 것의 끝에서 약간 떨어진 거리의 도체 위에 표시된 두 표시 사이의 부분의 저항의 측정에 있다.

　측정하기 원하는 저항은 도체의 모든 단면을 일정한 세기로 통과하는 축 방향의 전류가 겪는 저항이다. 전류가 도체의 끝에 납땜된, 또는 아말감된, 또는 단순히 압박된 전극에 의해 유입될 때 도체의 말단에 가까운 곳은 일반적으로 도체 안에서 나타나는 전류 분포의 균질성이 결여되어 있다. 말단에서 약간 떨어진 곳에서 전류는 현저하게 균질해진다. 연구자들은 스스로 193절의 탐구와 그림들을 조사해 보기 바란다. 거기에서 전류는 평행한 측면을 가진 금속띠로 한쪽 측면에서 유입되지만 곧 측면에 평행해진다.

　도체들은 작은 저항의 전지 회로에 가능한 한 완전하게 전도하는 연결물과 함께 직렬로 연결되어 있다. 도선 SVT는 S와 T에서 도체와 접촉하게 되어 있다. $S'V'T'$은 S'과 T'에서 그것들에 접촉하는 또 하나의 도선이다.

　갈바노미터 도선은 이 도선들의 점 V와 V'을 연결한다.

　도선 SVT와 $S'V'T'$은 저항이 매우 커서 S, T, S', T'에서의 불완전한 연결 때문에 생기는 저항은 도선의 저항과 비교해 무시할 수 있고 V, V'은 두 도체로 연결되는 각 도선의 분지의 저항의 비가 두 도체의 저항의 비와 거의 같아지도록 선택한다.

H와 F를 도체 SS'과 $T'T$의 저항이라고 하자.

A와 C를 분지 SV와 VT의 저항이라고 하자.

P와 R를 분지 $S'V'$와 $V'T'$의 저항이라고 하자.

Q를 연결편 $S'T'$의 저항이라고 하자.

B를 전지와 그 연결물들의 저항이라고 하자.

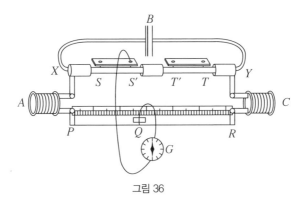

그림 36

G를 갈바노미터와 그 연결물들의 저항이라고 하자.

그 계의 대칭성을 개략도(槪略圖)로부터 이해할 수 있다. 그림 34를 보라.

전지 B와 갈바노미터 G가 켤레 도체라는 조건은 이 경우에[12] 다음과 같다.

$$\frac{F}{C} - \frac{H}{A} + \left(\frac{R}{C} - \frac{P}{A}\right)\frac{Q}{P+Q+R} = 0$$

이제 연결편 Q의 저항은 우리가 그것을 만들 수 있을 만큼 작다. 그것이 0이라면, 이 식은

$$\frac{F}{C} = \frac{H}{A}$$

---

12) {이것은 6장의 부록에서 제시된 규칙에 의해 쉽게 유도된다}―톰슨.

로 간단해질 것이고 비교할 도체 저항의 비율은 보통 형태의 휘트스톤 브리지에서처럼 $C:A$가 될 것이다.

현재의 경우에 Q의 값은 P 또는 R에 비해 작아서 $R:C$가 거의 $P:A$와 같아지도록 V, V'을 선택한다면, 등식의 마지막 항은 0이 될 것이고

$$F:H :: C:A$$

를 얻게 된다.

이 방법의 성공은 S, S', T', T에서 도선과 검사할 도체 사이의 접촉의 완전성에 어느 정도 의존한다. 매티슨(Matthiessen)[13]과 호킨 (Hockin)이 사용한 다음 방법에서[14] 이 조건은 제거된다.

352] 검사할 도체를 가능한 한 잘 만든 연결물들을 갖추어서 이미 기술한 방식으로 배열하고 첫 번째 도체 위의 SS' 표시 사이의 저항과 두 번째 도체 위의 $T'T$ 표시 사이의 저항을 비교할 필요가 있다.

두 개의 도체 핀끝이나 날카로운 칼날을 한 조각의 절연 물질에 고정 하여 그것들 사이의 거리를 정확하게 측정할 수 있게 한다. 이 장치를 검사할 도체 위에 올려놓는다. 도체와의 접촉점들은 알려진 거리 SS'만큼 떨어져 있다. 이 접촉편(片) 각각을 수은 컵과 연결하고 그 안에는 갈바노미터의 전극 하나를 담근다.

장치의 나머지는 휘트스톤 브리지에서처럼 배열한다. 저항 코일 또는

---

13) 영국의 화학자인 매티슨(Augustus Matthiessen, 1831~70)은 어려서 중풍 에 의해 오른손이 마비되어 농부가 되기 위해 농장으로 갔으나 거기에서 화 학에 관심을 갖게 되었다. 그는 농업 화학의 선구자인 리비히가 있는 독일의 기센 대학에 유학하여 1853년에 박사 학위를 받았다. 그 후 하이델베르크 대 학에서 분젠, 키르히호프와 함께 다양한 전해 석출 금속의 특성을 연구한 후, 1857년 영국으로 돌아와 개인 연구실에서 나르코틴 및 그와 관계된 아편 아 칼로이드 연구를 수행했고 금속과 합금의 전기적, 물리적, 화학적 특성을 연구 했다. 1862년에서 1865년까지는 전기 저항 표준을 위한 영국 협회 위원회에 서 일했다— 옮긴이.

14) *Laboratory*, Mattiessen and Hockin on Alloys.

상자 A와 C가 들어가고 미끄럼 접촉편 Q가 있는 도선 PR도 배치한다. 접촉편 Q에는 갈바노미터의 다른 전극을 연결한다.

이제 갈바노미터를 S와 Q에 연결시키고 A_1과 C_1을 배열하고 갈바노미터 도선에 전류가 흐르지 않도록 Q의 위치(즉, Q_1)을 결정한다.

그러면

$$\frac{XS}{SY} = \frac{A_1 + PQ_1}{C_1 + Q_1 R}$$

임을 알게 된다. 여기에서 XS, PQ_1,....은 이 도체들의 저항을 나타낸다.

이것으로부터

$$\frac{XS}{XY} = \frac{A_1 + PQ_1}{A_1 + C_1 + PR}$$

을 얻는다.

이제 갈바노미터의 전극을 S'에 연결하고 저항을 C에서 A로 전이시켜(저항 코일을 한쪽에서 다른 쪽으로 옮겨서) Q를 도선의 어떤 점, 가령 Q_2에 놓았을 때, 갈바노미터 도선의 전기 평형을 얻을 수 있도록 한다. 이제 C와 A의 값을 C_2와 A_2라고 하고

$$A_2 + C_2 + PR = A_1 + C_1 + PR = R$$

로 놓자. 그러면 전처럼

$$\frac{XS'}{XY} = \frac{A_2 + PQ_2}{R}$$

를 얻고 여기에서

$$\frac{SS'}{XY} = \frac{A_2 - A_1 + Q_1 Q_2}{R}$$

이다.

같은 방식으로 두 번째 도체 TT' 위에 이 장치를 올리고 저항을 전이시키면 전극이 T'에 있을 때,

$$\frac{XT'}{XY} = \frac{A_3 + PQ_3}{R}$$

를 얻고 전극이 T에 있을 때

$$\frac{XT}{XY} = \frac{A_4 + PQ_4}{R}$$

이다. 여기에서

$$\frac{T'T}{XY} = \frac{A_4 - A_3 + Q_3 Q_4}{R}$$

이다.

이제 저항 SS'과 $T'T$의 비를 유도할 수 있다.

$$\frac{SS'}{T'T} = \frac{A_2 - A_1 + Q_1 Q_2}{A_4 - A_3 + Q_3 Q_4}$$

큰 정확성이 요구되지 않을 때, 저항 코일 A와 C를 없앨 수 있고 그러면

$$\frac{SS'}{T'T} = \frac{Q_1 Q_2}{Q_3 Q_4}$$

를 얻는다.

1미터 길이의 도선 위의 Q의 위치의 눈금은 10분의 1밀리미터 이하는 믿을 수 없고 도선의 저항은 온도, 마찰 등의 불균일성 때문에 다른 부분에서 상당히 달라질 수 있다. 그러므로 정확성이 요구될 때는 상당한 저항을 갖는 코일을 A와 C에 삽입한다. 이 코일의 저항의 비는 Q에 의해 나누어지는 도선의 두 부분의 저항의 비보다 더 정확하게 결정될 수 있다.

이 방법에서 결정의 정확성은 전혀 S, S' 또는 T', T에서 접촉의 완전성에 의존하지 않는다는 것이 관측될 것이다

이 방법은 휘트스톤 브리지를 사용하는 차분법(差分法)이라고 부를 수 있다. 왜냐하면 그것은 분리된 관측치의 비교에 의존하기 때문이다.

이 방법에서 정확성의 핵심적 조건은 연결물의 저항이 결정을 완수하는 데 필요한 네 번의 관찰 동안 똑같이 유지되어야 한다는 것이다. 그

러므로 저항의 변화를 감지하기 위해 일련의 관찰이 항상 반복되어야
한다.[15]

큰 저항의 비교에 관하여

353] 측정할 저항이 매우 클 때, 계의 다른 점의 퍼텐셜의 비교는 219
절에서 기술한 사분원 전위계 같은 민감한 전위계로 이루어질 수 있다.

저항을 측정할 도체를 일렬로 놓고 큰 기전력을 갖는 전지에 의해 같
은 전류를 흘리면, 각 도체의 말단에서 퍼텐셜의 차이는 도체의 저항에
비례할 것이다. 그러므로 전위계의 전극을 먼저 한 도체의 양단에 연결
하고 나서 다른 도체의 양단에 연결함으로써 그것들의 저항의 비를 결
정할 수 있다.

이것은 저항을 결정하는 가장 직접적인 방법이다 그것은 믿을 만한
눈금을 가진 전위계를 사용하여 이루어진다. 또한 전류가 실험 내내 일
정하게 유지된다는 보증이 있어야 한다.

큰 저항을 갖는 네 개의 도체가 휘트스톤 브리지에서처럼 배열되고
브리지[16] 자체는 갈바노미터의 전극 대신에 전위계의 전극으로 이루어
질 수 있다. 이 방법의 장점은 전위계의 편향을 유발하기 위해 일정한
전류가 요구되지 않는다는 점이다. 반면에 갈바노미터는 전류가 도선을
통과하지 않으면 편향될 수 없다.

354] 도체의 저항이 매우 커서 확보할 수 있는 기전력으로는 그것을
통해 흐르도록 할 수 있는 전류가 너무 작아 갈바노미터로 직접 측정할
수 없을 때는 얼마간 전기를 축전기에 누적시켰다가 갈바노미터로 방전
시키면서 누적된 양을 추정할 수 있다. 이것이 해저 케이블의 연결부를

---

15) 〔작은 저항을 비교하는 또 다른 방법을 위해서는 Lord Rayleigh, *Proceedings
of the Cambridge Philosophical Society*, 5, p.50을 보라〕—톰슨.

16) 휘트스톤 브리지에서 브리지란 두 팔을 연결하는 갈바노미터 도선을 지칭한
다. 즉, 브리지는 갈바노미터 도선의 양단의 전위차가 없을 때 전류가 전혀 흐
르지 않는 것을 감지하기 위한 목적에서 설치되는 것이다—옮긴이.

검사하는 브라이트(Bright)[17]와 클라크(Clark)[18]의 방법이다.

355] 그러한 도체의 저항을 측정하는 가장 단순한 방법은 큰 용량의 축전기를 충전시켜서 그것의 두 개의 면을 전위계의 두 전극과 도체의 양단에 연결하는 것이다. E가 전위계가 보여주는 퍼텐셜 차, S가 축전기의 용량, Q가 어떤 면 위의 전하, R가 도체의 저항, x가 그 안에 흐르는 전류라면, 축전기 이론에 의해

$$Q = SE$$

이고 옴의 법칙에 의해 $\qquad E = Rx$

이다. 전류의 정의에 의해

$$x = -\frac{dQ}{dt}$$

이다.

그러므로 $\qquad\qquad -Q = RS\dfrac{dQ}{dt}$

---

17) 영국의 전신 기사였던 브라이트(Sir Charles Bright)는 1861년 9월에 맨체스터에서 열린 영국 과학진흥협회 회의에서 클라크와 함께 「전기량과 저항 표준의 형성에 관하여」(On the Formation of Standards of Electrical Quantity and Resistance)라는 논문을 제출하여 전신 분야의 발전이 전기 측정의 표준을 제정할 필요성을 극대화시켰기 때문에 영국 과학진흥협회가 나서서 국제적 표준을 제정할 것을 촉구했다. 그러나 이미 W. 톰슨은 전기 표준 제정을 위한 위원회를 조직하기 위한 노력을 경주하고 있었고 그 성과로 1861년에 위원회가 결성되고 브라이트는 1862년에, 클라크는 1866년에 위원이 되었다. 1865년에 이 위원회는 공식적인 저항 단위를 발표했고 표준 저항의 복제품을 판매하기 시작했다.
18) 영국의 화학자이자 토목기사였던 클라크(Josiah Latimer Clark, 1822~98)는 1850년에 전신회사(Electric Telegraph Company)에 입사하여 1853년에 영국-네덜란드 간(間) 전신 케이블이 설치될 때 해저 전신에 자문 기술자로서 기여했다. 또한 브라이트와 함께 전기 저항 표준을 정하는 영국 과학진흥협회 위원회에 소속되어 활동했다―옮긴이.

이고
$$Q = Q_0 e^{-\frac{t}{Rs}}$$

이다. 여기에서 Q_0는 $t=0$일 때 처음의 전하이다.

마찬가지로
$$E = E_0 e^{-\frac{t}{Rs}}$$

이다. 여기에서 E_0는 전위계의 원래의 측정치이고 E는 시간 t 경과 후의 측정치이다. 이것으로부터

$$R = \frac{t}{S\{\log_e E_0 - \log_e E\}}$$

임을 알게 된다. 이것은 R의 절대 척도를 제공한다. 이 식은 전위계 눈금의 단위값을 아는 것을 요구하지 않는다.

축전기의 용량 S가 몇 미터처럼 정전기적 척도로 제시된다면, R도 정전기적 척도인 속도의 역수로 제시된다.

S가 전자기적 척도로 제시되면, 그 차원은 $\dfrac{T^2}{L}$이고 R는 속도이다.

축전기 자체는 완전한 절연체가 아니므로 두 실험을 수행하는 것이 필요하다. 우선 축전기 자체의 저항 R_0을 결정하고 다음에는 도체가 축전기의 면들에 연결되어 있을 때 축전기의 저항을 결정한다. 이것을 R'이라고 하자. 그러면 도체의 저항 R는 등식

$$\frac{1}{R} = \frac{1}{R'} - \frac{1}{R_0}$$

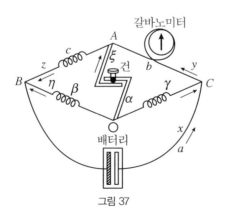

그림 37

로 제시된다.

이 방법은 지멘스에 의해 사용되어 왔다.

갈바노미터의 저항을 결정하기 위한 톰슨의 방법[19]

356] W. 톰슨은 휘트스톤 브리지와 유사한 배열을 실제적 용도로 갈바노미터의 저항을 결정하는 데 유효하게 사용했다. 톰슨은 맨스 (Mance)[20]의 방법에 착안해 그것을 제안했다. 357절을 보라.

전처럼 347절의 그림에서 B와 C 사이에 전지를 놓자. 그리고 OA 대신에 CA에 갈바노미터를 놓자. $b\beta - c\gamma$가 0이면, 도체 OA는 BC의 켤레이다. BC에 있는 전지에 의해 OA에 만들어지는 전류는 없으므로, 어떤 다른 도체에 흐르는 전류의 세기는 OA에 있는 저항에 무관하다. 그러므로 갈바노미터가 CA에 놓여 있다면, 편향은 OA의 저항이 작든 크든 항상 같다. 그러므로 Q와 A가 작은 저항을 갖는 도체로 연결될 때 갈바노미터의 편향이 이 연결이 끊어질 때의 편향과 같은지 관찰한다. 도체의 저항을 적절히 조절함으로써 이 결과를 얻으면, 갈바노미터의 저항은

$$b = \frac{c\gamma}{\beta}$$

임을 알게 된다. 여기에서 c, γ, β는 저항이 알려진 저항 코일이다.

이것은 갈바노미터에 전류가 없다는 점에서는 영 방법이 아니지만 어떤 접촉이 이루어질 때 갈바노미터의 편향이 변하지 않는다는 부정적인 것이 관찰된다는 점에서는 영 방법임을 알게 된다. 이런 종류의 관

---

19) *Proc. R.S.* Jan. 19, 1871.

20) 영국의 과학자이자 공학자인 맨스(Sir Henry Christopher Mance, 1840~1926)는 두 개의 거울을 사용하여 햇빛을 모아 짧은 플래시와 긴 플래시의 암호화된 코드 열(列)을 미리 배열된 지점으로 보내는 장치인 헬리오그래프 (heliograph)를 발명했다. 또한 맨스는 인도 정부의 페르시아만 전신 부서에서 일하면서 해저 전신 설치 작업을 도왔다—옮긴이.

찰은 같은 갈바노미터에서 두 개의 다른 편향이 크기가 같다는 것을 관찰하는 것보다 더 가치 있다. 왜냐하면, 후자의 경우에는 전지의 세기나 갈바노미터의 민감성의 변화가 일어날 시간이 주어지는 반면에 편향이 일정하게 유지되는 경우에는 우리가 임의로 반복할 수 있는 어떤 변화에도 불구하고 전류는 이 변화에 상당히 독립적인 것이 확실하기 때문이다.

갈바노미터 코일의 저항을 결정하는 일은 OA에 또 하나의 갈바노미터를 놓음으로써 휘트스톤 브리지를 사용하는 일반적인 방법으로 쉽게 달성될 수 있다. 이제 설명하는 방법에 의해 갈바노미터가 자체의 저항을 측정하기 위해 사용된다.

전지의 저항을 결정하는 맨스의 방법[21]

357] 작동하는 전지의 저항을 측정하는 일은 훨씬 심한 어려움에 봉착한다. 왜냐하면 전지의 저항은 그것을 통과하는 전류의 세기가 변한 후 얼마 동안 적잖이 변한다는 것이 발견되었기 때문이다. 전지의 저항을 측정하는 데 흔히 사용되는 많은 방법에서는 작동 과정에서 전지를 통과하는 전류 세기에 상당한 변화가 발생하여 결과가 의심스러워진다.

이런 장애가 없는 맨스의 방법에서는 전지를 BC에 설치하고 갈바노미터를 CA에 설치한다. 그다음에 O와 B를 연결시켰다가 단절시키기를 교대로 반복한다.

이제 OB 사이의 저항이 변한다 하더라도 OB와 AC가 켤레라면 갈바노미터 바늘의 편향은 변하지 않고 유지될 것이다. 이것은 347절에서 증명된 결과의 특별한 경우로 간주할 수 있으며 347절의 식들로부터 z와 β를 소거하여 직접 얻을 수도 있다. 즉, 이로부터

$$(a\alpha - c\gamma)x + (c\gamma + c\alpha + cb + b\alpha)y = E\alpha$$

---

21) *Proc. R.S.* Jan. 19, 1871.

를 얻는다.

y가 x에 독립이어서 β에도 독립이라면, $a\alpha = c\gamma$이어야 한다. 전지의 저항은 c, γ, α에 의해 얻어진다.

조건 $a\alpha = c\gamma$가 충족될 때, 갈바노미터를 통과하는 전류 y가

$$y = \frac{E\alpha}{cb + \alpha(a+b+c)} = \frac{E\gamma}{ab + \gamma(a+b+c)}$$

로 주어진다.

그 방법의 민감성을 검사하기 위해 조건 $c\gamma = a\alpha$가 거의 성립하지만 정확히 충족되지는 않는다고 가정하자. y_0는 O와 B가 감지할 만한 저항을 갖지 않는 도체로 연결되어 있을 때 갈바노미터를 통해 흐르는 전류이고 y_1은 O와 B가 완전히 단절되어 있을 때 갈바노미터를 통해 흐르는 전류라고 가정하자.

이 값들을 알기 위해 y를 위한 일반적인 식에서 β를 0과 ∞로 놓고 그 결과를 비교해야 한다.

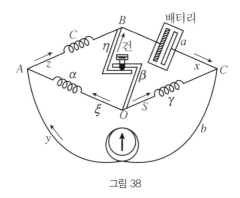

그림 38

y를 위한 일반적인 값은

$$\frac{c\gamma + \beta\gamma + \gamma\alpha + \alpha\beta}{D} E$$

이다. 여기에서 D는 348절에서와 같은 식을 가리킨다. $\beta = 0$으로 놓으면

$$y_0 = \frac{\gamma E}{ab + \gamma(a + b + c) + c\dfrac{(a\alpha - c\gamma)}{a + c}}$$

이고 이것은 근사적으로

$$y + \frac{c(c\gamma - a\alpha)}{\gamma(c + \alpha)} \frac{y^2}{E}$$

이다. $\beta = \infty$로 놓으면

$$y_1 = \frac{E}{a + b + c + \dfrac{ab}{\gamma} - \dfrac{(a\alpha - c\gamma)b}{(\gamma + \alpha)\gamma}}$$

$$= y - \frac{b(c\gamma - a\alpha)}{\gamma(\gamma + \alpha)} \frac{y^2}{E}$$

를 얻는다.

이 값들로부터

$$\frac{y_0 - y_1}{y} = \frac{\alpha}{\gamma} \frac{c\gamma - a\alpha}{(c + \alpha)(\alpha + \gamma)}$$

임을 알게 된다.

도체 AB의 저항 c가 전지의 저항 a와 같아야 한다. α와 γ는 같아야 하고 가능한 한 작아야 한다. b는 $a + \gamma$와 같아야 한다.

갈바노미터의 편향이 작을 때 갈바노미터는 가장 민감하므로, O와 B를 연결하기 전에 갈바노미터의 바늘을 고정 자석에 의해 거의 0으로 보내주어야 한다.

전지의 저항을 측정하는 이 방법에서는 작동 중에 어떤 경우에도 갈바노미터의 전류가 교란되지 않는다. 그러므로 우리는 갈바노미터에 흐르는 주어진 세기의 전류에 대한 전지의 저항을 확인할 수 있으며 이로써 전류의 세기가 저항에 어떻게 영향을 미치는지 결정할 수 있다.[22]

---

22) [*Phil. Mag.* 1, 1877, pp.515~525에서 올리버 로지(Oliver Lodge)는 맨스의 방법의 결점으로 전지의 기전력이 전지를 통과하는 전류에 의존하므로 식

y가 갈바노미터를 통과하는 전류라면, 전지를 통과하는 실제 전류는 키(key)가 아래에 있을 때는 x_0이고 위에 있을 때는 x_1이다. 여기에서

$$x_0 = y\left(1 + \frac{b}{\gamma} + \frac{\alpha c}{\gamma(\alpha + c)}\right), \; x_1 = y\left(1 + \frac{b}{\alpha + \gamma}\right)$$

이고 전지의 저항은

$$a = \frac{c\gamma}{\alpha}$$

이고 전지의 기전력은

$$E = y\left(b + c + \frac{c}{\alpha}(b + \gamma)\right)$$

이다.

갈바노미터의 저항을 알기 위한 356절의 방법은 O와 B 사이가 아니라 O와 A 사이의 접촉을 단속(斷續)시키는 점만이 이것과 다르다. α와 β, a와 b를 교환하는 것으로 이 경우에

$$\frac{y_0 - y_1}{y} = \frac{\beta}{\gamma} \frac{c\gamma - b\beta}{(c + \beta)(\beta + \gamma)}$$

를 얻는다.

기전력의 비교에 관하여

358] 통과하는 전류가 없을 때, 볼타 배열과 열전기 배열의 기전력을 비교하는 다음 방법은 한 세트의 저항 코일과 일정한 전지만을 요구한다.

비교할 기전기(electromotor)[23] 중 하나의 기전력보다 전지의 기전

$a\alpha = c\gamma$가 사실이라 하더라도 키(key)가 위에 있을 때와 아래에 있을 때 갈바노미터 바늘의 편향은 같을 수 없다는 것을 지적했다]—니벤.

23) 현대 영어에서는 일반적으로 electromotor라는 단어가 전동기를 의미하지만 여기에서는 열전기 발생장치를 의미한다. electromotive force가 기전력을 의미하듯이 electromotor도 전기를 일으키는 장치, 즉, 기전기를 의미한다—옮긴이.

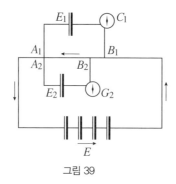

그림 39

력 E가 크다고 하자. 충분한 저항 R_1이 일차 회로 EB_1A_1E의 점 A_1과 B_1 사이에 끼워져 있다면, B_1에서 A_1까지 기전력이 전동기의 기전력 E_1과 같게 만들 수 있다. 이 전동기의 전극이 이제 점 A_1, B_1에 연결되어 있다면, 어떤 전류도 전동기를 통해 흐르지 않는다. 전동기 E_1의 회로에 갈바노미터 G_1을 놓고 갈바노미터가 전류 0을 가리킬 때까지 A_1과 B_1 사이의 저항을 조정하면, 등식

$$E_1 = R_1 C$$

를 얻는다. 여기에서 R_1은 A_1와 B_1 사이의 저항이고 C는 1차 회로에 흐르는 전류의 세기이다.

같은 방식으로 두 번째 전동기 E_2를 취하여 갈바노미터 G_2가 전류의 흐름을 지시하지 않도록 그것의 전극을 A_2와 B_2에 놓으면,

$$E_2 = R_2 C$$

가 된다. 여기에서 R_2는 A_2와 B_2 사이의 저항이다. 갈바노미터 G_1과 G_2를 동시에 관찰한다면, 1차 회로의 전류 C의 값이 두 등식에서 같고

$$E_1 : E_2 :: R_1 : R_2$$

임을 알게 된다.

이런 방식으로 두 전동기의 기전력을 비교할 수 있다. 전동기의 절대

기전력은 전위계에 의해 정전기적으로 측정될 수 있고, 절대 갈바노미터에 의해 전자기적으로 측정될 수 있다.

비교할 때 전동기 중 어느 것을 통해서도 전류가 흐르지 않는 이 방법은 포겐도르프(Poggendorf)[24]의 방법을 클라크(Latimer Clark)가 수정한 것이고 그는 이 방법으로 다음 값의 기전력을 얻어냈다.

다니엘 전지 I. 아말감한 아연	H_2SO_4 + 4aq. $CuSO_4$	농축액 구리	=1.079볼트
다니엘 전지 II.	″	H_2SO_4 + 12aq. $CuSO_4$	농축액 구리=0.978볼트
다니엘 전지 III.	″	H_2SO_4 + 12aq. $Cu(NO_3)_2$	농축액 구리=1.00볼트
분젠 전지 I.	″	H_2SO_4 + 12aq. HNO_3	농축액 탄소=1.964볼트
분젠 전지 II.	″	H_2SO_4 + 12aq. sp. g. 1.38	농축액 탄소=1.888볼트
그로브 전지	″	H_2SO_4 + 4aq. HNO_3	농축액 백금=1.956볼트

1볼트는 *cgs* 단위계의 100,000,000단위와 같다.

---

24) 포겐도르프(Johann Christian Poggendorf, 1796~1877)는 자신의 물리 실험 연구를 위한 기구의 제작, 『물리화학연보』(*Annalen der Physik und Chemie*)의 편집과 물리학사의 편찬으로 유명하다. 그는 약종상의 도제로 일하다가 물리학과 화학에 관심을 가져 연구를 수행하기 시작했다. 그는 슈바이거와는 독자적으로 검전기를 발명했고 1826년에는 그것에 반사에 의해 눈금을 읽는 장치를 부착하여 정밀성을 높였다. 이 장치는 가우스가 자기(磁氣)에 대한 관찰을 수행하는 데 사용되었다. 그는 회로의 기전력을 결정하기 위한 보상 회로를 고안했고 홀츠의 전기 유도 기계로 실험을 수행했으며 은(銀) 전해전량계, 분극 현상을 연구하기 위한 전기 천칭, 개선된 사인(sine) 갈바노미터, 수은 공기 펌프, 애트우드 기계를 제작했고 자전류(磁電流)에서 펠티에 효과의 존재를 입증했다. 그는 1824년에 28세의 나이로 『물리화학연보』의 편집인이 되었으며 1834년에 베를린 대학 부교수가 되었고 1839년에 프로이센 과학 아카데미 회원이 되었다. 그는 베를린에서 역사, 전기, 서지 연구를 위해 다른 곳에서 온 정교수직의 제안을 거절했다. 그는 『엄밀과학의 역사를 위한 과학 인명 서지 사전』(1863)을 편찬하여 이 분야의 역사적 접근에서 큰 기여를 했다—옮긴이.

제12장 물질의 전기 저항에 관하여

359] 전류를 통과시키는 물질의 특성과 연관해 세 가지 종류의 물질이 있다.

첫 번째 부류는 모든 금속, 그것들의 합금, 몇몇 황화물, 금속을 포함하는 다른 화합물을 포함하고 거기에 기체 코크스 형태의 탄소, 결정 형태의 셀렌을 첨가해야 한다.

이 물질들 모두에서는 전도가 일어나는데, 그것들의 안에서나, 전류가 들어가고 나오는 곳에서나, 분해 또는 물질의 화학적 본성의 변화 없이 전도가 일어난다. 그것들 모두에서 저항은 온도가 올라감에 따라 증가한다.[1]

두 번째 부류는 전해물이라고 불리는 물질로 이루어져 있다. 왜냐하면 전류가 물질을 전극에서 나타나는 두 성분으로 분해하는 데 관계하기 때문이다. 통상적으로 물질은 액체 상태일 때만 전해물이다. 예외적으로 어떤 콜로이드 물질, 가령, 100℃의 유리는 겉보기에는 고체이지만 전해물이다.[2] 어떤 기체는 강력한 기전력에 의해 전기분해될 수 있다는 것이 브로디(Sir B.C. Brodie)[3]의 실험에서 알려졌다.

---

1) {탄소는 이 진술의 예외이다. 그리고 최근에 포이스너(Feussner)는 망간과 구리 합금의 저항이 온도가 감소함에 따라 감소한다는 것을 발견했다}―톰슨.

2) {W. 콜라우시는 은의 할로겐 염이 고체일 때 전해성 전도를 일으키는 것을 입증했다. Wied. *Ann.* 17. p.642, 1882}―톰슨.

3) 영국의 화학자인 브로디(Benjamin Collins Brodie, Jr., 1817~80)는 1845년

전기분해에 의해서 전도하는 모든 물질에서 저항은 온도가 올라감에 따라 줄어든다.

세 번째 부류는 저항이 몹시 큰 물질이어서 그것을 전기가 통과하는 것을 감지하려면 가장 정교한 수단을 써야 하는 물질로 이루어져 있다. 우리는 이것을 유전체라고 부른다. 상당한 수의 고체가 이 부류에 속한다. 그중 다수가 융해되면 전해물이다. 테레빈유, 나프타, 융해된 파라핀 등 어떤 액체들과 모든 기체와 증기가 이 부류에 든다. 다이아몬드 형태의 탄소와 무정형의 셀렌이 이 부류에 든다.

이 부류의 물체의 저항은 금속의 저항에 비해 엄청나게 크다. 그 저항은 온도가 올라감에 따라 감소한다. 물질의 큰 저항 때문에 그것들을 통해 강제할 수 있는 미약한 전류가 전기분해와 관계가 있는지 아닌지를 결정하는 것은 어렵다.

금속의 전기 저항에 관하여

360] 금속의 저항의 결정보다 더 많이 더 정확한 실험이 수행된 전기 연구 분야는 없다. 전신(電信)에서 도선의 재료인 금속이 얻을 수 있는 가장 작은 저항을 가져야 한다는 것은 극도로 중요하다. 그러므로 저항의 측정이 재료를 선택하기 전에 이루어져야 한다. 선에 결함이 발생하면 저항의 측정에 의해 그 위치를 확인해야 한다. 지금 아주 많은 사람이 참여하고 있는 이 측정에는 전기적 특성이 주의 깊게 검사된 금속으로 만들어진 저항 코일의 사용이 요구된다.

금속과 합금의 전기 특성은 매티슨, 포크트(J.H.L. Vogt), 호킨과 실용적 작업에 정확한 전기 측정을 도입하기 위해 많은 일을 해온 지멘스

에 기센 대학으로 가서 리비히 지도하에서 화학을 공부했으며 영국에 돌아와 1873년에 옥스퍼드 대학의 화학 교수가 되었다. 그는 돌턴의 원자론을 의심했고 원자론과는 무관하게 화학 작용을 설명하는 새로운 대수적인 화학 표기법을 제안했다. 그러나 화학자들은 원자론이 갖는 설명 능력을 높이 평가했고 그의 체계를 받아들이지 않았다―옮긴이.

형제에 의해 주의 깊게 연구되어 왔다.

저항에 대한 온도의 효과는 상당한 수의 순수한 금속에서 거의 동일하여 100℃의 저항 대 0℃의 저항의 비는 1.414 : 1 즉, 100 : 70.7이라는 것이 매티슨 박사의 연구로부터 알려졌다. 순수한 철의 경우 그 비는 1.6197이고 순수한 탈륨의 경우 그 비는 1.458이다.

금속의 저항은 훨씬 더 넓은 온도 범위인 빙점에서 350℃까지, 어떤 경우에는 1000℃까지 지멘스(C.W. Siemens) 박사에 의해 관찰되었다.[4] 그는 온도가 올라감에 따라 저항이 증가하지만 그 증가율은 온도가 올라감에 따라 줄어든다는 것을 알아내었다. 지멘스는 매티슨 박사에 의해 낮은 온도에서 관찰된 저항과 1000℃의 범위에 이르는 지멘스 자신의 관찰 사례들이 모두 매우 가깝게 일치하는 공식이 다음과 같다는 것을 알아냈다.

$$r = aT^{\frac{1}{2}} + \beta T + \gamma$$

여기에서 T는 -273℃부터 계산된 절대온도이고 α, β, γ는 상수이다. 그리하여 몇 가지 금속에 대하여

백금·······$r = 0.039369T^{\frac{1}{2}} + 0.00216407T - 0.2413$[5]

구리·······$r = 0.026577T^{\frac{1}{2}} + 0.0031443T - 0.22751$

철··········$r = 0.072545T^{\frac{1}{2}} + 0.0038133T - 1.23971$

이 성립한다.

---

4) *Proc. R.S.* April 27, 1871.

5) {캐번디시 연구소에서 이루어진 백금 저항에 대한 캘린더(Callendar)의 최근 연구는 이러한 식이 높은 온도에서 사실과 일치하지 않는다는 것을 입증했다. 백금에 대한 지멘스의 식은 저항의 온도 계수가 높은 온도에서 상수가 되어 0.0021과 같아질 것을 요구한다. 반면에 실험들은 매우 높은 온도에서 감소하지는 않더라도 훨씬 느린 증가율을 나타내는 것으로 보인다. H.L. Callendar, "On the Practical Measurement of Temperature," *Phil. Trans.* 178 A. pp.161~230}—톰슨.

이런 종류의 데이터로부터 노(爐)의 온도는 노에 넣은 백금선의 저항의 관찰에 의해 결정될 수 있다.

매티슨 박사는 두 금속이 결합되어 합금을 이룰 때, 합금의 저항은 대부분의 경우에 성분 금속의 저항과 그것들의 특성에서 계산된 값보다 크다는 것을 발견했다. 금-은 합금의 경우에 합금의 저항은 순수한 금이나 순수 은의 저항보다 크다. 성분의 어떤 한계 비율 안에서 이 합금은 그 비율의 작은 변화에 따라 거의 변하지 않는다. 이런 이유 때문에 매티슨 박사는 금과 은의 무게비가 2 : 1인 합금을 저항의 단위를 재생하기 위한 재료로 추천했다.

전기 저항에 대한 온도의 변화 효과는 일반적으로 순수한 금속보다 합금에서 더 적다.

그러므로 보통의 저항 코일은 저항이 크고 온도에 따른 변화가 적은 독일 은으로 만들어진다.

은과 백금의 합금도 표준 코일로 사용된다.

361] 어떤 금속의 전기 저항은 금속을 버릴 때 변한다. 도선을 반복해서 높은 온도로 올려도 영구적으로 그것의 저항이 바뀌지 않는다는 것을 확인할 때까지 그것은 저항의 척도로 신뢰할 만하지 못하다. 어떤 도선은 온도 변화에 노출되지 않아도 시간이 지나면 저항이 변한다. 그러므로 항상 같은 분자 구조를 갖는 유체이며 증류와 질산 처리에 의해 쉽게 정제될 수 있는 금속인 수은의 비저항을 확인하는 것이 중요하다. 수은을 표준으로 소개한 W. 지멘스와 C.F. 지멘스는 이 금속의 저항을 결정하는 데 큰 주의를 기울였다. 그들의 연구는 매티슨과 호킨의 연구에 의해 보충되었다.

수은의 비저항은 w의 질량의 수은을 담은 길이 l의 관의 관찰된 저항으로부터 다음 방법에 의해 유도되었다.

모든 곳에서 정확하게 같은 내경을 갖는 유리관은 없지만 적은 양의 수은을 관에 담아 관의 길이 λ를 차지하게 하고 그것의 중간점이 관의 한쪽 끝에서 x만큼 떨어져 있다면, 이 점 근처의 단면의 면적 s는

$s = \dfrac{C}{\lambda}$ 가 될 것이다. 여기에서 C는 어떤 상수이다.

전체 관을 채우는 수은의 질량은

$$w = \rho \int s\, dx = \rho C \sum \left(\frac{1}{\lambda}\right)\frac{l}{n}$$

이다. 여기에서 n은 관을 따라서 같은 거리에 있는 점의 수이고, λ는 측정되어야 하고 ρ는 단위 부피의 질량이다.

전체 관의 저항은

$$R = \int \frac{r}{s}\, dx = \frac{r}{C} \sum (\lambda)\frac{l}{n}$$

이다. 여기에서 r는 단위 부피당 비저항이다.

그러므로

$$wR = r\rho \sum (\lambda)\sum (\frac{1}{\lambda})\frac{l^2}{n^2}$$

이고

$$r = \frac{wR}{\rho l^2}\frac{n^2}{\sum(\lambda)\sum\left(\dfrac{1}{\lambda}\right)}$$

은 단위 부피의 비저항을 알려준다.

단위 질량, 단위 길이의 저항을 알기 위해서는 이것에 밀도를 곱해야 한다.

매티슨과 호킨의 실험으로부터 1g의 질량, 1m 길이의 균일한 수은주의 0℃에서의 저항은 13.071 B.A. 단위이다. 이것으로부터 수은의 비중이 13.595라면, 길이 1m, 단면적 1mm²의 수은주의 저항은 0.96146 B.A. 단위이다.

362] 다음 표에서 R는 1g의 질량, 1m 길이의 균일한 수은주의 0℃에서 B.A. 단위로 구한 저항이고 r는 B.A. 단위를 지구 사분원주의 0.98677배로 가정한 매티슨의 실험[6]에 따라 한 변이 1cm인 정육면체의 cm/s 단위로 구한 저항이다.

---

6) *Phil. Mag*. May, 1865.

비중		R	r	20℃에서 1℃당 저항 증가 백분율
은........10.50	경인발(硬引拔)[7]	0.1689	1588	0.377
구리......8.95	경인발	0.1469	1620	0.388
금........19.27	경인발	0.4150	2125	0.365
납........11.391	압연	2.257	19584	0.387
수은[8]...13.595	액체	13.071	94874	0.072
금2:은1..15.218	경인발 또는 풀림[9]	1.668	18326	0.065
셀렌(100℃)	결정형		6×10^{13}	1.00

전해물의 전기 저항에 관하여

363] 전해물의 전기 저항의 측정은 전극의 분극 때문에 어려워진다. 분극은 금속 전극의 관찰된 퍼텐셜 차이를 실제로 전류를 유발하는 기전력보다 더 크게 한다.

이 난점은 다양한 방법으로 극복할 수 있다. 어떤 경우에는 가령 황산

---

7) 경인발(硬引拔, hard drawing)이란 보통 금속을 차가운 상태에서 단단한 조직을 잡아당겨 단면적을 줄이는 금속 가공법을 말한다. 보통 다이스(dies)에 굵은 금속 봉이나 선을 끼워 넣고 잡아당겨서 피아노선과 같은 가는 금속선을 만들어낸다─옮긴이.

8) {이보다 더 최근의 실험은 수은의 비저항으로 다른 값을 제시했다. 0℃일 때 길이가 1m이고, 단면적이 1mm²인 수은주의 저항을 B.A. 단위로 결정한 것은 다음과 같다.

레일리 경과 시지윅 부인, *Phil. Trans.* 1, 1883.　　0.95412

글레이즈브룩(Glazebrook)과 피츠패트릭(Fitzpatrick), *Phil. Trans.* A. 1888. 0.95352

해친슨(Hatchinson)과 윌키스(Wilkes), *Phil. Mag.*(5), 28, 17, 1889. 0.95341}─톰슨.

9) 풀림(anealing)은 설담금이라고도 하는데 금속을 가열한 후 서서히 식힘으로써 재료를 연화(軟化)시키는 금속 가공을 총칭한다. 평형 상태에서 서서히 식힘으로써 재료가 가질 수 있는 가장 부드러운 상태로 굳어진다. 이렇게 만들어진 철이 연철이다─옮긴이.

아연 용액 속의 아연 전극처럼 적절한 재료의 전극을 사용해서 분극을 제거할 수 있다. 저항을 측정하려는 전해물의 부분의 단면에 비해서 전극 표면을 매우 크게 만들고 반대 방향으로 교대하는 짧은 지속 시간의 전류를 사용함으로써 상당한 세기의 분극이 전류의 통과에 의해 유발되기 전에 저항을 측정을 할 수 있다.

마지막으로 전해물을 통과하는 전류 경로의 길이가 크게 차이가 나는 두 가지 다른 실험을 수행하면서 기전력을 조절하여 실제 전류와 전류가 흐르는 시간이 각 경우에 거의 같도록 만듦으로써 분극 효과를 완전히 제거할 수 있다.

364] 팔초프(Paalzow) 박사의 실험에서[10] 전극들은 전해물로 채워진 분리된 평평한 그릇들에 담긴 큰 디스크 형태였고 그 사이의 연결은 전해물로 채워진 긴 사이펀(siphon)을 두 그릇 안에 담금으로써 이루어졌다. 다른 길이의 그런 사이펀 두 개가 사용되었다.

이 사이펀 안의 전해물의 관찰된 저항은 각각 R_1, R_2였고 다음에 사이펀들은 수은으로 채워졌고 그때의 저항은 각각 $R_1{}'$, $R_2{}'$이었다.

그러면 0℃의 온도에서 어떤 형태의 수은의 저항에 대한 같은 형태의 전해물의 저항의 비는 다음 공식에서 얻을 수 있다.

$$\rho = \frac{R_1 - R_2}{R_1{}' - R_2{}'}$$

1제곱센티미터의 단면을 갖는 길이 1센티미터의 저항을 ρ의 값으로부터 유도하기 위해 ρ의 값에 0℃의 수은에 대한 r의 값을 곱해야 한다. 361절을 보라.

팔초프가 제시한 결과는 다음과 같다.

---

10) *Berlin Monatsbericht*, July, 1868.

황산과 물의 혼합물

		온도	수은과 비교한 저항
H_2SO_4	....	5℃	96950
$H_2SO_4 + 14\ H_2O$	....	19℃	14157
$H_2SO_4 + 13\ H_2O$	....	22℃	13310
$H_2SO_4 + 499\ H_2O$	....	22℃	184773

황산아연과 물

$ZnSO_4 + 33\ H_2O$	....	23℃	194400
$ZnSO_4 + 24\ H_2O$	....	23℃	191000
$ZnSO_4 + 107\ H_2O$	....	23℃	354000

황산구리와 물

$CuSO_4 + 45\ H_2O$	....	22℃	202410
$CuSO_4 + 105\ H_2O$	....	22℃	339341

황산마그네슘과 물

$MgSO_4 + 34\ H_2O$	....	22℃	199180
$MgSO_4 + 107\ H_2O$	....	22℃	324600

염산과 물

$HCl\ \ \ + 15\ H_2O$	....	23℃	13626
$HCl\ \ \ + 500\ H_2O$	....	23℃	86679

365] 콜라우시(F. Kohlrausch)와 니폴트(W.A. Nippoldt)[11]는 황산과 물의 혼합물의 저항을 결정했다. 그들은 교대하는 자기 유도 전

---

11) Pogg., *Ann*. 138, pp.280, 370, 1869.

류를 사용했다. 그것의 기전력은 그로브 셀의 기전력의 $\frac{1}{2}$에서 $\frac{1}{74}$
까지 변했다. 그들은 구리-철의 열전쌍에 의해 기전력을 그로브 셀의
$\frac{1}{429000}$ 까지 줄였다. 그들은 옴의 법칙이 이 기전력의 범위에서 이 전
해물에 적용된다는 것을 발견했다.

그 저항은 황산이 $\frac{1}{3}$을 차지하는 혼합물에서 최솟값이었다.

전해물의 저항은 온도가 증가함에 따라 감소한다. 1℃의 온도 증가에
따른 전도율의 증가 비율은 다음 표와 같다.

0℃의 수은에 대한 22℃의 황산과 물의 혼합물의 저항(콜라우시와 니폴트)

18.5℃에서의 비중	H_2SO_4의 퍼센트	22℃에서의 저항(Hg=1)	1℃당 전도율 증가 퍼센트
0.9985	0.0	746300	0.47
1.00	0.2	465100	0.47
1.0504	8.3	34530	0.653
1.0989	14.2	18946	0.646
1.1431	20.2	14990	0.799
1.2045	28.0	13133	1.317
1.2631	35.2	13132	1.259
1.3163	41.5	14286	1.410
1.3597	46.0	15762	1.674
1.3994	50.4	17726	1.582
1.4482	55.2	20796	1.417
1.5026	60.3	25574	1.794

유전체의 전기 저항에 대하여

366] 구타페르카와 절연 매질로 사용되는 다른 재료들의 저항의 결
정이 전신 케이블의 제조 과정에서 절연체로서 이 재료들의 값을 확인

하기 위해 많이 이루어졌다.

어떤 재료에 대한 이 검사는 일반적으로 그 재료가 전도선을 피복하는 데 사용된 후에 이루어졌다. 그 도선은 하나의 전극으로 사용되고 케이블이 담긴 탱크 속의 물이 다른 전극으로 사용되었다. 그리하여 전류는 큰 면적과 얇은 두께의 절연체의 원통형 피복을 통과하게 되어 있었다.[12]

기전력이 작용하기 시작할 때 갈바노미터가 지시해 주는 전류는 결코 상수가 아님이 발견되었다. 물론 첫 번째 효과는 상당한 세기의 과도 전류이다. 전체 전기량은 절연체의 표면을 기전력에 해당하는 표면 전기 분포로 대전시키는 데 요구되는 것이다. 그러므로 첫 번째 전류는 전도율의 척도가 될 수 없고 절연층의 용량의 척도가 된다.

그러나 이 전류가 가라앉을 때까지 허용된 후에도 나머지 전류는 일정하지 않고 그 물질의 진정한 전도율을 나타내지 않는다. 전류는 적어도 반 시간 동안 계속 감소한다는 것이 알려져 있고 따라서 전류로부터 유도하는 저항의 결정은 전지를 연결한 직후보다 얼마간 시간이 경과한 후에 더 큰 값을 내놓는다.

가령, 후퍼(Hooper)의 절연 물질을 사용해서 10분 후에 잰 겉보기 저항은 1분 후에 관찰한 겉보기 저항의 4배였고 19시간 후에는 그것의 23배였다. 기전력의 방향이 역전될 때 저항은 처음만큼 또는 그것보다 더 작아졌다가 점차 커진다.

이 현상은 구타페르카의 상태 때문인 것으로 보인다. 그 상태는 더 좋은 말이 없기에 분극이라고 부르고 우리는 그것을 한편으로는 직렬로 연결된 대전된 라이덴병들의 분극과 비교하고 다른 한편으로는 리터의 2차 전퇴와 비교할 수 있다. 271절을 보라.

---

12) 전신에서 피복이 전기 신호의 손실을 막는 역할을 하기 때문에 피복선의 저항이 커야 전기 신호의 손실을 줄일 수 있다는 점에서 케이블을 물에 담가 피복 재료의 비저항을 재는 방식은 전신의 실제 용도에 맞는 측정 방식이었다—옮긴이.

큰 용량을 갖는 여러 개의 라이덴병이 직렬로 큰 저항을 갖는 도체(가령, 고갱(Gaugain)의 실험에서는 젖은 면실이 사용되었다)에 의해 연결되어 있다면, 그 연속물에 작용하는 기전력은 전류를 만들어낼 것이고 그것은 갈바노미터로 잴 수 있다. 이때 전류는 라이덴병들이 완전히 충전될 때까지 점차 줄어들 것이다.

그러한 연속물의 겉보기 저항은 증가할 것이고 라이덴병들의 유전체가 완전한 절연체라면, 무한히 증가할 것이다. 기전력이 제거되고 그 연속물의 끝이 서로 연결되면 역전류가 관찰될 것이다. 전체 전류의 양은 완전한 절연체의 경우에 직접적인 전류의 양과 같을 것이다. 유사한 효과가 2차 전퇴의 경우에 관찰된다. 2차 전퇴는 최종 절연이 별로 좋지 않은 것과 단위면당 용량이 엄청나게 더 크다는 점에서 앞의 것과 다르다.

구타페르카 등으로 덮인 케이블의 경우에 전지를 반 시간 동안 연결한 후에 그 도선을 외부 전극과 연결하면 역전류가 발생하는데 그것은 한동안 지속되고 점차 줄어들어 그 계는 원래의 상태로 돌아간다.

이 현상은 라이덴병의 '잔류 방전'이라는 현상과 같은 종류의 것으로 분극의 양이 구타페르카 등에서는 유리보다 훨씬 크다는 점만이 다르다.

이 분극 상태는 재료의 지향적 특성으로 보인다. 그것의 발생을 위해 기전력뿐 아니라 변위나 다른 것에 의한 상당한 전기량의 통과가 필요하며 이 전류의 통과에는 상당한 시간이 걸린다. 분극 상태가 형성되면 역방향으로 재료 안에서 작용하는 내부 기전력이 있게 되고 그것은 역전류를 유발해 전체량이 처음의 양과 같아질 때까지 지속되거나 분극 상태가 재료를 통한 실제 전도에 의해 조용히 가라앉을 때까지 지속된다.

잔류 방전, 전기 흡수, 전기화, 분극이라고 불러온 것들의 전체 이론은 주의 깊게 연구할 가치가 있으며 아마도 물체의 내부 구조에 관련된 중요한 발견을 이끌어낼 것이다.

367] 더 많은 수의 유전체의 저항은 온도가 상승함에 따라 감소한다.

가령, 0℃일 때 구타페르카의 저항은 24℃일 때의 저항의 대략 20배 가량 된다. 브라이트와 클라크는 다음 공식이 그들의 실험과 일치하는 결과를 내놓는 것을 알아냈다. r가 T℃의 온도에서 구타페르카의 저항 이라면 $T+t$의 온도에서 저항은

$$R = r \times C^t$$

이다. 여기에서 C는 다른 구타페르카의 시료에 따라서 0.8878과 0.9 사이에서 변한다.

호킨은 구타페르카가 최종 온도에 도달한 후 저항이 해당하는 값에 도달하는 데는 몇 시간 걸리지 않는다는 흥미로운 사실을 확인했다.

인도 고무의 저항에 대한 온도 효과는 구타페르카만큼 그렇게 크지 않다.

구타페르카의 저항은 압력을 받으면 상당히 증가한다.

다른 케이블에서 사용되는 1세제곱미터의 여러 구타페르카 시료의 저항은 옴의 단위로 다음과 같다.[13]

케이블명	
홍해............................	$0.267 \times 10^2 \sim 0.362 \times 10^{12}$
몰타-알렉산드리아..............................	1.23×10^{12}
페르시아만......................................	1.80×10^{12}
2차 대서양....................................	3.42×10^{12}
후퍼(Hooper)의 페르시아만 코어(Core).........	74.7×10^{12}
24℃의 구타페르카..............................	3.53×10^{12}

368] 271절에서 기술된 버프의 실험에서 계산된 다음 표는 다른 온

---

13) Jenkin, *Cantor Lectures*.

도에서 1 세제곱미터의 유리의 저항을 옴 단위로 보여준다.

온도	저항
200	227000
250	13900
300	1480
350	1035
400	735

369] 발리(Varley)[14]는 최근에 희박화된 기체를 통해 흐르는 전류의 조건을 연구했고 기전력 E에는 옴의 법칙을 따라 전류에 의존하는 부분과 함께 상수 부분인 E_0이 있다는 것을 알아냈다. 그러므로

$$E = E_0 + RC$$

이다.

가령, 어떤 관에서 전류를 흐르게 하는 데 필요한 기전력은 323개의 다니엘 셀의 기전력이었지만 304개의 셀의 기전력은 그 전류를 유지하기에 충분하지 않았다. 갈바노미터로 측정된 전류의 세기는 304개를 넘은 셀의 수에 비례했다. 그러므로 305개의 셀에 대해서는 편향이 2였고, 306개에 대해서는 4였고, 307개에 대해서는 6이었고 380, 즉 304+76까지 계속되어 그때의 편향은 150, 즉 76×1.97이었다.

이 실험들로부터 일종의 전극의 분극이 있다는 것이 드러난다. 전극 분극의 기전력은 304개의 셀과 같고 이 기전력까지 전지는 이 분극 상태를 만들어내는 데 사용된다. 최대 분극이 성립되면, 304개의 셀의 기전력을 넘는 분량의 기전력은 옴의 법칙에 의해 전류를 유지하는 데 사용된다.

---

14) *Proc. R.S.* Jan. 12, 1871.

그러므로 희박화된 기체에서 흐르는 전류의 법칙은 전극의 분극을 고려해야 하는 전해물을 통해 흐르는 전류의 법칙과 매우 유사하다.

이 주제와 연관하여 다음과 같은 톰슨의 결과를 공부해 보아야 한다. 공기 중 스파크를 발생시키는 데 필요한 기전력은 거리에 비례하지 않고 일정한 기전력을 넘어선 양이 거리에 비례한다는 것이 알려졌다. 이 일정한 양에 해당하는 기전력은 전극의 분극의 세기로 간주할 수 있다.

370] 비데만과 륄만(Rühlmann)은 최근에 기체를 통과하는 전기에 대하여 연구했다.[15] 이들은 전류를 홀츠의 기계로 만들었고 희박한 기체를 담고 있는 금속 그릇 안에 구형의 전극 사이에 방전을 일으켰다. 방전은 일반적으로 불연속적이었고 이웃하는 방전 사이의 시간 간격은 홀츠의 기계의 축을 따라 회전하는 거울에 의해 측정되었다. 일련의 방전의 영상이 나누어진 대물 유리를 갖춘 태양의(太陽儀, heliometer)에 의해 관찰되었다. 이때 대물 유리는 각 방전의 영상이 다음 방전의 영상과 일치할 때까지 조정되었다. 그들은 이 방법에 의해 매우 일관된 결과를 얻었다. 그들은 각 방전의 전기량은 전류의 세기, 전극의 재료에 무관하며 기체의 본성과 밀도 및 전극의 거리와 형태에 의존한다는 것을 발견했다.

이 연구는 다음과 같은 패러데이[16]의 진술을 지지해 준다. 도체의 전기화된 표면에서 분열적 방전이 시작되는 데 필요한 전기 긴장(48절을 보라)은 전기화가 양일 때보다는 전기화가 음일 때가 약간 적지만, 방전이 일어나면 그것이 양의 면에서 시작될 때 훨씬 더 많은 전기가 매번의 방전에서 건너간다. 이 연구는 또한 57절에서 제시된 가설 즉, 전극 표면에 밀집된 기체층은 그 현상에서 중요한 역할을 한다는 가설을 지지하는 것으로 보이며 또한 이 밀집이 양의 전극에서 가장 크다는 것을 가리킨다.

---

15) *Berichte der Königl. Sächs. Gesellschaft*, Leipzig, Oct. 20, 1871.
16) *Exp. Res.* 1501.

찾아보기*

ㄱ

가드 링(Guard-ring) 201, 217, 228.

가상적 자기물질(Imaginary magnetic matter) 380.

가쇼트, 존 피터(Gassiot, John Peter) 57.

가우스, 칼 프리드리히(Gauss, Carl Friedrich) 18, 70, 131, 140, 144, 409, 421, 454, 459, 470, 706, 733, 744, 851.

가짜 자기홀극(False magnetic poles) 468.

갈바노미터 (검류계)(Galvanometer) 240, 707.

강자성(Ferromagnetic) 425, 429, 844.

강철(Hard iron) 424, 444.

거울 방법(Mirror method) 450.

검류계 도선의 두께(Thickness of galvanometer wire) 716, 719.

검류계의 관찰(Galvanometer, observation of) 742-751.

검전기(Electroscope) 33, 214.

게이지 전위계(Gauge electrometer) 218.

격자의 전기효과(Grating, electric effect of) 203.

---

* 이 포괄적 찾아보기는 제임스 클러크 맥스웰이 1873년에 간행된 초판에 편집하여 포함시킨 것으로서, 찾아보기 항목 뒤의 숫자는 쪽 번호가 아니라 절 번호다. 이 찾아보기는 1권과 2권 모두를 아우르고 있으며, 1절부터 370절까지는 1권이고 371절부터 866절까지는 2권이다. 이와 같이 쪽 번호 대신 절 번호로 찾아보기를 만드는 것은 19세기에 흔한 관행이었는데, 이후 윌리엄 데이비슨 니벤이 편집하여 간행한 2판(1881년)과 J.J. 톰슨이 편집하여 간행한 3판(1892년)에서 쪽 번호는 달라졌지만 절 번호는 그대로이기 때문에, 어느 판을 인용하더라도 해당 항목을 쉽게 찾을 수 있다. 또 이 찾아보기는 포괄적이라서 단순하게 주요 용어가 있는 절을 나타내기보다는 그 절 전체에 걸쳐 다루고 있는 용어와 개념을 지시하고 있어 연구자가 활용하기에 편리하다―옮긴이.

동력전류계(Electrodynamometer) 725.

동전 변형력(Stress, electrokinetic) 641, 645, 646.

동전기 문제(Problems, electrokinematic) 306-333.

동전기 운동량(Momentum, electrokinetic) 578, 585.

되튐의 방법(Recoil, method of) 750.

두 단위계의 비(Units, ratios of the two systems) 768-780.

두 원의 퍼텐셜(Potential of two circles) 698.

두 회로의 퍼텐셜(Potential of two circuits) 423.

들랑브르, 장 바티스트 조제프(Delambre, J. B. J.) 3.

등전위면(Surface, equipotential) 46.

디스크(Disk) 177.

띠형 조화함수(Zonal harmonic) 138.

ㄹ

라그랑주 방정식(Lagrange's (J. L.) dynamical equations) 553-565.

라메, 가브리엘(Lamé, Gabriel) 17, 147.

라멜라 자석(Lamellar magnet) 412.

라이프니츠, 고트프리트 빌헬름(Leibnitz, Gottfried Wilhelm) 18, 424.

라플라스 계수(Laplace's coefficients) 128-146.

라플라스 방정식(Equations of Laplace) 77.

라플라스 방정식(Laplace's equation) 26, 77, 301.

라플라스 전개(Laplace's expansion) 135.

라플라스, 피에르 시몽 드(Laplace, Pierre-Simon de) 70.

랭킨, 윌리엄 존 마콘(Rankine, William John Macquorn) 115, 831.

렌츠, 에밀(Lenz, Emil) 265, 530, 542.

로그 감소율(Decrement, logarithmic) 736.

로그 나선(Spiral, logarithmic) 731.

로렌츠, 루드비(Lorenz, Ludwig) 805n.

로슈미트, 요한 요제프(Loschmidt, Johann Josef) 5.

륄만, 리하르트(Rühlmann, Richard) 370.

르장드르 계수(Legendre's coefficient) 139.

리만, 베른하르트(Riemann, Bernhard) 421, 862.

리스팅, 요한 베네딕트(Listing, Johann Benedict) 18, 23, 421.

리우빌, 조제프(Liouville, Joseph) 173, 176.

리치, 윌리엄(Ritchie, William) 542.

리터의 이차 전퇴(Ritter's (J. W.) Secondary Pile) 271.

린네, 칼(Linnaeus, Carl) 23.

ㅁ

마그누스의 법칙(Magnus' (G.) law) 251.

매달림 장치(Suspension):

  매달림 장치, 겹실(Suspension, bifilar) 459.

  매달림 장치, 줄(Suspension, Joule's) 463.

  매달림 장치, 톰슨(Suspension, Thomson's) 721.

  매달림 장치, 홑실(Suspension, unifilar) 449.

매질(Medium):

  전자기 매질(Medium, electromagnetic) 866. /

  빛 매질(Medium, luminiferous) 806.

매티슨, 오거스터스(Matthiessen, Augustus) 352, 360.

맨스의 방법(Mance's, Henry, method) 357.

면밀도(Surface-density) 64, 78, 223.

면적분(Surface-integral) 15, 21, 75, 402.

모소티, 오타비아노-파브리치오(Mossotti, Ottaviano-Fabrizio) 62.

문제(Problems):

  동전기 문제(Problems, electrokinematic) 306-333. /

  자기 문제(Problems, magnetic) 431-441. /

  전자기 문제(Problems, electromagnetic) 647-706.

  정전기 문제(Problems, electrostatic) 155-205. /

물리량의 단위(Units of physical quantities) 2.

물리량의 표현(Quantity, expression for a physical) 1.

물의 저항(Water, resistance of) 365.

미첼, 존(Michell, John) 38.

밀러, 윌리엄 할로위스(Miller, William Hallowes) 23.

ㅂ

바클리와 깁슨의 실험(Barclay and Gibson) 229, 789.

---

* 찰스 휘트스톤경은 1843년 『런던 왕립협회 회보』(*Philosophical Transactions*)에 실린 논문 「새로운 장치와 과정」에서 이 배열을 공식 발표하면서, 원래의 발명가 S. 헌터 크리스티(S. Hunter Christie) 씨의 공로를 제대로 기록했다. 크리스티는 1833년 『런던 왕립협회 회보』에 실린 논문 「유도전류」에서 이 배열을 '미분 배열'(Differential Arrangement)이라 불렀다. *Society of Telegraph Engineers*(1872년 5월 8일)에 실린 라티머 클라크 씨의 논평 참조.

도판

그림 I

118절

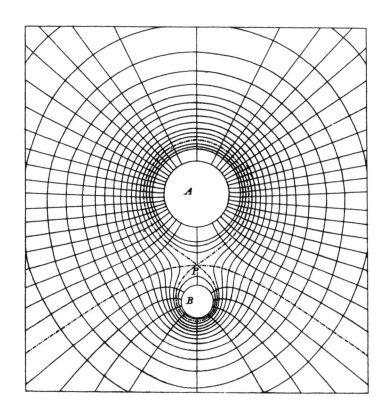

역선과 등퍼텐셜면

$A=20$ $B=5$ $P.$ 평형점 $AP=\dfrac{2}{3}AB$

그림 II

119절

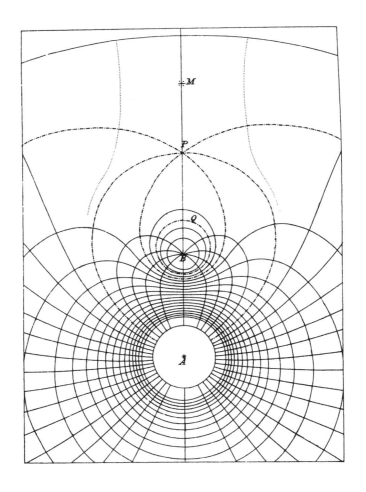

역선과 등퍼텐셜면

A=20 B=5 P. 평형점 $AP=2AB$

Q: 0퍼텐셜의 구면

M: 축 위에서 최대 힘의 점

점선은 ψ=0.1의 역선

그림 III

120절

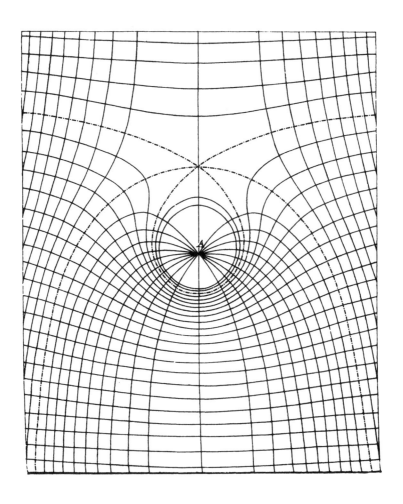

역선과 등퍼텐셜면

$A=10$

그림 IV

121절

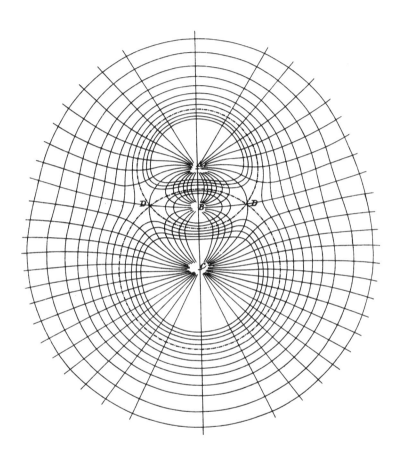

역선과 등퍼텐셜면

A=15 B=12 C=20

그림 V

143절

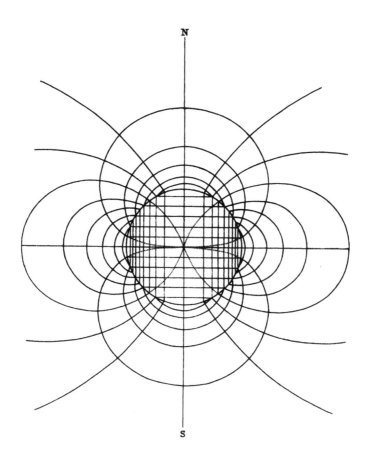

면밀도가 1차의 조화 함수인 구면의 지름을 지나는 단면에서의
역선과 등퍼텐셜면

그림 VI

143절

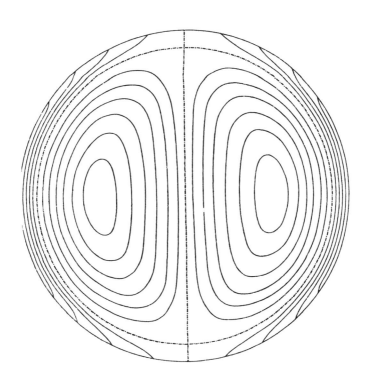

3차의 구면 조화 함수

$n=3$ $o=3$

그림 VII

143절

3차 구면 조화 함수

$n=3$

그림 VIII

143절

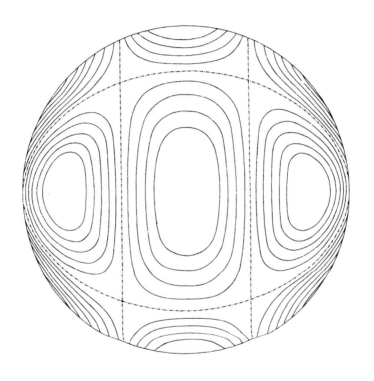

4차 구면 조화 함수

$n=4 \quad o=2$

그림 IX

143절

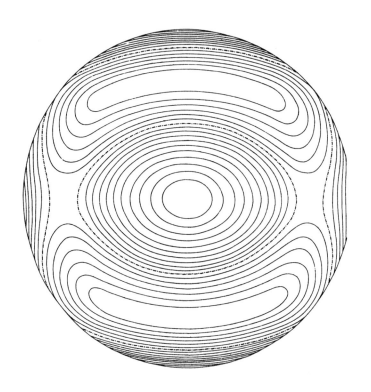

4차 구면 조화 함수

그림 X

192절

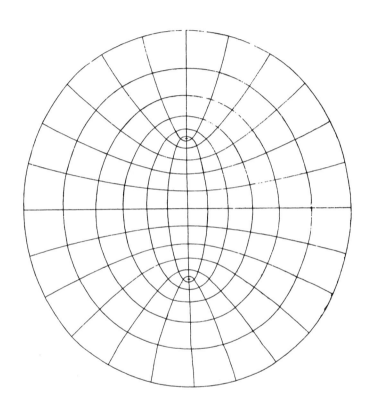

공초점 타원과 쌍곡선

그림 XI

193절

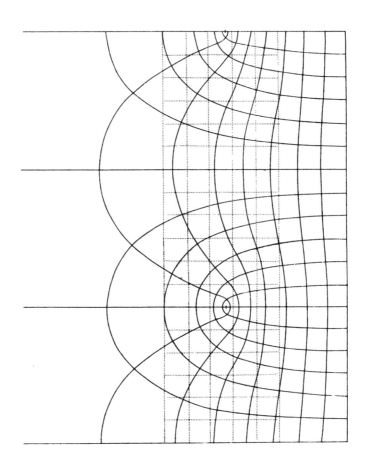

판의 변두리 근처의 역선

그림 XII

202절

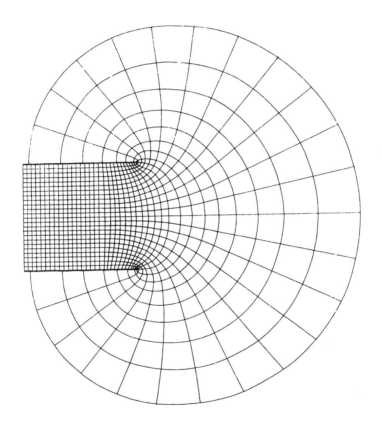

두 개의 판 사이의 역선

그림 XIII

203절

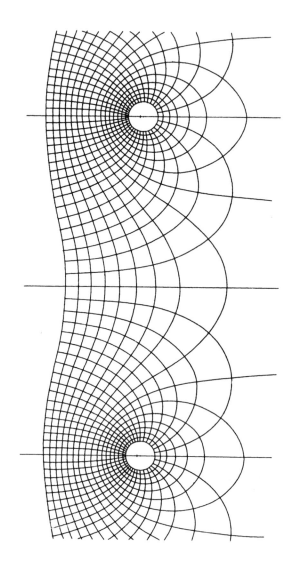

격자 근처의 역선

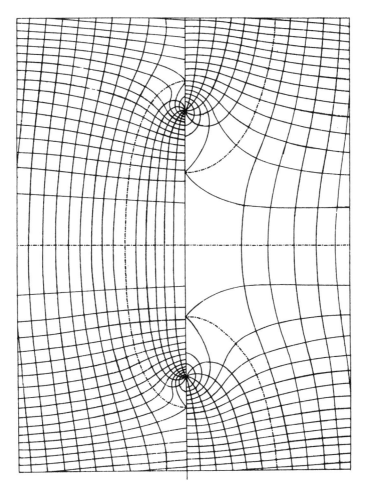

안정한 위치　　　　　　　　불안정한 위치

균일한 역장에서 흐르는 원형 전류

지은이 제임스 클러크 맥스웰(James Clerk Maxwell)

제임스 클러크 맥스웰(James Clerk Maxwell, 1831–1879)은 19세기 영국 물리학자로서 현대 전자기학 이론의 기초를 놓은 인물로 추앙받고 있다.

맥스웰은 1831년에 스코틀랜드 에든버러에서 태어났고 1847년에 에든버러 대학에 입학했고 1850년에는 케임브리지 대학으로 옮겼으며 1854년에 수학 우등졸업시험(Mathematical Tripos)에서 차석(second wrangler)으로 졸업한 후, 트리니티 칼리지의 펠로우가 되어 수력학과 광학 강의를 담당했다.

1856년에는 에버딘 대학 물리학 교수가 되었고 1860년에는 런던 킹스 칼리지로 자리를 옮겨 1865년까지 있었다. 이후 1871년에 케임브리지 대학의 실험 물리학 교수로 초빙되었으며 1874년에는 신설 캐번디시 연구소의 초대 소장이 되었다.

옮긴이 김재영(金載榮)

서울대학교 물리학과에서 물리학기초론 전공으로 이학박사학위를 받았다.
독일 막스플랑크 과학사연구소 초빙교수, 서울대 강의교수, 이화여대 HK연구교수,
KIAS Visiting Research Fellow 등을 거쳐 현재 KAIST 부설
한국과학영재학교에서 물리철학 및 물리학사를 가르치고 있다.
공저로『정보혁명』『양자, 정보, 생명』『뉴턴과 아인슈타인』등이 있고, 공역으로
『아인슈타인의 시계, 푸앵카레의 지도』『과학한다는 것』『인간의 인간적 활용』
『에너지, 힘, 물질: 19세기의 물리학』등이 있다.

옮긴이 구자현(具滋賢)

서울대학교 물리학 학사와 서울대학교 대학원 과학사 석사 및 박사 학위를 취득했으며,
현재 영산대학교 성심교양대학 교수로 재직하고 있다. 과학과 음악의 관계, 과학 수사학에
대한 연구를 주로 하고 있다. 주요 저서로『공생적 조화: 19세기 영국의 음악 과학』『음악과
과학의 만남: 역사적 조망』『음악과 과학의 길: 본질적 긴장』『소리의 얼굴들』『음악적
아름다움의 근원을 찾아서』『Landmark Writings in Western Mathematics, 1640-1940』
『과학과 인문학의 융합: 19세기 음향학의 수사학적 분석』『앨프레드 메이어와 19세기 미국
음향학의 발전』『호모 무지쿠스는 뇌로 음악을 듣는다』등이 있고,
번역서로『자연에 대한 온전한 이해』등이 있다.

한국연구재단 학술명저번역총서

서양편 ● 91 ●

'한국연구재단 학술명저번역총서'는
우리 시대 기초학문의 부흥을 위해
한국연구재단과 한길사가 공동으로 펼치는
서양고전 번역간행사업입니다.

전기자기론 1

지은이 제임스 클러크 맥스웰
옮긴이 김재영·구자현
펴낸이 김언호

펴낸곳 (주)도서출판 한길사
등록 1976년 12월 24일
주소 10881 경기도 파주시 광인사길 37
홈페이지 www.hangilsa.co.kr
전자우편 hangilsa@hangilsa.co.kr
전화 031-955-2000~3 팩스 031-955-2005

부사장 박관순 총괄이사 김서영 관리이사 곽명호
영업이사 이경호 경영이사 김관영 편집주간 백은숙
편집 노유연 김지연 김대일 김지수 최현경 김영길
관리 이주환 문주상 이희문 원선아 이진아 마케팅 정아린
디자인 창포 031-955-2097
CTP출력·인쇄 영림 제본 영림

제1판 제1쇄 2021년 9월 24일

ⓒ 한국연구재단, 2021

값 45,000원

ISBN 978-89-356-6363-7 94080
978-89-356-5291-4 (세트)

한국연구재단 학술명저번역총서

● 서양편 ●

●한국연구재단 학술명저번역총서 서양편은 계속 간행됩니다.